NATUR UND TECHNIK

5/6
TEILBAND 1

NATURWISSENSCHAFT

Cornelsen

Info

In den Infos werden wichtige Zusammenhänge geklärt und Begriffe eingeführt. Versuchsergebnisse sind in diese Texte „eingearbeitet". Manchmal werden sie hier auch mit Hilfe von Modellen erklärt.

Hier kannst du das Wichtigste auch nachlesen, wenn du dich nicht sicher fühlst oder wenn du mal gefehlt hast.

Gesundheit   Zur Diskussion   Umwelt aktuell   Kennübung

Wer gesund sein will, kann etwas dafür tun. Die „Gesundheitsseiten" bringen praktische Tipps und Anleitungen dazu.

Die „Diskussionsseiten" bieten Fakten zu besonderen Fragestellungen. Mit ihrer Hilfe könnt ihr euch selbst eine Meinung bilden.

Wisst ihr, warum viele Tiere und Pflanzen vom Aussterben bedroht sind? Was könnte man tun? Hier informieren die „Aktuell-Seiten".

Möchtet ihr weitere Tiere und Pflanzen kennen lernen? Da werden euch die „Kennübungsseiten" nützlich sein.

Aus dem Alltag   Aus der Technik   Aus der Geschichte   Aus …

Wenn ihr euch in diese „Bausteine" vertieft, erfahrt ihr viel über eure Umwelt – und ihr erkennt Physik, Chemie und Biologie im Alltag wieder.

Die „Geschichtsseiten" berichten von den Leistungen bekannter Forscher. Manchmal erfahrt ihr hier auch etwas von den Schwierigkeiten und Anfeindungen, die sie zu überwinden hatten. Durch diese Texte bekommt ihr auch einen Eindruck davon, wie sich Wissenschaft und Technik entwickeln und wie sie das Leben der Menschen verändern.

Zusammenfassung

Sie besteht aus zwei Teilen:

Unter „Alles klar" stehen Aufgaben, durch die ihr zeigen könnt, ob ihr in dem Thema wirklich fit seid.

„Auf einen Blick" stellt das Wichtigste der vorhergehenden Seiten noch einmal zusammen. Dieser Teil ist ideal zum Wiederholen und zum Nachlernen – am besten zusammen mit den Infos.

Natur und Technik
Naturwissenschaften

Klasse 5/6
Teilband 1

Erarbeitet von
Bernd Heepmann, Dr. Walter Kleesattel,
Wolfgang Kunze, Dr. Heinz Muckenfuß,
Christiane Piepenbrock, Ingrid Scharping,
Carmen Scholz, Wilhelm Schröder,
Reinhard Sinterhauf

Berücksichtigt wurden auch Arbeiten von
Dr. E. W. Bauer, Roman Biberger, Dr. Stefanie
Esders, Karl Füssl, Udo Hampl, Hans Herzinger,
Dr. Peter Hiering, Jörg Meier, Gerhard Moosburger,
Karlheinz Pfahler, Dr. Lothar Staeck, Dr. Leonhard
Stiegler, Horst Wisniewsky

Redaktion:
Helmut Dreißig, Thomas Gattermann,
Dr. Wolfgang Goll, Dr. Silvia Jander, Carola Lerch,
Jutta Waldow

Grafik:
Siehe Verzeichnis der Bild- und Textquellen

Cornelsen online http://www.cornelsen.de

1. Auflage ✓ €   Druck 5 4 3 2   Jahr 04 03 01 2000

Alle Drucke dieser Auflage können im Unterricht nebeneinander verwendet werden.

© 1998 Cornelsen Verlag, Berlin
Das Werk und seine Teile sind urheberrechtlich geschützt. Jede Verwertung in anderen als den gesetzlich zugelassenen Fällen bedarf deshalb der vorherigen schriftlichen Einwilligung des Verlages.

Druck: Cornelsen Druck, Berlin

ISBN 3-464-04293-6

Bestellnummer 42936
(Bestellnummer von Teilband 2: 42987
Bestellnummer des Gesamtbandes: 42995)

gedruckt auf säurefreiem Papier, umweltschonend hergestellt aus chlorfrei gebleichten Faserstoffen

Inhaltsverzeichnis

Sinne und Wahrnehmung

Die Vielzahl der Sinne

Wahrnehmung von Schall

Wahrnehmung von Licht

61712

Entdeckungen im Mikrokosmos

Tiere und Pflanzen in ihrer Umwelt

Anhang

Sinne erschließen die Welt

Wie ein Lauffeuer hat es sich in der Schule herumgesprochen. Am Spielplatz wird ein großes Klettergerüst errichtet. Anja und Thomas können es schon gar nicht mehr erwarten, bis der Unterricht endet. Endlich ist es so weit. Erwartungsvoll rennen sie mit den anderen Kindern zum Spielplatz. Und dann sehen sie das Klettergerüst. Es ist bereits von vielen Kindern belagert.

A1 *Beschreibe, was du auf dem Klettergerüst erleben kannst.*

A2 *Welche deiner Sinne könnten dabei besonders gefordert sein?*

Sinnesorgane und Sinne. Stelle dir vor, wie du zum ersten Mal auf das Klettergerüst steigst: vorsichtig mit Händen und Füßen tastend, mit den Augen nach sicherem Halt suchend, bewegen sich die Kletterer langsam auf den wackeligen Seilen voran. Vielleicht schreist du sogar, wenn plötzlich das Seil unter dir nachgibt und dein Körper sich gefährlich nach vorne oder hinten neigt. Aber du hast bestimmt Lust darauf mitzumachen, um das Klettergerüst mit deinen eigenen Sinnen zu erleben!

Ständig wirken Reize wie Licht, Geräusche oder Kälte auf uns ein. Mit bestimmten Organen unseres Körpers, den *Sinnesorganen*, können wir diese Reize empfangen. Es sind Augen, Ohren, Nase, Zunge und die den Körper umhüllende Haut,

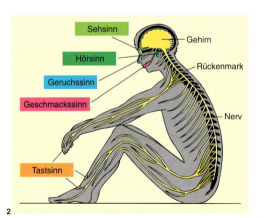

die uns die Welt um uns erschließen lassen. Mit den Augen können wir sehen. Aber nur wenn es hell genug ist, funktioniert der Sehsinn. Im Dunkeln müssen wir uns auf den Tastsinn der Haut oder den Hörsinn der Ohren verlassen. Die verschiedensten Düfte erfassen wir mit dem Geruchssinn der Nase. Auf der Zunge befindet sich unserer Geschmackssinn. Über Nerven werden die Reize von den Sinnesorganen zum Gehirn weitergeleitet. Die Botschaften werden hier erkannt und in verständliche Informationen für uns übersetzt. Nun erst verstehen wir die Sinneseindrücke.

Unsere wichtigsten Sinnesorgane sind Augen, Ohren, Nase, Zunge und die Haut.

Info: Der Geschmackssinn

Jeder Mensch hat seine Lieblingsgerichte. Er kennt aber auch Speisen, die er verabscheut. Die „Geschmäcker" sind eben verschieden.

Wir schmecken mit der Zunge. Die Zungenoberfläche ist dicht besetzt von kleinen, warzenförmigen Erhebungen, den Papillen. Im Innern der Papillen befinden sich die geschmacksempfindlichen Punkte. Aus der zerkauten, verflüssigten Nahrung nehmen sie die Geschmacksreize auf. Erstaunlich ist, dass wir *nur vier* verschiedene Geschmacksrichtungen unterscheiden können: süß, sauer, salzig und bitter. Sie werden auf verschiedenen Bereichen der Zunge registriert. Die meisten Geschmacksreize sind Mischungen aus den vier Geschmacksrichtungen.

Geschmacks- und Geruchssinn wirken zusammen. Vielleicht hast du es schon selbst erlebt: Du hast einen starken Schnupfen und gleichzeitig schmeckt das Essen fad. Den typischen Geschmack von Speisen und Getränken nehmen wir ohne gleichzeitige Geruchsempfindung nur schwach wahr.

Ob eine Speise süß ist, stellt die Zungenspitze fest. Ob sie salzig ist, wird vom Zungenrand gleich dahinter bemerkt. Ob eine Speise sauer ist, entdeckt der hintere Teil des Zungenrandes. Ob sie bitter ist, wird vom allerhintersten Teil der Zunge festgestellt.

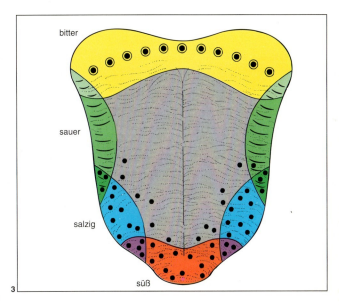

In jedem dieser Bereiche liegt eine *andere Sorte* von geschmacksempfindlichen Punkten, die die jeweilige Meldung an das Gehirn weiterleiten.

Wir schmecken süß, salzig, sauer und bitter.

A1 *Nimm einen Apfel und beiße ein kleines Stück davon ab. Beobachte ganz bewusst und erkläre.*

Info: Der Geruchssinn

Im Gegensatz zum Geschmackssinn ist der Geruchssinn, der auch auf die Ferne Reize wahrnehmen kann, viel stärker ausgeprägt. Die geruchsempfindlichen Punkte befinden sich im oberen Bereich der Nasenhöhle auf einem pfenniggroßen Fleck. Dicht gedrängt liegen hier rund 10 Millionen Riechzellen nebeneinander. Sie sind in die Riechschleimhaut eingebettet.

Mit dem Dampf eines warmen Essens verbreitet sich sein Geruch besonders schnell. Gasförmige Stoffe steigen in die Nase und lösen sich in der feuchten Riechschleimhaut. Die Sinneszellen werden gereizt und geben über den Riechnerv Signale ans Gehirn.

Der Mensch kann Tausende verschiedener Gerüche wahrnehmen und unterscheiden. Kaffeeprüfer können allein am unterschiedlichen Geruch über 200 Kaffeesorten auseinanderhalten.

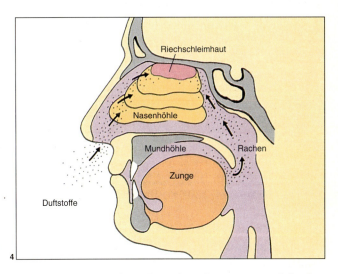

Unser Geruchssinn liegt im oberen Bereich der Nasenhöhle und ist gut ausgeprägt.

Info: Die Haut

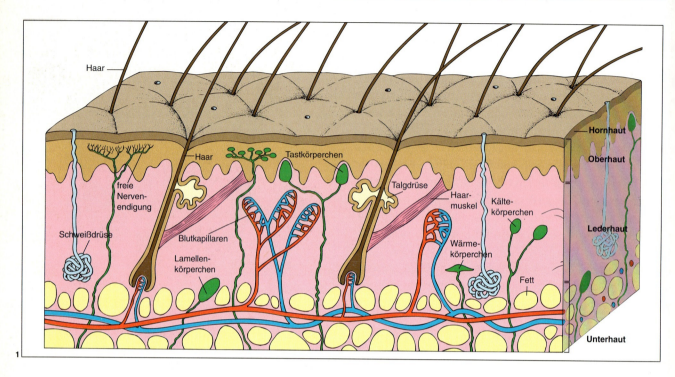

Haar

Haar — Tastkörperchen

freie Nerven-endigung

Schweißdrüse

Blutkapillaren

Lamellen-körperchen

Talgdrüse

Haar-muskel

Kälte-körperchen

Wärme-körperchen

Fett

Hornhaut

Oberhaut

Lederhaut

Unterhaut

1

Aufgaben. Die Haut erfüllt verschiedene Aufgaben. Sie schützt unseren Körper gegen Verletzung, gegen Krankheitserreger, gegen Verdunstung und gegen allzu starke Sonneneinwirkung. Durch Schweiß-abgabe kühlt sie unseren Körper bei Hitze. Fett-einlagerungen sorgen dafür, dass der Körper gegen zu starken Wärmeverlust isoliert wird. Außerdem wirkt das Fett wie ein Polster. Darüber hinaus ist die Haut das größte Sinnesorgan des Menschen. Beim Erwachsenen beträgt ihre Oberfläche fast $2\,m^2$. Nicht überall ist die Haut gleich dick: Durch die dünne Haut der Lippen scheinen die Blutgefäße rot hindurch. An den Fußsohlen haben wir dagegen meist eine dicke Hornhaut. Als Kontaktfläche zwischen Körper und Außenwelt erfüllt die Haut vielfältige Aufgaben.

Schutz. Die Haut schützt den Körper gegen Aus-trocknung und zu viel Sonnenstrahlen, gegen Bakte-rien und Fremdkörper.

Kälteisolation. Die Haut trägt dazu bei die Kör-pertemperatur konstant zu halten. Das Fettgewebe der Haut isoliert gegen Kälte. Bei Hitze kühlt der ab-gegebene Schweiß.

Reizempfindung. Viele Umweltreize spüren wir über die Haut. Bei blinden Menschen übernimmt der Tastsinn der Haut sogar einen Großteil der Wahrneh-mung.

Die drei Schichten der Haut. Die Oberhaut besteht aus der Hornhaut und der darunter liegenden Keim-schicht. Die Zellen der Hornhaut sind abgestorben und werden von der Keimschicht ständig erneuert. Etwa alle 5 Wochen haben wir eine „neue Haut". Auch Haare und Nägel werden von der Oberhaut ge-bildet. Die Lederhaut ist eine zähe Schutzschicht. In ihr liegen Blutgefäße und Nerven, Schweißdrüsen und die Fett absondernden Talgdrüsen.

Die dickste Schicht ist die Unterhaut. Hier spei-chert der Körper Blut und Fett.

Die Haut ist ein Sinnesorgan. Leder- und Ober-haut enthalten unzählige Sinneszellen. Mithilfe von rund 250 000 Kälte- und 30 000 Wärmekörperchen können wir Temperaturunterschiede feststellen.

Krabbelt eine Ameise über die Hand, dann melden das die Tastkörperchen, die direkt unter der Ober-haut liegen. An den Fingerspitzen sind es bis zu 50 Stück pro cm^2. Auf größeren Druck sprechen die tiefer liegenden Lamellenkörperchen an. Schmerzen oder Erkrankungen der Haut melden die rund 4 Mil-lionen freien Nervenendigungen.

A1 *Die Haut ist eines unserer wichtigen Sinnesor-gane. Überlege dir, welche Wahrnehmungen über die Haut vermittelt werden.*

61905

Praktikum: Die Haut

1 Durch Ertasten sehen lernen

Benötigt werden: Schal, Beutel oder Karton mit verschiedenen Gegenständen, eine Textseite in Blindenschrift, Papier, Stift.

- Lege verschiedene Gegenstände in einen Beutel oder einen Karton. Verbinde deinem Partner die Augen. Er soll die Gegenstände ertasten und Form, Material, Größe, Gewicht und Temperatur beschreiben. Welche Gegenstände sind leicht zu erkennen? Woran könnte es liegen, dass du manche Gegenstände nur schwer wiedererkennen kannst?
- Besorge dir ein Buch in Blindenschrift. Schließe die Augen und taste über eine Zeile. Versuche, die Punktzeichen aufzuzeichnen. Vergleiche deine Aufzeichnung mit der Schriftzeile.

2

2 „Reine Gefühlssache"

Benötigt werden: Stift, Schere, Karton, Lineal, Papier.

- Schneide aus Fotokarton einen Zackenkarton wie auf dem Bild rechts aus. Verbinde deinem Partner die Augen. Berühre Stirn, Lippen, Fingerspitzen, Oberarm, Nacken mit allen Seiten des Zackenkartons. Dein Partner gibt an, mit welcher Seite er berührt wurde. Trage die Ergebnisse sorgfältig in eine Tabelle ein. Erkläre die Unterschiede.

Benötigt werden: 3 große Gefäße, Thermometer, 5 °C, 20 °C und 35 °C warmes Wasser.

- Fülle je ein Gefäß mit 5 °C, 20 °C und 35 °C warmem Wasser. Tauche nun eine Hand in das 5 °C, die andere in das 35 °C warme Wasser und danach beide in das 20 °C warme Wasser. Beschreibe.

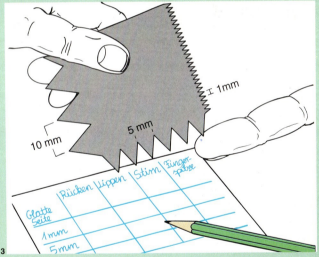

3

3 Die Haut atmet

Benötigt werden: durchsichtiger Plastikbeutel, Gummiring, Pipette, konzentriertes Kalkwasser, Tuch, warmes und kaltes Wasser, Alkohol.

- Stecke eine Hand in die Plastiktüte und verschließe sie mit einem Gummiband locker am Handgelenk. Nimm die Plastiktüte nach 10 und nach 30 Minuten wieder ab. Beobachte.
- Führe den oben stehenden Versuch durch, nimm aber erst nach 30 Minuten die Plastiktüte ab. Gib mit der Pipette einige Tropfen konzentriertes Kalkwasser dazu und schwenke sie aus. Erkläre.
- Reibe deinen Handrücken jeweils mit warmem Wasser, kaltem Wasser und mit Alkohol ab, und puste anschließend darüber. Beobachte genau.

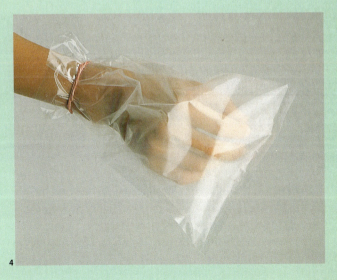

4

Info: Die Sinneswelt der Tiere

Die reizarme Welt der Zecke. Auf Bäumen, Sträuchern und Gräsern warten die zu den Spinnentieren gehörenden weiblichen Zecken auf Nahrung. Sie leben von Blut, besonders von Säugetieren und Menschen. Ein nahendes Opfer erkennen sie an dessen Geruch. Empfängt eine Zecke diesen Reiz, so lässt sie sich fallen. Sobald sie Fellhaare oder Haut spürt, klammert sie sich fest. Die vom Blut ausgestrahlte Wärme führt die Zecke schließlich zu ihrer Nahrung. Sie bohrt sich in die Haut und beginnt ausgiebig zu saugen: In wenigen Tagen erhöht sie ihr Gewicht von 2 mg auf über 400 mg und wächst in dieser Zeit von 2 mm Größe auf

etwa 11 mm an. Hat die Zecke ihr Ziel verfehlt, so klettert sie erneut an Gräsern oder Büschen hoch. Dabei orientiert sie sich nach Hell und Dunkel.

Viele weitere Umweltreize existieren für die Zecke nicht. Selbst den Geschmack des Blutes, das sie saugt, nimmt sie nicht wahr. Mit wenigen, aber gut entwickelten Sinnen findet sich die Zecke zurecht.

Zecken können gefährliche Krankheitserreger übertragen. Man sollte sie möglichst entfernen, bevor sie sich eingebohrt haben. Gegebenenfalls vorsichtig drehend herausziehen, sodass ihre Mundwerkzeuge nicht in der Haut stecken bleiben!

Die „Riechwelt" des Hundes. Säugetiere können die unterschiedlichsten Reize aus ihrer Umwelt aufnehmen. Aber nicht alle Reize werden gleich gut aufgenommen. Oft ist ein Sinnesorgan besonders gut entwickelt und prägt das Bild, das sich ein Lebewesen von seiner Umwelt macht. Der Hund ist ein Geruchsspezialist. Er kann Düfte riechen, die für unsere Nase viel zu „dünn" sind. So genügt ihm schon die geringste Menge des Duftstoffes, der vom Körper eines Menschen durch die Schuhe auf den Boden gelangt, um dessen Fährte aufzunehmen. Als Lawinenhund eingesetzt, kann ein Schäferhund in wenigen

Minuten durch eine 6 m hohe Schneedecke hindurch einen Menschen wittern. Hunde haben auch ein ausgezeichnetes Gehör. Wenn ihn ein Geräusch interessiert, spitzt der Hund die Ohren und dreht sie genau in Richtung der Lärmquelle. Schon lange bevor der Mensch einen Herannahenden kommen hört, hat der Hund dessen Schritte vernommen.

Der Sehsinn ist bei Hunden nur schwach ausgeprägt. Hunde sehen schlecht und Farben können sie wahrscheinlich nur schwach unterscheiden. Sie „sehen" ihre Umwelt hauptsächlich durch die Nase und die Ohren.

Die „Superohren" der Fledermaus. Die am Abend und nachts jagenden Fledermäuse orientieren sich mithilfe der Echopeilung und ihres sehr feinen Gehörs in der Dunkelheit. Beim Fliegen stoßen einige Arten, zu denen das Mausohr gehört, in jeder Sekunde etwa 20 Töne aus. In Form von Schallwellen oder Schwingungen

breiten sich die Töne in der Luft aus. Treffen die Schallwellen nun auf ein Hindernis, so werden sie als Echo zurückgeworfen. Je früher das Echo zurückkommt, desto näher muss das Objekt liegen. Die Lautstärke und die Richtung des zurückkommenden Echos geben weitere Informationen. Hat die Fledermaus durch Echopeilung zum Beispiel einen Nachtfalter erfasst, so wird er genauer „betrachtet": Die Zahl der Rufe erhöht sich plötzlich auf über 200 je Sekunde. Manche Fledermausarten können sogar Fische aufspüren, die knapp unter der Wasseroberfläche schwimmen.

Auf diese Weise tasten die Fledermäuse mit ihren Rufen die Umgebung ab. Dunkelheit, wie wir sie kennen, gibt es für sie nicht. Sie leben in einer Hörwelt. Uns Menschen bleibt diese Welt verschlossen, denn die Fledermausrufe sind für unser Gehör meist zu hoch. Sie liegen im Ultraschallbereich, für den unsere Ohren taub sind.

61907

Der Flussaal – vom Meer in die Flüsse und zurück. Die Aale kommen in der Sargassosee zur Welt. Die Aallarven treiben vor die Küste Nordamerikas und Europas, wandeln sich zu Glasaalen um und schwimmen dann die Flüsse hinauf. Die erwachsenen Aale bleiben 6 bis 12 Jahre im Süßwasser. Dann beginnen sie ihre Rückkreise zum Ort ihrer Geburt. Im Herbst wandern die ausgewachsenen

Aale flussabwärts. Sie erreichen schließlich das Meer und schwimmen in einigen Metern Tiefe immerzu nach Südosten und erreichen schließlich die Sargassosee. Wer zeigt ihnen die Richtung? Woran bemerken sie, dass sie am Ziel sind? Riechen oder schmecken sie vielleicht die Sargassosee? Wie gut ist der Geruchssinn der Aale ausgeprägt?

Unter den Tieren gibt es Spezialisten, bei denen ein Sinn ganz besonders ausgeprägt ist: bei Aalen, Lachsen und Hunden der Geruchssinn, bei Fledermäusen der Hörsinn, bei Zecken der Temperatur- und der Geruchssinn.

Bis 1959 wusste niemand genau, wie gut der Geruchssinn der Aale ist. Dann brachte ein *Experiment* die Antwort: Ein Biologe richtete ein Aquarium ein. Als Riechstoff benutzte er dabei eine Flüssigkeit, die dem sehr stark duftenden Rosenöl seinen kennzeichnenden Geruch gibt. In einer Testreihe wurde die Riechstoffmenge schrittweise immer mehr verdünnt und es wurde beobachtet, bis zu welcher Verdünnung der Aal den Geruchsstoff noch wahrnehmen kann.

Erst ein billionstel Tropfen Riechstoff im Wasser wird nicht mehr bemerkt. Dies bedeutet, dass die Aale *einen Fingerhut voll Riechstoff, verdünnt mit der 58fachen Wassermenge des Bodensees,* noch bemerken würden. Dies ist für uns völlig unvorstellbar.

A1 *Vergleiche die Sinnesleistungen der im Text beschriebenen Tiere. Erkläre die Unterschiede.*

A2 *Überlege, ob du weitere Tiere mit besonders leistungsfähigen Sinnesorganen kennst.*

Pflanzen. Sie können weder laufen noch herumspringen. Ihre Bewegungen sind sehr langsam: Sie wachsen, ihre Blüten öffnen und schließen sich, sie drehen ihre Blätter gegen die Sonne. Bei den Pflanzen finden wir *keine mit uns vergleichbaren Sinneszellen. Obwohl sie weder ein Nervensystem haben noch Muskeln besitzen,* können einige von ihnen schnell auf Berührungen reagieren. Die Venusfliegenfalle kann ihre Fangblätter innerhalb einer 1/100 Sekunde zusammenklappen, wenn sich eine Fliege darauf setzt.

Die Mimose kann als Schutzmaßnahme ihre gefiederten Blätter bei Berührung in wenigen Augenblicken zusammenfalten und die Stiele der Blätter senken. Aber wie kann eine solch rasche Reaktion bei diesen Pflanzen erklärt werden? In den Pflanzenzellen herrscht ein sehr hoher Flüssigkeitsdruck. Die Venusfliegenfalle und die Mimose besitzen besondere Zelltypen, die diesen Druck sehr schnell ändern können. Dadurch verändert sich die Gestalt der Pflanze. Dies läuft bei einem Reiz vollkommen automatisch ab.

Schall und Schallausbreitung

Wie entsteht Schall?

Alles, was du hören kannst, ist „Schall": Verkehrslärm, Musik, Sprache, Vogelzwitschern …
Wie wirkt Schall auf dich? Wie wirkt es, wenn fast kein Schall zu hören ist?

V1 *Mit Musikinstrumenten oder selbst gebauten „Geräuschquellen" soll Schall erzeugt werden. Überlege jeweils, wie der Schall entsteht.*

a) *Presse ein Ende einer Stricknadel fest auf den Tisch. Zupfe die Nadel an.*

b) *Fülle ein wenig Wasser in ein dünnwandiges Weinglas. Tauche dann deinen Zeigefinger hinein und fahre mit ihm auf dem Glasrand entlang (Bild 3).*

c) *Schneide dir zunächst einen Trinkhalm so zu, wie du es in Bild 4 siehst. Presse anschließend das beschnittene Ende mit den Lippen zusammen und puste kräftig in den Halm.*

d) *Blase einen Luftballon prall auf und ziehe die Öffnung auseinander. Auf diese Weise entsteht ein Spalt, durch den die Luft ausströmen kann …*

V2 *Viele Musiker stimmen ihr Instrument mit einer Stimmgabel (Bild 5). Sie erzeugt nämlich immer den gleichen Ton.*
Es lässt sich kaum erkennen, wie der Ton entsteht. Wie kannst du aber mit einem Glas Wasser nachweisen, dass sich die Zinken der Stimmgabel nach dem Anschlagen schnell bewegen?

V3 *Bild 4 zeigt eine Stimmgabel mit einer daran festgeschraubten Schreibfeder. Darunter liegt eine berußte Glasplatte.*
Wie ist wohl die Spur auf der Glasplatte entstanden?

Zinken

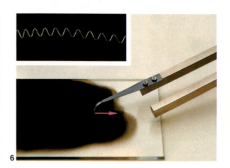

61714

Info: Ohne Schwingungen kein Schall

Wenn man eine Stricknadel anzupft (Bild 7), wird sie zu einer **Schallquelle** oder einem **Schallsender**. Man sieht dann deutlich, wie Schall eigentlich entsteht:

Die Nadel wird aus ihrer Ruhelage nach unten gezogen und dann losgelassen. Sofort federt ihr freies Ende zurück – doch nicht nur bis zur Ruhelage, sondern weiter nach oben. Dann kehrt das Nadelende um und bewegt sich wieder nach unten. Das wiederholt sich in einer Sekunde viele Male.

Du wirst sagen: Das freie Ende der Nadel „zittert auf und ab" oder „vibriert". In der Physik sagt man dazu: Die Nadel **schwingt**. Die Bewegungen der angezupften Nadel nennt man **Schwingungen**.

Wenn ein Körper langsam schwingt, kannst du seine Bewegung verfolgen. Schnellere Bewegungen siehst du nur unscharf oder gar nicht. Du spürst und hörst jetzt aber, dass etwas schwingt (z. B. eine Gitarrensaite oder die Membran eines Lautsprechers).

Ruhelage

7

Wir unterscheiden verschiedene Schallarten: Schwingt eine Schallquelle gleichmäßig hin und her, so hören wir einen **Ton** oder **Klang** (Stimmgabel). Von einem Knall sprechen wir, wenn die Schallquelle nur einmal stark angestoßen wird und die Schwingungen gleich wieder aufhören (Startschuss). Ein **Geräusch** entsteht, wenn eine Schallquelle unregelmäßig schwingt (Reißen von Papier).

A1 *Ergänze den folgenden Satz: „Ein Körper wird zur Schallquelle, wenn …"*

A2 *Was haben die Schwingungen einer Schaukel und die Schallentstehung gemeinsam? Was unterscheidet sie?*

A3 *Nenne Beispiele für die einzelnen Schallarten.*

Aus dem Alltag: Schall überträgt Informationen

Wenn deine Lehrerin spricht, wird ihr Mund zum *Schallsender*. Und wenn du diesen Schall aufnimmst, wird dein Ohr zum *Schallempfänger*. Hoffentlich verstehst du aber auch die *Informationen*, die der Schall überträgt – z. B. wenn ein Lehrer sagt: „Morgen früh fällt die erste Stunde aus."

Informationsübertragungen durch Schall sind aber nicht auf das Verstehen von Wörtern beschränkt: Du würdest bestimmt schon an der Art des Schalls unterscheiden, ob jemand z. B. auf Chinesisch sein Kind lobt oder mit ihm schimpft.

Auch Musik überträgt Informationen. Man kann leicht hören, ob der Komponist eine aufgeregte oder eine traurige Stimmung ausdrücken wollte (Bild 8).

8

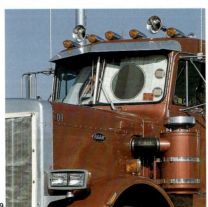

9

Sogar einzelne Geräusche und Klänge stecken voller Informationen – jedenfalls für den, der sie entschlüsseln kann. Denke nur an das Piepsen des Weckers, das Klirren von Scheiben, das Quietschen von Autoreifen, das Singen der Vögel oder das Bellen der Hunde.

Wo es sowieso schon laut ist, da ist es schwierig, wichtige Informationen zu übertragen. Autohupen und Fanfaren (Bild 9) oder Martinshörner müssen deshalb noch viel lauter sein als der jeweilige Verkehrslärm.

Es ist deshalb sehr leichtsinnig, wenn Autofahrer ihr Radio so weit aufdrehen, dass sie nichts anderes mehr hören. Und wer sich auf dem Fahrrad mit seiner Lieblingsmusik „zudröhnt", befindet sich oft sogar in Lebensgefahr.

Wie breitet sich Schall aus?

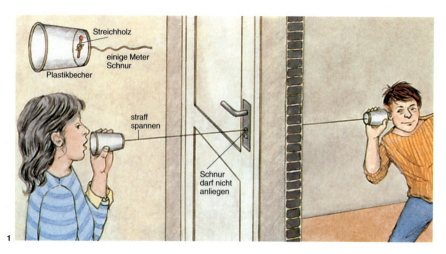

1

Auch mit einem **Fadentelefon** kann man telefonieren. Oder klappt es vielleicht doch nicht, was Katrin und Markus sich da ausgedacht haben?

Am besten probiert ihr es selber einmal aus. Der Zusammenbau ist einfach und die „Zutaten" sind schnell besorgt …

○ Wann ist die Verständigung besonders gut? Wann ist sie schlecht?
○ Kann man den Bindfaden auch durch ein dünnes Gummiband (Nähgummi) ersetzen?
○ Könnte man auf den Faden ganz verzichten?
○ Wie erklärt ihr euch die Schallausbreitung?

V4 *Lege eine leise tickende Uhr auf eine entfernte Tischecke.*
Was stellst du fest, wenn du an der gegenüberliegenden Ecke ein Ohr auf die Tischplatte legst?

V5 *Knüpfe einen Bindfaden an eine Gabel und drücke die Fadenenden an deine Ohren.*
Was hörst du, wenn du die Gabel kurz gegen die Tischkante schlagen lässt?
Suche eine Erklärung dafür.

V6 *Was wird wohl geschehen, wenn jemand das linke Tamburin anschlägt (Bild 2)?*

V7 *Probiere aus, ob du durch eine Stativstange hindurch hörst.*

V8 *Ob man unter Wasser hören kann? Überlege dir dazu einen Versuch und führe ihn durch.*

V9 *Ein Kinderspielzeug wie das von Bild 3 kennst du vielleicht. (So*

ähnlich sieht ein Gerät in der Physiksammlung aus.)
a) *Was geschieht, wenn die linke Kugel losgelassen wird?*
b) *Was hat dieser Versuch mit der Schallausbreitung zu tun?*

V10 *„Im Weltall ist es ganz still. Morgens könnte man nicht durch einen Wecker geweckt werden."*
Dieser Satz aus einem Science-Fiction-Roman soll mit den Geräten von Bild 4 überprüft werden …

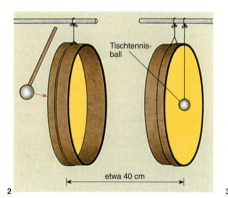

2

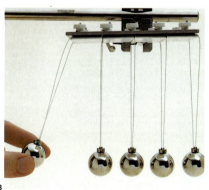

3

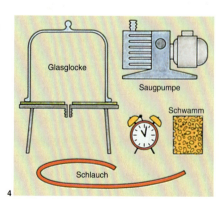

4

61715

Info: Schallwellen in der Luft

Wenn sich ein Gegenstand, z. B. eine Schaukel, *langsam* durch die Luft bewegt, weichen die Luftteilchen vor ihm aus. Sie strömen um ihn herum und treffen hinter ihm wieder zusammen.

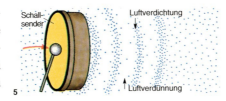

Schlägt man auf eine Trommel oder ein Tamburin, so wird die Membran *schnell* eingedrückt. Die Luftteilchen können dann nicht mehr ausweichen; sie werden hinter der Membran zusammengedrückt. So entsteht dort für kurze Zeit ein Raum mit besonders vielen Luftteilchen – eine **Luftverdichtung**.

Die zusammengedrückten Luftteilchen stoßen ihrerseits benachbarte Teilchen an. Diese werden dadurch ebenfalls zusammengedrückt. Auf diese Weise breitet sich die Luftverdichtung aus.

Nach dem Anschlagen der Trommel schwingt die Membran schnell wieder zurück. Jetzt entsteht hinter der Membran ein Raum mit weniger Luftteilchen als vorher; es entsteht also eine **Luftverdünnung**.

Luftverdichtungen und Luftverdünnungen wechseln einander ab (Bild 5). Diese sich ausbreitenden Luftverdichtungen und -verdünnungen nennen wir **Schallwellen**. Vom **Schallsender** aus laufen die Schallwellen nach allen Seiten hin auseinander, sodass sie auch unsere **Schallempfänger**, die Ohren, erreichen können. Mit zunehmendem Abstand werden aber die Schwingungen der Luftteilchen geringer. Daher wird der Schall für uns immer leiser, je weiter wir von der Schallquelle entfernt sind.

A1 *Der Schall breitet sich durch Druckschwankungen der Luft aus. Wie ist das zu verstehen?*

A2 *Manchmal sagt man, das Reden und Hören sei ein „Sender-Empfänger-Prinzip". Erkläre!
Wende dieses Prinzip auch auf den Sehvorgang an.*

Aus der Umwelt: Wie findet der Hai seine Beute?

Für Interessierte zum Weiterlesen

Haie sind ein Alptraum für Taucher und Surfer. Gruselgeschichten und -filme von Haien als „Menschen fressenden Ungeheuern" (Bild 6) kennt beinahe jeder. Tatsache ist aber, dass jährlich weltweit nur etwa 50 Angriffe von Haien auf Menschen gezählt werden.

Forscher haben das Angriffsverhalten des Hais studiert und seine Sinnesorgane getestet.

Wie spürt der Hai kämpfende Fische oder einen schwimmenden Menschen? Sieht, riecht oder schmeckt er die mögliche Beute?

Die Opfer des Hais verraten sich vor allem durch **Wellen**, die sie mit ihren Bewegungen erzeugen. Dabei handelt es sich aber nicht um Wellen an der Wasseroberfläche; vielmehr sind es jetzt Druckschwankungen *im* Wasser.

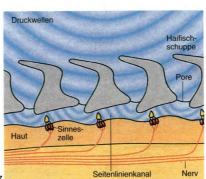

Haie besitzen wie alle Fische ein Organ, mit dem sie diese Wellen spüren. Es befindet sich seitlich am Körper und reicht vom Kopf bis zum Schwanz: das so genannte *Seitenlinienorgan*.

Zwischen den Schuppen des Hais liegen in regelmäßigen Abständen Öffnungen, die zu einem durchgehenden Kanal führen. In diesen ragen empfindliche Sinneszellen hinein (Bild 7).

Wenn eine Welle z. B. den Kopf des Hais eher als dessen Schwanz erreicht, muss sich der Verursacher der Welle vor dem Hai befinden. Der Fisch besitzt also sozusagen einen „bis in die Ferne reichenden **Tastsinn**". Mit diesem „Tastsinn" können Fische in einem Schwarm auch bei Dunkelheit ihre Artgenossen erspüren.

Laut und leise – hoch und tief

Wie kommen unterschiedliche Töne zustande?

V11 *Mit einem Gummiband kann man unterschiedliche Töne erzielen. Wie unterscheiden sie sich? Wie machst du das?*

V12 *Halte ein langes Lineal so am Tisch fest, dass der größte Teil des Lineals frei schwingen kann.*
a) *Untersuche damit, wovon die **Lautstärke** eines Tones abhängt.*
b) *Wie kannst du die **Tonhöhe** verändern?*

V13 *Lege einige Papierkügelchen auf die Membran eines Lautsprechers. Beobachte sie bei lauter und dann bei leiser Musik.*

V14 *Fülle gleichartige Flaschen unterschiedlich hoch mit Wasser. Schlage sie mit einem Stab an. Vergleiche die Tonhöhen.*
Du kannst Schall auch erzeugen, indem du über die Ränder der Hälse bläst. Was stellst du fest?

Info: Lautstärke und Tonhöhe – wovon hängen sie ab?

Wie du Schall erzeugen kannst, weißt du schon: Du musst dazu einen Körper (z. B. eine Gitarrensaite) in schnelle Schwingungen versetzen.

Schwingungen können wir bei einer Schaukel genauer betrachten, weil sie dort ziemlich langsam ablaufen (Bild 2):

Je stärker die Schaukel (aus der *Ruhelage*) angestoßen wird, desto weiter schwingt sie (bis zum ersten *Umkehrpunkt*) aus. Diese größte Ausschwingung – also der Weg zwischen Ruhelage und Umkehrpunkt – wird **Amplitude** genannt.

Das gilt auch für Schallschwingungen (Bild 3). Wird eine Schallquelle stark angestoßen, so schwingt sie mit großer Amplitude. Die Folge ist, dass wir einen *lauten* Ton hören. Es gilt: **Je größer die Amplitude, desto *lauter* der Ton.**

Wenn man die Saite verkürzt (oder wenn man stärker spannt) und dann erneut anzupft, erklingt ein *höherer* Ton als vorher. Die Saite schwingt jetzt schneller als zuvor. Es gilt: *Je schneller die Schwingung, desto höher der Ton.*

Die Anzahl der Schwingungen in einer Sekunde nennt man die *Schwingungszahl* oder die **Frequenz** der Schallquelle.

Man kann also sagen: **Je größer die Frequenz, desto *höher* der Ton.**

Die Frequenz wird in der Maßeinheit **1 Hertz** (1 Hz) angegeben – so benannt nach dem deutschen Physiker Heinrich Hertz (1857–1894).

Wenn ein Körper in einer Sekunde nur einmal vor und zurück schwingt (Bild 4), besitzt er die Frequenz 1 Hertz (1 Hz).

Schall, den wir hören können, entsteht erst bei höheren Frequenzen: Ein Kind z. B. hört Schallschwingungen mit Frequenzen von etwa 16 bis 20 000 Hz. Das ist der **Hörbereich** des Menschen (→ Anhang, S. 187, Bild 3). Mit jedem Jahrzehnt, um das ein Mensch älter wird, nimmt aber die obere Hörgrenze um 2000 Hz ab .

Schall oberhalb von 20 000 Hz können wir nicht hören. Man bezeichnet ihn als **Ultraschall**.

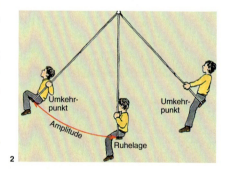

2 *(Schaukel mit Umkehrpunkt, Amplitude, Ruhelage)*

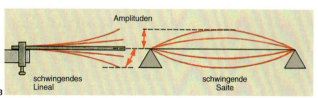

3 schwingendes Lineal · Amplituden · schwingende Saite

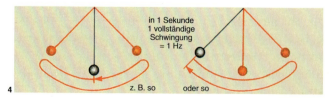

4 in 1 Sekunde 1 vollständige Schwingung = 1 Hz · z. B. so · oder so

A1 Schwingungen einer Schallquelle sind durch Amplitude und Frequenz gekennzeichnet.
Welche Größe bestimmt die Lautstärke und welche die Tonhöhe?

A2 Ergänze folgende Sätze:
„Je schneller eine Saite schwingt (je höher ihre Frequenz ist), … "
„Je weiter eine Saite schwingt (je größer ihre Amplitude ist), … "

A3 In Bild 5 siehst du Messingzungen von einer Mundharmonika. Sie werden beim Hineinblasen zum Schwingen gebracht. Wodurch entstehen hier die verschiedenen Tonhöhen?

A4 Die Stimmbänder in unserem Kehlkopf können durch Muskeln

5

straffer gespannt werden. Gib an, welchen Einfluss dieses Spannen auf die Tonhöhe der Stimme hat.

A5 Es gibt spezielle „Hundepfeifen". Ein darauf abgerichteter Hund reagiert auf den Pfiff, obwohl wir den Ton selbst nicht hören können. Erkläre das.

A6 „Die Orgel erzeugte einen Ton mit großer Amplitude und niedriger Frequenz." Beschreibe den Ton mit anderen Worten.

Aus dem Alltag: Schallerzeugung mit elektrischen Geräten

Wenn du sprichst, schreist oder singst, schwingen die Stimmbänder in deinem Kehlkopf. Die Stimmbänder erzeugen den Schall. Oft ist er aber nicht laut genug. Denke nur an ein Schulsportfest oder ein Bundesligaspiel. In einem solchen Fall muss der Schall *elektrisch verstärkt* werden.

Dazu werden die Schallwellen zunächst einmal von einem **Mikrofon** aufgenommen. Es wandelt die Druckschwankungen der Luft in Stromschwankungen um. Diese elektrischen Signale kann man *sofort verstärken* (wofür man einen **Verstärker** braucht) – man kann sie aber auch zwischendurch *speichern*.

Das geschieht z. B. mit einem **Magnetband**, wie es zu deinem Kassettenrekorder gehört. Allerdings ist es dazu nötig, die elektrischen Signale nochmals umzuwandeln: Aus den Stromschwankungen werden jetzt Schwankungen der Stärke von winzigen Magneten, die – für dich unsichtbar – im Magnetband des Rekorders stecken.

Am Ende dieser Umwandlungen müssen die Geräte wieder Schallwellen in der Luft erzeugen; nur dann kannst du etwas hören.

Das geschieht mit Hilfe von Lautsprechern oder Kopfhörern (in denen ebenfalls kleine Lautsprecher stecken). Wie ein solcher **Lautsprecher** aufgebaut ist, zeigt dir Bild 6.

Der vom Verstärker kommende elektrische Strom schwankt in seiner Stärke – genau in der gleichen Frequenz wie die Schallwellen, die ursprünglich auf das Mikrofon auftrafen.

Dieser Strom macht im Lautsprecher eine Spule aus Kupferdraht magnetisch.

Diese Spule und ein starker Magnet in ihrer Nähe ziehen sich abwechselnd an und stoßen sich ab. Die Folge: Die Spule beginnt zu schwingen. Weil sie hinten an einem großen Trichter aus Pappe festgeklebt ist, schwingt dieser ebenfalls. Dadurch wird der Schall endlich hörbar, denn der Trichter erzeugt bei seinem Schwingen wieder Schallwellen in der Luft.

A7 Was ändert der Verstärker eigentlich – die Frequenz einer Schwingung oder ihre Amplitude?

A8 Den besten Klang erzeugen Lautsprecherboxen ohne Abdeckung (Bild 7). Man sieht dann meistens mehrere Lautsprecher mit unterschiedlich großen Trichtern.
Welchen Sinn hat das wohl?

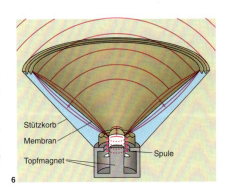

Stützkorb
Membran
Topfmagnet
Spule

6

7

Der Schall lässt sich Zeit – das Echo

Wie lässt sich die *Entfernung* eines Gewitters ermitteln? Mit einer *Uhr?* **1**

Ein Trompeter am Königssee. Aber man hört ein ganzes *Blasorchester.*

V15 *Bitte einen Mitschüler sich in 100 m Entfernung aufzustellen. Er soll eine aufgeblasene Papiertüte zerschlagen. Was beobachtest du?*

V16 *Auf dem Sportplatz schlägt ein Schüler im Sekundentakt zwei Topfdeckel (eine Starterklappe) über dem Kopf zusammen. Ihr entfernt euch und beobachtet genau, wann die Deckel zusammenschlagen. Bei einer bestimmten Entfernung hört ihr den Ton*

gerade „zur Halbzeit", also wenn die Arme am weitesten auseinander sind. Wie viel Meter legt der Schall in der halben Sekunde zurück?

V17 *Versuche eine tickende Uhr aus 5 Meter Entfernung mit Hilfe einer Zeitung zu hören.*

V18 *Lege eine laut tickende Uhr in ein hohes Glas. Unten im Glas soll sich eine Lage Schaumstoff befinden. In einiger Entfernung von dem Glas hörst du das Ticken der Uhr nicht mehr (Bild 3). Wie musst du den Versuchsaufbau ergänzen, damit du die Uhr von derselben Stelle aus hörst? (Uhr und Glas bleiben unverändert.)*

A1 *Sicher hast du schon einmal ein Feuerwerk aus größerer Entfernung gesehen. Den Funkenregen der Raketen sieht man, lange bevor die dumpfen Explosionsgeräusche zu hören sind. Erkläre das. (Denke an Versuch 15.)*

A2 *Welchen Weg würde der Schall in Luft innerhalb von 1 min zurücklegen? (Wenn du V 16 nicht durchgeführt hast, hilft dir eine Tabelle im Anhang.) Zum Vergleich: Rechne aus, welchen Weg ein Auto, das mit 120 km/h fährt, in einer Minute zurücklegt.*

A3 *Nenne einige Tiere, die beim Lauschen ihre Ohrmuscheln in Richtung auf die Schallquelle stellen.*

Warum tun sie das? Vergleiche mit dem Ergebnis von Versuch 17.

A4 *Wie kannst du – mit und ohne Hilfsmittel – die Entfernung eines Gewitters bestimmen?*

A5 *Rechne aus: Wie weit ist ein Gewitter entfernt, wenn zwischen Blitz und Donner etwa 8 s vergehen?*

A6 *Tina will wissen, wie beim Gewitter der Donner entsteht. So wird es ihr erklärt: „Dort, wo der Blitz entlanggeht, wird die Luft schlagartig auf etwa 10 000 °C erhitzt. Beim Erhitzen dehnt sich die Luft aus …" Setze die Erklärung fort.*

Info: Schallgeschwindigkeit und Echo

Beim Gewitter entstehen Blitz und Donner gleichzeitig. Der Blitz erhitzt die Luft in seiner unmittelbaren Umgebung. Dadurch dehnt sie sich schlagartig aus und es entsteht ein Knall: der Donner.

Den Blitz siehst du praktisch sofort. Der Donner aber braucht *Zeit* um vom Ort seiner Entstehung zu dir zu gelangen. In Luft braucht der Schall nämlich ca. drei Sekunden um sich einen Kilometer weit von der Schallquelle zu entfernen. Oder anders ausgedrückt: **Die Schallgeschwindigkeit in Luft beträgt ungefähr 340 m/s.** In einer Sekunde legt also der Schall (in Luft) eine Strecke von 340 Metern zurück.

Die Schallgeschwindigkeit hängt von der Art und Beschaffenheit des Stoffes ab, in dem er fortgeleitet wird (→ Tabelle im Anhang).

Wenn man aus einiger Entfernung gegen eine Bergwand ruft, hört man ein **Echo**. Die Schallwellen werden von der Bergwand *reflektiert*.

Die Schallwellen werden – mindestens teilweise – reflektiert, wenn sie auf die *Grenze zwischen zwei verschiedenen Stoffen* treffen. Wenn Schallwellen z. B. (aus der Luft kommend) auf eine Wasseroberfläche treffen, werden sie an dieser Wasseroberfläche reflektiert.

Aus der Umwelt: Echo-Ortung in der Tierwelt

Schon immer galt **Delphinen** (Bild 4) die Zuneigung der Menschen. Sie wurden früher als heilige Tiere verehrt. Noch heute sehen es Seeleute gern, wenn ihr Schiff von diesen „Glücksbringern" begleitet wird.

Erstaunliche Beobachtungen an Delphinen wurden mit Unterwassermikrofonen gemacht: Die Tiere senden nicht nur die für uns hörbaren Klick- und Pfeiftöne aus, sondern auch **Ultraschall** mit Frequenzen von bis zu 200 kHz (200 000 Hz).

Das **Echo** dieser kurzen Schreie dient ihnen zur Orientierung. Wo sich ein Hindernis oder Beutetier befindet, erkennen sie aus der Laufzeit des Echos und der Richtung, aus der das Echo kommt (Bild 5).

Fledermäuse (Bild 6) wenden das gleiche Verfahren an. Sie machen sich so ein regelrechtes „Bild" von ihrer oft dunklen Umgebung. Man kann sagen: Sie „sehen mit den Ohren". Die Ultraschallschreie der Fledermäuse liegen im Bereich von etwa 120 kHz.

Auf den ersten Blick scheinen Delphine gegenüber Fledermäusen im **Vorteil** zu sein: Sie sind über ihre Umwelt *schneller* informiert. Schallwellen breiten sich nämlich in Wasser fast fünfmal so schnell aus wie in der Luft. Aber hierin liegt auch ein **Nachteil**: Die Zeitunterschiede zwischen den Echos unterschiedlich weit entfernter Gegenstände verringern sich damit im Wasser auf ein Fünftel.

Für die Delphine kommt ein weiterer Nachteil hinzu: Das Gewebe ihrer Beute (meist Fische) besteht hauptsächlich aus dem gleichen Stoff wie die Umgebung – aus Wasser. Daher werden die Schallwellen vom Körper des Beutetieres kaum reflektiert.

Dennoch finden Delphine „mit verbundenen Augen" ihre Beutefische. Deren Schwimmblasen sind nämlich mit Luft gefüllt – und an der Grenzfläche Luft–Wasser wird der Schall fast völlig reflektiert.

Noch weiß man nicht genau, wie und wo Delphine den Ultraschall empfangen.

4

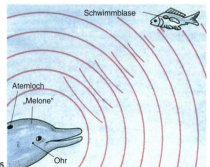

Schwimmblase
Atemloch
„Melone"
Ohr

5

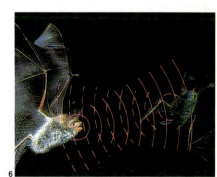

6

Aus der Medizin: Ultraschall in der Medizin

Für Interessierte zum Weiterlesen

Ultraschall-Untersuchungen in der Arztpraxis – eine schon fast alltägliche Sache, z. B. wenn ein Kind „unterwegs" ist.

Bei solchen Untersuchungen wird Ultraschall von ca. 5000 kHz eingesetzt. Zwischen dem Aussenden des Schalls und dem Auftreffen des Echos vergeht eine bestimmte Zeit. Daraus lässt sich errechnen, wie groß der Abstand der reflektierenden Stelle von der Schallquelle ist.

Wie wird eine solche Untersuchung vorgenommen?

Die Ärztin drückt einen kombinierten Schallsender und -empfänger auf den Bauch der schwangeren Frau (Bild 1). Daraufhin durchlaufen Schallwellen die verschiedenen Schichten ihres Körpers – die Haut, das Fettgewebe, die Muskeln und die Knochen.

An jeder Grenzfläche wird ein Teil des Schalls reflektiert. Die Echos werden vom Schallempfänger aufgefangen und an einen Computer übertragen. Dieser berechnet aus den Laufzeiten Entfernungen und Dicken der Schichten und zeigt ihre Lage auf dem Bildschirm an. Es entsteht so ein Bild des ungeborenen Kindes, auf dem zu erkennen ist, wie sich das Kind entwickelt hat (Bild 2).

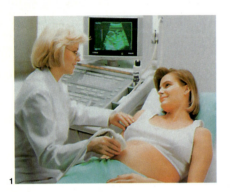

1

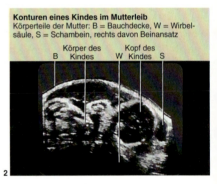

Konturen eines Kindes im Mutterleib
Körperteile der Mutter: B = Bauchdecke, W = Wirbelsäule, S = Schambein, rechts davon Beinansatz
Körper des Kindes B — W — Kopf des Kindes S

2

Zusammenfassung

Alles klar?

A1 *Unter welchen Bedingungen wird ein Körper zur Schallquelle?*

A2 *Wie entstehen Schallwellen in der Luft?*
Wie werden sie weitergeleitet?

A3 *Erkläre die Begriffe „Amplitude" und „Frequenz".*

A4 *Kannst du auf einem Grashalm blasen (Bild 3)? Erkläre, wie dabei der Schall entsteht.*

A5 *Solch ein Stethoskop (Bild 4) zum Abhören der Herztöne wurde erstmals um 1800 benutzt.*
Versuche zu erklären, wie dieses Stethoskop funktioniert.

A6 *Was hört wohl der Indianer von Bild 5? Gib eine Begründung.*

A7 *Petra zählt beim Gewitter: „Eins, zwei, drei …" Gabi zählt jedoch: „Einundzwanzig, zweiundzwanzig …" Beide wollen die Entfernung eines Gewitters ermitteln. Wer zählt praktischer? Erkläre!*

3

4

5

61718

Auf einen Blick

Der Schall und wie er entsteht

Alles, was man hört, nennt man **Schall** (Bilder 6 u. 8): Töne, Klänge, Geräusche, einen Knall.

Schall entsteht, wenn sich ein Körper schnell hin und her bewegt (Bild 7). Diese Bewegungen heißen **Schwingungen**.

Laut und leise – hoch und tief

Ein Ton ist umso **lauter**, je weiter die Schwingungen sind (*große Amplitude*; Bild 9).

Ein Ton ist umso **höher**, je schneller die Schwingungen sind (*hohe Frequenz*; Bilder 10 u. 11).

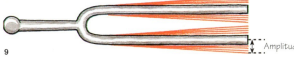

Amplitude

Die **Frequenz** gibt an, wie oft die Schallquelle in einer Sekunde hin und her schwingt. Sie wird in der Einheit **1 Hertz** (1 Hz) angegeben. Wir nehmen nur Schwingungen von 16–20 000 Hz wahr (Bild 12).

65 Hz
= geringe
Frequenz

1175 Hz
= hohe
Frequenz

über
20 000 Hz
= Ultraschall

Schall breitet sich aus und wird reflektiert

Eine Schallquelle erzeugt in der Luft Verdichtungen und Verdünnungen. Diese breiten sich als **Schallwellen** nach allen Seiten hin aus (Bild 13).

Ehe ein Schall bei uns ankommt, vergeht etwas Zeit. Er braucht für eine Strecke von 340 m (in Luft) eine Sekunde. In Flüssigkeiten und festen Stoffen ist der Schall schneller als in Luft. Im luftleeren Raum breitet er sich gar nicht aus.

Wenn Schallwellen auf Flächen treffen, werden sie reflektiert. Bei der **Reflexion** des Schalls (Bild 14) ändert sich die Richtung der Schallwellen wie bei Licht, das auf einen Spiegel trifft.

Wenn die Schallwellen zur Schallquelle zurückkehren, hört man sie dort als **Echo**.

Der Schall ist ein wichtiger **Informationsträger** für Lebewesen (z. B. Signale im Straßenverkehr).

Hört den
Glockenschlag
gerade

Hört den
Glockenschlag
noch nicht

61441

Einfache Musikinstrumente (Projekt)

Schlaginstrumente – selbst gebaut

Auf solch einem **Schlagzeug** zu spielen – wäre das nicht auch für dich ein Traum?

Sicher wird es dir Spaß machen, eines der folgenden *Schlaginstrumente* selbst zu bauen.

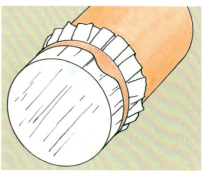

V1 *Du brauchst Dosen in unterschiedlicher Größe. Stich jeweils vier Löcher in ihren Außenmantel nahe am Boden.*
*Hänge die Dosen sowie einen oder mehrere Topfdeckel an zwei dicken Bindfäden auf (Bild 2) – und fertig ist dein **Schlagzeug**.*
*Aus einem Rundholz und einer angebohrten Holzkugel kannst du dir einen **Schlägel** basteln. (Anstelle der Holzkugel kannst du auch einen großen Flaschenkorken nehmen.)*

V2 *Besorge dir Abschnitte von unterschiedlich dicken Papprohren (z. B. von Teppichrollen). Auch Dosen mit glattem Rand sind geeignet.*
Ziehe die Folie einer Plastiktüte straff über die Öffnung. Befestige

sie dort mit einem Gummiring von einem Einkochglas (Bild 3). Spiele die **Trommel** mit dem Schlägel

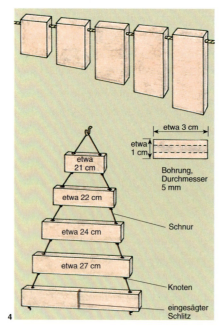

etwa 21 cm
etwa 22 cm
etwa 24 cm
etwa 27 cm

etwa 3 cm
etwa 1 cm
Bohrung, Durchmesser 5 mm
Schnur
Knoten
eingesägter Schlitz

von V 1 oder – ganz vorsichtig am Rand – mit den Fingerspitzen.

V3 *Hänge unterschiedlich hoch gefüllte Sprudelflaschen an Fäden auf – und du hast ein einfaches **Xylophon**. Schlage es an.*

V4 *Bild 4 zeigt dir zwei weitere Bauanleitungen für ein hängendes **Xylophon**.*
Am besten lässt du dir von einem Erwachsenen helfen die Löcher in die Holzleisten zu bohren. Von den schmalen Seiten her ist das nämlich gar nicht so einfach.
Angeschlagen wird das Xylophon mit dem Schlägel von V 1.
Wie ändert sich die Tonhöhe beim Spielen, wenn du das Holz vorher in der Mitte eingesägt hast?
Hast du eine Erklärung dafür?

61719

Zupfinstrumente – selbst gebaut

Früher war die **Zither** (ein *Zupfinstrument*) in der Hausmusik sehr beliebt (Bild 5).

5

Du kannst dir leicht einfache Zupfinstrumente selber bauen.

V5 *Du brauchst lange Stecknadeln, wie sie zum Dekorieren verwendet werden. Schlage sie vorsichtig in ein Stück Holz (Bild 6). Zupfe mit dem Daumen an ihren Enden.*
Drücke diese „Nadelzupfe" gegen eine Tischplatte oder Tür; so wird der Klang viel lauter.

V6 *Spanne Gummiringe unterschiedlicher Dicke und Länge über*

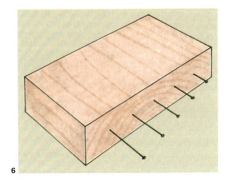

6

eine leere Eiscreme- oder Tiefkühldose.
Wenn du an den Gummiringen zupfst, klingt dieses Instrument ähnlich wie eine **Gitarre**.

V7 *Aus einem Eimer und einem Besenstiel (oder aus einer Leiste) kannst du auf einfache Weise einen* **Zupfbass** *bauen (Bild 7).*
Als Saite eignet sich ein Nylonfaden, z. B. eine Angelschnur.
Durch Neigen des Holzes kann die Saite unterschiedlich straff gespannt werden.
Musiker zupfen aber nicht nur die Saiten eines Kontrabasses – sie streichen sie mit einem Bogen. Leider lässt sich aber solch ein Bogen nicht so leicht basteln; er muss nämlich mit Pferdehaaren bespannt werden.

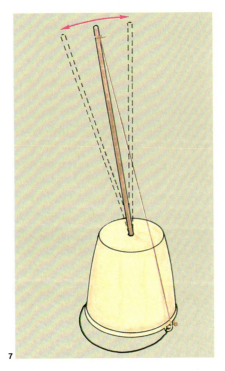

7

V8 *Aus Holzleisten (Dachlatten) wird ein Rahmen zusammengenagelt. Zwischen den Rundkopfschrauben und den Ringschrauben werden Nylonfäden gespannt (Bild 8). Sie sind die Saiten dieser* **Harfe**.
Damit das Holz nicht splittert, sollten die Löcher für die Schrauben vorgebohrt werden.
Mit den Ringschrauben kannst du die Spannung der Saiten ändern.

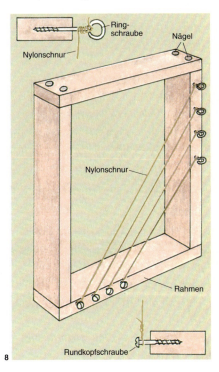

Ringschraube
Nägel
Nylonschnur
Nylonschnur
Rahmen
Rundkopfschraube

8

Blasinstrumente – selbst gebaut

Panflöten (also *Blasinstrumente*) fertigen Indios aus Bambusrohr an (Bild 1).

Auch du kannst dir mit ganz einfachen Mitteln Blasinstrumente selber bauen.

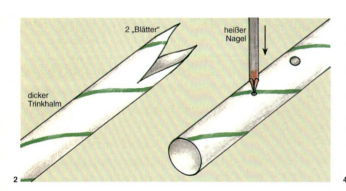

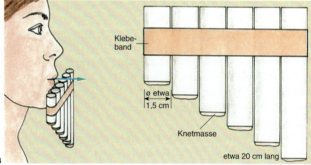

V9 *Wir bauen ein Instrument, das wie eine **Oboe** funktioniert:*

Schneide zunächst mit einer Schere einen dicken Trinkhalm aus Plastik spitz an (Bild 2). Presse die „Blätter" mit den Lippen zusammen und puste kräftig hindurch. Dadurch soll ein schnatternder Klang entstehen.

a) *Schneide während des Blasens das freie Halmende stückweise kürzer.*

b) *Schneide auch das Ende eines zweiten Halmes spitz an. Mit einem heißen Nagel werden Löcher in den Halm gebohrt.*

Versuche verschieden hohe Töne zu blasen.

V10 *Fülle mehrere Flaschen unterschiedlich hoch mit Wasser. Blase flach über ihren Rand hinweg – so wie du es in Bild 3 sehen kannst. Auf ähnliche Weise entsteht der Klang einer **Orgelpfeife**.*

V11 *Beim Elektriker bekommst du sicherlich Abfälle von stabilen Leerrohren.*

Säge davon zunächst einige Stücke in unterschiedlichen Längen ab.

Verschließe dann ihre unteren Enden mit etwas Knetmasse oder mit Korken.

Die oberen Enden der Rohre müssen sorgfältig mit Schleifpapier geglättet werden.

*Verbinde nun die Rohre mit Klebeband zu einer Art **Panflöte** (Bild 4). Deine Panflöte wird dann von der Seite her angeblasen.*

V12 *Du brauchst ein ungefähr 1 m langes Stück Gartenschlauch. Du kannst aber auch ein Leerrohr oder eine Gießkanne mit ihrem Auslaufrohr nehmen.*

*Presse die Lippen fest zusammen und blase in den Schlauch oder in das Rohr hinein. Schaffst du es, auf dieser **Trompete** unterschiedlich hohe Töne zu erzeugen?*

Die Blockflöte

Kein anderes Musikinstrument ist so weit verbreitet wie die **Blockflöte**.

5

Wie schön, wenn man sie so beherrscht, dass man anderen vorspielen kann (Bild 5)!

A1 *Sieh dir einige Blockflöten genauer an. Bild 6 kann dir dabei helfen. Was schwingt wohl, wenn du auf einer Blockflöte spielst?*

A2 *Die Blockflöten von Bild 5 unterscheiden sich in ihrem Ausse-*

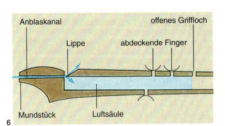

6

hen und im Klang. Erkläre, was beides miteinander zu tun hat.

A3 *Blockflöten reinigt man innen und außen mit besonderen Bürsten. Warum darf man damit nicht die Öffnung der „Lippe" reinigen?*

Info: So funktioniert die Blockflöte

Die verschiedenen Töne der *Blockflöte* entstehen dadurch, dass man die Löcher abwechselnd zuhält. Wie aber wird überhaupt in der Flöte **Schall** erzeugt?

Um das zu verstehen, musst du daran denken, wie man mit einer leeren **Flasche** Schall erzeugen kann: Du steckst einen feuchten Finger in den Flaschenhals und verschließt so die Öffnung. Wenn du den Finger dann schnell zurückziehst, hörst du ein „Plopp". In der Flasche wird so nämlich eine Luftverdünnung hervorgerufen – und in diesen Raum strömt schlagartig die Außenluft.

Beim *Anblasen* einer Flasche (Bild 7) entsteht der gleiche Klang. Wenn du sie im richtigen Winkel anbläst, „reißt" nämlich die Luftströmung über dem Flaschenrand Luftteilchen aus der Flasche heraus. Die Folge ist ein luftverdünnter Raum in der Flasche. Um nun diesen Unterdruck auszugleichen, strömt neue Luft in die Flasche

7

hinein. Durch weiteres Blasen entsteht dort sofort wieder ein Unterdruck. So bewegt sich ständig Luft aus der Flasche heraus und wieder hinein. Man kann sagen: *Die Luft in der Flasche schwingt.*

Auf ähnliche Weise wird in der **Blockflöte** (Bild 6) der Schall erzeugt: Wenn man in das Mundstück hineinbläst, strömt die Luft zunächst in einen Anblaskanal; so wird sie im richtigen Anblaswinkel gegen die scharfe Kante der „Lippe" gelenkt. Diese wirkt nun wie der angeblasene Rand der Flasche: An ihr entstehen Luftschwingungen, die die Luftsäule im Rohr zum Mitschwingen bringen *(Resonanz).*

Die Luftsäule im Rohr schwingt aber nur bis zum ersten offenen Loch. Wenn du also alle Löcher am Rohr zuhältst, ist die schwingende Luftsäule am längsten – und deshalb ist auch der Ton am tiefsten.

Gibst du (von unten her) weitere Löcher frei, wird der Ton höher.

Das Ohr

Vom Hören

Dominik und ihr Opa haben das schöne Herbstwetter für einen Spaziergang genutzt. Plötzlich reißt Dominik die Hände hoch und hält sie schützend über die Ohren. Ihr Fahrrad lässt sie einfach los. Der Großvater kann es gerade noch festhalten, bevor es zu Boden stürzt. Verwundert schaut er auf die Enkelin. Was hat das Kind? Er hat nur Dominiks plötzliche Bewegung gesehen – gehört hat er nichts oder doch? Warum hält er sich die Ohren nicht auch zu?

A1 *Was könnte die Ursache für Dominiks Verhalten in Bild 1 sein? Sicher fallen dir verschiedene Gründe ein. Zähle auf!*

A2 *Und was ist mit Dominiks Großvater? Suche nach Antworten auf die Fragen im Text oben.*

A3 *Schließe die Augen und lausche etwa 1 Minute lang auf deine Umgebung. Schreibe anschließend auf, was du alles gehört hast. Konntest du alle Geräusche deuten?*

A4 *Stell dir vor, du könntest plötzlich nicht mehr hören. Beschreibe, was sich dadurch in deinem Leben ändern würde.*

A5 *Menschen, die von Geburt an taub sind, sprechen auffallend anders als hörende Menschen. Das liegt aber nicht an den Organen, die für die Stimmbildung zuständig sind. Hast du eine Erklärung dafür?*

A6 *Verständige dich mit deinem Banknachbarn ohne zu sprechen. Welche Möglichkeiten kennst du?*

A7 *Wenn jemand etwas genau hören möchte, hält er die geöffnete Hand hinter das Ohr. Weshalb tut er das? Erkläre!*

A8 *Betrachte deine Ohren im Spiegel. Hast du eine Erklärung für ihre Form? Betaste sie auch mit den Fingern. Woran erkennst du, dass sie nicht nur aus einem äußeren Teil bestehen?*
Zeichne nun ein Ohr und beschrifte die Teile, die du schon kennst.

A9 *Beobachte einen Hund oder eine Katze, die ihre Aufmerksamkeit auf etwas Bestimmtes konzentrieren (Schritte an der Haustür, Knistern von Papier, Klappen der Kühlschranktür ...). Achte besonders auf die Ohren der Tiere. Verändert sich ihre Stellung? Wie erklärst du deine Beobachtung?*

Praktikum: Was man mit den Ohren alles hören kann

1 Wie gut hören wir?

Benötigt werden: Schreibstift, Blatt Papier, Meterstab oder Maßband.

Bei diesem Versuch muss absolute Ruhe herrschen! Mehrere Schülerinnen und Schüler stellen sich nebeneinander etwa 2 Meter vom „Versuchsleiter" entfernt auf. Sie halten die Augen geschlossen, während der Versuchsleiter nun eine Zahl flüstert. Die gehörte Zahl schreiben sie – mit geöffneten Augen – auf das Blatt Papier. Ist die Zahl richtig, treten sie einen Schritt vom Versuchsleiter weg. Der Versuch wird mehrmals – bei immer größerem Abstand – wiederholt.

Messt die weiteste Entfernung, aus der die Zahl noch richtig gehört wurde. Wie viele Meter beträgt sie?

2 Hören wir nur mit den Ohren?

Benötigt wird: 1 Stimmgabel.

Zwei Schüler/Schülerinnen arbeiten zusammen. Die Versuchsperson verschließt mit den Daumen beide Ohren, sodass sie nichts hören kann. Der Griff einer schwingenden Stimmgabel wird ihr nacheinander auf die Stirn, an den Hals und auf den Bauch gesetzt. Wiederholt dann den Versuch, wobei die Versuchsperson wechselt.

Wann hört die Versuchsperson einen Ton? Mit dem, was ihr bisher schon über den Schall erfahren habt, könnt ihr euer Versuchsergebnis erklären. Wie beantwortet ihr die Frage, ob wir nur mit den Ohren hören?

3 Aus welcher Richtung kommt das Geräusch?

Benötigt werden: Augenbinde oder Schal; Watte oder Ohrenstöpsel.

Eine Schülerin oder ein Schüler stellt sich als Versuchsperson zur Verfügung, der die Augen verbunden werden. Die übrigen bilden um sie einen Kreis. Nacheinander klatschen einzelne Schülerinnen und Schüler, die an verschiedenen Stellen des Kreises stehen, in die Hände. Die Versuchsperson soll in die Richtung zeigen, aus der das Klatschen kam. Über die richtigen und falschen Antworten wird an der Tafel eine Strichliste geführt.

Der Versuch wird anschließend wiederholt, aber jetzt verstopft sich die Versuchsperson ein Ohr dicht mit Watte oder einem Ohrenstöpsel, sodass sie mit diesem Ohr nichts mehr hört.

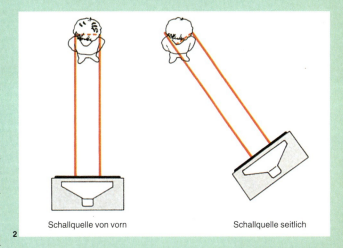

Schallquelle von vorn   Schallquelle seitlich

2

Versucht das Versuchsergebnis zu erklären. Zieht dazu Bild 2 heran. Messt die eingezeichneten Strecken nach.

4 Wie genau lässt sich die Richtung bestimmen?

Benötigt werden: ein 1 Meter langer Schlauch, Filzstift, Lineal, Bleistift.

Die Schlauchmitte wird mit dem Filzstift markiert. Dann wird von der Schlauchmitte ausgehend nach links und rechts eine Zentimeterskala aufgetragen (je 20 Zentimeter).

Zwei Schüler/Schülerinnen arbeiten zusammen. Bild 3 zeigt, wie der Versuch durchgeführt wird. Mit dem Bleistift wird leicht gegen den Schlauch geklopft. Die Versuchsperson gibt an, ob das Geräusch von links oder von rechts kommt. Ihr Partner notiert den Abstand von der Schlauchmitte und ob die Antwort richtig oder falsch war. Wie groß ist der kleinste Abstand, bei dem die Richtung noch richtig erkannt wird?

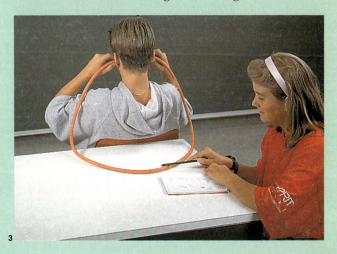

3

Info: Der Bau des Ohrs

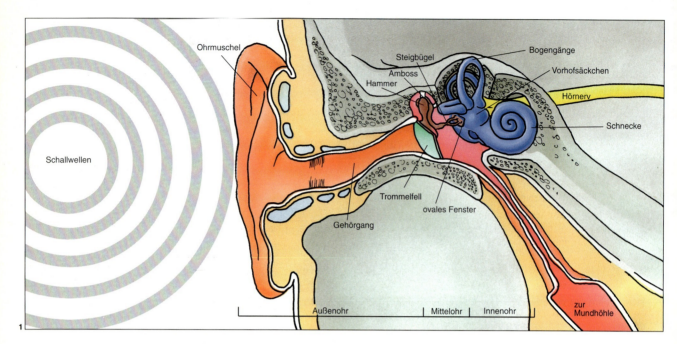

Ohrmuschel

Steigbügel

Bogengänge

Amboss

Vorhofsäckchen

Hammer

Hörnerv

Schnecke

Schallwellen

Trommelfell

ovales Fenster

Gehörgang

Außenohr | Mittelohr | Innenohr

zur Mundhöhle

1

Wie Schall entsteht, hast du schon erfahren. Aber wie nehmen wir ihn wahr? Um das zu verstehen, müssen wir uns anschauen, wie unser Ohr gebaut ist.

Bau des Ohrs. Bild 1 zeigt, dass sich unser Ohr in drei Bereiche gliedern lässt: in *Außen-, Mittel-* und *Innenohr*.

Das Außenohr fängt mit der *Ohrmuschel* wie ein Trichter die Schallwellen auf und leitet sie über den *Gehörgang* zum Mittelohr weiter.

Das Mittelohr beginnt mit dem *Trommelfell*. Das ist ein dünnes Häutchen. Es wird durch die auftreffenden Schallwellen in Schwingungen versetzt. Innen am Trommelfell ist das erste der drei *Gehörknöchelchen* angewachsen, der *Hammer*. Die beiden anderen heißen *Amboss* und *Steigbügel*. Wenn das Trommelfell schwingt, drückt der Hammer auf den Amboss und dieser bewegt den Steigbügel. Wie kleine Hebel verstärken sie die Schwingungen und leiten sie zum Innenohr weiter.

Das Innenohr beginnt am ovalen Fenster – das ist ebenfalls ein dünnes Häutchen – und ist mit einer Flüssigkeit gefüllt. Im Innenohr befindet sich das eigentliche Hörorgan, die *Schnecke*. Im Innern der Schnecke sitzen die *Hörsinneszellen*. Sie werden durch die Schallwellen *gereizt*, ähnlich wie die Lichtsinneszellen der Augen durch das Licht gereizt werden. Über den *Hörnerv* schicken die gereizten Hörsinneszellen *elektrische Signale* an das *Gehirn*.

Das Gehirn wertet die Signale aus, sodass wir den Schall wahrnehmen: Jetzt erst hören wir unser Lieblingslied, unterscheiden bekannte von fremden Stimmen und wissen, ob ein Geräusch noch weit weg oder bedrohlich nahe ist.

Richtungshören. Woher allerdings ein Geräusch kommt, können wir nur mit Hilfe *beider Ohren* feststellen. Kommt der Schall genau von vorn oder genau von hinten, ist der Weg zu beiden Ohren gleich weit. Der Schall trifft an beiden Ohren gleichzeitig ein. In allen anderen Fällen treffen die Schallwellen an einem Ohr etwas früher ein als am anderen. Aus diesem winzigen *Zeitunterschied* berechnet das Gehirn blitzschnell, aus welcher Richtung der Schall kommt.

Die Ohren sind nicht nur Hörorgan. Zum Innenohr gehören auch die *Bogengänge* und die *Vorhofsäckchen* (Bild 1). Hier liegt unser *Gleichgewichtsorgan*. Es sendet eine Meldung an das Gehirn, wenn wir uns bewegen oder plötzlich anhalten, uns drehen oder ins Stolpern kommen.

Das Ohr besteht aus Außen-, Mittel- und Innenohr. Das eigentliche Hörorgan ist die Schnecke im Innenohr. Ihre Hörsinneszellen werden durch die Schallwellen gereizt.

A1 *Nenne die drei Hauptteile des Ohrs und ihre jeweilige Aufgabe.*

Umwelt aktuell: Hören bei Tieren

Für Interessierte zum Weiterlesen

Das Bild, das wir uns von der Welt machen, wird besonders durch die Augen, aber auch durch die Ohren geprägt. Doch nicht alle Töne und Geräusche aus unserer Umgebung können wir hören. Viele sind zu hoch oder zu tief für unser Gehör. Das gilt nicht nur im Alter, wo wir die Fähigkeit verlieren hohe Töne zu hören. Es gibt aber eine Reihe von Tieren, die anders hören als wir. Sie leben in einer uns fremden Hörwelt.

Stumme Welt der Schlangen

Schlangen sind vollkommen taub. Sie spüren aber die geringsten Erschütterungen des Bodens. So merken sie frühzeitig, wenn sich jemand nähert. In „Schlangengebieten" sollte man stets fest auf den Boden auftretend gehen.

Hohe Töne „erhellen" die Nacht

Die nachts jagenden Fledermäuse orientieren sich, wie du weißt, mit Hilfe der Echopeilung und eines sehr feinen Gehörs. Wir können diese Peilrufe nicht hören. Sie liegen im Ultraschallbereich und sind zu hoch für unsere Ohren.

Vorsicht, Beute hört mit!

Einige Nachtfalter, die bevorzugte Beute von Fledermäusen, können Ultraschall hören. Werden sie von einem Peilruf getroffen, dann lassen sie sich im Flug plötzlich fallen. Der Jäger verliert die Beute buchstäblich „aus den Ohren".

Kontakt durch tiefe Töne

Elefanten können besonders tiefe Töne erzeugen und hören. Diese für unser Ohr zu tiefen Infraschallwellen haben eine sehr große Reichweite. Für die Verständigung in den Weiten der Savanne sind sie daher bestens geeignet.

Lärm-Dauerstress

Wellensittiche sind in der Lage auch besonders hohe Töne zu hören. Der für uns meist nicht hörbare Dauerton eines eingeschalteten Fernsehgeräts kann für sie zum „Lärm-Dauerstress" werden, der tödlich endet.

„Mäusefunk"

Mäuse verständigen sich mit Hilfe hoher Töne. Diese Rufe können jedoch auch Katzen wahrnehmen. Vor dem Mäuseloch lauernd hören sie den „Mäusefunk" ab und wissen dann, ob sich das Warten lohnt …

„Power" für die Ohren?

Lärmschutz jetzt auch in der Diskothek

9000 Diskotheken haben Sorgen: Das Ende eines „irren Sounds"?

„Diskothek – 1000-W-Boxen hämmern – Techno-Sound – wahnsinnig gut! … "
Nach jedem Disko-Wochenende sitzen aber Jugendliche beim Arzt und klagen über ein „taubes Gefühl" oder über „Pfeiftöne" im Ohr. Vielleicht geht's auch wieder weg. Tatsache aber ist: Die meisten Rockmusiker haben inzwischen bleibende Hörschäden.

Zu lauter Schall (z. B. beim Start eines Düsenflugzeugs) wird als lästig oder unerträglich empfunden. Solch störenden Schall bezeichnet man als **Lärm**. Dauernder Lärm macht krank: Die Adern verengen sich, der Blutdruck steigt, man wird nervös und schläft schlecht. Deshalb muss Lärm bekämpft werden.

Aber wie macht man Lärm leiser?

V1 *Lege einen läutenden Wecker auf den Tisch. Wie kannst du den Lärm verringern?*
Welche Hilfsmittel brauchst du für deinen „Lärmschutz"?

V2 *In ein Waschbecken lässt du Wasser einlaufen (ca. 10 cm hoch). Gib ein Geschirrspülmittel hinzu und wirble das Wasser auf. Es bildet sich eine Schaumschicht. Schiebe die Schaumschicht ein wenig zur Seite und lass einen Wasserstrahl auf die freie Wasseroberfläche plätschern. Schiebe dann den Schaum unter den Wasserstrahl. Wie ist das Versuchsergebnis zu erklären?*

V3 *Messungen mit dem Schallpegelmesser (→ Info rechts):*
a) *Wir bestimmen die Lautstärke im Klassenraum und auf dem Schulhof (während der Pause).*
b) *Jemand hört über einen Kopfhörer Musik. Messt die Lautstärke, die eingestellt wurde (Bild 2).*
c) *Ob die Geräuschangaben auf dem Fahrzeugpapier tatsächlich stimmen (Bild 3)? Prüft es nach.*

V4 *In einer offenen Styroporbox erzeugt ein Summer Lärm.*
a) *Welchen Schall misst man in 10 cm (20 cm, 30 cm …) Abstand?*
b) *Wie ändert sich die Lautstärke, wenn die Box mit einem Deckel verschlossen wird?*

61723

Info: Lärm kann man messen – der Schallpegel

4

Wie laut ist der Lärm in der Nähe einer Autobahn? Wie viel Lärm macht ein Motorrad? Wie laut ist ein Pressluthammer in 20 m Entfernung zu hören? Um solche Fragen beantworten zu können, muss man mit einem **Schallpegelmesser** *messen* (Bild 4).

Man gibt den Schallpegel in der Einheit **Dezibel A** dB(A) an: Bei 0 dB(A) hören wir nichts. Geräusche bis zu 30 dB(A) empfinden wir als ruhig. Dauernder Lärm über 85 dB(A) macht schwerhörig. (Die Tabelle unten gibt dir einen Überblick über Schallpegel.)

Bei der Beurteilung von Schallpegelwerten sind zwei Dinge zu beachten:

○ Bei *einem* Rasenmäher zeigt der Schallpegelmesser z. B. 65 dB(A) an. Bei *zwei* Rasenmähern beträgt der Schallpegel aber nicht etwa doppelt so viel, sondern nur 68 dB(A). *Merkregel:* **Durch eine zusätzliche, gleiche Schallquelle steigt der Schallpegel um 3 dB(A).**

○ Von zwei Mopeds geht doppelt so viel Schall aus wie von einem einzigen. Trotzdem empfinden wir die zwei Mopeds nicht als doppelt so laut wie das eine. Erst bei *zehn* gleich lauten Mopeds haben wir den Eindruck von einer *doppelten* Lautstärke (Bild 5). *Merkregel:* **Doppelte Lautstärke bedeutet, dass der Schallpegel um 10 dB(A) ansteigt.**

Beispiel		dB(A)	Empfindung
Schmerzgrenze		130	
Düsentriebwerk, Rockkonzert		120	„uner-
Hubschrauber		110	träglich"
Diskothek, Kompressor		100	
laute Fabrikhalle		90	
Motorrad, Straßenverkehr		80	„laut"
lautes Rufen, Mofa		70	
Büro		60	
Unterhaltung		50	„leise"
Flüstern		40	
Blättergeräusch		30	
Taschenuhr		20	„ruhig"
Atmen		10	
Hörschwelle		0	

Nach der Tabelle ist ein Motorrad doppelt so laut wie ein Mofa. Es macht also genauso viel Krach wie zehn Mofas zusammen.

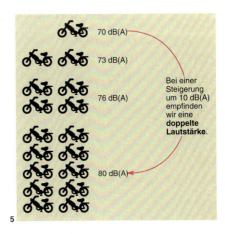

70 dB(A)
73 dB(A)
76 dB(A)
80 dB(A)

Bei einer Steigerung um 10 dB(A) empfinden wir eine **doppelte Lautstärke**.

5

A1 *Wenn dich grelles Licht blendet, kannst du Folgendes tun:*
○ *auf die Lichtquelle einwirken;*
○ *auf die Lichtübertragung einwirken (Vorhang zuziehen);*
○ *auf den Lichtempfänger einwirken (Augen schließen).*
Gibt es auch einen vergleichbaren Schutz vor Lärm? Falls ja, nenne dazu Beispiele.

A2 *Durch ein Mofa wird ein Schallpegel von 70 dB(A) erzeugt. Tobias sagt: „Zwei solcher Mofas nebeneinander würden 140 dB(A) erzeugen."*
Was meinst du dazu?

A3 *Ein Kompressor mit 100 dB(A) ist so laut wie 1000 Mofas. Begründe diese Aussage.*

A4 *Welche Vorteile und welche Nachteile hat es, wenn du Musik über Kopfhörer statt über Lautsprecherboxen hörst?*

A5 *Bei V4 erzeugte der Summer in der Box mit Deckel genauso viel Schall wie in der Box ohne Deckel. Mit Deckel war es draußen aber leiser. Warum?*

Info: Lärm ist „Gift" für unsere Ohren

Schutzeinrichtungen des Ohrs. Unsere Ohren sind von Natur aus gut geschützt: Ihr wichtigster Teil, das Innenohr mit der Schnecke, liegt drei bis vier Zentimeter tief im Schädelinnern. *Haare* im Gehörgang halten Fremdkörper ab, zum Beispiel eindringende Insekten. Zwischen den Haaren bleibt stets ein kleines *Luftkissen.* Es verhindert, dass wir beim Baden Wasser in die Ohren bekommen. *Talg-* und *Ohrschmalzdrüsen* in der Haut des Gehörgangs sondern

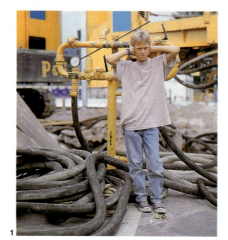

eine zähe, gelbliche Flüssigkeit ab, das *Ohrenschmalz.* Es bindet Schmutzteilchen und hält das Trommelfell und die Haut des Gehörgangs geschmeidig.

Kein Schutz gegen zu lauten Schall. Die größte Gefahr für unser Ohr ist jedoch zu lauter Schall – und dagegen besitzt es keine Schutzeinrichtung. Wir können es nur durch *unser Verhalten* schützen. Bei plötzlich auftretendem Lärm halten wir automatisch die Hände schützend über die Ohren (Bild 1). Dieses Verhalten ist uns angeboren. Nicht angeboren ist uns aber, dass wir die Ohren auch vor anderen lauten Geräuschen schützen. Bei Presslufthammer oder Kreissäge ist uns das ganz klar. Aber sind wir zum

Beispiel beim Musikhören genauso einsichtig?

Wirkung von Lärm. Wer häufig Diskotheken besucht oder im Fußballstadion ein Tor bejubelt, wird dabei kaum von Lärm sprechen. Tatsache ist aber, dass *jede Art von lautem Schall den Körper belastet*. Man kann sich nicht mehr so gut konzentrieren und wird nervös. Schwerwiegender noch sind die Schäden, deren Folgen man erst später bemerkt: Je lauter der Schall ist und je öfter und länger er auf uns einwirkt, umso stärker werden die Hörsinneszellen gereizt und schließlich *für immer zerstört*. Man wird *schwerhörig* oder gar *taub*. Auch *Kreislauferkrankungen* können auftreten. Der beste Schutz ist deshalb das Vermeiden von Lärm. Welche Möglichkeiten es darüber hinaus gibt, sich vor Lärm zu schützen, erfährst du auf den folgenden Seiten.

Die Ohren sind von Natur aus gut geschützt. Vor Lärm müssen sie zusätzlich geschützt werden.

A1 *Lärm ist „unerwünschter Schall". Oft ist erwünschter Schall genauso laut. Ziehe Folgerungen!*

Praktikum: Schall und Konzentration

Benötigt werden: Walkman, Kassette, Bleistift, Stoppuhr; je eine Kopie der Testreihen 1 und 2 (Bild 2).

Hörst du Musik bei den Hausaufgaben? Hast du einen Walkman und setzt ihn auch beim Radfahren auf? Der folgende Test zeigt, wie die Konzentrationsfähigkeit durch Geräusche beeinflusst wird.

Streiche in der Kopie von Testreihe 1 die folgenden Zeichen an:

Du hast dafür 30 Sekunden Zeit. Zähle und notiere anschließend, wie viele „Richtige" du hast.

Setze nun den Walkman auf und wiederhole den Test mit deiner Lieblingskassette in deiner „Lieblingslautstärke". Verwende jetzt die Kopie von Testreihe 2 und suche die folgenden Zeichen:

Vergleiche die Ergebnisse der beiden Tests.

Haben deine Mitschüler ähnliche Ergebnisse? Vergleicht auch die Art der Musik und die Lautstärke.

Welche Bedeutung hat das Testergebnis für dich, zum Beispiel für dein Verhalten im Straßenverkehr?

61724

Gesundheit: Schutz und Pflege der Ohren

Mittelohrentzündung. Das ist die häufigste Erkrankung der Ohren. Dabei tritt eine Rötung des Trommelfells auf, verbunden mit Fieber und heftigen Schmerzen im betroffenen Ohr. Spätestens jetzt sollte unbedingt der Arzt aufgesucht werden. Ohne Behandlung kommt es zur Mittelohreiterung. Der Eiter drückt auf das Trommelfell und kann es schließlich zum Platzen bringen.

Schwerhörigkeit. Die Schwerhörigkeit kann sehr verschiedene Ursachen haben. Im einfachsten Fall verschließt nur ein Ohrenschmalzpfropf den Gehörgang. Man darf aber nie versuchen den Pfropf selbst zu entfernen. Nur der Arzt kann den Gehörgang gefahrlos, zum Beispiel durch Ohrspülungen, wieder frei machen.

Auch Mittelohrentzündungen können zur Schwerhörigkeit führen.

Die häufigste Ursache der Erkrankung ist jedoch Lärm. Insbesondere Jugendliche, die sich während ihrer Freizeit allzu sorglos starken Lärmbelastungen aussetzen, ahnen oft nicht, welche Folgen das später für sie haben wird.

Hörsturz. Bei einem Hörsturz hört man plötzlich auf einem Ohr nichts mehr. Wodurch er ausgelöst wird, ist noch nicht genau bekannt. Möglicherweise sind Durchblutungsstörungen die Ursache. Der Betreffende muss sofort ins Krankenhaus, sonst bleibt der Schaden.

Tipps zum Schutz der Ohren

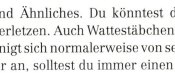

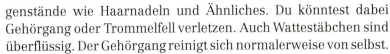

– Schütze die Ohren vor Lärm, vor allem später am Arbeitsplatz. Wo Gehörschutzkapseln vorgeschrieben sind (Bild 3 und 4), immer aufsetzen! Die häufigste Berufskrankheit ist Lärmschwerhörigkeit!
– Meide zu laute Musik in der Disko oder vom Walkman.
– Reinige deine Ohren nie mit Hilfe zweckentfremdeter Gegenstände wie Haarnadeln und Ähnliches. Du könntest dabei Gehörgang oder Trommelfell verletzen. Auch Wattestäbchen sind überflüssig. Der Gehörgang reinigt sich normalerweise von selbst.
– Halten Ohrenschmerzen länger an, solltest du immer einen Arzt aufsuchen.
– Bei Druck auf den Ohren im Lift, im Flugzeug oder im Gebirge hilft meist Gähnen, Schlucken oder Kaugummikauen.

Hilfe für Schwerhörige
Schwerhörigkeit bedeutet von Gesprächen und vielen Informationen ausgeschlossen zu sein. Es gibt jedoch heute wirksame Hilfen: Hörgeräte nehmen die Schallwellen auf, verstärken sie und leiten sie ins Ohr weiter. Moderne Geräte behindern nicht mehr (Bild 5). Kürzlich gelang es sogar, mit winzigen, ins Ohr eingesetzten Computern Taube wieder etwas hören zu lassen.

Telefon für Gehörlose
„Telefonieren" ist im Zeitalter der E-Mail für Gehörlose kein so großes Problem mehr wie früher. Auch ein Schreibtelefon (Bild 6), das mit Drucker und Tastatur an jedes Telefon angeschlossen werden kann, ermöglicht es ihnen, sich über weite Strecken mit jemandem zu „unterhalten". Damit Gehörlose in Notfällen Hilfe holen können, besitzen Feuerwehr und Polizei die Geräte auch.

Aus der Technik: Schall dämmen – Schall dämpfen

Stell dir vor, du sitzt im Zimmer und hast eine besonders schwere Hausaufgabe zu lösen. Das Fenster ist geöffnet, tosender Straßenlärm dringt herein.

Wahrscheinlich wirst du das Fenster schließen um dich konzentrieren zu können. Die Fensterscheiben werfen dann – wie die Mauern des Hauses – einen Teil der auftreffenden Schallwellen zurück. So wird der Schall an seiner Ausbreitung gehindert.

Man bezeichnet diese Art des Schallschutzes als **Schalldämmung**.

Eine Glasscheibe dämmt den Schall schon recht gut. Doch dreimal besser dämmt ein *Schallschutzfenster* den Schall (Bild 1). Ein solches Fenster schützt genauso gut vor Lärm wie ein 27 cm dickes Mauerwerk!

Harte, schwere und glatte Materialien eignen sich ganz besonders gut zur Schalldämmung.

Bild 2 zeigt eine *Schallschutzwand* aus Betonplatten. Wände aus Stein, Holz oder Glas dämmen den Schall ebenfalls gut.

Die **Schalldämpfung** ist eine andere Art von Schallschutz. Bei ihr werden Schallwellen nicht zurückgeworfen, sondern von geeigneten Materialien „verschluckt". Schalldämpfende Materialien müssen eine lockere Oberfläche oder Poren besitzen.

Ein Beispiel für dieses Schallschutzverfahren ist der *Schalldämpfer eines Autos*:

Zwischen Motor und Auspuff befinden sich ein oder zwei „Töpfe" (Bild 3). So nennt der Mechaniker hier die Schalldämpfer. Sie bestehen innen aus mehreren Kammern, die mit Glas- oder Steinwolle gefüllt sind. Die Schallwellen, die vom Motor ausgehen, dringen in alle Ecken dieser Kammern. Sie werden dabei immer wieder reflektiert, sodass sie sich schließlich in den Poren der Füllung „verlaufen". Die Lautstärke nimmt deutlich ab; dabei entsteht Wärme.

Bei der Schalldämpfung wird der Schall also nicht nur an der Ausbreitung gehindert, sondern teilweise sogar „vernichtet".

1 — Isolierglasscheiben — Luftzwischenräume — 10 cm — Rahmen des äußeren Fensterflügels — Dichtung — Rahmen des inneren Fensterflügels — Fensterrahmen

2

3 — Glas- oder Stahlwolle

A1 *Erkläre den Unterschied zwischen einer Schalldämmung und einer Schalldämpfung.*
Nimm dabei die Beispiele in Bild 4 zu Hilfe.

A2 *Was für Materialien sind besonders gut zur Schalldämmung geeignet und welche zur Schalldämpfung?*

A3 *Der Schalldämpfer eines Autos kann im Laufe der Zeit durchrosten und Löcher bekommen. Wie wirkt sich das auf die Schallübertragung aus?*

A4 *Auspuffrohre und Schalldämpfer sind nicht an die Autokarosserie angeschraubt; sie hängen an Gummiringen. Weshalb?*

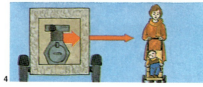

4

Zusammenfassung

Alles klar?

A1 In der Ferne hupt ein Auto. Die Schallwellen erreichen deine Ohrmuschel. Berichte, was im Ohr weiter geschieht.

A2 Wieso kann man auch mit geschlossenen Augen die Richtung einer Schallquelle angeben?

A3 Unsere Ohren haben einige Schutzeinrichtungen. Welche sind das? Schützen sie auch bei Lärm?

A4 Schreibe einmal auf, wozu du deine Ohren im Laufe des Tages brauchst. Einen Hinweis gibt dir auch Bild 5.

A5 Wann wird Schall zu „Lärm"?

A6 Du erschrickst, weil ein Flugzeug donnernd näher kommt. Wie schützt du dich gegen den Lärm? An welchen Arbeitsplätzen muss man Gehörschützer tragen?

5

A7 In Diskotheken und bei Rockkonzerten müssten eigentlich alle Besucher Gehörschützer tragen. Begründe diese Aussage.

A8 Die Lärmbelästigung wird immer größer. Nenne Gründe dafür.

A9 Wie laut sind die Maschinen im Technikraum eurer Schule? Wenn möglich, messt den dortigen Schallpegel. Ist ein Gehörschutz erforderlich und vorhanden? Probiert ihn gegebenenfalls aus.

A10 Was kannst du selbst tun um Lärm zu vermeiden?

Auf einen Blick

Ohr und Hören

Das menschliche Ohr ist aus drei Teilen aufgebaut: dem **Außenohr**, dem **Mittelohr** und dem **Innenohr** (Bild 6).

Das eigentliche Hörorgan ist die **Schnecke** im Innenohr. Hier werden die *Hörsinneszellen* gereizt. Sie senden ein Signal über den Hörnerv ans **Gehirn** weiter. Dort nehmen wir die mit den Ohren aufgenommenen *Schallwellen* als Töne und Klänge wahr.

Für uns Menschen ist ein gutes Gehör besonders wichtig: Es *warnt uns vor Gefahren* (z.B. im Straßenverkehr). Vor allem ist es eine der Voraussetzungen dafür, dass wir uns *durch Sprache verständigen* können.

Deshalb müssen wir alles tun, um die Ohren gesund zu erhalten. Sie sind zwar von Natur aus gut geschützt, aber nicht gegen zu lauten Schall.

Lärm und Lärmschutz

Manchmal ist Schall so laut, dass er andere Menschen stört und belästigt oder sogar gefährdet. Dieser Schall wird als **Lärm** bezeichnet.

Wenn man wissen will, *wie laut* Lärm ist, setzt man einen *Schallpegelmesser* ein. Dieser zeigt den **Schallpegel** in dB(A) an.

Schall über 85 dB(A) macht auf die Dauer schwerhörig – auch dann, wenn wir ihn gar nicht als Lärm empfinden. Die Hörsinneszellen im Ohr werden geschädigt oder unheilbar zerstört.

Deshalb muss jede *Lärmbelästigung* durch Verkehr, Arbeitswelt und Freizeit nach Möglichkeit vermieden werden.

Es ist sinnvoller, die *Entstehung von Lärm* zu vermeiden, als nachher den Schall mit viel Aufwand zu *dämpfen* oder zu *dämmen*.

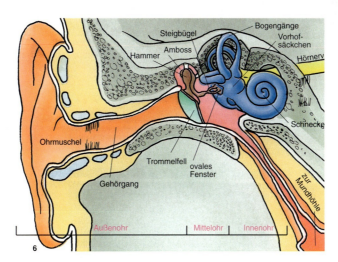

6

Lichtquellen und Lichtausbreitung

Lichtquellen und ihre Bedeutung

Der **Grottenolm** ist ein Höhlentier aus Jugoslawien. Es lebt in Gewässern tief im Innern von dunklen Höhlen. Bei der Geburt hat das Tier noch Augen. Sie bilden sich aber bald darauf vollständig zurück.

1

Nachtjäger wie die **Eule** sind mit großen Augen ausgestattet. Ihre Pupillen öffnen sich in der Dunkelheit sehr weit. Dadurch können die Eulen auch bei Nacht hervorragend sehen.

2

Harry sagt: „Wie ungerecht! Der Grottenolm ist blind, aber die Eule hat Superaugen."
„Der Grottenolm wäre auch mit Superaugen nicht besser dran", entgegnet ihm Tina.
Wie Tina das wohl meint?

V1 *Versuche dein Zimmer vollständig zu verdunkeln. Siehst du noch etwas?*
Kannst du vielleicht etwas sehen, wenn sich deine Augen nach einiger Zeit an die Dunkelheit gewöhnt haben?
Überprüfe anschließend, ob wirklich kein Licht ins Zimmer dringt.

V2 *Gehe mit einigen Mitschülern in einen Raum, der vollständig verdunkelt ist (z. B. in das Fotolabor). Nehmt einen Leuchtstift, weißes Papier sowie den Seitenreflektor und den Rückstrahler eines Fahrrads mit hinein.*
Könnt ihr nach einigen Minuten etwas in der Dunkelheit erkennen?

A1 *Tiere, die nachts jagen, haben meist große Augen. Warum?*

A2 *Der Grottenolm wäre selbst mit Superaugen nicht besser dran, behauptet Tina (Bild 1).*
Tina weiß nämlich, welche Rolle die Sonne beim Sehen spielt.
Du auch? …

A3 *Wir kennen unterschiedliche Quellen: Wasserquellen, Wärmequellen, Ölquellen, **Lichtquellen**, Lärmquellen, Geldquellen …*
Was haben alle Quellen gemeinsam?

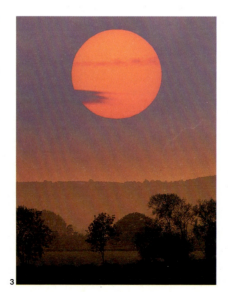

3

A4 *Unsere wichtigste Lichtquelle ist die **Sonne** (Bild 3). Außer ihr gibt es aber in der Natur noch weitere Körper (oder Ereignisse), die selbst Licht aussenden.*
Schreibe auf, welche dir einfallen.

A5 *Neben den natürlichen gibt es von Menschen gemachte („künstliche") Lichtquellen.*
Trage sie in eine Tabelle ein.

A6 *Andreas meint, dass man zum Sehen eigentlich drei Dinge braucht.*
Was könnte er damit meinen?

61726

Aus der Umwelt: Lebendige Lichtquellen

Für Interessierte zum Weiterlesen

Sogar unter Tieren und Pflanzen gibt es Lichtquellen – *lebendige!* Bei ihnen ist das Leuchten oft lebenswichtig: Entweder wird damit ein Partner oder ein Beutetier angelockt.

Glühwürmchen (Bild 4) bringen in ihren Zellen einen Stoff hervor, den sie zum Leuchten bringen.

Pilze wie die von Bild 5 wachsen in tropischen Regenwäldern. Ihr Leuchten wird von Kleinstlebewesen (Bakterien) hervorgerufen, die auf den Pilzen sitzen.

Der **Anglerfisch** (Bild 6) lebt in der dunklen Tiefsee. Er kann deshalb seine Beute nicht sehen. Mit seinem Leuchtorgan lockt er sie aber vor sein Maul …

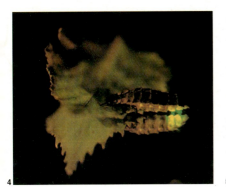
4

5

6

Aus der Umwelt: Sonne, Mond und Sterne

Jeden Morgen geht die **Sonne** auf. Dann schickt sie uns durch die Weiten des Weltalls ihr Licht und ihre Wärme. Erst wenn sie abends untergeht, werden die **Sterne** sichtbar, obwohl sie den ganzen Tag über am Himmel stehen. Das helle Sonnenlicht überlagert jedoch das schwache Leuchten der Sterne.

Wusstest du schon, dass jeder Stern eine *selbstleuchtende* Lichtquelle (eine „Sonne") ist? Viele Sterne sind sogar noch größer und heller als „unsere" Sonne; sie sind aber so weit von der Erde entfernt, dass wir ihr Licht tagsüber nicht bemerken.

Nur ganz wenige Punkte am Himmel *leuchten nicht selber*: die **Planeten** (z. B. *Mars* und *Venus*). Sie umkreisen die Sonne und werden von ihr angeleuchtet – genauso wie die Erde. Auch der hellste Körper am Nachthimmel, der **Mond**, leuchtet nicht selber; er wird von der Sonne beleuchtet.

Für **Entfernungsangaben** im Weltall verwenden Forscher nicht die Einheit 1 km. Vielmehr messen sie, *wie lange das Licht unterwegs ist*.

Dazu einige Beispiele: Das Licht der Sonne gelangt in rund 8 Minuten bis zum Mond – und von dort in gut einer Sekunde zur Erde. Unvorstellbar groß sind die Entfernungen zu den Sternen. So braucht z. B. das Licht unserer nächsten „Nachbarsonne" (*Proxima*

Centauri genannt) über vier Jahre, bis es zur Erde gelangt (also vier „*Lichtjahre*"). Manche der zahllosen Sonnen, die du in sternklaren Nächten mit bloßem Auge sehen kannst, sind sogar Tausende von Lichtjahren von uns entfernt.

A1 *Nenne selbstleuchtende und beleuchtete Himmelskörper.*

A2 *Astronauten waren schon auf dem Mond. Weshalb fliegen sie eigentlich nicht zu den Sternen?*

A3 *Versuche nachts Sternbilder zu finden (Bild 7).*

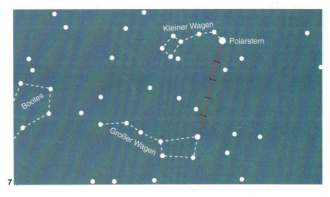
7

Licht fällt ins Auge

Das ist Marios „Supertrick": Er lässt mitten im Raum – ganz ohne Leinwand – ein Bild erscheinen. Er bewegt einfach nur einen Zeigestock im Lichtkegel eines Projektors. **1**

Das Erstaunliche dabei ist: Ohne den Zeigestock ist an dieser Stelle des Raumes nichts zu sehen – nicht einmal der Lichtkegel des Projektors.

Durchschaust du Marios „Supertrick"?
Könntest du das nicht auch?

V3 Wir stellen eine Experimentierleuchte so auf, dass wir sie nur von der Seite sehen (Bild 2). Der schmale Lichtkegel ist in die Dose gerichtet. Der Klassenraum wird verdunkelt.

a) Kannst du von der Seite her erkennen, ob die Lampe aus- oder eingeschaltet ist?

b) Wie kann man sicher erkennen, ob die Lampe leuchtet?

c) Nun halten wir einige Gegenstände in den Lichtkegel, z. B. ein Buch, einen Bleistift oder ein Blatt Papier. Was stellst du fest?

d) Aus welchen Richtungen ist das Licht zu sehen, wenn wir etwas Mehl oder Kreidestaub in den Lichtkegel blasen?

V4 Ein Schüler stellt sich so vor ein hell erleuchtetes Fenster, dass sein Gesicht vom Fenster weggewandt ist. Vor dem hellen Hintergrund erscheint es dunkel.
Nun hält er ein weißes Blatt Papier so vors Gesicht, als wolle er darin lesen. Welche Veränderung kannst du dadurch am Gesicht beobachten?

V5 Richte den Lichtkegel einer Lampe auf einen Schirm, z. B. auf ein Stück weißen Karton.
Lege ein aufgeschlagenes Buch vor den Schirm und eines dahinter. Dabei sollen die Bücher nicht direkt von der Lampe beschienen werden (Bild 3).

a) Als Schirm nehmen wir (außer dem weißen Karton) auch einen schwarzen Karton, eine saubere Glasscheibe und eine Milchglasscheibe (oder Butterbrotpapier).
Bei welchem Schirm kannst du die Schrift am besten lesen?

b) Trage die Ergebnisse in eine Tabelle ein (mit je einer Spalte für die Bücher). Beschreibe darin die Helligkeit folgendermaßen: „dunkel", „schwach beleuchtet", „hell beleuchtet".

c) Wie gelangt bei diesem Versuch das Licht auf die Bücher – und von diesen wieder zurück in die Augen?
Lege eine Zeichnung an, in die du den Weg des Lichtes einträgst.

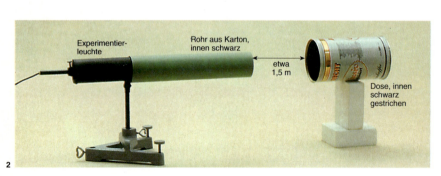

2

3

61727

Info: Wann wir Gegenstände sehen

Unsere Augen allein reichen zum Sehen nicht aus: Wenn es in einem Zimmer bei geschlossenen Rollläden ganz dunkel ist, sehen wir nichts. Die Augen sind nämlich nichts anderes als *Lichtempfänger*; sie sind auf den „Empfang" von Licht eingerichtet.

Damit wir etwas sehen können, brauchen wir also unbedingt eine *Lichtquelle*, z. B. die Sonne oder eine Kerzenflamme. Wenn das Licht dieser *selbstleuchtenden Körper* direkt in unsere Augen fällt, sehen wir sie. **Unsere wichtigste Lichtquelle ist die Sonne.** Ohne ihr Licht (ihre Strahlung) gäbe es kein Leben auf der Erde.

Das Licht einer Lichtquelle fällt aber meist nicht direkt in unser Auge, es fällt erst noch auf andere Gegenstände. Die Bilder 4–8 (mit den zugehörigen Bildtexten) zeigen, was dabei geschieht.

Die meisten Gegenstände werfen einen Teil des Lichts in alle möglichen Richtungen zurück. Wir können deshalb auch Gegenstände sehen, die selbst kein Licht erzeugen, sondern *beleuchtet* sind. So liest du z. B. gerade den Text in diesem Buch. Das Licht dafür kommt entweder durchs Fenster (also von der Sonne) oder aus einer elektrischen Glühlampe. Das notwendige Licht fällt zunächst auf das Buch und von dort aus in deine Augen (Bild 9).

Wir sehen einen Gegenstand, wenn Licht von ihm in unsere Augen gelangt. Der Gegenstand kann *selbstleuchtend* oder *beleuchtet* sein.

Ein weißer, undurchsichtiger Körper wirft auftreffendes Licht in viele Richtungen zurück. Man sagt auch dazu: Der Körper **streut** das Licht.
4

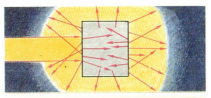
Manche Körper sind **durchscheinend** (so z. B. Milchglas). Das Licht geht hindurch und wird in viele Richtungen geworfen bzw. gestreut.
5

Spiegel und z. B. Wasserpfützen werfen das Licht nicht in alle Richtungen zurück, sondern gezielt nur in eine. Sie **reflektieren** das Licht (→ S. 111).
6

Schwarze Körper **absorbieren** („verschlucken") Licht; sie werfen fast kein Licht zurück. Wir sehen sie nur im Kontrast zu einer helleren Umgebung.
7

Durch Glasscheiben geht Licht fast ungehindert hindurch. Körper mit dieser Eigenschaft bezeichnet man als **lichtdurchlässig**.
8

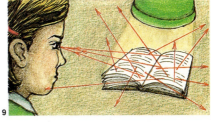
9

A1 *Findest du eine Erklärung für Marios „Supertrick" von Bild 1?*

A2 *Nimm an, bei der Anordnung von Bild 2 befindet sich kein Körper im Lichtweg, also kein Staub und kein Rauch. Die Lampe wird eingeschaltet. Was wirst du sehen?*

A3 *Wenn Licht durch ein Glasgefäß mit Wasser fällt, ist davon im Wasser nichts zu sehen. Sobald man aber etwas Badesalz im Wasser löst, wird das Licht sichtbar. Erkläre diese Beobachtung.*

A4 *Bild 10 zeigt einen Astronauten im Weltraum. Er wird von der Sonne beleuchtet. Die Lufthülle der Erde (unten im Bild) ist ebenfalls beleuchtet. Warum ist der Weltraum links und rechts vom Astronauten tiefschwarz?*

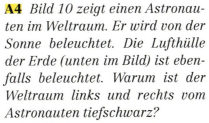

10

A5 *Manchmal werden Milchglasscheiben verwendet und oft sind Glühlampen mit mattierter Oberfläche in Gebrauch. Was erreicht man damit? Erkläre!*

A6 *Weshalb sind die Verdunklungsrollos im Physikraum immer schwarz?*

A7 *Der Himmel ist bedeckt, die Sonne hinter den Wolken verborgen. Trotzdem können wir lesen – ohne elektrisches Licht. Woher kommt das nötige Licht?*

Licht im Straßenverkehr

Aus Umwelt und Technik: Licht kann Leben retten – und gefährden

Im Straßenverkehr müssen die Gegenstände und Personen gut zu sehen sein. Wenn sie keine eigene Lichtquelle haben, spielt dabei zurückgeworfenes Licht eine wichtige Rolle.

Fußgänger sollten z.B. nachts möglichst *helle* Kleidung tragen. Helle Kleidungsstücke werfen mehr Licht zurück als dunkle Kleidung. Ein Autofahrer kann Helles schon von Weitem erkennen (Bild 1).

Die Verkehrsschilder können beim Autofahren auch nachts gut gesehen werden, wenn sie ungefähr in Fahrtrichtung aufgestellt sind. Die Schilder werfen nämlich das auftreffende Scheinwerferlicht zurück, und

zwar vor allem in die Richtung, aus der sie beleuchtet werden. Auch Rückstrahler und Seitenstrahler von Fahrrädern werfen das Licht in die Richtung zurück, aus der sie angestrahlt werden.

Licht kann auch stören und sogar gefährlich sein, z.B. bei einer nächtlichen Autofahrt im Schneetreiben oder bei Nebel (Bild 2). Wenn man dann nämlich das Fernlicht einschaltet, sieht man plötzlich vor sich nur eine „weiße Wand".

Von den Schneeflocken oder Nebeltröpfchen wird nämlich viel Licht zurückgeworfen. Der Autofahrer wird durch das zurückgeworfene Licht geblendet und kann dadurch von der Fahrbahn abkommen.

Aus dem Alltag: Sehen und gesehen werden

Wenn du am Fahrrad den Dynamo anschaltest, geht das Treten etwas schwerer. Vielleicht bringt dich das in Versuchung, auf die Beleuchtung zu verzichten. In der Dämmerung oder auf beleuchteten Straßen sieht man ja auch ohne den Scheinwerfer recht gut.

Es ist aber lebensgefährlich, auf die Fahrradbeleuchtung zu verzichten! Lichtquellen von Fahrzeugen sollen nämlich nicht nur die Straße beleuchten. Sie dienen auch dazu, andere Verkehrsteilnehmer zu informieren. Es gilt nicht nur zu sehen, sondern auch *gesehen zu werden*!

Ein beleuchtetes Fahrzeug ist früher zu erkennen als ein unbeleuchtetes. Die Lichter geben z.B. auch an, ob das Fahrzeug bremsen oder abbiegen wird

(Bild 3). Auf der Straße dienen viele Lichtquellen der *Information* anderer Verkehrsteilnehmer. Das gilt nicht nur für die Lichtquellen an Fahrzeugen.

Auch alle leuchtenden Signale an Straßenrändern – z.B. die Ampelanlagen sowie die Baustellenmarkierungen (Bilder 4 u. 5) – verfolgen diesen wichtigen Zweck.

A1 *Benenne die Lichtquellen der Bilder 3–5. Worüber informieren dich diese Lichtquellen?*

A2 *Nenne weitere Lichtquellen, die im Straßenverkehr eine Rolle spielen.*

61728

Die Ausbreitung des Lichts

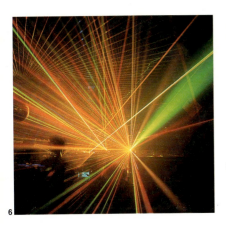

6

7

Was sagen dir diese Bilder
über die Lichtausbreitung?

8

V6 *Bespanne ein Sieb außen mit einer Alufolie. Stülpe es dann über eine Glühlampe (6 V; 5 A) und stich Löcher in die Folie.*

a) *Überlege, wie man das austretende Licht in einem verdunkelten Raum sichtbar machen kann.*

b) *Was zeigt dir dieser Versuch?*

V7 *Licht einer Lampe (z. B. von einer Experimentierleuchte ohne Linse) fällt durch eine Lochblende auf einen weißen Karton (Bild 9).*

a) *Übertrage Bild 10 vergrößert ins Heft. Zeichne dann den Licht-*

9

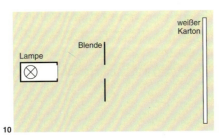

10

kegel, der den Fleck auf dem Karton erzeugt. (Das Licht soll von der Mitte der Glühlampe ausgehen.)

b) *Zum Zeichnen des Lichtkegels wird ein Lineal verwendet. Warum ist das sinnvoll? Begründe!*

c) *Stelle nun – bei ausgeschalteter Lampe – eine zweite Blende zwischen den Karton und die erste Blende. Worauf musst du achten, wenn auch jetzt wieder ein Lichtfleck entstehen soll?*

Schalte die Lampe ein. Überprüfe so, ob du die zweite Blende richtig aufgestellt hast.

Info: Wie sich Licht ausbreitet

Licht breitet sich nach allen Seiten hin geradlinig aus. Oft kann es sich aber nicht überallhin ungehindert ausbreiten. So schirmt z. B. das Gehäuse der Experimentierleuchte das austretende Licht teilweise ab. Nur nach vorne kann das Licht die Leuchte verlassen (Bild 11). So entsteht ein **Lichtbündel**.

Mit Hilfe von entsprechenden Lochblenden kann man immer feinere Lichtbündel herstellen (Bild 12).

Beim Zeichnen stellen wir die Lichtbündel als **Lichtstrahlen** dar. Das geschieht mit dem Lineal, weil Licht sich *geradlinig* ausbreitet. (Die Strahlen, die die Bündel begrenzen, heißen *Randstrahlen*.)

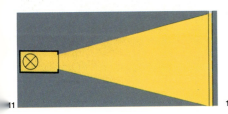

11

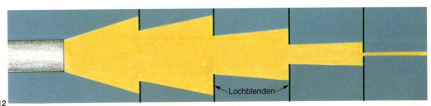

12

A1 *Bild 1 zeigt ein Sieb, das mit Alufolie abgedeckt ist. Unter dem Sieb befindet sich eine Glühlampe. In die Folie wird mit der Nadel ein Loch gestochen.*
Übertrage die Zeichnung in dein Heft. Zeichne dann mit Hilfe eines einzigen Lichtstrahls ein, wie das Licht durch das Loch austritt.

A2 *Bei der Anordnung von Bild 2 fällt Licht durch eine Lochblende auf einen Schirm.*
a) *Wie verändert sich der Lichtfleck auf dem Schirm, wenn man die Blendenöffnung größer bzw. kleiner macht? Zeichne!*
b) *Nun wird der Abstand Lichtquelle–Blende verändert. Wie ändert sich dabei der Verlauf der Randstrahlen hinter der Blende? (Lege dazu zwei Skizzen an. Einmal soll die Lichtquelle näher an der Blende stehen und einmal weiter entfernt.)*

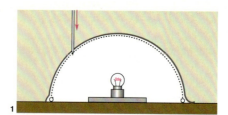

1

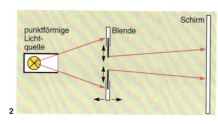

punktförmige Lichtquelle — Blende — Schirm

2

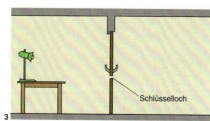

Schlüsselloch

3

A3 *Mit einer Schnur kann man prüfen, ob eine Mauer „schnurgerade" ist. Du weißt sicher, wie.*

Und wie prüft man, ob ein Brett gerade oder verzogen ist? Beschreibe das Verfahren. Erkläre, warum es funktioniert.

A4 *Von einer Lampe fällt Licht durch ein Schlüsselloch (Bild 3). Übertrage die Skizze vergrößert in dein Heft. Zeichne dann ein, wie das Licht durch das Loch fällt.*

A5 *Nimm ein etwa 30 cm langes Stück Gummischlauch. Versuche durch den Schlauch hindurch diese Zeilen zu lesen. Was stellst du fest? Erkläre!*

A6 *Toni blickt zu den Sternen und sagt: „Ich schaue jetzt in die Vergangenheit." Wie meint er das?*

A7 *Genauso schnell wie das Licht sind Funkwellen. Wie lange benötigt also ein Funkspruch vom Mond zur Erde?*

Aus der Technik: So wird ein Tunnel „lichtgerade"

Für Interessierte zum Weiterlesen

Als in München die U-Bahn gebaut wurde, setzte man eine riesige Bohrmaschine ein (Bild 4). Sie bohrte die Schächte von fast 7 Meter Durchmesser in einem einzigen Arbeitsgang durch das Erdreich.

Dabei war es ja wichtig, dass die Richtung der geplanten U-Bahn-Schächte genau eingehalten wurde. Die *Steuerung* der Maschine war also von besonderer Bedeutung – und dafür war das Licht (genauer: das *Laser*-Licht) mit seiner *Geradlinigkeit* besonders gut geeignet.

Und so funktioniert die Steuerung solcher Bohrmaschinen: Vorne am Bohrer befindet sich ein technischer Lichtempfänger. Und auf diesen trifft ein genau ausgerichtetes, sehr schmales, helles Lichtbündel (ein „Laserstrahl") auf. Wenn die Bohrmaschine auch nur geringfügig aus der Richtung gerät, fällt das Licht nicht mehr auf den Lichtempfänger. Die Richtung wird dann sofort automatisch korrigiert.

Solche Verfahren werden häufig beim Bau von Tunneln in Gebirgen angewandt.

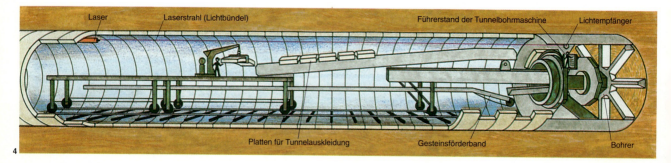

Laser — Laserstrahl (Lichtbündel) — Führerstand der Tunnelbohrmaschine — Lichtempfänger — Platten für Tunnelauskleidung — Gesteinsförderband — Bohrer

4

61729

Zusammenfassung

Alles klar?

A1 „Der Tag wurde länger, als die Menschen begannen künstliche Lichtquellen zu nutzen." Erkläre!

A2 Stell dir vor, an einem Wintertag fällt um 18 Uhr das elektrische Licht aus und ihr habt keine Kerze oder Taschenlampe zur Hand. Was könntet ihr ohne Licht nicht mehr tun?

A3 Der Mond ist kein Körper, der selbst leuchtet, und dennoch können wir ihn sehen – ja, der Mond dient uns sogar als Lichtquelle in der Nacht. Suche nach einer Erklärung dafür.

5

A4 Wenn es abends auf der Erde dämmert, kann man manchmal noch Flugzeuge im Sonnenlicht sehen. Wie ist das möglich?

A5 Früher dachte man, beim Sehen spielten „Sehstrahlen" eine Rolle (Bild 5). Sicher weißt du das jetzt schon besser …

A6 Wie sollten die Farben deiner Kleidung sein, wenn du bei Dunkelheit über die Straße gehst?

Auf einen Blick

Lichtquellen und Lichtausbreitung

Licht geht von Lichtquellen aus. Unter den *natürlichen* Lichtquellen ist die **Sonne** die wichtigste. Sie erst macht das Leben auf der Erde möglich.

Wir nutzen *künstliche* Lichtquellen um unsere Umgebung zu beleuchten oder um Informationen weiterzugeben (z. B. durch Verkehrsampeln oder Fernsehbildschirme).

Wenn Licht auf einen Gegenstand fällt, wird es zurückgeworfen, vor allem durch Gegenstände mit heller und glänzender Oberfläche.

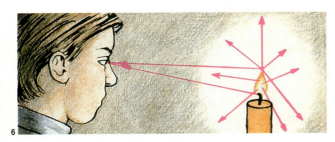

6

7

Wenn Licht in unsere Augen fällt, sehen wir den Körper, von dem das Licht ausgeht. Kommt das Licht direkt von einer Lichtquelle (Bild 6), so sehen wir die Lichtquelle selbst. Beleuchtete Körper sehen wir dadurch, dass das von ihnen zurückgeworfene Licht in unsere Augen gelangt (Bild 7).

8

Lichtquellen senden Licht nach allen Seiten hin aus.

Diese Lichtausbreitung erfolgt **geradlinig** (Bild 8) – es sei denn, es wird daran gehindert, weil es auf Gegenstände auftrifft.

Die Lichtausbreitung wird mit **Lichtbündeln** und **-strahlen** beschrieben (Bild 9).

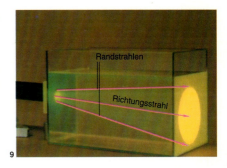

Randstrahlen

Richtungsstrahl

9

61355

Licht und Schatten

Schattenbilder

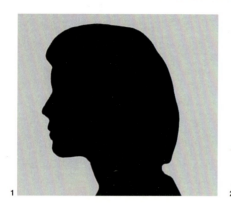

Die Silhouette eines Menschen zu zeichnen ist gar nicht so schwer.
Hast du es schon einmal versucht?

V1 *Bild 2 zeigt dir, wie man ein Schattenbild nachzeichnet.*

a) *Welche Lichtquellen (z. B. Kerzen, Taschenlampen mit und ohne Reflektor) erzeugen Schatten mit scharfen Rändern? Bei welchen sind die Ränder unscharf?*

b) *Schattenbilder eignen sich für ein Gesellschaftsspiel: Jeweils 2 Mitspieler zeichnen Schattenbilder voneinander. Dann werden alle Bilder an die Wand geheftet und von sämtliche Mitspielern angeschaut. Gewinner ist, wer zuerst jedes Gesicht erkannt hat.*

V2 *Ein Brett wird 1–2 m vor der Wandtafel an einem Stativ befestigt. Davor wird eine Glühlampe aufgestellt.*

a) *Die Lage des Schattenbildes soll vorhergesagt werden. Wie gehst du vor? (Was setzt du über die Lichtausbreitung voraus?)*

b) *Verändere den Abstand zwischen Brett und Wandtafel. Was stellst du fest?*

Info: Schattenraum und Schattenbild

Wie du schon weißt, breitet sich Licht geradlinig aus.

In Bild 3 fällt das Licht einer Lampe auf eine Schachtel; sie ist ein für Licht *un*durchlässiger Körper. Auf direktem Weg gelangt kein Licht in den Raum hinter der Schachtel. Diesen Raum bezeichnen wir als **Schattenraum**. Nur Streulicht aus der Umgebung könnte diesen Schattenraum erhellen.

Wenn sich hinter dem Körper ein Schirm (eine Wand oder der Fußboden) befindet, entsteht darauf ein **Schattenbild**. Die Ränder des Schattenbildes entsprechen den Rändern des Körpers.

Meist reden wir in der Umgangssprache von einem *Schatten*. Dann kann ein Schattenraum oder Schattenbild gemeint sein.

Wenn man den Schirm von dem Körper entfernt, wird das Schattenbild größer. Wenn man den Schirm an den Körper heranrückt, wird es kleiner.

Dunkle Schatten mit deutlichen, scharfen Rändern heißen *Schlagschatten*. Man erhält sie, wenn die Lichtquelle viel kleiner als der Körper ist, der den Schatten wirft. Man spricht dann von einer *punktförmigen Lichtquelle*.

Meist werden die Körper aber durch *ausgedehnte Lichtquellen* beleuchtet. Wenn ihr Licht auf (lichtundurchlässige) Körper fällt, entstehen Schattenbilder mit verschwommenen Rändern auf dem Schirm. (Das konntest du bei der Durchführung von Versuch 1 beobachten.)

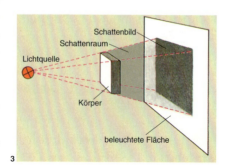

Schattenbild
Schattenraum
Lichtquelle
Körper
beleuchtete Fläche

A1 *Welche drei Dinge sind erforderlich, damit Schattenbilder entstehen können?*

4

A2 *Wenn wir vom Schatten sprechen, meinen wir mal den Schattenraum, mal das Schattenbild und mal etwas anderes.*

a) *Erkläre die beiden Begriffe anhand von Bild 4.*

b) *Was ist bei folgenden Redewendungen jeweils gemeint?*
„Das Ereignis wirft seine Schatten voraus." „Sie ruht sich im Schatten eines Baumes aus." „Er steht im Schatten seines Vorgängers." „Die Schatten werden länger."

A3 *„Ein Schatten huscht über die Wand." Ähnlich wird der Begriff „Schatten" in Bild 5 verwendet. Erläutere den Unterschied zwischen dieser alltäglichen und der physikalischen Bedeutung.*

5

Aus der Geschichte: Silhouetten und Schattenspiele

Für Interessierte zum Weiterlesen

Vor zweihundert Jahren gab es noch keine Fotografien. Wenn man von seiner Familie ein Bild haben wollte, musste man es beim *Maler* bestellen.

Wer sich ein solches Bild nicht leisten konnte, musste mit einem Schattenbild vorlieb nehmen. Die Schattenbilder waren also für die Menschen damals das, was für uns heute Erinnerungsfotos sind.

Schattenbilder nannte man *Silhouetten* (Bild 6). Dieser merkwürdige Name geht auf den französischen Finanzminister *Etienne de Silhouette* zurück.

Er lebte im 18. Jahrhundert und ermahnte alle Leute zur Sparsamkeit. Seiner Meinung nach sollten sie lieber Schattenbilder statt der teuren Gemälde anfertigen lassen.

Mit den Händen Schattenbilder zu erzeugen ist noch heute ein beliebtes Spiel.

Probiere aus, welche Figuren von Bild 7 dir gelingen. (Was für eine Lichtquelle dafür besonders gut geeignet ist, müsstest du ja inzwischen wissen …)

6

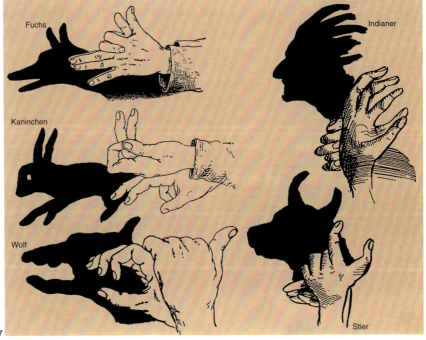

7

Fuchs

Kaninchen

Wolf

Indianer

Stier

Aus der Umwelt: Licht und Schatten im Weltraum

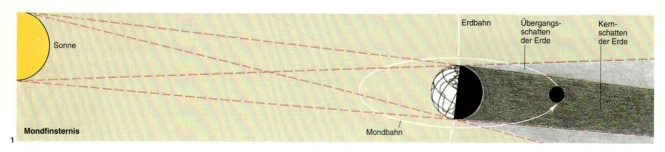

1 Mondfinsternis

Sonne · Erdbahn · Übergangsschatten der Erde · Kernschatten der Erde · Mondbahn

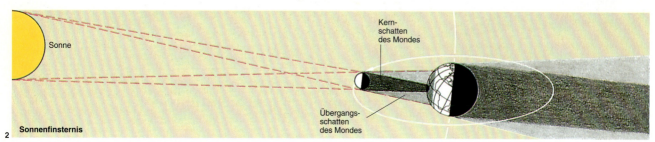

2 Sonnenfinsternis

Sonne · Kernschatten des Mondes · Übergangsschatten des Mondes

Erde und Mond werden von der **Sonne** beschienen. Hinter der Erde und dem Mond entstehen dadurch Schattenräume; sie reichen Hunderttausende von Kilometern weit in den Weltraum hinein.

Da die Sonne eine ausgedehnte Lichtquelle ist, entstehen so auch *Übergangsschatten*, d. h. Schatten, die etwas beleuchtet sind (Bilder 1 u. 2 sowie 8 u. 9).

Eine **Mondfinsternis** können wir so erklären (Bild 1): Der Mond umkreist einmal im Monat die Erde. Meist verläuft dabei seine Bahn außerhalb ihres Schattenraums. Manchmal streift der Mond aber den Schatten der Erde oder er durchquert ihn sogar. Dann sieht man einen Teil des *Schattenbildes der Erde* auf dem Mond.

Im Jahr gibt es durchschnittlich zweimal eine Mondfinsternis. Sie ist dann überall dort zu sehen, wo der Mond gerade über dem Horizont steht.

Bild 3 zeigt eine Mondfinsternis, bei der sich ein Teil des Mondes im Schatten der Erde befindet.

Bei einer **Sonnenfinsternis** steht der Mond zwischen Sonne und Erde (Bild 2). Sein Schatten fällt auf die Erde. Das heißt: Wenn wir dort stehen, befinden wir uns im *Schattenraum des Mondes*.

Wenn die Sonnenfinsternis beginnt, schiebt sich der Mond „als schwarze Scheibe" vor die Sonne. Dadurch wird die Sonne verdunkelt.

Auch in diesem Fall entsteht außer dem eigentlichen Schatten ein Übergangsschatten (Bild 2). Wenn wir uns in diesem aufhalten, sehen wir die Sonne wie in Bild 4; dann ist nur ein Teil von ihr durch den Mond verdeckt. Wenn wir uns aber im eigentlichen Schatten („Kernschatten") befinden, ist die Sonne für uns völlig verdeckt (*totale Sonnenfinsternis*; Bild 5).

Der „Kernschatten" des Mondes auf der Erde ist nicht sehr groß; er hat einen Durchmesser von etwa 200 km. Nur wo dieser entlangwandert, kann man die *totale* Sonnenfinsternis sehen. Deshalb können wir solche Finsternisse nur selten beobachten (z. B. am 11. 8. 1999 in Süddeutschland).

3

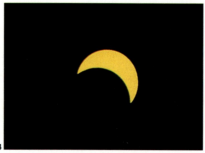

4

5

61731

Zusammenfassung

Alles klar?

A1 *Das Wort „Schatten" ist nicht sehr genau. Erkläre!*

A2 *Wenn du abends an Straßenlaternen vorbeigehst, ändert sich dein Schatten. Erst ist der Schatten klein, dann wird er größer; zeitweise hast du sogar zwei Schatten.*
Erkläre, wie es zu solch unterschiedlichen Schattenbildern ein und derselben Person kommt.

6

A3 *Fand das Fußballspiel von Bild 6 am Nachmittag oder am Abend statt? Begründe!*

A4 *Wo würdest du deine Schreibtischlampe aufstellen: direkt hinter deinem Heft, links von dem Heft oder rechts von ihm? Begründe deine Antwort.*

A5 *Andrea behauptet: „Schatten entsteht nur da, wo auch Licht ist. In finsterer Nacht gibt es keinen Schatten."*
„Irrtum!", entgegnet Markus. „In der Nacht gibt es nur Schatten."…

Auf einen Blick

Schattenraum und Schattenbild

Schatten entstehen, wenn Licht auf einen Körper trifft und diesen nicht durchdringen kann.

Im Raum hinter dem Körper fehlt dann das Licht. Diesen Raum nennen wir *Schattenraum*.

Ein *Schattenbild* entsteht, wenn ein Schirm in den Schattenraum gehalten wird (Bild 7). Punktförmige Lichtquellen erzeugen scharf begrenzte Schattenbilder. Bei ausgedehnten Lichtquellen sind die Konturen der Schattenbilder unscharf.

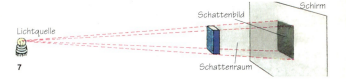

7

Im Allgemeinen unterscheidet man nicht zwischen Schattenraum und Schattenbild. Wenn von einem *Schatten* die Rede ist, muss man überlegen, ob es sich um den Schattenraum oder das Schattenbild handelt.

So entstehen Übergangsschatten

Häufig wird ein Körper von mehreren Lichtquellen oder einer ausgedehnten Lichtquelle beleuchtet.

Dann überlagern sich die Schatten. So entstehen auch Bereiche, bei denen die Schatten aufgehellt werden. (In den Bildern 8 u. 9 wurden die Lichtquellen zur besseren Unterscheidung farbig gezeichnet.)

Im *Kernschatten* fehlt das Licht beider Lichtquellen. In die Bereiche der *Übergangsschatten* fällt das Licht von jeweils einer der beiden Lichtquellen. Dadurch wird der Schatten hier aufgehellt.

Wenn z. B. der Mond im Kernschatten der Erde ist (Bild 1), können wir ihn nicht sehen.

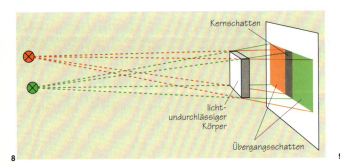

8

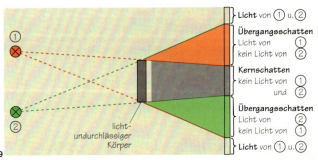

9

Die Reflexion des Lichts

Licht wird gezielt zurückgeworfen

Hoffentlich kommen Michaelas Lichtzeichen wirklich bei ihrer Freundin an … **1**

V1 *Das Licht einer Lampe soll mit einem Spiegel auf ein bestimmtes Ziel gelenkt werden. Überlege: Wie müssen der Spiegel und die Lampe angeordnet sein, damit das Ziel getroffen wird? Richte Lampe und Spiegel so aus, dass es klappen müsste. Schalte dann die Lampe ein. Getroffen?*

V2 *Beklebe deine Taschenlampe mit schwarzem Klebeband (Bild 2); nur ein schmaler Schlitz soll offen bleiben. Wenn das Licht der Lampe ein Blatt Papier streift und auf einen Spiegel fällt (Bild 3), kannst du seinen Verlauf verfolgen.*
a) *Drehe den Spiegel ein bisschen herum. Was beobachtest du?*
b) *Beleuchte deinen Spiegel aus verschiedenen Richtungen. Markiere mit Farbstiften den Verlauf des Lichts (Bild 3). Gib auch jedes Mal die Stellung des Spiegels an.*

V3 *Mit einer optischen Scheibe (Bild 4) kann man den Lichtweg genauer untersuchen:*
Mit Hilfe einer Schlitzblende wird ein schmales Lichtbündel erzeugt. In diesem Lichtbündel befindet sich die optische Scheibe. Wir sehen das Licht als schmale Linie. Die Scheibe wird so gedreht, dass das Licht aus unterschiedlichen Richtungen auf den Spiegel fällt. Was fällt dir auf?

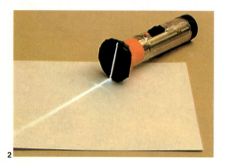

2

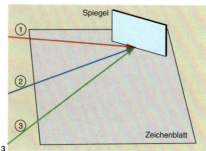

Spiegel

①
②
③

Zeichenblatt

3

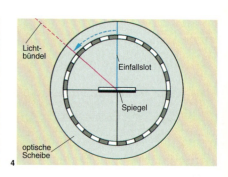

Licht-
bündel

Einfallslot

Spiegel

optische
Scheibe

4

61732

Info: Wenn Licht reflektiert wird …

Licht, das auf einen Spiegel fällt, wird umgelenkt. Man sagt: Das Licht wird **reflektiert** (abgeleitet von dem lateinischen Wort *reflectere:* zurückbiegen). Eine Reflexion von Licht tritt immer an glatten Oberfächen auf – vor allem bei Metallen, Glas und Flüssigkeiten.

Unsere Beobachtungen an der optischen Scheibe (V 3) haben gezeigt (Bild 5):

Die Reflexion des Lichts erfolgt nach einer ganz bestimmten *Gesetzmäßigkeit.* Wir erkennen diese Gesetzmäßigkeit, wenn wir den Verlauf eines schmalen Lichtbündels betrachten. Um die Richtung des einfallenden und reflektierten Strahls zu beschreiben, benutzen wir das *Einfallslot ("Lot"),* das senkrecht auf der Spiegelfläche steht.

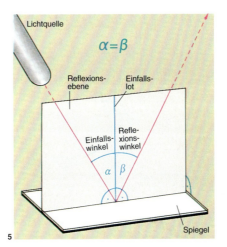

5

Den Winkel, der sich zwischen dem einfallenden Strahl und dem Einfallslot ergibt, bezeichnen wir als *Einfallswinkel* α (Alpha).

Entsprechend nennt man den Winkel zwischen dem Einfallslot und dem reflektierten Strahl den *Reflexionswinkel* β (Beta).

Für sämtliche reflektierende Flächen gilt das so genannte *Reflexionsgesetz*: **Der Einfallswinkel ist so groß wie der Reflexionswinkel.** Es lautet in Kurzform:

Einfallswinkel = Reflexionswinkel ($\alpha = \beta$).

Dabei liegen einfallender Lichtstrahl, Einfallslot und reflektierter Strahl *in einer Ebene.* (Das heißt: Man könnte die Strahlen und das Lot auf einem Karton zeichnen, der senkrecht auf dem Spiegel steht.)

A1 *Welcher Winkel in Bild 6 ist der Einfallswinkel?*

A2 *Bild 7 zeigt einen Spiegel.*
a) *Welche der beiden Geraden ist das Einfallslot?*
b) *Auch Maurer, Maler und andere Handwerker benutzen ein Lot. Worin unterscheidet sich die Richtung, die deren Lot anzeigt, von der des Einfallslots?*

A3 *In Bild 8 werden ein Spiegel und einige farbige Gegenstände beleuchtet.*

a) *Weshalb sieht dieser Spiegel schwarz aus, obwohl er doch beleuchtet ist?*
b) *Der Spiegel reflektiert das Licht. Wo müsste man stehen um dadurch geblendet zu werden?*
c) *Vom Spiegel sagt man, er reflektiere das Licht – doch auch die anderen Gegenstände werfen es zurück. Nenne den Unterschied.*

A4 *Nicht nur Spiegel "spiegeln": So "funkeln" z. B. Schmuckstücke und die Instrumente einer Musikkapelle sind "spiegelblank".*

Was ist jeweils die Ursache dafür? Suche weitere Beispiele.

A5 *Licht wird von einem Spiegel reflektiert (Einfallswinkel: 40°). Fertige dazu eine Zeichnung an. (Falls du noch nicht sicher bist, wie man einen Winkel zeichnet, sieh im Anhang nach.)*

A6 *Bild 9 zeigt einen Versuch mit einer optischen Scheibe (wie in Versuch 3). Auf welchen Punkt (A, B oder C) trifft das reflektierte Licht auf?*

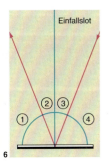

6

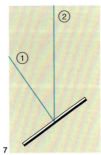

7

8

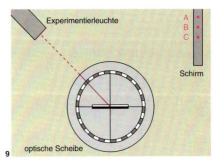

9

Aus dem Alltag: Reflektoren und Spiegel für die Sicherheit

Reflektoren (Rückstrahler) sind für alle Fahrzeuge vorgeschrieben. Selbst Schultaschen werden heute oftmals damit ausgestattet.

Reflektoren werfen das Licht in die Richtung zurück, aus der sie angestrahlt werden. Ein Autofahrer kann deshalb z. B. den Reflektor eines Fahrrads gut erkennen. Wenn ein solcher Reflektor von einem Autoscheinwerfer beleuchtet wird, ist er heller als das Fahrradrücklicht.

Sieh dir doch mal einen Reflektor genauer an. Du wirst an ihm viele kleine Ecken erkennen (Bild 1). Hier stehen immer drei Spiegelflächen senkrecht zueinander.

Die Wirkungsweise des Reflektors kannst du dir am besten an einer *Spiegelecke* klarmachen. Eine Spiegelecke ist aus drei zusam-

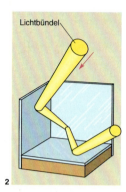

Lichtbündel

1

2

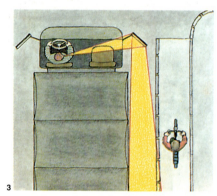

3

mengeklebten Spiegeln aufgebaut (Bild 2).

Wenn Licht auf eine Spiegelecke trifft, wird es dreimal reflektiert – und fällt genau in die Richtung zurück, aus der es kommt.

Rückspiegel helfen Autofahrern von hinten kommende andere Verkehrsteilnehmer zu sehen.

Der Fahrer kann aber nicht alles sehen, was sich hinter oder neben dem Fahrzeug abspielt. So befindet sich z. B. der Fahrradfahrer von Bild 3 im „toten Winkel"; er ist im Rückspiegel nicht zu sehen. Hoffentlich biegt der Lastwagen nicht plötzlich nach rechts ab.

Daher solltest du in solchen Situationen rechtzeitig anhalten – und zwar *hinter* dem Lastwagen und nicht neben ihm.

Bauanleitung: **Wir bauen ein Sehrohr (Periskop)**

Ein *Sehrohr* (oder *Periskop*; Bild 4) ist eine praktische Sache.
Auch in der dichtesten Menschenmenge verschafft es dir eine prima Aussicht.
Da schadet es nichts, wenn du kleiner als die anderen bist.
Hättest du Lust eines zu bauen?

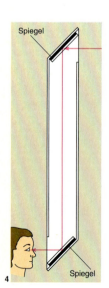

Spiegel

Spiegel

4

Du brauchst:

2 Taschenspiegel (etwa 6 cm breit und 9 cm lang)

1 Bogen Pappe oder Karton (mindestens 25 cm · 40 cm)

Ferner ein Geodreieck, eine Schere, ein Lineal und etwas Klebstoff.

So wird's gemacht:

Übertrage zunächst den Bauplan von Bild 5 auf die Pappe. Schneide dann die Hülle für das Periskop an den durchgezogenen Linien aus.

Die im Bild gestrichelten Linien sind die Falzkanten. Ritze sie vor dem Falzen etwas ein. Falte anschließend die Pappe an diesen Linien zu einer Röhre.

Klebe nun die Spiegel (wie im Bauplan angegeben) auf und klebe die Ränder der Pappe zusammen.

Viel Spaß beim Ausprobieren deines Sehrohrs!

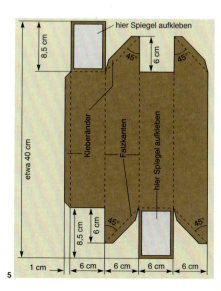

hier Spiegel aufkleben
8,5 cm
6 cm
45°
45°
etwa 40 cm
Kleberänder
Falzkanten
hier Spiegel aufkleben
8,5 cm
6 cm
45°
45°
1 cm   6 cm   6 cm   6 cm   6 cm
5

61733

Zusammenfassung

Alles klar?

A1 *Wie lautet das Reflexionsgesetz?*

A2 *In einem Kasten sind mehrere Spiegel so angeordnet, wie Bild 6 es zeigt. Welchen der drei Gegenstände wird das Mädchen sehen?*

A3 *Fußgänger sollen bei Dunkelheit helle Kleidung oder Reflektoren tragen. Welchen Vorteil haben dabei Reflektoren?*

A4 *Bei Bild 7 siehst du in einen Rückspiegel. Was fällt dir auf?*

A5 *Bild 8 zeigt zwei rechtwinklig angeordnete Spiegel (Winkelspiegel). Wie verläuft der Strahl weiter? (Zeichne in deinem Heft!) Ändere den Einfallswinkel. Vergleiche die Richtung des Strahls vor und nach dem Spiegel.*

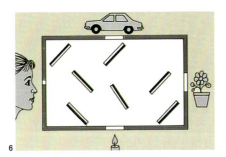

6

7

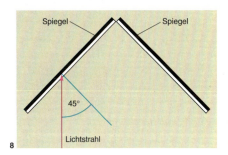

8

Auf einen Blick

Das Reflexionsgesetz

Licht wird von spiegelnden Flächen reflektiert. Dabei gilt immer das *Reflexionsgesetz* (Bild 9):

Einfallender Strahl, Einfallslot und reflektierter Strahl liegen in einer Ebene.
Einfallswinkel und Reflexionswinkel sind gleich groß.

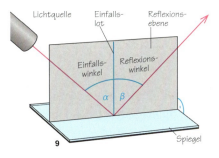

9

Spiegelbilder[Z]

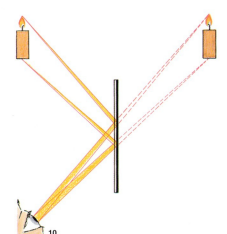

10

Das Licht vom Gegenstand wird am Spiegel reflektiert und fällt ins Auge. Es scheint von Punkten herzukommen, die *hinter* dem Spiegel liegen (Bild 10).

Das Spiegelbild ist ebenso weit vom Spiegel entfernt wie der Gegenstand.

Weder rechts und links, noch oben und unten werden durch den Spiegel verkehrt. Dagegen werden vorne und hinten durch den Spiegel vertauscht (Bild 11).

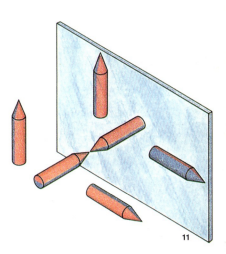

11

Das Auge

Bau und Schutz des Auges

Laura hat erst vor wenigen Monaten das „Licht der Welt" erblickt. Sie schläft noch viel. Ist sie aber wach, interessiert sie sich für alles, was bunt ist und sich bewegt. Sie schaut es genau an und greift mit den kleinen Händen danach. Sieht sie die Gesichter ihrer Eltern oder Geschwister, strahlen Lauras Augen. Sie können aber auch weinen, zum Beispiel wenn sie in ein fremdes Gesicht sehen oder wenn es dunkel ist.

Lauras Augen scheinen in bester Ordnung zu sein. Wie sähe ihr Leben wohl aus, wenn das nicht der Fall wäre?

A1 *In der Grundschule hast du schon einiges über die Augen erfahren. Schreibe in Stichworten auf, was du alles noch weißt.*

A2 *Zeichne ein Auge. Schaue dazu die Augen deines Nachbarn an. Benenne in der Zeichnung die Teile des Auges, die dir bereits bekannt sind.*

A3 *Laura weint oft, wenn ihr Fremde zu nahe kommen. Erkläre!*

A4 *Nehmen wir einmal an, Lauras Augen wären nicht in Ordnung. Was könnte mit ihnen sein und welche Möglichkeiten gäbe es in diesen Fällen, Laura zu helfen?*

A5 *Trägst du selbst eine Brille? Sind Brillenträger in der Klasse? Stellt zusammen, warum jeweils die Brille getragen wird.*

A6 *Liste Redewendungen auf, in denen die Augen vorkommen, zum Beispiel „unter den Augen des Gesetzes".*

A7 *Es gibt besonders viele Redewendungen im Zusammenhang mit den Augen. Welche Erklärung hast du dafür?*

A8 *Bewege die Spitzen von zwei Kugelschreibern in Augenhöhe aufeinander zu, bis sie sich berühren. Wiederhole den Versuch. Halte jetzt ein Auge geschlossen. Beschreibe, was passiert. Kannst du das Ergebnis erklären?*

A9 *Berührt mit einem Finger sehr vorsichtig kurz die Wimpern des Banknachbarn. Wiederholt den Versuch, wobei die Versuchsperson wechselt. Was passiert? Welche Erklärung habt ihr für das, was ihr beobachten konntet?*

61735

Info: Der äußere Bau des Auges

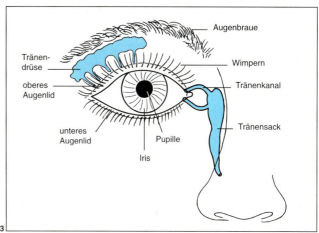

Die *Augen* sind unsere wichtigsten Sinnesorgane. Das merkst du sofort, wenn du einmal versuchst mit geschlossenen Augen durchs Zimmer zu gehen: Vorsichtig mit ausgestreckten Armen tastend „tappst du im Dunkeln". Um nirgends anzustoßen, bewegst du dich mit kurzen, unsicheren Schritten vorwärts. Erst wenn du die Augen öffnest, wird dein Schritt wieder sicher. Dann wunderst du dich vielleicht, wohin du im Dunkeln geraten bist.

Die Augen von außen. Nur den vorderen Teil des Auges können wir sehen. Auffallend ist der schwarze, kreisrunde Fleck in der Augenmitte. Es ist das *Sehloch*, die *Pupille*, durch die das Licht ins Augeninnere gelangt. Je nachdem ob es heller oder dunkler ist, ändert sich die Pupillengröße. Ein farbiger Ring, die *Iris* oder *Regenbogenhaut*, umschließt die Pupille. Das Weiße im Auge ist die *Lederhaut*. Vorn geht sie in die durchsichtige *Hornhaut* über. Wie ein Schutzschild wölbt sich die Hornhaut über das Auge. In Bild 2 lässt sie sich gut erkennen.

Natürlicher Schutz der Augen. Der größte Teil des Auges liegt gut geschützt in der mit Fett ausgepolsterten, knöchernen *Augenhöhle*. Die *Augenbrauen* verhindern, dass Schweiß in die Augen tropft. Die *Augenlider* mit den *Wimpern* schützen vor Staub, aber auch vor zu grellem Licht. In kurzen, regelmäßigen Zeitabständen gleiten sie über die Hornhaut und befeuchten sie mit Tränenflüssigkeit. Scheibenwischern vergleichbar sorgen sie für „klare Sicht". Größere Fremdkörper werden mit Tränen aus der *Tränendrüse* (Bild 3) ausgeschwemmt.

Die Augen sind unsere wichtigsten Sinnesorgane. Sie sind besonders gut geschützt.

A1 *Beschreibe, wie die Augenlider vor zu grellem Licht schützen.*

A2 *Dir ist eine kleine Fliege ins Auge geraten. Wie reagiert das betroffene Auge?*

Praktikum: Pupillenreaktion

Benötigt werden: Papier, Bleistift, Rot- und Grünstift, außerdem ein Spiegel.

Zeichne mit Hilfe des Spiegels (Bild 4) die Umrisse deines Auges auf Papier.

Blicke nun in helles Licht (Fenster). Wie groß ist die Pupille

jetzt? Trage ihre Größe mit dem Rotstift in deine Zeichnung ein.

Nun wird das Klassenzimmer abgedunkelt, bis du deine Augen gerade noch erkennst. Zeichne die Pupillengröße grün ein.

Vergleicht eure Ergebnisse und versucht sie zu erklären.

Gesundheit: Schutz der Augen

Bindehautentzündung. Beim Aufwachen jucken die Augen stark und die Lider sind verklebt. So macht sich oft eine Bindehautentzündung bemerkbar. Die Bindehaut ist eine dünne Schleimhaut. Sie verbindet die Lederhaut mit der Innenseite des Augenlids. Ihre Entzündung kann durch Krankheitserreger verursacht sein, aber auch durch Zugluft, zu starkes Sonnenlicht oder künstliches UV-Licht, zum Beispiel von Höhensonnen. Bei Verdacht auf Bindehautentzündung Augenarzt aufsuchen!

Augenfehler. Beim *Schielen* bewegen die Augenmuskeln die beiden Augäpfel in verschiedene Richtungen. Schielen sollte auf jeden Fall behandelt werden.

Bei manchen Menschen ist die Hornhaut unregelmäßig gekrümmt. Dadurch wird das einfallende Licht abgelenkt. Menschen mit einer solchen Hornhaut sehen Punkte als Stäbe. Man spricht daher von *Stabsichtigkeit* oder *Astigmatismus*. Besonders geschliffene Brillen oder Kontaktlinsen helfen bei Stabsichtigkeit.

Die häufigsten Augenfehler sind *Kurzsichtigkeit* und *Weitsichtigkeit*. Dabei ist der Augapfel zu lang beziehungsweise zu kurz. Kurzsichtige können nur in der Nähe scharf sehen. Was in der Ferne liegt, sehen sie verschwommen. Bei Weitsichtigen ist es umgekehrt. Im nächsten Kapitel erfährst du, wie Linsen bei Augenfehlern helfen.

So schützt du deine Augen

Unsere Augen sind von Natur aus gut geschützt. Dennoch birgt unser Alltag Gefahren für sie.

– Grelles Licht ist „Gift". Einfachster Schutz: Hände vor die Augen halten!
– Beim Aufenthalt in Tropen, Subtropen oder im Gebirge droht Gefahr durch ultraviolette Strahlung. Schutz: Sonnenbrille mit UV-Filter (Bild 1).
– Beim Arbeiten mit Chemikalien sind Schutzbrillen nötig. Das weißt du schon. Ebenso müssen Schutzbrillen bei Arbeiten getragen werden, bei denen Splitter ins Auge gelangen könnten.
– Zu langes Arbeiten oder Spielen am Computer kann die Augen überanstrengen, besonders wenn man zu dicht vor dem Bildschirm sitzt. Schutz: regelmäßige Pausen, 50 cm Abstand!
– Brillenträger sollten jedes Jahr vom Augenarzt kontrollieren lassen, ob sich ihre Sehfähigkeit verändert hat und sie eine neue Brille brauchen.

Erste Hilfe

Augenspülung. Vorsicht beim Umgang mit Haushaltsreinigern und Chemikalien! Kleinste Spritzer können die Hornhaut schädigen! Sofort beide Augen – auch das scheinbar nicht betroffene – lange mit Leitungswasser spülen. Arzt, möglichst Augenarzt, aufsuchen.

Entfernen von Fremdkörpern. Das obere Augenlid des betroffenen Auges vorsichtig über das Auge nach unten ziehen (Bild 2). Nun die Augen ausgiebig nach allen Seiten bewegen um den Fremdkörper an die Seite des Auges zu befördern.

Spürt man einen Fremdkörper am unteren Augenrand, zieht man das untere Augenlid nach unten und blickt dabei nach oben. Ein Helfer tupft dann mit der Spitze eines sauberen Tuches den Fremdkörper vorsichtig ab (Bild 3).

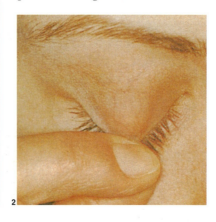
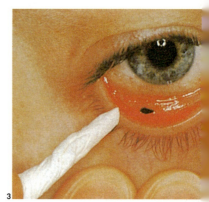

Info: Der innere Bau des Auges

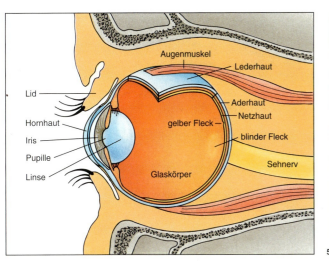

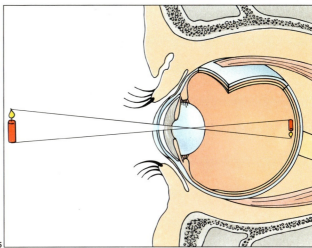

Das Augeninnere. Bild 4 gibt dir einen Überblick über den inneren Bau des Auges:

Vorn unmittelbar hinter der Pupille befindet sich die durchsichtige *Linse*. Sie besteht aus einem elastischen Material und hängt an dünnen Fasern an einem Muskel. Das gesamte Innere des Augapfels ist von einer glasklaren, zähen Flüssigkeit ausgefüllt, dem *Glaskörper*.

Der kugelförmige Augapfel ist von einer dreischichtigen Wand umhüllt: Ganz außen ist die harte und zähe *Lederhaut*. Du kennst sie bereits als das „Weiße" im Auge. Darunter liegt die stark durchblutete *Aderhaut*. Sie versorgt das Auge mit Sauerstoff und Nährstoffen. Die innerste Schicht ist die *Netzhaut*. Sie macht – zusammen mit der Linse – das Sehen erst möglich. Auf einer Fläche, etwa so groß wie eine Briefmarke, sitzen hier rund 130 Millionen *lichtempfindliche Sinneszellen*. Sie werden auch Sehzellen genannt. Man kann zwei Arten unterscheiden: die *Stäbchen* und die *Zapfen*. Fällt Licht auf sie, werden sie *gereizt*. Alle Sehzellen sind durch den *Sehnerv* mit dem *Gehirn* verbunden. Wo der Sehnerv die Netzhaut verlässt, befinden sich keine Sehzellen. Diese Stelle heißt *blinder Fleck*.

Der Sehvorgang. Du erinnerst dich: Wir können nur Dinge sehen, die selbst Licht aussenden oder angestrahlt werden und das Licht zurückwerfen. Das Licht tritt durch die Pupille ins Augeninnere ein (Bild 5). Schließlich trifft es auf der Netzhaut auf. Hier entsteht ein *Bild* des Gegenstands. Auf den folgenden Seiten erfährst du, weshalb das so ist. Die Bedeutung der Linse in unserem Auge kannst du dort durch Ver-

suche selbst herausfinden. Die vom Licht getroffenen Sehzellen melden über den Sehnerv ans Gehirn, dass sie gereizt wurden. Im Gehirn werden diese Informationen blitzschnell verarbeitet: Erst jetzt erkennen wir den Gegenstand, sehen, welche Farben er hat, und wissen, wie weit er von uns entfernt ist.

Gesunde Ernährung und Sehen. Damit die Sehzellen richtig arbeiten, brauchen sie unter anderem *Vitamin A*. Wir müssen es mit unserer Nahrung aufnehmen. Gemüsearten wie gelbe Rüben, Kohl, Tomaten und Spinat enthalten *Carotin*, das der Körper in Vitamin A umbaut. Auch in Milch ist Vitamin A enthalten. Mangel an dem Vitamin führt zur *Nachtblindheit*. Menschen, die an dieser Krankheit leiden, können bereits während der Dämmerung nur noch sehr schlecht sehen.

Die innerste der drei Augenhäute ist die Netzhaut. Sie enthält Millionen von lichtempfindlichen Sinneszellen. Diese melden ihre Erregungen ans Gehirn weiter. Erst hier nehmen wir den Gegenstand wahr.

A1 *Beschreibe den Weg, den das Licht durch das Auge nimmt. Du kannst dazu die Bilder 4 und 5 heranziehen.*

A2 *Nenne die drei Augenhäute. Welche Aufgaben haben sie jeweils?*

A3 *Begründe, weshalb wir am Tag besser sehen als in der Dämmerung.*

Wie Bilder entstehen

Du siehst einem Mädchen beim Telefonieren zu. Und so sieht das Bild aus, das dabei auf der Netzhaut des Auges entsteht (Bild 1).

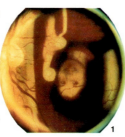

Das Bild auf der Netzhaut unseres Auges entsteht *ähnlich* wie das Bild hinter einer Glaskugel (Bild 2).

Ganz ähnliche Bilder können wir auch mit unseren Versuchsgeräten erzeugen.

V1 *Damit auf der Netzhaut das Bild eines Gegenstands entsteht, muss Licht von dem Gegenstand ins Auge gelangen. Also muss das „Loch" im vorderen Teil des Auges (d. h. die Pupille) bei der Bildentstehung eine Rolle spielen.*
Ein ganz einfaches Auge können wir uns ohne Linse vorstellen. Es soll nur aus Pupille und Netzhaut bestehen. Als „Pupille" dient uns eine verstellbare Lochblende und als „Netzhaut" ein Schirm (Bild 3).

a) *Was fällt dir an dem Bild auf, das auf dem Schirm entsteht?*
b) *Wir machen die Blendenöffnung größer, dann kleiner. Wie ändert sich das entstehende „Bild"?*

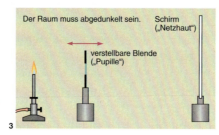

V2 *Ein Loch genügt also schon um ein Bild zu erzeugen.*
Welche Eigenschaften hat dieses Bild? Das könnte man auch (statt so wie in V 1) mit einer Lochkamera zum Experimentieren untersuchen (Bilder 4 u. 5).
a) *Welcher Zusammenhang besteht zwischen der Helligkeit des Bildes und der Größe der Öffnung?*
b) *Wie ändert sich die Bildschärfe, wenn die Größe der Blendenöffnung verändert wird?*

Zwei Bauanleitungen: **Lochkameras – selbst gemacht**

Eine einfache Lochkamera

Du brauchst:
eine Blechdose, Pergamentpapier, Packpapier.

So wird's gemacht:
Stich in den Boden der Dose ein kleines Loch (Bild 4). Über die offene Seite spannst du Pergamentpapier.

Um die Dose herum wird das Packpapier so gewickelt, dass das Pergamentpapier im Dunkeln liegt. Bei Sonnenschein kannst du damit Bilder erzeugen.

Eine Lochkamera zum Experimentieren

Du brauchst:
2 Pappröhren, die genau ineinander passen (z. B. Pappröhren, mit denen man Bilder verpackt), ferner Pergamentpapier, Zeichenkarton (2 · 15 cm).

So wird's gemacht:
Der Streifen mit den dreieckigen Löchern wird in den Deckel der größeren Pappröhre eingesetzt (Bild 5). An der dünneren Röhre wird der Schirm befestigt.

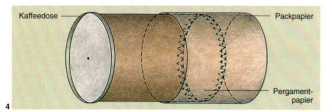

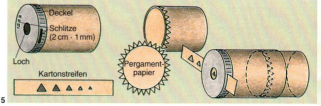

61737

Info: Ein Loch macht Bilder

Ein heller Gegenstand und ein kleines Loch reichen aus um auf einem Schirm ein Bild des Gegenstands zu erzeugen. Dieses Bild ist seitenverkehrt und steht auf dem Kopf.

Wie können wir uns eine solche Bildentstehung erklären? Dazu müssen wir uns zunächst einmal Folgendes vorstellen:

Die Oberfläche eines Gegenstands ist aus unzähligen Punkten zusammengesetzt. Und jeder dieser Punkte sendet Licht aus.

Wenn das entstehende Bild *scharf* sein soll, muss jeder dieser Gegenstandspunkte genau als *ein Punkt* auf der Bildfläche abgebildet werden. Bei einem Loch ist diese Bedingung aber nur annähernd erfüllt.

Es tritt nämlich von *jedem* Gegenstandspunkt ein schmales Lichtbündel durch das Loch und erzeugt auf dem Schirm einen kleinen *Lichtfleck* (Bild 6). Dieser hat die Form der Blendenöffnung. Das Bild ist deshalb aus lauter Flecken zusammengesetzt, die sich teilweise überlagern. Je kleiner diese Flecken sind, desto schärfer ist das Bild.

Wie kann man ein scharfes Bild bekommen? Die Lichtflecken müssten klein sein. Das heißt: Um kleinere Lichtflecken auf dem Schirm zu erhalten, muss man die Blendenöffnung sehr klein machen.

Bei einer sehr *kleinen* Öffnung fällt aber nur *wenig Licht* durch die Blendenöffnung; das Bild ist dann zwar scharf, aber zu *dunkel*.

Wenn man die Blendenöffnung *vergrößert*, um das Bild aufzuhellen, wird es *unscharf*.

A1 *Bild 7 zeigt das Schnittbild eines stark vereinfachten Auges und eine Figur.*
Zeichne zunächst beide ab.
Ergänze dann die Lichtwege vom Kopf und vom Fuß der Figur bis hin zur Netzhaut.
Was stellst du fest?

A2 *Das Bild auf dem Schirm einer Lochkamera ist seitenverkehrt und steht auf dem Kopf.*
Versuche zu erklären, wie das kommt.

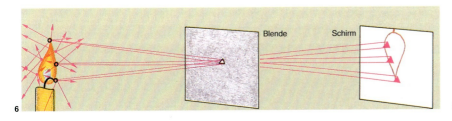

6 · Blende · Schirm

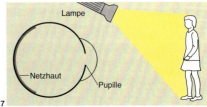

7 · Lampe · Netzhaut · Pupille

Netzhautbilder und Sehvorgang

Bild 8 wurde von einer Lochkamera erzeugt.
Das Bild ist ziemlich unscharf …

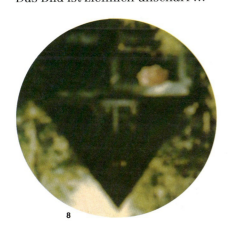

8

9

Hier wurde nun eine **Linse** vor die Blendenöffnung geschoben (Bild 9) – auch unser Auge ist ja mit einer Linse ausgestattet.
Und schon sieht das entstandene Lochkamerabild anders aus …

V3 *Offenbar verbessert eine Linse, die in der Mitte dicker ist als am Rand, das Lochkamerabild.*
a) *Wir wiederholen den Versuch 2, ändern aber den Versuchsaufbau: Bei großer Blendenöffnung („geweitete Pupille") wird eine Lupe oder Sammellinse (als „Augenlinse") dicht vor die Lochblende gestellt (Bild 1).*
Was siehst du nun auf dem Schirm (der „Netzhaut")?
b) *Wie bekommst du das Bild auf dem Schirm scharf?*
Welchen Nachteil hat also die Verwendung der Sammellinse?

c) *Die Blende ist unnötig, weil die Linse mit ihrer Fassung schon die Bündel begrenzt. Probiere es aus.*

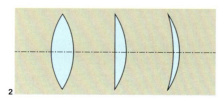

V4 *Es gibt ganz unterschiedliche Sammellinsen (Bild 2).*
a) *Vergleiche das Aussehen einiger Sammellinsen. Worin ähneln und worin unterscheiden sie sich?*
b) *Versuche mit jeder deiner Linsen die Brennerflamme scharf abzubilden. Was fällt dir auf?*
Was musstest du tun um bei jeder Sammellinse ein scharfes Bild zu erhalten?
c) *Erhältst du auch dann noch ein scharfes Bild der Flamme, wenn du die Linsen durch eine Glasscheibe ersetzt?*
Suche dafür eine Erklärung.

Info: Sammellinsen und Bildentstehung

Helle Lochkamerabilder sind unscharf. Zu jedem Punkt eines Gegenstands wird nämlich kein Bild*punkt*, sondern ein Bild*fleck* auf dem Schirm erzeugt. Die Lichtflecken überlappen sich gegenseitig. **Der Einsatz einer Sammellinse bewirkt, dass statt der größeren Bildflecken Bild*punkte* auf dem Schirm erscheinen.**

Sammellinsen „sammeln" das Licht der einzelnen Lichtbündel so, dass es hinter der Linse jeweils auf einen Punkt zuläuft. Hinter dem Punkt läuft es wieder auseinander (Bilder 3 u. 4).

Bild 5 zeigt ein Lichtbündel, das von einem Gegenstandspunkt *G* ausgeht. Die Randstrahlen werden von der Linse „geknickt" (besser: *gebrochen*). Die Randstrahlen schneiden sich in einem Punkt,

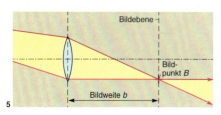

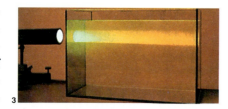

der hinter der Linse liegt. Das ist der **Bildpunkt** *B*, der zum **Gegenstandspunkt** *G* gehört und von dem das Licht ausgeht. Alle Bildpunkte eines Gegenstands liegen in einer Ebene, der **Bildebene**.

Wenn Gegenstände sehr weit entfernt liegen (z. B. die Sonne),

liegt die Bildebene der Linse am nächsten; diese Bildebene heißt *Brennebene.* (Entsprechend nennt man die Bildweite *Brennweite*.)

Bild 6 zeigt eine Linse, die weniger gewölbt ist als die von Bild 5. Bei ihr liegt die Bildebene weiter von der Linse entfernt. Die Bildweite der flacheren Linse ist also größer als die der Linse von Bild 5.

Sammellinsen führen Licht zusammen, das von Gegenstandspunkten herkommt. Von jedem Gegenstandspunkt entsteht so ein *Bildpunkt.* Der Gegenstand wird also „Punkt für Punkt" auf dem Schirm abgebildet (Bild 7).

Scharf ist ein entstehendes Bild jedoch nur, wenn sich der Schirm (bzw. die Netzhaut) genau in der *Bildebene* befindet.

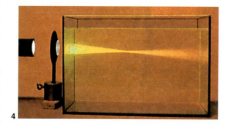

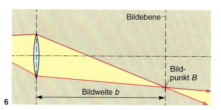

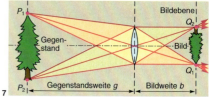

Info: Wie unser Auge das Bild „scharf stellt"

Einen Gegenstand sehen wir nur dann scharf, wenn die Linse ihn *im richtigen Abstand* auf einem Schirm abbilden kann: Das Bild des Gegenstands entsteht nämlich in einem ganz bestimmten Abstand von der verwendeten Linse *(Bildweite)*. Siehe auch Bild 7.

Das war in unseren Versuchen kein Problem: Je nach der betreffenden *Gegenstandsweite* brauchten wir nur den Schirm zu verschieben, bis das Bild scharf auf dem Schirm abgebildet war.

Der Abstand Netzhaut–Augenlinse im Auge lässt sich aber nicht verändern. Wir können unsere Netzhaut nicht einfach verschieben um einen Gegenstand

scharf abzubilden. Beim Auge erfolgt die Scharfeinstellung so: Die Linse des Auges ist elastisch; sie kann in ihrer Form verändert werden. Je nach Wölbung der Linse ist ihre Brennweite unterschiedlich (→ V 4).

Bei einem Blick in die Ferne ist die Linse nur wenig gewölbt; entfernte Gegenstände werden scharf auf der Netzhaut abgebildet (Bild 8).

Wenn man aber einen Gegenstand in der Nähe betrachtet, wird die Linse stärker gekrümmt; dadurch wird das Netzhautbild wieder scharf (Bild 9).

Die Veränderung der Linsenwölbung geschieht mit Hilfe eines Muskels, der die Linse umschließt.

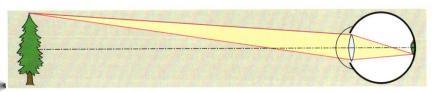
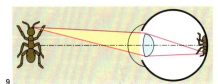

A1 *Mit einer Sammellinse kann man scharfe und gleichzeitig helle Bilder erzeugen. Mit einer Lochkamera geht das nicht. Erkläre!*

A2 *Suche nach einer Begründung für den Begriff „Sammellinse".*

A3 *Was ist nötig, damit ein Gegenstand scharf auf einem Schirm abgebildet wird?*

A4 *Auch bei der Bildentstehung im Auge ist eine Sammellinse im Spiel. Wodurch unterscheidet sie*

sich von den Linsen der Physiksammlung? (Denke an die Form.)

A5 *Wie ist deine Augenlinse gewölbt, wenn du weit entfernte Gegenstände siehst? Wie sieht sie bei nahen Gegenständen aus?*

Aus der Umwelt: Die Scharfeinstellung bei Tieraugen

Für Interessierte zum Weiterlesen

Einen Gegenstand aus der Ferne *und* aus der Nähe sehen (und das ausreichend scharf) – für dieses Problem gibt es in der Tierwelt verschiedene Lösungen:

Bei den Säugetieren und Vögeln wird – wie beim menschlichen Auge – die Augenlinse verformt um das

Bild „scharf zu stellen". Bei vielen niederen Wirbeltieren hingegen erfolgt die Scharfeinstellung ähnlich wie in Versuch 3b (und wie im Fotoapparat): durch *Veränderung der Bildweite*. Das heißt, die Linse wird im Auge verschoben (Bilder 10–12).

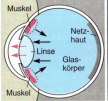

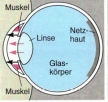

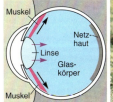

Damit **Schlangen** ihre Beute in der Nähe scharf sehen, wird die Bildweite zwischen Linse und Netzhaut *vergrößert*. Ein Muskel drückt auf den Glaskörper im Innern des Auges und schiebt so die Linse von der Netzhaut weg.

Auch die Augen der **Frösche** sind zunächst auf die Ferne eingestellt. Um z. B. eine Fliege vor ihrem Kopf zu erwischen, muss die Bildweite in ihrem Auge *vergrößert* werden. Dazu zieht ein Muskel die Linse nach vorne.

Hechte müssen im trüben Wasser in der Nähe scharf sehen; darauf ist ihr Auge im entspannten Zustand eingestellt. Zur Einstellung auf die Ferne zieht ein Muskel die Linse nach hinten; dadurch wird die Bildweite *verringert*.

Info: Farbensehen und Dämmerungssehen

Für Interessierte zum Weiterlesen

2

3

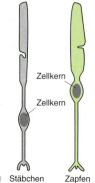

Zellkern

Zellkern

1 Stäbchen   Zapfen

Stäbchen und Zapfen. Wie wir bereits wissen, lassen sich in der Netzhaut zwei Arten von Sehzellen (Bild 1) unterscheiden:
– die dünnen Stäbchen und
– die dickeren Zapfen.
Sie erfüllen verschiedene Aufgaben. Die 6 Millionen *Zapfen* ermöglichen, dass wir bei *Helligkeit scharf sehen* und *Farben erkennen* können. Fast alle Zapfen sitzen im Zentrum der Netzhaut. Hier ist die Stelle des schärfsten Sehens, der *gelbe Fleck*.

Ein Beispiel: Beim Lesen dieser Zeilen erkennst du nur die Buchstaben ganz genau, die du direkt anschaust. Nur diese wenigen Buchstaben werden im gelben Fleck abgebildet. Nur sie reizen die hier befindlichen Zapfen. Alle anderen Buchstaben werden schon außerhalb des Zentrums im Randbereich der Netzhaut abgebildet. Hier befinden sich die meisten der 125 Millionen *Stäbchen*. Mit ihnen können wir weder besonders scharf noch farbig sehen.

Farbensehen. Wir können mehrere Millionen Farbtöne unterscheiden – sehr viel mehr also, als selbst das farbenfrohste Gemälde aufweist (Bild 2). Dafür sorgen *drei verschiedene Sorten von Zapfen*. Sie sprechen jeweils auf blauviolettes, grünes oder rotgelbes Licht besonders stark an. Durch unterschiedliche Reizung der drei Zapfensorten sehen wir verschiedene Farben. Das von einer weißen Wand reflektierte Licht reizt gleichzeitig alle drei Zapfensorten. Dadurch haben wir die Empfindung „weiß". Gegenstände, die kein Licht reflektieren, sehen wir schwarz.

Dämmerungssehen. Die Zapfen in der Netzhaut „arbeiten" erst, wenn sie von viel Licht getroffen werden. Deshalb sehen wir bei Helligkeit besonders gut. Nur dann können wir auch Farben erkennen. Mit wesentlich weniger Licht kommen die Stäbchen aus. Sie gewährleisten, dass wir auch dann noch etwas sehen, wenn es nicht mehr so hell ist. Allerdings sehen wir bei Dämmerlicht alles nur in *Schwarz-Grau-Weiß-Schattierungen* (Bild 3).

Der gelbe Fleck im Zentrum der Netzhaut ist die Stelle des schärfsten Sehens. Hier sitzen nur Zapfen. Mit ihnen können wir auch Farben sehen. Für das Sehen in der Dämmerung sind die Stäbchen zuständig.

A1 *Begründe, weshalb man nur bei gutem Licht lesen sollte.*

A2 *Erkläre: „Nachts sind alle Katzen grau."*

A3 *Beim Lesen bewegen die Augenmuskeln unsere Augen fast unmerklich. Beobachte diese Augenbewegungen bei einem Partner. Welchen Sinn haben sie?*

Info: Räumliches Sehen

Für Interessierte zum Weiterlesen

Huhn: linkes Auge

Huhn: rechtes Auge

4

Mädchen: linkes Auge

Mädchen: rechtes Auge

5

Ist dir schon einmal aufgefallen, dass wir Menschen zu den Lebewesen gehören, deren Augen nicht zur Seite, sondern nach vorn gerichtet sind? Das muss einen Grund haben.

Sehen beim Huhn. Schauen wir uns dazu Bild 4 an. Bei Hühnern sitzen die Augen seitlich am Kopf. Deshalb sieht das Huhn auf dem Arm des Mädchens mit seinem rechten Auge die Hand mit den Körnern, mit dem linken Auge sieht es das Gesicht des Mädchens. Jedes Auge macht sich sein eigenes Bild.

Sehen beim Menschen. Mit unseren nach vorn gerichteten Augen sehen wir ebenfalls zwei Bilder. Diese sind sich aber sehr ähnlich (Bild 5). Das rechte Auge sieht den Daumen mehr von rechts, das linke

Auge mehr von links. Im Gehirn werden beide Bilder „übereinander gelegt". In dem Bereich, wo sie sich überlappen, sehen wir *räumlich*. Räumliches Sehen hilft uns Entfernungen richtig abzuschätzen.

Mit Hilfe unserer beiden Augen können wir räumlich sehen und Entfernungen abschätzen.

A1 *Erkläre, weshalb Hühner nicht räumlich sehen. Welchen Vorteil haben seitlich sitzende Augen?*

A2 *Wie groß ist der Bereich, in dem wir räumlich sehen? Teste selbst! Halte dazu vor das eine Auge eine rote, vor das andere eine blaue Folie.*

Praktikum: Räumliches Sehen

Benötigt wird: ein Blatt Papier von der Größe DIN A4.

Rolle das Blatt Papier in seiner Längsrichtung zu einer Röhre zusammen. Halte die Papierröhre wie ein Fernrohr vor das rechte Auge.

Die geöffnete linke Hand befindet sich dabei, wie in Bild 6 zu sehen ist, neben der Röhre.

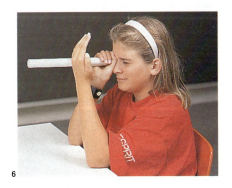

6

Schließe zunächst das linke Auge, während du mit dem rechten Auge durch die Röhre schaust.
– Beschreibe, was du siehst! Öffne nun auch das linke Auge.
– Du siehst nun etwas, was es in Wirklichkeit gar nicht gibt. Beschreibe!
– Suche nach einer Erklärung für die merkwürdige Erscheinung.

Info: Sehen – Gemeinschaftsleistung von Augen und Gehirn

1

2

Sehen und Gehirn. Wir nehmen die Gegenstände nicht auf dem Kopf stehend wahr. Das Netzhautbild wird also wieder berichtigt. Das leistet das *Gehirn*. Es verknüpft auch die vielen Einzelmeldungen von den Lichtsinneszellen beider Augen zum Gesamtbild.

Eine große Rolle spielen die *Erfahrungen*, die wir im Laufe des Lebens machen und die im Gehirn gespeichert werden. So wissen wir zum Beispiel, dass sich die Schienen eines Bahngleises in der Ferne nicht treffen – auch wenn uns die Augen etwas anderes melden. Je mehr Wissen wir im Gehirn speichern, umso mehr sehen wir. Selbst in einem Tintenklecks oder abstrakten Gemälde erkennen wir noch Gestalten. Für Bild 1 bietet unser Gehirn sogar zwei Lösungen an. Erkennst du beide?

Die Meldungen der Augen lösen im Körper *Reaktionen* aus: Das Tennis spielende Mädchen in Bild 2 will den Ball treffen. Es muss genau hinschauen um zu sehen, woher und wie schnell der Ball auf sie zusaust. Das Gehirn verarbeitet diese Meldungen blitzschnell und gibt *Handlungsbefehle* an die Muskeln.

Was wir wahrnehmen, wird zum Teil von den Augen, zum Teil vom Gehirn geliefert.

A1 *Begründe, weshalb kleine Kinder im Straßenverkehr besonders gefährdet sind.*

A2 *Manchmal „lügen" die Augen. Stellt gemeinsam Beispiele zusammen. Weitere findet ihr auf Seite 189.*

Praktikum: Sehen mit Augen und Gehirn

Schauen wir einen alltäglichen Gegenstand an, etwa einen Füller, dann erkennen wir ihn sofort, weil wir ihn schon oft gesehen haben. Sein Bild ist im Gehirn gespeichert. Mit Bild 3 kannst du die Zusammenarbeit von Augen und Gehirn beim Sehen an dir selbst testen:

Decke mit einem Blatt Papier den Angler ab.

3

– Wie groß ist der Fisch nach deiner Schätzung etwa?
Verdecke nun die Hand am linken Rand des Bildes.
– Was sagst du jetzt über die Größe des Fisches?
– Vergleiche die beiden Größen miteinander. Erkläre!
– Wie groß ist der Fisch in Wirklichkeit? Begründe deine Antwort.

Umwelt aktuell: Sehen bei Tieren

Für Interessierte zum Weiterlesen

Die meisten Tiere, die wir kennen, haben Augen. Aber Auge ist keineswegs gleich Auge! In der Tierwelt haben sich sehr verschiedene Augentypen entwickelt. Ihnen allen ist gemeinsam, dass sie auf den Reiz „Licht" ansprechen. Wie aber für die Tiere ihre Umgebung aussieht, hängt vom Bau und der Leistungsfähigkeit ihres jeweiligen Augentyps wie auch ihres Gehirns ab.

Meister im Scharfsehen

Greifvögel erspähen ihre Beute schon aus großer Höhe. Der gelbe Fleck, die Stelle des schärfsten Sehens, ist bei ihnen sehr groß und enthält achtmal mehr Sehzellen pro mm^2 als bei uns.

Zusammengesetzte Bilder

Die Netzaugen der Insekten bestehen aus vielen winzigen Einzelaugen. Jedes bildet nur einen Ausschnitt der Umgebung ab. Das Bild setzt sich daher mosaikartig aus Bildpunkten zusammen.

Zwei oder vier Augen?

Das Vierauge ist ein Fisch aus Mexiko. Er hält sich meist nahe der Wasseroberfläche auf. Seine Augen sind in zwei Hälften geteilt. Mit der oberen sieht er an der Luft, mit der unteren im Wasser scharf.

Sehen im Dunkeln

Katzen können auch bei wenig Licht noch gut sehen. Die Netzhaut ihrer Augen besteht fast nur aus Stäbchen. Zudem reflektiert eine Schicht hinten im Auge das einfallende Licht und erregt so die Stäbchen ein zweites Mal. Im Dunkeln „glühen" die Augen grünlich.

Linkes und rechtes Auge

Das Chamäleon bewegt beide Augen unabhängig voneinander. So kann es gleichzeitig in zwei verschiedene Richtungen schauen. Hat das Chamäleon eine Fliege erspäht, richtet es beide Augen auf die Beute. Das ist nötig, um die Entfernung richtig abzuschätzen.

Stielaugen

Viele Schnecken tragen die Augen vor sich her: Ihre Augen sitzen an der Spitze der beiden langen Fühler. Bei Berührung werden sie mitsamt der Fühler eingezogen. Die Schnecken können mit den „Stielaugen" Hindernisse erkennen. Das reicht für ihre Lebensweise aus.

Mehr zum Thema Linsen – die Brechung

Es gibt auch Linsen, die das Licht anders brechen als die Sammellinsen. Hinter diesen Linsen läuft Licht stärker auseinander als vor den Linsen (Bild 1).

Wenn man einen Schirm in das Licht hinter eine solche Linse hält, wird es auf eine größere Fläche verteilt als ohne die Linse. Das

Licht wird sozusagen „zerstreut". Man bezeichnet solche Linsen deshalb als **Zerstreuungslinsen**.

Zerstreuungslinsen sind in der Mitte dünner als am Rand. Daran kannst du sie auf einfache Weise von Sammellinsen unterscheiden. Du findest sie sicherlich in Brillen deiner Mitschüler.

Info: Experimente zeigen die Lichtbrechung

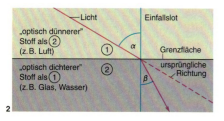

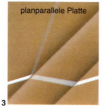

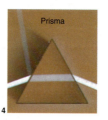

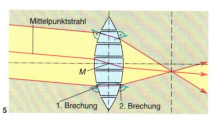

Wenn Licht aus der Luft schräg auf eine ebene Glasfläche fällt, wird es **gebrochen**. Das ist in Bild 2 dargestellt worden. Auch die Bilder 3 u. 4, die Versuche mit Glaskörpern zeigen, machen das deutlich.

Tritt das Licht aus dem Glas in die Luft aus (also von Glas in Luft), erfolgt ebenfalls eine Brechung.

Auch **Linsen** bestehen aus Glas (oder Kunststoff). Doch ihre Oberfläche ist gewölbt. Stell sie dir so vor, dass sie aus lauter Glaskörpern mit ebenen Flächen zusammengesetzt ist (Bild 5).

Beim Durchgang durch diese Glaskörper werden die Lichtbündel *zweimal* gebrochen: Der obere Randstrahl wird beide Male in die gleiche Richtung (nach unten) gelenkt. Der untere Randstrahl wird beide Male nach oben abgelenkt. Das Lichtbündel läuft dann hinter der Linse in einem Punkt zusammen und wieder auseinander.

V5 *Bei diesem Versuch (Bild 6) kannst du sehen: Licht wird nicht nur beim Übergang von Luft in Glas (und umgekehrt) gebrochen. Auch bei anderen Stoffen (z. B. Wasser) erfolgt eine Brechung.*
a) *Lege eine Münze in eine mit Wasser gefüllte Glaswanne. Befestige ein Glasrohr schräg an einem Stativ – und zwar so, dass du die Münze durch das Rohr hindurch sehen kannst. (Das Rohr darf nicht ins Wasser ragen.)*
b) *Lass eine lange Stricknadel oder Fahrradspeiche durch das*

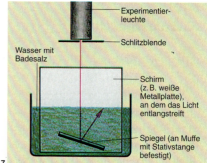

Rohr gleiten. Triffst du die Münze?
c) *Versuche die Münze mit einem feinen Lichtbündel (Laser-Pointer) zu treffen. Es soll ebenfalls durch das Rohr fallen. (Färbe das Wasser vorher z. B. mit Badesalz an.)*
d) *Verändere die Rohrrichtung so, dass du die Münze unter immer steileren Winkeln siehst. Trifft das Lichtbündel diesmal?*

V6 *Wie verläuft das Licht beim Übergang von Wasser in Luft (also in umgekehrter Richtung)? Das zeigt der Versuch nach Bild 7.*

Zusammenfassung

Alles klar?

A1 *Unser Auge ist von Natur aus gut geschützt. Wodurch?*

A2 *Nach längerem Arbeiten am Computer sind deine Augen angestrengt. Was tust du zu ihrer Entspannung? Begründe!*

A3 *Berichte, was alles geschehen muss, wenn wir einen Gegenstand „sehen" wollen.*

A4 *Wie stellt unser Auge nahe Gegenstände scharf? Und wie weit entfernte?*

A5 *Die Linse im menschlichen Auge ist eine Sammellinse. Was unterscheidet sie von anderen Linsen?*

A6 *Ergänze die folgenden Sätze: „Je stärker eine Sammellinse ge-*

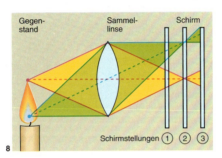

8

wölbt ist, desto … die Brennweite der Linse." „Je schwächer …"

A7 *Hier wird die Stellung eines Schirms nacheinander verändert (Bild 8).*
Beschreibe, wie jeweils das Bild auf dem Schirm aussieht, wenn
a) *… dieser erst bei 1,*
b) *… dann bei 2 und*
c) *… schließlich bei 3 steht.*

A8 *Manchmal wird gesagt: „Man sieht nur, was man weiß."*
Was ist damit gemeint? Erkläre!

Auf einen Blick

Auge und Sehen

Das **Auge** (Bild 9) ist unser wichtigstes Sinnesorgan. Durch seine Lage in der knöchernen *Augenhöhle* und durch die beweglichen *Lider* ist es gut geschützt.

Am **Sehvorgang** sind vor allem *Pupille*, *Linse* und *Netzhaut* im Auge sowie *Sehnerv* und *Gehirn* beteiligt.

Auf der Netzhaut entsteht das *Bild* des Gegenstands, den wir be-

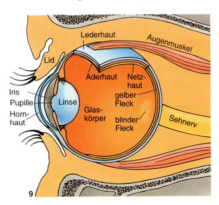

9

trachten (von dem aus Licht in unser Auge fällt). Durch das Licht werden *Sinneszellen in* der Netzhaut gereizt. Sie geben Signale ab, die über den Sehnerv das Gehirn erreichen. Erst dann „sehen" wir.

Wie stark das Gehirn am Sehvorgang beteiligt ist, wird uns nur ausnahmsweise bewusst. Es dreht zum Beispiel das Netzhautbild „richtig herum".

Die Bildentstehung

Von jedem Punkt der Oberfläche eines leuchtenden Gegenstands *(Gegenstandspunkt)* geht Licht geradlinig nach allen Seiten hin aus.

Lochblende bzw. Pupille bewirken, dass jeder Gegenstandspunkt einen *Lichtfleck* auf dem Schirm bzw. auf der Netzhaut erzeugt. Alle Flecken zusammen ergeben das *Bild* des Gegenstands. **Dieses Bild des Gegenstands ist seitenverkehrt und steht auf dem Kopf.**

Bei kleinem Loch (verengte Pupille) ist das Bild scharf, aber dunkel. Bei großem Loch (weite Pupille) ist das Bild zwar hell, aber unscharf. Nur eine *Sammellinse* liefert sowohl helle als auch scharfe Bilder.

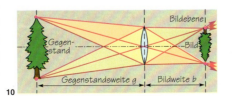

10

Das Licht, das auf eine Augenlinse *(Sammellinse)* fällt, läuft hinter ihr im *Bildpunkt* zusammen (Bild 10). **Das entstehende Bild ist aber nur dann *scharf*, wenn es sich in der Bildebene befindet.**

Die **Bildentstehung** mit Hilfe einer Sammellinse erfolgt wie bei der Lochblende: Punkt für Punkt wird der Gegenstand auf dem Schirm bzw. auf der Netzhaut des Auges abgebildet.

61381

Linsen in optischen Geräten

Die Brille – eine Sehhilfe

Marco hat seine Brille zerbrochen.
Jetzt sieht er den Text an der Tafel
nur noch so wie in Bild 1.

V1 *Lass Sonnenlicht durch verschiedene Brillenglä-ser fallen. Beobachte auf einem Blatt Papier, wie das Licht hinter den Gläsern verläuft.*
a) *Fühle, wie dick die Brillengläser sind. Vergleiche dabei den Rand der Gläser mit ihrer Mitte.*
b) *Du kannst die Gläser (Linsen) in zwei Gruppen einteilen. Benenne die Gruppen.*
Gib auch die Merkmale beider Gruppen an.

V2 *Mit dem Versuchsaufbau von Bild 2 können wir die Wirkung von Brillengläsern untersuchen.*
Halte vor die Wanne verschiedene Brillen für Kurz-sichtige und für Weitsichtige. Zeichne für jede Bril-

lensorte auf, wie das Licht hinter den Gläsern (den Linsen) verläuft.
Vergleiche die jeweiligen Ergebnisse.

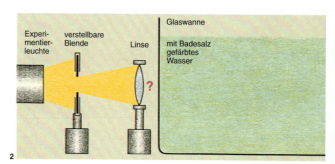

Info: Linsen helfen bei Augenfehlern

Bild 3 zeigt dir noch einmal, was die Augenlinse beim Sehvorgang bewirkt. Die Augenlinse bricht das vom Gegenstand herkommende Licht so, dass es genau auf der Netzhaut des Auges zusammenläuft.

Auf die unterschiedlichen Entfernungen der Gegenstände „reagiert" das Auge auf erstaunliche Weise: Wenn der betrachtete Gegenstand in der Nähe liegt, wird die elastische Linse stärker gewölbt. Ist der Gegenstand weiter entfernt, wird die Linse dünner. So schafft es die Augenlinse meistens, dass der Gegenstand „Punkt für Punkt" scharf

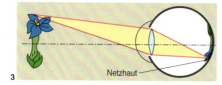

Netzhaut

auf der Netzhaut des Auges abgebildet wird. Doch das gilt nicht immer.

Augenfehler **können nämlich dazu führen, dass das scharfe Bild entfernter oder naher Gegenstände nicht genau auf der Netzhaut entstehen kann.** Man schafft es aber meistens, solche Augenfehler mit Hilfe von Linsen zu korrigieren.

Bei **Kurzsichtigkeit** helfen Brillen, deren Gläser *Zerstreuungs-linsen* sind (Bilder 5 u. 6).

Bei **Weitsichtigkeit** muss man Brillen mit *Sammellinsen* tragen (Bilder 8 u. 9).

61814

Aus Alltag und Technik: Birgit bekommt eine Brille

Birgit kann ohne Brille lesen. Weit entfernte Gegenstände sieht sie aber nur verschwommen. Sie ist nämlich **kurzsichtig**.

Normalerweise beträgt der Abstand Hornhaut–Netzhaut 24 mm (Bild 4). Birgits Augapfel ist aber länger. Bei ihr liegen Hornhaut und Netzhaut ungefähr 30 mm auseinander (Bild 5). Daher entstehen scharfe Bilder entfernter Gegenstände nicht *auf* der Netzhaut,

sondern *davor*. So wird auf ihrer Netzhaut die Tanne von Bild 5 nur unscharf abgebildet. Birgits Augenlinsen lassen sich nicht weiter entspannen. Also müssen **Zerstreuungslinsen** helfen. Hinter ihnen läuft das Licht stärker auseinander als davor.

Das scharfe Bild der Tanne entsteht dadurch weiter von der Linse entfernt – dort, wo sich Birgits Netzhaut befindet (Bild 6).

24 mm
Netzhaut
Hornhaut
Augapfel
4

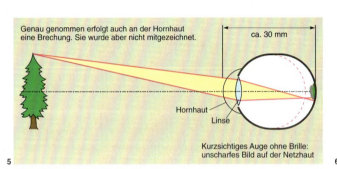
Genau genommen erfolgt auch an der Hornhaut eine Brechung. Sie wurde aber nicht mitgezeichnet.
ca. 30 mm
Hornhaut
Linse
Kurzsichtiges Auge ohne Brille: unscharfes Bild auf der Netzhaut
5

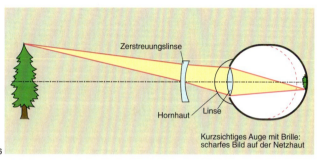
Zerstreuungslinse
Hornhaut
Linse
Kurzsichtiges Auge mit Brille: scharfes Bild auf der Netzhaut
6

A1 *Mit normalsichtigen Augen liest man in einem Abstand von 25–30 cm. Manche Kinder beugen aber ihren Kopf beim Lesen viel tiefer über ein Buch.*
Worauf könnte das hindeuten?

A2 *Großvater sagt manchmal im Spaß: „Wenn ich meine Brille verlegt habe, sind mir beim Lesen die Arme zu kurz."*
Wie ist das gemeint?

A3 *Viele ältere Menschen sind „altersweitsichtig". Das liegt da-*

ran, dass ihre Augenlinsen nicht mehr elastisch sind.
Weshalb kann das tatsächlich die Sehschärfe beeinträchtigen?

7

A4 *Falls du Lust hast, deine Augen zu überprüfen, bietet dir die Sehprobentafel im Anhang dafür eine Möglichkeit.*

A5 *Kontaktlinsen (Bild 7) sind für Kinder nicht immer gut geeignet – z. B. weil sich der Augapfel zu schnell verändert. Erkläre!*

A6 *Peter ist weitsichtig. Auch er braucht eine Brille.*
Schreibe den obigen Text so um, dass er für Peter gilt. (Die Bilder 8 u. 9 helfen dir dabei.)

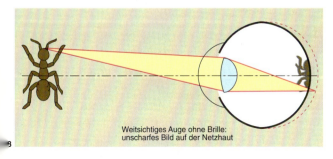
Weitsichtiges Auge ohne Brille: unscharfes Bild auf der Netzhaut
8

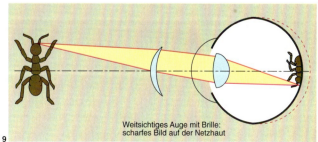
Weitsichtiges Auge mit Brille: scharfes Bild auf der Netzhaut
9

61383

Vom Umgang mit dem Fotoapparat

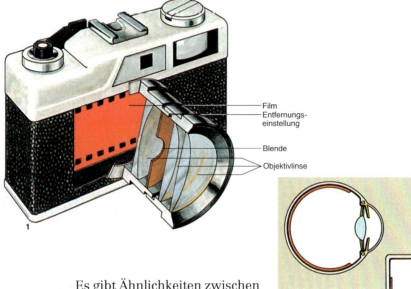

Ein Teil dieses Fotoapparats (Bild 1) wurde freigelegt, sodass du wichtige Teile erkennen kannst.

Welche Aufgaben mögen die Teile haben?

Film
Entfernungs-
einstellung

Blende

Objektivlinse

Es gibt Ähnlichkeiten zwischen unserem Auge und dem Fotoapparat. Bild 2 deutet es an.

Aus der Technik: Bauteile und Bedienungseinrichtungen

Fotoapparate („Kameras") gibt es in vielerlei Ausführungen. Alle sind aber gleich aufgebaut (Bild 1):

Das **Objektiv** hat die Aufgabe scharfe Bilder zu erzeugen. Es enthält mehrere Linsen um die Qualität der Bilder zu steigern. (Im Prinzip hat das Objektiv dieselbe Wirkung wie eine einzelne Sammellinse.)

Um Gegenstände in unterschiedlichen Entfernungen scharf abbilden zu können, muss die Bildweite veränderbar sein. (Beim Fotoapparat ist die Bildweite der Abstand zwischen Objektiv und Film.) Sie wird durch die **Entfernungseinstellung** verändert.

Beim Einstellen der Entfernung wird das Objektiv vor- oder zurückbewegt. Es wird umso weiter aus dem Fotoapparat herausbewegt je näher der Gegenstand an der Kamera liegt. (Bei *Autofokus-Kameras* erfolgt die Entfernungseinstellung automatisch.)

Das Filmmaterial ist sehr lichtempfindlich. Wenn man ein Bild erzeugen will, darf das Licht deshalb nur für Sekundenbruchteile auf den Film (das Negativ) fallen. Wie viel Licht dabei einfällt, wird durch den **Verschluss** gesteuert. Mit der *Belichtungszeit* wird eingestellt, wie lange der Verschluss geöffnet wird, wenn man den Auslöser betätigt (z. B. 1/125 s).

Auch mit Hilfe der **Blende** kann man erreichen, dass mehr oder weniger Licht eindringt. Die Blende ist ein rundes Loch, durch das das Licht auf den Film fällt. Der **Blendenring** dient dazu, die Öffnung der Blende größer oder kleiner zu machen (Bild 3).

Je kleiner die Blendenöffnung ist, desto größer muss die Belichtungszeit sein. (Fotoapparate, die eine Belichtungsautomatik haben, stellen Blendenöffnung, Belichtungszeit oder beide automatisch ein.)

A1 *Nenne Teile, die bei Fotoapparat und Auge einander entsprechen. Bild 2 hilft dir dabei.*

A2 *Auch das Auge hat einen „Verschluss". Worum handelt es sich dabei? Welche Aufgabe hat er im Gegensatz zum Verschluss des Fotoapparats.*

61815

Fotoapparat und Diaprojektor im Vergleich

Der **Fotoapparat** erzeugt ein Bild von einem Gegenstand (dem *Objekt*). Das Gleiche geschieht beim **Diaprojektor**. Bei beiden Geräten spielt das *Objektiv* eine wesentliche Rolle. Es soll für eine gute Qualität der entstehenden Bilder sorgen (Bilder 4 u. 5).

Zwar stellt das Objektiv ein System von mehreren Linsen dar, es hat aber im Prinzip die gleiche Wirkung wie eine einzige Sammellinse.

Aus der Technik: Fotoapparat und Diaprojektor – kurz gefasst

Ein Schloss, das eigentlich über 90 m breit ist. Auf diesem Foto hat es aber nur eine Breite von etwa 8 cm.

Die Dias haben normalerweise eine Größe von 24 mm · 36 mm. Auf der Wand entsteht aber ein helles Bild im Format 1 m · 1,5 m.

- Der Fotoapparat erzeugt von einem großen Gegenstand ein *verkleinertes* Bild (Bild 6).
- Der Abstand Gegenstand–Objektiv ist viel größer als als der Abstand Bild–Objektiv.
- Ein Bild lässt sich scharf einstellen, weil man das Objektiv verschieben kann. Dabei verändert sich der Abstand Bild–Objektiv.
- Der Film ist sehr lichtempfindlich. Damit die Bilder nicht überbelichtet werden, verfügt jeder Fotoapparat über einen *Verschluss* und eine verstellbare *Blende*. Nur wenn der Verschluss geöffnet ist, fällt Licht auf den Film. Bewegte Gegenstände erfordern kurze Verschlusszeiten und große Blendenöffnungen.
- Gute Fotos gelingen bei genügender Helligkeit.

- Der Diaprojektor erzeugt von einem kleinen Gegenstand ein *vergrößertes* Bild (Bild 7).
- Der Abstand Gegenstand–Objektiv ist viel kleiner als der Abstand Bild–Objektiv.
- Ein Bild lässt sich scharf einstellen, weil man das Objektiv verschieben kann. Dabei verändert sich der Abstand Gegenstand–Objektiv.
- Der Diaprojektor besitzt eine *Beleuchtungseinrichtung*. Durch sie wird das Dia hell beleuchtet. So fällt viel Licht vom Dia auf die Leinwand. Es entsteht ein helles Bild.
- Diaprojektoren brauchen keinen Verschluss und keine Blende.
- Mit dem Diaprojektor projiziert man am besten in einem dunklen Raum.

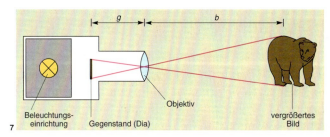

Das Zusammenwirken der Sinnesorgane

Sinne in der Jugend und im Alter

Unsere wichtigsten Sinne sind Sehsinn, Hörsinn, Geschmackssinn, Geruchssinn, Tastsinn, Temperatursinn und Schmerzsinn. Je mehr leistungsfähige Sinne ein Lebewesen besitzt, um so genauer erfährt es, was sich in seiner Umgebung alles abspielt. Aber den für uns so selbstverständlichen richtigen „Gebrauch" unserer Sinne mussten wir erst erlernen.

Embryo und Säugling. Bereits im Mutterleib kann das Kind schon Töne und den Unterschied von heller und dunkler wahrnehmen. Mit der Geburt ändert sich das Leben des Kindes von Grund auf. Es tauscht den engen, dunklen mit Fruchtwasser gefüllten und gleichmäßig warmen Lebensraum der Gebärmutter mit der hellen, lauten, von Gerüchen erfüllten und ungleichmäßig warmen Außenwelt. Angeborene Verhaltensweisen ermöglichen dem Neugeborenen diese Umstellung:
- Mit zahlreichen Lautäußerungen kann es Unmut, Schlafbedürfnis, die Suche nach Kontakt oder Wohlergehen ausdrücken.
- Es kann saugen und trinken, blinzeln und gähnen.
- Berührt man seine Handflächen, greift es mit den Fingern fest zu. Damit zeigt es einen ähnlichen Klammerreflex wie Affenjunge, die sich am Körper ihrer Mutter anklammern.
- Es kann lächeln und damit die Zuwendung von Vater und Mutter verstärken.

Im ersten Lebensjahr macht das Kind riesige Entwicklungsfortschritte. Es kann ständig mehr Seh- und Hörreize verarbeiten und seine Umgebung immer genauer wahrnehmen. Bereits jetzt prägen sich ihm Einzelheiten der Muttersprache ein.

Kindheit und Jugend. Am Ende des zweiten Lebensjahres wiegt das kindliche Gehirn schon drei Viertel des Erwachsenengehirns. Seine Nervenzellen sind weitgehend miteinander verknüpft. Mithilfe seiner Sinnesorgane, d. h. mit Augen, Ohren, Nase, Zunge und die den ganzen Körper bedeckende Haut, sammelt das Kind Sinneswahrnehmung. Wichtiges, Einmaliges und alles Neue wird als Sinneserfahrung gespeichert. Jedes Sinnesorgan spricht dabei nur auf bestimmte Reize an. Mit den Augen kann das Kind sehen. Aber nur wenn es hell genug ist, funktioniert der Sehsinn. Im Dunkeln muss es sich auf den Tastsinn der Haut oder den Hörsinn der Ohren verlassen. Die verschiedensten Düfte erfasst es mit dem Geruchssinn der Nase. Auf der Zunge befindet sich der Geschmackssinn. Aber auch wenn einer dieser wichtigen Sinne gänzlich ausfällt oder von Geburt an nicht ausgebildet ist, können andere Sinne zusätzliche Aufgaben übernehmen.

Alter. Im Laufe unseres Lebens kann sich die Leistungsfähigkeit eines oder – in der Regel – mehrerer unserer Sinnesorgane verschlechtern.

Wenn unsere Augen schlechter werden, hilft eine Brille, wie gewohnt zu sehen. Ein Hörgerät verstärkt alle Geräusche, wenn wir nicht gut hören. Da wir in einer „Seh- und Hörwelt" leben, sind diese Hilfen notwendig, damit wir in unserer Umwelt wie gewohnt zurecht kommen.

Bewusstes Sehen, Hören, Schmecken, Riechen, Tasten muss von uns erst im Laufe der Kindheit erlernt werden. Mit unseren Sinnesorganen sammeln wir Sinneseindrücke, die wir, wenn sie wichtig sind, im Gedächtnis behalten können.

61921

Umwelt aktuell: Hilfen bei Sinnesschädigungen

Es gibt viele Menschen, deren Sinnesorgane nicht richtig funktionieren. Sie sehen oder hören schlechter als andere. Manche sind gar blind oder taub. Damit sich diese Menschen in ihrer Umwelt besser zurechtfinden, gibt es eine Reihe von Hilfsmitteln. Die Zukunft wird bestimmt weitere Fortschritte bringen und das Leben dieser Menschen weiter erleichtern.

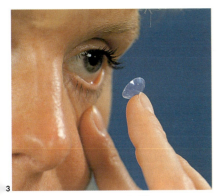

3

Brillen und Kontaktlinsen

Kurz- und Weitsichtigkeit sind die häufigsten Sehfehler. Sie lassen sich mit Hilfe von Brillen oder Kontaktlinsen beheben. Kontaktlinsen werden direkt auf der Hornhaut getragen. Sie müssen regelmäßig gewechselt und sorgfältig gepflegt werden.

4

Blindenschrift

Bei der Blindenschrift handelt es sich um punktförmige Erhöhungen. Blinde „lesen" die Buchstaben tastend mit den Fingern. In Marburg gibt es einen Planetenlehrpfad für Blinde. Auf Tafeln stehen die Angaben über die Himmelskörper in Blindenschrift.

5

Ertastbare Banknoten

In den Niederlanden und in der Schweiz gibt es schon lange tastbare Markierungen auf den Geldscheinen. Blinde ertasten, wie viel der Schein wert ist. Solche Markierungen befinden sich neuerdings auch auf allen deutschen Banknoten.

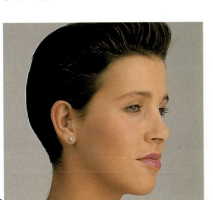

6

Hilfe für Schwerhörige

Die Hörgeräte-Technik ist heute so weit, dass sie den Schwerhörigen wirksam helfen kann. Hörgeräte nehmen Schallwellen auf, verstärken sie und leiten sie ins Ohr weiter. Die modernen Geräte sind so klein, dass sie den Träger nicht behindern.

7

Telefon für Gehörlose

Es ist ein modernes Schreibtelefon, das mit einem Drucker und einer Schreibtastatur an jedes Telefon angeschlossen werden kann. Damit Gehörlose auch in Notsituationen Hilfe holen können, besitzen Feuerwehr und Polizei ebenfalls solche Geräte.

8

Die hörbare Ampel

Für blinde oder stark sehbehinderte Fußgänger sind die Lichtsignale einer Ampel nicht zu erkennen. Damit sie dennoch wissen, wann sie ungefährdet die Straße überqueren können, ertönt ein Summton. Er signalisiert ihnen „Grün".

Info: Das Gedächtnis

Ultrakurzzeit-Gedächtnis.
Informationen von den Sinnesorganen kreisen *bis zu 20 Sekunden lang* als elektrische Signale im Gehirn. Was unwichtig ist, verlöscht rasch wieder. Was uns beeindruckt, beispielsweise ein schwerer Verkehrsunfall, an dem du mit dem Schulbus vorbeigefahren bist, behalten wir im Gedächtnis. Dies gilt auch für unanschauliche Zahlen, aber nur, wenn wir sie mit Bekanntem verbinden können. Mit dem *Lerntest* im unteren Teil dieser Seite kannst du dies prüfen: Prägst du dir die Telefonnummer kurz ein, vergisst du sie rasch. Kannst du sie aber mit einem Datum oder einer bekannten Nummer verknüpfen, vergisst du sie nicht. Solche „Eselsbrücken" sind eine große Hilfe. Ohne Merkhilfen bleibt nur ständiges, stures Wiederholen. Dies gilt besonders für das Lernen von Vokabeln einer Fremdsprache. Durch das mehrmalige Wiederholen wird aber auch Unbekanntes für unser Gehirn so wichtig, dass es ins *Kurzzeit-Gedächtnis* gelangt.

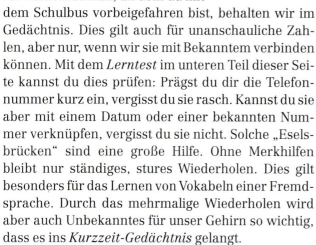

Kurzzeit-Gedächtnis. Hier können Informationen *bis zu 20 Minuten lang* verweilen. Was nach dieser Zeit noch vorhanden ist, geht in das *Langzeit-Gedächtnis* über. Hier kannst du einiges tun: regelmäßig wiederholen, mit Bekanntem verknüpfen. Dabei gilt: Je vielseitiger wir uns mit Neuem befassen, desto mehr Möglichkeiten gibt es, das Neue mit Bekanntem zu verknüpfen. Um so leichter findet es dann Eingang ins Langzeit-Gedächtnis.

Langzeit-Gedächtnis. Ein Autofahrer hat bei einem Unfall einen Schock erlitten. Er weiß noch, dass er 50 Minuten vor dem Unfall zu Hause losfuhr. Er kann auch berichten, welche Strecke er wählte. Was jedoch kurz vor und beim Unfall geschah und zur Zeit des Unfalls noch im Kurzzeit-Gedächtnis kreiste, war weg. Der Schock hatte die elektrischen Signale ausgelöscht. Was aber vorher Eingang ins Langzeit-Gedächtnis gefunden hatte, blieb erhalten. Wahrscheinlich wird das, was ins Langzeit-Gedächtnis übergegangen ist, dort in Form von *Eiweißstoffen* gespeichert und bleibt ein Leben lang erhalten. Aber diese Vermutung ist neu und muss erst noch genau untersucht werden.

Erfolgreich lernen. Sandra lernt am besten beim Zuhören. Kai beim Lesen. Kevin muss alles anfassen und ausprobieren. Andere fragen sich gegenseitig ab. Der eine braucht Ruhe und Konzentration, der andere muss die Dinge „begreifen" und diskutieren können. Überlege dir einmal in Ruhe, zu welchem Lerntyp du gehörst. Wenn du das herausgefunden hast, dann gehe auch in Zukunft so vor.

Unser Gedächtnis arbeitet in drei Stufen. Es gibt ein Ultrakurzzeit-Gedächtnis, ein Kurzzeit-Gedächtnis und ein Langzeit-Gedächtnis.

A1 *Erkläre, wie unser Gedächtnis aufgebaut ist.*

Praktikum: Gedächtnis

– Du hast 10 Sekunden Zeit, dir folgende Telefonnummer zu merken:

27061893

– Schließe nach dieser Zeit das Buch und nenne die Zahl eine Minute später aus dem Gedächtnis. Wie hast du dir die Zahl gemerkt?

Versuche dir nun die folgenden sechs Begriffe und zwei Morsezeichen einzuprägen:

Torwart Tisch Paar Fuß Märchen Würfel
$$A = \cdot — \qquad V = \cdot\cdot\cdot —$$

– Diese Lernaufgabe wird jetzt in anderer Form erneut durchgeführt. Versuche dir einzuprägen:

Sieb (7)	Verkehrsschild (8)	Kegel (9)
Gebote (10)	November (11)	Uhr (12)

$$G = — — \cdot \text{ (Grün-kohl-blatt)}$$
$$K = — \cdot — \text{ (Klos-ter-saal)}$$

– Wiederhole die Lernaufgaben 2 und 3. Kannst du dir die unterschiedlichen Ergebnisse erklären? Suche dir auch für Lernaufgabe 2 Eselsbrücken.

61923

Zusammenfassung

Alles klar?

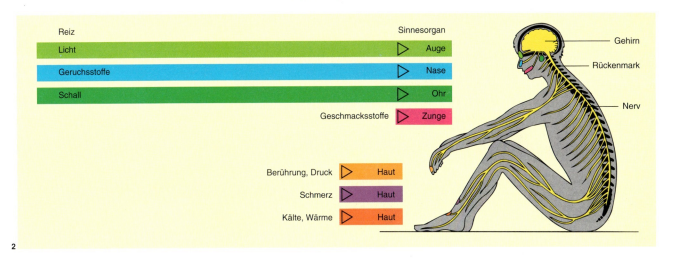

A1 *Nenne wichtige Sinne des Menschen. Welche Aufgaben haben die entsprechenden Sinnesorgane?*

A2 *Welche Eigenschaften zeichnen alle Sinnesorgane aus? Denke dabei sowohl an ihren Bau als auch an ihre Funktionsweise.*

A3 *Begründe, welchen Vorteil es hat, dass viele Sinnesorgane im Bereich des Kopfes liegen.*

A4 *Wie arbeitet unser Geruchssinn? Erkläre kurz.*

A5 *Du hast gelernt, wie die Fledermaus sich durch Töne orientieren kann. Welche Qualität haben Geräusche für uns und wie stellen wir fest, aus welcher Richtung ein Geräusch kommt?*

A6 *Erkläre, welche Bedeutung das Sinnesorgan Haut für uns hat. Fasse die wichtigsten Aufgaben der Haut kurz zusammen.*

A7 *Welche Informationen über eine Speise oder ein Getränk erhältst du über die Zunge?*

Auf einen Blick

Sinnesorgane sind die Fenster zur Umwelt. Mit ihnen nehmen wir Reize aus der Umwelt auf. Sinnesorgane filtern aus: So sind die Augen die Organe unseres Lichtsinns. Das Gehörorgan spricht dagegen auf Schallwellen an.

Schweißgeruch, Wärme sowie hell und dunkel – das ist die „Welt" einer Zecke; für andere Reize hat sie keine Sinne. Hunde sind Geruchsspezialisten, Fledermäuse nehmen sogar noch Ultraschall wahr.

Viele Sinnesorgane liegen im Kopf. Hier können sie Umweltreize gut empfangen. Außerdem ist die Meldezeit zum Gehirn kurz.

Augen und Ohren sind unsere wichtigsten Sinnesorgane, wir leben in einer Seh- und Hörwelt. Sprache und Schrift dienen der Verständigung.

Sinnesorgane, Gehirn und Muskeln arbeiten immer auf die gleiche Weise zusammen:
Reize treffen auf die *Sinnesorgane*. Diese machen eine *Meldung* an das Gehirn. Das *Gehirn arbeitet einen Plan aus*, übersetzt ihn in *Befehle* und schickt diese zu den *Muskeln*. Die Muskeln ziehen sich zusammen, ein Kind läuft beispielsweise auf einen kleinen Hund zu, den es gesehen hat, um ihn zu streicheln.

Entdeckungen im Mikrokosmos

Reise in kleine Welten

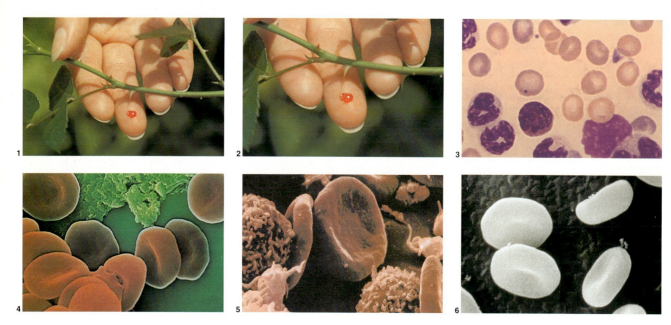

Mit den Augen (Bild 1) können wir noch Dinge erkennen, die weniger als einen Millimeter groß sind. Um noch kleinere Objekte erkennen zu können, müssen wir Hilfsmittel zur Vergrößerung einsetzen.

A1 *Überlege dir, ob du schon Bilder gesehen hast, die mithilfe eines Mikroskopes gemacht wurden.*

A2 *Mikroskope geben einen Einblick in eine uns unbekannte Welt. Was weißt du schon darüber?*

Aus der Forschung: Lupen und Mikroskope

Lupen. Lupen enthalten Sammellinsen aus Glas. Je stärker die Linse gewölbt ist, umso stärker vergrößert sie. Einfache Lupen vergrößern etwa 5fach, stärkere Lupen bis zu 20fach (Bild 2). Will man stärker vergrößern, benötigt man ein Mikroskop. Mikroskope haben mehrere Linsen.

Lichtmikroskope. Die ersten Mikroskope vergrößerten bis knapp 300fach. Moderne Forschungsmikroskope vergrößern bis über 1000fach (Bild 3). Damit lassen sich noch Teilchen erkennen, die nur 0,0001 mm groß sind. Bei 1000facher Vergrößerung würde eine Zelle dann fast 10 cm lang erscheinen.

Elektronenmikroskope. Statt Linsen werden Elektromagnete verwendet. Mit modernen Elektronenmikroskopen kann man noch 700-mal kleinere Zellbestandteile unterscheiden und über 100000fach vergrößern. Die Präparate müssen außerordentlich dünn geschnitten werden. Nur tote Objekte können untersucht werden (Bild 4).

Rasterelektronenmikroskop. Bei dieser Mikroskopiermethode tastet ein Elektronenstrahl die Oberfläche des Objektes ab. Zurückgestrahlte Elektronen erzeugen auf einem Leuchtschirm Bildpunkte, die zu einem Rasterbild zusammengesetzt werden. Man erhält räumlich erscheinende Bilder mit großer Tiefenschärfe (Bild 5).

Laserscanmikroskop. Das heute modernste Verfahren ist die Computerauswertung lichtmikroskopischer Präparate. Im Foto hat der Computer das „Durchlichtbild" von Zellen mit „Auflichtbildern" ihrer Zellkerne kombiniert. Dadurch erhält man völlig neue Einblicke in die Welt des Mikrokosmos (Bild 6).

61925

Info: Ein unentbehrliches Hilfsmittel – das Mikroskop

Wer die Welt der kleinsten Lebewesen erforschen will, braucht dazu ein *Mikroskop* als Hilfsmittel. Um mit ihm arbeiten zu können, muss man ein paar Dinge wissen:

Aufbau eines Mikroskops. Bild 7 gibt dir einen Überblick, wie das Mikroskop gebaut ist.

Für die Vergrößerung sind Glaslinsen verantwortlich. Die Linsen, durch die man ins Mikroskop schaut, bilden das *Okular*. Die *Objektivlinsen* liegen unmittelbar über dem Gegenstand, den man untersucht. Okular und Objektiv sind durch ein Rohr, den *Tubus*, miteinander verbunden. Ein Mikroskop besitzt meist 3 bis 4 Objektive. Sie vergrößern verschieden stark. Durch Drehen am *Objektivrevolver* stellt man ein anderes Objektiv und damit eine andere Vergrößerung ein. Der Untersuchungsgegenstand liegt auf dem Objekttisch. Er wird von unten von einer *Lampe* durchleuchtet. Die richtige Helligkeit wird mit der *Blende* eingestellt. Je kleiner die Blende, desto dunkler, aber auch schärfer wird das Bild. Zum Scharfeinstellen auf den Gegenstand dient ein *Drehknopf*.

Das mikroskopische Präparat. Der Gegenstand, den man mikroskopieren will, heißt *Objekt*. Das Objekt kommt auf eine kleine Glasplatte, den *Objektträger*. Legst du eine Fliege auf den Objektträger, wirst du enttäuscht sein: Zum Mikroskopieren eignen sich nämlich nur dünne, durchscheinende Objekte. Dickere Objekte wie die Fliege müssen erst besonders hergerichtet werden. Sie werden *präpariert*, beispielsweise in Scheiben geschnitten. Man spricht dann von *mikroskopischen Präparaten*.

Wie berechnet man die Vergrößerung? Auf dem Okular und den Objektiven steht, wievielmal sie vergrößern. Die Gesamtvergrößerung ergibt sich, wenn man die Objektivvergrößerung mit der Okularvergrößerung malnimmt.

Mit dem Mikroskop kann man Kleinstlebewesen und besonders präparierte Objekte untersuchen.

A1 *Kennst du Berufe, in denen das Mikroskop zu Untersuchungen eingesetzt wird? Berichte!*

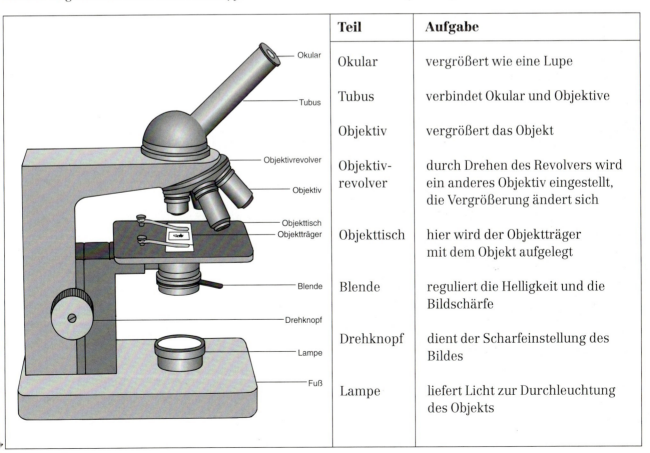

Teil	Aufgabe
Okular	vergrößert wie eine Lupe
Tubus	verbindet Okular und Objektive
Objektiv	vergrößert das Objekt
Objektiv-revolver	durch Drehen des Revolvers wird ein anderes Objektiv eingestellt, die Vergrößerung ändert sich
Objekttisch	hier wird der Objektträger mit dem Objekt aufgelegt
Blende	reguliert die Helligkeit und die Bildschärfe
Drehknopf	dient der Scharfeinstellung des Bildes
Lampe	liefert Licht zur Durchleuchtung des Objekts

Okular
Tubus
Objektivrevolver
Objektiv
Objekttisch
Objektträger
Blende
Drehknopf
Lampe
Fuß

Praktikum: Wir mikroskopieren

Benötigt werden: Mikroskop mit Beleuchtung, Objektträger, Deckgläser, Pipette, Pinzette, Schere, Wasser, Zeitung.

Buchstaben

Schneide aus der Zeitung einen Buchstaben aus. Lege ihn mit der Pinzette auf einen Objektträger. Bringe mit der Pipette einen Tropfen Wasser auf und decke mit einem Deckglas ab. Lege das Präparat auf den Objekttisch. Stelle scharf ein. Betrachte den Buchstaben mit der kleinsten Vergrößerung (Bild 1).
– Drehe am Feintrieb (Drehknopf) vor und zurück. Wie ändert sich die Bildschärfe?
– Öffne und schließe die Blende. Wie verändert sich das Bild?
Stelle die nächste Vergrößerung ein.

Einstellen der Schärfe

1 Zunächst drehst du den Objekttisch so weit wie möglich nach unten. Jetzt lässt sich das Präparat unbehindert auflegen. Schalte die Beleuchtung ein.
2 Drehe unter Beobachtung von der Seite den Objekttisch so weit nach oben, dass sich Deckglas und Objektiv gerade noch nicht berühren (Bild 2). Sei vorsichtig. Wenn du zu weit drehst, kann das Objekt zerstört und das Objektiv beschädigt werden.

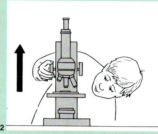

Zum Scharfstellen erst Objekttisch so weit nach oben drehen, dass sich Objektiv und Deckglas fast berühren. Dabei genaue Kontrolle von der Seite!

2

3 Schaue jetzt durch das Okular und bewege den Objekttisch mit dem Grobtrieb langsam nach unten, bis das Bild scharf wird (Bild 3). Vergewissere dich vorher, in welche Richtung du drehen musst. Stelle die Schärfe mit dem Feintrieb vollends ein.

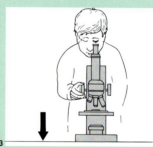

Dann Objekttisch mit dem Grobtrieb nach unten bewegen, bis das Objekt scharf erscheint.

3

Regeln für den Umgang mit dem Mikroskop

– Fasse das Mikroskop nur am Griff an. Trage es aufrecht.
– Beginne immer mit der kleinsten Vergrößerung.
– Vor dem Einschwenken eines Objektivs musst du den Abstand zwischen Objektiv und Objekttisch vergrößern.
– Die Linsen darfst du nicht berühren. Zum Entfernen von Schmutz verwende ein weiches Reinigungstuch.
– Deckglas und Objektträger sollen trocken sein.
– Das Objekt muss immer zwischen Objektträger und Deckglas in einer Flüssigkeit liegen.
– Stelle mit der Blende Helligkeit und Kontrast ein.

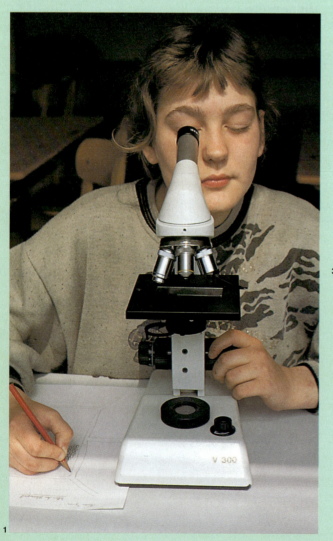

1

61927

Praktikum: Was lebt im Heuaufguss?

Benötigt werden: 1-Liter-Einmachglas, Heu, Tümpelwasser, Mikroskop, Objektträger, Deckgläser, Pipette, Watte, Glasplatte.

Setze einen Heuaufguss an, wie in Bild 4 gezeigt. **Achtung:** Auf keinen Fall mehr als 2 Gramm Heu nehmen! Sonst treten Sauerstoffmangel und Fäulnis auf.

Lege die Glasplatte auf und lass den Heuaufguss einige Wochen bei Zimmertemperatur stehen.

Untersuche den Heuaufguss alle 2 bis 3 Tage. Entnimm dazu mit der Pipette jeweils 1 Tropfen von der Oberfläche. Hier hat sich nach etwa 2 Tagen eine schleimige Schicht gebildet, die Kahmhaut. Mikroskopiere.

Die Lebewesen, die du siehst, sind unterschiedlich groß. Manche bestehen aus einer einzigen Zelle, andere aus mehreren. Bild 5 zeigt dir eine Auswahl von ihnen. Schreibe bei jeder Untersuchung auf, welche Arten du findest.

Bakterien sind sehr klein. Sie bestehen nur aus einer Zelle ohne Zellkern. Das Heu dient ihnen als Nahrung.

Bald findest du weitere Lebewesen. Sie wurden mit dem Tümpelwasser zugegeben und haben sich inzwischen vermehrt.

Geißelträger sind tierische Einzeller. Sie bewegen sich mit Hilfe ihrer Geißeln vorwärts.

Wimpertiere gehören ebenfalls zu den tierischen Einzellern. Ein besonders großes Wimpertier ist das Pantoffeltier. Wenn du es beobachten willst, musst du seine Schwimmbewegungen verlangsamen. Bringe dazu etwas Watte auf den Objektträger. Die Wattefasern hindern es an schneller Bewegung.

Rädertiere sind mehrzellige Tiere.

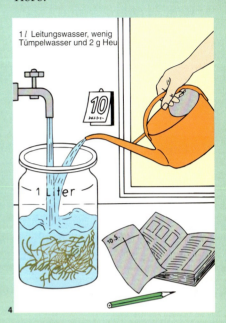

1 / Leitungswasser, wenig Tümpelwasser und 2 g Heu

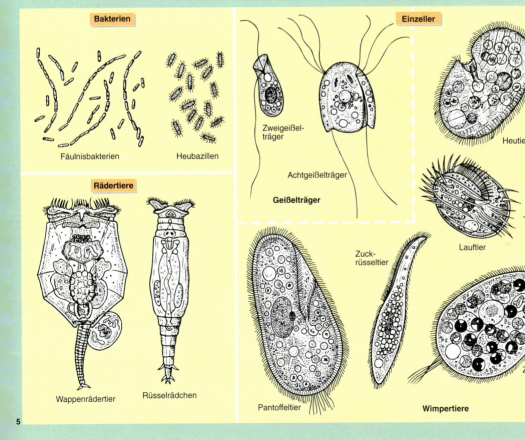

Bakterien

Fäulnisbakterien

Heubazillen

Rädertiere

Wappenrädertier

Rüsselrädchen

Einzeller

Zweigeißelträger

Achtgeißelträger

Geißelträger

Zuckrüsseltier

Pantoffeltier

Heutier

Tonnentier

Lauftier

Zahnwalze

Glockentier

Wimpertiere

5

Info: Das Pantoffeltier

In Teichen lebt das *Pantoffeltier*. Sein Körper besteht nur aus einer einzigen Zelle. Es ist ein *Einzeller*. Mit bloßem Auge lässt es sich gerade noch erkennen. In Bild 1 ist es 750fach vergrößert.

Bau, Ernährung und Fortbewegung. Hast du im Heuaufguss ein Pantoffeltier gefunden? Bei genauer Betrachtung mit dem Mikroskop kann man an ihm viele erstaunliche Einzelheiten entdecken (Bilder 1 und 2). Eine Art Rinne, die *Mundbucht*, zieht zur Zellmitte. Dort liegt der *Zellmund*. An ihm stehen viele lange Wimpern. Sie strudeln Bakterien herbei, von denen sich das Pantoffeltier ernährt. Über den Zellmund gelangt die Nahrung ins Innere der Zelle, das *Zellplasma*. In *Nahrungsbläschen* wird die Nahrung dann verdaut. Die Reste scheidet das Pantoffeltier am *Zellafter* wieder aus.

Neben den Nahrungsbläschen erkennt man zwei *pulsierende Bläschen*. Zu ihnen führen mehrere Kanäle. Sie schaffen Wasser aus der Zelle nach außen.

Die Körperoberfläche des Pantoffeltiers ist von über 10 000 *Wimpern* bedeckt. Sie schlagen bis zu zehnmal in der Sekunde und treiben das Tierchen vorwärts. In der Zellhaut sitzen *Eiweißnadeln*. Sie dienen zur Verteidigung. Bei Gefahr werden sie „abgeschossen".

Reizbarkeit. Im Wasser schwimmen Pantoffeltiere immer nach oben. Hindernissen weichen sie aus. Trotz ihrer Winzigkeit reagieren sie also auf Reize wie andere Tiere auch!

Fortpflanzung. Pantoffeltiere können sich rasch vermehren. Meist verdoppeln sie dazu zuerst die beiden Zellkerne und die übrigen Zellbestandteile. Dann teilen sie sich quer durch (Bild 3).

Das Pantoffeltier ist ein Einzeller. Es zeigt trotz seiner geringen Größe alle Merkmale eines Lebewesens. Seine Zellhaut ist mit Wimpern bedeckt. Es gehört zu den Wimpertieren unter den Einzellern.

A1 *In Bild 1 ist das Pantoffeltier 750fach vergrößert. Miss nach, wie lang es auf dem Foto ist. Gib den Messwert in Millimetern an. Bekommst du heraus, wie groß das Pantoffeltier in Wirklichkeit ist? Ein Tipp: Du musst dazu deinen Messwert durch 750 teilen.*

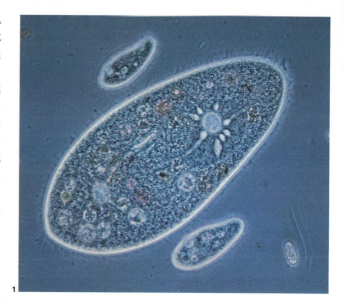

1

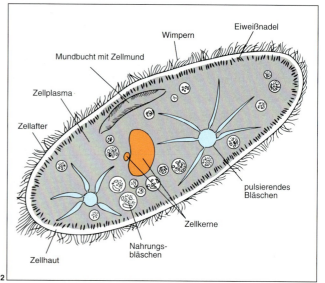

2

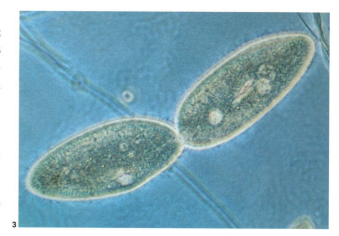

3

61929

Info: Das Wechseltier Amöbe

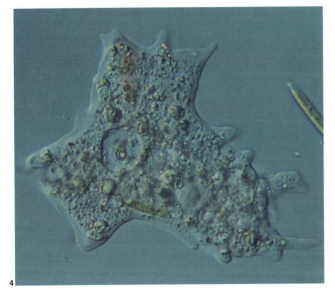

Bild 4

Bild 5

Amöben leben in schlammigen Tümpeln und Tei-chen. Die Amöbe in Bild 4 ist etwa 600fach ver-größert.

Bau und Fortbewegung. Im Mikroskop sieht man die Amöbe zunächst nur als kugeliges Schleim-klümpchen. Erst nach einigen Minuten schieben sich kleine Auswüchse vor, die an Wurzeln erinnern. Das sind die *Scheinfüßchen* (Bild 5). Bei der geringsten Erschütterung werden sie wieder eingezogen. An an-derer Stelle erscheinen danach neue Scheinfüßchen. Die Zellhaut wölbt sich hier vor, Zellplasma strömt nach, der *Zellkern* und das *pulsierende Bläschen* fol-gen. Auf diese Weise bewegt sich die Amöbe vor-wärts. Ständig wechselt sie dabei ihre Gestalt. Des-halb nennt man sie auch *Wechseltier*.

Ernährung. Die Amöbe überfließt Sandkörner, Pflanzenreste, andere Einzeller und Bakterien. Nah-rung wird völlig umschlossen, ein *Nahrungsbläschen* entsteht. Die verdauten Stoffe gelangen aus dem Nah-rungsbläschen ins Zellplasma. Der unverdauliche Rest bleibt beim Weiterfließen liegen.

Fortpflanzung. Amöben vermehren sich durch Teilung der Zelle.

Vergleich mit dem Pantoffeltier. Verglichen mit dem Pantoffeltier ist die Amöbe einfach gebaut. Sie hat keine feste Gestalt, keine besonderen Einrich-tungen zur Fortbewegung und Nahrungsaufnahme. Sie besitzt auch keine Schutzeinrichtungen gegen Feinde. Dennoch kommt die Amöbe in ihrer Umwelt genauso gut zurecht wie das Pantoffeltier.

Amöben sind Einzeller. Anders als das Pantoffel-tier haben sie keine feste Gestalt. Mit Schein-füßchen bewegen sie sich vorwärts und nehmen Nahrung auf.

A1 *Amöbe und Pantoffeltier sind Einzeller. Berichte, was sie alles können.*

A2 *Betrachte Bild 1 und Bild 4. Findest du alle in der Tabelle unten genannten Unterschiede wieder?*

Pantoffeltier	Amöbe
Gestalt nicht veränderbar	Gestalt veränderbar
Zellhaut	Zellhaut
Wimpern	–
Zellmund	–
Nahrungsbläschen	Nahrungsbläschen
Zellafter	–
2 pulsierende Bläschen mit Kanälen	1 pulsierendes Bläschen
2 unterschiedlich große Zellkerne	1 Zellkern
Eiweißnadeln	–

Info: Der Aufbau aus Zellen – Pflanzenzellen

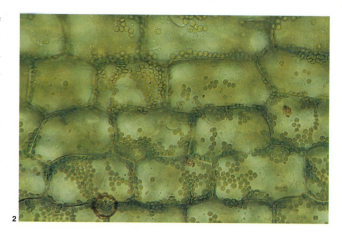

Die *Wasserpest* ist eine Wasserpflanze (Bild 1). Ihre zarten Blättchen eignen sich gut zum Mikroskopieren. Bild 2 zeigt ein Blättchen, wie du es im Mikroskop bei etwa 100facher Vergrößerung siehst. Zu erkennen sind viele Vier- bis Sechsecke, die dicht beieinander liegen und Reihen bilden.

Es sind *Zellen*, die „Bausteine" der Lebewesen. In Wirklichkeit sind sie aber räumliche Gebilde (Bild 4) und nicht flach. Dass sie uns im Mikroskop so erscheinen, liegt daran, dass wir immer nur einen kleinen Teil der Zelle scharf sehen.

Pflanzenzellen. An den Zellen der Wasserpest lassen sich verschiedene *Zellbestandteile* unterscheiden. In den Bildern 3 und 4 findest du sie eingetragen.

Die *Zellwand* gibt der Zelle die feste Gestalt und schützt das Zellinnere. Sie hat winzige Öffnungen, durch die benachbarte Zellen miteinander in Verbindung stehen. Diese Öffnungen nennt man *Tüpfel*.

Die *Zellhaut* liegt meist der Zellwand dicht an. Sie umschließt das Zellplasma. Für Wasser und manche darin gelöste Stoffe ist die Zellhaut durchlässig. So können durch die Zellhaut und die Tüpfel hindurch Stoffe zwischen den Zellen ausgetauscht werden.

Das *Zellplasma* ist eine zähflüssige, körnige Masse. Bei starker Vergrößerung sieht man, dass es sich bewegt. Junge Zellen füllt es ganz aus. Ältere Zellen sind von einem mit Flüssigkeit gefüllten Hohlraum durchzogen, dem *Zellsaftraum*.

Den *Zellkern* kann man oft schlecht erkennen. Er ist aber sehr wichtig: Er steuert alle Lebensvorgänge in der Zelle.

Die *Blattgrünkörner* fallen durch ihre grüne Farbe auf. Sie enthalten den Farbstoff *Blattgrün*. Nur in den Zellen grüner Pflanzenteile gibt es sie.

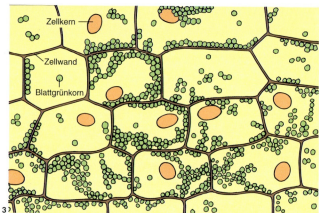

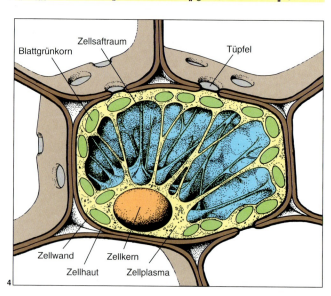

Pflanzen sind aus Zellen aufgebaut. Diese bestehen aus Zellwand, Zellhaut, Zellplasma und Zellkern. Blattgrünkörner und Zellsaftraum können vorhanden sein.

A1 *Stelle aus einer Pappschachtel mit kleinen Bällen oder Kugeln, Watte und anderem geeignetem Material ein Modell einer Pflanzenzelle her. Welche Teile müssen enthalten sein?*

61931

Info: Der Aufbau aus Zellen – Zellen von Tier und Mensch

Zellen von Tier und Mensch. Hast du schon einmal menschliche Zellen gesehen? Schabt man mit einem Teelöffelstiel etwas von der Schleimhaut im Mund ab und betrachtet das Material unter dem Mikroskop, erkennt man: Auch unsere Mundschleimhaut besteht aus Zellen (Bild 5).

Mit Pflanzenzellen haben die Zellen von Tier und Mensch einiges gemeinsam. Auch hier umschließt eine *Zellhaut* das körnige *Zellplasma*. Im Innern erkennt man den *Zellkern*.

Anders als Pflanzenzellen haben die Zellen von Tier und Mensch *keine Zellwände*. Um die einzelnen Zellen deutlicher zu erkennen, muss man sie daher oft mit besonderen Färbemitteln *anfärben*. Auch Blattgrünkörner, wie sie in allen grünen Pflanzenteilen vorkommen, fehlen ihnen. Ebenso fehlen Zellsafträume.

Auch Tiere und Menschen sind aus Zellen aufgebaut. Ihre Zellen bestehen aus Zellhaut, Zellplasma und Zellkern.

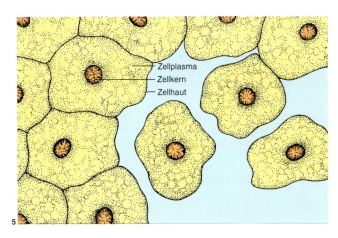

5

A1 *Weshalb kann man im Mikroskop die Umrisse von Pflanzenzellen leichter erkennen als die Umrisse der Zellen von Tier und Mensch?*

A2 *Untersuche deine Mundschleimhautzellen. Färbe die Zellen an. Gib sie dazu auf dem Objektträger in einen Tropfen Iod-Kaliumiodidlösung. Zeichne einige Zellen.*

Aus der Geschichte: Robert Hooke entdeckt die Zelle

6

Im Jahr 1665 hat der Engländer *Robert Hooke* zum ersten Mal *eine mikroskopische Untersuchung durchgeführt*. Er betrachtete sehr dünne Korkscheibchen mit dem Mikroskop. Bild 6 zeigt das Mikroskop, das er benutzte. Als Beleuchtung verwendete er ein Öllämpchen. Robert Hooke machte eine bedeutsame Entdeckung: Die Korkscheibe setzte sich aus winzigen Kämmerchen zusammen! Diese Kämmerchen nannte er *Zellen*. Er hielt sie in einer Zeichnung fest (Bild 7).

Kork ist die Borke der Korkeiche. Borke besteht aus abgestorbenen Zellen. Die Umrandungen der „Kämmerchen", die Robert Hooke sah, sind nichts anderes als die Zellwände der toten Zellen.

Wenig später schaute sich ein anderer Engländer Teile lebender Pflanzen mit dem Mikroskop an. Unter anderem betrachtete er Kirschen. Auch hier war wieder Zelle neben Zelle zu sehen.

Im Laufe der Zeit wurden viele Pflanzen und Tiere, aber auch Organe des Menschen mit dem Mikroskop untersucht. Immer stellte man fest, dass sie aus Zellen aufgebaut sind. Die Zellen können allerdings verschiedene Aufgaben haben und sich – je nach ihrer Aufgabe – im Aussehen unterscheiden.

Heute ist man sicher: Der Aufbau aus Zellen ist das wichtigste *Kennzeichen von Lebewesen*.

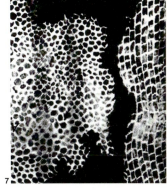

7

Praktikum: Wir untersuchen Zellen

Mit der Pinzette ein Blättchen abreißen …

Objektträger

… und auf dem Objektträger in einen Tropfen Wasser legen.

Deckglas

Vorsichtig mit einem Deckglas abdecken.

Pipette

Pinzette

Wasserpest

1

Benötigt werden: Lupe, Mikroskop mit Beleuchtung, Objektträger, Deckgläser, Pipette, Messer, Rasierklinge, Pinzette, Nadel, Papier, Bleistift; Wasserpest (aus dem Zoogeschäft), Küchenzwiebel.

1 Untersuchung der Wasserpest

Zupfe mit der Pinzette ein Blättchen ab. Gib es auf dem Objektträger in einen Wassertropfen und decke mit einem Deckgläschen vorsichtig ab (Bild 1). Stelle mit dem Mikroskop zunächst bei schwächster Vergrößerung scharf ein. Vergrößere anschließend stärker.

2 Anfertigen einer mikroskopischen Zeichnung

Zeichne einige Zellen bei ungefähr 400facher Vergrößerung. Beschrifte. Zur Beschriftung gehören die Überschrift mit dem Namen des Objekts, die Angabe der Vergrößerung und die Benennung der einzelnen Zellbestandteile.

Findest du alle Zellbestandteile, die in der Zeichnung des Mädchens (Bild 2) eingetragen sind?

3 Untersuchung der Küchenzwiebel

Fertige ein mikroskopisches Präparat der Zwiebelhaut an. Schneide dazu eine Zwiebel mit dem Messer durch. Löse eine Schale heraus. Ritze mit der Rasierklinge ein Schachbrettmuster in die Innenseite der Schale und löse mit der Pinzette ein Hautstückchen ab (Bild 3). Lege es auf dem Objektträger in Wasser. Decke mit einem Deckgläschen vorsichtig ab.

Mikroskopiere. Vergleiche mit Bild 4. Wähle anschließend stärkere Vergrößerungen. Zeichne einen Ausschnitt mit drei oder vier Zellen und beschrifte.

Laura Thiel 6a
Zelle der Wasserpest

Blattgrünkörner

Zellkern

Zell-plasma

Zellwand

Vergrößerung: 400fach

2

3

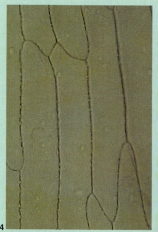

4

61933

Zusammenfassung

Alles klar?

A1 Nenne die wichtigsten Teile eines Mikroskops. Welche Aufgaben haben sie?

A2 Beschreibe, wie Objekte beschaffen sein müssen, damit du sie mikroskopieren kannst.

A3 Mit Hilfe der Zahlen auf dem Okular und dem Objektiv lässt sich die Vergrößerung berechnen. Auf dem Okular liest du die Zahl 10, auf dem Objektiv 40. Wievielmal größer siehst du das Objekt im Mikroskop?

A4 Wenn man beim Mikroskopieren das Bild scharf stellen will, muss man vorsichtig vorgehen. Wie stellst du die Bildschärfe richtig ein?

A5 Erkläre, wie ein Heuaufguss angesetzt wird.

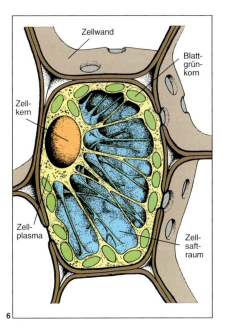

5

A6 Im Heuaufguss findest du schon nach kurzer Zeit viele Kleinstlebewesen. Nenne einige.

A7 Zeige am Beispiel von Pantoffeltier oder Amöbe (Bild 5), dass auch Einzeller „richtige" Lebewesen sind.

A8 Die Zellen aller Lebewesen zeigen viele Gemeinsamkeiten. Berichte!

A9 Pflanzenzellen weisen darüber hinaus Besonderheiten auf. Woran kann man sie erkennen?

A10 Du möchtest Zellen aus der Zwiebelhaut mikroskopieren. Wie gehst du vor?

A11 Beim Anfertigen einer mikroskopischen Zeichnung ist einiges zu berücksichtigen. Liste auf!

Auf einen Blick

Nicht alle Lebewesen kann man mit bloßem Auge beobachten. Will man **Einzeller** näher kennen lernen, braucht man ein **Mikroskop**.

Zum Vergrößern besitzt das Mikroskop Okular und Objektiv, die durch den Tubus im richtigen Abstand gehalten werden. Bei der Betrachtung im Mikroskop erkennt man, dass Einzeller – wie andere **Zellen** auch – **Zellhaut**, **Zellplasma** und **Zellkern** haben.

Einzeller sind vollständige Lebewesen mit allen Eigenschaften des Lebendigen: Sie bewegen sich, nehmen Nahrung auf und verdauen sie. Sie vermehren sich durch Teilung und sie können

auf Reize aus ihrer Umwelt reagieren. In einem Heuaufguss kann man verschiedene Einzeller, zum Beispiel Wimpertiere, aber auch kleine Vielzeller sowie Bakterien finden.

Alle Pflanzen und Tiere, auch wir **Menschen**, **sind aus Zellen** mit Zellhaut, Zellplasma und Zellkern **aufgebaut**. Eine feste **Zellwand**, **Blattgrünkörner** und einen **Zellsaftraum** haben **nur die Pflanzenzellen** (Bild 6). Um Teile von Pflanzen oder Tieren mit dem Mikroskop zu untersuchen, muss man meist erst ein mikroskopisches Präparat herstellen.

Bilddiagramm-Beschriftungen: Zellwand, Blattgrünkorn, Zellkern, Zellplasma, Zellsaftraum

6

Nur eine Handvoll Erde?

Boden ist nicht gleich Boden (Praktikum)

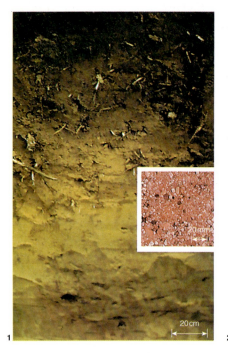

Boden ist wirklich nicht gleich Boden.
Das zeigen allein schon diese drei Schnitte durch den Erdboden.

Und einfache Untersuchungen ohne besondere Hilfsmittel zeigen das auch.
Du kannst sie schon zu Hause, also *vor dem Unterricht*, durchführen:

Besorge dir zuerst **Bodenproben** von verschiedenen Orten – z.B. vom Garten, Acker, Schulhof oder von einer Baustelle (Bild 4).

○ *Die Böden kannst du allein mit Hilfe deiner Hände und deiner Augen untersuchen.*

a) *Befühle und betrachte die Bodenproben. Versuche sie zu beschreiben. Stelle Gemeinsamkeiten und Unterschiede fest.*
b) *Breite einen Teil von jeder Bodenprobe aus und lass sie trocknen. Befühle und beschreibe die Böden noch einmal.*

○ *Für diese Untersuchung benötigst du etwas Wasser.*
a) *Feuchte zunächst eine Bodenprobe (später auch die anderen) mit der Hand gut durch. Knete sie so lange, bis das überschüssige Wasser verschwunden ist.*
b) *Versuche dann die Bodenprobe zwischen den Handtellern zu einer bleistiftdicken „Wurst" aus-*

zurollen oder zu formen (Bild 5). Ausrollbar sind z.B. Lehm und Ton, nicht ausrollbar ist Sandboden.
c) *Reibe Bodenproben zwischen Daumen und Zeigefinger. Beschreibe ihre Oberflächen. Findest du sie glänzend oder stumpf? (Glänzend: Ton; stumpf: Lehm.)*

61742

V1 Die Bestandteile einer Bodenprobe lassen sich voneinander trennen. Die gut sichtbaren Teile (z. B. Steinchen, Blatt- oder andere Pflanzenteile) kannst du mit einer Pinzette auslesen.
Dir ist sicher die Körnigkeit deiner Bodenproben aufgefallen. Diese Körner kannst du durch Siebe unterschiedlicher Maschengröße voneinander trennen.

V2 Das Wasserhaltevermögen ermittelst du so:
a) Fülle einen kleinen Blumentopf vollständig mit trockener Gartenerde oder Blumenerde. Gieße dann eine genau abgemessene Menge Wasser auf die Erde (100–150 ml, je nach Größe des Blumentopfes).
b) Fange das unten auslaufende Wasser auf; miss erneut das Volumen. Wie viel Wasser fehlt?
c) Wiederhole das Verfahren mit anderen Böden.

V3 So stellst du den Humusgehalt von Böden fest (→ 2. Info nächste Seite):
a) Gib eine genau abgewogene Menge (etwa 100 g) eines an der Luft getrockneten Bodens in einen Eisentiegel. Erhitze unter ständigem Rühren so lange, bis der Boden völlig ausgeglüht ist. Lass ihn abkühlen und bestimme das Gewicht.
b) Wiederhole den Vorgang nun auch mit anderen Bodenproben.

6

V4 Mit der „Säureprobe" kannst du feststellen, ob ein Boden kalkhaltig ist. Wenn Kalk enthalten ist, zeigt sich das an einem Aufbrausen (→ auch das Info auf der folgenden Seite).
a) Bereite dir zunächst einige teelöffelgroße Bodenproben vor. Gib dann jeweils einige Tropfen 10%ige Salzsäure ⚠ darauf. (Vorsicht, die Dämpfe reizen Augen und Haut!)
b) Vergleiche die Bodenproben. Welche dürften den größten Kalkgehalt haben?

V5 Ein Boden kann auch sauer sein – wenn auch nicht so sauer wie eine Zitrone. Wie sauer er ist, wird durch den „pH-Wert" des Bodens angezeigt.
Durch Untersuchungen mit pH-Teststreifen und der zugehörigen Farbskala (Bild 6) kannst du ermitteln, wie sauer deine Bodenproben sind (je niedriger der pH-Wert, desto saurer der Boden).
a) Siebe einige an der Luft getrocknete Bodenproben mit einem groben Sieb (Maschenweite: ca. 2 mm).
Feuchte dann je 10 g der Bodenproben mit gleich viel destilliertem Wasser an. Das ist nötig, um den pH-Teststreifen einsetzen zu können.
b) Bestimme nun den pH-Wert deiner Bodenproben mit Hilfe von pH-Teststreifen.

Info: Wir unterscheiden Bodenarten nach Korngrößen

Durch Verwitterung werden Gesteine nach und nach in immer kleinere Teile gespalten. Deshalb ist der Boden ein Gemisch aus größeren und kleineren Bruchstücken (man sagt: von unterschiedlichen **Korngrößen**).

Die kleinsten Bodenstückchen kann man mit bloßem Auge gar nicht erkennen.

Durch Siebe mit unterschiedlichen Lochgrößen kann man Böden nach Korngrößen trennen. Durch *Aufschlämmen* werden die feinsten Teile des Bodens voneinander abgetrennt.

Bodenarten lassen sich nach ihren Korngrößen unterscheiden (→ die nebenstehende Tabelle).

Je mehr *abschlämmbare Bestandteile* im Boden, desto größer die **Bindigkeit** und das **Wasserhaltevermögen**, desto geringer aber die **Luft-** und **Wasserdurchlässigkeit**. Dieser Teil des Bodens bestimmt das Pflanzenwachstum.

Böden werden nach diesem Gehalt eingeteilt. Dabei fasst man die Böden zu *Bodenartengruppen* zusammen: Sandböden (unter 23% abschlämmbare Teile), Lehmböden (24–60%) sowie Tonböden (über 60%). Je nachdem wie sich die Böden bearbeiten lassen, unterscheidet man auch *leichte* Böden (Sand), *mittlere* Böden (Lehm) und *schwere* Böden (Ton).

Bodenarten nach Korngrößen

Durchmesser der Korngrößen	Bezeichnung des Bodens
über 20 mm	Steine
20–2 mm	Kies
2–0,2 mm	Grobsand
0,2–0,063 mm	Feinsand
0,063–0,002 mm	Schluff
unter 0,002 mm	Ton

Info: Die „Fingerprobe"

Auf einfache Weise kann man Bodenarten „identifizieren" – mit Hilfe der „Fingerprobe":

Sand	Körnig, rau, nicht klebrig; geringe Bindigkeit, hohe Luft- und Wasserdurchlässigkeit
lehmiger Sand	Klebrig. Man kann ihn zu bleistiftstarken Walzen ausrollen.
sandiger Lehm	Ist dem lehmigen Sand sehr ähnlich. Er kann aber zu dünneren Walzen als dieser ausgerollt werden.
Lehm	Kann noch dünner ausgerollt werden; es lassen sich sogar Figuren formen. Im Lehm sind Sandkörner enthalten, die beim Zerreiben des Lehms schwach knirschen.
lehmiger Ton	Ist ähnlich wie Lehm, also sehr gut ausrollbar. Die Sandkörner, die sich in ihm befinden, sind so fein, dass sie nur zwischen den Zähnen knirschen.
Ton	„Seifig", „fettig", sehr gut ausrollbar; hohe Bindigkeit, kaum luft- und wasserdurchlässig

Info: Der Humus- und Kalkgehalt von Böden

Böden werden nicht nur nach der Korngröße, sondern auch nach ihrem Gehalt an **Humus** eingeteilt. (Unter *Humus* versteht man die pflanzlichen und tierischen Stoffe im Erdreich, die abgestorben, verrottet und damit Teil des Bodens geworden sind.)

Den Humusanteil einer Bodenprobe bestimmt man durch *Ausglühen*: Man nimmt 100 g der lufttrockenen Erde, glüht sie vollständig aus und ermittelt dann den Gewichtsverlust. Da der Humus pflanzlichen und tierischen Ursprungs ist, verbrennt er; der Gewichtsverlust, den du dann feststellst, entspricht also etwa dem Humusgehalt, den der Boden vorher hatte.

Böden mit einem Humusgehalt von mehr als 20 % werden als *Humusböden* bezeichnet.

Böden unterscheiden sich auch durch ihren Gehalt an **Kalk**.

Wie viel Kalk ein Boden enthält, wird durch die *Säureprobe* bestimmt: Man gießt auf die lufttrockene Bodenprobe verdünnte Salzsäure. Wenn diese Erde Kalk enthält, zeigt sich das durch ein Aufbrausen (Bild 1). Es entweicht das Gas Kohlenstoffdioxid.

Böden mit einem Kalkgehalt von weniger als 1 % werden als *kalkarm* bezeichnet. Wenn ihr Kalkgehalt 1–5 % beträgt, gelten sie als *kalkhaltig*. Bei einem Kalkgehalt von über 5 % bezeichnet man sie als *kalkreich*. Gegen eine zunehmende Versauerung des Bodens durch sauren Regen hilft das Ausstreuen von zusätzlichem Kalk.

Der Kalkgehalt von Böden

Verhalten bei der Säureprobe	Kalkgehalt
kein Aufbrausen	weniger als 1 % Kalk
schwaches, nicht anhaltendes Aufbrausen	1–2 % Kalk
deutliches, nicht anhaltendes Aufbrausen (Bild 1)	3–5 % Kalk
starkes, lang anhaltendes Aufbrausen	über 5 % Kalk

A1 *Welche Bestandteile des Bodens würdest du durch Aussortieren und welche durch Sieben voneinander trennen?*

A2 *In Versuch 2 wurde das Wasserhaltevermögen untersucht und gleichzeitig die Wasserdurchlässigkeit. Wie ist das gemeint?*

A3 *Nenne Merkmale, durch die die Bodenqualität bestimmt wird. Beschreibe auch Eigenschaften von Sand-, Lehm- und Tonböden.*

Aus der Umwelt: Wie bildet sich Humus?

Ein Garten macht Freude, wenn die Pflanzen gut gedeihen. Doch das ist gar nicht selbstverständlich. Auf reinem Sandboden ist gutes Pflanzenwachstum kaum zu erwarten. Deshalb müssen Gartenbesitzer oft erst dunkle, fruchtbare Gartenerde heranschaffen. Solche Erde enthält viel **Humus**.

Was Humus ist, wirst du bereits wissen: Diese Bodenart ist die Gesamtheit aller im Boden befindlichen „organischen" Stoffe.

Humus besteht also aus abgestorbenen pflanzlichen und tierischen Resten (auch *Abbauprodukte* genannt). Die *Bildung von Humus* ist das gemeinsame Werk von Bodentieren und Mikroorganismen. Das ist ein langsam ablaufender Vorgang. Er ist z. B. von der Beschaffenheit des Bodens abhängig.

Wer einen Garten hat, bemüht sich deshalb ständig um Nachschub an Humus für die Beete. Man kann

2

ihn kaufen oder durch Anlegen eines eigenen *Komposthaufens* gewinnen (Bilder 2). Dieser wird mit ganz bestimmten Abfällen „gefüttert" (Bild 3).

Schon nach kurzer Zeit bildet sich – unter Mithilfe von Bodentieren und Kleinstlebewesen – fruchtbare, humushaltige Gartenerde. So löst der Komposthaufen zwei Probleme auf einmal: Die Küchenabfälle werden umweltfreundlich beseitigt und man erhält den kostbaren Humus.

Humus hat keine einheitliche Zusammensetzung: Es lassen sich mindestens drei Arten von Humus unterscheiden: Mull, Rohhumus und Moder.

Der *Torf* z. B. ist eine saure Humusart. Sein pH-Wert liegt bei 3,5 bis 4,5. Er wird vor allem unter Mitwirkung von Mikroorganismen gebildet. Man findet den Torf im Boden von Nadelwäldern, in der Heide und in Torfmooren.

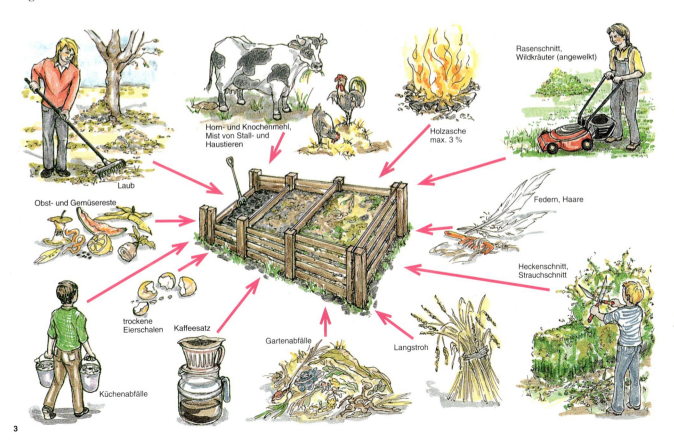

Laub

Obst- und Gemüsereste

trockene Eierschalen

Kaffeesatz

Küchenabfälle

Horn- und Knochenmehl, Mist von Stall- und Haustieren

Holzasche max. 3 %

Rasenschnitt, Wildkräuter (angewelkt)

Federn, Haare

Heckenschnitt, Strauchschnitt

Gartenabfälle

Langstroh

3

Aus der Umwelt: Guter Boden – schlechter Boden

Stell dir vor, jemand fragt dich, welche **Bodenart** gut und welche schlecht ist. Was würdest du antworten? Vielleicht würdest du dann sagen: „Auf Humus wachsen die Pflanzen gut, also ist das ein guter Boden."

Damit hättest du aber nur teilweise Recht. Nicht jeder Boden ist nämlich für jede Pflanze gut geeignet. Es gibt Pflanzen, die z. B. auf sauren Böden gut gedeihen, und solche, denen das schlecht bekommt.

Die **Bodenstruktur** ist wichtig. Je grobkörniger ein Boden ist (Kies, Sand), desto größere Hohlräume hat er. In grobkörnigen Böden ist viel Luft eingeschlossen, die sich schnell erwärmt; das ist gut fürs Wachstum. Wasser wird aber in grobkörnigen Böden schlecht gehalten und das ist nachteilig.

Feinkörnige Bodenarten (Ton, Lehm) haben dagegen nur sehr kleine Bodenhohlräume. Luft ist in diesen Böden wenig vorhanden; sie erwärmen sich deshalb nur schwer. Wasser wird aber in feinkörnigen Böden gut gehalten.

Für das Pflanzenwachstum ist aber ein Boden wichtig, der *beide* Eigenschaften besitzt: Er muss gut belüftet sein und ein großes Wasserhaltevermögen aufweisen.

Daraus folgt: Für das Pflanzenwachstum sind im Allgemeinen gemischt-strukturierte Böden günstig.

Bei der Bodenstruktur unterscheidet man zwischen *Einzelkornstruktur* und *Krümelstruktur*.

Wenn man z. B. *Sand* in die Hand nimmt (Bild 1) und die Finger ein wenig spreizt, rieseln die Sandkörnchen zwischen den Fingern hindurch. Wenn sich ein Boden so verhält, spricht man von der *Einzelkornstruktur*, die dieser Boden hat.

An einer Hand voll Lehm können wir die *Krümelstruktur* beobachten: Lehmboden rieselt nicht zwischen den Fingern hindurch, er bröckelt in kleinen Krümeln. Der Zusammenhalt zwischen den Bodenteilchen ist gering. Diese Teilchen sind unregelmäßig geformt; zwischen ihnen befinden sich größere Hohlräume als zwischen den Sandkörnchen. Eine solche Krümelstruktur besitzen meist Böden, die sowohl Ton als auch Sand und Humus enthalten.

Für das Pflanzenwachstum ist eine Krümelstruktur von 1–3 mm am günstigsten. Solche Böden werden als „ideales Gefüge" angesehen. Ein Beispiel dafür ist die Grünlandkrume von Bild 2.

Aus der Umwelt: Regenwürmer testen die Bodenqualität

Für Interessierte zum Weiterlesen

Nur wer den Zustand des Bodens kennt, kann die Bodenqualität beurteilen. Wissenschaftler haben den Regenwürmern – also „Kennern" des Bodens – eine besondere Aufgabe zugedacht: Sie sollen die Qualität von Böden testen. Wie sie darauf kamen?

Ganz einfach: Regenwürmer sind in guten, gesunden Böden besonders zahlreich. In Böden schlechterer Qualität findet man sie weniger. Regenwürmer können also als „biologische Anzeiger" („Bio-Indikatoren") für Schäden am Boden eingesetzt werden.

Dazu ein *Beispiel*: Es soll untersucht werden, wie ein neues Pflanzenschutzmittel auf den Boden wirkt. Dazu wählt man zunächst ein Versuchsfeld aus. Man bestreut dort einen Teil des Bodens mit dem Mittel, einen anderen lässt man unbehandelt. Nach einiger Zeit vergleicht man dann einfach die Anzahl der Regenwürmer in beiden Teilen.

Ergebnisse von Tests, die schon stattfanden, zeigen: Die meisten Pflanzenschutzmittel schädigen Regenwürmer bei sachgerechter Anwendung nicht. Aber es gibt durchaus Insekten- und Pilzbekämpfungsmittel, die – wenn sie in den Boden gelangen – den Regenwürmern schaden können. Solche Mittel dürfen nur wenig und ganz gezielt eingesetzt werden.

Es zeigte sich auch, dass Stickstoffdünger die Lebensbedingungen von Regenwürmern verbessert.

61746

Info: Unser Boden ist gefährdet!

3

4

Jede Form der Bodenbearbeitung kann die Qualität des Bodens vermindern – auch in der Landwirtschaft.

Schon auf dem Weg zu den Äckern können die oft schwere Maschinen **Schäden** hervorrufen (Bild 3).

Auf den Äckern wird dann der Boden gepflügt, geeggt und gedüngt, mit schweren Geräten wird er gleichzeitig aber auch *verfestigt*. Durch das Gewicht schwerer Maschinen wird ein erhöhter Druck auf den Boden ausgeübt; hinzu kommen Rüttelbewegungen. Dadurch wird bewirkt, dass die Zwischenräume im Boden – und damit die Wasserfiltration – verringert werden. Auswirkungen zeigt Bild 4. Auch die Durchlüftung des Bodens wird gestört und die Möglichkeiten der Durchwurzelung nehmen ab.

Mit der Vergrößerung der Anbauflächen wächst die Gefahr einer Abschwemmung der fruchtbaren oberen Bodenschichten; die Flächen liegen viele Monate ungeschützt. In Bild 5 sieht man das an einem abgeernteten Maisfeld.

Man spricht hierbei von einer *Erosion* des Bodens (lat. *eruedere:* abkratzen). Schon ein heftiger Gewitterregen kann 3–13 t Boden pro Hektar wegschwemmen, vor allem an Berghängen. Nur geziel-

5

6

te Bodenpflege (eine schonende Bearbeitung quer zum Hang, Bau von Windschutzzäunen) kann hier vorbeugend helfen.

Weitere **Gefahr** droht dem Boden durch *Überdüngung* und ein Zuviel an *Pflanzenschutzmitteln.* Zu viel Jauche kann das Grundwasser belasten und ein Zuviel an Pflanzenschutzmitteln beeinträchtigt das Leben der Bodenlebewesen.

Durch undichte Ölleitungen oder Öltanks sowie durch Unfälle von Tanklastzügen kommt es immer wieder zur *Verseuchung* des Erdbodens mit Öl. Wenn Erdölprodukte versickern, werden viele Kleinstlebewesen vernichtet. Öl verhindert nämlich die Durchlüftung des Bodens, sodass schließlich alles Leben erstickt.

Viel Bodenfläche geht infolge der *Bebauung* verloren: Die landwirtschaftliche Fläche Deutschlands nimmt Jahr für Jahr um die Größe des Bodensees ab. Durch Straßen- und Hausbau wird der Boden *versiegelt,* sodass kein Regenwasser mehr in die Erde eindringt.

Außerdem wird oft natürlich „gewachsener" Boden durch die *Verfüllung* von Tälern mit Abraum zerstört (Bild 6).

Aus der Umwelt: Bodenschutz geht uns alle an!

Wir haben viele Möglichkeiten den Boden – eine unserer Lebensgrundlagen – zu schonen:

Haushalt: Alte Arzneimittel gehören in die Apotheke und nicht in die Toilette, Sondermüll (Farben, Lösemittel, Batterien …) gehören nicht in die Mülltonne – sonst landen schädliche Stoffe schließlich im Boden. Wir verbrennen weder Kunststoffe noch Spanplatten; die aufsteigenden Abgase gelangen ins Wasser und schließlich in den Boden. Statt mit Salz zu streuen nehmen wir umweltfreundliches Streugut. Verrottbarer Abfall kommt in die grüne Tonne.

Garten: Anstelle von Torf nehmen wir möglichst selbst bereiteten Kompost. So schonen wir die Torfmoore. Durch Gründüngung, Mulchen oder Ausstreuen von Komposterde sorgen wir für eine ausgewogene, langsam wirkende Düngung. Wir verzichten weitgehend auf chemische Schädlings- und Unkrautvernichtungsmittel.

Freizeit und Sport: Beim Wandern bleiben wir auf den Wanderwegen. Nach einer Rast sammeln wir unsere Abfälle auf. Wir schonen die Pflanzen. Beim Skifahren bleiben wir auf gekennzeichneten Pisten.

Verkehr: Für lange Strecken benutzen wir öffentliche Verkehrsmittel, kurze Strecken legen wir mit dem Fahrrad zurück. Bei Touren mit dem Mountainbike fahren wir bewusst „umweltschonend".

Aus der Erdgeschichte: Wie entsteht der Boden?

Für Interessierte zum Weiterlesen

Unser Boden ist mindestens 10 000 Jahre alt. Er ist *schichtweise* durch Verwitterung von Steinen entstanden (Bild 1) – und auf die gleiche Weise entsteht er auch heute noch. Durch den Wechsel von Kälte und Wärme sowie unter dem Einfluss von Regen, Eis und Wind werden Steine zerbrochen; sie bilden zunächst eine lockere Schicht.

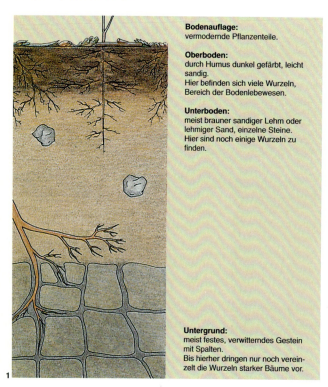

Bodenauflage:
vermodernde Pflanzenteile.

Oberboden:
durch Humus dunkel gefärbt, leicht sandig.
Hier befinden sich viele Wurzeln, Bereich der Bodenlebewesen.

Unterboden:
meist brauner sandiger Lehm oder lehmiger Sand, einzelne Steine.
Hier sind noch einige Wurzeln zu finden.

Untergrund:
meist festes, verwitterndes Gestein mit Spalten.
Bis hierher dringen nur noch vereinzelt die Wurzeln starker Bäume vor.

1

Besonders zerstörend wirkt *Wasser* auf die Gesteine. Es dringt in feine Spalten und Hohlräume ein. Wenn das Wasser im Winter zu Eis wird, vergrößert sich sein Volumen und das Gestein wird „gesprengt". Außerdem wirken einige im Wasser gelöste Stoffe auf die Steine ein.

Auch der *Wind* trägt zur Bodenentstehung bei: Er führt harte, scharfkantige Teilchen mit sich. Diese reiben die weicheren Gesteinsmassen und lösen dadurch weitere Teilchen ab. (Diese Form der Verwitterung spielt in Wüstengebieten eine große Rolle.)

Auf den lockeren Schichten von zerbröckeltem Gestein siedeln sich einfache Pflanzen an (z. B. Algen, Flechten und Moose). Diese sterben ab und zurück bleiben Pflanzenreste, die allmählich verwesen. Darauf können dann Gräser und kleinere Sträucher wachsen. Da schließlich immer wieder Pflanzen absterben und verwesen, wird diese Schicht nach und nach immer dicker.

Verwitterte Steine – zusammen mit zersetzten Resten abgestorbener Pflanzen – bilden somit den Boden. So kommt es, dass der Boden viele Bestandteile hat: *feste* in Form von Sandkörnern, Gesteinssplittern und Pflanzenresten; ferner *gasförmige* und *flüssige*, denn die Hohlräume des Bodens sind mit Luft und Wasser gefüllt.

Da Pflanzen und Pflanzenreste *Stickstoff* enthalten, ist auch dieser für das Wachstum wichtige Stoff Bestandteil des Erdbodens.

61748

Zusammenfassung

Alles klar?

A1 *In einem Umweltschutzbericht heißt es: „Unsere Ackerkrume – dreißig Zentimeter, von denen wir leben". Wie ist das wohl gemeint?*

A2 *Sieh in einer Kiesgrube oder Baustelle nach, wie der Boden geschichtet ist. Lege eine Querschnittszeichnung davon an.*

A3 *Boden, der fürs Pflanzenwachstum gut ist, soll gut belüftet sein und Wasser binden können. Begründe!*

A4 *Bodenproben werden auch nach ihrem Humusgehalt beurteilt. Was ist Humus und wie entsteht er?*

A5 *Zeige an Beispielen, wodurch unser Boden gefährdet ist.*

A6 *Jeder von uns kann zum Schutz des Bodens beitragen. Warum ist es überhaupt so wichtig, den Boden zu schützen?*
Was kannst du persönlich dabei tun?

Auf einen Blick

Der **Boden** ist (neben Wasser und Luft) eine wichtige Voraussetzung für das Leben (Bild 2). Ohne ihn gäbe es keine Pflanzen – dann würde es Menschen und Tieren an Nahrung fehlen.

Pflanzen benötigen Nährstoffe und Wasser. Beides nehmen sie über die Wurzeln aus dem Boden auf. Also hängen Pflanzenwachstum und **Bodenqualität** eng miteinander zusammen.

Böden können nährstoffreich oder nährstoffarm, feucht oder trocken, fest oder locker sein. *Bindigkeit*, *Körnigkeit*, *Luftdurchlässigkeit* und *Wasserspeichervermögen* sind also je nach Boden unterschiedlich (Bild 3). Sie sind Merkmale für die Qualität eines Bodens.

Der Boden setzt sich aus verschiedenen Bestandteilen zusammen: Zwischen festen, meist körnigen Bestandteilen befinden sich Hohlräume, die mit Wasser und Luft gefüllt sind. Je nach Zusammensetzung und Merkmalen unterscheidet man verschiedene

Bodenarten (z. B. Sand, Lehm, Ton). Auch der Anteil eines Bodens an Humus bestimmt die Bodenqualität.

Der Boden, wie wir ihn kennen, ist nicht von heute auf morgen entstanden. Er wurde erst im Laufe großer Zeiträume ganz langsam durch die Verwitterung von Gestein und die Verwesung von Pflanzenresten gebildet.

Der Mensch nutzt den Boden – darin liegt aber eine **Gefahr** für die Bodenqualität. Der Boden wird nämlich durch die Bearbeitung verändert: Er wird gewendet (umgepflügt), gelockert oder verfestigt.

Zur Verfestigung tragen auch besonders schwere Landmaschinen bei. Wenn ein Boden verfestigt wird, verringert sich die Fruchtbarkeit dieses Bodens.

Durch die Bebauung (Bau von Häusern, Straßen und Plätzen) wird der Boden „versiegelt". So gehen große Bodenflächen Jahr für Jahr verloren.

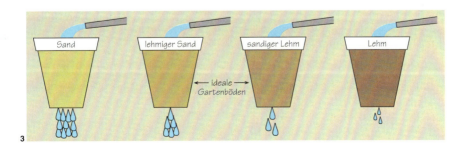

Sand | lehmiger Sand | sandiger Lehm | Lehm

ideale Gartenböden

Lebewesen im Boden

In einer Hand voll Boden existieren mehr Lebewesen, die vom Boden und für den Boden leben, als es Menschen auf der Erde gibt. Sterben diese Lebewesen, stirbt der Boden, eine der Grundlagen des Lebens auf der Erde. Es ist deshalb wichtig, die Lebewesen des Bodens zu kennen und die Notwendigkeit ihres Schutzes zu begreifen. Denn nur, was wir kennen und schätzen, das schützen und achten wir auch.

A1 *Nenne aus dem Stegreif fünf Lebewesen, die im Boden leben. Nicht nachschlagen!*

A2 *Suche im Wald, im Garten oder im Kompost nach Blättern, die unterschiedlich stark verrottet sind. Stelle Vermutungen darüber an, wie es zur Verrottung kommt.*

A3 *Unteruche eine Bodenprobe mit der Lupe. Kannst du alle Lebewesen entdecken, die sich darin befinden? Begründe deine Vermutung.*

A4 *Beschreibe, welche Bedeutung der Boden für dich hat. Denke dabei auch an deine Nahrung und deine Bekleidung.*

Info: Woraus der Boden besteht

Zum größten Teil, etwa zu 90 %, besteht der Boden aus mineralischen Bestandteilen. Es handelt sich dabei um kleinere Körnchen, die durch die Verwitterung von Gestein entstanden sind.

Die restlichen 10 % des Bodens sind organische Substanzen. Das sind Stoffe, die von Tieren und Pflanzen stammen. Von diesen organischen Substanzen im Boden sind 80 % abge-

Lebende
Pflanzenwurzeln
15%

Boden-
lebewesen 5%

Tote Teile von
Pflanzen und Tieren
80%

2

storbene Teile von Pflanzen und Tieren, 15 % entfallen auf lebende Pflanzenwurzeln und nur 5 % entsprechen lebenden Bodenlebewesen (Bild 2). 12 % dieser Bodenlebewesen sind Regenwürmer, 80 % wiederum Pilze und Bakterien.

Diese Zahlen, die in Bild 2 grafisch dargestellt sind, sind Durchschnittswerte. Sie können je nach Bodentyp schwanken.

61909

Info: Lebewesen im Boden und ihre Bedeutung

3

4

Unter 1 Quadratmeter
Waldboden leben etwa
120 Regenwürmer,
10 Käfer,
10 000 Springschwänze,
25 andere Insekten,

200 verschiedene Larven,
400 Tausendfüßer,
50 Asseln,
40 Spinnen,
100 000 Milben,
50 Schnecken,
1 Million Fadenwürmer,
Millionen von winzigen,
nur unter dem
Mikroskop sichtbaren
Tierchen,
Milliarden von Bakterien.

In einem Hektar *Buchenwald* fallen pro Jahr rund 4 Tonnen Laub, Äste und Früchte auf den Boden. Alle diese Reste werden im Laufe der Zeit abgebaut.

Bodenorganismen. Der Waldboden besteht zu 85 % aus Erde und zu 10 % aus Wurzeln. Den Rest machen tierische und pflanzliche Lebewesen aus (betrachte dazu Bild 4). Sie zersetzen organische Reste und tragen dadurch zur Bildung von neuer fruchtbarer Erde bei.

Zersetzung eines Blattes. Der *Abbau* von abgefallenem Laub erfolgt in *mehreren Stufen:*

Zuerst greifen Bakterien und einzellige Lebewesen die Oberfläche des feuchten, aufgeweichten Blattes an (Bild 5). Danach fallen Springschwänze und Milben über das Blatt her (Bild 6).

Mückenlarven fressen kleine Fenster in die Blätter (Bild 7). Pilze befallen das Blattinnere .

Insektenlarven, Asseln, Schnecken und Ohrwürmer fressen an den jetzt weichen Blattteilen große

Fenster heraus. *Regenwürmer* schleppen ganze Blätter, wenn diese weich genug sind, in ihre Gänge und zerkleinern sie dort. Unverdauliches geben sie mit ihrem Kot ab. *Pilze* und *Bakterien* zersetzen die Reste. Nur sie können Holzstoff und Cellulose, aus denen Holz besteht, abbauen. Sie zerlegen die Reste in Nährstoffe, die von den Pflanzen wieder aufgenommen werden können (Bild 8).

Die organischen Abfälle werden am Waldboden von einem Heer von Lebewesen zersetzt. Der Abbau eines Laubblattes vollzieht sich in mehreren Stufen.

A1 *Stelle Stufen des Abbaus eines Blattes dar. Benutze dazu auch die Fotos unten.*

A2 *Durch welche Lebewesen beginnt die Zersetzung eines Blattes? Welche beenden sie?*

5

6

7

8

Praktikum: Tiere in der Laubstreu

1 Lichtfalle

Benötigt werden: Glas- oder Plastiktrichter, grobes Sieb, Pappkarton, Glasschale, angefeuchteter Pinsel, Lampe, Waldboden.

Bodentiere meiden Licht und Trockenheit, suchen dagegen Dunkelheit und Feuchtigkeit. In das Sieb kommt eine Bodenprobe. Dann setzt man das Sieb auf einen Trichter, der in eine dunkle Schachtel ragt, und lässt die Probe langsam austrocknen (Bild 1).

Die Tiere fliehen in das Glas unter dem Trichter.

Betrachte die Tiere mit der Lupe. Versuche sie nach Bild 2 zu bestimmen.

Lasse die Tiere stets wieder frei, bevor sie Schaden leiden!

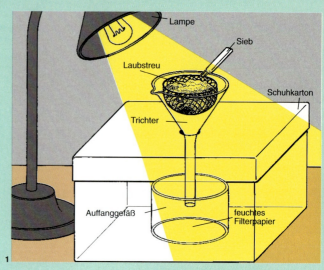

1

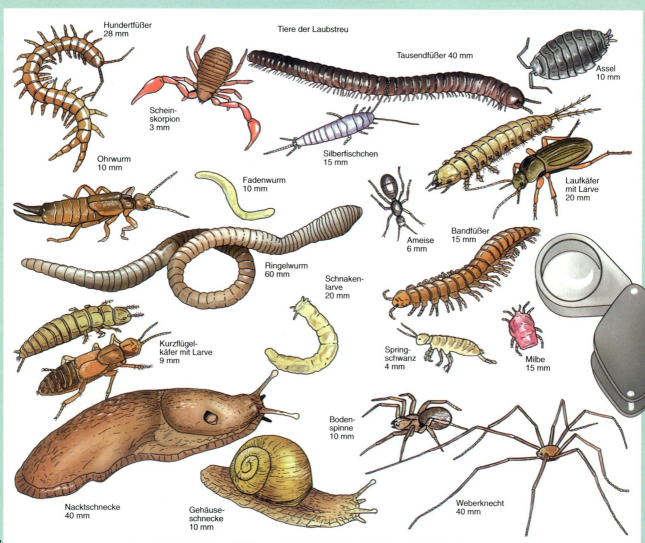

Tiere der Laubstreu

Hundertfüßer 28 mm

Tausendfüßer 40 mm

Assel 10 mm

Schein-skorpion 3 mm

Silberfischchen 15 mm

Ohrwurm 10 mm

Fadenwurm 10 mm

Laufkäfer mit Larve 20 mm

Ameise 6 mm

Bandfüßer 15 mm

Ringelwurm 60 mm

Schnaken-larve 20 mm

Kurzflügel-käfer mit Larve 9 mm

Spring-schwanz 4 mm

Milbe 15 mm

Boden-spinne 10 mm

Nacktschnecke 40 mm

Gehäuse-schnecke 10 mm

Weberknecht 40 mm

2

61910

Info: Der Regenwurm – ein nützlicher Bodenbewohner

3

Regenwürmer gehören zu den wichtigsten Tieren unserer Erde: Sie erhöhen die *Bodenfruchtbarkeit.*

Bodenverbesserer. Regenwürmer fressen keine Wurzeln, sondern nur verrottende und verwesende Pflanzenteile. Gern ziehen sie bei Nacht *abgefallene Blätter* in ihre Bodenröhren. Sobald die Blätter sich zersetzen, werden sie vom Regenwurm zusammen mit Erde gefressen. Der Wurmkot wird entweder in den Bodenröhren oder an der Erdoberfläche in kleinen Häufchen abgelagert. Er ist mit Pflanzennährstoffen angereichert, die eine fruchtbare Erde entstehen lassen.

In einem Kubikmeter Erde können über 300 Regenwürmer leben. Sie graben Gänge bis in 2 Meter Tiefe. Durch ihre Tätigkeit *lockern* sie den Boden. Bei Regen dringt das *Wasser* durch die Gänge schnell in die Erde ein. Bei Trockenheit fördern die Gänge die *Durchlüftung.*

Feuchtlufttier. In feuchten Nächten kommen die Regenwürmer aus der Erde und gehen auf Nahrungssuche. Nach starken Regenfällen sieht man oft viele Regenwürmer auf der Erdoberfläche (Bild 3). Sie haben ihre Röhren verlassen um nicht zu ersticken. Die gleiche Gefahr droht ihnen, wenn die Sonne ihre Haut austrocknet. Regenwürmer *atmen* durch die *Haut.* Das ist aber nur möglich, wenn sie feucht ist. Doch auch bei ausreichender Feuchtigkeit sterben Regenwürmer an der Erdoberfläche rasch an Hautschädigungen durch UV-Strahlen.

Fortpflanzung. Bei feuchtem Wetter *paaren* sich die Regenwürmer nachts und am frühen Morgen an der Erdoberfläche oder in der Röhre. Jeder Wurm besitzt männliche und weibliche Geschlechtsorgane. Er ist ein Zwitter. Dennoch begatten sich Regenwürmer gegenseitig. Aus den Eiern schlüpfen nach 2 bis 5 Monaten kleine Würmchen. Sie wachsen rasch heran. Regenwürmer können *10 Jahre* alt werden.

Der Regenwurm sorgt für fruchtbaren Boden: Er lockert, durchmischt und düngt ihn.

A1 *Fülle in ein Glasgefäß jeweils etwa 4 cm hohe Schichten lockere Gartenerde, hellen Sand und dunkle Komposterde (Bild 4). Auf der Komposterde werden noch einige Blätter verteilt. Die Erde wird gleichmäßig befeuchtet.*
Jetzt werden etwa 10 Regenwürmer eingesetzt.
Beobachte das Glasgefäß über einen längeren Zeitraum. Was ist mit der Erde und dem Sand nach einer Woche, was nach zwei Wochen geschehen?

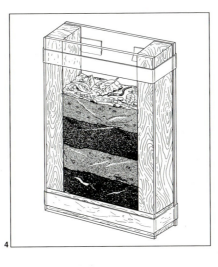

4

Achtung!
Der Regenwurm ist ein Lebewesen. Schütze ihn vor grellem Licht und lasse die Erde nicht austrocknen.
Setze den Regenwurm bald wieder auf lockerer Erde aus.

Info: Bakterien sind einzellige Lebewesen

Auf unserer Erde leben heute etwa 6 Milliarden Menschen, eine unvorstellbar große Zahl. Um ein Vielfaches größer ist jedoch die Zahl der Lebewesen, die in einer Hand voll Ackererde vorkommen: Es sind vor allem *Bakterien*, die hier in riesiger Zahl im Boden leben und bei der *Zersetzung* eine bedeutende Rolle spielen.

Bau. Bakterien bestehen nur aus einer einzigen Zelle. Mit einer Größe von 1/1000 mm kann man sie nur mit dem Mikroskop sehen. Wie winzig klein Bakterien sind, kannst du dir mit Hilfe eines Vergleichs vorstellen: Würde man ein Bakterium von 0,001 mm auf 1 mm vergrößern, dann würde ein Mensch im gleichen Maßstab auf 1800 m anwachsen.

Heute kennt man rund 6000 verschiedene Bakterienarten. Je nach ihrer Form unterscheidet man zwischen kugeligen *Kokken*, stäbchenförmigen *Bazillen*, kommaförmigen *Vibrionen* und schraubigen *Spirillen*.

Bakterien haben *keinen Zellkern*. Ihre Erbinformation liegt als vielfach gewundener Faden frei im flüssigen Zellinnern. Eine feste Zellwand grenzt den

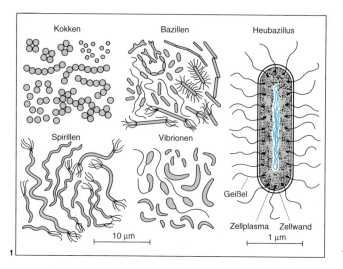

Körper schützend nach außen ab. Manche Bakterien besitzen eine oder mehrere Geißeln, fadenförmige Fortsätze, mit deren Hilfe sie sich fortbewegen.

Vermehrung. Bakterien vermehren sich durch Teilung. Bevor sich die Mutterzelle teilt, verdoppelt sich der Erbfaden. Dadurch erhält jede der beiden Tochterzellen die gleiche Erbinformation. Unter günstigen Lebensbedingungen (das sind Wärme, Feuchtigkeit und Nahrung) teilen sich Bakterien etwa alle *20 Minuten*. Nach 8 Stunden sind auf diese Weise aus einem einzigen Bakterium rund 16 Millionen neue Bakterien entstanden. Würde dieses explosionsartige Wachstum andauern, so entstünde in 3 Tagen eine unvollstellbar große Bakterienmasse. Da sich aber mit zunehmender Anzahl der Mikroorganismen die Lebensbedingungen sehr rasch verschlechtern, hören die Bakterien sehr bald auf sich so rasch zu vermehren.

A1 *Zeige mit Hilfe von Streichhölzern, wie viele Bakterien nach 2 Stunden aus einem Bakterium entstehen.*

Aus der Forschung: Bakterien sichtbar machen

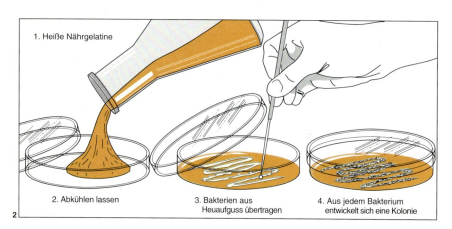

1. Heiße Nährgelatine
2. Abkühlen lassen
3. Bakterien aus Heuaufguss übertragen
4. Aus jedem Bakterium entwickelt sich eine Kolonie

Anlegen einer Bakterienkultur. In der Forschung und in der Medizin werden Bakterien auf Nährböden angesiedelt. Bei Temperaturen um 30 °C vermehren sich die Bakterien sehr schnell. Wo ein Bakterium auf den Nährboden gelangt, entsteht deutlich sichtbar ein Fleck; man nennt dies eine Bakterienkolonie. Eine solche Kolonie besteht aus Milliarden einzelner Bakterien.

Info: Bakterien vermehren die Fruchtbarkeit des Bodens

Bedeutung. Viele Menschen denken sofort an Krankheiten, wenn sie das Wort *Bakterien* hören. Darüber wirst du im Kapitel „Bakterien als Krankheitserreger" mehr erfahren. Die große Mehrheit aller Bakterienarten ist jedoch für das Leben auf der Erde unentbehrlich.

Bakterien *zersetzen* alles, was die Natur hervorbringt: Lebensmittel, abgefallenes Herbstlaub, ja sogar Erdöl können sie abbauen. All diese Stoffe bezeichnet man als *organische Stoffe*. Von ihnen leben die Bakterien. Sie zersetzen sie und gewinnen daraus Stoffe, die sie für Wachstum und Vermehrung brauchen. Als Endprodukte des bakteriellen Abbaus bleiben Kohlenstoffdioxid, Wasser und Mineralstoffe übrig. Man bezeichnet Bakterien deshalb auch als Mineralisierer. Diese Stoffe sind für die Ernährung aller Pflanzen lebensnotwendig. Durch ihre Tätigkeit sorgen die Bakterien aber auch dafür, dass abgestorbene Pflanzen und Tiere beseitigt werden. Dadurch schaffen sie Platz für neues Leben.

Natürlicher Kreislauf der Stoffe. Als Zersetzer, auch *Destruenten* genannt, sorgen vor allem Bakterien für die Erhaltung der Bodenfruchtbarkeit. Sie ermöglichen so einen ständigen Kreislauf der Stoffe. Sie sind die *Lebensgrundlage* der grünen Pflanzen, die als Erzeuger, auch Produzenten genannt, organische Stoffe herstellen. Sie dienen den Verbrauchern, den Konsumenten, also Menschen und Tieren, wiederum als Nahrung (Bild 3).

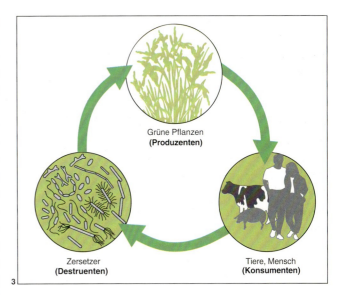

Grüne Pflanzen
(Produzenten)

Zersetzer
(Destruenten)

Tiere, Mensch
(Konsumenten)

3

Bakterien sind einzellige Lebewesen. Als Zersetzer oder Destruenten ermöglichen sie den Kreislauf der Stoffe in der Natur. Sie tragen wesentlich mit zur Erhaltung der Bodenfruchtbarkeit bei.

A1 *Erkläre, in welcher Weise Bakterien zur Fruchtbarkeit des Bodens beitragen.*

A2 *Entwirf einen Steckbrief für Bakterien.*

A3 *Nenne Endprodukte des bakteriellen Abbaus.*

Praktikum: Bakterien ganz groß

Bakterien kommen nicht nur im Boden vor. Sie sind allgegenwärtig. Einige können sogar schlechte Lebensbedingungen überstehen, dadurch, dass sie sich zu Sporen umwandeln. Sie schrumpfen, indem sie einen großen Teil ihrer Körperflüssigkeit abgeben, und bilden eine widerstandsfähige Hülle aus. So geschützt können sie warten, bis sich die Lebensbedingungen wieder bessern. Dann erwachen sie zu neuem Leben.

Solche Bakterien kann man mit dem Mikroskop genauer betrachten.

Benötigt werden: Heu, Glasgefäß, Mikroskop, Objektträger, Deckgläschen.

In ein mit Heu gefülltes Gefäß gießt du Wasser und stellst es an einen warmen Ort. Nach einer Woche hat sich auf der Oberfläche eine graue Haut, die so genannte *Kahmhaut* gebildet. Mit einer Pipette überträgst du nun etwas von dieser Haut auf den Objektträger, gibst einen Tropfen Wasser dazu und legst ein Deckglas auf. Bei 400facher Vergrößerung untersuchst du den Tropfen unter dem Mikroskop.
– Beschreibe, was du sehen kannst.
– Halte deine Beobachtung in einer Zeichnung fest.
– Überschrift und Vergrößerung nicht vergessen.
– Mit Hilfe von Bild 1 könnt ihr die beobachteten Lebewesen genauer benennen.

Praktikum: Bakterien

Recycling in der Natur

Benötigt werden: 3 saubere Bechergläser, Haushaltsfolie, Sand, Gartenerde, Filterpapier, Laubblätter, Holzstückchen, Plastik, Klebestreifen.

Befestige je einen Streifen Filterpapier, Plastik, ein Blatt, ein Holzstückchen mit einem Klebestreifen an der Innenseite der Gläser. Fülle ein Glas mit Sand, die anderen mit Gartenerde. Feuchte die Erde an und verschließe die Gläser mit Haushaltsfolie.

Stelle ein Glas mit Erde in den Kühlschrank, die anderen ins warme Zimmer. Halte die Erde feucht. Kontrolliere täglich den Zustand der Gegenstände in den Gläsern (Bild 1).

Übernimm das abgebildete Beobachtungsprotokoll in dein Heft und trage die Versuchsergebnisse ein. Nach etwa 3 Wochen ist der Versuch beendet.

Entnimm die Gegenstände und untersuche sie. Trage deine Ergebnisse in das Protokoll ein. Werte das Protokoll dann aus.

Wie lassen sich die Ergebnisse erklären?

Wo macht sich der Mensch die Tätigkeit der beteiligten Organismen zunutze?

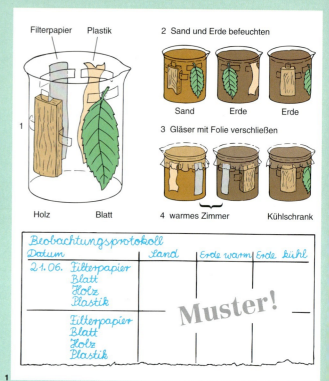

1

Versuche am Modellkomposthaufen

Benötigt werden: 2 Holzkistchen mit Deckel (15 cm x 10 cm), beispielsweise leere Zigarrenkistchen, Styropor® (etwa 0,5 cm stark), Styroporkleber, Bohrer, 2 Thermometer, Schnellkomposter (aus Gartencenter oder Gärtnerei), zwei Hände frisch gemähtes Gras.

Die Innenseiten der Kistchen werden mit Styropor beklebt. In die Mitte der Vorderseite wird jeweils ein Loch gebohrt. Es soll so breit sein, dass das Thermometer eingeführt werden kann. Füllt die Kistchen mit je einer Hand voll Gras. Gebt in das Kistchen 2 Schnellkomposter dazu und verschließt die Kistchen. Schiebt nun durch die vorbereiteten Bohrungen je ein Thermometer in das Innere der Kistchen (Bild 2).

Der Versuch sollte etwa 4 Stunden andauern:
- Übertragt das links abgebildete Versuchsprotokoll in euer Heft.
- Lest alle 15 Minuten die Temperaturen an den Thermometern ab und markiert die Messergebnisse grün oder rot im Protokoll.
- Was fällt euch beim Auswerten des Versuchsprotokolls auf?
- Sucht nach Erklärungen.

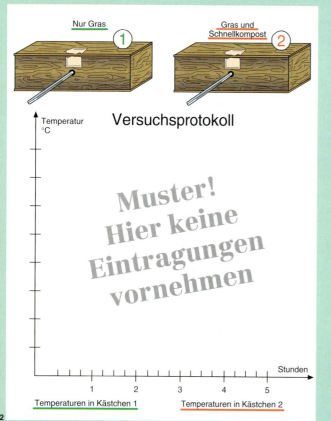

2

Zusammenfassung

Alles klar?

A1 Sieh dir den umgestürzten Baum in Bild 3 an. Was wird wohl weiterhin mit ihm geschehen? Welche Lebewesen werden dabei eine Rolle spielen?

A2 Was hat Bild 3 mit dem Thema Boden zu tun? Stelle einen Zusammenhang her.

A3 „Ohne Boden ist ein Leben auf der Erde nicht möglich." Suche Argumente, die diese Aussage begründen können.

A4 In welcher Weise helfen Regenwürmer, die Bodenqualität zu verbessern? Beschreibe den Ablauf von Verrottungsprozessen, wie sie mit und ohne Regenwürmer ablaufen würden.

A5 In welche Verwandtschaftsgruppe gehören sehr viele der Tiere, die du als Bewohner der Laubstreu kennen gelernt hast? Schlage in einem Bestimmungsbuch nach.

A6 Vergleiche Pilze und grüne Pflanzen miteinander. Versuche zu erklären, warum man Pilze früher zu den Pflanzen gerechnet hat, es heute aber nicht mehr tut.

A7 Schildere, welche Bedeutung Bakterien für den Kreislauf der Stoffe haben.

A8 Betrachte die Bäume in Bild 4. Haben sie alles, was sie zum Leben brauchen? Erkläre!

4

Auf einen Blick

Boden ist mehr als nur die unbelebte oberste Schicht der Erdkruste. Im Gegenteil: In jeder Hand voll Boden finden sich viele **Kleinlebewesen**. Die meisten von ihnen sind so klein, dass man sie nur mit Hilfe einer Lupe oder eines Mikroskops beobachten kann.

Die Bodenlebewesen spielen als **Zersetzer** im Kreislauf der Stoffe eine sehr wichtige Rolle. Sie sorgen dafür, dass abgestorbene Tier- und Pflanzenteile wieder in Kohlenstoffdioxid und Mineralstoffe aufgespalten werden. Nur in

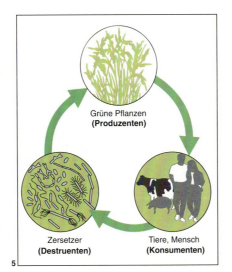

Grüne Pflanzen
(Produzenten)

Zersetzer
(Destruenten)

Tiere, Mensch
(Konsumenten)

5

dieser Form stehen sie dann den Pflanzen wieder zur Verfügung.

Regenwürmer lockern den Boden auf und durchlüften ihn. Sie helfen auch größere Pflanzenteile zu zerkleinern. Auf diese Weise beschleunigen sie Verrottungsprozesse erheblich.

Die eigentlichen Zersetzer sind aber **Bakterien** und **Pilze**. Besonders Bakterien sind nicht nur allgegenwärtig. Als Organismen, die organische Reste abbauen, sind sie für das Leben auf der Erde unverzichtbar.

Von Kristallen und Salzen

Wir untersuchen Steine und Mineralien

Granit (Bild 1) und Marmor (Bild 2) kennst du bestimmt – wenigstens vom Namen her.
Wie kann man sie erkennen? Worin unterscheiden sie sich?

V1 *Sieh dir ein Stück Granit und ein Stück Marmor an. Nimm dafür eine Lupe (oder ein Binokular). Sehen sie körnig oder einheitlich aus? Bewege sie im Licht: Sind Kristalle zu erkennen? Beschreibe möglichst genau, was du siehst.*

V2 *Bei diesem Versuch darfst du auf keinen Fall die Schutzbrille vergessen! Versuche je ein Stück Granit bzw. Marmor mit einem Hammer in Stücke zu zerschlagen (vorher in ein Tuch einwickeln!). Vergleiche die beiden Gesteine in ihrer Härte.*

Info: Granit und Marmor – ein Vergleich

Granit (lat. *granum:* Korn) ist ein völlig uneinheitliches Gestein. Das sieht man schon mit bloßem Auge. Man erkennt weiße oder graue Anteile *(Quarz)*, rötliche oder gelbliche Anteile *(Feldspat)* und meist schwarz glänzende Anteile *(Glimmer).* Die Feldspat-, Quarz- und Glimmerkristalle sind eng miteinander verwachsen; sie bilden den Granit. („Feldspat, Quarz und Glimmer, das vergess' ich nimmer!")

Granit ist ein Gestein, das durch Erstarren von heißen, flüssigen Materialien entstand; es ist also ein *Erstarrungsgestein.* So bildete sich die grob- bis mittelkörnige Struktur aus:

Während des Abkühlungsvorgangs kristallisierten die einzelnen Bestandteile. Dabei störten sich aber die entstehenden Kristalle gegenseitig, sodass nur teilweise die typischen Kristallformen zu erkennen sind.

Am Ende füllte der zuletzt erstarrende Quarz die Lücken zwischen Feldspat- und Glimmerkris-

tallen aus. Wenn Quarz nicht Bestandteil des Granits ist, bildet er ebenfalls schöne Kristalle (Bild 3).

Granit kommt bei uns vor allem im Schwarzwald, im Fichtel- und Erzgebirge, im Thüringer Wald und in der Lausitz vor. Weil man ihn gut teilen und polieren kann, wird er zu Pflastersteinen, Bordsteinen, Gehwegplatten und Grabsteinen verarbeitet.

Marmor sieht nicht grobkörnig, sondern einheitlich aus. Je nach Reinheit ist er weiß oder verschiedenfarbig (rötliche oder bräunliche Farbtöne liegen meist an eisenhaltigen Beimengungen).

Sehr geschätzt ist der weiße Marmor (z. B. aus Carrara, Italien). Er wird seit langem für Denkmale und Skulpturen genutzt.

A1 *Unter einem „Mineral" versteht man einen einheitlichen Bestandteil der Erdkruste. Bei einem „Gestein" sind verschiedene Mineralien vermischt. Nenne jeweils Beispiele.*

61750

Wir züchten Salzkristalle

Die meisten Materialien, die man in der Natur finden kann, sind aus Kristallen aufgebaut.
Das gilt für Edelsteine, Salze (Bilder 4–6), Eis- oder Schneeflocken und Metalle (Bild 7).

Kupfersulfat

4

Chromalaun

5

Kalkspat

6

Pyrit (Eisensulfid)

7

Kristalle haben ebene, glatte Flächen und gerade Kanten. Sie dienen deshalb oft als Schmuckstücke.
Mit etwas Geduld kann man von einigen Salzen sogar Kristalle „züchten".

A1 *Nimm einige Körnchen von einem groben Meersalz. Betrachte die Körnchen mit der Lupe oder einem Binokular.*
Was siehst du? Beschreibe, was dir an den Salzkörnchen auffällt.

A2 *Eine Zinkstange wird in einen Schraubstock gespannt und mit einem „Kältespray" auf unter −10 °C abgekühlt. Mit einem Hammer wird auf das Zink geschlagen, sodass es in zwei Teile zerbricht.*
Betrachte die Bruchstellen mit Lupe oder Binokular.

Bastelanleitung:
Viel Spaß beim Kristallezüchten!

Besonders einfach ist es für den Anfang, Kristalle aus *Kaliumalaun* zu züchten:

Zunächst erhitzen wir 500 ml destilliertes Wasser auf 60–70 °C. Danach werden 100 g Kaliumalaun in dem heißen Wasser unter ständigem Rühren gelöst. Die entstehende Flüssigkeit soll einige Stunden bis Tage lang ruhig stehen bleiben. Sie kühlt dabei ab.

Auf dem Boden der Flüssigkeit bilden sich nun schon einige kleinere Kristalle. Die größten und schönsten fischen wir mit einem Löffel oder einer Pinzette heraus. Sie werden auf ein Stück Filterpapier zum Trocknen gelegt.

Die Flüssigkeit wird nun ein paar Mal umgerührt und – durch ein Filterpapier hindurch – in ein sauberes Glas gegossen.

Schließlich wird einer der Kristalle (eventuell auch noch ein weiterer) in die Flüssigkeit zurückgelegt. Das Gefäß wird schließlich

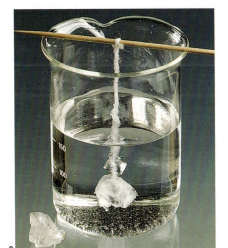

8

abgedeckt, damit kein Staub in die Flüssigkeit hineinfallen kann. So bleibt es einige Tage lang ruhig stehen. Es kommt darauf an, dass die Flüssigkeit bei möglichst gleich bleibender Temperatur erschütterungsfrei stehen bleiben kann. Der Rest ist Geduld.

Langsam verdunstet die Flüssigkeit und der Kristall darin wächst (Bild 8). Nach einigen Tagen kann er entnommen werden. Er wird getrocknet und begutachtet.

Das gleiche Verfahren kannst du mit verschiedenen Salzen durchführen. Dazu brauchst du – auf je 500 ml destilliertes Wasser – die hier angegebenen Mengen:
Kaliumalaun
(Aluminiumkaliumsulfat): 100 g,
Chromalaun
(Chromkaliumsulfat): 300 g,
Kalisalpeter
(Kaliumnitrat, O̅): 300 g,
Kupfersulfat X̅n̅: 180 g.

Tiere und Pflanzen im Jahresrhythmus

In diesem Schuljahr hast du die Naturwissenschaften Biologie, Chemie und Physik neu bekommen. Die Biologie beschäftigt sich mit den Lebewesen: Tieren, Pflanzen, dem Menschen und vielem mehr.

In den nächsten Stunden wirst du vieles selbst beobachten, messen, untersuchen und aufzeichnen. Wie du bei einer Untersuchung am besten vorgehst, steht auf diesen beiden Seiten. Die wichtigsten Arbeitsmethoden dabei erkennst du auch auf den Bildern oben. Vergleiche sie mit dem Text und benenne sie.

Info: Selbst forschen und experimentieren

Vorbereitung. Auf den folgenden Seiten findet ihr verschiedene Anregungen solche Langzeitbeobachtungen durchzuführen. Schaut euch auch in eurer Umgebung um. Vielleicht entdeckt ihr weitere interessante Untersuchungsobjekte. Stellt in der Klasse zusammen, was ihr gerne tun möchtet. Bildet dann Arbeitsgruppen. Überlegt, wie ihr vorgehen wollt. Einige Arbeitsmethoden sind für euer Untersuchungsobjekt besser geeignet als andere. Ihr könnt:

– *beobachten,* zum Beispiel verschiedene Vogelarten an der Vogeltränke oder am Futterhaus,
– *messen,* zum Beispiel die Temperatur von Luft oder Wasser oder die Größenzunahme einer Pflanze,
– *fotografieren,* zum Beispiel eine Seerose in verschiedenen Monaten,
– *zeichnen,* zum Beispiel ein Blatt als Knospe, als junges und als voll entfaltetes Blatt,
– *sammeln,* zum Beispiel Zweigstückchen, Blätter und Samen,
– *Informationen sammeln* aus Tier- oder Pflanzenbüchern, Lexika, Schulbüchern, Informationsbroschüren, Zeitungen oder Filmen. Die Zeiten von Sonnenaufgang und Sonnenuntergang erfahrt ihr zum Beispiel aus dem Kalender oder aus der Tageszeitung.

Legt fest, in welchem Abstand ihr die Beobachtungen durchführen wollt: jede Woche oder nur jeden Monat.

Untersuchte Pflanzen: *Seerose im Schulteich*				Name: *Thomas, Gabi, Maike*
Datum	Uhrzeit	Luft-temperatur	Wasser-temperatur in 50 cm Tiefe	Beobachtung
18.9.	12.30	17 °C	19 °C	1 Blüte, 2 Knospen, 8 Blätter 1 gelbes Blatt
31.9.	13.30	15 °C	16 °C	2 Knospen, 8 Blätter
13.10.	12.20	9 °C	13 °C	1 Knospe, 7 Blätter

7

Protokoll. Entwerft mit eurer Gruppe ein Protokoll. Auf Bild 7 ist ein Beispiel dargestellt. Auf dem Protokoll stehen euer Name oder der eurer Gruppe und das Untersuchungsobjekt. Außerdem enthält es kleinere Spalten für das Datum, eventuell die Uhrzeit, die Messergebnisse sowie eine große Spalte für die Beobachtungen. Auf diese Weise habt ihr alle wichtigen Angaben übersichtlich beisammen und untersucht über den langen Zeitraum immer das Gleiche. Später könnt ihr eure Ergebnisse vergleichen. Nach diesen Vorarbeiten beginnt die schönste Arbeit, denn nun könnt ihr euer Untersuchungsobjekt nach Herzenslust erforschen, beobachten und betrachten.

Ergebnisse zusammenfassen. Nach Abschluss eurer Untersuchung werden die Messwerte in Tabellen und Diagrammen zusammengefasst (Bild 8). Wie ihr ein Temperaturdiagramm anlegt, ist beispielsweise rechts gezeigt. Dann könnt ihr die Ergebnisse auf verschiedene Weise zusammenstellen:

– *Heft- oder Ordnereinträge.* Stellt eure Ergebnisse in einem Heft oder Ordner zusammen. Die Seiten könnt ihr für eure Mitschüler kopieren. Ihr könnt auch Fotos einkleben.
Vorteil: Jeder Schüler erhält eine Zusammenfassung der Untersuchung.
Nachteil: Die Kopien kosten Geld.

– *Plakattafeln.* Auf großen Plakattafeln könnt ihr die gesamte Arbeit übersichtlich darstellen. Zeichnungen, Fotos oder gesammelte Pflanzen vervollständigen die Ergebnisse.
Vorteil: Ihr könnt eure Arbeit in der Aula ausstellen oder vor anderen Klassen oder Eltern vortragen.
Nachteil: Eure Mitschüler haben keine Unterlagen über die Ergebnisse.

Arbeitet bei der Zusammenfassung der Ergebnisse mit eurer Gruppe zusammen. Als Grundausstattung benötigt ihr: Schere, Lineal, dicke Filz- oder Buntstifte, Klebeband, Klebestifte, Plakatkarton, verschiedenfarbiges Papier, Notizblock und Schreibzeug.

Dann könnt ihr die Ergebnisse der Klasse vorstellen. Diese Fragen solltet ihr dabei beantworten:
Was habt ihr untersucht?
Wie habt ihr es untersucht?
Wann habt ihr eure Untersuchungen durchgeführt?
Was habt ihr herausgefunden?
Was schließt ihr daraus?
Welche Probleme oder besonderen Vorkommnisse sind bei euren Untersuchungen aufgetreten?

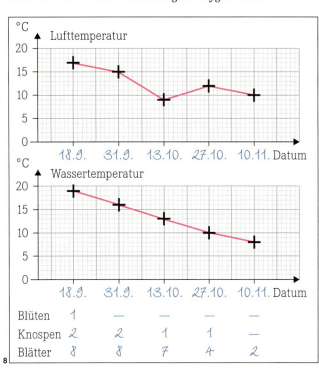

	18.9.	31.9.	13.10.	27.10.	10.11.
Blüten	1	—	—	—	—
Knospen	2	2	1	1	—
Blätter	8	8	7	4	2

8

Praktikum: Die Rosskastanie

1

Steckbrief: Die Rosskastanie

Die Rosskastanie (Bild 1) wird bis zu 25 m hoch. Sie kann 200 Jahre alt werden. Ihre Heimat ist Griechenland.

Knospen: Am Ende der Zweige sitzen Endknospen. Sie sind etwa 2 cm lang, rotbraun, dick und laufen spitz zu. Die Seitenknospen sitzen seitlich an den Zweigen und sind kleiner.

Blätter: Sie treiben Anfang April, haben einen langen Stiel und bestehen aus 5 bis 7 Teilen.

Blüten: Von Mitte April bis Mitte Mai stehen viele Einzelblüten in einer „Kerze" beisammen.

Frucht und Samen: Bei der Reife im September/Oktober werden die Fruchtschalen braun und öffnen sich. Die Samen fallen heraus.

Rinde: Sie ist dunkelgrau und rissig.

Einen Baum beobachten

Benötigt werden: Stift, Papier, Fotoapparat, Baumschere, Klebestreifen, Zeichenkarton.

Suche eine Rosskastanie oder einen anderen geeigneten Baum oder Strauch, zum Beispiel auf dem Schulhof oder am Straßenrand auf deinem Schulweg. Lege für die Beobachtungen ein Protokoll wie auf Bild 2 an. Trage darin den Standort der Kastanie ein. Falls du etwas über das Alter und die Größe erfahren kannst, vermerkst du auch diese Angaben. Dann folgen im Protokoll Spalten für das Datum und die einzelnen Beobachtungen. Suche die Rosskastanie etwa alle zwei Wochen auf. Vergleiche mit den zuletzt gemachten Eintragungen und schreibe auf, was sich inzwischen verändert hat.

Du kannst deine Beobachtungen auch durch Fotos oder Pflanzenteile ergänzen. Nimm einmal pro Monat ein kleines Zweigstück mit Knospen, Blätter, Blüten oder Früchte des Baumes mit oder zeichne sie. Schneide die Zweige vorsichtig mit einer Baumschere ab. Klebe die gesammelten Stücke mit durchsichtigen Klebestreifen auf Karton und schreibe das Datum dazu. Benutze für jeden Monat einen neuen Karton.

Trockne die Blätter vor dem Aufkleben etwa drei bis fünf Tage lang, damit sie sich später nicht rollen. Lege sie dazu zwischen einen Stapel Zeitungen, den du oben mit einer Holzplatte bedeckst und mit einem großen Stein beschwerst (Bild 3). Denke daran, dass die Blätter nach dem Trocknen hart sind und leicht brechen können.

Schreibe auch einen Steckbrief zu dem Baum oder Strauch, den du beobachtest. Informationen findest du im Lexikon und in Bestimmungsbüchern.

Beobachtungsprotokoll

Name: Thomas Wank
Untersuchte Pflanze: Rosskastanie
Standort: hinter der Schule
Höhe: etwa 12 Meter
Umfang: 1,3 Meter
Alter: etwa 60 Jahre

Datum	Beobachtung
18.9.	Die Blätter sind grün. Der Baum hängt voller Früchte.
2.10.	Das Laub verfärbt sich gelb. Die meisten Kastanien sind heruntergefallen.

2

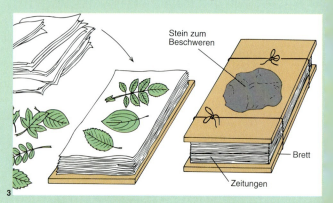

Stein zum Beschweren

Brett

Zeitungen

3

61937

Info: Unser Baum im Jahreslauf

4

5

Die Schüler der Klasse 5a haben einen prächtigen Baum auf dem Schulgelände: eine etwa 15 Meter hohe *Eberesche* (Bild 4). Sie beobachten den Baum regelmäßig, zeichnen und fotografieren ihn.

Frühling. Sobald die Tage wärmer werden, beginnt die Eberesche zu *treiben*. Die Hüllen der *Knospen* platzen auf. Aus den Blattknospen entfalten sich kleine *Fiederblätter* (Bild 6). Jedes Fiederblatt besteht aus 9 bis 15 länglichen Einzelblättchen oder *Fiedern*.

Die Eberesche braucht viel Licht um zu blühen. Erst im Mai, wenn eine bestimmte Tageslänge erreicht ist, entwickeln sich daher aus den Blütenknospen die *Dolden*. Sie bestehen aus vielen weißen Einzelblüten, die süßlich schwer duften.

Sommer. Die Eberesche ist voll belaubt. Sie benötigt jetzt viel Wasser. Die jungen Triebe, die im Frühling noch weich und behaart waren, werden bald kahl, glatt und rotgrau.

Herbst. Die Tage werden merklich kürzer. Die Eberesche bereitet sich auf den Laubfall vor. Ihre Blätter verfärben sich dunkelrot. Viele orangerote, gut erbsengroße *Früchte* sind am Baum herangereift.

Sie hängen oft bis zum Winter und werden von Vögeln gern gefressen, besonders von der Amsel (Bild 5). Deshalb heißt die Eberesche auch *Vogelbeere*. Die *Samen* werden durch den Vogelkot verbreitet.

Winter. In dieser kalten und dunkleren Jahreszeit ruht die Eberesche. Kahl steht sie mit ihren dünnen Ästen hinter der Schule. Jetzt fällt die *Rinde* des Stammes stärker ins Auge. Sie ist glatt und graubraun. An den Zweigen sitzen die braunschwarzen, filzigen Knospen. In ihnen sind schon die Blätter für das nächste Jahr enthalten.

Die Eberesche bekommt im Frühling Blätter und blüht. Im Herbst sind die Früchte reif.

A1 *Stelle mit den Angaben im Text einen Steckbrief für die Eberesche auf.*

A2 *Lege ein weißes Blatt Papier auf den Stamm eines Baumes. Reibe mit einem weichen Bleistift über das Blatt. So erhältst du einen Abdruck der Rinde. Vergleiche die Abdrücke verschiedener Bäume.*

6 Knospe   Fieder   Zweige   Fiederblatt   Dolde   Einzelblüte   Beeren

Praktikum: Vögel

Auch auf dem Schulgelände kann man Vögel beobachten. Man sollte aber schon im Herbst darüber nachdenken, ob sich das Schulgelände nicht attraktiver für Vögel gestalten lässt. Finden sie genügend Nistmöglichkeiten? Wie steht es mit dem Nahrungsangebot? Gibt es im Frühjahr und Sommer viele blühende Pflanzen, die Insekten herbeilocken? Insekten sind für die meisten Vögel die Hauptnahrung zur Brutzeit. Vielleicht können als Nistmöglichkeiten noch Bäume und Sträucher gepflanzt oder Nistkästen angebracht werden.

1

Vögel beobachten

Eine Futterstelle in der Nähe des Fensters ist eine gute Möglichkeit um Vögel im Winter zu beobachten. Für Vögel ist ein Futterhaus aber nicht ungefährlich. Sie können sich dort gegenseitig mit Krankheiten anstecken. Verwende daher einen Futterspender, bei dem die Vögel nur mit dem Schnabel ans Futter gelangen. In wärmeren Monaten kannst du deine Beobachtungen an einer Vogeltränke (Bild 1) fortführen.

Versuche die verschiedenen Arten kennen zu lernen.
– Präge dir die Farbe ihres Gefieders ein. Achte auf Flügelbinden, Augenstreife und auf die Form des Schnabels (Bild 2). Schlage dann in einem Bestimmungsbuch für Vögel nach.
– Lege Steckbriefe der Vögel an, die du beobachtet hast. Bild 3 zeigt dir ein Beispiel.
Nach einigen Tagen kennst du die Besucher deines Futterhäuschens. Beobachte jetzt alle zwei Wochen je zehn Minuten die Futterstelle etwa zur gleichen Zeit. Lege dazu eine Tabelle wie auf Bild 4 an. Trage darin jeden Vogel ein, der ans Futterhaus kommt.

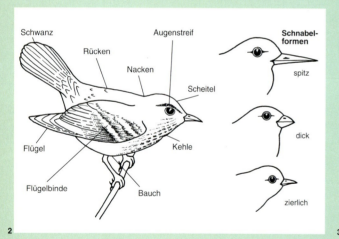
2

Steckbrief **Dompfaff**

Kopf: mit schwarzer Kappe
Schnabel: schwarz, ziemlich dick
Kehle, Brust und Bauch: beim Männchen rot, beim Weibchen braun
Rücken: graubraun
Flügel: schwarz mit heller Flügelbinde

3

Datum	Uhrzeit	Temperatur	Haussperling	Grünfink	Buchfink	Amsel	Blaumeise	Kohlmeise
1. 2.	14.00 – 14.10	−6 °C	III	0	I	I	0	I
15. 2.	14.05 – 14.15	−3 °C	II	I	0	0	0	0
29. 2.	14.00 – 14.10	+1 °C	I	I	0	0	I	0

4

Auf Bild 5 siehst du Vögel, die im Winter bei uns anzutreffen sind. Kennst du sie?
♀ bedeutet Weibchen, ♂ bedeutet Männchen.

1 Buntspecht 2 Grauspecht 3 Grünspecht 4 Kleiber 5 Kohlmeise 6 Blaumeise 7 Amsel 8 Buchfink 9 Bergfink 10 Grünfink 11 Haussperling 12 Dompfaff 13 Rotkehlchen

61939

Praktikum: Vögel

Info: Das Vogeljahr

Frühling

Sommer

Winter

Herbst

Frühling. Wenn die Tage länger und heller werden, nimmt die Aktivität der Vögel deutlich zu. Ihr *Gesang* kündigt den Frühling an. Schon im Februar kann man die Kohlmeise und die Blaumeise hören. Im März kommen der Gesang der Amsel und die abwechslungsreiche Stimme des Stars hinzu (Bild 1).

Mit ihrem Gesang werben die Vogelmännchen um die Weibchen. Sie *balzen.* Danach beginnen die Vögel mit dem Nestbau. Amsel und Grünfink bauen ihr Nest auf Bäumen, in Sträuchern oder auf dem Boden. Star und Meise nisten in Baumhöhlen, Mauerlöchern oder Nistkästen.

Sommer. Ist das Gelege vollständig, beginnt die *Brut.* Meist wechseln sich Männchen und Weibchen beim Brüten ab. Junge Buchfinken schlüpfen nackt und blind (Bild 2). Sie werden von den Eltern gefüttert. Auch nachdem sie das Nest schon verlassen haben, betteln sie noch um Futter. Nahrung wie Insekten und Samen gibt es in einem warmen, trockenen Sommer im Überfluss.

Herbst. Im Spätsommer verlassen viele Vögel das Brutgebiet. Sie verbringen den Winter in dem wärmeren Klima Südeuropas und Afrikas. Man nennt

diese Vögel *Zugvögel.* Als erster Zugvogel fliegt im August der Mauersegler fort. Schwalben sammeln sich vor dem Zug im September in Schwärmen. Auch Gänse und Kraniche ziehen fort. Wenn sie das Land überfliegen, kann man sie an der Keilform ihrer Trupps erkennen (Bild 3).

Winter. Sperling, Meise, Grünfink und Amsel bleiben trotz Kälte und Schnee hier. Sie sind *Standvögel.* Im Winter ernähren sie sich vor allem von Samen und Früchten. Viele Vögel stellen sich an unseren Futterplätzen ein. Auch Wintergäste aus Nordeuropa wie Seidenschwanz (Bild 4) und Bergfink sind jetzt bei uns zu beobachten.

Wichtige Ereignisse im Vogeljahr sind Balz, Brut und Vogelzug. Standvögel bleiben auch im Winter bei uns.

A1 *Stelle für einen Vogel deiner Wahl den Jahreslauf zusammen.*

A2 *Finde weitere Beispiele für Stand- und Zugvögel in deiner Umgebung.*

61941

Kennübung: Vögel in unserer Heimat

Turmfalke. Brütet in hohen Gebäuden; baut kein Nest; jagt nach Mäusen, rüttelt dabei in der Luft auf der Stelle.

Lachmöwe. Brütet in großen Kolonien an Gewässern; baut ein Nest auf dem Boden; frisst Würmer, Insekten, Fische, Abfälle.

Elster. Kommt fast überall vor; baut ein kugelförmiges Nest aus Zweigen in hohen Bäumen und dichten Büschen; Allesfresser.

Mauersegler. Verbringt die meiste Zeit seines Lebens fliegend; ist gesellig; nistet an hohen Gebäuden; frisst fliegende Insekten.

Star. In Parks und Gärten; nistet in Baumhöhlen, Nistkästen, Hohlräumen an Gebäuden; frisst Insekten, Würmer, Schnecken, Obst.

Hausrotschwanz. Nistet in Mauerlöchern, Nistkästen, auf Balken unter Dächern; frisst Insekten, Spinnen, im Herbst auch Beeren.

Haussperling. Gesellig; baut Nest in Mauerritzen, Nistkästen oder unter Dachpfannen; frisst Sämereien, Insekten, Obst, Abfälle.

Grünfink. In Parks, Alleen und Gärten; nistet in Gebüsch, Nadelbäumen, Balkonkästen; frisst Knospen, Samen und Früchte.

Blaumeise. In Parks und Gärten; baut Nest in Baumhöhlen und Nistkästen; frisst Insekten, Spinnen, Samen und Nüsse.

Praktikum: Beobachtungen am Gewässer

1 Die Temperatur in einem Gewässer

Die Temperatur der Luft kann sich von einem Tag zum anderen beträchtlich verändern. Wie schnell wird aber ein Gewässer durch die Sonne erwärmt? Wie lange dauert es, bis es wieder abkühlt?

Benötigt werden: Zentimetermaß, Sink-Thermometer, Schnur, Millimeterpapier, Schreibzeug.

Binde das Thermometer an die Schnur. Mache in Abständen von 50 und 100 cm einen Knoten in die Schnur (Bild 1). Miss die Wassertemperatur in einem geeigneten Gewässer, zum Beispiel im Schulteich. Suche dir hierfür eine sichere Stelle aus. Führe die Messungen an der Wasseroberfläche, in 50 und in 100 cm Tiefe durch. Miss auch die Lufttemperatur. Trage die Messwerte in verschiedenen Farben auf Millimeterpapier auf. Wiederhole die Messungen einige Wochen lang. Achte darauf, dass du sie immer zur gleichen Tageszeit durchführst.

– Wie unterscheiden sich die Temperaturverläufe von Luft und Wasser?
– Warum sollen die Messungen zur gleichen Tageszeit durchgeführt werden?
– Wie unterscheiden sich die Temperaturverläufe in den verschiedenen Wassertiefen? Was kannst du daraus für die Lebensbedingungen der Lebewesen im Gewässer schließen?
– Oft kann man im Spätsommer noch im Freibad baden gehen, obwohl die Luft schon reichlich kühl ist. Erkläre!

2 Pflanzen am und im Gewässer

Benötigt werden: licht- und wasserfester Stift, Plastikstecker mit Etikettenfeld zum Beschriften, Maßband, Schreibzeug.

Markiere zu Beginn des Schuljahres mit einem Stecker einige Pflanzen. Trage auf dem Stecker den Namen der Pflanze ein. Geeignete Pflanzen sind auf Bild 3 zu sehen.

Lege für deine Beobachtungen ein Protokoll an. Mit einer Plastikhülle kannst du es vor Wassertropfen schützen. Trage ein, wann die Pflanzen nach dem Winter anfangen zu wachsen. Verfolge ihr Wachstum, indem du regelmäßig ihre Größe misst oder die Zahl der Blätter feststellst. Wann und wie lange blühen die Pflanzen? Wann ist der Samen reif?

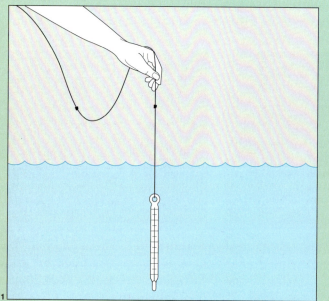

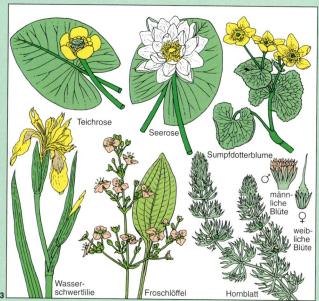

Teichrose
Seerose
Sumpfdotterblume
männliche Blüte ♂
weibliche Blüte ♀
Wasserschwertlilie
Froschlöffel
Hornblatt

61943

Info: Das Leben im Gewässer

Frühling. Die Sonne scheint jetzt länger und kräftiger. Langsam erwärmen sich die Gewässer. Bei vielen Fischen beginnt nun die Zeit der *Fortpflanzung,* auch bei den fünf bis neun Zentimeter großen *Bitterlingen.* Dic sonst silbrigen Männchen der Bitterlinge zeigen sich in schillernden Farben (Bild 4). Sie suchen sich eine Muschel, die sie als ihr *Revier* gegenüber anderen Männchen verteidigen. Den Weibchen wächst eine lange Legeröhre (Bild 5), mit der sie ihre *Eier* in der Muschel eines Männchens ablegen. Dort wachsen die Jungfische gut geschützt vor Feinden heran. Nach drei bis fünf Wochen verlassen sie die Muschel.

Auch bei den Pflanzen am und im Wasser zeigt sich Leben. Sie treiben die ersten grünen Blätter aus.

Sommer. In dem warmen Wasser sind Algen und zahlreiche *Kleinstlebewesen* wie Wasserflöhe, Hüpferlinge und Mückenlarven herangewachsen. Sie trüben das Wasser (Bild 6). Den kleinen Bitterlingen und anderen Fischen dienen sie als Nahrung.

Wasserpflanzen wie das Hornblatt haben dichte Polster gebildet, in denen sich die Jungfische vor Feinden verstecken können.

Herbst. Das Wasser wird allmählich kühler. Die Tiere wachsen kaum noch. Viele Pflanzen treiben nur noch kleine Blätter und stellen schließlich das Wachstum ganz ein.

Die Bitterlinge fressen viel um mit einer *Fettschicht* in den Winter zu kommen. Die Männchen haben keine Reviere mehr besetzt. In kleinen Schwärmen durchziehen die Bitterlinge das Gewässer.

Winter. Den Winter (Bild 7) verbringen die Bitterlinge im tiefen Wasser. Hier ist das Wasser wärmer als an der Oberfläche. Die Wassertemperatur beträgt etwa 4 °C. Die Bitterlinge bewegen sich kaum noch.

Sie fallen in *Winterruhe.* Sie nehmen auch keine Nahrung mehr zu sich, sondern zehren von den Fettreserven. Gesunde Fische überstehen in einem Teich unbeschadet eine mehrwöchige Fastenzeit. Eissportler stören die Fische jedoch in ihrer Ruhe. Sie werden unruhig und bewegen sich mehr. So verbrauchen die Fische sehr viel von ihrer Fettreserve – eine tödliche Gefahr bei langen und strengen Wintern.

Im Frühjahr pflanzen sich die Bitterlinge fort. Im Sommer und Herbst wachsen die Jungfische und fressen sich eine Fettschicht an. Den Winter verbringen sie in einer Winterruhe.

A1 *Beschreibe, welche Folgen ein Muschelsterben für die Bitterlinge hätte.*

A2 *Wäre der Herbst oder Winter für die Bitterlinge eine günstige Zeit um sich fortzupflanzen? Erkläre!*

Praktikum: Beobachtungen auf der Wiese

Ist dir schon aufgefallen, dass auf einer Wiese (Bild 1) in den verschiedenen Jahreszeiten unterschiedliche Pflanzen blühen? Bestimmt findest du im Umfeld deiner Schule einen kleinen Fleck Wiese, der dir besonders gut gefällt. Beobachte doch einmal gezielt, wie sich diese kleine Fläche im Laufe der Jahreszeiten verändert. Frage aber den Besitzer vorher um Erlaubnis.

Benötigt werden: Holzrahmen, Schnüre, Notizblock, Schreibunterlage, Schreibzeug, Bestimmungsbücher für Pflanzen, Lupe, alte Zeitungen.

1. Schritt: Am meisten Spaß macht es, wenn ihr in einer Gruppe zusammenarbeitet. Am besten beginnt ihr im Spätherbst, wenn alle Blumen auf der Wiese verblüht sind. Mit einem quadratischen Holzrahmen könnt ihr die Beobachtungsfläche festlegen. Das Quadrat wird mit Schnüren in kleinere, jeweils gleich große Quadrate unterteilt und mit senkrechten Hölzern auf der Wiese verankert (Bild 2).

2. Schritt: Jeder aus der Gruppe übernimmt ein kleines Quadrat. Von jedem Quadrat wird eine Karte mit den verschiedenen Pflanzen gezeichnet. Bestimmungsbücher helfen euch, auffällige Pflanzen zu bestimmen und diese mit Namen oder Symbolen in die Karten einzutragen.

3. Schritt: Die Pflanzenkarten werden an einer Ausstellungswand im Klassenzimmer zusammengesetzt. An dieser Wand werden die zukünftigen Beobachtungsergebnisse ebenfalls ausgestellt.

4. Schritt: Ein Fotoapparat leistet euch wertvolle Dienste. Wenn ihr euer Wiesenstück jeden Monat einmal vom gleichen Blickpunkt aus in Nahaufnahme fotografiert, können diese Bilder eure Beobachtungen anschaulich verdeutlichen.

5. Schritt: Regelmäßige Beobachtungen, auch im Winter, helfen alle Veränderungen im Laufe des Jahres zu erfassen. Spannend wird es im Frühling und Sommer: Welche Pflanzen beginnen wann zu blühen? Wie lange blühen die einzelnen Blumen?

All diese Beobachtungen werden an der Ausstellungswand dokumentiert (Bild 3). Klebt gepresste Pflanzen auf ein Blatt Papier und beschriftet es mit dem Namen der Pflanze, Datum und Fundort. Mit einem kleinen Strauß aus frischen Wiesenblumen könnt ihr eure Ausstellung ergänzen.

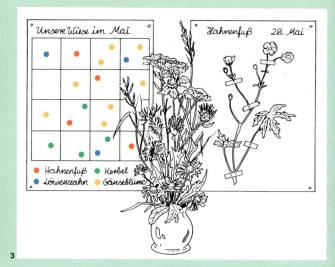

61945

Zusammenfassung

Alles klar?

A1 *Beschreibe, wie sich die Jahreszeiten voneinander unterscheiden. Berücksichtige dabei die Luft- und Wassertemperatur, Tiere und Pflanzen. Fertige zu jeder Jahreszeit eine Zeichnung.*

A2 *In diesem Kapitel hast du verschiedene Arbeitstechniken kennen gelernt und vielleicht auch selbst angewendet. Beschreibe sie.*

A3 *Beschreibe, wie sich ein Baum im Laufe der Jahreszeiten verändert.*

A4 *Tiere überstehen den Winter auf verschiedene Weise. Nenne Beispiele.*

A5 *Unsere heimischen Vögel ziehen ihre Jungen im Frühjahr und Sommer auf. Erkläre, warum der Herbst oder Winter hierfür nicht so günstig ist.*

A6 *Häufig werden Vögel auch in einem milden Winter gefüttert. Wie ist deine Meinung hierzu?*

A7 *Die Bilder 4 und 5 zeigen den gleichen Teich. Überlege, in welchen Jahreszeiten die Bilder aufgenommen worden sind. Begründe!*

A8 *In einem strengen Winter sollten zugefrorene Teiche und Weiher wegen der Fische nicht betreten werden. Erkläre!*

Auf einen Blick

Die Entwicklung der Pflanzen und Tiere hängt von der Sonne ab. Im **Winter** sind die Tage kurz, die Sonne scheint schwach. Es wird kalt. Viele kleine Tiere ziehen sich in Schlupfwinkel zurück um nicht zu erfrieren. Säugetiere haben ein dickes Winterfell. Für die Tiere wird die Nahrung knapp. Die meisten Pflanzen wachsen nicht mehr.

Im **Frühjahr** scheint die Sonne stärker. Gewässer tauen auf und erwärmen sich. Die Zugvögel treffen wieder ein. Vögel balzen und besetzen Reviere. Die meisten Tiere bekommen Nachwuchs. Zahlreiche Pflanzen blühen.

Im **Sommer** scheint die Sonne am stärksten. Die Pflanzen sind üppig herangewachsen. Die Tiere finden reichlich Nahrung. Überall kann man Jungtiere entdecken.

Im **Herbst** werden die Tage kürzer und die Sonne scheint schwächer. Zahlreiche Früchte sind herangereift. Tiere und Pflanzen bereiten sich auf den Winter vor. Die Laubbäume nehmen immer weniger Wasser auf. Ihre Blätter welken und fallen ab. Einige Tiere sammeln Vorräte für den Winter, andere fressen sich eine Fettschicht an. Zugvögel ziehen in wärmere Länder.

Tiere auf dem Bauernhof

61947

Info: Haustiere

9

10

11

Einige Tiere hat der Mensch durch Züchtung zu Haustieren gemacht. So entstand das Hausschwein (Bilder 8 und 9) aus dem Wildschwein. Der Hund (Bild 10) stammt vom Wolf ab, die Hauskatze von der ägyptischen Falbkatze. Auch Ziege, Rind (Bilder 1 und 2), Pferd und Schaf (Bild 6) sind Haustiere, die durch Züchtung aus Wildtieren entstanden sind. Sie werden vom Menschen als Heimtiere oder als Nutztiere gehalten.

Heimtiere. Das sind Tiere, die in Wohnungen gehalten werden und dort mit dem Menschen zusammen leben. Das Wort Heimtier klingt nach Geborgenheit und Wärme.

Viele Menschen betrachten ihr Tier als Schmusetier oder als Ersatz für fehlende Mitmenschen. Für alte Menschen ist ihr Heimtier oft der einzige Partner. Andere wiederum schaffen sich ein Tier an um damit die Wohnung zu schmücken, etwa mit einem Aquarium. Wieder andere halten sich zum Schutz einen Wachhund. Vielen Menschen bereitet es aber einfach Freude, mit Tieren zusammenzuleben und für sie sorgen zu können. Beliebte Heimtiere sind: Katzen (Bild 5), Hunde (Bild 10), Kaninchen (Bild 7), Meerschweinchen (Bild 4) oder Goldhamster (Bild 3).

Nutztiere. Viele Haustiere setzen wir als Arbeitstiere ein oder nutzen als Nutztiere ihr Fleisch, ihre Wolle, Haut oder Milch, aber auch Mist zur Düngung. Rinder, Schweine, Pferde, Hühner (Bild 11), Enten und Gänse sind unsere wichtigsten Nutztiere. Sie werden oft als Haustiere gehalten, ohne dass man ihnen große Zuneigung entgegenbringt. Aber auch sie muss der Mensch versorgen und schützen, da er für sie verantwortlich ist.

Artgerechte Haltung. Tiere sind Lebewesen, die Bedürfnisse haben und eine bestimmte artgerechte Haltung erfordern. Dazu gehören etwa regelmäßiges Füttern mit speziellem Futter, genügend Auslauf, bestimmte Ruhezeiten, Gesundheitsvorsorge, richtige Unterbringung. Artgerecht heißt, dass man ihre natürlichen Bedürfnisse berücksichtigt. Dies trifft sowohl für die Haltung von Nutztieren, als auch für die von Heimtieren zu.

Gleich aus welchen Gründen man ein Heimtier anschafft, man sollte sich darüber im Klaren sein, dass man damit auch Verantwortung übernimmt.

Durch Züchtung hat der Mensch einige Tiere zu Haustieren gemacht. Man unterscheidet Heimtiere und Nutztiere.

A1 *Warum setzen manche Leute ihre Tiere aus? Betroffen sind davon vor allem Hunde und Katzen.*

A2 *Überlege mit deinem Nachbarn, wie es einem ausgesetzten Hund oder einer ausgesetzten Katze in der Folgezeit ergehen mag!*

A3 *Siehe Zeitungen, Illustrierte, Reklamebroschüren nach Berichten und Fotos durch, in denen etwas über das Verhältnis Tier – Mensch ausgesagt wird.*

A4 *Sieh dir die Fotos dieser beiden Seiten an. Unterscheide nach Nutz- und Heimtieren. Welche Bedeutung könnten die dargestellten Tiere für den Menschen haben?*

Aus der Entwicklungsgeschichte: **Das Rind**

Für Interessierte zum Weiterlesen

1

Schon unsere Vorfahren aus der Steinzeit stellten vor über 20000 Jahren Rinder in Höhlenzeichnungen dar (Bild 1). Man bezeichnet diese ursprünglichen Rinder auch als *Ure* oder *Auerochsen* (Bild 2). Sie lebten in Herden und bewohnten lichte Wälder und Graslandschaften. Die männlichen Tiere erreichten eine Schulterhöhe von fast 2 Metern und wurden bis zu 1000 Kilogramm schwer. Ihr Fell war dunkelbraun und kurz. Im Winter wurde es dichter und lockig.

Sicher waren Auerochsen begehrte und wegen ihrer Wildheit gefürchtete Jagdtiere. Vor etwa 8000 Jahren wurden die ersten Auerochsen als Haustiere gehalten. Sie dienten der Ernährung des Menschen, später wurden sie auch als Arbeitstiere eingesetzt.

Durch *Züchtung* veränderten die Menschen über lange Zeiträume hinweg die Eigenschaften der Auer-

ochsen. Heute gibt es etwa hundert Rinderrassen. Zu den bekanntesten gehört bei uns das Schwarzbunte Niederungsvieh. Auch das Fleckvieh (Bild 3) ist weit verbreitet. Es kommt vor allem in Süddeutschland vor. Rinder gehören heute zu unseren wichtigsten Nutztieren. Allein in Deutschland gibt es derzeit etwa 15 Millionen Rinder.

Nahe verwandt mit dem Auerochsen sind das Wisent, das heute noch in Gehegen und Tiergärten vorkommt, und der nordamerikanische Bison. Die Auerochsen selbst wurden jedoch vor mehr als 300 Jahren vom Menschen ausgerottet. Der letzte Auerochse starb 1627 in einem Wildgehege in Polen.

Unsere heutigen Rinderrassen stammen vom Ur oder Auerochsen ab.

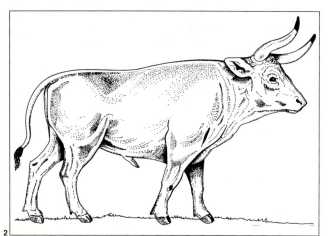

2

3

61949

Info: Das Rind

Fortpflanzung. Nach neun Monaten Tragzeit bringt die Kuh ihr *Kalb* zur Welt. Kälber stehen schon kurz nach der Geburt auf und laufen. Sobald sie stehen können, suchen sie das *Euter* der Mutter, um dort Milch zu saugen. Das Rind ist ein *Säugetier*.

Körperbau. Rinder können mehr als 600 Kilogramm schwer werden. Vier stämmige Beine tragen den mächtigen Körper. Zwei Zehen sind an jedem Fuß besonders kräftig entwickelt. Jede Zehe trägt einen *Huf*. Mit den Hufen tritt das Tier auf dem Boden auf. Dabei spreizen sich die Hufe etwas auseinander. Dies verhindert, dass das Rind auf weichem Untergrund einsinkt.

Der Kopf des Rindes ist im Verhältnis zum Körper recht klein. Die *Hörner* spielen eine wichtige Rolle, wenn die Rinder um ihren Rang in der Herde kämpfen. Das Rind hört sehr gut. Mit den seitlich stehenden Augen kann es ein großes Umfeld überblicken.

Ernährung und Gebiss. Hast du schon einmal Rinder auf der Weide beobachtet? Lange Zeit grasen sie, dabei ziehen sie langsam umher. Rinder sind *Pflanzenfresser*. Mit ihrem guten *Geruchssinn* erkennen sie die genießbaren Kräuter. Kurze Gräser und Kräuter werden mit den *Schneidezähnen* des Unterkiefers gegen die zahnlose, harte *Kauplatte* des Oberkiefers gepresst und abgerupft (Bild 4). Zähne und Kauplatte wirken zusammen wie eine Zange. Lange Gräser und Kräuter werden mit der Zunge umfasst und abgerissen. Die *Backenzähne* des Rindes haben eine raue Oberfläche, auf der die Nahrung wie zwischen Mühlsteinen zermahlen wird.

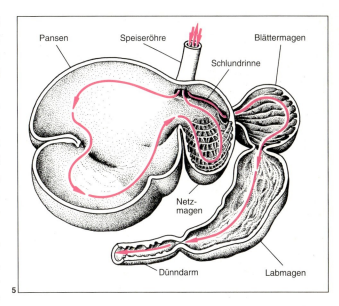

Pansen — Speiseröhre — Blättermagen — Schlundrinne — Netzmagen — Dünndarm — Labmagen

5

Verdauung. Häufig sieht man Rinder auch auf der Weide liegen. Obwohl sie nicht fressen, kauen sie unentwegt. Was tun sie dort?

Zunächst werden die Pflanzen fast unzerkaut geschluckt. So kann das Rind in kurzer Zeit viel Nahrung aufnehmen. Die Nahrung gelangt durch die *Speiseröhre* in eine große Magenkammer, den *Pansen* (Bild 5). Hier leben Milliarden winziger Lebewesen, vor allem Bakterien. Sie verdauen einen Teil der Nahrung. Für den Rindermagen allein sind Pflanzen nur schwer verdaulich. Nach einigen Stunden gelangt der Speisebrei in den *Netzmagen.* Dort wird er zu kleinen Ballen geformt und ins Maul zurückbefördert. Jetzt kaut das Rind die Nahrung gründlich. *Wiederkäuen* nennt man diesen Vorgang. Beim Schlucken gelangt der Speisebrei über die *Schlundrinne* in den *Blättermagen.* Hier wird ihm Wasser entzogen. Erst im letzten Magenabschnitt, dem *Labmagen,* erfolgt die eigentliche Verdauung.

Das Rind ist ein Säugetier. An jedem Fuß trägt es zwei Hufe. Sein Hörsinn und sein Geruchssinn sind gut ausgebildet.

Das Rind kaut seine Nahrung wieder. So kann es die Pflanzen gut verdauen.

A1 *Woran kann man erkennen, dass das Rind ein Säugetier ist?*

A2 *Beschreibe, wie ein Rind frisst.*

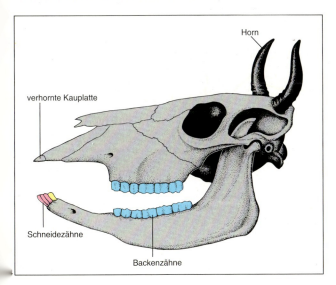

Horn — verhornte Kauplatte — Schneidezähne — Backenzähne

Aus dem Alltag: Das Rind als Nutztier

Rinder liefern vor allem *Milch* und *Fleisch*. Es gibt Rinderrassen, die vorwiegend für die Erzeugung von Fleisch gezüchtet wurden, andere vor allem für die Erzeugung von Milch. Solche *Hochleistungsrinder* können bis zu 10 000 Liter Milch im Jahr geben. Das sind über 30 Liter am Tag. In Deutschland hält man meist *Zweinutzungsrinder,* die sowohl viel Milch als auch viel Fleisch liefern. In vielen Ländern finden Rinder auch als *Zugtiere* Verwendung.

Kuhmilch enthält Eiweiß, Fett, Zucker, Mineralstoffe und Vitamine. Diese *Nährstoffe* sind wichtig für unsere Ernährung. In der Molkerei wird die Milch weiter zu Milchprodukten wie Butter, Käse, Joghurt und Sahne verarbeitet (Bild 1). Aus der Haut des Rindes stellt man *Leder,* aus den Haaren *Filz* her. Aus den Knochen gewinnt man *Leim* und *Gelatine.* Aus dem Horn fertigt man *Knöpfe* und *Kämme.* Hörner und Hufe werden zu *Hornmehl* gemahlen, das als Dünger verwendet wird.

Das Rind ist unser wichtigstes Nutztier. Es liefert Milch, Fleisch und verschiedene Rohstoffe.

1

A1 *Schaue auf der Verpackung von Milchprodukten nach, welche Angaben über die Produkte dort aufgeführt sind.*

A2 *Welche Nutzungsmöglichkeiten des Rindes spielen für dich eine Rolle? Nimm Bild 2 zu Hilfe.*

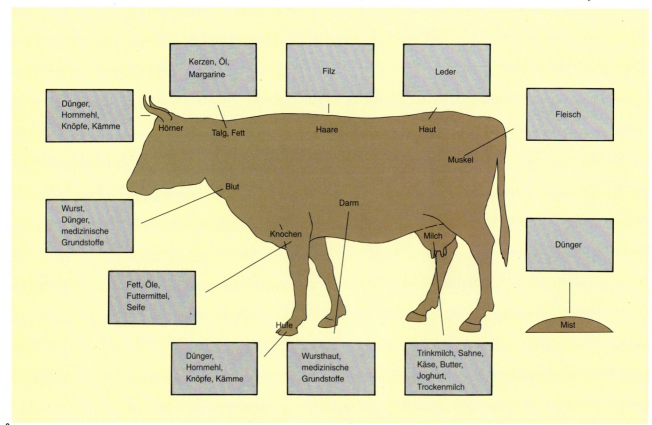

2

61951

Zur Diskussion: Rinderhaltung

Rinderhaltung

Weideflächen (Bild 3) sind in vielen Gebieten knapp. Da die Stallhaltung für die Bauern auch oft einfacher und kostengünstiger ist, werden heute die meisten Rinder das ganze Jahr über in Ställen gehalten (Bild 4). Solche Ställe sehen manchmal aus wie richtige Fabrikhallen. Das Melken erfolgt mit Melkmaschinen. Der Kot fällt durch Gitterroste im Boden und wird maschinell entfernt. Der Futtertrog wird automatisch gefüllt. Um das Wachstum zu beschleunigen, erhalten manche Rinder nährstoffreiches Kraftfutter. Die Menge des Kraftfutters wird oft von einem Computer bestimmt.

„Rinderwahnsinn" oder BSE

1986 trat erstmals bei Rindern in England eine Krankheit auf, die „BSE" oder auch „Rinderwahnsinn" genannt wird. Die Tiere sterben qualvoll. Das Gehirn der toten Tiere ist wie ein Schwamm von zahllosen Löchern durchsetzt.

Die Rinder waren von Schafen angesteckt worden, die an einer ähnlichen Krankheit litten. Die erkrankten Schafe waren geschlachtet und zu Produkten verarbeitet worden, die dem Kraftfutter für Rinder beigemengt wurden. So wurde der Krankheitserreger weitergegeben.

Die Krankheit kann durch das Essen von Rindfleisch und Rindfleischprodukten auch auf den Menschen übertragen werden. Erkrankte Tiere werden getötet und verbrannt. So versucht man die Krankheit auszurotten.

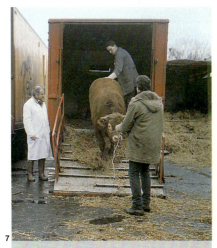

Mastkälber – früher und heute

Kurz nach der Geburt werden Mastkälber von der Mutter getrennt. In etwa 16 Wochen werden sie auf ihr Schlachtgewicht gemästet. Früher hielt man die Kälber oft einzeln in dunklen Ställen (Bild 5) und fütterte sie mit Flüssignahrung. So wurde eine Blutarmut herbeigeführt. Durch diese Krankheit blieb das Fleisch hell, was von vielen Verbrauchern gewünscht wurde. In engen Stallboxen konnten sich die Kälber kaum bewegen.

Seit 1995 müssen in Deutschland alle Kälber, die älter als 8 Wochen sind, mit anderen Kälbern in Gruppen gehalten werden (Bild 6). Der Stall ist hell und sie erhalten zusätzlich zu Milch auch Heu und Stroh als Futter.

Viehtransporte

In manchen Fällen werden Rinder über weite Strecken in die Schlachthöfe transportiert. Beim Verladen der Tiere und bei der Fahrt in zu engen Viehtransportern kann es zu Verletzungen kommen.

Aus der Entwicklungsgeschichte: Das Pferd

Für Interessierte zum Weiterlesen

1

Abstammung. Heute gibt es in Europa nur noch eine Wildpferderasse, das Przewalskipferd (Bild 2). Es stammt aus den Steppen Asiens und ist in manchen zoologischen Gärten zu sehen. Sein Fell hat eine gelb-braune Farbe. Die Mähnenhaare stehen wie eine Bürste vom Hals ab. Über den Rücken zieht sich ein dunkler Streifen. Man nennt ihn Aalstrich. Alle anderen heute wild lebenden Pferde sind verwilderte Hauspferde.

Vor einigen hundert Jahren noch gab es viele Wildpferderassen. Aus diesen hat der Mensch unterschiedliche *Pferderassen* gezüchtet. Bauern legten Wert auf kräftige, gutmütige Tiere. Reitervölker bevorzugten schnelle und unermüdliche Reittiere. Pferde, die Wagen ziehen sollten, mussten dagegen kräftig und ausdauernd sein.

Natürlicher Lebensraum. Wildpferde besiedelten früher während der Eiszeit weite, offene Graslandschaften in Europa und Asien. Sie lebten in großen Herden (Bild 1). Diese wurden vom stärksten männlichen Tier, dem *Leithengst*, angeführt.

Säbelzahntiger mit mächtigen Eckzähnen, Wölfe und andere große Raubtiere waren die Feinde der Vorfahren der heutigen Pferde. Wenn sie auftauchten, stoben die Pferde mit donnerndem Hufschlag davon. Auch heute noch sind Pferde *Fluchttiere*. Sie nützen ihre Schnelligkeit um einer Gefahr zu entgehen. Die Hufe, mit denen sie Angreifer durch Ausschlagen ebenfalls abwehren können, setzen sie meist nur im Kampf mit Artgenossen ein.

Bei günstigem Wind *wittern* Pferde ihre Feinde mit dem Geruchssinn von weitem. Auch *hören* sie gut. Die Augen stehen seitlich am Kopf. So können die Tiere im weiten Grasland einen großen Bereich überblicken. Direkt nach vorne sehen sie allerdings nur, wenn sie den Kopf etwas drehen. Dies ist auch der Grund, warum Pferde normalerweise um Hindernisse herumlaufen.

Die heutigen Pferderassen stammen von Wildpferden ab. Pferde sind Herdentiere. Bei Gefahr fliehen sie.

2

A1 *Wenn Pferde bei Reitturnieren ein Hindernis anreiten, kann man oft beobachten, dass sie den Kopf schräg halten. Erkläre!*

61953

Info: Das Pferd

Fortpflanzung. Nach einer *Tragezeit* von etwa elf Monaten bringt die *Stute,* so nennt man das weibliche Pferd, das *Fohlen* zur Welt (Bild 3). Es ist behaart und kann schon sehen und hören. Gleich nach der Geburt versucht es aufzustehen und zu laufen.

Körperbau. Pferde können schnell und ausdauernd laufen. Mit ihren kräftigen Beinen holen sie weit aus. Ihre Beine sind *Laufbeine* (Bild 4). An jedem Fuß besitzt das Pferd nur eine *Zehe,* die anderen Zehen sind zurückgebildet. Diese Zehe ist von einem *Huf* aus Horn umgeben und damit vor Verletzungen geschützt. Auf harten Böden wird der Huf schneller abgenutzt, als er nachwachsen kann. Daher wird er mit einem *Hufeisen* beschlagen. Der Fuß berührt nur mit der Zehenspitze den Boden. Pferde sind *Zehenspitzengänger.* Sie können sich auf unterschiedliche Weise fortbewegen: langsam im *Schritt,* schneller im *Trab* und in der schnellsten Gangart im *Galopp.*

Das Fell der Pferde besteht aus kurzen, glatten Haaren. Im Freien lebenden Pferden wächst im Winter ein dichtes, zottiges Winterfell. Auffällig ist die lange *Mähne* am Hals. Mit dem langen *Schweif* vertreibt das Pferd lästige Insekten.

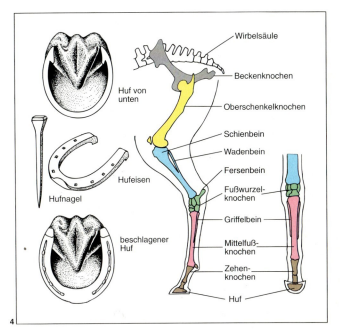

Huf von unten

Hufnagel

Hufeisen

beschlagener Huf

Wirbelsäule
Beckenknochen
Oberschenkelknochen
Schienbein
Wadenbein
Fersenbein
Fußwurzelknochen
Griffelbein
Mittelfußknochen
Zehenknochen
Huf

4

Bei einem langen, schnellen Lauf sorgt der Schweiß für Abkühlung. So bleibt die Körpertemperatur des Pferdes stets bei etwa 38 °C. Die Lungen des Pferdes sind groß. Durch die *Nüstern,* wie man die großen Nasenöffnungen nennt, kann das Pferd viel Luft einatmen. Dicke Adern versorgen die kräftigen Muskeln mit Blut.

Ernährung und Gebiss. Auf der Weide wechseln sich stundenlanges Grasen und Ruhepausen ab. Durch harte Gräser werden die Zähne stark abgenutzt. Sie wachsen aber ständig nach. Die *Backenzähne* haben eine raue Oberfläche. Pferde beißen das Gras mit den *Schneidezähnen* ab und zermahlen es zwischen den Backenzähnen.

Verdauung. Pflanzennahrung ist arm an Nährstoffen. Daher braucht das Pferd viel Futter, bis es satt ist. Der *Darm* kann bis zu 20 Meter lang sein. In dem großen *Blinddarm* leben zahlreiche winzige Lebewesen. Sie spielen bei der Verdauung eine wichtige Rolle.

Pferde sind Pflanzenfresser. Die Fohlen werden von der Mutterstute mit Milch gesäugt. Pferde sind Säugetiere.

A1 *Mit welchen Teilen des Fußes tritt der Mensch auf dem Boden auf, mit welchen das Pferd? Fertige eine einfache Strichzeichnung an.*

3

Info: Pferderassen

Für Interessierte zum Weiterlesen

Vollblüter sind die temperamentvollsten Pferde. Sie haben einen zierlichen Kopf und einen schlanken Rumpf. Unter dem kurzen Fell sind die Muskeln und Adern deutlich zu erkennen. Ihre sehnigen, langen Beine verraten den schnellen Läufer. Die bekanntesten Vollblüter sind die Araberpferde (Bild 1). Ursprünglich stammen sie aus dem arabischen Hochland. An das dort herrschende sehr trockene Klima waren sie gut angepasst. Durch Züchtung verstärkten die Nomaden die guten Eigenschaften dieser Pferde: Schnelligkeit, Ausdauer und Genügsamkeit. Auch heute noch sind die Araberpferde sehr leistungsfähig. Die Englischen Vollblüter, die als schnelle und ausdauernde Rennpferde bekannt sind, stammen von ihnen ab.

Kaltblüter (Bild 2) besitzen einen massigen, kräftigen Körper. Ihre Beine sind im Verhältnis zum Körper kurz und stämmig. Über den Hufen sind die Beine lang behaart. Vom Temperament her sind die Kaltblüter eher ruhig. Ihre Ahnen lebten wahrscheinlich in kalten Moor- und Sumpfgegenden, wo sie sich nur langsam fortbewegen konnten.

Kaltblüter eignen sich besser zum Ziehen schwerer Lasten als zum Reiten. Früher wurden sie vor allem in der Landwirtschaft als Arbeitstiere verwendet. Heute findet man Kaltblüter nur noch selten. Manchmal sieht man sie beim Ziehen von Brauereiwagen bei Festumzügen oder beim Bäumerücken im Wald. Anders als die schweren Maschinen zerstören sie dabei den lockeren Waldboden nicht.

Warmblüter. Die meisten der heutigen Pferderassen gehören zu den Warmblütern. Sie sind aus Kreuzungen zwischen Vollblütern und Kaltblütern hervorgegangen. Warmblüter haben einen mittelschweren bis leichten Körper. Heute werden sie vor allem als Reitpferde und als Springpferde verwendet. Trakehner, Hannoveraner (Bild 3) und Holsteiner Pferde gehören zu den Warmblütern.

Bei Pferderassen unterscheidet man je nach Körperbau und Temperament der Pferde zwischen Vollblütern, Warmblütern und Kaltblütern. Diese Namen haben nichts mit dem Blut oder der Körpertemperatur zu tun.

A1 *Was versteht man unter dem Temperament der Pferde?*

61955

Aus dem Alltag: Ein eigenes Pferd

Daniela berichtet: Mein Onkel hat ein Pferd. Es heißt Lucy. Meistens kümmere ich mich um Lucy. Wir verstehen uns prima. An ihrer Miene kann ich schon erkennen, wie sie gerade gelaunt ist. Wenn sie längere Zeit nicht nach draußen auf die Weide durfte, hat sie schlechte Laune. Über einen Apfel oder eine gelbe Rübe freut sie sich aber immer.

Jeden Tag fahre ich zum Stall und miste die Box aus. Dann kommt das Fell dran. Das Striegeln gefällt Lucy gut. Wenn sie sich auf der Weide auf dem Boden gewälzt hat, macht das ganz schön viel Arbeit. Auch die Hufe müssen ausgekratzt werden. Nach einer Stunde bin ich mit allem fertig. Meistens reite ich dann noch. Manchmal habe ich aber keine Zeit dazu, zum Beispiel wenn eine Klassenarbeit ansteht.

4

Pferde sind *Lauftiere*. Sie müssen regelmäßig bewegt und oft auf die Weide gelassen werden. Im Stall benötigen sie eine große Box, sodass sie sich hinlegen und wälzen können. Reichlich Einstreu aus Stroh trägt zu ihrem Wohlbefinden bei und ergänzt das Futter. Die Box muss täglich ausgemistet, Fell und Hufe gesäubert werden (Bilder 5 – 7).

Pferde sind *Herdentiere*. Sie leben gerne gesellig. Kümmert man sich nicht genug um allein lebende Pferde, langweilen sie sich und können sogar seelisch krank werden.

Jedes Pferd hat wie du auch bestimmte *Eigenarten und Vorlieben*. Manche haben zum Beispiel Angst vor raschelnden Plastiktüten oder lauten Motorrädern. Dies solltest du im Umgang mit dem Tier berücksichtigen.

Ein Pferd zu halten kostet einiges an *Geld.* Schon der Kaufpreis für das Tier kann beträchtlich sein. Wer keinen eigenen Stall hat, muss sein Pferd in Pension geben. Das ist in der Stadt teurer als auf dem Land. Dazu kommen Impfungen, eine jährliche Wurmkur und Versicherungen. Das macht pro Jahr einige tausend Mark aus.

Ein Pferd kann *über 20 Jahre alt* werden. Bist du bereit so lange die Pflege und Verantwortung für das Tier zu übernehmen?

A1 *Stelle zusammen, wie ein Pferd gepflegt werden muss.*

A2 *Erkundige dich bei Reitern, was ein Pferd und seine Haltung kosten.*

5

6

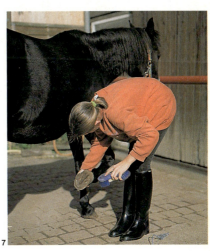

7

Aus der Entwicklungsgeschichte: Die Katze

Für Interessierte zum Weiterlesen

1

Falbkatze. Man weiß nicht genau, wie die Katze zum Haustier wurde. Wahrscheinlich hat sie sich vor mehr als 5000 Jahren in *Ägypten* an den Menschen angeschlossen. Damals begannen die Menschen in diesem Land vor allem Getreide anzubauen. Es gab viel Korn und folglich viele Mäuse. Das zog die dort lebenden Wildkatzen an. Sie gewöhnten sich an die Nähe der Menschen, die den kleinen Mäusefänger gerne duldeten. Aus alten ägyptischen Abbildungen weiß man, dass *cadiska,* wie die Katze genannt wurde, später auf Schiffen, in Kornspeichern und Wohnhäusern als *Mäusefängerin* gehalten wurde.

Noch später wurden die Katzen in die Tempel aufgenommen und als *heilige Tiere* verehrt. Wer eine Katze tötete, musste sogar mit der Todesstrafe rechnen. Bald hielten sich viele Familien Katzen als Haustiere. Starb eine Hauskatze, so rasierten sich alle Familienmitglieder zum Zeichen der Trauer die Augenbrauen ab.

Die Wildkatze der Ägypter war die *Falbkatze* (Bild 1), die auch heute noch wild in vielen Ländern um das Mittelmeer vorkommt. Sie liebt die Wärme und sonnt sich gern stundenlang.

Europäische Wildkatze. In den großen Wäldern der Eifel oder auch des Hunsrücks lebt heute noch die *Europäische Wildkatze* (Bild 2). Sie ist etwas größer als eine Hauskatze. Am buschigen Schwanz und dem gestreiften Fell ist sie zu erkennen. Als vermeintlich schädlicher Kleinwildräuber wurde sie früher viel gejagt. In Bayern wurde sie dadurch im 19. Jahrhundert beinahe ausgerottet. Inzwischen steht sie unter

Schutz. Seit 1984 wurden in Bayern etwa 200 Wildkatzen im Spessart, im Steigerwald und im Bayerischen Wald wieder angesiedelt. Sie stammen von Tieren ab, die in Gefangenschaft gehalten wurden.

Die Wildkatze ist ein scheuer *Einzelgänger.* Ihr Revier ist zwei bis drei Quadratkilometer groß. Hier duldet sie keine andere Wildkatze. Nur zur Paarungszeit finden sich Kater und Kätzin zusammen. Die Kätzin bringt in einem hohlen Baum oder in einem ähnlichen Versteck drei bis fünf blinde, hilflose Junge zur Welt. Sie zieht sie alleine auf. Sie säugt die Jungen, bis sie vier Wochen alt sind. Dann bringt sie ihnen kleine Beutetiere. Sobald die jungen Wildkatzen drei Monate alt sind, können sie für sich selbst sorgen. Sie suchen sich ein eigenes Revier.

Die Wildkatze hat sich im Laufe der Zeit mit der Hauskatze der Ägypter vermischt, die von den Römern nach Europa gebracht worden war.

Unsere heutige Hauskatze stammt sowohl von der Falbkatze als auch von der Europäischen Wildkatze ab.

A1 *Was fällt dir zu den folgenden Redewendungen ein: „Wie Hund und Katze", „Falsch wie eine Katze", „Eine Katze hat sieben Leben", „Wie die Katze um den heißen Brei gehen"?*

2

61957

Info: Die drei Katzensprachen

Ich fühle mich wohl

Ich greife gleich an

Ich bin beunruhigt

Ich suche Anschluss

Ich bin gereizt

Pass bloß auf

3

Katzen sprechen nicht unsere Sprache. Dennoch teilen sie uns und anderen Katzen mit, wie ihnen zumute ist und was sie vorhaben. Sie drücken das *mit ihrem Körper* (Bild 3) und *ihrer Stimme* aus:

Körper. Bild 4 zeigt eine Katze mit entspanntem Gesichtsausdruck. Neugierig hat sie ihre Ohrmuscheln nach vorne gedreht. So kann sie Geräusche besser einfangen.

Wenn du einer gereizten Katze zu nahe kommst, kratzt sie dich nicht sofort, sondern *droht* zuerst einmal. Dabei kann sie unterschiedlich stark drohen:

4

Zunächst legt sie die Ohren an und kneift die Augen zu schmalen Schlitzen zusammen. Wenn sie außerdem mit dem Schwanz hin und her schlägt, droht sie stark. Macht sie einen Buckel und zeigt die Zähne, dann steht ein *Angriff* kurz bevor. Diese Körpersprache verstehen alle Katzen und verhalten sich entsprechend.

Stimme. Katzen können sich durch verschiedene Laute verständigen: Sie *schnurren,* wenn sie sich wohl fühlen. Sie *knurren* oder *fauchen,* wenn sie warnen oder angreifen wollen. Sie *miauen* vor der geschlossenen Tür oder wenn sie Hunger haben. Wenn sich zur Paarungszeit Kater und Kätzin suchen, kann man sie laut *jaulen* hören.

Duftmarken. Katzen können sich auch durch Geruchszeichen miteinander verständigen: Sie verspritzen ihren Harn und hinterlassen so eine *Duftmarke.* Sie können auch mit Duftstoffen markieren, die in Duftdrüsen am Schwanz gebildet werden. Auf diese Weise kann jede Katze riechen, dass hier schon eine andere Katze war und dass sie sich in einem fremden *Revier* befindet. Revier nennt man das Wohngebiet eines Tieres.

Katzen können sich auf dreierlei Weise verständigen: mit ihrem Körper, mit ihrer Stimme und mit Duftmarken.

A1 *Wenn ein Hund mit dem Schwanz wedelt, drückt er damit eine freundliche Stimmung aus. Überlege, warum sich Katzen und Hunde oft nicht verstehen.*

Info: Schleichjäger Katze

Beutefang. Minka, die Hofkatze, geht auf Mäusejagd. Geduckt *schleicht* sie durch das Gras. Schon von weitem kann sie das hohe Fiepen der Mäuse hören. Vor einem Mauseloch bleibt sie sitzen und kauert sich eng an den Boden. Sie *lauert.* Das leichte Zittern des Schwanzes verrät ihre Aufmerksamkeit. Schließlich kommt eine Maus heraus. In zwei Sätzen schießt Minka flach über den Boden (Bild 1). Die Vorderpfoten mit den ausgestreckten Krallen *greifen* nach der Maus. Mit den Zähnen *packt* sie die Beute. Sie tötet sie aber nicht, sondern trägt sie in ein Versteck.

Die Maus war während des Tragens ganz starr. Nun lässt Minka sie los. Die Maus versucht zu entkommen. Doch Minka fängt sie erneut. Lange *spielt* die Katze so mit der Maus. Endlich *tötet* sie ihre Beute mit einem Biss in den Nacken. Dann *verzehrt* sie die Maus, wobei sie vorne beim Kopf beginnt. Sie kann zwar die Maus so dicht vor sich nicht sehen. Mit ihren Barthaaren kann sie aber *ertasten,* wo bei der Maus vorne und hinten ist.

Sinne. Katzen haben große *Augen* (Bilder 2 und 3). Vor allem in der Dämmerung können sie viel besser sehen als wir. Im Hintergrund der Katzenaugen befindet sich eine Schicht, die das einfallende Licht wie ein Spiegel zurückwirft. Die Katzenaugen scheinen dann zu glühen. Katzen *hören gut.* Die Ohrmuscheln sind groß und einzeln beweglich. Selbst leise und hohe Töne fangen sie noch auf. Die Katze hat auch einen leistungsfähigen *Tastsinn.* Mit den langen Barthaaren kann sie Gegenstände abtasten. So kann sie sich im Dunkeln bewegen ohne anzustoßen.

Körperbau. Die Katze hat eine biegsame Wirbelsäule und starke Muskeln, die ihr das Anschleichen und Springen leicht machen. Die Beine sind lang und kräftig. Die *Krallen* sind *einziehbar* (Bilder 4 und 5). Die weichen *Ballen* an den Pfoten machen den Schritt fast unhörbar.

Ernährung und Gebiss. Katzen sind *Fleischfresser.* Sie haben ein Raubtiergebiss. Mit den *Fangzähnen,* das sind die dolchartigen Eckzähne, wird die Beute getötet. Die scharfen Backenzähne können selbst Knochen zerbrechen.

Die Katze orientiert sich mit Hilfe ihrer Augen, Ohren und Schnurrhaare. Sinne und Körperbau ermöglichen es ihr, lautlos und auch in der Dämmerung zu jagen.

1

2 Im Hellen ist die Pupille des Katzenauges zu einem senkrechten Schlitz verengt.

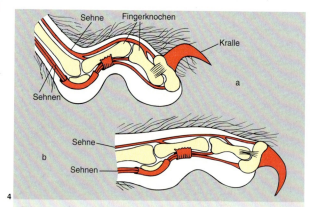

4 Ein starkes elastisches Band zieht die Krallen nach oben (a). Wenn eine Katze droht oder springt, ziehen sich die Muskeln im Unterschenkel zusammen. Die Krallen werden ausgestreckt (b).

61959

Aus dem Alltag: Die Katze als Haustier

3

In der Dämmerung ist die Pupille rund und weit geöffnet.

5

An der Rinde von Bäumen wetzt die Katze ihre Krallen. Auf diese Weise bleiben sie scharf. Auf dem Foto sieht man deutlich die Hüllen, in denen die Krallen normalerweise verborgen sind.

Vor allem in der Stadt werden viele Katzen in der Wohnung gehalten. Dies muss keine Tierquälerei sein, wenn man die Bedürfnisse der Katze beachtet.

Eine Katze lässt sich am besten im Alter von 9 bis 10 Wochen in der neuen Umgebung eingewöhnen. In den ersten 14 Tagen bleibt sie in der Wohnung. Wenn sie dann ihr Revier angenommen hat, kann sie auch die Gegend außerhalb der Wohnung erforschen.

Eine Katze sollte mit 6 bis 8 Monaten kastriert werden. Sie leidet dann nicht unter ihrem Paarungstrieb. Über Krankheiten, Impfungen und Gesundheitspflege kann man sich bei einem Tierarzt oder in Ratgeberbüchern über Katzen aufklären lassen.

Was brauchen Katzen? Katzen wollen regelmäßig gefüttert werden. Sie sind geruchsempfindlich. *Fress-* und *Trinknapf* müssen daher immer sauber sein, ebenso die Katzentoilette.

Ihr Fell pflegen Katzen durch häufiges Schlecken. Damit sie dabei weniger Haare verschluckt, sollte man das Fell regelmäßig bürsten. Das ist vor allem bei langhaarigen Katzen wichtig. Die verschluckten Haare würgen Katzen später wieder aus. Dafür brauchen sie einen Topf mit *Katzengras,* an dem sie von Zeit zu Zeit knabbern können. Zum Krallenwetzen sollte ein *Kratzbaum* vorhanden sein.

Katzen *spielen* gern, auch wenn sie schon älter geworden sind. Sie können zwar lange allein sein, aber sie schätzen Abwechslung. Ein Platz am Fenster kann ihnen eine interessante Unterhaltung bieten.

Katze und Mensch. Katzen suchen meist gerne die Nähe des Menschen. Sie möchten aber nicht kommandiert oder gegen ihren Willen festgehalten werden. Katzen brauchen *Zuwendung.* Man sollte genug Zeit haben sich mit ihnen zu beschäftigen. Katzen haben auch Gefühle. So wie wir können sie erschrecken, trauern und schmollen.

In ihrer gewohnten Umgebung fühlen sich Katzen wohl. Veränderungen können sie verängstigen. Katzen sollte man daher nicht mit in den Urlaub nehmen.

Katzen können in der Wohnung gehalten werden. Sie brauchen Pflege und Zuwendung.

A1 *Beschreibe die Bedürfnisse einer Hauskatze.*

A2 *Familie Meier möchte in Urlaub fahren. Wie wird ihre Katze in der Zeit am besten versorgt?*

Info: Der Hund

Ich habe einen ganz tollen Freund. Er hat helle und schwarze Haare und braune Augen. Sein richtiger Name ist eigentlich Aljoscha, aber meine Schwester und ich rufen ihn immer Alex. Jeden Mittag, wenn ich aus der Schule komme, wartet Alex schon auf mich. Nach den Schulaufgaben spielen wir oft den ganzen Nachmittag miteinander. Am liebsten mag er „Fußball".

Meist stehen wir zur gleichen Zeit auf und gehen zur gleichen Zeit zu Bett. Mein Freund wäscht sich nie, er muss sich auch nicht die Zähne putzen. Dennoch sind sie strahlend weiß, und er kann mit ihnen sogar Knochen knacken.

Obwohl mein Freund nicht sprechen kann, wissen wir beide, ob der andere gerade fröhlich, traurig oder wütend ist. Wenn Alex gut gelaunt ist, lacht er über das ganze Gesicht.

Jan

Sinne. Alex, der Hund von Jan, döst in der Sonne. Trotzdem entgeht ihm kein Geräusch. Immer wieder stellt er die Ohrmuscheln auf und bewegt sie. Hunde haben ein *vorzügliches Gehör*.

Alex geht gerne mit Jan spazieren. Dann schnuppert er überall herum. Immer wieder hebt er sein Bein und spritzt Harn an Bäume oder Pfosten. Mit diesen *Duftmarken* grenzt er sein Revier ab. Der *Geruchssinn* des Hundes ist viel besser als der des Menschen. Er orientiert sich vor allem mit Hilfe seines Geruchssinns. Dank seiner guten Nase kann er sogar Menschen aufspüren, die unter einer Schneelawine vergraben sind.

Körperbau. Damit Alex auf dem Feld nicht auf Hasenjagd geht, nimmt Jan seinen Hund immer an die Leine. Wie der Wolf, so ist auch der Hund ein *Hetzjäger*. In weiten Sprüngen hetzt er hinter seiner Beute her, bis sie ermüdet. Die harten Krallen ragen aus den Pfoten heraus und greifen wie Spikes auf dem Boden. Die großen Trittballen sind hart und verhornt. So kann der Hund lange rennen ohne sich die Füße wund zu laufen. Dabei tritt er wie die Katze nur mit den Zehen auf dem Boden auf. Hund und Katze sind *Zehengänger*

Gebiss. Manchmal erwischt Alex eine Maus. Mit seinen dolchartigen *Fangzähnen* (Bild 2) hält er sie fest und schüttelt sie tot. Die *Backenzähne* sind

scharfkantig und spitz. Die größten von ihnen in jeder Kieferhälfte sind die *Reißzähne*. Sie arbeiten wie die Schneiden einer kräftigen Schere zusammen. Sie können rohes Fleisch zerschneiden und sogar Knochen zerbrechen.

Verdauung. Hunde sind vor allem *Fleischfresser*. Wie der Wolf schlingt Alex sein Futter ohne zu kauen herunter. Schlund und Magen sind sehr dehnbar.

Hunde riechen und hören sehr gut. Hunde sind Hetzjäger.

A1 *Beobachte einen Hund beim Fressen. Wie zerkleinert er ein großes Stück Fleisch? Wie bearbeitet er einen Knochen?*

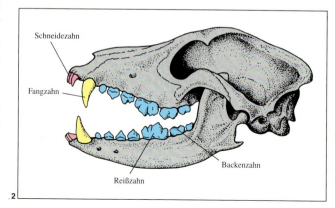

61961

Aus der Entwicklungsgeschichte: **Der Hund**

Für Interessierte zum Weiterlesen

Der Wolf. In Europa war der Wolf nahezu ausgerottet. Seit einigen Jahren gibt es wieder vereinzelt Wölfe. Sie sind zugewandert oder angesiedelt worden.

Wölfe leben und jagen meist zu mehreren in *Rudeln* (Bild 3). Einzelgänger sind selten. Innerhalb eines Rudels hat jeder Wolf einen bestimmten Platz. Er hat einen Rang. An der Spitze steht der Leitwolf, danach folgt die Leitwölfin. Ihnen ordnen sich die anderen Wölfe unter: Im Rudel herrscht eine *Rangordnung*. Die Wölfe eines Wolfsrudels sind jedoch zueinander meistens recht freundlich, Streitigkeiten werden durch kurzes Knurren und Drohen geklärt. Die Mitglieder eines Rudels kennen einander am Geruch, am Aussehen und am Heulen. Mit Heulen verständigen sie sich über weite Entfernungen.

Wölfe sind *Hetzjäger.* Das Wolfsrudel verfolgt und hetzt ein Beutetier so lange, bis es erschöpft zusammenbricht. Wölfe werden 14 bis 16 Jahre alt.

In einem Wolfsrudel bringt nur die ranghöchste Wölfin einmal im Jahr vier bis sechs blinde, hilflose Junge zur Welt. Sie werden zwei Monate lang gesäugt.

Vom Wolf zum Hund. Als vor etwa 15 000 Jahren die Steinzeitmenschen auf die Jagd gingen, folgten Wolfsrudel in sicherem Abstand ihren Spuren. Die Jäger erlegten auch Wölfe. Vielleicht nahmen sie ab und zu mutterlose Wolfsjunge mit und zogen sie auf. Einige davon wurden anhänglich und schlossen sich den Menschen an. Sie hielten sich in ihrer Nähe auf und begleiteten sie bei der Jagd. Die Menschen merkten, dass diese „Hauswölfe" ihnen nützliche Dienste leisten konnten. Beim Aufstöbern von Wild und bei der Verfolgung von Fährten waren sie den Jägern sogar überlegen. Sie boten auch der Siedlung Schutz, da sie die Annäherung von Feinden, besonders in der Nacht, viel eher als die Bewohner bemerkten und diese durch Heulen und Bellen warnten.

Alle unsere Haushunde stammen vom Wolf ab. Bei einigen kann man noch erkennen, dass der Wolf ihr Ahne ist, bei vielen aber nicht mehr.

Wölfe leben in Rudeln. Im Rudel herrscht eine Rangordnung. Der Hund stammt vom Wolf ab. Der Mensch züchtet seit langer Zeit Hunde.

3

Aus dem Alltag: Der Hund in der Familie

1 Zwei Wölfe drohen sich an. Mit erhobenem Schwanz zeigt der eine, dass er sich überlegen fühlt.

Es kommt zu einem Beißkampf. Jeder Wolf versucht dem anderen in die Kehle zu beißen.

Der Kampf ist beendet. Der Unterlegene zeigt dem Sieger seine Kehle. Er unterwirft sich.

Rangordnung. Wenn der Briefträger kommt oder wenn andere Hunde am Haus vorbeilaufen, sträuben sich bei Alex die Nackenhaare. Er läuft zum Gartenzaun, beginnt zu knurren und bellt. Warum tut er das? Wie jeder Mensch, so hat auch Alex ein Zuhause. Das Haus und der Garten bis zum Zaun sind sein Wohngebiet, sein *Revier,* das er verteidigt. Dieses Revier betritt nun jeden Tag der Briefträger. Ohne Erlaubnis, wie Alex meint. Deshalb ist der Briefträger, der gar nichts von ihm will, sein größter Feind. Die Mitglieder „seiner" Familie dagegen sind seine Freunde, sie sind sein *Rudel.* Alex kennt sie und hat sie als seine „*Leittiere*" anerkannt. Sie haben mehr Rechte als er, sie stehen also in der *Rangordnung* höher als Alex. Deshalb gehorcht er ihren Befehlen.

Revierverteidigung. Wenn Alex alleine im Garten ist, dann fühlt er sich als *Ranghöchster.* Er setzt an vielen Stellen Harn als Duftmarke ab. So kennzeichnet er sein Revier. Das riechen andere Hunde und machen einen Bogen um das Revier von Alex.

Kommt doch ein Hund an den Zaun, so versucht Alex ihn einzuschüchtern und zu vertreiben. Seine Nackenhaare sträuben sich, er fletscht die Zähne und knurrt. Er *droht.* Meist ziehen die anderen Hunde den Schwanz ein, ducken sich und laufen schnell vorbei. Damit zeigen sie, dass sie sich *unterlegen* fühlen. Hasso, ein Rüde aus der Nachbarschaft, erkennt Alex nicht als Ranghöheren an. Treffen sich beide, kommt es jedes Mal zu einem *Kampf.* Das sieht gefährlich aus, endet aber immer harmlos. Hasso legt sich auf den Rücken und zeigt seine Kehle. Er *unterwirft* sich. Alex hört auf zu kämpfen und lässt Hasso fliehen.

Regeln für die Hunde-Erziehung

2

Ich hatte "Setz dich" gesagt!

Hast du auch einen Hund, der nicht gehorcht – oder nur selten? Hier bieten wir vom Hundeverein unsere Hilfe an. Wir wollen erreichen, dass Herrchen oder Frauchen mit dem Hund ein gutes Team bilden. Das hat mit Kasernendrill nichts zu tun. Das beste Erziehungsmittel ist das Lob. Bestraft werden darf dein Hund nur für Fehler, die er gerade eben begangen hat. Ein Hund, der gut erzogen ist, hat mehr Freiheiten als ein schlecht erzogener. Man kann ihn fast überall mitnehmen und auch mal frei laufen lassen. Das sollte dein Hund können:

– Ein gut erzogener Hund ist stubenrein.
– Er geht bei Fuß.
– Er macht auf Befehl „Sitz" und „Platz".
– Er kommt sofort, wenn man ihn ruft.
– Er reagiert auf „Aus".

Dienstags von 16 bis 17 Uhr bieten wir eine kostenlose „Schnupperstunde" an, in der du mit deinem Vierbeiner vorbeikommen und uns kennen lernen kannst.

A1 *Lies auf Seite 127 den Text zu den Wölfen. Betrachte auch Bild 1 auf dieser Seite. In welchen Verhaltensweisen ähneln Hunde den Wölfen? Was sollte man daher bei der Erziehung eines Hundes beachten?*

61963

Kennübung: Hunderassen

Begleithunde

Hierzu gehören die meisten der mehr als 400 Hunderassen. Viele waren ursprünglich Gebrauchs-oder Jagdhunde. Heute sollen sie ihrem Besitzer vor allem Freude bereiten. Der Chihuahua (Bild 3) ist der kleinste Hund der Welt. Boxer (Bild 4) gelten als anhäng-lich. Der gelehrige Pudel (Bild 5) wurde früher bei der Jagd auf Wasservögel eingesetzt.

Jagdhunde

Jagdhunde brauchen viel Auslauf und Beschäftigung. Der kurzbei-nige Dackel (Bild 6) wurde ur-sprünglich gezüchtet um Dachs, Fuchs und Otter aus ihren Erd-löchern aufzustöbern. Er wird da-her auch Dachshund genannt. Der Münsterländer (Bild 7) und der Weimaraner (Bild 8) spüren laut-los größeres Wild für die Jäger auf und jagen es.

Gebrauchshunde

Manche Hunderassen eignen sich für bestimmte Aufgaben beson-ders gut. Schäferhunde (Bild 9) werden heute oft als Spürhunde bei Zoll, Polizei und Militär einge-setzt. Sehr gelehrige Hunde wie der Golden Retriever (Bild 10) finden als Blindenhunde den si-chersten Weg. Huskys (Bild 11) sind mit ihrem dichten Fell an sehr kalte Regionen angepasst. Auf Eis und Schnee können sie über lange Strecken schwere Schlitten ziehen.

Praktikum: Haustiere

1 Was musst du tun, wenn dich ein fremder Hund anknurrt: stehen bleiben, wegrennen, anstarren, wegschauen, wild herumfuchteln, nicht hastig bewegen, laut schreien, ruhig sprechen? Schreibe die richtigen Begriffe in dein Heft.

2 Woran erkennt man bei einem Hund, ob er angriffslustig oder ängstlich ist?

3 Beschreibe das Verhalten zweier Hunde bei einer Begegnung (Bild 1). Achte besonders auf den Gesichtsausdruck, die Ohren, den Schwanz und die Lautäußerungen.

4 Bernd wünscht sich einen Hund. Welche Fragen sollten er und seine Eltern klären, bevor ein Hund ins Haus kommt?

5 Was für eine Ausstattung benötigt man für eine Katze (Bild 2)? Was muss man beachten, wenn man eine Katze halten will?

6 Welche Körperhaltung nimmt eine Katze ein, wenn sie am stärksten droht?

7 Beobachte eine Katze bei der Körperpflege. Wie putzt sie sich? Welche Körperteile putzt sie? Wie viel Zeit nimmt sie sich dafür?

8 Erkundige dich bei einem Hunde- oder Katzenbesitzer nach den Kosten für Futter und Haftpflichtversicherung. Was kostet der Unterhalt des Tieres pro Monat?

1

9 Menschen holen sich aus unterschiedlichen Gründen ein Tier ins Haus. Frage Tierhalter, warum sie sich ein Tier angeschafft haben.

10 Erkundige dich bei einem Tierarzt, welche Krankheiten bei Hunden oder Katzen auftreten können (Bild 3). Welche Impfungen sind notwendig?

11 Tiere können Krankheiten auf Menschen übertragen, zum Beispiel den Bandwurm. Überlege, wie du dich verhalten solltest.

12 Sammle Berichte über nichtartgemäße Tierhaltung. Sprecht in der Klasse darüber.

13 Besuche ein Tierheim in deiner Nähe. Stelle vorher einen Katalog mit Fragen zusammen, die dich besonders interessieren.

2

3

61965

Zur Diskussion: Verantwortung für unsere Haustiere

4

Ein Leben nur im Zwinger – eine artgerechte Tierhaltung?

Meerschweinchen, weibl., Rosette - Blond, ca. 3 J., mit Käfig, wegen Allergie zu verschenken, nur in gute Hände!. 07231/

Suche **Gerät, das durch Töne Katze von neuem Sofa vertreibt.** Tel. D-07622/

• Deutscher Schäferhund mit roten Papieren u. Prüfung. WH-AD, SG, Hündin, 24 Mon. alt, wg. Zeitmangel, VHB 2.000,-. 06227/

• Blacky, 10 Mon., Dackelschnauzermischling und Kicky, 2jähriges weißes Pudelmädchen, beide sehr verschmust, warten im Tierheim Sinsheim auf ein Zuhause. 07261/

6

5

„Liebevoll" versorgt und verwöhnt – ist das gut für die Katze?

Yorkshire Terrier Welpen, 9 Wo., liebevoll in Familie aufgezogen, geimpft, entwurmt u. m. Papieren, suchen ein liebevolles Zuhause für ein ganzes Hundeleben. 06392/

2 einmalig schöne, gesunde Schmusekätzchen, ca. 4-5 Mon. alt, von rücksichtslosen Menschen im Wald einfach ausgesetzt, suchen zus. dringend liebevolles Zuhause, Eilt! 07248/

Zu kaufen gesucht: **kleiner Affe** als Gesellschaft für eine behinderte Frau. Offerten an

Auszug aus dem Tierschutzgesetz

§ 1 Zweck dieses Gesetzes ist es, aus der Verantwortung des Menschen für das Tier als Mitgeschöpf dessen Leben und Wohlbefinden zu schützen. Niemand darf einem Tier ohne vernünftigen Grund Schmerzen, Leiden oder Schäden zufügen.

§ 2 Wer ein Tier hält, betreut oder zu betreuen hat, muss das Tier seiner Art und seinen Bedürfnissen entsprechend angemessen ernähren, pflegen und verhaltensgerecht unterbringen …

§ 3 Es ist verboten, … ein im Haus, Betrieb oder sonst in Obhut des Menschen gehaltenes Tier auszusetzen oder es zurückzulassen, um sich seiner zu entledigen …

7

Hohe Strafen für das Aussetzen von Tieren

Mainz (AP) - Wer ein Haustier aussetzt, weil er in Urlaub fährt, muss mit Geldbußen von bis zu 50 000 Mark rechnen. Auf entsprechende Vorschriften hat der rheinland-pfälzische Justizminister Peter Caesar hingewiesen. Alljährlich setze zum Beginn der Urlaubszeit eine regelrechte Welle von Aussetzungen ein: „Es ist unverantwortlich, wie Tiere hier zum Spielzeug degradiert werden, das man nach Bedarf anschafft und dann wieder wegwirft." Caesar appellierte an alle Tierhalter die ihnen anvertrauten Lebewesen als Mitgeschöpfe zu achten. Mit ein wenig gutem Willen könne die Versorgung der Tiere auch in der Ferienzeit, etwa durch Nachbarn, sichergestellt werden, sagte Caesar.

Aus der Tagespresse

Umwelt aktuell: Bedrohte Säugetiere

Von unseren 94 einheimischen Säugetierarten ist rund die Hälfte vom Aussterben bedroht. Dazu gehören Luchs und Wildkatze ebenso wie sämtliche einheimische Fledermausarten. Biber und Fischotter wurden erbarmungslos bejagt. Zusätzlich verloren sie durch die Umgestaltung der Landschaft ihren Lebensraum. Auch unseren großen Säugetieren wie Wisent, Wolf und Braunbär wurde der Lebensraum genommen.

ROTE LISTE
GEFÄHRDETER TIERARTEN
IN DER BUNDESREPUBLIK
DEUTSCHLAND

Situation, Erhaltungszustand,
neuere Entwicklungen

1

2

3

Rote Listen

Rote Listen geben Auskunft über gefährdete Pflanzen- und Tierarten. Sie bieten Politikern und Behörden Entscheidungshilfen und sind Grundlage für Artenschutzprogramme.

Fischotter

Den Fischotter findet man bei uns kaum noch. Er ist ein guter Taucher und Schwimmer. An begradigten Bächen und Flüssen fehlt ihm die Möglichkeit Röhren zur Aufzucht der Jungen anzulegen.

Wasserspitzmaus

Sie legt an Fluss- und Seeufern Gänge an. Sie hat wenige natürliche Feinde. Nur der Mensch bedroht ihren Bestand, wenn er durch Wasserbaumaßnahmen die Ufer der Flüsse und Seen zerstört.

4

5

6

Feldhase

Der Feldhase ist in vielen Gegenden selten geworden. In Landschaften, in denen Gebüsche, Hecken und Wildkräuter fehlen, findet er keine Verstecke und Futterpflanzen. Die Hasenjagd vermindert seine Zahl zusätzlich.

Seehund

Im Wattenmeer vor der friesischen Küste leben die letzten Seehunde Deutschlands. Die Verschmutzung der Nordsee und ständige Störungen durch Touristen beim Ruhen auf den Sandbänken gefährden ihre Existenz.

Siebenschläfer

Sein natürlicher Lebensraum sind unterholzreiche Laubwälder. In unseren stark wirtschaftlich ausgerichteten Wäldern fehlt es ihm oft an natürlichen Versteckmöglichkeiten und geeigneten Höhlen für den Winterschlaf.

61967

Umwelt aktuell: Schutz bedrohter Säugetiere

Bedrohte Tierarten stehen unter Naturschutz. Doch sie können nur dann überleben, wenn ihre Lebensräume bewahrt werden. Es gilt, die verbliebenen Lebensräume zu erhalten und verloren gegangene dort zu ersetzen, wo es möglich ist. Eine abwechslungsreiche Landschaft bietet vielen Tierarten Lebensräume. Die Wiedereinbürgerung von Fischotter, Biber und Luchs in einigen Gebieten ist ein erster Hoffnungsschimmer.

Naturschutzgebiete
Der Mensch darf diese Gebiete nicht oder kaum nutzen. Hier können gefährdete Tier- und Pflanzenarten überleben. Zum Schutz von Tieren und Pflanzen darf man die Wege nicht verlassen.

Luchs
Bei uns war er ausgerottet. In einigen Mittelgebirgen Deutschlands wurde er wieder eingebürgert. Der Luchs jagt nachts als Einzelgänger. Zu seiner Beute zählen Rehe, Füchse, Kaninchen und Vögel.

Alpensteinbock
Er lebt im Hochgebirge. Jagd und Erschließung der Gebirge für den Fremdenverkehr haben ihn in den Alpen fast ausgerottet. Durch strengen Schutz konnten sich die wenigen Tiere wieder vermehren.

Dachs
Fuchs und Dachs bewohnen oft eng beisammenliegende Baue oder einen gemeinsamen Bau. Früher wurden Fuchsbaue bei der Bekämpfung von Tollwut begast. Das traf auch die Dachse. Jetzt gibt es wieder mehr von ihnen.

Biber
Wegen des Felles wurde unserem größten Nagetier so nachgestellt, dass er in Westdeutschland ausstarb. Vor einigen Jahren wurden hier Biber wieder angesiedelt. Sollen sie erhalten bleiben, brauchen sie ausgedehnte Auwälder.

Abendsegler
Durch die moderne Bauweise und Renovierungen von Dachstühlen findet er kaum noch geeignete Quartiere. Insektenvernichtungsmittel töten seine Nahrung und belasten die Fledermaus mit giftigen Stoffen.

Info: Merkmale von Säugetieren

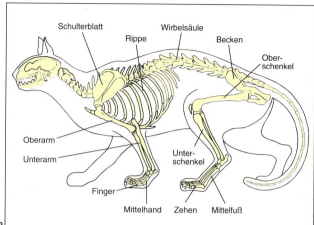

Säugetiere. Alle Tiere, die in diesem Kapitel vorkommen, bezeichnet man als Säugetiere. Die Jungen *entwickeln sich im Mutterleib*. Säugetiere bringen *lebende Junge* zur Welt. Nach der Geburt werden sie mit Muttermilch *gesäugt* (Bild 1).

Körperbau. Säugetiere sind *Wirbeltiere*. Ihr Körper ist in *Kopf*, *Rumpf* und *Schwanz* gegliedert und von einer beweglichen *Wirbelsäule* durchzogen (Bild 2).

Körperbedeckung. Säugetiere besitzen ein *Haarkleid*. Es schützt den Körper vor Wärmeverlust. Die Haare tragen auch dazu bei, dass die Körpertemperatur der Säugetiere immer gleich hoch ist. Bei manchen Arten ist das Haarkleid umgebildet, wie zum Beispiel beim Igel zu Stacheln. Bei anderen Arten ist es nicht mehr erkennbar, wie bei den Walen und Delphinen. Bei ihnen übernimmt eine dicke Fettschicht die Aufgabe des Haarkleides.

Atmung. Säugetiere atmen durch *Lungen*. Auch Delphine (Bild 3) und Wale müssen deshalb regelmäßig an die Wasseroberfläche um zu atmen.

Sinne. Säugetiere besitzen ein *leistungsfähiges Gehirn*. Sie können mehr lernen als andere Tiere. So sind sie in der Lage sich veränderten Lebensbedingungen rasch anzupassen. Säugetiere haben die Lebensräume Luft, Erde und Wasser erobert. Bild 4 zeigt eine Fledermaus.

Säugetiere säugen ihre Jungen, tragen ein Haarkleid, atmen durch Lungen und haben ein hoch entwickeltes Gehirn.

A1 *Welche weiteren Säugetiere kennst du? Wo hast du sie angetroffen? Berichte!*

61969

Zusammenfassung

Alles klar?

A1 Welche Bedeutung haben die Tiere auf den Bildern 5 – 7 für den Menschen?

A2 Welche weiteren Beispiele für Heim- und Nutztiere kennst du, die bei uns und in anderen Ländern gehalten werden? Für welche Zwecke werden diese Tiere gehalten? Lege eine Tabelle an.

A3 Bei vielen Haustieren hat die Züchtung zur Entstehung verschiedener Rassen geführt. Gib dafür Beispiele an.

A4 Zeige an einigen Beispielen, wie durch Züchtung Merkmale von Tieren verändert wurden. Auf welche Merkmale kam es den Züchtern dabei besonders an?

A5 Zeige am Beispiel von Hund oder Katze, worauf man achten muss, wenn man ein Tier artgerecht halten will.

A6 Anne darf sich zum Geburtstag ein Tier wünschen. Ihre vielen Hobbys lassen ihr eigentlich wenig Zeit sich um ein Tier zu kümmern. Zusammen mit ihrer Familie wohnt sie in einer kleinen Etagenwohnung. Wie würdest du sie beraten?

A7 Informiere dich, welche Tiere deines Heimatraumes bedroht und gefährdet sind. Was kannst du tun um eine weitere Gefährdung zu verhindern?

A8 Woran erkennt man ein Säugetier?

Auf einen Blick

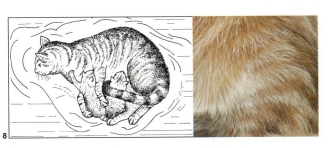

Viele Haustiere gehören zu den **Säugetieren** (Bild 8). Man erkennt sie vor allem an ihrem Fell. Säugetiere bringen lebende Junge zur Welt. Sie werden von der Mutter mit Milch gesäugt.

Haustiere wurden vom Menschen aus Wildtieren **gezüchtet**. Durch den Vergleich mit ihren wilden Stammformen kann man erkennen, welche Merkmale sich verändert haben (Bild 9). Viele Nutztiere, wie das Rind und das Schwein, spielen für die Ernährung des Menschen eine wichtige Rolle.

Wer ein Tier hält, ist für es **verantwortlich**. Man muss sich daher genau informieren, was es braucht, damit man es artgerecht halten kann.

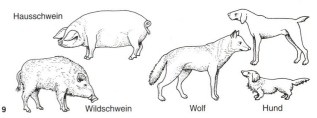

Hausschwein Wildschwein Wolf Hund

Pflanzen in unserer Umgebung

Links siehst du eine Eiche, in der Mitte einen Haselstrauch und rechts ein Scharbockskraut. Jede Pflanze unterscheidet sich von den beiden anderen durch eine Reihe von Merkmalen. Kannst du einige nennen?

A1 *Stelle mit Hilfe eines Bestimmungsbuches eine Eiche, einen Haselstrauch und ein Scharbockskraut im Jahreslauf dar.*

A2 *Sammle Blätter, Blüten und Früchte von Sträuchern und Bäumen. Ordne sie nach eigenen Gesichtspunkten.*

Info: Bäume, Sträucher und Kräuter

Am deutlichsten ist der Größenunterschied zwischen den oben abgebildeten Pflanzen. Die Eiche gehört zu den größten Pflanzen, die es bei uns überhaupt gibt. Sie kann bis zu 40 Meter hoch werden. Die Hasel wird mannshoch und höher. Das Scharbockskraut wird etwa 15 Zentimeter groß. Eiche, Hasel und Scharbockskraut lassen sich drei verschiedenen Gruppen von Pflanzen zuordnen:

Bäume wie die Eiche haben einen holzigen *Stamm* und besitzen eine *Krone*. Sie werden groß und alt. Es gibt Laubbäume und Nadelbäume. Damit ist auch schon das wichtigste Unterscheidungsmerkmal genannt: Laubbäume haben breite, dünne und weiche Blätter, die *Laubblätter*. Sie fallen bei den meisten Laubbäumen im Herbst ab. Nadelbäume haben nadelförmige, harte Blätter. Diese *Nadeln* werden meist mehrere Jahre alt.

Sträucher wie die Hasel sind kleiner als Bäume. Ihre Zweige sind ebenfalls *holzig*. Sie bilden jedoch keinen ausgeprägten Stamm und keine Krone. Sträu-

cher werden meist auch nicht so alt. Sträucher sind fast durchweg Laubhölzer. Von den Nadelhölzern könnte man allenfalls den Wacholder zu den Sträuchern rechnen. In einer Hecke spielen Sträucher die Hauptrolle. Auch im Unterholz des Waldes und am Waldrand findest du Sträucher.

Kräuter wie das Scharbockskraut sind meist kleiner als Sträucher. Sie haben keinen holzigen Stängel. Viele Kräuter leben nur ein Jahr. Kräuter gibt es in großer Zahl. All die vielen Wiesenblumen, so der Löwenzahn und das Gänseblümchen, sind Kräuter. Auch die Gräser gehören zu den Kräutern.

Bei den Pflanzen unterscheidet man Bäume, Sträucher und Kräuter.

A3 *Suche in der Umgebung deiner Schule oder Wohnung nach Bäumen, Sträuchern und Kräutern. Versuche mit Hilfe eines Bestimmungsbuches ihre Namen herauszufinden.*

61976

Kennübung: Bäume, Sträucher und Kräuter auf dem Schulgelände

Spitzahorn
Er ist oft als Alleebaum zu finden. Seine Blätter laufen spitz zu.
Blütezeit: April bis Mai

Hainbuche
Sie wird etwa 14 Meter hoch. Sie wird häufig als Hecke gezogen.
Blütezeit: April bis Juni

Weißbirke
Sie blüht mit Kätzchen, bevor die Blätter erscheinen.
Blütezeit: März bis Mai

Kornelkirsche
Sie blüht mit gelben Blüten, bevor die Blätter erscheinen.
Blütezeit: März bis Mai

Holunder
Er blüht mit weißen, kleinen Blüten. Die Beeren sind schwarz.
Blütezeit: Juni bis Juli

Apfelrose oder Kartoffelrose
Ihre Zweige haben Stacheln. Im Herbst trägt sie Hagebutten.
Blütezeit: Juni

Löwenzahn
Er kommt fast überall vor. Die Blätter sind gezähnt, daher der Name.
Blütezeit: April bis Juni

Taubnessel
Ihre Blüten können weiß oder rot sein. Sie sieht der Brennnessel ähnlich, reizt die Haut aber nicht.
Blütezeit: März bis Oktober

Breitwegerich
Er bildet am Boden eine Rosette. Er ist trittfest und wächst auch am Straßenrand und in Pflasterritzen.
Blütezeit: Juni bis Oktober

Praktikum: Pflanzen im Umkreis der Schule

1 Einen Plan des Schulgeländes zeichnen

Welche Pflanzen wachsen eigentlich auf eurem Schulgelände? Bevorzugen sie bestimmte Standorte? Um dies herauszufinden, braucht ihr zunächst einen Plan des Schulgeländes, in dem die Gebäude, der Schulhof, Mauern, Zäune, aber auch Bäume, Sträucher, Rasen und Ähnliches eingezeichnet sind. Darauf könnt ihr später eintragen, wo welche Pflanzen wachsen. Dies nennt man „Kartieren".

Damit die Zeichnung übersichtlich ist, solltet ihr die Dinge, die ihr in den Plan eintragt, mit einfachen Zeichen oder mit Buchstaben kennzeichnen. Bild 1 zeigt euch ein Beispiel. Diese Zeichen oder Buchstaben schreibt ihr dann mit der Erklärung als Bildlegende unter euren Plan. So können ihn auch andere verstehen.

Benötigt werden: ein DIN-A3-Papier, Unterlagen zum Zeichnen, Bleistift und Lineal.

Teilt euch auf verschiedene Gruppen auf. Geht mit den Arbeitsmitteln auf den Schulhof.

– Entwerft zuerst als Übersicht eine einfache Skizze von eurem Schulhof. Fertigt dann den Plan an. Beginnt mit den Gebäuden. Zeichnet groß und nutzt das ganze Blatt aus.

– Überprüft, ob ihr nichts vergessen habt. Ist jedes Gebäude am richtigen Platz? Überlegt euch die Zeichen für die Bildlegende. Zeichnet auch die Himmelsrichtungen auf dem Plan ein.

– Vergleicht später im Klassenzimmer die Pläne der verschiedenen Gruppen. Ergänzt euren Plan des Schulgeländes so, dass alle beobachteten Einzelheiten darauf zu finden sind.

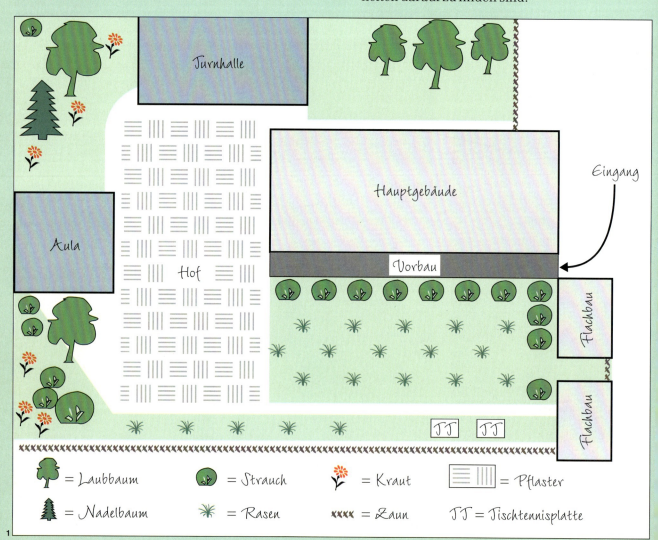

1

61977

2 Pflanzen untersuchen

Benötigt werden: Plan vom Schulgelände, Lineal, Lupe, Plastikbeutel, Gläser mit Deckel, Fotoapparat, Zeichenblätter DIN-A5, Bleistift, Buntstifte, Schreibunterlage.

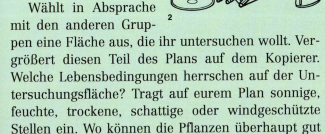

Wählt in Absprache mit den anderen Gruppen eine Fläche aus, die ihr untersuchen wollt. Vergrößert diesen Teil des Plans auf dem Kopierer. Welche Lebensbedingungen herrschen auf der Untersuchungsfläche? Tragt auf eurem Plan sonnige, feuchte, trockene, schattige oder windgeschützte Stellen ein. Wo können die Pflanzen überhaupt gut wachsen?

Untersucht dann, welche Pflanzen in eurem Bereich vorkommen. Tragt unbekannte Pflanzen vorerst nur mit einem Zeichen ein. Derjenige, der in eurer Gruppe das Fotografieren übernommen hat, macht ein Foto von der ganzen Pflanze. Oft lohnt es sich, zusätzlich ein Blatt oder eventuell die Blüte aus der Nähe zu fotografieren. Einer aus der Gruppe zeichnet die Pflanze. Achte dabei auf die Form der Blätter und der Blüten. Ist die Pflanze behaart? Schaut mit der Lupe nach. Messt die Höhe der Pflanze und notiert sie auf der Zeichnung. Wechselt euch als Zeichner ab. Jeder soll mindestens eine Pflanze zeichnen.

Um die Pflanze später zu bestimmen, kann man ein Stück Stängel mit Blättern und Blüten mitnehmen. Damit sie nicht verwelkt, kommt sie in ein Glas oder in einen Plastikbeutel. Gib einen Zettel mit dem Fundort dazu, blase den Beutel auf und knote ihn zu. Bei Bäumen und Sträuchern reicht es meist, ein Blatt mitzunehmen.

3 Auswertung

Benötigt werden: Bestimmungsbücher für Pflanzen, Schreibzeug, Zeitungspapier, Klebestreifen, Zeichenkarton.

Tragt eure Funde im Klassenzimmer zusammen. Versucht die Pflanzen zu bestimmen. Hilfe findet ihr in Bestimmungsbüchern. Die Pflanzenteile können dann zwischen Zeitungspapier getrocknet werden. Legt zur Sicherheit einen Zettel mit dem Fundort dazu.

Vergleicht die Pflanzenarten auf verschiedenen Untersuchungsflächen. Stellt ihr Unterschiede fest? Woran könnte das liegen?

Setzt die Teilpläne wieder zum Gesamtplan des Schulgeländes zusammen und klebt ihn auf einem großen Karton auf. Jede Gruppe klebt nun zu ihrem Teil die Zeichnungen der Pflanzen, die Fotos und die gepressten Pflanzen dazu. Vergesst die Beschriftung nicht.

Jetzt habt ihr eine genaue Übersicht über die Pflanzen, die es auf eurem Schulgelände gibt. Stellt euer Poster mit einem kleinen Bericht auch den anderen Klassen vor.

3

4

Umwelt aktuell: Pflanzen sind unentbehrlich

Pflanzen sind die wichtigsten Lebewesen auf der Erde. Ohne sie gäbe es kein Leben – weder von Tieren noch von Menschen. Pflanzen beeinflussen unser Klima. Sie bedecken den Boden und verhindern so, dass er austrocknet oder abgetragen wird. Pflanzen liefern Nahrung, Kleidung und vieles mehr. Ohne Pflanzen wäre die Erde ein toter Planet.

1

2

3

Blumenschmuck

Schon seit langer Zeit werden Blütenpflanzen zur Freude der Menschen in Gärten angepflanzt. In unserer zunehmend technisierten Welt, in der die Natur immer mehr in Bedrängnis gerät, kommt den Gärten neue Bedeutung zu.

Nahrung für Tier und Mensch

Nicht nur viele Tiere, auch wir Menschen brauchen pflanzliche Nahrung. Die Ernährung der wachsenden Weltbevölkerung hängt davon ab, ob es gelingt, genug Nahrung für uns und Futter für die Nutztiere zu erzeugen.

Heilpflanzen

Schon seit Jahrtausenden verwenden Menschen Pflanzen zum Heilen von Wunden und Krankheiten. Auch heute wird die Hälfte der verwendeten Arzneimittel – trotz aller Fortschritte der Chemie – aus Pflanzen gewonnen.

4

5

6

Luftverbesserer

Pflanzen spielen eine sehr wichtige Rolle für das Klima einer Region. Sie geben Sauerstoff ab, den Tiere und Menschen zum Atmen brauchen, und entziehen der Luft Kohlenstoffdioxid. Sie filtern auch Staub und Schadstoffe aus der Luft.

Rohstofflieferanten

Aus vielen Blütenpflanzen werden Rohstoffe gewonnen: Der Baumwollstrauch bildet Samenhaare, die zu Baumwollgarn versponnen werden. Aus dem Milchsaft des Kautschukbaumes wird Gummi gewonnen. Viele Bäume liefern Holz zum Beispiel für Möbel.

Erosionsschutz

Boden ohne Pflanzenwuchs wird von Wasser und Wind leicht weggespült oder weggeblasen. Man bezeichnet dies als Erosion. Pflanzen befestigen mit ihren Wurzeln den Boden und schützen ihn vor Erosion. Das Foto zeigt Strandhafer auf einer Sanddüne.

61978

Info: Aufbau einer Blütenpflanze

Den scharfen Hahnenfuß (Bild 7) findet man häufig auf Wiesen und an Wegrändern. Er bildet Blüten und gehört somit zu den *Blütenpflanzen*. Blütenpflanzen können ganz unterschiedlich aussehen. Meistens zeigen sie jedoch den gleichen Grundaufbau. Sie bestehen aus *Wurzel, Stängel, Laubblättern* und *Blüte*. Stängel und Blätter werden zusammen auch als *Spross* bezeichnet.

Blüte. Der scharfe Hahnenfuß blüht von Mai bis September. Die Blüte dient der Fortpflanzung. Mit ihrer leuchtenden Farbe und ihrem Duft lockt sie Insekten an, die die Blüte bestäuben.

Die Blüte wird aus verschiedenen Teilen gebildet. Häufig ist sie von grünen *Kelchblättern* umgeben. Sie umhüllen die *Blütenknospe* und schützen sie. Die *Kronblätter* sind meist groß und farbig. In der Blüte stehen *Staubgefäße* und *Stempel*. In dem Staubgefäß wird der Blütenstaub, der Pollen, gebildet. Der Stempel enthält den *Fruchtknoten*. Dieser umschließt eine oder mehrere *Samenanlagen* mit den *Eizellen*.

Stängel. Der Stängel bringt die Blätter zum Licht. In *Leitungsbahnen* werden Wasser und Mineralstoffe von den Wurzeln zu den Blättern transportiert. In umgekehrter Richtung leiten sie Nährstoffe von den Blättern zu den Wurzeln. Die Leitungsbahnen stützen und festigen den Stängel. Bei holzigen Pflanzen, vor allem bei Sträuchern und Bäumen, enthalten sie *Holzstoffe*. Dadurch wird die Festigkeit erhöht.

Laubblätter. Die Blätter bilden im Sonnenlicht *Nährstoffe* für die Pflanze. Sie sind von Pflanze zu Pflanze sehr unterschiedlich gestaltet. Meist sind sie grün. Die Blattfläche wird von *Blattadern* durchzogen. In ihnen werden Wasser, Mineralstoffe und Nährstoffe geleitet.

Wurzel. Die Wurzel verankert die Pflanze im Boden. Sie gibt der Pflanze mit ihrem verzweigten Wurzelwerk Halt. Außerdem nimmt sie *Wasser* und darin gelöste *Mineralstoffe* aus dem Boden auf.

Blütenpflanzen bestehen aus Wurzel, Stängel, Laubblättern und Blüten.

A1 *Beschreibe den Grundbauplan einer Blütenpflanze.*

A2 *Erläutere die Aufgaben der verschiedenen Pflanzenteile.*

Kronblatt

Staubgefäß

Kelchblatt

Fruchtknoten

Stempel

Kelchblatt

Blüte

Stängel

Laubblatt

Blattstiel

Wurzel

7

Aus der Umwelt: **Der Kirschbaum**

Winter

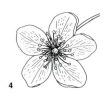

Den ganzen Winter über ist der Kirschbaum kahl. In den unzähligen Knospen sind die Blüten und Blätter jedoch bereits vorbereitet.

Frühling

Wenn die Temperaturen ansteigen, brechen die Knospen auf. Die Kronblätter der Blüten lassen den Baum leuchtend weiß erscheinen.

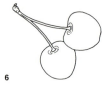

Sommer

Aus den befruchteten Fruchtknoten der Blüten entwickeln sich im Laufe der nächsten Monate die Kirschfrüchte.

Herbst

Im Herbst wird der grüne Farbstoff in den Blättern abgebaut. Die Blätter färben sich bunt und werden schließlich abgeworfen.

142

61979

Info: Eine Blüte wird bestäubt

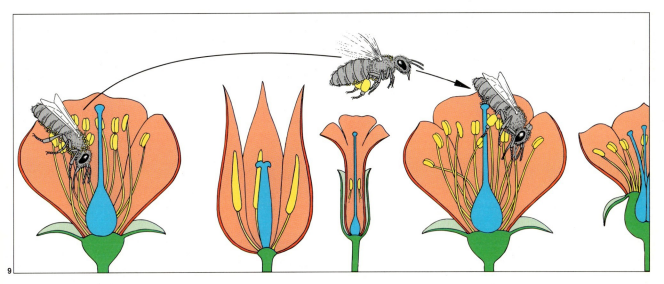

9

Bestäubung. An warmen Frühlingstagen besuchen unzählige Bienen und Hummeln die blühenden Pflanzen. Auf der Suche nach Nektar kriechen sie in die Blüten hinein (Bild 9). Dabei bleibt der klebrige *Pollen* in ihren Haaren hängen. Mit den Hinterbeinen kämmen sie den größten Teil davon heraus und kneten Pollenhöschen, die sie zum Bienenstock tragen. Der eiweißreiche Pollen dient den Bienen als Nahrung. Viele Pollenkörner bleiben jedoch in ihren Haaren hängen.

Beim Besuch der nächsten Blüte bleiben einige Pollenkörner an dem oberen klebrigen Teil des Stempels, der *Narbe,* hängen. Die Blüte wird *bestäubt.* Welch große Bedeutung diese Übertragung des Pollens von Blüte zu Blüte für die Pflanze hat, zeigt der Vergleich von Kirschenerträgen. In der Tabelle in Bild 10 sind die Erträge angegeben, die in drei aufeinander folgenden Jahren an einen Großmarkt geliefert wurden:

– Im Frühling des ersten Jahres war es tagsüber so warm, dass die Bienen ausfliegen konnten. In einer sehr kalten Nacht erfroren aber viele Blüten. Es gab weniger Kirschen als üblich.

– Im Frühling des zweiten Jahres war es zwar nicht kalt, aber windig und regnerisch. Die Bienen flogen kaum aus. In diesem Jahr gab es wiederum nur wenige Kirschen.

– Im Frühling des dritten Jahres jedoch war es warm und windstill. Die Bienen konnten ungehindert ausfliegen. Viele Kirschblüten wurden bestäubt. Es gab eine reiche Ernte.

Mit Hilfe eines einfachen Versuchs lässt sich zeigen, dass ein Zusammenhang zwischen Bestäubung und Fruchtbildung besteht: Umhüllt man bei einem Kirschbaum einen Zweig mit einigen Blüten mit einem feinmaschigen Netz, das Licht und Luft durchlässt, die Bienen aber zurückhält, dann bilden diese Blüten keine Kirschen.

Bei der Nahrungssuche bestäuben Bienen und andere Insekten die Blüten mit Pollen. Nur wenn die Blüten bestäubt werden, können sich Früchte entwickeln.

A1 *Bienen und Blüten sind sich gegenseitig von Nutzen. Erkläre. Ziehe auch die Angaben in Bild 10 hinzu.*

A2 *Welche Voraussetzungen müssen erfüllt sein, damit Bienen ausfliegen?*

	Wärme	Frost	Regen	Wind	Ernte
1. Jahr	bis 25 °C	bis −7 °C	210 mm	mittel	250 000 kg
2. Jahr	bis 24 °C	bis −2,5 °C	260 mm	stark	80 000 kg
3. Jahr	bis 29 °C	bis −2 °C	170 mm	schwach	400 000 kg

Praktikum: Die Kirsche

1 Beobachtungen am Kirschzweig

Beobachte einen Kirschzweig über einen längeren Zeitraum.

– Wie lange dauert es vom Aufblühen bis zum Verblühen einer Blüte?

– Welche Blütenteile fallen ab, welche bleiben erhalten?

– Den Fruchtknoten kannst du vorsichtig ertasten. Verändert er sich im Verlauf der Zeit? Vergleiche mit den Bildern 2 und 3.

– Markiere einen Zweig und zähle die Blüten. Zähle einige Wochen später die unreifen Kirschen und wiederum später die reifen Kirschen. Was stellst du fest? Erkläre.

2 Die Kirschblüte

Benötigt werden: Kirschblüte und Lupe.

– Betrachte mit der Lupe den Bau der Staubgefäße und des Stempels. Streife mit dem Finger über den oberen Teil des Staubgefäßes, den Staubbeutel. Was beobachtest du? Welche Eigenschaften hat der Pollen?

– Entferne wie auf Bild 4 vorsichtig mit den Fingern den äußeren Kelch einer Blüte. Vergleiche mit Bild 5.

3 Schema der Kirschblüte

Benötigt werden: Kirschblüte, Papier, Stifte.

Zeichnet man die Kirschblüte von oben, entsteht ein Legebild (Bild 6). Daraus kann eine Schemazeichnung werden wie in Bild 7. Die Blütenteile kennzeichnet man durch verschiedene Farben.

– Fertige ein Legebild von einer Kirschblüte an.

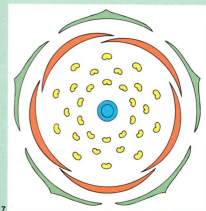

144

61980

Info: Von der Blüte zur Frucht

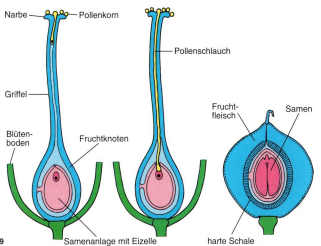

Narbe — Pollenkorn

Pollenschlauch

Griffel

Blüten-
boden

Fruchtknoten

Frucht-
fleisch — Samen

Samenanlage mit Eizelle

harte Schale

Befruchtung. Auf der Suche nach Nahrung fliegt eine Biene von Kirschblüte zu Kirschblüte (Bild 8). Dabei bleiben Pollenkörner aus dem Haarkleid der Biene auf der Narbe einer Kirschblüte liegen. Sie stammen von einer Blüte, die die Biene vorher aufgesucht hat. Auf diese Weise gelangt der Pollen einer Kirschblüte auf die Narbe einer anderen Kirschblüte. Meist suchen Bienen eine Zeit lang Blüten derselben Pflanzenart auf. So werden die Blüten mit Pollen der gleichen Pflanzenart bestäubt.

Aus einem Pollenkorn wächst jetzt ein dünner Schlauch heraus (Bild 9). Dieser *Pollenschlauch* dringt in die Narbe ein und wächst durch den Griffel bis in den Fruchtknoten hinab. Im Innern des Fruchtknotens liegt eine Samenanlage. Diese Samenanlage enthält eine Eizelle. Der Pollenschlauch wächst auf die Eizelle zu. Sobald er sie erreicht hat, dringt aus dem Pollenschlauch eine *Spermazelle* in die Eizelle ein und verschmilzt mit ihr. Diesen Vorgang nennt man *Befruchtung*.

Bildung der Frucht. Nach der Befruchtung fängt der Fruchtknoten an zu wachsen. Jeder Teil der Blüte entwickelt sich anders. Aus der befruchteten Eizelle und der Samenanlage entsteht der *Samen*. Die äußere Schicht des Fruchtknotens bildet das süße Fruchtfleisch. Die innere Schicht bildet den harten Kirschkern, der den Samen umschließt. Der Samen und die Hüllen, die aus dem Fruchtknoten gebildet wurden, bilden zusammen die *Frucht,* die Kirsche (Bild 10).

So wie beim Kirschbaum ist es auch bei vielen anderen Blütenpflanzen: Damit sich Früchte bilden können (Bild 11), müssen eine Bestäubung und eine

Befruchtung stattfinden. Nicht alle bestäubten Blüten reifen jedoch zu Früchten heran. Bei vielen Blüten folgt keine Befruchtung. Einige unreife Früchte werden gefressen oder fallen bei einem Sturm ab. Auch Pflanzenkrankheiten, ein später Frost oder ungünstiges Wetter können die Fruchtbildung verhindern.

Bei der Befruchtung verschmelzen eine Eizelle und eine Samenzelle miteinander. Aus der befruchteten Eizelle, der Samenanlage und der Fruchtknotenwand entsteht die Frucht.

A1 *Erkläre den Unterschied zwischen Bestäubung und Befruchtung.*

A2 *Woraus entwickelt sich der Samen, woraus die Frucht?*

Pflaume

Kirsche

Erdbeere

Apfel

Johannis-
beere

Info: Der Haselstrauch – ein Beispiel für Windbestäubung

1

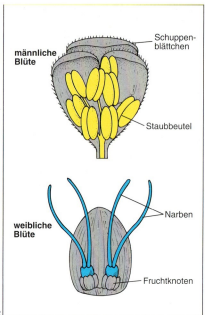

männliche
Blüte

Schuppen-
blättchen

Staubbeutel

weibliche
Blüte

Narben

Fruchtknoten

2

3

Hanna muss schon zum achten Mal im Unterrricht niesen. „Ich bin nicht erkältet, ich habe eine Allergie gegen Haselpollen", erklärt sie den anderen. Klaus wundert sich. Im Klassenzimmer steht doch gar kein Haselstrauch.

Bau der Blüten. Bei mildem Wetter blühen Ende Januar oder Anfang Februar die *Haelsträucher.* Ihre Blüten sehen ganz anders aus als Kirschblüten. Schon den ganzen Winter über waren die braunen *Blütenkätzchen* zu sehen. Doch nun blühen sie zu langen, gelben Würstchen auf, die an den noch blattlosen Zweigen hängen (Bild 1). Die Würstchen bestehen aus einigen hundert kleinen *männlichen Blüten.* Man bezeichnet dies auch als *Blütenstand.* Jeweils vier Staubgefäße bilden eine Blüte, die von kleinen Schuppenblättchen umhüllt ist (Bild 2).

Im Gegensatz zu den männlichen Blütenkätzchen sind die weiblichen Blütenkätzchen recht unscheinbar (Bild 3). An der Spitze der Blütenknospen sind nur die roten, klebrigen *Narben* zu sehen. Jede weibliche Blüte besteht aus einem *Stempel* mit zwei Narben. Immer zwei Stempel sitzen auf einem Schuppenblättchen (Bild 2). Sechs bis zehn solcher weiblichen Blüten bilden einen Blütenstand.

Männliche und weibliche Blüten stehen also in voneinander getrennten Blütenständen. Beide Blütenstände befinden sich jedoch stets auf demselben Strauch.

Bestäubung. Viele Bienen besuchen den Haselstrauch. Sein Pollen ist der erste Pollen im Jahr. Er stellt eine willkommene Nahrungsquelle dar. Da er aber nicht klebrig ist, können ihn die Bienen schwer sammeln. Für die weiblichen Blüten des Haselstrauchs interessieren sie sich nicht. Dennoch werden die Blüten bestäubt: Beim leisesten Windhauch werden die gelben Würstchen bewegt und Wolken von Blütenstaub lösen sich aus den Staubbeuteln. Dabei bleiben einige Pollenkörner an den klebrigen Narben hängen. Aus den befruchteten Blüten entwickeln sich Haselnüsse (Bild 4).

4

Der Haselstrauch hat männliche und weibliche Blütenstände. Sie befinden sich auf demselben Strauch. Die weiblichen Blüten werden durch den Wind bestäubt.

A1 *Kennst du noch andere Sträucher oder Bäume, die ähnliche Blütenstände wie der Haselstrauch haben? Werden auch sie vom Wind bestäubt?*

A2 *Erkläre, warum Hanna auch im Klassenzimmer niesen muss.*

61981

Zur Diskussion: Pflanzen sind Lebewesen

5

Pflanzen wachsen, ernähren sich, pflanzen sich fort. Sie bewegen sich, zum Beispiel öffnen und schließen sie ihre Blüten. Auch in weiteren Merkmalen unterscheiden sie sich nicht von Tieren – sie sind Lebewesen.

6

Ein Blumenstrauß bereitet viel Freude. Aber schon nach wenigen Tagen lassen die Blumen die Köpfe hängen und fangen an zu welken. Schließlich enden sie in der Mülltonne – schade um die schönen Blumen?

7

Straßenbäume haben es schwer. Durch die kleine Baumscheibe sickert nur wenig Regenwasser. Streusalze und Tiefbauarbeiten schaden den Wurzeln, Luftverschmutzung durch Abgase schadet den Blättern.

8

9

Manche Wiesen (Bild 8) bieten vielen Pflanzen einen Lebensraum. Um sie besser nutzen zu können, werden sie aber häufig überdüngt. Danach findet man nur noch wenige Pflanzenarten auf ihnen (Bild 9).

10

Wenn Pflanzen verrotten, entsteht guter, lockerer Boden für andere Pflanzen.

„Meine Familie hat nur wenig Geld. Ich habe viele Geschwister und mein Vater verdient nicht genug. Deshalb verdiene ich mit dem Sammeln von Tillandsien etwas dazu. Aber die Pflanzen, für die die Händler etwas bezahlen, werden immer seltener. Es ist schwierig geworden, schöne Exemplare zu finden."

Pedro, Argentinien

11

„Ich habe eine Tillandsie geschenkt bekommen, aber wie soll ich sie jetzt pflegen? Täglich mit Wasser besprühen, steht da. Hoffentlich vergesse ich das nicht. Und wie soll das im Winter werden? Für Pflanzen habe ich nur auf dem Fensterbrett über der Heizung Platz. Feuchtes Urwaldklima ist so kaum zu erreichen."

Moni, Deutschland

Info: Verbreitung von Samen und Früchten

Verbreitung durch den Wind. Manchmal kann man Pflanzen wie die Birke auf Bild 1 finden, die an den merkwürdigsten Stellen wachsen. Wie gelangten sie dorthin?

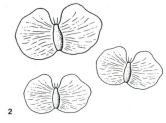

Betrachte einmal im Sommer die verblühten Blütenstände bei einer Birke. Wenn du mit dem Finger darüber streichst, lösen sich die winzigen Samen ab und fliegen in alle Richtungen davon (Bild 2). Auch wenn der Wind weht, lösen sich die Samen. Mit den dünnen *Flughäuten* an beiden Seiten werden die Samen zu kleinen Segelflug-

zeugen. Im Gleitflug segeln sie kilometerweit durch die Luft. Einige Samen fallen auf fruchtbaren Boden. Dort keimen sie und wachsen heran. Auf diese Weise haben sie einen neuen Lebensraum gefunden. Vielleicht ist er sogar besser als die Umgebung der Birke, von der sie stammen.

Wie die Samen der Birke werden viele Früchte und Samen vom Wind verbreitet. Früchte und Samen, die mit dem Wind fliegen, nennt man *Flugfrüchte*. Fast immer haben solche Flugfrüchte Anhänge oder Fortsätze, die das Schweben und Fliegen im Wind erleichtern.

Die Samen des Löwenzahns tragen einen kleinen *Schopf* oder ein *Schirmchen* aus Haaren (Bild 3). Mit diesem „Fallschirm" werden sie von dem Wind davongetragen.

Haben Samen oder Früchte nur einen *Flügel*, dann drehen sie sich wie ein Propeller, wenn sie zur Erde fallen. Sie sinken langsam zu Boden. Dabei werden sie vom Wind erfasst und mitgenommen. Ahornsamen sind ein Beispiel hierfür.

Wegschleudern oder Verstreuen. Manche Pflanzen sorgen selbst dafür, dass ihre Samen verbreitet werden. Die reifen Früchte des Springkrauts platzen bei einer Berührung oder Erschütterung auf (Bild 4). Die Samen werden dann bis zu zwei Meter weit weggeschleudert. Man nennt das Springkraut auch Rühr-mich-nicht-an.

Wenn die Kapselfrucht des Mohns reif ist, öffnen sich die kleinen Poren am oberen Kapselrand (Bild 5). Sobald sich die Pflanze im Wind bewegt, werden die Samen wie aus einer Streudose ausgestreut.

61983

Verbreitung durch Tiere. Auch Tiere sorgen für die Verbreitung mancher Früchte und Samen. Siebenschläfer, Eichhörnchen und Hamster verschleppen *Trockenfrüchte* wie Haselnüsse, Sonnenblumenkerne oder Bucheckern und verstecken sie als Vorrat für den Winter. Nicht alle Verstecke finden sie später jedoch wieder. So können die Samen auskeimen. Auch Vögel wie Eichelhäher (Bild 6) und Spechte tragen Samen fort. Einige verlieren sie unterwegs oder sie fallen zu Boden, wenn der Vogel sie öffnen und fressen will.

Die Samen von Lerchensporn, Waldveilchen und Taubnessel haben ein Anhängsel, das ölhaltig oder süß ist. Ameisen fressen diese Anhängsel gerne und verschleppen dabei die Samen.

Die Eberesche lockt mit ihren farbenprächtigen Früchten. Das Fruchtfleisch der Beeren wird nicht nur von Vögeln gefressen. Auch kleine Säugetiere wie die Haselmaus (Bild 7) mögen es. Die Samen in den Früchten, die mitgefressen werden, haben harte Schalen. Sie werden daher unverdaut wieder mit dem Kot ausgeschieden und auf diese Weise verbreitet. Auch Kirsche, Himbeere oder Holunder haben solche *Lockfrüchte*.

Es gibt auch „blinde Passagiere": Mit kleinen Widerhaken bleiben die Früchte der Waldklette im Fell oder Gefieder von Tieren hängen (Bild 8). So werden sie verschleppt, manchmal über weite Entfernungen. Irgendwo werden diese *Klettfrüchte* zufällig abgestreift und fallen zu Boden.

Samen und Früchte werden auf unterschiedliche Weise verbreitet. Einige werden von dem Wind fortgetragen. Andere werden von den Pflanzen weggeschleudert oder verstreut. Auch durch Tiere werden Samen und Früchte verbreitet.

6

A1 *Die Insel Surtsey liegt 33 Kilometer vor Island. Sie entstand in den Jahren 1963 bis 1966 aus der Lava eines Vulkans. Zunächst war kein Leben auf ihr. Im Laufe der Jahre stellten sich jedoch immer mehr Pflanzen ein. Überlege, wie sie dort hingekommen sein könnten.*

A2 *Betrachte mit der Lupe die Haken verschiedener Klettfrüchte, zum Beispiel von Waldklette, Waldmeister, Nelkenwurz oder Klebrigem Labkraut. Fertige eine einfache Zeichnung von einer Klettfrucht an.*

A3 *Viele Pflanzen können ihre Samen oder Früchte über große Entfernungen verbreiten. Welche Vorteile bietet das?*

7

8

Praktikum: Samen und Früchte

Wie Samen und Früchte fliegen

Benötigt werden: Messlatte, Föhn, Pinzette, Stoppuhr, Samen.

Sammle im Herbst verschiedene Flugfrüchte und stelle Flugversuche damit an.

– Lasse die Früchte aus zwei Metern Höhe fallen und bestimme die Zeit, bis sie auf dem Boden auftreffen (Bild 1). Stelle dieselben Versuche an, nachdem du die Flugeinrichtungen an den Früchten entfernt hast.

– Erzeuge mit einem Föhn Wind. Lasse die Samen aus zwei Metern Höhe fallen. Wie weit werden sie davongetrieben?

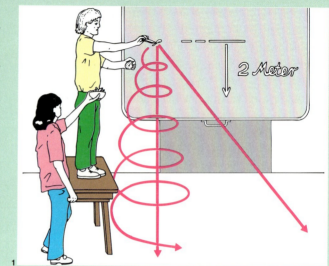

Die Flugbohne

Wie könnte eine Bohne aussehen, die durch den Wind verbreitet werden kann? Bastle eine Flugeinrichtung für eine Bohne.

Benötigt werden: Bohnensamen, Zeichenkarton, Papier, Federn, Plastiktüten, Luftballone, Gummibänder, Bindfaden, Büroklammern, Zahnstocher, Holzspieße, Klebstoff, Klebeband und Streichhölzer.

– Versuche mit den angegebenen Materialien die Flugsamen verschiedener Pflanzen nachzuahmen. Du kannst auch Fluggeräte nachbauen, die du aus der Technik kennst. Welche Bohne fliegt am weitesten?

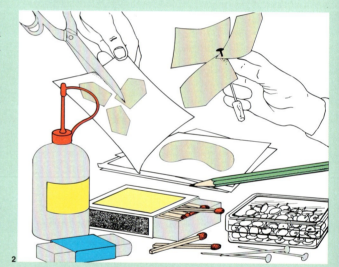

Fliegen in Natur und Technik

Fertigt in Gruppenarbeit ein Poster an, in dem technische Fluggeräte und Flugfrüchte sowie Flugsamen einander gegenübergestellt werden.

Benötigt werden: Plakatkarton, Zeichenstifte, Lineal, Schere, Flugsamen oder -früchte, Lexikon, Zeitschriften.

– Malt Flugmaschinen oder schneidet Bilder von ihnen aus. Ergänzt durch Angaben über ihr Leistungsvermögen. Benutzt dazu ein Lexikon.

– Stellt den Flugmaschinen die Samen und Früchte gegenüber. Klebt die Früchte und Samen oder eine Zeichnung davon auf den Karton. Schreibt zu den Samen ihren Namen, die Art ihrer Verbreitung und die Ergebnisse aus den Versuchen auf.

61985

Zusammenfassung

Alles klar?

A1 *Pflanzen lassen sich in Bäume, Sträucher und Kräuter einteilen. Gib für jede Kategorie jeweils drei Beispiele an.*

A2 *Nenne die Bauteile einer Pflanze und verdeutliche dies mit einer Schemazeichnung. Erkläre ihre Aufgabe.*

A3 *Nenne die Bauteile einer Blüte. Nimm die aufgeschnittene Tulpe auf Bild 4 zu Hilfe.*

A4 *Manche Pflanzen, wie die Birke, blühen mit unauffälligen Blüten, andere Pflanzen, wie die Tulpe, haben große Blüten. Überlege, warum das so ist.*

A5 *Erkläre den Unterschied in der Bestäubung von Hasel und Kirsche.*

A6 *Was läuft bei Hasel und Kirsche bei der Befruchtung gleich ab?*

4

A7 *Was braucht eine Pflanze zu ihrer Ernährung?*

A8 *Wenn wir Pflanzen im Zimmer halten, übernehmen wir Verantwortung. Was meinst du dazu?*

Auf einen Blick

Eiche

bis 40 m

5

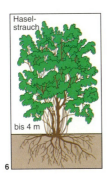

Haselstrauch

bis 4 m

6

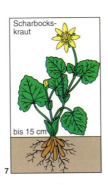

Scharbockskraut

bis 15 cm

7

Pflanzen lassen sich nach ihrer Erscheinungsform in **Bäume, Sträucher** und **Kräuter** einteilen (Bilder 5 bis 7). Nur bei Bäumen und Sträuchern gibt es holzige Teile. Sie können mehrere Jahre alt werden. Unter den Kräutern kommen viele einjährige Pflanzen vor.

Damit eine Pflanze Samen entwickeln kann, muss sie blühen, und die Blüten müssen bestäubt werden. Die **Bestäubung** können Insekten oder der Wind übernehmen. Aber erst wenn Pollenkorn und Eizelle in der Samenanlage verschmelzen, ist die Blüte **befruchtet**, und Samen kann sich entwickeln.

Pflanzensamen werden auf vielfältige Weise **verbreitet**. Flugsamen werden mit dem Wind fortgetragen. Andere Samen werden weggeschleudert, ausgestreut oder von Tieren verschleppt.

Für ihre **Ernährung** brauchen die Pflanzen Luft, Wasser, Mineralstoffe und Licht (Bild 8). Zimmerpflanzen kommen aus unterschiedlichen Klimagebieten der Welt zu uns. Damit sie gedeihen können, müssen wir ihnen ähnliche **Lebensbedingungen** schaffen wie in ihrer ursprünglichen Heimat.

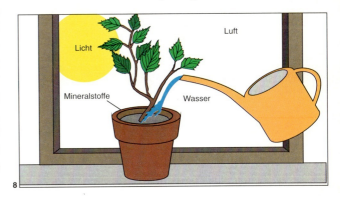

Luft

Licht

Mineralstoffe

Wasser

8

Kulturpflanzen

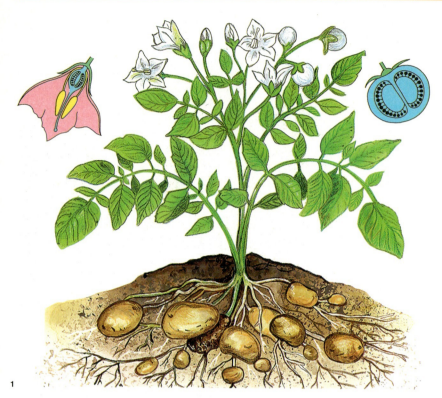

Die Kartoffel. Die Kartoffelpflanze ist ein einjähriges Kraut. Sie hat große, zerteilte Blätter und einen kantigen Stängel (Bild 1). Blätter und Stängel sind giftig.

Blüten und Früchte. Die radförmigen Blüten (Bild 2) erscheinen Ende Juli. Sie sind weiß, rosa oder violett gefärbt. Nach der Befruchtung entwickeln sich kirschgroße, grüne Früchte (Bild 3), die gleichfalls giftig sind.

Ausläufer und Knollen. Die unter der Erde wachsenden, bleichen Teile der Kartoffelpflanze bilden Ausläufer. Im Frühsommer verdicken sich die Enden dieser Ausläufer und werden zu Knollen (Bild 4), den Kartoffeln. Sie sind die Vorratsspeicher der Kartoffelpflanze. Hier speichert sie vor allem Stärke, die in den grünen Blättern gebildet wurde.

Die winzigen Vertiefungen der Knolle werden Augen genannt.

Diese Augen sind Knospen. Daran erkennt man, dass die Knolle vom Spross gebildet wird, denn Knospen entstehen nur am Spross.

Anbau. Kartoffeln gedeihen am besten in einem warmen, lockeren Boden. Im Frühjahr legt der Landwirt, meist mit Hilfe einer Legemaschine, die Kartoffelknollen in flachen Furchen aus. Anschließend werden sie mit Erde bedeckt. Bald darauf keimen die Augen zu neuen Trieben aus. Unter der Erde sind sie bleich, im Licht aber entwickeln sie sich zu kräftigen, grünen Pflanzen. Da die Ausläufer und damit auch die neuen Kartoffelknollen nur an den bleichen unterirdischen Teilen gebildet werden, häufelt man die Pflanzen mit Erde an.

Die Kartoffel zählt zu den Hackfrüchten: Der Boden muss immer wieder aufgehackt werden um ihn so zu durchlüften.

Die Kartoffel ist eine der wichtigsten Nutzpflanzen der Erde. Nur die Knollen, die an den Enden von unterirdisch wachsenden Ausläufern gebildet werden, sind essbar. Sie enthalten als Vorratsspeicher viele Nährstoffe, vor allem Stärke.

A1 *Erkläre, wie eine Kartoffelpflanze aufgebaut ist.*

A2 *Kartoffeln kann man in vielen Zubereitungsarten essen. Stelle zusammen, welche du kennst.*

61917

Aus der Geschichte: Aus Südamerika nach Preußen

Herkunft. Die Kartoffel stammt ursprünglich aus den Gebirgsländern Südamerikas. Schon die Inka in Südamerika pflanzten vor etwa 2000 Jahren Kartoffeln an. Mit der Eroberung des Inkareiches durch die Spanier kam die Kartoffel Anfang des 16. Jahrhunderts nach Europa. Wegen ihrer außergewöhnlich geformten Blüten hatte sie jedoch zunächst nur als Zierpflanze Bedeutung. In Deutschland wurde sie erst Ende des 17. Jahrhunderts als Gemüsepflanze bekannt und genutzt.

Vor allem Friedrich II. von Preußen, der „Alte Fritz", setzte den Kartoffelanbau in großem Umfang durch. Da die Bauern anfänglich vom Wert der Kartoffel nicht so einfach zu überzeugen waren, soll er zu einer List gegriffen haben: Er ließ die Kartoffeln rund um Berlin anbauen und die Felder von Soldaten bewachen. Demnach, so meinten die Leute, müsste die Kartoffel wertvoll sein. Sie stahlen die Kartoffeln unter den zugedrückten Augen der Soldaten, bauten sie an und haben sie dann gegessen.

5

6

Mit der Kartoffel kam auch der *Kartoffelkäfer* aus Südamerika nach Europa. Wenn die Triebe der Kartoffelpflanze über der Erde erscheinen, dann verlässt auch der Kartoffelkäfer sein Winterquartier im Boden.

Die hellgelben, schwarz gestreiften Käfer beginnen sofort an der Pflanze zu fressen. Nach zwei Wochen legen die Weibchen Eipakete an die Unterseite der Blätter. Aus ihnen schlüpfen Larven, die sehr gefräßig sind, sodass es zum Kahlfraß ganzer Kartoffeläcker kommen kann.

A1 *Welche Bedeutung hatte die Einführung der Kartoffel für die Menschen in Deutschland? Gab es danach bei uns noch Hungersnöte? Informiere dich bei deinem Geschichts- oder Gemeinschaftskundelehrer.*

Aus dem Alltag: Die Bedeutung der Kartoffel

Verwendung. Die Kartoffel enthält Eiweißstoffe, Fett, Mineralstoffe, Vitamine und vor allem Stärke. Sie gehört mit zu unseren wichtigsten Grundnahrungsmitteln und ist Rohstoff für verschiedene Industrien:

Stärke-Industrie	Spiritus-Industrie	Trocknungs-Industrie
Kartoffelmehl	Liköre	Kartoffelflocken
Sago	Essig	Püreepulver
Sirup	Kraftstoff	Chips, Pommes frites
Stärke	kosmet. Erzeugnisse	Backhilfsmittel
Puddingmehl	Brennspiritus	Kartoffelschnitzel
Textilstärke	Rohstoffe für die	Kartoffelpressschrot
	chemische Industrie	Kartoffelkloßmehl

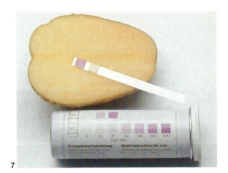

7

A1 *Überprüfe mit einem Teststreifen eine Kartoffel auf Stärke.*

Info: Getreidepflanzen

Getreideanbau. Der Anbau des Getreides wird immer mehr von der Technik beherrscht. Kleine, bunt durcheinander gewürfelte Felder verschiedener Nutzungen werden zu riesigen, einförmigen Flächen zusammengelegt, um den Einsatz großer landwirtschaftlicher Maschinen möglich zu machen. Viele wichtige Lebensräume für Pflanzen und Tiere werden dabei zerstört. Bedingt durch das Bevölkerungswachstum werden immer mehr Menschen von immer weniger, sehr ertragreichen Sorten von Kulturpflanzen ernährt. Von diesen wenigen hochgezüchteten Pflanzen hängt die Versorgung der Weltbevölkerung ab.

Pflege und Schutz. Weil wir alle von den Erträgen der Landwirtschaft abhängig sind, werden unsere Kulturpflanzen gehegt und gepflegt. Dazu zählen beispielsweise die Bewässerung, die Zuführung von Düngemitteln und – immer häufiger – die Behandlung mit Pflanzenschutzmitteln. Diese wirken gegen Pilzkrankheiten oder Insektenbefall. Damit Nährstoffe und Wasser ausschließlich den Kulturpflanzen zur Verfügung stehen, werden oft auch so genannte Herbizide gegen Ackerwildkräuter auf die Felder gespritzt und dadurch viele Arten von wildwachsenden Pflanzen vernichtet. Die Rückstände der Spritzmittel können unsere Nahrung sehr belasten.

Getreidesorten. Die für die Welternährung wichtigsten Getreidearten sind Weizen, Reis, Mais, Gerste, Hirse, Hafer und Roggen. Die jährliche Gesamtproduktion beträgt rund 1,7 Milliarden Tonnen.

1

Weizen. Der Weizen ist ein Ährengras. Er stammt von Wildweizenarten aus Vorderasien ab. Der Weizen ist unser wichtigstes Brotgetreide. Das Weizenkorn ist eine Frucht, die beim Zermahlen in Kleie und Mehl zerfällt. Heute kennt man mehr als 17 000 Weizensorten. Die Welternte beträgt fast 540 Millionen Tonnen.

3

Mais. Der Mais stammt ursprünglich aus Südamerika, wo er seit Jahrtausenden kultiviert wurde. Maispflanzen werden bei uns hauptsächlich als hochwertiges Viehfutter angebaut und genutzt. In den Ländern Lateinamerikas ist Mais jedoch ein wichtiges Grundnahrungsmittel. Die Weltproduktion beträgt 470 Mio. Tonnen.

A1 *Informiere dich in deinem Schulatlas, in welchen Ländern die genannten Getreidesorten vor allem angebaut werden.*

2

Reis. Der Reis ist ein Rispengras, das nur auf nassen Böden bei Temperaturen über 20 °C wachsen kann. Über 90 % der Welternte von ca. 500 Millionen Tonnen wird in Asien produziert. Reis dient fast 60 % aller Menschen als Hauptnahrungsquelle. In China wird der Reisanbau bereits seit 5000 Jahren betrieben.

4

Hirse. Die Hirse gehört zu den Rispengräsern und wird vor allem in den Tropen und Subtropen angebaut, da sie hohe Wärmeansprüche stellt. Hirse ist sehr dürreresistent. In den Tropen ist Hirse das wichtigste Getreide. Die wichtigste Hirseart ist die Sorghumhirse. Die Weltproduktion beträgt ungefähr 100 Mio. Tonnen.

Getreide sind aus Süßgräsern gezüchtete, für die Welternährung äußerst notwendige landwirtschaftliche Nutzpflanzen.

61919

Kennübung: Salate und Gemüse

5

Feldsalat. Mit dem Baldrian verwandte Pflanze, deren Blattrosette als Salat im Winter beliebt ist. Er wird auch Rapunzel genannt.

Salate und Gemüse. In unserer Ernährung spielen Salate und Gemüse eine wichtige Rolle. Sie liefern Vitamine, Mineralstoffe und Ballaststoffe. Als Gemüse bezeichnet man sie, wenn sie in gekochtem oder konserviertem Zustand gegessen werden; Salate, wenn sie roh oder gekocht mit Essig und Öl oder Majonäse zubereitet werden.

Je nachdem welche Pflanzenteile genutzt werden, unterteilt man sie in Wurzel-, Stängel-, Blatt- oder Fruchtgemüse.

6

Kresse. Kreuzblütengewächs, dessen Keimpflanze als Salat gegessen wird. Kresse kann leicht selbst gezogen werden.

7

Kopfsalat. Korbblütengewächs, das wahrscheinlich vom wilden Lattich abstammt. Als Salat isst man die durch Züchtung stark vergrößerte Knospe.

8

Chicorée. Er wurde aus der Wegwarte erzüchtet. Die dicken, zugespitzten Knospen werden roh als Salat oder gekocht als Gemüse gegessen.

9

Rote Rübe. Mit dem Spinat verwandte Pflanze, bei der Wurzel- und Stängelteile als Rübe ausgebildet sind. Wird roh oder gekocht als Salat gegessen.

Karotte. Doldenblütler, der eine dicke Wurzelrübe bildet. Sie wird roh und gekocht als Salat oder gekocht als Gemüse genossen.

11

Tomate. Mit der Kartoffel verwandtes Nachtschattengewächs. Nur die reifen Früchte können roh oder gekocht verzehrt werden.

12

Spinat. Zu den Melden zählende Pflanze. Die Blätter ergeben ein vitaminreiches Gemüse, das frisch zubereitet gegessen werden sollte.

61920

155

Lebensraum Wald

Die Klasse ist auf Fahrt im Naturpark Bergisches Land. Die Schüler waren erstaunt über den dichten Wald aus Fichten, Lärchen und Douglasien, durch den sie in der Höhe wanderten. Er war anders als der Wald aus Hainbuchen, Birken und Eichen, der ihnen jetzt im Tal begegnet. Trotzdem kann man jeden Wald von jeder beliebigen anderen Ansammlung von Bäumen unterscheiden. Was macht einen Wald aus?

A1 *Nenne einige Laub- und Nadelbäume, die im Wald vorkommen.*

A2 *Nenne einige Kräuter, Säugetiere, Vögel und Insekten, die nur im Wald leben.*

A3 *Man sieht im Wald meist nur sehr wenige Tiere. Sind wirklich keine da? Überlege!*

A4 *Der Wald bietet vielen Tieren Nahrung. Berichte, was du schon darüber weißt.*

Info: Wald in Hessen und Nordrhein-Westfalen

Im westlichen Teil der Bundesrepublik Deutschland sind ausgedehnte Waldflächen häufig. Es handelt sich in Hessen und Nordrhein-Westfalen um Odenwald und Spessart, Nordhessisches Bergland, die Rhön, Taunus und Westerwald, Bergisches Land, Sauerland und Siegerland, Niederrhein und Münsterland sowie Weserbergland und Teutoburger Wald. Nimm einen Atlas und suche diese Waldgebiete auf. Ein Großteil dieser Wälder wird wirtschaftlich genutzt. Es ist aber

vorgeschrieben, der Natur entsprechend zu wirtschaften. Das heißt, dass natürlich vorkommende Mischwälder bevorzugt und sorgsam gepflegt werden.
Kahlschläge von ganzen Wäldern zur Holzernte sind verboten. Es darf nur noch so viel Holz geschlagen werden, wie nachwachsen kann. Einige besonders wertvolle Wälder sind als Naturwaldreservate geschützt. Sie werden nicht mehr bewirtschaftet und sollen sich im Laufe der Zeit zu Urwäldern entwickeln.

61987

Aus der Umwelt: Pflanzen und Tiere im Wald

Für manche Menschen ist ein *Wald* nur eine Ansammlung von Bäumen und Sträuchern. Wichtiger scheinen da schon seine Funktionen: Er speichert das Regenwasser, verbessert das örtliche Klima und liefert außerdem Holz und Wild. Ein Wald ist aber noch viel, viel mehr. Jeder kann das selbst *erleben* – er braucht nur einen ausgedehnten Waldspaziergang zu unternehmen und wirklich *mit allen Sinnen* dabei zu sein!

Sehen. Wer im Wald Tiere *sehen* möchte, sucht sich am besten einen Platz am Rand einer Lichtung oder Waldwiese und wartet ruhig ab. Die günstigste Zeit ist morgens oder am späten Nachmittag. Hat man Glück, tritt ein Reh aus dem Wald heraus und beginnt zu äsen (Bild 3). Ein Eichhörnchen überquert den Weg und klettert einen Stamm empor oder ein Vogel landet in der Nähe im Geäst.

Fast immer sind Tierspuren zu finden: im lockeren Boden eines Waldwegs, an einer Pfütze oder an einem Tümpel am Wegrand.

Kleintiere sieht man meist nicht ohne weiteres. Auf gefällten Baumstämmen, besonders wenn sie in der Sonne liegen, laufen oft Käfer und andere Insekten umher. Hebt man die Borke ab, kann man darunter eine Vielzahl verschiedener Kleintiere entdecken. Überraschend viele kleine Käfer, Asseln, Milben und Hundertfüßer verbergen sich im Boden unter dem Fallaub.

Hören. Ist es im Wald still? Schließt man für einen Moment die Augen und konzentriert sich aufs *Hören*, dann ächzen plötzlich Äste, rauschen Blätter, es knackt im Gebüsch und raschelt im Fallaub. Ganz deutlich ist ein lautes „Rätsch, Rätsch" zu vernehmen – der Ruf des Eichelhähers (Bild 4). In der Ferne hört man etwas hämmern; wahrscheinlich ist es ein Buntspecht. Fast immer singen auch Vögel. An einem Maimorgen sind oft acht und mehr verschiedene Vogelgesänge innerhalb von fünf Minuten zu hören! Teste doch einmal selbst, wie viele du feststellst und wie viele du davon kennst.

Fühlen. Die rissige Rinde einer Fichte oder Kiefer fühlt sich anders an als der glatte Stamm einer Rotbuche. Viele Bäume lassen sich allein durch *Tasten* bestimmen. Mach die Probe! Präge dir die Rindenmerkmale einiger Waldbäume genau ein und lass dich dann mit verbundenen Augen von einem Freund zu einem Baum führen.

Mutige laufen einige Zeit im Wald barfuß. Dabei spürt man nicht nur den Unterschied von Moos, Laub oder Nadeln, sondern tut zugleich etwas Gutes für seine Füße.

Riechen. Eichen- und Birkenrinde *riechen* deutlich anders als moderndes Laub und wieder anders als Pilze oder das Harz einer Fichte.

Sammeln. Im Wald findet sich fast immer Interessantes zum Mitnehmen und späteren Bestimmen: Vogelfedern, ein toter Käfer, Teile einer unbekannten Pflanze, Zapfen von Nadelbäumen, Schalenstücke von einem Vogelei.

Wer besonderes Glück hat, entdeckt vielleicht ein Eulengewölle. Es enthält Knochen der Beutetiere, sodass man auf die Nahrung des Vogels schließen kann.

A1 *Versuche eine Definition für den Begriff Wald zu geben.*

A2 *Wer hat Lust zu einer Waldexkursion? Geht in einer kleinen Gruppe. Nehmt Fotoapparate, Notizbücher, Ferngläser und Plastiktüten mit. Berichtet anschließend in der Klasse.*

Info: Was ist ein Wald

Was ist ein Wald? Niemand hält eine baumbestandene Allee, einen Obstgarten, eine Baumschule oder einen Park für Wald. Wieso eigentlich nicht?

Zum Wald gehören nicht nur Bäume, sondern zahlreiche weitere Pflanzen. *Moose* bedecken oft in dichten, grünen Polstern den Waldboden. Wasser nehmen sie nur über ihre zarten Blättchen auf. Moospolster können viel Wasser speichern. *Farne* bilden im Wald manchmal hüfthohe Dickichte. An ihren großen, meist gefiederten Blättern, den Farnwedeln, lassen sie sich leicht erkennen. Junge Farnwedel sind an der Spitze eingerollt. *Pilze* findet man häufig am Fuß der Bäume. Manche Pilzarten besiedeln aber auch die Stämme oder wachsen auf morschen Baumstümpfen. Farne, Moose und Pilze blühen niemals. Sie gehören zu den blütenlosen Pflanzen.

Mehr noch fallen im Wald die vielen Arten von *Blütenpflanzen* auf. Dazu gehören Kräuter wie Fingerhut, Maiglöckchen, Buschwindröschen und Sauerklee. Zu den Blütenpflanzen zählen aber auch Sträucher wie Haselnuss, Holunder, Himbeere und Brombeere. Sträucher sind Pflanzen, deren verholzte Teile sich direkt vom Boden an in mehrere gleich starke Äste aufgabeln.

Die Stockwerke des Waldes. Kein Strauch wird so hoch wie eine Fichte oder Buche. Von den unverholzten Kräutern und Farnen werden nur wenige so hoch wie ein Strauch. Moospolster bleiben immer niedrig über dem Boden. Man spricht deshalb von Stockwerken oder Schichten, von *Baumschicht, Strauchschicht, Krautschicht* und *Moosschicht*. Dieser Aufbau der Stockwerke des Waldes ist in Bild 1 dargestellt.

Lebensgemeinschaft Wald. Würde man den Sauerklee mit seinen zarten Blättern auf ein Feld pflanzen, wäre er bald verdorrt. Er gedeiht nur im Schatten der Waldbäume. Manche Waldbäume sind auf bestimmte Pilze an ihren Wurzeln angewiesen. Zwischen den verschiedenen Waldpflanzen bestehen also *Wechselbeziehungen*.

Im Wald leben aber nicht nur viele Pflanzen. Er bietet zugleich zahlreichen Tieren Nahrung und Versteck. Auch die Tiere sind an den Wald gebunden und kommen meist nur hier vor. Untereinander und mit den Pflanzen sind sie ebenfalls durch vielfältige Wechselbeziehungen verknüpft.

Pflanzen und Tiere des Waldes zusammen bilden die Lebensgemeinschaft Wald. Sie stehen in Wechselbeziehungen zueinander.

A1 *Welche Waldtiere kennst du? In welcher Schicht halten sie sich vorwiegend auf? Lege eine Tabelle an.*

A2 *Schaue in der Natur nach, ob du den Schichtaufbau in einem Waldstück erkennen kannst.*

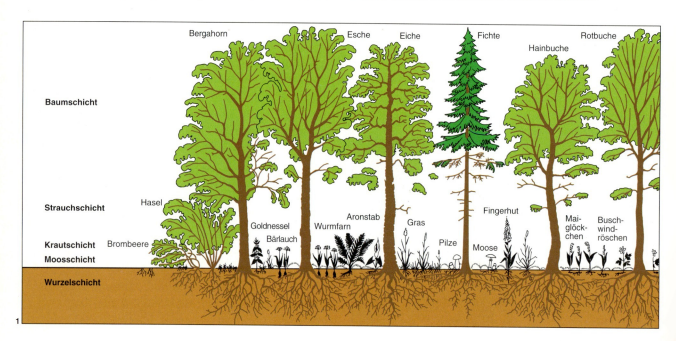

1

61989

Info: Wald ist nicht gleich Wald

Lebensbedingungen im Laubwald. Die häufigsten Bäume des Laubwaldes sind Rotbuche, Hainbuche und Eiche (Bild 2). Ehe sie sich im Frühjahr belauben, fällt viel Licht auf den Boden. Viele *Frühblüher* erscheinen und blühen bald (Bild 4). Wenn sich im Sommer das Laubdach schließt und es schattig wird am Waldboden, haben sie ihre Entwicklung schon abgeschlossen. Moose finden wir im Laubwald kaum. Im Herbst bedeckt das Falllaub die niedrigen Pflänzchen und nimmt ihnen das Licht. Die abgeworfenen Blätter bilden eine lockere, gut durchlüftete *Streu*. In ihr leben viele *Bodentiere*, die zusammen mit *Pilzen* und *Bakterien* das Laub rasch zu Humus zersetzen.

Mischwälder. Besonders reich an Pflanzen- und Tierarten sind Mischwälder aus Laub- und Nadelbäumen. Die meisten Pflanzen der reinen Laub- oder Nadelwälder kommen hier ebenfalls vor.

Lebensbedingungen im Nadelwald. Es ist dir sicher schon aufgefallen, dass in einem Fichtenwald (Bild 3) wenig Sträucher und Kräuter wachsen. Es ist hier für lichthungrige Pflanzen zu dunkel (Bild 5). Für die Moose dagegen reicht das spärliche Licht, das auf den Boden fällt, zum Wachstum aus. Etwas günstiger sind die Lichtverhältnisse im *Kiefernwald*. Daher kommen hier mehr Bodenpflanzen vor.

Natürliche *Fichtenwälder* gibt es bei uns nur im Gebirge. In tieferen Lagen hat sie der Mensch angelegt. Wo der Boden mineralstoffarm oder sandig ist, dehnen sich oft weite Kiefernwälder.

Nadelbäume verlieren ihre Nadeln meist erst nach mehreren Jahren. Doch die *Nadelstreu* ist viel dichter und daher schlechter durchlüftet als die Laubstreu. Bei ihrer Zersetzung entsteht kein fruchtbarer Humus, sondern ein saurer Rohhumus. Er wird von vielen Pflanzen nicht vertragen.

Im Laub- und im Nadelwald herrschen unterschiedliche Lebensbedingungen: Im Laubwald schwankt die Lichtmenge am Boden im Jahresverlauf, im Nadelwald ist sie stets gleich niedrig.

A1 *Wächst in der Umgebung deines Heimatortes Nadelwald, Laubwald oder Mischwald?*

A2 *Vergleiche die Bilder 2 und 3. Welche Unterschiede fallen dir auf?*

A3 *Im Laubwald gibt es viele Frühblüher. Erkläre!*

Info: Die Fichte

Ursprünglich ist die Fichte vor allem ein *Nadelbaum der Gebirge*. Wegen ihrer Schnellwüchsigkeit ist sie für die Forstwirtschaft allgemein ein wichtiger Baum geworden, der häufig angepflanzt wird. Geschieht dies in reinen Fichtenpflanzungen, spricht man von einer *Monokultur*. Etwa ein Drittel des Baumbestands in deutschen Wäldern besteht heute aus Fichten. Die Fichte bevorzugt einen *feuchten Boden*. Gegen Frost ist sie wenig empfindlich.

Stamm, Krone und Nadeln. Fichten können bis zu 60 m hoch werden. Sie haben einen schlanken Stamm und eine besonders schmale, spitz zulaufende Baumkrone (Bild 1). Die nadelför-

migen, immergrünen Blätter sitzen ringsum an den Zweigen, bei der Tanne dagegen hauptsächlich in einer Ebene. Fichtennadeln sind am Ende *spitz* und im Querschnitt *vierkantig*, Tannennadeln *rund* und im Querschnitt *flach*.

Wurzel. Die Fichte ist ein Flachwurzler. Im Gebirge kann sie ihre Wurzeln zwischen Gestein verankern. Wächst sie aber auf lockerem Boden, dann hebt sie ein heftiger Sturm samt Wurzelteller aus dem Boden (Bild 3).

Lebenslauf der Fichte. In forstlich nicht genutzten Wälder säen sich Fichten selbst aus und können ein Alter von bis zu *600 Jahren* erreichen. Für die Forstwirtschaft werden Fichten meist in der *Saatschule* herangezogen (Bild 4).

Mit 3 bis 4 Jahren haben sie etwa 20 cm Höhe erreicht. Nun werden sie in eine Schonung im Wald umgesetzt. Mit 7 Jahren sind die Fichten etwa 60 cm hoch. Da sie im Laufe der Zeit nicht nur höher, sondern auch breiter werden, entsteht bald eine undurchdringliche Dickung. Der Förster lässt den Bestand nun auslichten.

Mit 70 bis 120 Jahren verzögert sich bei der Fichte das Wachstum. Die etwa 30 m hohen Stämme werden gefällt.

Verwendung. Die Fichtenzweige dienen als Schmuck- und Abdeckreisig. Junge Fichten kommen als Weihnachtsbäume auf den Markt. Fichtenholz wird beim Hausbau sowie zur Herstellung von Spielzeug, Möbeln und Musikinstrumenten verwendet.

Die Fichte ist ursprünglich ein Nadelbaum der Gebirge. Wegen ihrer großen Bedeutung für die Forstwirtschaft wird sie oft angepflanzt.

A1 *Kannst du Gründe dafür anführen, weshalb die Fichte in der Forstwirtschaft sehr geschätzt wird?*

Info: Blüten und Samen der Fichte

männliche Blütenzapfen

weibliche Blütenzapfen

Fruchtzapfen

Samen

Auch Fichten blühen. Im Alter von etwa 40 Jahren blüht die Fichte zum ersten Mal. Im Mai findet man an den Zweigenden kleine, erdbeerfarbene *Zapfen*, die sich später gelb färben. Das sind die *männlichen Blütenstände*.

Die *weiblichen Blütenstände* sind rot gefärbte Zapfen. Sie stehen zunächst aufrecht. Die einzelnen Blüten sind sehr einfach gebaut. Sie bestehen im Wesentlichen aus einem schuppenartigen Fruchtblatt, der *Fruchtschuppe*. Auf ihr sitzen frei die zwei Samenanlagen. Die Fichte und alle anderen Nadelbäume zählen deshalb zu den *Nacktsamern*, im Unter-

schied zu den *Bedecktsamern*, bei denen die Samenanlagen in einem Fruchtknoten eingeschlossen sind.

Die weiblichen Blütenzapfen werden vom Wind bestäubt. Nach der Bestäubung drehen sie sich nach unten und entwickeln sich zu großen, schuppigen Fruchtzapfen. Erst im folgenden Jahr spreizen sich die Schuppen auseinander und der Wind trägt die geflügelten Samen fort.

Fichten gehören zu den Nacktsamern. Männliche und weibliche Blüten stehen in getrennten Zapfen auf demselben Baum.

Aus der Forstwirtschaft: Jahresringe bei Bäumen

Für Interessierte zum Weiterlesen

An gefällten Bäumen kann man leicht ihr Alter bestimmen. Dazu braucht man nur die Anzahl der Jahresringe auf dem Stammquerschnitt festzustellen (Bild 6).

Wie entstehen diese Jahresringe? Unter der Rinde des Stammes befindet sich eine Wachstumsschicht. Sie bildet nach außen neue Rindenzellen, den *Bast*, nach innen neue Holzzellen. Im Bast werden Nährstoffe von den Blättern stammabwärts transportiert.

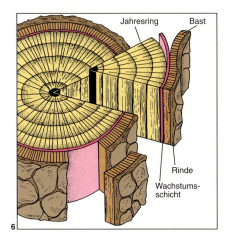

Jahresring   Bast

Rinde

Wachstumsschicht

6

Jahresringe erkennt man nur im Holz. Die im Frühjahr gebildeten Holzzellen sind groß und dünnwandig. Sie dienen vor allem der Wasserleitung von den Wurzeln zu den Blättern. Die Holzzellen, die im Laufe des Sommers entstehen, sind kleiner und dickwandiger. Sie haben die Aufgabe den Stamm zu festigen. Im folgenden Frühjahr entstehen dann wieder große Holzzellen. Sie heben sich als *Jahresringgrenze* ab.

Info: Die Rotbuche

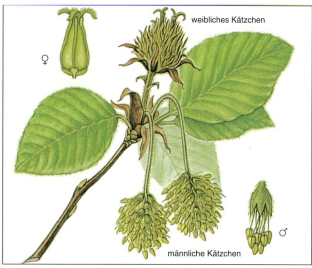

Die *Rotbuche* ist in den deutschen Wäldern der häufigste Laubbaum. Dies hat vor allem zwei Gründe: Sie kommt einerseits in ihrer Jugend von allen einheimischen Laubbäumen *mit dem wenigsten Licht* aus. Ihre *kuppelförmige Krone* lässt andererseits nur wenig Licht zum Boden durch (Bild 1). So können in ihrem Schatten kaum Konkurrenten heranwachsen. Die Borke der Buche glänzt, ist hellgrau gefärbt, glatt und dünn. Ein ausgewachsener Baum kann eine Höhe von etwa 30 m erreichen. Buchen können bis zu 300 Jahre alt werden. Sie gedeihen am besten auf lockeren, mineralstoffreichen, kalkhaltigen Böden und bevorzugen ein feuchtes, warmes Klima.

Blätter. Die eiförmigen Blätter der Rotbuche glänzen. Der Blattrand ist wellig und bei jungen Blättern weich *behaart*. Eine stattliche Buche bildet Jahr für Jahr etwa 200 000 Blätter. Die Blätter dienen nicht nur zur Ernährung der Buche selbst, sondern sind auch Nahrung für viele Tiere (Bild 3).

Blüten. Die männlichen Blüten der Rotbuche bestehen aus *Staubblättern* und sitzen in kugelförmigen Blütenständen mit langen Stielen (Bild 2). Die hellgrünen *Stempel* der weiblichen Blüten stehen zu zweit aufrecht in gestielten, köpfchenförmigen Blütenständen. Männliche und weibliche Blütenstände befinden sich auf demselben Baum, die Rotbuche ist also *einhäusig*.

Die Rotbuche ist von Natur aus der häufigste Waldbaum in Mitteleuropa. Sie bevorzugt mineralstoffreiche Böden und ein warmes Klima.

A1 *Versuche den Namen Rotbuche zu erklären.*

A2 *Wo in den Wäldern deiner nächsten Umgebung wachsen Rotbuchen?*

A3 *Sammle alles, was du unter einer Rotbuche finden kannst: Blätter, Ästchen, Bucheckern. Klebe deine Funde auf Packpapier zu einem Poster auf.*

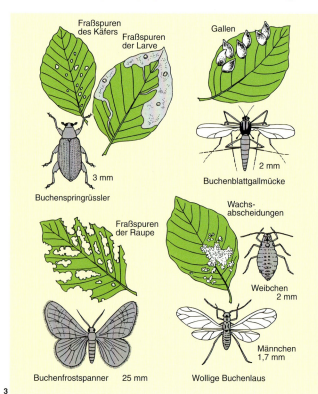

61993

Info: **Bedeutung der Rotbuche**

Verwendung. Das rötliche Holz der Rotbuche ist hart, schwer, aber dennoch leicht spaltbar. Der Farbe des Holzes verdankt die Rotbuche ihren Namen. Man verwendet es vorzugsweise für *Sitzmöbel* und *Parkettböden*, aber auch für *Eisenbahnschwellen* oder als *Brennholz*. Unsere Vorfahren stellten aus Buchenstäbchen ihre Schriftzeichen, die *Runen*, her. Daraus entwickelten sich im Laufe der Zeit die *Buchstaben*. Diese Bezeichnung, aber auch das Wort Buch gehen also auf die Buche zurück.

A1 *Zerdrücke eine Buchecker zwischen Papier. Was beobachtest du? Erkläre, warum Bucheckern als Nahrung für Wildtiere während Herbst und Winter besonders geeignet sind.*

4

Frucht. Aus jeder Samenanlage im Fruchtknoten entwickelt sich nach der Bestäubung eine dreikantige, rotbraune Nussfrucht, die *Buchecker*. Zu zweien *sind sie* von einem stachligen Fruchtbecher umgeben (Bilder 4 u. 5). Längst nicht alle Bucheckern keimen im nächsten Frühjahr. Die meisten werden von Waldtieren gefressen.

5

Info: **Herbstfärbung und Laubfall**

Für Interessierte zum Weiterlesen

Im Herbst ändert sich die Farbe der Laubblätter. Manche Blätter färben sich gelb, andere werden rot, wieder andere braun. Bald danach fallen die Blätter von den Bäumen. Sobald die Tage kürzer werden, bereiten sich die Bäume auf den Laubfall vor.

Zunächst werden alle für die Pflanze wertvollen Stoffe in den Blättern abgebaut und in die Zweige, den Stamm oder die Wurzeln geleitet. Zurück bleiben die Stoffe, die der Baum nicht mehr braucht. Sie färben die Blätter so schön bunt.

Blattstiel

Blattnarbe

Knospe

Dort, wo im Herbst das Blatt abfällt, bleibt eine Narbe zurück.

6

Im Sommer halten die grünen Blätter selbst beim stärksten Gewittersturm an den Zweigen fest. Im Herbst dagegen lösen sich die Blätter leicht vom Baum.

Zwischen dem Zweig und dem Blatt hat sich eine Trennschicht ausgebildet. An dieser Trennschicht fällt das Blatt ab.

Am Zweig bleibt eine feine Blattnarbe zurück, die von einer Korkschicht verschlossen wird. Bei großen Blättern, wie zum Beispiel bei denen der Rosskastanie und beim Ahorn, kann man diese Blattnarben deutlich erkennen.

Kennübung: Einheimische Laubbäume

Stieleiche

Vorkommen: in Laubmischwäldern der Ebene und des Berglands. Wächst meist breit und knorrig, wird bis zu 50 m hoch. Blätter gebuchtet.

Die Stieleiche ist einhäusig; ihre Früchte, die Eicheln, sitzen in einem Becher mit Stiel, daher der Name. Alter: bis zu 1000 Jahre. Holz hart, haltbar; teures Furnierholz; wird für Möbel und Parkett verwendet, früher auch als Bauholz und zum Schiffsbau.

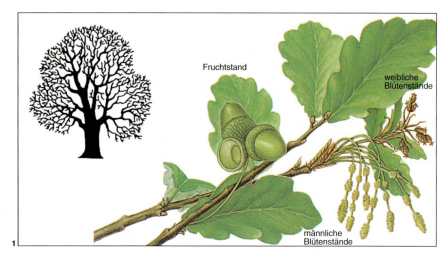

Bergahorn

Vorkommen: auf lockeren, mineralstoffreichen Böden in Mischwäldern, besonders im Bergland. Wird bis zu 30 m hoch. Blätter handförmig, fünflappig.

Der Bergahorn ist einhäusig; die Blüten stehen in Trauben und sind getrenntgeschlechtig oder zwittrig. Die geflügelte Doppelfrucht wird vom Wind verbreitet. Alter: bis zu 500 Jahre. Das Holz wird für Möbel, als Drechselholz, zum Geigenbau verwendet.

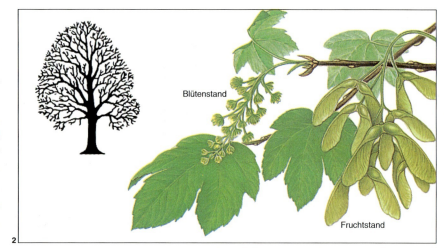

Hainbuche (Weißbuche)

Vorkommen: in Laubwäldern, oft zusammen mit Eiche; an Waldrändern. Wird bis zu 25 m hoch. Stamm mit gedrehten Längswülsten; Rinde glatt und grau. Blätter eiförmig, zugespitzt.

Die Hainbuche ist einhäusig; die kleinen Früchte sitzen an dreilappigem Flügel und werden vom Wind verbreitet. Alter: bis zu 150 Jahre. Holz schwer, zäh, hart; wird für Werkzeugschäfte, Pflöcke und als Brennholz verwendet.

61995

Kennübung: Einheimische Nadelbäume

Tanne

Vorkommen: in Mischwäldern des Berglands und der Gebirge, liebt Böden mit hohem Humusgehalt. Hat weit ausladende Äste und wird bis zu 50 m hoch. Nadeln an der Unterseite mit zwei weißen Streifen, am Ende stumpf.

Die Tanne ist einhäusig; ihre Zapfen stehen aufrecht, die Samen sind geflügelt. Alter: bis zu 500 Jahre. Holz wertvoll, harzfrei, leicht und weich; wird als Bauholz und zum Geigenbau verwendet.

Kiefer

Vorkommen: meist auf trockenem Boden, gedeiht auch in Heidegebieten und auf Sandböden noch gut. Hat eine breite, flache Krone, wird bis zu 50 m hoch. Rinde dick, rissig. Hat eine Pfahlwurzel.

Die Kiefer ist einhäusig; ihre Zapfen enthalten geflügelte Samen. Alter: bis zu 600 Jahre. Holz harzreich; wird für Möbel, als Bauholz und zur Papierherstellung verwendet.

Lärche

Vorkommen: ursprünglich nur Gebirgsbaum, heute überall gepflanzt. Wird über 40 m hoch. Nadeln hellgrün, weich, dünn; färben sich im Herbst goldgelb und werden abgeworfen.

Die Lärche ist einhäusig; ihre Zapfen sind klein, eiförmig, die Samen breit geflügelt. Alter: bis zu 400 Jahre. Das Holz wird als Bauholz verwendet; schön gewachsene Stämme waren früher als Schiffsmasten sehr begehrt.

Info: Pflanzen der Krautschicht

Licht ist eine Voraussetzung für das Leben der grünen Pflanzen. Es liefert Energie für die Fotosynthese. Licht steht aber in den Stockwerken der verschiedenen Waldarten in ganz unterschiedlicher Menge zur Verfügung. Am wenigsten davon erhält die Krautschicht.

Krautschicht im Laubwald. In den verschiedenen Jahreszeiten gelangt in einem Laubwald unterschiedlich viel Sonnenlicht bis hinunter zur Krautschicht. Wenn im Frühjahr die Bäume noch ohne Laub sind, kann etwa die Hälfte des Sonnenlichts bis zur Krautschicht durchdringen. Dabei erwärmt sich die vermoderte Laubstreu vom Vorjahr stärker als die Luft. In diesem „Minitreibhaus" kommen die ersten Frühblüher, wie zum Beispiel das Buschwindröschen (Bild 1), das Schneeglöckchen, der Lerchensporn oder das Maiglöckchen, aus der Erde heraus. Damit sie so früh austreiben können, haben sie im Vorjahr schon Nährstoffe in besonderen Organen angelegt.

Im Mai stehen die Bäume in vollem Laub. Durch die dichten Baumkronen erreichen nur noch 10 % des Sonnenlichts die Krautschicht. Jetzt entfalten sich die *Schattenpflanzen*. Diese Pflanzen haben meist sehr dünne, zarte Blätter und Stängel. Zu ihnen zählen beispielsweise Gräser, Farne (Bild 9), Schachtelhalme oder auch der Sauerklee. An den lichtärmsten Stellen wachsen Moose (Bild 10), Pilze (Bild 11) und Flechten, die man einer gesonderten Schicht, der Moosschicht, zuordnet.

Krautschicht im Nadelwald. Auf die untersten Schichten in einem Nadelwald fällt das ganze Jahr über gleichmäßig wenig Licht. Daher ist die Krautschicht hier auch wenig entwickelt und artenarm. Nur wenige Arten unter den Blütenpflanzen, wie der Sauerklee (Bild 2) oder Sporenpflanzen wie viele Arten der Farne, Moose oder Pilze, können hier überleben.

Je nach Jahreszeit fällt auf die Krautschicht im Wald unterschiedlich viel Licht. Entsprechend der Lichtmenge wachsen dort zu verschiedenen Jahreszeiten andere Pflanzen.

A1 *Beschreibe, wie sich im Laufe eines Jahres das Aussehen der Laubwälder ändert. Begründe!*

A2 *Frühblüher wachsen schon sehr zeitig im Jahr. Gib Gründe dafür an.*

Praktikum: Sauerklee ist eine Schattenpflanze

Benötigt werden: zwei mittelgroße Blumentöpfe und eine Grabschaufel, Erde, zwei kräftige Sauerkleepflanzen.

Suche im Wald eine Stelle mit Sauerklee. Grabe vorsichtig zwei Pflanzen aus und setze sie in Blumentöpfe. Stelle sie einige Tage an einen schattigen Ort. Vergiss das Gießen nicht. Bei beiden Pflanzen stehen nun die Blättchen waagrecht ab.

Stelle nun einen Topf ins Sonnenlicht und einen in den Schatten. Betrachte nach einer halben Stunde was die Blättchen machen.

Wie verhalten sich die Blättchen, wenn du eine Pflanze in völlige Dunkelheit stellst?

Steht die Pflanze in Bild 2 in der Sonne oder im Schatten?

Bringe beide Pflanzen nach den Versuchen wieder in den Wald.

61997

Kennübung: Pflanzen der Kraut- und Moosschicht

Buschwindröschen. Kommt im Laub- und Nadelwald vor, wenn der Boden mineralstoffreich und nicht zu sauer ist. Als Frühblüher blüht es schon im März und April.

Waldprimel. Diese Primel, auch Hohe Schlüsselblume genannt, wächst in Laubwäldern, Auen- und Schluchtwäldern. Sie blüht schon im März und April.

Bärlauch. Im feuchten Laubwald bildet der Bärlauch oft große, grüne Teppiche. Die Blätter riechen nach Knoblauch. Der Bärlauch blüht von April bis Juni.

Aronstab. Blüht ab April im feuchten Laubwald. Die Blüten sitzen an einem braunen Kolben, der von einem Hochblatt umgeben ist. Die roten Beeren sind giftig.

Sauerklee. Die Blätter schmecken säuerlich. Er kommt vor allem im feuchten Nadel- und Mischwald vor. Die Blüten erscheinen im April.

Goldnessel. Die Goldnessel ist im Laub- und Nadelwald anzutreffen. Sie blüht von April bis Juli. Die Blüten sitzen jeweils zu mehreren beisammen.

Wurmfarn. Häufigster Farn unserer Wälder. Bevorzugt feuchte, schattige Standorte. Kommt auch in Ufergebüschen vor.

Waldhaarmützenmoos. Polster bildendes Moos der Laub- und Mischwälder. Wird etwa 15 cm hoch. Sehr häufig.

Grüner Knollenblätterpilz. Kommt in Laubwäldern vor. Der olivgrüne Pilz riecht süßlich bis widerlich. *Tödlich giftig.*

Info: Tiere im Wald

Etwa ein Sechstel unserer einheimischen Tierarten ist im Wald zu Hause. Dazu gehören fast alle größeren *Säugetiere*, etwa ein Drittel der einheimischen *Brutvögel* und ein Heer von *Insekten*, *Spinnen* und anderen Kleintieren. Der Wald bietet ihnen einen Lebensraum mit ausgeglichenem Klima, vielfältiger Nahrung und geeigneten Brut-, Versteck- und Überwinterungsplätzen.

Lebensräume. Der Wald stellt für seine Mitglieder keinen einheitlichen Lebensraum dar, sondern ein Mosaik aus Lebensbereichen, Klein- und Kleinstlebensräumen: Waldrand und Waldinneres, Lichtungen und Dickichte, Nadelbäume und Laubbäume, Baumkronen und Stämme, Waldboden und Moospolster, Ameisenhügel und Baumstümpfe. Bei ihnen herrschen jeweils eigene Lebensbedingungen, an die ihre Bewohner angepasst sind.

Schon ein einzelner *Baum* ist ein vielgestaltiger Lebensraum: Von seinen Blättern leben *Schmetterlingsraupen* und *Blattläuse*, in seinem Stammholz frisst die Larve der *Holzwespe* und nistet der *Specht*. Die Rindenritzen werden von *Ohrwürmern* und *Spinnen* bewohnt, an seinen Wurzeln nagen *Käferlarven*. *Meisen*, *Eichelhäher* und andere Vögel haben in den Zweigen ihre Nester und finden hier reichliche Nahrung. Hoch im Wipfel legen *Greifvögel* ihre Nester an.

Fliegenschnäpper 14 cm
Kleiber 14 cm
Fichtenkreuzschnabel 16 cm
Buntspecht 23 cm
Sommergoldhähnchen 9 cm
Schnellkäfer 16 mm
Ziegenmelker 27 cm
Rüsselkäfer 14 mm
Kohlmeise 14 cm
Baummarder 60 cm
Gartenbaumläufer 13 cm
Singdrossel 23 cm

1

Wälder bieten in ihren unterschiedlichen Lebensbereichen und Kleinlebensräumen einer großen Zahl von Tieren passende Lebensbedingungen.

A1 *Sammle Früchte und Zapfen. Manche von ihnen tragen Fraßspuren.*
Von welchem Tier könnten sie sein? Vergleiche mit Bild 2.

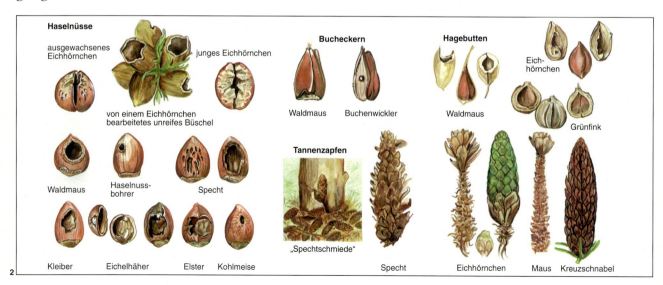

Haselnüsse
ausgewachsenes Eichhörnchen
junges Eichhörnchen
von einem Eichhörnchen bearbeitetes unreifes Büschel
Waldmaus
Haselnussbohrer
Specht
Kleiber
Eichelhäher
Elster
Kohlmeise

Bucheckern
Waldmaus
Buchenwickler

Tannenzapfen
„Spechtschmiede"
Specht

Hagebutten
Waldmaus
Eichhörnchen
Grünfink

Eichhörnchen
Maus
Kreuzschnabel

2

Info: Das Reh im Jahreslauf

3

4

Mai. Die rotbraune *Ricke* (Bild 3), so nennt man das weibliche Reh, hat im Gebüsch des Waldes zwei Jungen zur Welt gebracht. Jedes wiegt etwa ein Kilogramm. Gut geschützt liegen die beiden *Kitze* im Gebüsch. Weiße Flecken auf ihrem braunen Fell wirken wie Sonnenflecken (Bild 4). Wenn du ein Rehkitz findest, berühre es nicht. Die Ricke, die in den ersten Tagen nur zum Säugen herbeikommt, würde es nicht mehr annehmen. Das Kitz müsste verhungern.

Schon nach einer Woche folgen die Kitze der Mutter und beginnen an Kräutern zu knabbern.

Ende Juli. Die Ricke hat frühmorgens mit ihren Jungen Futter auf der nahen Waldwiese gesucht. Nun ruhen alle drei im Gebüsch verborgen und käuen wieder. Da ruft vom Waldrand her ein *Rehbock*. Es klingt wie trockener Husten. Die Paarungszeit der Rehe, die *Brunft*, hat begonnen. Für einige Zeit verlässt die Ricke ihre Jungen, später kehrt sie zurück.

Herbst. Die Ricke und ihre Jungen tragen schon das graubraune Winterfell und gesellen sich zu anderen Rehfamilien der Umgebung. In Rudeln zu 8 bis 12 Tieren verbringen sie den Winter.

Kräuter und Blätter sind jetzt knapp. So leben sie von jungen Baumtrieben, Bucheckern und Eicheln.

Geweih. Schon mit vier Monaten sind beim männlichen Kitz an der Stirn zwei Knochenknöpfe zu sehen. Sie werden im Dezember abgeworfen. In den nächsten Monaten bilden sich an derselben Stelle zwei längere Knochenstangen. Solange sie wachsen, sind sie von Haut umschlossen, dem Bast. Er versorgt das wachsende Geweih mit Nährstoffen. Im April stirbt der Bast ab. Er wird an Bäumen und Sträuchern abgestreift, „gefegt". Im Herbst fällt dann das Geweih ab. Im nächsten Jahr bekommt jede Geweihstange zwei Enden, in den folgenden Jahren immer drei (Bild 5).

Männliche Rehe haben ein Geweih aus Knochen. Es wird jedes Jahr im Herbst abgeworfen und entsteht im Frühjahr neu.

A1 *Rehe dürfen in der Schonzeit nicht gejagt werden. Versuche herauszufinden, wann ihre Schonzeit ist. Warum wurde sie gerade so gewählt?*

5

So sagt der Jäger:
RICKE: ERWACHSENES WEIBLICHES REH
KITZ: JUNGTIER * BOCK: MÄNNLICHES REH
GEHÖRN: GEWEIH DES REHBOCKS
SPIESSER: BOCK, DER EIN GEHÖRN OHNE VERZWEIGUNGEN HAT
GABLER: BOCK, DER EIN GEHÖRN MIT VIER ENDEN HAT
SECHSERBOCK: BOCK, DER EIN GEHÖRN MIT SECHS ENDEN HAT

Info: Der Buntspecht

Lautes Trommeln hallt durch den Wald. Ein schwarz-weiß-roter Vogel hämmert mit dem Schnabel gegen einen Ast. Dann klettert er in Spiralen am Baum empor. Es ist ein *Buntspecht* (Bild 1). Wie alle Spechte hat der Buntspecht Kletterfüße. Meist sind zwei Zehen nach vorn und zwei nach hinten gerichtet. Mit den spitzen, gebogenen Krallen kann sich der Buntspecht gut in der Rinde verankern. Außerdem dienen ihm die kräftigen Schwanzfedern als Stütze.

Spezialist im Insektenfang. Mit seinem meißelartigen Schnabel klopft der Specht die Rinde ab. Er sucht nach Insekten und ihren Larven. Am Klang des Aufschlags erkennt er, ob Beute zu erwarten ist. Mit kräftigen Schlägen entfernt er die Rinde. Dann schiebt er die lange, klebrige Zunge in die Fraßgänge der Insekten. Mit seiner harpunenartigen Zungenspitze spießt er die Beute auf und holt sie heraus.

Verständigung. Spechte sind Einzelgänger. Durch Trommeln locken sie das Weibchen an und verkünden anderen Männchen: Hier ist mein Revier. Etwa 10- bis 20-mal in der Sekunde hämmern sie beim Trommeln gegen den Ast.

1

2

Höhlenbrüter. In morschen Stämmen oder Ästen legt der Buntspecht seine Nisthöhle an. Jedes Jahr baut er eine neue. Zwei Wochen arbeiten Männchen und Weibchen daran, bis die *Höhle* etwa 30 cm tief ist. Dann legt das Weibchen 5 bis 7 weiße Eier hinein. Die Jungen schlüpfen nach 12 Tagen. Es sind blinde und nackte *Nesthocker*. Erst nach drei Wochen verlassen sie die Nisthöhle. Danach bleiben sie noch zwei Wochen in der Nähe ihrer Eltern, suchen aber schon selbstständig nach Nahrung. Buntspechte können bis zu 8 Jahre alt werden. Meist sind es jedoch nur 3 Jahre.

Nahrung. Davon finden die Spechte im Wald meist genug. Häufig sind es *Insekten* und ihre *Larven*, die im Holz der Bäume fressen und diese schädigen. Deshalb sieht der Förster den Buntspecht gerne in seinem Revier. Ansiedeln kann er sich aber nur dort, wo man *morsche, alte Bäume* stehen lässt. Nur in ihren Stämmen zimmern sie Nisthöhlen (Bild 2). So schaffen sie auch Wohnraum für andere Höhlenbrüter wie Meisen, Stare, Kleiber und Eulen, manchmal auch für Fledermäuse, Baummarder oder Siebenschläfer.

Spechtschmiede. Zur Nahrung des Spechtes gehören auch die Samen der Nadelbäume. Um an die Samen zu gelangen, klemmt er die Zapfen in einer Baumspalte fest. Dann zerhackt er sie mit dem Schnabel (Bild 3).

3

Der Buntspecht ist ein Baumvogel mit Kletterfüßen und einem Stützschwanz. Er brütet in selbst gezimmerten Höhlen.

A1 *Wie sucht der Buntspecht seine Nahrung? Beschreibe!*

A2 *Spechte sind Baumtiere. Erläutere!*

A3 *Spechte spielen in der Lebensgemeinschaft Wald eine wichtige Rolle.*
Kannst du für diese Behauptung einige Gründe anführen? Welche?

62001

Kennübung: Vögel des Waldes

Habicht. Lebt in Wäldern und Heckenlandschaften. So groß wie Bussard. Horst aus Reisig auf hohen Bäumen. Nahrung: Vögel, Säugetiere bis Hasengröße, Aas.

Waldkauz. In Wäldern, Parks und Gärten. Größer als eine Taube. Nistet in Baumhöhlen. Ruht tagsüber auf Bäumen. Jagt nachts Vögel, Mäuse und Insekten.

Kuckuck. Lebt in Wäldern und Parks. Kleiner als eine Taube. Das Weibchen legt die Eier in Nester von anderen Vögeln. Nahrung: Insekten.

Pirol. In Au- und Laubwäldern, Parks und Gärten. Amselgroß. Sein napfförmiges Nest hängt in einer Astgabel. Zugvogel. Nahrung: Insekten und Früchte.

Eichelhäher. In Wäldern mit dichtem Unterholz, Parks, Gärten. Taubengroß. Nest hoch über dem Boden. Nahrung: Bucheckern, Eicheln, Eier, Jungvögel.

Buchfink. In Wäldern aller Art, Parks und Gärten. Sperlingsgroß. Getarntes Nest in einer Astgabel am Stamm. Nahrung: Samen, Insekten.

Zaunkönig. Lebt in unterholzreichen Wäldern, Parks, Gärten. Nest unter Baumwurzeln. Nahrung: Insekten, Spinnen und Beeren.

Schwanzmeise. In dichtem Laub- und Mischwald, Parks und Gärten. Gut getarntes, kugelförmiges Nest. Nahrung: Insekten, Spinnen.

Haubenmeise. Kommt vor allem in Nadelwäldern vor. Nest in Baumhöhlen. Nahrung: Spinnen, Insekten und Kiefernsamen.

Info: Der Fichtenborkenkäfer

1

Am Rand einer Fichtenmonokultur hängt an einem Gestell ein schwarzer Kasten mit zahlreichen Schlitzen. Es ist eine *Lockstoff-Falle* für den *Fichtenborkenkäfer* oder *Buchdrucker*.

Entwicklung. Fichtenborkenkäfer werden kaum fünf Millimeter lang. Dennoch gehören sie zu den am meisten gefürchteten *Schädlingen* im Forst.

2

Die Männchen suchen im April *kränkelnde* und *geschwächte* Fichten auf. Solche Bäume sondern bei Verletzungen nur wenig Harz ab. Durch die Rinde bohrt sich das Männchen in den Bast ein. Hier legt es eine Kammer an. Zwei bis vier Weibchen folgen nach. Sie werden vom Männchen begattet. Danach bohren sie im Stamm nach oben und unten *Muttergänge*. In kleine Nischen legen sie je ein Ei, insgesamt 30 bis 60 Stück. Die ausschlüpfenden Larven fressen sich in *Seitengängen* vom Muttergang weg. Die Larvengänge laufen nebeneinander her wie die Zeilen einer Buchseite. Daher kommt der Name „Buchdrucker". Am Ende der Seitengänge verpuppen sich die Larven in einer geräumigen *Puppenwiege*. Ab Ende Juni schlüpfen die Käfer. Oft legen die Weibchen ein zweites Mal Eier. So nimmt die Zahl der Käfer rasch zu.

Besonders in *Fichtenmonokulturen*, wo sie Nahrung und Brutbäume im Überfluss finden, kann es zu Massenvermehrungen kommen. Sie können zum Absterben der Monokulturen, wie 1997 im Bayerischen Wald, führen. In einem natürlichen Mischwald dagegen stellt der Borkenkäfer keine Gefahr dar. Verstärkter Harzfluss der befallenen Bäume vertreibt die Käfer. Schlupfwespen und Spechte stellen ihnen nach und sorgen dafür, dass sie nicht überhand nehmen.

Biologische Bekämpfung. Wenn die Weibchen des Fichtenborkenkäfesr einen geeigneten Brutbaum gefunden haben, locken sie die Männchen mit einem Duftstoff herbei. *Lockstoff-Fallen* enthalten Beutel mit künstlich hergestelltem Geschlechtsduftstoff. Die Käfermännchen werden in die Falle gelockt und so von den Weibchen fern gehalten. Diese Schädlingsbekämpfung hat den Vorteil, dass sie den Borkenkäfer trifft, andere Tiere aber weitgehend verschont.

Der Fichtenborkenkäfer kann in Fichtenmonokulturen große Schäden anrichten. Im Mischwald dagegen stellt er keine Gefahr dar.

A1 *Sammle Rindenstücke mit Fraßbildern vom Fichtenborkenkäfer. Zeichne ein Fraßbild und beschrifte es.*

A2 *In welchen Wäldern findet der Fichtenborkenkäfer besonders günstige Lebensbedingungen? Wie kann die Forstwirtschaft das Problem lösen?*

3

172

Zusammenfassung

Alles klar?

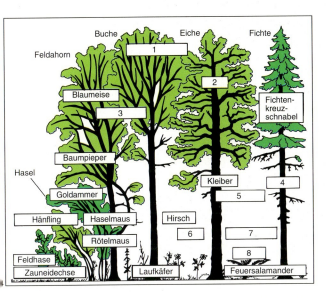

5

A1 Ordne die abgebildeten Säugetiere und Vögel in Bild 5 den leeren Namenskästchen in Bild 4 zu. Welche Überlegungen musst du dazu anstellen? Für welche Tiere ist die Zuordnung eindeutig?

A2 Pflanzt man einen Sauerklee an einen Wegrand, geht er ein. Was würde aber passieren, wenn man einen Wiesensalbei in einen Buchenwald pflanzt? Erkläre!

A3 Warum bezeichnet man den Wald als Lebensgemeinschaft?

A4 Erstelle einen „Steckbrief" eines Waldbaumes als Poster. Verwende dazu auch gesammeltes Material.

A5 Erkläre am Beispiel der Lebensweise einiger Waldinsekten, was ein Kleinlebensraum ist.

Auf einen Blick

Ein **Wald** ist eine **Lebensgemeinschaft** aus vielen verschiedenen Pflanzen und Tieren. In Bezug auf Wasser, Licht und Nährstoffversorgung sind die **Lebensbedingungen** in verschiedenen Waldarten unterschiedlich. Daher unterscheiden sich auch die Kraut-schichten der verschiedenen Waldarten.

Auch im Jahreslauf ändern sich die Lebensbedingungen im Laubwald sehr stark. **Frühblüher** und **Schattenpflanzen** sind daran angepasst.

Die verschiedenen Laub- und Nadelbäume des Waldes sind von **wirtschaftlicher Bedeutung** für uns. Sie werden wegen ihres Holzes angepflanzt und gepflegt.

Die Waldbäume stellen aber auch Nahrung und Wohnung für die Tiere des Waldes bereit. Selbst ein abgestorbener Baum oder Baumstumpf beherbergt noch viel Leben.

Die zahl- und artenreichsten Waldbewohner sind die Insekten (Bild 6). Alle Insekten haben den gleichen Grundbauplan.

6

Aufgaben und Gefährdung des Waldes

1

Ihr seht eine Buche (Bild 1). Ihre 200 000 Blätter spenden Schatten und Kühle. Im Herbst werden ihre Bucheckern reif, von denen sich viele Tiere ernähren. Aber auch zu anderen Jahreszeiten bietet diese Buche vielen Tieren Nahrung und Wohnung. Für den Menschen ist das Holz sehr wertvoll, deshalb pflegt der Förster seinen Bestand. Leider hat er in den letzten Jahren Grund zur Sorge: Immer mehr Buchen werden krank und werfen schon im Sommer grüne Blätter ab.

A1 *Kennst du bereits Tiere, die sich direkt von der Buche ernähren? Denke dabei nicht nur an Früchte und Blätter. Nenne einige Tiere. Suche auch Beispiele für andere Waldbäume.*

A2 *Im vorangegangenen Kapitel hast du einiges über die Lebensweise der Roten Waldameise kennen gelernt. Sie frisst weder Blätter noch Früchte von Waldbäumen. Warum trifft man sie trotzdem nie außerhalb von Wäldern an? Kannst du Gründe dafür angeben? Welche?*

A3 *In einem Wald sieht man selten tote Tiere. Was passiert mit einem Tier, wenn es stirbt? Beschreibe einige Möglichkeiten.*

A4 *Der Mensch trägt eine besondere Verantwortung für den Wald, weil er ihn intensiv nutzt und ihn gleichzeitig gefährdet. Erläutere!*

A5 *Beschreibe, welchen Nutzen der Wald für dich persönlich hat.*

A6 *Oben war schon davon die Rede, dass der Wald uns wertvolles Holz liefert. welchen anderen Nutzen können wir aus dem Wald ziehen?*

A7 *Seit Anfang der Achtzigerjahre treten schlimme Waldschäden auf. Man spricht vom Waldsterben. Was weißt du über Ursachen und Wirkungen dieses Waldsterbens?*

A8 *Katharina behauptet: „Die Wälder sorgen dafür, dass wir auch im Sommer immer sauberes Trinkwasser haben." Welche Funktion des Waldes spricht sie damit an?*

A9 *Welche Gründe kannst du für die besondere Bedeutung der Bergwälder anführen?*

Info: Nahrungsbeziehungen im Wald

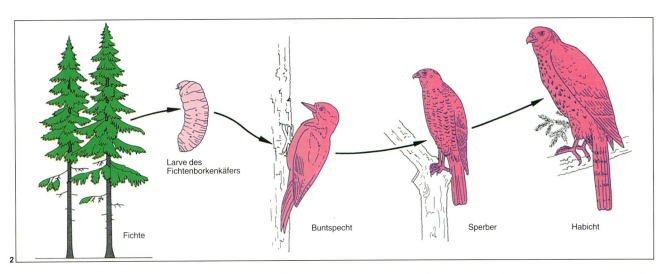

Fichte • Larve des Fichtenborkenkäfers • Buntspecht • Sperber • Habicht

Nahrungsketten. Die *Larve* des *Fichtenborkenkäfers* wächst im Bast der Fichte heran. Hier findet sie die notwendige Nahrung für ihre Entwicklung. Sie lebt als Pflanzenfresser. Der *Buntspecht* sucht die Fichte gleichfalls auf. Er hat es jedoch nicht auf das Fichtenholz, sondern auf die Borkenkäferlarve abgesehen. Der Buntspecht wiederum ist für den *Sperber* eine willkommene Beute und dieser kann in Ausnahmefällen selbst vom *Habicht* geschlagen werden. Habicht und Sperber sind Fleischfresser.

Ordnet man die Lebewesen nach ihren Nahrungsbeziehungen, ergibt sich also folgende Reihe (Bild 2): Fichte → Fichtenborkenkäferlarve → Buntspecht → Sperber → Habicht.

Eine solche Reihe nennt man *Nahrungskette*. Der Pfeil bedeutet dabei: „wird gefressen von".

Zwischen Tieren und Pflanzen der Lebensgemeinschaft Wald gibt es zahlreiche Nahrungsbeziehungen, die sich als Nahrungsketten darstellen lassen.

Manchmal steht auch der Mensch am Ende der Nahrungskette: Fichte → Rothirsch → Mensch.

Der Rothirsch hat bei uns keine natürlichen Feinde mehr. Der Jäger tritt an deren Stelle.

Nahrungsnetz. Die Fichte, der Fichtenborkenkäfer, der Buntspecht, der Sperber und der Habicht bilden eine Nahrungskette. Aber dem Habicht dient nicht nur der Sperber als Nahrung und der Sperber lebt nicht nur von Spechten. Beide jagen viele verschiedene Vögel sowie kleinere Säugetiere. Der Speisezettel des Buntspechts umfasst neben tierischer Nahrung auch pflanzliche Kost wie Fichten- und Kiefernsamen. Die Fichte ernährt zahlreiche Tiere. Rinde und junge Triebe frisst der Rothirsch, an den Fichtennadeln saugen Blattläuse, für die Fichtenzapfen interessiert sich neben dem Buntspecht auch das Eichhörnchen. All diese Nahrungsbeziehungen zusammen ergeben ein reich verzweigtes *Nahrungsnetz* (Bild 3).

Nahrungsbeziehungen zwischen Lebewesen lassen sich als Nahrungskette und Nahrungsnetz darstellen.

Nahrungsnetz im Wald

Fichte — Rothirsch — Borkenkäfer — Blattlaus — Eiche — Buntspecht — Eichhörnchen — Hasel — Sperber — Singdrossel — Regenwurm — Habicht — Baummarder

A1 *Ergänze die Nahrungskette: Eiche – Eichenwicklerraupe – ? – Grauspecht – Baummarder.*

A2 *Welche Lebewesen stehen immer am Anfang einer Nahrungskette? Welche Erklärung kannst du dafür geben?*

A3 *Stelle weitere Nahrungsketten zusammen.*

Info: Kreislauf der Stoffe im Wald

Zersetzer. Alljährlich fallen im Wald große Mengen Falllaub an (Bild 1), Kräuter sterben ab und Tiere verenden. Aber sie dienen noch zahlreichen Lebewesen als Nahrung. *Bodentiere, Pilze* und *Bakterien* leben von diesen toten Pflanzen und Tieren. Als *Zersetzer* bauen sie deren organische Stoffe allmählich ab. Am Ende bleiben nur anorganische Stoffe übrig: Kohlenstoffdioxid, Wasser und Mineralstoffe.

Erzeuger. Die Pflanzen des Waldes nehmen die entstandenen anorganischen Stoffe mit den Wurzeln auf. Mit Hilfe des Sonnenlichts erzeugen sie daraus organische Stoffe wie Zucker, Stärke und Eiweiße. Allein die grünen Pflanzen sind hierzu in der Lage. Sie bezeichnet man daher als *Erzeuger*.

Verbraucher. Zu den *Verbrauchern* organischer Stoffe gehören die *Tiere* des Waldes. Die Pflanzenfresser unter ihnen leben direkt von den Erzeugern. Doch auch die Fleischfresser sind indirekt, durch die Nahrungsgewohnheiten ihrer Beutetiere, auf die grünen Pflanzen angewiesen. Sie alle sind Bestandteile eines zusammenhängenden Kreislaufs.

Stoffkreislauf. Von den organischen Stoffen, die die grünen Pflanzen erzeugt haben, geht nichts verloren. Alle organische Substanz, selbst noch der Kot der Tiere oder ein ausgefallenes Haar, wird von den Zersetzern wieder in die anorganischen Ausgangs-

1

stoffe zerlegt. In dieser Form stehen sie den grünen Pflanzen erneut zur Verfügung. Es handelt sich also um einen Stoffkreislauf (Bild 2).

Biologisches Gleichgewicht. In einem gesunden Wald stehen Erzeuger, Verbraucher und Zersetzer in einem ausgewogenen Verhältnis zueinander:

Es herrscht ein *biologisches Gleichgewicht*. Tritt eine Veränderung ein – vermehrt sich beispielsweise eine Insektenart stärker – führt dies bald dazu, dass auch die Zahl der Fressfeinde zunimmt. Sie vermehren sich ebenfalls stärker, da sie reichlich Nahrung zur Verfügung haben. So pendelt sich das biologische Gleichgewicht nach kurzer Zeit wieder ein.

Im Wald gibt es einen Kreislauf der Stoffe, an dem Erzeuger, Verbraucher und Zersetzer beteiligt sind. Stehen sie in einem ausgewogenen Verhältnis, herrscht ein biologisches Gleichgewicht.

A1 *Liste auf, welche Organismen zu den Erzeugern, welche zu den Verbrauchern und welche zu den Zersetzern zählen.*

A2 *Was passiert, wenn aus dem Kreislauf der Stoffe ein Teil ausfällt?*

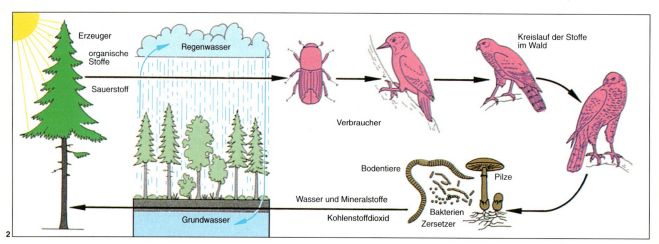

2

Umwelt aktuell: Wir brauchen den Wald

Für Interessierte zum Weiterlesen

Seit einigen Jahren steht der Wald durch das Problem Waldschäden im Mittelpunkt zahlreicher Diskussionen. Wir gehen sehr großzügig mit dem Rohstoff Holz um und bewegen uns wie selbstverständlich in dem Naturraum Wald. Dabei ist uns meist nicht bewusst, dass der Wald für uns Menschen weitaus größere, wichtigere Aufgaben erfüllt als nur als Holzlieferant und Ort der Erholung zu dienen.

Temperaturausgleich

Der Wald hat einen ausgleichenden Einfluss auf das örtliche Klima. An heißen Tagen ist es im Wald angenehm kühl. Die Temperatur ist hier bis zu 4 °C niedriger als auf dem freien Feld. Zudem ist es im Wald meist windstill.

Wasserspeicher

Bis zu 200 Liter Regenwasser kann ein Quadratmeter Waldboden speichern. Dieses Wasser steht nicht nur den Waldbäumen zur Verfügung, sondern speist auch zahlreiche Quellen und das Grundwasser.

Luftfilter

Staub- und Rußteilchen in der Luft bleiben an den Blättern und Nadeln der Waldbäume hängen. Der nächste Regen spült sie dann fort. 1 Hektar Buchenwald kann in einem Jahr der Luft bis zu 240 kg Staub entziehen.

Bodenschutz

Baumwurzeln mit einer Gesamtlänge von bis zu 100 km durchziehen jeden Quadratkilometer Waldboden. Sie festigen den Boden und verhindern, dass die Erde weggespült wird.

Nachwachsender Rohstoff

Jährlich werden etwa 30 Millionen Kubikmeter Holz geschlagen. Damit wird aber nur die Hälfte unseres Holzbedarfs, etwa für Papier, Bleistifte, Türen, Tische und Stühle, gedeckt.

Klimaregulator

Der Wald entnimmt der Atmosphäre große Mengen Kohlenstoffdioxid und wandelt es mithilfe der Fotosynthese in Biomasse um. Zusätzlich wird der lebensnotwendige Sauerstoff freigesetzt.

Aus der Umwelt: Waldschäden durch sauren Regen

Der Wald ist krank – und manchmal „schreitet diese Krankheit unaufhörlich fort". Das siehst du z. B. an den Bildern 1–3. Sie zeigen ein und dasselbe Waldstück im Abstand von einigen Jahren. Ein Glück, dass **Waldschäden** nicht immer so folgenschwer sind!

Forstarbeiter sind seit langem damit beschäftigt, schwer kranke Bäume zu fällen. Besonders auffällig ist, dass immer mehr Folgeerscheinungen der Luftverschmutzung – und damit des sauren Regens – den kranken Bäumen zusetzen: So spielen Schädlinge (z. B. Borkenkäfer) dabei eine immer größere Rolle.

Nadelbäume, die sehr krank sind, erkennt man an ihren stark gelichteten Kronen. Sie haben den größten Teil ihrer Nadeln verloren. Oft sind nur noch die Nadeln des letzten Triebes vorhanden (Bild 4).

Bei geschädigten Tannen sind deutlich Verfärbungen der Nadeln – von Gelb bis Rotbraun – zu erkennen (Bild 5). Danach fallen diese dann endgültig ab. Häufig wird im Holz ein *Nasskern* sichtbar (Bild 6),

wenn eine stark geschädigte Tanne gefällt wird. Der Nasskern ist eine braunrot verfärbte, übel riechende Zone. In ihr sammeln sich Fäulnisbakterien an. Daran wird deutlich, dass nicht nur Schadstoffe aus der Luft auf die Bäume einwirken; auch aus dem Erdboden nehmen die Bäume Schadstoffe auf (Bild 7).

Laubbäume weisen (wenn sie krank sind) ebenfalls starke Veränderungen auf: Ihre Blätter haben z. B. unregelmäßige braune Flecken oder sie rollen sich zusammen. Auch färben sich kranke Bäume im Herbst früher als gesunde.

Bei starken Schädigungen von Bäumen werden die Astspitzen und Äste im oberen Bereich der Krone trocken. Die Baumkrone ist dann gegenüber gesunden Bäumen deutlich „verlichtet". Außerdem zeigt die Rinde kranker Laubbäume oft tiefe Risse. Oder sie weist im unteren Bereich des Stammes schwarze Flecken auf; aus diesen tritt eine klebrige Flüssigkeit aus. Oft bilden sich auch krebsartige Wucherungen.

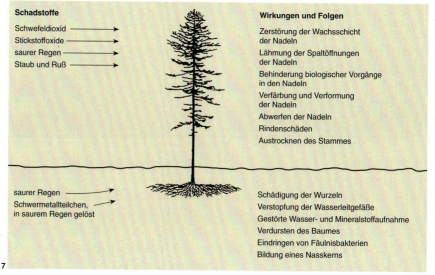

Schadstoffe	Wirkungen und Folgen
Schwefeldioxid	Zerstörung der Wachsschicht der Nadeln
Stickstoffoxide	Lähmung der Spaltöffnungen der Nadeln
saurer Regen	Behinderung biologischer Vorgänge in den Nadeln
Staub und Ruß	Verfärbung und Verformung der Nadeln
	Abwerfen der Nadeln
	Rindenschäden
	Austrocknen des Stammes
saurer Regen	Schädigung der Wurzeln
Schwermetallteilchen, in saurem Regen gelöst	Verstopfung der Wasserleitgefäße
	Gestörte Wasser- und Mineralstoffaufnahme
	Verdursten des Baumes
	Eindringen von Fäulnisbakterien
	Bildung eines Nasskerns

Aus der Umwelt: Der Anfang vom Ende eines Nadelbaumes

Für Interessierte zum Weiterlesen

Der Wissenschaftler Ricardo Ojeda-Vera hat Schädigungen an Bäumen sichtbar gemacht.
So wird deutlich, wie die Nadeln von Schadstoffen ausgebleicht und verätzt,
anschließend von Pilzen befallen und von Tumoren zerfressen werden.
Dabei wirken wahrscheinlich nicht nur Schadstoffe aus Luft und Erdboden zusammen.

Die Bilder 8–10 zeigen Querschnitte durch die Nadel einer Schwarzkiefer (etwa 100fach vergrößert).

Die Bilder 12–14 zeigen, wie sich eine Kiefernadel gegen die Zerstörung wehrt (etwa 75fach vergrößert).

Bei dieser gesunden Nadel (Bild 8) erkennt man Hautschichten mit Spaltöffnungen. Damit atmet der Baum. Im grünen Gewebe liegen Harzkanäle. Das Zentrum der Nadel bildet ein Doppelstrang von Versorgungskanälen (für Wasser und Mineralstoffe) von den Wurzeln bis zu den Nadelspitzen.

Die weißen, kurzen Striche in Bild 12 sind die Spaltöffnungen. Eine 10 cm lange Nadel hat etwa 37 000 davon. Durch diese Öffnungen sind giftige Chemikalien eingedrungen. Andere haben die Hautschicht zerstört. Die Nadel hat dagegen weiße Abwehrstoffe gebildet.

8

12

Hier haben die Schadstoffe die Hautschichten zerstört (Bild 9). Einige Spaltöffnungen wurden vernichtet. Die dunkelbraunen Verfärbungen in den Versorgungskanälen weisen darauf hin, dass auch mit dem Saftstrom Schadstoffe in die Nadel eingedrungen sind.

An der kranken Stelle von Bild 12 ist die Nadel geschwächt. Dadurch wurde sie besonders anfällig für Pilzbefall.
Der dunkle Fleck in Bild 13 ist ein solcher Pilz. Die Nadel versucht offenbar durch Ausstoßen von Harz den Pilzbefall abzuwehren.

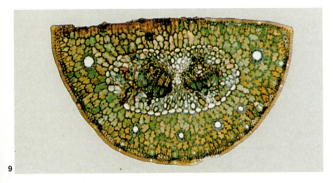

9

13

Die Krankheit des Baumes schreitet fort: Ein Tumor frisst sich in das Gewebe der Nadel (Bild 10).
Auf der Oberfläche der Nadel ist er – in natürlicher Größe – nur als winziger dunkler Fleck zu erkennen (Bild 11).

In Bild 14 ist zu erkennen, wie sich der Pilz vermehrt hat. Die braunen Gewebeteile der Nadel sind bereits abgestorben, die roten und gelben zeigen verschiedene Stadien der Zerstörung. Der Kampf des Baumes gegen die Zerstörung ist also erfolglos verlaufen.

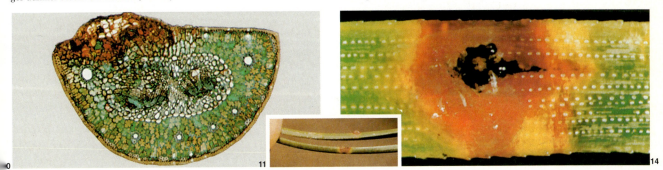

10

11

14

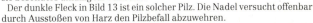

Praktikum: Erkennen von Waldschäden

Schäden an Laubbäumen

- Blätter beginnen bereits im Sommer zu welken.
- Schon Anfang Juni verlieren erkrankte Bäume grüne Blätter.
- Schwer erkrankte Bäume verlieren bis Ende Sptember ihr gesamtes Laub ohne die typische Herbstfärbung.
- Blätter rollen sich ein und fallen ab.
- Die Kronen erkrankter Bäume sind schütter belaubt.
- Die Hauptäste beginnen von außen her abzusterben.
- Die abgestorbenen Äste der Baumkronen stehen „krallenartig" nach oben.

Schäden an Nadelbäumen

- Die Nadeln verfärben sich gelbbraun.
- Die Nadeln fallen vorzeitig ab.
- Die nach unten hängenden Seitentriebe sind entnadelt und hängen wie Lametta herab.
- Als letzte Rettungsmaßnahme bildet der Baum Angsttriebe: Aus den Seitenzweigen wachsen neue Ästchen empor.
- Der Baumwipfel flacht ab.
- Die noch grünen Zweige erscheinen verkrüppelt und verformt. Sie stehen in alle Richtungen ab.

1 Mit dem Förster im Wald

Wir bitten einen Förster, uns auf einem Gang durch den Wald zu führen und uns geschädigte Waldbäume zu zeigen.

Vorbereitung: Wir überlegen uns Fragen über Waldschäden an den Förster. Für die Arbeit im Wald benötigen wir Schreibzeug und eine Tasche zum Mitnehmen von einzelnen Zweigen. Auch ein Fotoapparat und ein Fernrohr können auf unserem Lerngang sehr nützlich sein.

Wie kann man erkennen, ob ein Baum krank ist?

- Haltet in einem Protokoll fest, welche Merkmale als Krankheitszeichen euch der Förster bei einem Nadelbaum und welche er euch bei einem Laubbaum zeigt.
- Prüft, ob alle Bäume im besuchten Waldstück in gleichem Maß erkrankt sind.
- Vergleicht Bäume, die verschieden alt sind.
- Macht mit dem Fotoapparat Bilder von gesunden und erkrankten Bäumen.
- Achtet auch auf Schadensmerkmale bereits gefällter, kranker Bäume. Wie sehen die Jahresringe von geschädigten Bäumen aus?

2 Gestaltung eines Posters

Gestaltet mit den gesammelten gesunden und kranken Zweigen, mit Fotos und mit Zeitungsausschnitten ein Poster zum Thema „Waldschäden". Die wichtigsten Ursachen der Waldschäden werden auf dem Poster der Reihe nach vermerkt.

Zusammenfassung

Alles klar?

A1 In Bild 5 siehst du einen Berghang irgendwo am Mittelmeer. In antiker Zeit waren solche Hänge mit dichtem Wald bestanden. Sie wurden von den Griechen und Römern gerodet, um Schiffe aus dem Holz zu bauen.
Beschreibe die Konsequenzen der Rodung für den Boden. Könnte man dort heute wieder Wald aufforsten?
Was leitest du daraus für die Bedeutung unserer heimischen Bergwälder ab?

5

A2 Vergleiche Nutz- und Schutzwirkung von Fichtenforst und Mischwald.

A3 Früher wurden von der Forstwirtschaft vor allem Fichtenmonokulturen angelegt, heute dagegen meist Mischwälder. Begründe.

A4 In einem Fichtenforst sind am Ende eines trockenen Sommers riesige Flächen durch Borkenkäferbefall vernichtet worden. Ist das ein Schicksalsschlag, mit dem man rechnen muss, oder wurden auch Fehler vom Förster gemacht? Wäge ab und begründe.

A5 Beschreibe Ursachen und Wirkungen der Luftverschmutzung.

A6 Hans sagt: „Vom Waldsterben kann ich nichts sehen, die Bäume sind doch alle noch schön grün!" Was würdest du ihm erwidern? Auf welche Anzeichen muss Hans achten?

A7 Erläre die Rolle von Erzeugern, Verbrauchern und Zersetzern im Wald. Fertige dazu eine Zeichnung an und beschrifte sie.

A8 In welcher Beziehung stehen Spechte, Waldameisen und Fichtenborkenkäfer? Beziehe weitere Waldtiere mit ein.

A9 Kannst du dir einen Wald ohne Tiere vorstellen? Oder wäre ein Wald ohne Bodenlebewesen möglich? Beschreibe, was jeweils mit den Bäumen passieren würde.

Auf einen Blick

Die Tiere und Pflanzen des Waldes sind durch **Nahrungsbeziehungen** miteinander verknüpft. Es bestehen **Nahrungsketten,** die sich zu komplizierten **Nahrungsnetzen** verbinden lassen. Pflanzen bauen dabei als Erzeuger neue organische Substanz auf, die von Tieren, den Verbrauchern, gefressen wird. Alles, was abstirbt, wird dann von den Zersetzern wieder zu anorganischen Stoffen zerlegt und steht damit erneut den Pflanzen zur Verfügung. So besteht ein **Stoffkreislauf** (Bild 6).

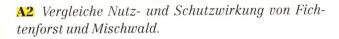

Sauerstoff

Kohlenstoffdioxid

6

Vom Menschen wird der Wald auf vielfältige Weise genutzt. Geschieht diese Nutzung nicht behutsam, wird das **biologische Gleichgewicht** gestört. Massenvermehrungen von Schadinsekten können die Folge hiervon sein.

Auch die **Luftverschmutzung** trägt zur Gefährdung des Waldes bei. Da die Luftverschmutzung von uns selbst verursacht wird und wir den Wald auch in Zukunft nutzen wollen, tragen wir gleich doppelt Verantwortung für den Wald.

Zum Nachschlagen

Eine Sehprobentafel

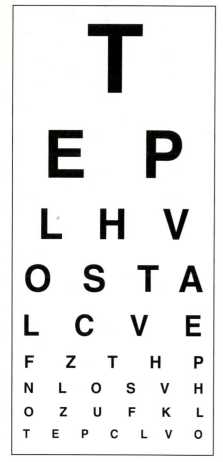

Zur obigen Sehprobentafel:

Stelle das Buch (mit dieser gerade aufgeschlagenen Seite) senkrecht vor dich hin. Versuche dann möglichst viele Zeilen aus 5 Meter Entfernung zu lesen. (Jemand kontrolliert dabei, ob du richtig liest.)

Wenn du in einem hellen Zimmer Mühe hast die Buchstaben der zweiten Zeile von oben zu erkennen, sind deine Augen offenbar nicht in Ordnung.

(Natürlich lassen sich nicht alle Sehschwächen oder -fehler auf diese Weise ermitteln. Die Kontrolle mit der Sehprobentafel ersetzt also nicht den Besuch beim Augenarzt. Sie kann dir allenfalls einen Hinweis geben.)

Schall- und Hörbereiche

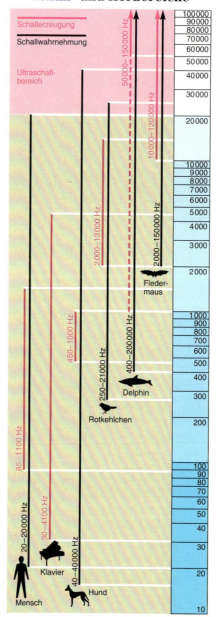

Zum „Lesen" des Schaubildes:

Der Frequenzbereich, in dem ein Mensch oder Tier *hört* (schwarze Linie) ist größer als der der Laute, die das Lebewesen von sich gibt (rote Linie).

Auch gibt es Unterschiede von Lebewesen zu Lebewesen: Im Ultraschallbereich hört der Mensch im Gegensatz zum Hund nichts.

Schallgeschwindigkeit in ...

Luft	340 m/s
	(ca. 1200 km/h)
Wasser	1485 m/s
Meerwasser	1530 m/s
Buchenholz	3300 m/s
Ziegelstein	3650 m/s
Marmor	3800 m/s
Stahl	5100 m/s
Glas	5300 m/s
Vakuum	–

Verzeichnis der Text- und Bildquellen

Acaluso, Altensteig: 34.1; Agrar Press, Bergisch-Gladbach : 87.5; Ammon, Schönau: 16.2; Angermayer, Holzkirchen: 34.2, 93.3, 120.1, 132.6, 133.9, 153.6, 171.4 u.11; Anthony, München: 71.3a, 71.3c, 71.3e; Artothek, Peissenberg: 58.2; Bavaria, Gauting: 10.2, 11.9, 28.1, 39.8, 45.6, 50.1, 70.1, 71.3d, 112.5, 113.10, 145.8, 148.3, 149.7 u. 8, 154.4, 38.2; Bayerische Landesanstalt für Bodenkultur u. Pflanzenbau, Freising: 86.1 u. 2, 87.4; Bergmann, Osnabrück: 106.3; Bildarchiv Preußischer Kulturbesitz, Berlin: 43.6; Billiant, I. Rock, Wahrnehmung/Spektrum: 60.3; Bio-Info, Ibbenbueren: 172.2, 177.5, 180.3 u. 4; Blume, Kiel: 82.1-3; Boehringer, Ingelheim: 72.5; Brugger, Stuttgart: 113.9; Buff, Biberach: 78.2, 142.1 u. 3, 142.5 u. 7; Buhtz, Heidelberg: 4.1, 119.3, 151.4, 152.2, 167.8; Buselmaier, Uni Heidelberg: 72.3; Danegger, Owingen: 106.1, 170.1; Dennerle, Münchweiler: 83.6; dpa, Frankfurt/Main: 69.4, 85.2, 129.10 u. 11, 131.7, 178.5; DRK, Berlin: 49.7; Geologisches Landesamt NRW, Krefeld: 87.3 u. 6, 89.2; Gesellschaft für ökologische Forschung/O. Baumeister, München (aus: Kein schöner Wald): 178.1-3; hgt, Altenberg: 69.7; Historia Photo, Hamburg: 153.5; Hollatz, Heidelberg: 7.4, 9.6, 24.1, 25.3, 30.1, 51.4, 59.4-6, 69.5, 71.3, 72.1 u. 2, 91.5-8, 100.1-3, 100.5 u. 6, 111.4 u. 5, 112.2-4, 112.7, 116.1, 121.4-7, 130.3, 139.3 u. 4, 152.4, 153.7; Hoya Lens, Hamburg: 65.7; IFA, München: 15.7, 33.5, 34.3, 69.3, 106.2; IMA, Hannover: 117.6 u. 7; Interfoto, München: 112.8, 129.9, 131.4; Irmer, München: 38.4; Juniors Bildarchiv, Senden: 130.2; Kleesattel, Schwäbisch Gmünd: 74.1, 102.1, 181.5; Knabe, Mülheim: 178.4; Kretztechnik, Zipf (Österreich): 18.2; Lade, Oberursel: 31.3, 58.2, 68.1; Lieder, Ludwigsburg: 80.4; Limbrunner, Dachau: 106.4, 107.6-9, 107.12 u. 13; Mainbild, Frankfurt/Main: 129.7; Mauritius, Mittenwald: 17.4, 18.4, 32.2, 39.7, 52.1, 135.5, 137.5 u. 6, 159.2 u. 3, 177.8, 180.1; May, Karlsruhe: 126.1; Möckel, Dresden: 97.4, 148.1; Natur & Science, Vaduz: 144.4; Nature & Science, Universität Zürich: 72.6; Nilsson, Stockholm: 72.4; Nilsson: Unser Körper - neu gesehen. Herder, Freiburg: 54.1; Offermann Arlesheim, Schweiz: 99.4-7; Ojeda-Vera, Heilbronn: 179.5-11; Okapia, Frankfurt/Main: 8.3, 35.5, 61.7 u. 8, 78.1, 81.5, 107.10 u. 11, 114.3, 117.5, 148.5, 167.10; Peters, Essen: 130.1; Pfeiffer, Kirchentellinsfurt: 44.3; Philips, Hamburg: 18.1; Porcelain, Milwaukee: 60.1; Projektphotos, Augsburg: 68.2; Redeker, Gütersloh: 7.2, 60.2, 71.3, 100.4, 108.2, 112.6, 176.1; Reichelt, Donaueschingen: 178.6; Reinhard, Heiligkreuzsteinach: 27.5 u. 6, 61.6, 91.3, 97.3, 103.4, 107.5, 109.4-6, 112.1, 113.11, 117.3, 123.4, 124.2, 125.3 u. 5, 129.3-7, 131.5, 132.2 u. 4, 133.8 u.10, 133.11, 134.3, 135.6 u. 8, 136.1-3, 137.4, 137.7 u. 8, 137.10 u. 12, 140.1-6, 145.10, 146.3, 147.6 u. 7, 147.11, 154.1, 154.2, 156.2, 157.3 u. 4, 159.4 u. 5, 160.1, 160.3 u. 4, 166.1 u. 2, 167.3, 167.5 u. 6, 167.9 u. 11, 169.3 u. 4, 171.5-10, 171.12, 172.3, 177.3 u. 4, 177.6 u. 7; Reinhard, Holzkirchen: 120.2; Ringler, Walpertskirchen: 147.8 u. 9; Roth-Technik, Gaggenau: 32.3; Sambraus, München:: 112.2; Sammer Bildarchiv, Neuenkirchen: 155.5-7, 155.9-12; Sauer, Karlsfeld: 76.1, 76.3; Schneider, Oberried: 77.1, 82.5; Schrempp, Breisach: 137.9, 152.3; Seeger Dia-Archiv, Kirchheim: 144.2 u. 3; Siemens, München: 31.4, 69.6; Signalbau Huber AG, Scheikheim: 69.8; Silvestris, Kastl: 8.1, 9.4 u. 5, 17.6, 21.5, 22.1, 27.1-4, 39.6, 61.4 u. 5, 61.9, 90.1, 103.5, 104.1, 109.7, 110.1, 117.4, 118.2, 120.3, 122.1, 127.3, 132.3 u. 5, 133.12, 134.1 u. 4, 135.7, 137.11, 144.1, 146.1, 147.5 u. 10, 148.4, 149.6, 154.2, 155.8, 160.2, 162.1, 163.4, 167.4 u. 7, 170.2 u. 3, 172.1, 174.1, 180.2; Studio-TV-Film, Heidelberg: 51.2; Superbild, Grünwald: 156.1; Transglobe, Hamburg: 35.6; Ullrich, Berlin: 35.1; Universitätsbibliothek Heidelberg: 79.6 u. 7; USIS, Bonn: 37.10; Weiß, Neckarsteinach: 52.2 u. 3; Wilhelm-Foerster-Sternwarte, Berlin: 44.4 u. 5; Zefa, Düsseldorf: 10.1, 13.6, 114.1, 118.1, 122.2.

Alle anderen Fotos: Cornelsen Verlag, Berlin und Heidelberg.

Grafik des Biologie-Teils: Biste, Schwäbisch Gmünd: 5.4, 26.1, 33.6, 53.4 u. 5; Biste und Krischke, Schwäbisch Gmünd und Marbach: 103.6; Eickhoff, Speyer: 124.4, 143.9 u. 10, 145.11, 146.4, 163.5; Gattung, Edingen: 123.3, 128.1; Groß, Mundelsheim: 128.2, 169.5; Haydin, Bensheim: 31.5; Konopatzki, Heidelberg: 161.5, 162.2, 164.1-3, 165.4-6; Krischke, Heidelberg: 162.3; Krischke, Marbach: 4.2, 5.3, 6.6, 51.3, 71.2, 73.7, 74.2 u. 3, 75.4 u. 5, 76.2, 77.5, 78.3 u. 4, 79.5, 80.1-3, 81.6, 91.3, 93.4, 96.1, 102.3, 104.2, 108.1, 114.2, 115.4 u. 5,116.2, 119.4, 126.2, 132.1, 133.7, 134.2, 135.8 u. 9, 141.7, 142.2 u. 4, 142.6 u. 8, 144.5 u. 7, 145.9, 148.2, 151.11-3, 152.1, 158.1, 163.6, 168.1 u. 2, , 169.5, 173.4 u. 5, 175.2 u. 3, 176.2, 181.6; Kühn, Heidelberg: 105.5; Mair, Eching: 108.3; Rissler, Heidelberg: 124.1; Schrörs, Bad Dürkheim: 7.3, 25.2, 30.2, 58.1, 90.2, 92.1 u. 2, 94.1 u. 2, 95.3, 96.2, 97.5, 101.7 u. 8, 110.2 u. 3, 111.6, 138.1, 139.2, 151.14, 173.6; Schrörs nach Vorlage Krischke, Bad Dürkheim und Marbach: 146.2, 150.1-3, 161.6.

Grafik des Physik- und Chemie-Teils: Koglin und Le Vaillant, beide Berlin.

61752

Sach- und Namenverzeichnis

61754

NATUR UND TECHNIK

5/6
TEILBAND 2

NATURWISSENSCHAFTEN

Cornelsen

Natur und Technik
Naturwissenschaften

Klasse 5/6
Teilband 2

Erarbeitet von
Bernd Heepmann, Dr. Walter Kleesattel,
Wolfgang Kunze, Dr. Heinz Muckenfuß,
Christiane Piepenbrock, Ingrid Scharping,
Carmen Scholz, Wilhelm Schröder,
Reinhard Sinterhauf

Berücksichtigt wurden auch Arbeiten von
Dr. E. W. Bauer, Roman Biberger,
Dr. Stefanie Esders, Karl Füssl, Udo Hampl,
Hans Herzinger, Dr. Peter Hiering, Jörg Meier,
Gerhard Moosburger, Karlheinz Pfahler,
Dr. Lothar Staeck, Dr. Leonhard Stiegler,
Horst Wisniewsky

Redaktion:
Helmut Dreißig, Thomas Gattermann,
Dr. Wolfgang Goll, Dr. Silvia Jander,
Carola Lerch, Jutta Waldow

Grafik:
Siehe Verzeichnis der Bild- und Textquellen

Cornelsen online http://www.cornelsen.de

1. Auflage ✓€   Druck 5 4 3 2 Jahr 02 01 2000
Alle Drucke dieser Auflage können im Unterricht
nebeneinander verwendet werden.

© 1999 Cornelsen Verlag, Berlin
Das Werk und seine Teile sind urheberrechtlich geschützt. Jede
Verwertung in anderen als den gesetzlich zugelassenen Fällen bedarf
deshalb der vorherigen schriftlichen Einwilligung des Verlages.

Druck: CS-Druck Cornelsen Stürtz, Berlin

ISBN 3-464-04298-7

Bestellnummer 42987
(Bestellnummer von Teilband 1: 42936
Bestellnummer des Gesamtbandes: 42995)

gedruckt auf säurefreiem Papier, umweltschonend
hergestellt aus chlorfrei gebleichten Faserstoffen

Inhaltsverzeichnis

Stoffe im Alltag

Körper und Leistung

[1]) In Teilband 2 wird die Seitenzählung von Teilband 1 weitergeführt.

Stoffe erkennen und unterscheiden

Methoden zur Untersuchung von Stoffen

In deiner Umgebung kommen die unterschiedlichsten Materialien vor (Bild 1).

Um mit ihnen richtig umgehen zu können (Bild 2) musst du einige ihrer Eigenschaften kennen.

Info: Stoffe erkennt man an ihren Eigenschaften

Bild 1 zeigt verschiedene Gegenstände. Wie du schon weißt, werden sie auch **Körper** genannt. Die Materialien, aus denen die Körper hergestellt wurden, bezeichnet man als **Stoffe**.

Jeder Stoff hat ganz bestimmte Eigenschaften; sie sind typisch für den Stoff. Diese Eigenschaften helfen uns Stoffe zu erkennen und zu unterscheiden. Darüber hinaus geben sie uns Hinweise darauf, wie man mit den Stoffen richtig umgehen sollte (Bild 2) und ob sie gefährlich sind. Auch besondere Verwendungszwecke und Entsorgungsmaßnahmen ergeben sich daraus.

Einige Stoffe kann man aufgrund ihrer Eigenschaften gut unterscheiden, manche sehen aber fast gleich aus (z. B. Zucker und Kochsalz). Eine Unterscheidung von Stoffen ist also nicht immer ganz einfach, zumal wir Folgendes beachten müssen: **Einen Stoff dürfen wir niemals kosten.** Das gilt im Chemieraum sogar für Stoffe, die eigentlich ungefährlich sind (z. B. für Lebensmittel).

Die typischen Eigenschaften eines Stoffes sind unabhängig von Form und Größe des Körpers, der aus diesem Stoff besteht.

Eigenschaften, die mit Hilfe von *Messungen* bestimmt werden können, sind besonders gut zur Unterscheidung von Stoffen geeignet.

Wir können Stoffeigenschaften in Form eines Steckbriefs (Bild 3) oder in einer Tabelle notieren.

Stoffeigenschaften (bei 20 °C)

Eigenschaften	Tinte	Kochsalz
Farbe	blau	weiß
Zustand	flüssig	fest
Härte	–	spröde
Löslichkeit in Wasser	…	…
Brennbarkeit	…	…
Magnetisch?	…	…
Leitung des elektr. Stromes	…	…

Steckbrief

Gesucht wird

ein Stoff mit folgenden Eigenschaften:

Farbe	weiß
Zustand bei Raumtemperatur	fest
Oberfläche	glatt
Härte	gering
Verhalten gegenüber Wasser	löst sich nicht
Verhalten beim Erhitzen	schmilzt schnell
Brennbarkeit	brennbar
Leitung des elektrischen Stromes	leitet nicht

61152

Sieh dir zunächst die Grundregeln zum Experimentieren im Anhang an.

Unsere **Sinnesorgane** helfen uns einige Stoffeigenschaften zu erkennen:

V1 *Mit den Augen bestimmen wir* **Farbe** *und* **Glanz** *von Stoffen (z. B. Eisen, Kupfer, Aluminium, Kreide, Kohlenstoff, Schwefel). Auch sehen wir, in welchem* **Zustand** *(z. B. fest oder flüssig) sie vorliegen.*

V2 *Wie riechen die Stoffe? Führe* **Geruchsproben** *bei einigen Stoffen durch – z. B. bei Essig, Reinigungsbenzin, Apfelsaft, Wasser und Brennspiritus. (Lies vorher das Info unten auf dieser Seite.)*

V3 *Wie fühlen sich die Stoffe an? Untersuche die* **Festigkeit** *und die* **Oberflächenbeschaffenheit.** *Nimm z. B. Schwämme, Schleifpapier, eine Glasplatte und Folien aus Aluminium und Kunststoff.*

Wir benötigen **Hilfsmittel** um weitere Eigenschaften festzustellen:

V4 *Mit einem Nagel kann man einige feste Stoffe hinsichtlich ihrer* **Härte** *vergleichen („Ritzprobe"). Ordne die Stoffe entsprechend ihrer Härte.*

V5 *Was geschieht mit festen Stoffen im Wasser? Untersuche so die* **Löslichkeit** *z. B. von Kohlenstoff, Schwefel, Kochsalz, Zucker und Kreide. Ordne die Stoffe.*

V6 *Auch mit* **Magneten** *kannst du feste Stoffe untersuchen …*

V7 *Wie verhalten sich Stoffe, wenn sie mit einem Brenner oder mit einer Kerze erwärmt werden (Bild 4)?* **Schmelzen** *sie?*

V8 *Wir halten feste Stoffe (durch den Lehrer ausgeteilt) mit der Tiegelzange direkt in die Bren-*

nerflamme (feuerfeste Unterlage!). So prüfen wir die Stoffe auf **Brennbarkeit.** *Ordne sie dann so: Der Stoff brennt nicht – brennt nur in der Flamme – brennt auch außerhalb der Flamme weiter.*

V9 *Welche Stoffe* **leiten den elektrischen Strom**? *Untersuche daraufhin einige feste Stoffe (Bild 5) und einige Flüssigkeiten (Bild 6).*

4

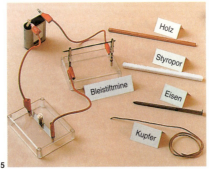
5

6

Info: Die Geruchsprobe

Ein Erkennungsmerkmal einiger Stoffe ist ihr Geruch. Eine Geruchsprobe darf aber nicht bei giftigen Gasen und nur durch vorsichtiges Zufächeln vorgenommen werden (Bild 7)! So gelangen nur sehr kleine Stoffportionen in die Nase.

Diese Vorsichtsmaßnahme ist wichtig. Stoffe können nämlich ätzend wirken oder Allergien bzw. Hauterkrankungen auslösen.

7

Es kann sehr wichtig sein, einen Stoff an seinem Geruch zu erkennen. Man kann dadurch z. B. einen Hinweis auf eine Gefahr erhalten. Denke nur an den Gasgeruch in einem Haus mit Gasherd.

In diesem Fall kann man sofort die nötigen Sicherheitsmaßnahmen ergreifen (z. B. den Haupthahn schließen, die Fenster öffnen und alle Zündquellen löschen).

A1 Welche Methode würdest du wählen um Puderzucker von Mehl zu unterscheiden?

A2 Untersuche die Stoffe Holz und Zink. Wähle dafür Methoden, die du bisher kennen gelernt hast. Stelle für beide Stoffe einen „Steckbrief" auf.

A3 Im Kühlschrank stehen zwei Flaschen. In der einen befindet sich Öl und in der anderen Essig. Leider sind die Flaschen unbeschriftet.
Wie kann man erkennen, welche Flasche Öl und welche Essig enthält? (Die Flaschen sollen dabei nicht geöffnet werden.)

A4 Vielleicht hast du folgende Stoffe untersucht: Holz, Glas, Aluminium, Eisen, Kupfer, Styropor®, Kohlenstoff (Bleistiftmine), Essig, Tinte, Kochsalz, Kerzenwachs, Zinn, Blei, Zuckerwasser …
Welche dieser Stoffe sind Metalle? Nenne deren gemeinsame Eigenschaften.

A5 Kohlenstoff, aus dem z. B. Bleistiftminen hergestellt werden, ist kein Metall. Trotzdem hat er eine Eigenschaft mit den Metallen gemeinsam. Welche?

A6 Viele Teile des Fahrrads von Bild 1 wurden mit Ziffern versehen.
Aus welchen Stoffen bestehen diese Teile? Beschreibe einige ihrer Eigenschaften.

1

Messbare Eigenschaften von Stoffen

V10 In diesem Versuch bestimmen wir die **Siedetemperaturen** von Wasser und Brennspiritus.
a) Wir bauen den Versuch nach Bild 2 auf. Das Reagenzglas enthält 5 ml Brennspiritus Ⓕ, außerdem einen Siedestein.
Nun erhitzen wir das Wasser. Wir lesen alle 30 s die Temperatur ab, bis der Brennspiritus siedet. Die Werte tragen wir in ein Diagramm nach Bild 4 ein.
b) Das Reagenzglas samt Brennspiritus nehmen wir nun aus dem Wasserbad heraus. Dann messen wir die Temperatur des Wassers. (Das Thermometer festklemmen und nicht auf den Boden des Becherglases stellen!)
Jetzt erhitzen wir das Wasser bis zum Sieden. Dabei lesen wir wieder alle 30 s die Temperatur ab.
c) Inwiefern ist das Versuchsergebnis für unseren künftigen Umgang mit Spiritus wichtig?

V11 Die **Schmelztemperaturen** von Kerzenwachs (Stearinsäure) und Eis werden bestimmt.

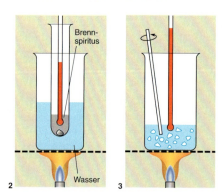

2

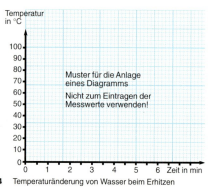

3

a) Wie in Bild 3 bestimmen wir die Schmelztemperatur von Eis bzw. Wasser (kleine Flamme!).
Rühre das zerkleinerte Eis und das Wasser mit einem Stab ständig um. Beobachte das Thermometer, solange das Eis schmilzt.
b) Mit der Apparatur von Bild 2 (ohne den Spiritus) lässt sich die Schmelztemperatur von Kerzenwachs feststellen: Lies die Temperatur ab, bis das Wachs völlig geschmolzen ist. Entferne dann das Wasserbad und lies weiter ab.

V12 Wir bereiten eine Kochsalzlösung, indem wir eine Spatelspitze Kochsalz in 5 ml Wasser verrühren. Die Lösung (samt einem Siedestein) erhitzen wir im Wasserbad, bis das Wasser siedet.
Dann erhitzen wir die Lösung vorsichtig weiter, direkt in der nichtleuchtenden Brennerflamme.
Ermittle so die Siedetemperatur.

Temperatur in °C

100
90
80
70
60
50
40
30
20
10
0

Muster für die Anlage eines Diagramms
Nicht zum Eintragen der Messwerte verwenden!

0 1 2 3 4 5 6 Zeit in min

4 Temperaturänderung von Wasser beim Erhitzen

61154

Info: Wie man ein Versuchsprotokoll anlegt

Zu einem Versuch gehört in der Regel ein Versuchsprotokoll. Protokolle sind in der naturwissenschaftlichen Arbeitsweise üblich. Mit Hilfe von Protokollen kann man Durchführung und Ergebnisse von Versuchen exakt erfassen. So können die Versuche sogar später ausgewertet oder überprüft werden. Wir verabreden die nebenstehende Gliederung:

1. Überschrift (Aufgabenstellung)
2. Benötigte Geräte und Stoffe (Chemikalien)
3. Versuchsaufbau (Zeichnung, Skizze)
4. Versuchsdurchführung (kurze Beschreibung)
5. Beobachtung (auch Messergebnisse)
6. Versuchsauswertung, Ergebnis
7. Eventuell Sicherheits- und Entsorgungshinweise

Beispiel: Versuchsanleitung mit dazugehörigem Versuchsprotokoll

Versuchsanleitung:

Wir bestimmen die Schmelztemperatur von Kerzenwachs. Dazu benötigen wir ein Schmelzpunkt-Bestimmungsröhrchen, ferner einen Brenner mit Ceranplatte, ein Stativ, ein Wasserbad, ein Thermometer, eine Laboruhr, ein Gummiband und etwas Kerzenwachs. Den Versuchsaufbau zeigt Bild 5.

Gib Kerzenwachs in das Röhrchen. Befestige es mit dem Gummiband so am Thermometer, dass sich das Kerzenwachs direkt neben der Thermometerkugel befindet.

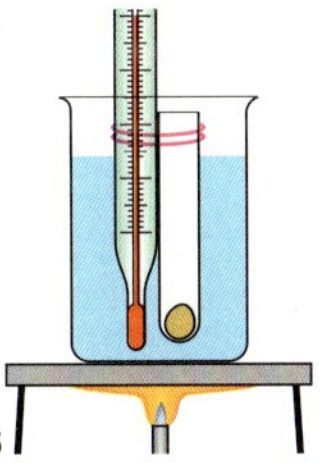

Tauche das Thermometer zusammen mit dem Röhrchen ins Wasserbad. Erwärme das Wasserbad vorsichtig.

Lies die Temperatur ab, bei der das Kerzenwachs flüssig wird.

Versuchsprotokoll:

Bestimmung der Schmelztemperatur von Kerzenwachs

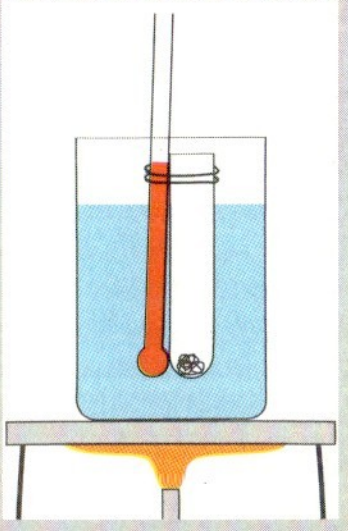

Geräte und Chemikalien:
Schmelzpunkt-Bestimmungsröhrchen, Brenner mit Ceranplatte, Stativ, Wasserbad, Thermometer, Uhr, Gummiband, Kerzenwachs

Versuchsaufbau: Siehe die nebenstehende Zeichnung.

Versuchsdurchführung:
In das Röhrchen wurde Kerzenwachs gegeben. Dann wurde das Röhrchen so an einem Thermometer befestigt, dass sich das Kerzenwachs neben der Thermometerkugel befand. Anschließend hielten wir das Thermometer mit dem Röhrchen in ein Wasserbad. Das Wasser wurde erwärmt.

Beobachtung:
Bei 71 °C wurde das Kerzenwachs zunächst durchsichtig, dann wurde es flüssig. Dabei blieb die Temperatur unverändert. Kurz nachdem das Kerzenwachs völlig geschmolzen war, stieg die Temperatur wieder an.

Versuchsauswertung, Ergebnis:
Die Schmelztemperatur von Kerzenwachs beträgt ungefähr 71 °C.

Sicherheitshinweis, Entsorgungshinweis:
Kerzenwachs ist ungefährlich. Es wird deshalb im Behälter für feste Abfälle entsorgt.

A1 *In Versuch 10 wurden die Siedetemperaturen von Wasser und Brennspiritus ermittelt.*
a) *Weshalb wurde der Brennspiritus im Wasserbad (und nicht direkt mit einer Flamme) erhitzt?*
b) *Vergleiche die Messwerte mit den Angaben in der entsprechenden Tabelle im Anhang. Worauf sind Abweichungen zurückzuführen?*
c) *In Versuch 12 wurde dem Wasser etwas Kochsalz zugefügt; es entstand eine Salzlösung. Dann erst wurde die Siedetemperatur ermittelt. Was fiel auf?*

A2 *Michael meint: „Die Schmelztemperatur eines Stoffes entspricht seiner Erstarrungstemperatur." Hat er Recht? Was meint er damit?*

A3 *Wieder hilft dir die Tabelle im Anhang:*
a) *Vergleiche die Siedetemperaturen der Metalle Blei, Zinn und Quecksilber. Inwiefern ist Quecksilber ein besonderes Metall?*
b) *Thermometer enthalten meist Alkohol. Für welchen Temperaturbereich kann man sie einsetzen?*

Aus dem Alltag: Wie ein Metall in Mode kam

Für Interessierte zum Weiterlesen

Kennst du Modeschmuck wie den von Bild 1? Er wird aus **Titan** – einem silbergrauen Metall – hergestellt. Die Muster entstanden durch bestimmte chemische Verfahren mit Hilfe des elektrischen Stromes.

Titan kam zwar erst vor einigen Jahren „in Mode" – es wurde aber schon vor etwa 200 Jahren entdeckt.

Heute werden 200 000 Tonnen Titan jährlich produziert – natürlich nicht nur für die Modebranche. Für diese wurde es erst interessant, nachdem es für andere

1

Gebiete wichtig geworden war – z. B. für die Luft- und Raumfahrttechnik. Dort benötigt man nämlich Stoffe, die eine hohe Festigkeit besitzen und trotzdem leicht sind. Titan ist auch beständig gegenüber Säuren und Salzen. Deshalb spielt Titan sogar in der Medizin eine Rolle (bei Prothesen und Knochennägeln).

Die Kenntnis von Stoffeigenschaften hat also viel mit der technischen Entwicklung zu tun. Vielleicht gerät Titan wieder „aus der Mode", wenn Stoffe mit anderen Eigenschaften gefragt sind …

Zusammenfassung

Alles klar?

A1 *Stoffe lassen sich erst gut voneinander unterscheiden, wenn man mehrere Eigenschaften miteinander vergleicht. Welche Eigenschaften hältst du für besonders wichtig? Begründe!*

A2 *Martina hat im Vorratsschrank eine Tüte mit einem weißen Stoff gefunden – ohne Beschriftung. Sie vermutet, dass es sich um Salz oder Zucker handelt. Sie könnte einfach kosten. Aber sie weiß, dass das gefährlich sein könnte.*

Wie stellt Martina – ohne zu kosten – fest, was für ein Stoff es ist?

A3 *Quecksilber wurde früher in Thermometern als Thermometerflüssigkeit benutzt.*
Welche Eigenschaft des Quecksilbers ist dafür besonders günstig?

A4 *Du weißt vielleicht, dass man aus Metallen Figuren gießen kann. Welche Metalle sind geeignet?*

Auf einen Blick

Körper und Stoff

Wir unterscheiden zwischen den **Körpern** mit ihren „physikalischen" Eigenschaften (z. B. der Form) und den **Stoffen** (Materialien), aus denen diese Körper bestehen (Bild 2).

Ein *Körper* kann aus ganz unterschiedlichen Stoffen hergestellt sein.

Umgekehrt kann man aus ein und demselben *Stoff* die verschiedensten Körper herstellen (Bild 3).

2

3

61156

Eigenschaften von Stoffen

Es gibt eine Vielzahl von Stoffen. Sie haben die unterschiedlichsten **Eigenschaftskombinationen**. Dadurch kann man sie voneinander unterscheiden.

Für jeden Stoff lassen sich mit Hilfe verschiedener **Untersuchungsmethoden** mehrere Eigenschaften bestimmen. Man kann diese in einer Tabelle oder zu einem „Steckbrief" zusammenfassen (Bild 4).

Eigenschaften des Stoffes Titan:

Farbe	silbergrau
Geruch	geruchlos
Härte	hart, zäh
Schmelztemperatur	1670 °C
Siedetemperatur	3287 °C
Leitung des elektrischen Stromes	leitet
Verhalten in Wasser	verändert sich nicht
Verhalten gegenüber Magneten	wird nicht angezogen

4

Manche Stoffe können wir unter dem Oberbegriff **Metalle** zusammenfassen (z. B. Eisen, Aluminium). Sie unterscheiden sich von „Nichtmetallen" (z. B. Kohlenstoff, Schwefel) durch

- ihre Farbe bzw. ihr Aussehen (ihren „metallischen Glanz"),
- ihre Fähigkeit gut die Wärme zu leiten,
- ihre Fähigkeit den elektrischen Strom zu leiten.

(Unter den Nichtmetallen leitet nur der Kohlenstoff den elektrischen Strom.)

Viele Stoffe begegnen uns (bei Raumtemperatur) in drei verschiedenen Zustandsformen: Sie sind fest, flüssig oder gasförmig.

Wichtige Eigenschaften zur Bestimmung von Stoffen erhält man durch Messverfahren, die genaue Ergebnisse liefern. Zu diesen Eigenschaften zählen die **Siedetemperatur** (der „Siedepunkt") und die **Schmelztemperatur** (der „Schmelzpunkt").

Methoden zur Untersuchung von Stoffen

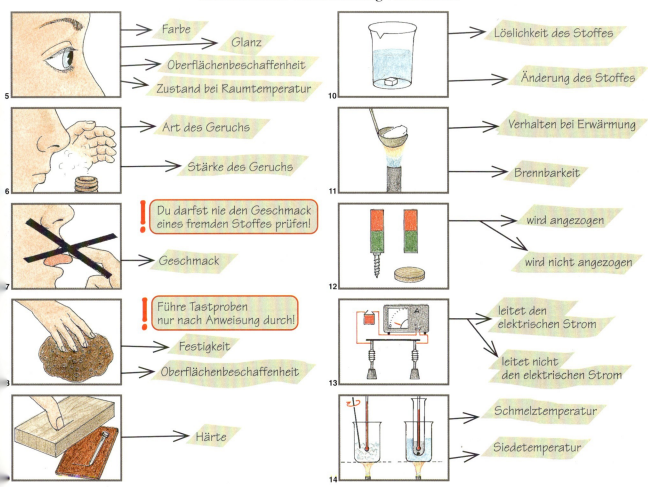

5 Farbe / Glanz / Oberflächenbeschaffenheit / Zustand bei Raumtemperatur

6 Art des Geruchs / Stärke des Geruchs

7 ! Du darfst nie den Geschmack eines fremden Stoffes prüfen! / Geschmack

8 ! Führe Tastproben nur nach Anweisung durch! / Festigkeit / Oberflächenbeschaffenheit

9 Härte

10 Löslichkeit des Stoffes / Änderung des Stoffes

11 Verhalten bei Erwärmung / Brennbarkeit

12 wird angezogen / wird nicht angezogen

13 leitet den elektrischen Strom / leitet nicht den elektrischen Strom

14 Schmelztemperatur / Siedetemperatur

Stoffgemische und ihre Trennung

Einfache Trennverfahren

Blick in die Abbaukammer eines Salzbergwerks

Auch so wie in Bild 2 gezeigt kommt *Rohsalz (oder Steinsalz)* im Erdboden vor.

Die Salzbrocken von Bild 2 sehen gar nicht so aus wie Kochsalz aus der Küche. Sie sind nämlich durch verschiedene Beimischungen gefärbt.

Wie könnte man aus dem Rohsalz sauberes Kochsalz gewinnen?

V1 *Wenn ihr kein Rohsalz habt, könnt ihr euch selber welches herstellen: In einer Schale mischt ihr drei Teelöffel Kochsalz mit einem Teelöffel feinem Sand.*
a) *Schütte einen Teelöffel des Gemisches aus Salz und Sand in ein Sieb. Lassen sich die Bestandteile voneinander trennen, indem du das Sieb vorsichtig schüttelst?*
b) *Gib einen Teelöffel des Gemisches in ein kleines Glasgefäß. Fülle dann das Glas halb voll Wasser. Rühre gut um. Lass das Glas eine Woche lang ruhig stehen.*

V2 *Ob man die Bestandteile der in Versuch 1 selbst hergestellten Rohsalzlösung (aus Wasser, Salz und Verunreinigungen) wieder voneinander trennen kann?*
a) *Gieße die Lösung durch verschiedene Siebe oder ein Tuch.*
b) *Gieße sie auch durch verschiedene Filter (Bild 3).*
c) *Gieße das sauberste Filtrat in eine Porzellanschale. Dampfe es vorsichtig ein. (Sicherheitsmaßnahmen: Schutzbrille tragen! Vorsicht beim Umgang mit dem Brenner! Vorher Siedesteinchen in die Flüssigkeit tun um das Spritzen beim Eindampfen zu verhindern!)*

V3 *Beim Eindampfen geht das Wasser aus der Lösung verloren. Will man das vermeiden, muss die Salzlösung destilliert werden.*
a) *Ein einfaches Verfahren zeigt Bild 4 (Vorsicht, heißer Dampf!).*
b) *Mit Hilfe eines Liebig-Kühlers lassen sich Destillationen gefahrlos durchführen (Bild 5).*
Was geschieht mit dem Wasser der Lösung im Destillierkolben?
Was wird sich wohl im Becherglas sammeln?
Was wird schließlich im Destillierkolben zurückbleiben?
Was geschieht mit dem Kühlwasser, das durch den Kühler läuft?

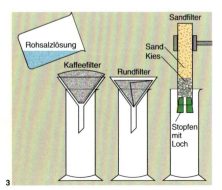

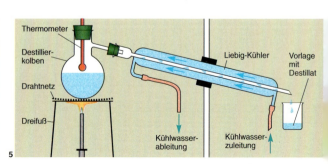

Info: Was geschieht beim Filtrieren?

Wenn feste Stoffe von flüssigen getrennt werden sollen (z. B. Sand von Wasser), ist ein einfaches Verfahren geeignet: das **Filtrieren**.

Dazu verwendet man meist ein rundes Filterpapier. Es wird gefaltet und in einen passenden Glastrichter gelegt (Bild 6). Das Papier sollte leicht angefeuchtet werden, damit es gut an der Glaswand anliegt. Der Trichter mit dem Filter kommt in ein Becherglas.

Wenn eine Flüssigkeit filtriert (d. h. durch einen Filter gegossen) wird, sammelt sich im Becherglas die gereinigte Flüssigkeit; man nennt sie **Filtrat**. Der dann im Filter zurückbleibende Rest ist der **Rückstand**.

Unsere Versuche haben gezeigt, dass einige Stoffe im Filter zurückgehalten werden.

Das liegt an den *Poren*, d. h. an den winzigen Kanälchen im Filterpapier. Sie lassen die gröberen Bestandteile der Flüssigkeit (z. B. Sandkörnchen) nicht durch. Diese

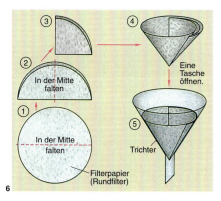

6

7

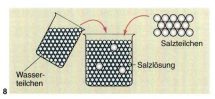

8

Bestandteile werden immer dann zurückgehalten, wenn sie größer als die Poren sind (Bild 7).

Es gibt aber auch Bestandteile, die *kleiner* als die Poren sind – z. B. das in der Flüssigkeit gelöste Salz. Diese gelösten Bestandteile können nicht herausgefiltert werden.

Solche Vorgänge kann man mit einem *Modell* verdeutlichen.

Man stellt sich vor, dass z. B. Wasser und Salz aus einer großen Menge *winzig kleiner Teilchen* bestehen – so klein, dass sie nicht einmal mit einem Mikroskop zu sehen sind.

Beim Lösen wird das Salz in diese Teilchen zerlegt. Das heißt:

Die Salzteilchen verteilen sich gleichmäßig zwischen den Teilchen des Wassers (Bild 8). Da sie so winzig sind, können sie – genauso wie die Wasserteilchen – nicht aus der Lösung herausgefiltert werden.

Aus dem Alltag: Trennverfahren – nicht nur im Unterricht

Dass sich in Flüssigkeiten *Bodensatz* bilden kann, hast du sicher schon gesehen. Vor allem bei naturtrüben Fruchtsäften setzt sich das Fruchtfleisch ab.

Dieses **Absetzenlassen** zählt in der Chemie zu den Trennverfahren. (Denke nur an unsere Vorgehensweise in Versuch 1b.)

Wirksam ist dieses Verfahren, wenn man *Bodenproben* trennen will: Man verrührt sie zuerst mit Wasser – ein Verfahren, das der Chemiker **Aufschlämmen** nennt. Dann lässt man die Mischung ruhig stehen. Die Folge ist, dass sich die festen Bestandteile – der

9

Größe nach – am Boden der Mischung absetzen. Das **Abgießen** des Wassers ist jetzt nicht mehr allzu schwer. Mit einigem Geschick kann man dabei sogar die unterschiedlichen Bodenarten voneinander trennen.

Das Abgießen macht man sich manchmal auch in der Küche zunutze:

Wenn man z. B. Kartoffeln reibt um Kartoffelpuffer zu backen, setzen sich die festeren Bestandteile unten ab. Ein Teil der Flüssigkeit sammelt sich oben und kann – wie in Bild 9 gezeigt – vorsichtig abgegossen werden.

A1 *Rohsalz enthält außer Kochsalz auch andere Stoffe. Es ist ein Stoffgemisch.*
Kann man das Rohsalz durch Aufschlämmen und Abgießen reinigen? Geht es durch Sieben und Filtrieren? Erkläre!

A2 *Oft sieht man beim Filtrieren, wie eine Flüssigkeit erst schnell durch einen Filter läuft, dann aber langsamer wird. Woran liegt das?*

1

A3 *Kennst du Studentenfutter? Das ist ein Gemisch aus verschiedenen Nüssen, Rosinen und Mandeln (Bild 1).*
Nina mag diese Früchte schon – nur nicht die Rosinen. Sie liest sie heraus um sie zu verschenken. Damit wendet sie – ohne es zu wissen – ein Trennverfahren an. Wie könnte man dieses Verfahren nennen?

A4 *Wenn Quark in einem Behälter steht, setzt sich oben eine Flüssigkeit ab. Woran liegt das?*

A5 *Bei der Herstellung von Holzspanplatten („Spanplatten") werden Holzspäne mit anderen verholzten Faserstoffen verleimt und dann gepresst.*
Immer wieder geraten aber bei der Bearbeitung Eisenspäne unter die Holzspäne. Du kannst dir denken, dass diese den Herstellungsprozess erheblich stören.

Durch welches Verfahren könnte man die Eisenspäne von den Holzspänen trennen?

A6 *Durch Windsichten – wie in Bild 2 gezeigt – trennt man noch heute in einigen Entwicklungsländern das Korn von Spelzen und Strohhalmstücken.*
Gib an, welche Eigenschaft von Spreu und Korn man bei diesem Trennverfahren nutzt.

2

Aus der Technik: **Destillation löst Wasserprobleme**

Für Interessierte zum Weiterlesen

Trinkwasser aus salzigem Meerwasser! Dafür wurden große **Anlagen zur Trinkwassergewinnung** errichtet. Sie sind auf vielen Inseln und an mehreren Küstenabschnitten des Mittelmeeres zu finden.

Einige dieser Anlagen gleichen Gewächshäusern (Bild 3). Innen befinden sich lange Becken, die nach oben hin durch schräge Glasdächer (mit Rinnen an der Innenseite) abgeschlossen sind. In diesen Becken befindet sich Meerwasser. (Das Meerwasser wird alle zwei Tage abgelassen und ersetzt.)

Außen am Glasdach hat man eine weitere Rinne angebracht. Hier kann sich Regenwasser sammeln. Es kann ebenfalls als Trinkwasser genutzt werden.

Wie funktioniert nun eine solche Anlage? Eigentlich kennst du das Verfahren schon: Das Meerwasser – ein Gemisch aus Wasser, darin gelöstem Salz und Schwebestoffen – wird durch **Destillation** getrennt (ähnlich wie in V 3). Dabei ist die *Sonne* die dafür erforderliche Wärmequelle.

Täglich werden hier von jedem Quadratmeter Wasserfläche drei Liter destilliertes Wasser gewonnen – und das bei Tag und bei Nacht. Wie im Treibhaus staut sich nämlich unter den Dächern so viel Wärme, dass die Destillation auch nachts erfolgt.

Dem destillierten Wasser werden dann noch die nötigen Mineralsalze hinzugefügt – und fertig ist das Trinkwasser.

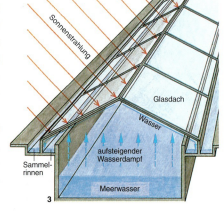

Sonnenstrahlung
Glasdach
Wasser
aufsteigender Wasserdampf
Sammelrinnen
Meerwasser

3

61160

Aus der Technik: Trennverfahren rund ums Salz

4

5

Wenn du schon einmal am Meer warst, dann weißt du, dass das **Meerwasser** salzig schmeckt. Alle Meere auf der Erde enthalten gelöste Salze. Da ist es nahe liegend, dass z. B. am Mittelmeer, wo die Sonne sehr stark scheint, *Meersalz* durch Verdunstung aus dem Meerwasser gewonnen wird (in sog. *Salzgärten;* Bilder 4 u. 5).

In Deutschland gibt es **Salzlager in der Erde**. Meist ist das Salz dort aber vermischt mit Gips, Ton und Gestein. Hier sind also andere Förder- und Trennverfahren nötig als beim Meerwasser.

Dafür gibt es zwei Möglichkeiten: So wie in Bild 6 gezeigt kann man das Salz „unter Tage" **abbauen** – ganz ähnlich wie Steinkohle in einem Bergwerk. Das so geförderte Salz ist das *Roh-* oder *Steinsalz.*

6

In einem anderen Verfahren wird Salz zuerst unterirdisch in Wasser gelöst. Dadurch entsteht eine Salzlösung, **Sole** genannt, die heraufgepumpt wird. In den sog. *Salinen* dampft man das Wasser dieser Lösung ein. Und zurück bleibt das Salz, das sog. *Siedesalz.*

Früher benutzte man zum Eindampfen offene „Pfannen". Dabei ging aber das Wasser und mit ihm viel Wärme verloren. Heute verwendet man deshalb in der Regel geschlossene Behälter, in denen auch das Wasser wieder zurückgewonnen wird (Bild 7).

7

Aus der Umwelt: Gradierwerke für die Gesundheit

Für Interessierte zum Weiterlesen

Warst du schon einmal in einem Kurort? Wenn ja, dann bist du vielleicht auch an einem **Gradierwerk** entlanggelaufen, z. B. in Bad Reichenhall.

Bei Gradierwerken gehen die Kurgäste langsam an einer hohen Dornenhecke vorbei. Über die Hecke rieselt von oben her **Sole** herab (Bild 8). Oft bleiben sie auch stehen um die salzig schmeckende, erfrischende Luft zu atmen. Meist handelt es sich bei den Kurgästen um Personen, die unter einer Erkrankung der Atemwege leiden.

Sole ist – wie du weißt – eine Salzlösung, d. h. ein Gemisch aus hauptsächlich Salz und Wasser.

8

Dadurch, dass dieses Gemisch an der Dornenhecke herunterrieselt, verdunstet ein Teil des Wassers. Sonnenwärme, Wind und die Verteilung der Sole fördern diesen Vorgang. Schwer lösliche, salzartige Stoffe aus der Sole setzen sich auf der Dornenhecke ab und bilden eine graugelbe Kruste.

Der „Grad" des Salzgehalts der Sole steigt beim Verdunsten des Wassers an – daher auch der Name „Gradierwerk".

Der Wind, der durch die Hecke streicht, reißt kleine Wassertröpfchen der Sole mit. So entsteht ein feiner Nebel, der eine heilende Wirkung auf die Atemwege hat.

Stoffgemisch oder Reinstoff?

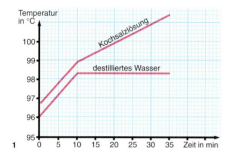

Temperatur in °C

Kochsalzlösung

destilliertes Wasser

Zeit in min

1

Erinnerst du dich an den Versuch, mit dem wir die *Siedetemperatur einer Kochsalzlösung* bestimmt haben? Ein messbares, eindeutiges Ergebnis wollten wir haben …

Bild 1 zeigt das Ergebnis eines ähnlichen Versuchs – im Vergleich mit der Siedetemperatur von destilliertem Wasser. Für das Wasser kannst du tatsächlich ein eindeutiges Ergebnis ablesen: Es hatte eine gleich bleibende Siedetemperatur von 98,3 °C. *Wie steht es aber um die Siedetemperatur der Kochsalzlösung?*

Das Stoffgemisch Salzwasser verhält sich also beim Erhitzen anders als destilliertes Wasser. Gilt das auch für andere Stoffgemische, z. B. für Zuckerwasser?

V4 *Wir bestimmen die Siedetemperaturen einer Lösung von Traubenzucker in Wasser und – zum Vergleich – auch die von destilliertem Wasser.*

Für die Traubenzuckerlösung geben wir 40 g Traubenzucker in ein Becherglas mit 60 ml destilliertem Wasser. Stelle das Ergebnis grafisch dar.

Info: Wir unterscheiden zwei wichtige Stoffgruppen

Du hast bereits eine *Stoffgruppe* kennen gelernt: die der **Stoffgemische**. Dazu zählen z. B. Gemische aus Wasser mit Salz, Sand oder anderen Verunreinigungen. Gemische sind auch Granit (Bild 2) oder Hausmüll, versprühtes Haarspray oder Seifenschaum. Bei diesen Gemischen sind jeweils zwei oder mehrere Stoffe miteinander vermischt.

Ein **Modell** davon könnte so aussehen wie das *Kugelmodell*, das in Bild 3 dargestellt ist. Dabei stehen die roten Kugeln für einen Bestandteil und die weißen und schwarzen für andere Bestandteile.

Stoffe, die gemischt werden, ändern dadurch ihre Eigenschaften *nicht*. Deshalb kann man sie auch aufgrund dieser Eigenschaften durch Trennverfahren wieder trennen. Mit anderen Worten:

Immer wenn sich ein Stoff durch die bekannten Trennverfahren zerlegen lässt, handelt es sich um ein Stoffgemisch.

Es gibt auch Stoffe, die sich *nicht* durch die bekannten Trennverfahren zerlegen lassen. Einige davon gehören zur Stoffgruppe der **Reinstoffe**.

Reinstoffe sind „reine", einheitliche Stoffe, die keine Beimengungen enthalten. Beispiele für Reinstoffe sind Kupfer, Eisen und Gold (Bild 4), außerdem Stoffe wie z. B. Schwefel, Kochsalz, Zucker und destilliertes Wasser.

In einem **Modell** könnte man sich einen Reinstoff so wie in Bild 5 vorstellen.

Ein besonderes *Unterscheidungsmerkmal* zwischen Stoffgemischen und Reinstoffen ist ihr Verhalten beim Sieden (Bild 1): **Jeder Reinstoff hat eine ganz bestimmte und stets gleich bleibende Siedetemperatur (einen „Siede*punkt*").**

Dagegen siedet ein Stoffgemisch innerhalb eines Temperatur*bereichs*. Die Temperatur steigt noch während des Siedens weiter an.

2

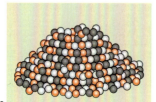

3

4

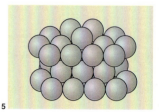

5

61162

Zusammenfassung

Alles klar?

A1 *Untersuche, ob Zuckerwasser durch einen Kaffeefilter hindurchgeht.*
Was kannst du aus deinem Versuchsergebnis über die Größe der Zuckerteilchen ableiten?

A2 *In einem Glas befindet sich destilliertes Wasser.*
Ob es Ränder hinterlässt, wenn es längere Zeit ruhig stehen bleibt und verdunstet? Begründe deine Vermutung.

A3 *Wir haben zwei Stoffgruppen kennen gelernt.*
Nenne die beiden Gruppen.
Gib auch an, wodurch sich die Stoffe dieser Stoffgruppen voneinander unterscheiden.

Auf einen Blick

Gemisch oder Reinstoff

In einem *Gemisch* sind mindestens zwei unterschiedliche Stoffe miteinander vermischt.

Die Bestandteile eines Gemisches liegen ungeordnet nebeneinander. Oft sind sie so klein und fein zerteilt, dass man sie nicht einmal mit einer Lupe erkennen kann.

Durch das Mischen werden die Eigenschaften der Bestandteile des Gemisches nicht verändert.

Deshalb kann man ein Gemisch zerlegen, indem man die Eigenschaften seiner Bestandteile nutzt.

Wenn sich ein Stoff so nicht zerlegen lässt, handelt es sich um einen *Reinstoff*.

Methoden zur Trennung von Gemischen

Durch **Auslesen** (Bild 6) trennt man Gemische aus groben Bestandteilen. Haben diese unterschiedliche Korngrößen, trennt man sie durch **Sieben** (Bild 7).

Vor allem Bodenproben werden dadurch getrennt, dass man sie **aufschlämmt**, sich **absetzen** lässt und anschließend vorsichtig **abgießt** (Bild 8).

6

7

8

Beim **Filtrieren** (Bild 9) werden z. B. feine Schmutzteilchen aus einer Flüssigkeit entfernt. In dem Filter bleiben nur diejenigen Schmutzteilchen zurück, die größer als die Poren des Filters sind.

Durch **Eindampfen** (Bild 10) kann man einen Stoff zurückerhalten, der in einer Flüssigkeit gelöst ist.

Wenn man auch den flüssigen Stoff zurückerhalten will, muss man die Lösung **destillieren** (Bild 11).

9

10

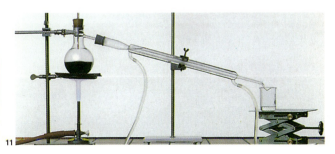

11

Die Aggregatzustände

Wasser muss nicht flüssig sein

Fünfmal Wasser, das seinen Zustand ändert oder ändern wird.

V1 Stelle eine Schale mit Wasser in das Gefrierfach eines Kühlschranks. Kontrolliere sie alle 30 Minuten. (Öffne die Kühlschranktür jeweils nur kurz!)

a) Wie verändert sich das Wasser in der Schale?

b) Nimm ein Stückchen Eis aus der Schale in die Hand. Beobachte das Eisstück.
Was geschieht mit den Händen?

c) Wie lange dauert es, bis das Eis in der Hand geschmolzen ist?

V2 Wir erhitzen zerkleinertes Eis so lange, bis das entstehende Wasser siedet.

a) Wie verändert sich der Inhalt des Gefäßes beim Erwärmen?

b) Was geschieht, wenn wir eine brennende Kerze über das siedende Wasser halten (Bild 6)?
Suche nach einer Erklärung für das, was du siehst.

c) Halte eine kalte Glasscheibe (oder ein kaltes Becherglas) in den Wasserdampf.
Was kannst du an dem Glas beobachten?

heißes Wasser (etwa 95 °C)

Spiritus

V3 Ob sich Brennspiritus F (oder Alkohol) beim Erwärmen genauso verhält wie Wasser?
Der Versuch wird nach Bild 7 aufgebaut.

a) Warum wird Brennspiritus im Wasserbad und nicht über einer offenen Flamme erhitzt?

b) Vergleiche Brennspiritus und Wasser während des Erwärmens.

V4 In einem Metalllöffel erhitzen wir etwas Blei oder Zinn, bis es flüssig wird.

a) Zum Abkühlen gießen wir es in ein größeres Gefäß mit kaltem Wasser.

b) Was ändert sich während des Versuchs? Was bleibt gleich?

Info: Zustandsformen und Zustandsänderungen

Viele Stoffe können in allen drei Zustandsformen vorkommen: **fest**, **flüssig** und **gasförmig**. Zustandsformen bezeichnet man auch als **Aggregatzustände** (von lat. *aggregare*: anhäufen).

Welchen Aggregatzustand ein Stoff annimmt, ist von der Temperatur abhängig: So ist z. B. Wasser bei einer Temperatur von −5 °C fest (Eis), bei 10 °C ist es flüssig und bei 110 °C gasförmig (Wasserdampf).

Die Temperaturen, bei denen Stoffe ihren Aggregatzustand ändern, haben besondere Namen:
○ Bei der **Schmelztemperatur** (beim „Schmelzpunkt") wird ein fester Körper flüssig.
○ Bei der **Siedetemperatur** (beim „Siedepunkt") wird ein flüssiger Körper gasförmig.
Diese Temperaturen sind für jeden Stoff verschieden. Mit ihrer Hilfe kann man daher Stoffe unterscheiden.

Bild 8 zeigt die Zustandsänderungen beim Stoff Wasser.

Flüssigkeiten können auch unterhalb ihrer Siedetemperatur gasförmig werden – sie **verdunsten** (z. B. Regenwasser auf der Straße; Bild 2).

Gasförmige Stoffe, die man *abkühlt*, werden flüssig und schließlich fest. Beim Übergang vom gasförmigen in den flüssigen Zustand sagt man, dass der Stoff **kondensiert** (Beispiel: Wasserdampf wird zu Wasser). Beim Übergang in den festen Zustand sagt man: Der Stoff **erstarrt** (Beispiel: Wasser wird zu Eis).

Manche festen Stoffe (z. B. Iod) „überspringen" beim Erwärmen den flüssigen Zustand.

Einige Gase kann man zwar verflüssigen, sie werden aber nicht fest.

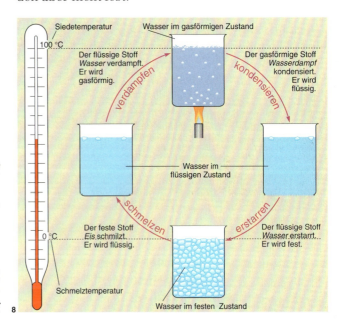

8

A1 *Unter den Bildern 1–5 ist von Zustandsänderungen die Rede. Was ist damit gemeint? Beschreibe es anhand der fünf Bilder.*

A2 *Hier brauchst du das Schaubild „Aggregatzustände von Stoffen" aus dem Anhang.*
a) *Gib an, bei welchen Temperaturen die angegebenen Stoffe fest, flüssig bzw. gasförmig sind.*
b) *Welche Zustandsformen haben diese Stoffe bei Zimmertemperatur (20 °C)? Lege dazu eine solche Tabelle an:*

Zustandsformen bei 20 °C		
fest	flüssig	gasförmig
?	?	?

c) *Wasser hat eine Siedetemperatur von 100 °C. Welche Stoffe sind bei dieser Temperatur fest, welche sind flüssig?*
d) *Thermometer haben als Thermometerflüssigkeit z. B. Alkohol oder Quecksilber. Gib an, bei welchen tiefsten Temperaturen man diese Thermometer gerade noch einsetzen kann.*

A3 *Manchmal nimmt man Spiritus oder Essig zum Reinigen. Sie „verschwinden" ohne Aufwischen schon nach kurzer Zeit. Erkläre!*

A4 *Vergleiche die Schmelztemperatur eines Stoffes mit seiner Erstarrungstemperatur (Bild 8).*

A5 *„Atemwolken" sind im Winter häufiger zu sehen als im Sommer. Woran liegt das?*

A6 *Warum hängt man Wäsche möglichst breit auf (Bild 9)? Wann trocknet sie besonders schnell?*

9

Abfall oder Wertstoff

Wohin mit dem Müll?

So viel Müll (Bild 1) produzierte bei uns im Jahr 1950 eine 4-köpfige Familie …

1200 Liter (200 kg)

2

7200 Liter (1200 kg)

… und so viel Müll (Bild 3) war es **Mitte der 90er-Jahre**! 3

A1 *Weißt du, wo in eurer Stadt bzw. in euerm Landkreis der Müll bleibt? Erkundige dich danach.*

A2 *Zieh dir Gummihandschuhe an und untersuche den Inhalt einer Mülltonne. (Hinweis für den Lehrer: Unhygienische Stoffe vorher daraus entfernen!)*
a) *Sortiere den Inhalt nach folgenden Bereichen:*
– *Papier (z. B. Zeitungen, Briefe, Prospekte),*
– *Verpackungen (Flaschen, Becher, Kartons, Tüten, Folien),*
– *organische Stoffe (z. B. Pflanzenreste, Küchenabfälle),*
– *Reststoffe (z. B. Metalle, Holz).*
b) *Welcher Haufen beansprucht also den meisten Platz?*
c) *Fülle jetzt die einzelnen Haufen in Tüten und wiege sie ab. Welcher Bereich ist am schwersten?*
d) *Vergleiche die Ergebnisse mit den Angaben von Bild 4. (Dort ist*

angegeben, wie viel eine durchschnittliche 120-Liter-Mülltonne wiegt und wie schwer die einzelnen Bereiche sind.)
Woran könnte es liegen, dass du andere Ergebnisse hast?
e) *Untersuche nun deine Tüte mit den Verpackungsmaterialien. Trenne den Inhalt nach Kunststoffen, Papier, Karton, Metall und Glas.*

f) *Überlege, bei welchen Stoffen deiner Mülltonne Recycling (Wiederverwertung) möglich und sinnvoll sein müsste.*

A3 *Die Bilder 7–13 der Nachbarseite zeigen, wohin Müll gebracht wird, der in Haushalt und Industrie anfällt.*
Beschreibe die dargestellten Möglichkeiten. Vergleiche dabei auch die angegebenen Mengen.

Der Inhalt einer Mülltonne wiegt im Durchschnitt	
ungefähr	20 kg
Davon entfallen auf Papier	2 kg
Verpackungen	7 kg
organische Abfälle	6 kg
andere Abfälle	5 kg

4

Aus dem Alltag: Der enorme Aufwand unseren Müll zu entsorgen

Welche Unmengen von Müll täglich unterwegs sind! Achte einmal darauf, wie viele Müllwagen du im Laufe eines Tages siehst (Bild 5) – du wirst dich wundern.

Dabei täuscht der erste Eindruck noch:

Würde man nämlich ganz normale Lastwagen für die Mülltransporte nehmen, müsste man etwa dreimal so viele Fahrzeuge einsetzen (Bild 6).

In modernen Müllwagen wird nämlich der Müll so zusammengepresst, dass der Inhalt von drei

5

6

Lastwagen bzw. 500 Mülltonnen in ein einziges Fahrzeug passt. Man sagt dazu, der Müll wird in dem Müllwagen „verdichtet".

Von dem Aufwand für die Müllentsorgung geben auch die Bilder 7–13 einen ersten Eindruck. Die dort genannten Entsorgungsanlagen entstehen und „laufen" natürlich nicht von selbst.

Bedenke auch, wie viele noch verwertbare Stoffe im Müll enthalten sind und wie viel Energie hier verschwendet wird …

7

Von 100 t Müll (ungefähr 10 Müllwagen voll) **bringt man …**

… **zur Mülldeponie 70 t**

8

9

… **zur Müllverbrennungsanlage 25 t**

Vor allem in Großstädten verkleinert man heute die riesigen Müllberge, indem man einen Teil des Mülls in Müllverbrennungsanlagen verbrennt. In der Bundesrepublik Deutschland gibt es zur Zeit über 50 solcher Anlagen, viele weitere sind geplant.

10

11

… **zur Kompostierungsanlage 5 t**

Da etwa ein Drittel des Mülls aus „organischen Abfällen" besteht (Garten- und Küchenabfälle), werden diese Abfälle in vielen Gemeinden gesondert gesammelt. Sie werden dann in Kompostierungsanlagen (wie auf einem Komposthaufen) zu Kompost verarbeitet.

12

13

Aus Umwelt und Technik: Mülllagerung auf Deponien

Mehr als zwei Drittel des Mülls werden auf **Mülldeponien** gelagert. (Der Name *Deponie* kommt von dem lateinischen Wort für *ablegen.*) Dort wird der Müll mit schweren Raupen stark verdichtet.

Das ist eine recht billige Möglichkeit den Müll loszuwerden – aber unsere Umwelt wird dadurch sehr belastet. Die Deponien beanspruchen immer mehr Land.

Ein großes Problem ist der Regen. Durch ihn wird der gelagerte Müll ständig ausgewaschen. Deshalb müssen Deponien mit viel Sorgfalt angelegt werden (Bild 1).

Überhaupt sind Deponien gefährlich für die Umwelt. Oft entweichen *schädliche Gase*, während sich der Müll zersetzt. Wenn die Deponie ein *Leck* hat, können giftige Stoffe ins Grundwasser gelangen. Fraglich ist auch, ob ein Leck rechtzeitig erkannt wird. Und wenn man es aufspürt, muss der ganze darüber lagernde Müll abtransportiert werden. Das ist mühsam und teuer.

Außerdem werden die Anwohner von Deponien durch Schmutz, Staub und unangenehme Gerüche belästigt, solange die Deponie in Betrieb ist.

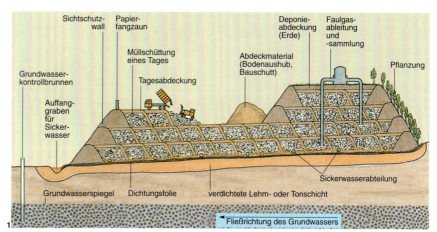

1

Aus Geschichte und Alltag: Müllentsorgung durch Wegwerfen?

Für Interessierte zum Weiterlesen

Manch einer tut sich schwer mit der Entsorgung seines Mülls! Dieser Eindruck entsteht, wenn man Stadien nach großen Veranstaltungen sieht oder in Wäldern oder Parks spazieren geht. Achtlos weggeworfene Gegenstände verschandeln die Umwelt: Plastiktüten, Flaschen, Dosen, ja manchmal sogar Fernseher, Sofas oder Kühlschränke …

Vielleicht hätten Leute, die so etwas tun, eher ins vergangene Jahrhundert gepasst. Da kippte man seinen Müll einfach auf die Straße, in den nächsten Fluss oder irgendwohin ins Gelände – es sei denn, man konnte ihn als Tierfutter verwenden. Damals wusste man's noch nicht besser. Aber heute?

Heute weiß jeder, dass „Müllentsorgung durch Wegwerfen" eine „Entsorgung auf Kosten anderer" ist. Es ist Ausdruck einer enormen Rücksichtslosigkeit gegenüber anderen und gegenüber der Natur.

Damals musste man teuer dafür „bezahlen". In Städten mit solcher „Wegwerf-Entsorgung" kam es nämlich immer wieder zu verheerenden Krankheiten wie Pest und Cholera. Noch im Jahr 1892 wütete in Hamburg eine Cholera-Epidemie. Sie war der Anlass dafür, dass man hier im Kampf gegen die Seuchen eine Müllverbrennungsanlage baute. Sie ging 1896 als erste Müllverbrennungsanlage Deutschlands in Betrieb. Andere Städte zogen bald nach.

Doch dann wurde in den Städten die Kanalisation eingeführt. Sie trug mit dazu bei, dass die vorher so gefürchteten Krankheiten zurückgingen. Und schon verlor man das Interesse am Bau von Müllverbrennungsanlagen – zumal sich bald zeigte, dass viel Energie zu ihrem Betrieb erforderlich war.

Man meinte nun, die billigste Art der Entsorgung sei es den Müll auf eine Deponie zu kippen. Die damit verbundenen Gefahren für das Grundwasser und die Umwelt sah man noch nicht.

Heute aber wissen wir: Ob Müllverbrennung oder Deponie oder sonst irgendeine Maßnahme – *es gibt keine perfekte Müllentsorgung.* Alle sind mit Kosten und Nebenwirkungen verbunden. Und vor allem: Alle vernichten letzten Endes Energie und Rohstoffe, die zur Neige gehen und auf die wir angewiesen sind.

Aus Umwelt und Technik: Zu Besuch in einer Müllverbrennungsanlage

Mit der Klasse in eine **Müllverbrennungsanlage** gehen (Bild 2) – das ist für heute vorgesehen. Steffi ist schon ganz gespannt. Ein Werkmeister, Herr Müller, übernimmt dort die Führung. Er weiß aus Erfahrung, was Schüler besonders interessiert. Deshalb führt er sie direkt dorthin, wo der Müll verbrannt wird.

Alle dürfen erst einmal durch ein dickes Fenster in den *Verbrennungsraum* sehen. Ein gewaltiges Feuer brennt dort auf einem riesigen Rost.

„In einer einzigen Stunde verbrennen wir hier so viel Müll, wie in fünf Müllwagen passt", erzählt Herr Müller. „Die Hitze im Verbrennungsraum beträgt ca. 1000 °C. Die nutzen wir übrigens aus: Wir heizen damit Wasser auf – und das wird zum Heizen von Häusern verwendet. Auch Strom wird damit erzeugt."

Dann zeigt Herr Müller den *Schlackenbunker*. Alle staunen über die riesigen Mengen an Schlacke.

„Ach, ich habe gedacht, der Müll wird ganz und gar verbrannt", ruft Steffi aus. „Wenn man *Müllverbrennung* hört, dann klingt das doch beinahe so …"

Der Werkmeister lacht: „Schön wär's, wenn das ginge! Wie bei jedem Feuer bleibt auch hier am Ende Asche übrig – sogar viel mehr als bei einem Kohle- oder Holzfeuer; viele Stoffe im Müll verbrennen ja überhaupt nicht. Von 1000 Kilogramm Müll bleibt über ein Drittel als Schlacke übrig."

„Was macht man damit?", will Achmed wissen.

„Neuerdings wird ein großer Teil dieser Schlacke für den Straßenbau verwendet", entgegnet ihm Herr Müller. „Sie muss aber vorher noch gewaschen, gefiltert und von Schadstoffen befreit werden."

Dann fährt er fort: „Leider sind das aber nicht die einzigen Abfälle, die hier entstehen. Ihr werdet sicher noch in der Schule lernen, dass beim Verbrennen nichts verloren geht – auch wenn es manchmal so aussieht. Die fehlenden knapp zwei Drittel Müll gehen durch den Schornstein. Doch vorher werden die *Abgase* noch in einer *Rauchgasfilter-Anlage* gefiltert, damit die Umwelt nicht zu stark belastet wird."

Jetzt wird Micha auf einmal eifrig. Umweltfragen interessieren ihn besonders. „Wie macht man denn das? Klappt das tatsächlich?", fragt er.

„Na ja", sagt Herr Müller, „zuerst werden die Staub- und Rußteilchen herausgefiltert. Dieser Filterstaub ist nämlich stark giftig. Wir vermischen ihn anschließend mit Wasser und Zement, sodass harte Brocken entstehen. Diese lagern wir dann auf Deponien ab. Es gibt aber noch Fälle, in denen man den Staub einfach mit der Schlacke vermischt und beides auf Deponien kippt. Die Gefahr für die Umwelt ist dann jedoch riesengroß.

Der Rauch wird übrigens auch noch in einer sogenannten *Rauchgaswaschanlage* gewaschen."

Micha fragt noch einmal nach: „Kommen gar keine schädlichen Stoffe mehr aus dem Schornstein?"

„Leider kann man das nicht sagen", erwidert der Werkmeister. „Wie bei jeder Verbrennung entstehen auch hier *Verbrennungsgase*, z. B. Kohlenstoffdioxid. Einige Verbrennungsgase sind schädlich und können die Lufthülle der Erde verändern.

Trotz solcher Nachteile kommen wir aber zur Zeit ohne Verbrennungsanlagen nicht aus. Sonst müsste man ja immer größere Deponien bauen.

Das Beste wäre allerdings, wir würden nicht so viel Müll produzieren. Das geht aber nur, wenn wir alle dabei mithelfen." …

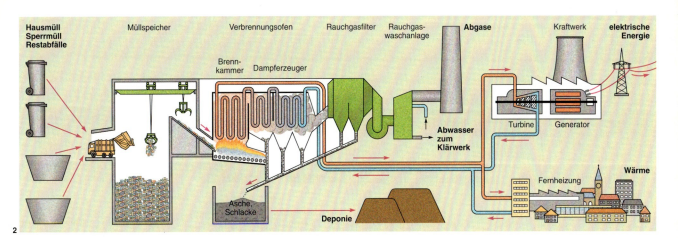

2

Müllvermeidung geht vor Müllverwertung

1

Vergleiche einmal die Menge der Verpackung mit dem jeweiligen Produkt.

Nur wenn wir alle weniger Müll erzeugen und wenn die Wertstoffe daraus wiederverwertet werden, *können wir verhindern, dass*

– unsere Deponien anwachsen,
– die Grundwasser-Verseuchung zunimmt,
– die Verschmutzung der Luft immer bedrohlicher wird.

Diese Meinung vertreten heute viele Müll-Experten.

Aber wie lässt sich Müll vermeiden? Und wie ist Wiederverwertung (Recycling) möglich?

2

Das sind Produkte des Alltags, die aus Recyclingpapier hergestellt wurden.

Aus dem Alltag: Das „duale System" und „der grüne Punkt"

Für Interessierte zum Weiterlesen

Weißt du, was diese Begriffe bedeuten?

Beim **„dualen System"** (von lateinisch *duo:* zwei) werden die Abfälle sozusagen „zweigleisig" entsorgt:
1. Die *öffentliche Müllabfuhr* entsorgt den Hausmüll, aber auch Schadstoffe, Bio-Abfälle und Altpapier. Dafür zahlt der Bürger Gebühren.
2. Durch *private Entsorgungsunternehmen* werden Verkaufsverpackungen und Glas entsorgt. Für die Verpackungen gibt es (meist gelbe) Wertstofftonnen, für das Altglas Container.

Für die Entsorgung der Wertstofftonnen zahlen die Herstellerfirmen, die auf ihre Produkte das Zeichen **„der grüne Punkt"** kleben.

Diese Firmen „kaufen" damit das Recht, dieses Zeichen benutzen zu dürfen. Das ist ein Vorteil. Sie zeigen so nämlich den Kunden, dass sie ihnen nicht zusätzlichen Müll aufbürden wollen. Sie garantieren so, dass die Verpackungen wieder abgeholt und verwertet werden. Dafür berechnen sie den Kunden allerdings rund 10 Pfennig pro Verpackung mehr.

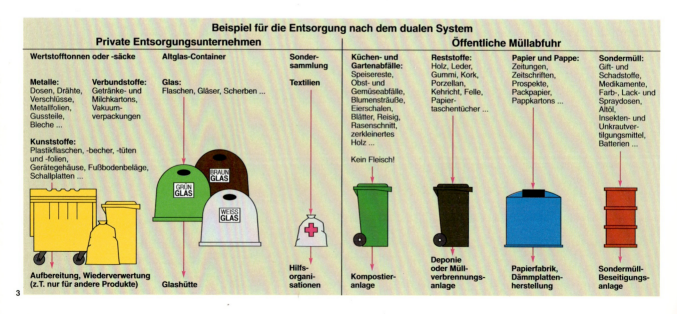

Beispiel für die Entsorgung nach dem dualen System

Private Entsorgungsunternehmen

Wertstofftonnen oder -säcke

Metalle: Dosen, Drähte, Verschlüsse, Metallfolien, Gussteile, Bleche ...

Kunststoffe: Plastikflaschen, -becher, -tüten und -folien, Gerätegehäuse, Fußbodenbeläge, Schallplatten ...

Verbundstoffe: Getränke- und Milchkartons, Vakuumverpackungen

Altglas-Container

Glas: Flaschen, Gläser, Scherben ...

GRÜN GLAS
BRAUN GLAS
WEISS GLAS

Aufbereitung, Wiederverwertung (z.T. nur für andere Produkte)

Glashütte

Sondersammlung

Textilien

Hilfsorganisationen

Öffentliche Müllabfuhr

Küchen- und Gartenabfälle: Speisereste, Obst- und Gemüseabfälle, Blumensträuße, Eierschalen, Blätter, Reisig, Rasenschnitt, zerkleinertes Holz ...

Kein Fleisch!

Kompostieranlage

Reststoffe: Holz, Leder, Gummi, Kork, Porzellan, Kehricht, Felle, Papiertaschentücher ...

Deponie oder Müllverbrennungsanlage

Papier und Pappe: Zeitungen, Zeitschriften, Prospekte, Packpapier, Pappkartons ...

Papierfabrik, Dämmplattenherstellung

Sondermüll: Gift- und Schadstoffe, Medikamente, Farb-, Lack- und Spraydosen, Altöl, Insekten- und Unkrautvertilgungsmittel, Batterien ...

Sondermüll-Beseitigungsanlage

3

A1 *In wie vielen Tonnen kann man bei euch Müll vorsortieren? Was gehört in jede dieser Tonnen hinein?*

A2 *Der Inhalt einer Mülltonne (120 Liter) wiegt durchschnittlich etwa 20 kg.*
Wenn nicht getrennt gesammelt wird, entfallen davon auf Papier 2 kg, auf Verpackungen 7 kg, auf organische Abfälle 6 kg und auf andere Abfälle 5 kg.
a) *Welche dieser Abfälle könntest du durch dein persönliches Verhalten verringern?*
Welche Abfälle lassen sich gut wiederverwerten?
b) *Organische Abfälle kann man auch im eigenen Garten verwerten. Schreibe auf, was auf den Komposthaufen gehört. Hänge die Liste in eurer Küche aus.*

A3 *Wie würdest du die Abfälle von Bild 4 entsorgen?*

A4 *Viele Leute sehen im „grünen Punkt" nicht nur Vorteile:*
1. Der grüne Punkt verhindert den Gebrauch von Pfandflaschen.
2. Er trägt nicht dazu bei, dass wir persönlich Abfälle vermeiden.
3. Es ist zu schwierig, die verschiedenen Verpackungen zu trennen.
4. Kunststoffe lassen sich sowieso nur zum Teil verwerten.
5. Recycling ist teurer als eine Neuherstellung.
a) *Was meinst du zu den einzelnen Aussagen?*
b) *Welche Vorteile hat „der grüne Punkt" deiner Meinung nach?*
c) *Was wird mit dem Abfall aus den Wertstoffbehältern bei euch gemacht? Versuche das herauszufinden und berichte.*

A5 *„Ex und hopp" – das war einmal eine Werbung, die Bequemlichkeit versprach.*
Weißt du, was damit gemeint ist? Beschreibe es. Gib dann auch an, was bei einer solchen Vorgehensweise zu bedenken ist.

A6 *Was verstehst du unter dem Begriff „Dosenrecycling"? Ist dieses Verfahren sinnvoll?*

A7 *Welchen Müll könnte jeder Einzelne von uns vermeiden? Die Tabelle unten auf dieser Seite gibt einige Beispiele dazu an.*
Überlege zu jedem Beispiel, was wir selbst tun könnten um überflüssigen Müll zu vermeiden.

A8 *Bild 5 zeigt die angestrebte „Kreislaufwirtschaft". Beschreibe, was ist damit gemeint ist.*

4

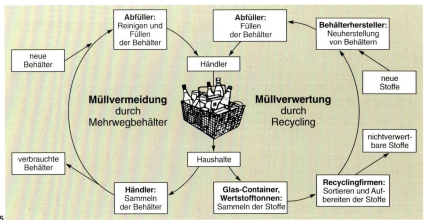

5

Welcher Müll könnte vermieden werden?

Vermeidbarer Müll	Einweg-verpackungen	Überflüssige Verpackungen	Wegwerf-erzeugnisse
Beispiele für Verpackungen und Waren, auf die verzichtet werden müsste	Einwegflaschen, Getränkedosen aus Metall, Plastikflaschen, Mini-Portions-Flaschen aus einem Aluminium-Kunststoff-Gemisch, Getränketüten aus einem Papier-Kunststoff-Gemisch	Mogelverpackungen mit doppelten Wandungen, Hohlböden oder übergroßen Verschlüssen, Luxusverpackungen, Mehrfachverpackungen	Zellstofftücher, Plastiktüten oder -taschen, Wegwerfgeschirr, Einmalrasierapparate, Wegwerffeuerzeuge, Spraydosen, vernietete Geräte

Recycling – die „zweitbeste Lösung"

1

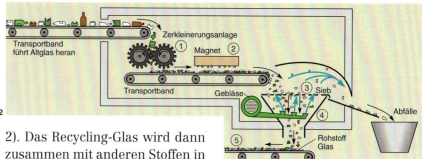

2

Für die Herstellung von einfachem Flachglas oder Behälterglas wird auch Recycling-Glas genommen. Das ist gut so, denn das viele Altglas belastet die Müllberge. Deshalb stehen fast überall die farbigen Sammelbehälter (Bild 1).

Das dort gesammelte Glas wird in *Wiederverwertungsanlagen* zu Recycling-Glas aufgearbeitet (Bild

2). Das Recycling-Glas wird dann zusammen mit anderen Stoffen in einem Schmelzofen erhitzt.

So lassen sich aus dem Glas neue (Gebrauchs-)Glaskörper formen. Eine grüne Flasche z. B. enthält 9 von 10 Teilen Altglas. Und warum sollten solche Glaskörper eines Tages nicht wieder in die Sammelbehälter gelangen?

Dann schließt sich ein durchaus sinnvoller Kreislauf.

Auf diese Weise wird nämlich der Hausmüll entlastet. Und es werden Energie und Rohstoffe gespart, die man viel besser für hochwertige Erzeugnisse einsetzt.

Wiederverwerten ist besser als wegwerfen – das haben viele inzwischen verstanden. *Altglas* z. B. wird gesammelt und nach Farben sortiert in Container geworfen (→ Text oben). Viele Rohstoffe haben ein langes Leben; sie können wieder und wieder genutzt werden, bevor sie als Müll enden.

Aber verwerten ist gut, vermeiden ist besser! Nichts gegen das Sammeln in Containern – die besten Abfälle sind immer die, die erst gar nicht entstehen. Recycling ist also immer nur die „zweitbeste Lösung".

Ein besonderes Problem in Deutschland sind die **Getränkedosen** aus Aluminium. Etwa 5 Milliarden dieser Blechbehälter werden jedes Jahr ausgetrunken und anschließend weggeworfen (Bild 3). Das sind im Durchschnitt 60 Dosen pro Person im Jahr!

Bei der Herstellung der Dosen werden wertvolle Rohstoffe und Energie verschleudert; es entstehen auch giftige Nebenprodukte. Dessen sind sich die

3

meisten Dosen-Verbraucher gar nicht bewusst.

Deshalb sollten die Getränkedosen in Zukunft für uns „out" sein, desgleichen *Einwegflaschen*, Wegwerfgeschirr und Plastikfolien für Blumensträuße.

„In" sein sollten die *Mehrwegflaschen*. Beim Einkaufen können wir ja nach *Pfandflaschen* Ausschau halten. Eine einzige Pfandflasche kann nämlich im Laufe ihres „Lebens" etwa 18 Einwegverpackungen ersetzen!

Viele Molkereien haben sich deshalb wieder auf Mehrweg-Pfandflaschen umgestellt, denn die kunststoffbeschichteten Getränkekartons sind für eine Wiederverwertung ungeeignet.

Es gibt auch Mehrwegbehälter für Waschpulver, die mindestens 25-mal benutzt werden können.

Auch könnten Millionen von Einweg-Tintenpatronen vermieden werden, wenn alle Schüler zum Kolbenfüller mit Tintenfass zurückkehren würden …

Aus dem Alltag: Blick in einen Wertstoffhof

Abfälle sind Rohstoffe am falschen Platz. Sie müssen gesammelt und an den richtigen Ort gebracht werden. Dabei kann jeder mithelfen. Von dort aus werden sie dann der Wiederverwertung zugeführt.

Der „richtige Ort" ist z. B. der **Wertstoffhof**. Hier werden die eintreffenden Wertstoffe vorsortiert. Die Wertstoffe stammen aus Sammelbehältern oder sie wurden von Privatpersonen hergebracht (Bild 4).

Das ist eine wichtige Station im Wiederverwertungs-Kreislauf. Aber auch hier gilt: Der beste Abfall ist immer der, der erst gar nicht entsteht. Recycling ist immer nur die „zweitbeste Lösung".

4

Info: Kreisläufe im Vergleich

Viele Stoffe aus unserer Lebenswelt werden, nachdem sie benutzt wurden, nicht weggeworfen. Man will sie wiederverwerten.

Eine solche Wiederverwertung (z. B. das *Papier-Recycling*) ist ein **technischer Kreislauf** (Bild 5):

Ausgangsstoff beim *Papier-Recycling* ist sortiertes Altpapier. Es wird unter Zugabe von Wasser in der Fabrik zerfasert. Druckfarben auf dem Papier entfernt man durch Bleichmittel. Dem Faserbrei wird dann Leim zugegeben.

Die ehemals dem Papier zugesetzten Füllstoffe gehen in die Rauchgase über, müssen also herausgefiltert werden. Andere Reststoffe (auch giftige Schwermetalle) landen auf der Deponie.

Das Papier kann solche Kreisläufe mehrmals durchlaufen. Dazu

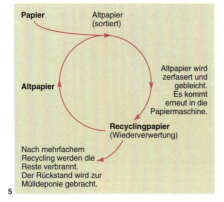

Papier — Altpapier (sortiert)

Altpapier

Altpapier wird zerfasert und gebleicht. Es kommt erneut in die Papiermaschine.

Recyclingpapier (Wiederverwertung)

Nach mehrfachem Recycling werden die Reste verbrannt. Der Rückstand wird zur Mülldeponie gebracht.

5

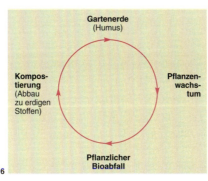

Gartenerde (Humus)

Kompostierung (Abbau zu erdigen Stoffen)

Pflanzenwachstum

Pflanzlicher Bioabfall

6

ist aber viel Energie erforderlich und zurück bleiben Rückstände.

Anders ist es bei zahlreichen **natürlichen Kreisläufen** – z. B. beim *Kompostieren* (Bild 6): Auf Komposthäufen werden Küchenabfälle sowie pflanzliche Abfälle aus dem Garten gesammelt. Mit Hilfe von Würmern, Insekten und Kleinstlebewesen werden die Abfälle hier zu einfachen, „erdigen" Stoffen abgebaut. So erhält man hochwertige Gartenerde, auf der erneut Pflanzen wachsen können.

Dies ist wirklich ein *Kreislauf*: Im Gegensatz zu den technischen Kreisläufen bleiben hier nämlich keine unerwünschten, womöglich giftigen Reststoffe zurück. Sämtliche Stoffe werden wiederverwertet. Nichts kommt auf die Deponie, wo es die Umwelt belasten würde.

Die Zusammensetzung der Luft

Von der Luft und ihrer Bedeutung

Nur eine dünne Lufthülle umgibt die Erde –
doch wie sehr wird sie gebraucht
und wie stark ist sie gefährdet! …

Die Luft hat so viele besondere Eigenschaften, dass sie
demjenigen, der mit ihr Versuche anstellt, genug neue Ent-
deckungen bietet.
    **Auch das Feuer zeigt uns, dass es nicht
ohne Luft erzeugt werden kann.** Ich sah die Notwendigkeit ein das Feuer zu kennen, weil ohne dies
kein Versuch anzustellen ist. Ich machte eine Menge von Versuchen um diese Erscheinung genau zu er-
gründen. Ich merkte aber bald, dass man ohne Kenntnis der Luft kein wahres Urteil über das Feuer fällen
könnte.

Carl Wilhelm Scheele (1742–1786)

Die Luft – ein gasförmiges Gemisch

V1 *Stelle eine kleine Kerze (ein Teelicht) auf eine glatte Unterlage. Entzünde die Kerze und stülpe ein Glas darüber (Bild 11).*
Beschreibe genau und in richtiger Reihenfolge, was du hierbei beobachtest.

V2 *Über eine brennende Kerze soll ein ca. 20 cm hohes Glasrohr gestülpt werden.*
Beobachte jeweils zwei Minuten lang, was bei den drei folgenden Versuchsanordnungen geschieht (Bilder 12–14):

a) *Zuerst steht das Glasrohr direkt auf dem Tisch (Bild 12).*
b) *Dann liegen zwei Holzklötzchen unter dem Rohr (Bild 13).*
c) *Schließlich wird das Rohr oben durch eine Glasscheibe dicht abgeschlossen (Bild 14).*

V3 *Eine Kerze steht unter einem Glas. Sie ist mit Wachs auf einer Glasplatte befestigt.*
Wenn die Flamme erloschen ist, wird das Glas zusammen mit der Glasplatte umgedreht.
Diese wird dann etwas angehoben, damit eine brennende Kerze in das Glas eingeführt werden kann (Bild 15).
Erkläre die Beobachtung, die du dabei machst.

A1 *Um Feuer in Gang zu bringen, bläst man Luft hinein. Warum?*

A2 *Nenne einige Eigenschaften der Luft.*

A3 *Alte Kohleöfen (Bild 16) haben an der unteren Klappe einen Schieberegler; damit lassen sich Luftlöcher öffnen und schließen.*
Warum ist das so wichtig?

A4 *Welche Kerzen von Bild 17 gehen schnell aus und welche nicht? Begründe!*

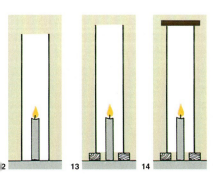

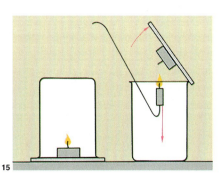

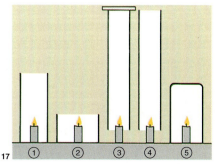

Info: Die Bestandteile der Luft

Unsere Versuche haben uns den Eindruck vermittelt, dass die Luft aus zwei verschiedenen Gasen besteht. Genauere Untersuchungen haben jedoch gezeigt: **Die Luft ist ein Gemisch aus mehreren Gasen.**

In Bild 18 sind die Bestandteile von 100 Liter Luft nebeneinander gezeichnet. In Wirklichkeit sind aber alle Gase miteinander vermischt (Bild 19).

Bild 18 zeigt, dass 100 Liter saubere und trockene Luft vor allem **Sauerstoff** und **Stickstoff** enthalten.

Hinzu kommt noch 1 Liter andere Bestandteile, insbesondere das **Kohlenstoffdioxid** und die so genannten **Edelgase** (z. B. Neon, Krypton).

Außerdem ist auch noch **Wasserdampf** enthalten (in feuchter Luft).

Kohlenstoffdioxid (häufig auch kurz *Kohlendioxid* genannt) kommt in der Luft nur in sehr geringen Mengen vor. Deshalb konnte es in Bild 18 gar nicht eingezeichnet werden.

100 Liter Luft

etwa 21 Liter Sauerstoff	etwa 78 Liter Stickstoff	etwa 1 Liter andere Bestandteile

100 Liter Luft

Eigenschaften und Verwendung von Sauerstoff

27. Januar 1967, Probestart einer *Saturn*-Rakete. Ein schreckliches Unglück: In der Raumkapsel verbrennen drei amerikanische Astronauten. Der Brand ist wahrscheinlich durch einen Kurzschluss entstanden und hat sich mit rasender Geschwindigkeit ausgebreitet …

Die Raumkapsel war damals mit reinem Sauerstoff gefüllt. Seither hat man eine Änderung vorgenommen: Bei bemannten Raumkapseln verwendet man beim Start ein Gemisch aus Sauerstoff und Stickstoff. Erst während des Fluges wird es durch reinen Sauerstoff ersetzt.

V4 *Sauerstoff* ⊙ *wird meist in blauen Stahlflaschen aufbewahrt. Man kann ihn „über Wasser" auffangen (Bild 1; der Standzylinder wurde vorher mit Wasser gefüllt).*
a) *Beschreibe, wie das Auffangen über Wasser vor sich geht.*
b) *Ginge es nicht ohne Wasser, also mit Luft im Standzylinder?*
c) *Wie sieht der Sauerstoff aus? Wie riecht er?*

V5 *Eine brennende Kerze wird zunächst in ein mit Luft gefülltes Glas gehalten.*
Dann wird die Kerze in ein mit Sauerstoff ⊙ *gefülltes Glas eingetaucht (Bild 2).*
Beobachte jeweils die Kerzenflamme und vergleiche.

V6 *Zwei Reagenzgläser werden mit Sauerstoff* ⊙ *gefüllt.*

Das erste stellst du mit der Öffnung nach oben auf, das zweite hältst du mit der Öffnung nach unten (Bild 3).
Nach etwa einer halben Minute führst du in jedes Glas einen glimmenden Holzspan ein.
a) *Erkläre das Ergebnis.*
b) *Schreibe alle Eigenschaften des Sauerstoffs auf, die du inzwischen herausgefunden hast.*

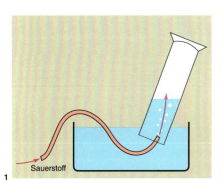

Sauerstoff

1

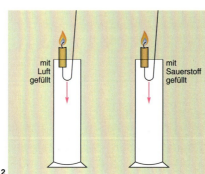

mit Luft gefüllt

mit Sauerstoff gefüllt

2

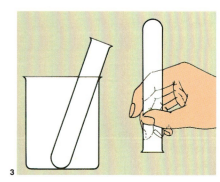

3

Info: Die Glimmspanprobe

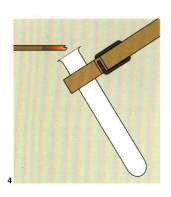

4

Mit Hilfe der *Glimmspanprobe* kann man untersuchen, ob in einem Gefäß Sauerstoff enthalten ist. Sie ist also der **Nachweis für Sauerstoff**:

Zunächst wird ein Holzspan entzündet, die Flamme wird aber sogleich wieder ausgeblasen. Der Span glimmt nur noch (Bild 4).

Diesen glimmenden Holzspan hält man in ein Reagenzglas. Wenn der Span jetzt wieder aufflammt (Bild 5), weiß man, dass sich in dem Reagenzglas Sauerstoff befindet.

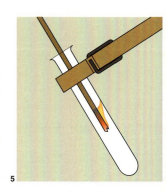

5

61659

Aus dem Alltag: Sauerstoff kann Leben retten und schützen

Unfall im Schwimmbad: Eine Frau hat beim Schwimmen einen Herzanfall erlitten. Sie konnte gerade noch aus dem Wasser gezogen werden, jetzt aber liegt sie bewusstlos am Beckenrand.

Zum Glück ist sofort ein Unfallwagen mit einem **Sauerstoffgerät zur künstlichen Beatmung** zur Stelle (Bild 6).

Das Gerät hat schon manchem das Leben gerettet. Es kann sogar helfen, wenn die Person plötzlich nicht mehr atmet.

Wichtig ist aber, dass ein solches Gerät sehr schnell eingesetzt werden kann. Der Mensch kommt nämlich nur wenige Minuten ohne Sauerstoff aus. Wenn ein Verun-

6

7

glückter 4 bis 6 Minuten lang gar nicht mehr atmet, bleiben bei ihm schwere Hirnschäden zurück – falls er überhaupt noch ins Leben „zurückgerufen" werden kann.

Tragbare **Atemschutzgeräte** gehören zur Ausstattung von Feuerwehrleuten. Sie brauchen sie für Räume, in denen sich Rauch oder giftige Gase befinden.

Diese Geräte machen die Feuerwehrleute von der Umgebungsluft unabhängig. Ihre Atemluft mit dem zum Leben nötigen Sauerstoff wird ihnen nämlich aus einer Pressluftflasche zugeführt; diese tragen sie auf dem Rücken (Bild 7). So können sie 30 bis 60 Minuten lang im Einsatz sein.

Aus der Technik: Heißere Flammen – mit Hilfe von Sauerstoff

Für Interessierte zum Weiterlesen

Sauerstoff spielt in der Technik eine besondere Rolle, z. B. beim **Brennschneiden**.

Dafür benötigt man neben dem Sauerstoff zunächst einmal ein Gas, das brennbar ist. (Sauerstoff selbst brennt ja nicht; er *unterhält* nur die Verbrennung.)

Meist nimmt man als Brenngas *Acetylen*. Es wird einer gelben Stahlflasche entnommen und in den Schneidbrenner geleitet.

An der Öffnung des Brenners wird das Gas entzündet. Zum

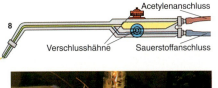
8
Acetylenanschluss
Verschlusshähne   Sauerstoffanschluss

9

Schneiden von Metall würde aber die Temperatur der Acetylenflamme nicht ausreichen. Deshalb leitet man zusätzlich reinen Sauerstoff in die Flamme (Bild 8).

Mit „Sauerstoffunterstützung" brennt nun das Acetylen so heftig, dass seine Flamme eine Temperatur von 3000 °C erreicht.

Am Brenner kann man die Flamme so einstellen, dass ein schmaler Streifen aus dem Metall herausgebrannt wird – das Metall wird also „zerschnitten" (Bild 9).

A1 *In einem Reagenzglas befindet sich Luft, in einem anderen reiner Sauerstoff. Wie bekommst du heraus, in welchem Reagenzglas der Sauerstoff ist?*

A2 *Brennt Sauerstoff selber? Oder unterstützt er eine Verbrennung? Überlege dir dazu einen Versuch.*

A3 *Sauerstoff ist ein Gas, das in Wasser löslich ist. Welche Bedeutung hat das für die Natur?*

A4 *Erinnere dich an den Brand in der Raumkapsel. Warum hätte sich in einer mit Luft gefüllten Kapsel das Feuer nicht so schnell ausgebreitet?*

Eigenschaften und Verwendung von Stickstoff

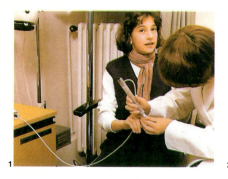

Stickstoff „immer gefragt": beim Entfernen von Warzen (Bild 1), zum Verhindern von Reifenbränden (Bild 2) oder beim „Schockgefrieren" von Torten, deren Verzierungen nicht verlaufen sollen (Bild 3).

Wenn man z. B. Wasser führende Rohre reparieren will, lässt man einen Teil des Wassers im Rohr mit Hilfe von Stickstoff gefrieren (Bild 4); so wird das übrige Wasser zurückgehalten.

Beim Lackieren hängen die zu lackierenden Teile an Haken, die so mitlackiert werden (Bild 5). Man unterkühlt die Haken mit Hilfe von Stickstoff – und der Lack fällt ab.

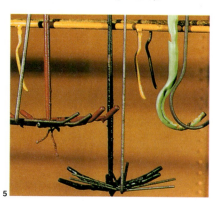

V7 *Ob der Stickstoff seinen Namen zu Recht trägt?*
a) *Wie in Versuch 5 halten wir eine brennende Kerze in ein mit Luft gefülltes Glas. Dann wird die brennende Kerze in ein mit Stickstoff gefülltes Glas getaucht. Beobachte und vergleiche!*
b) *Statt der Kerze nehmen wir jetzt einen glimmenden Holzspan (wie beim Sauerstoffnachweis). Wir halten auch noch einen brennenden Span hinein.*
c) *Warum also wird dieses Gas „Stickstoff" genannt?*

Info: Wissenswertes über den Stickstoff

Die Luft besteht zu 78 % aus Stickstoff. Er ist damit der **Hauptbestandteil der Luft**.

Stickstoff hat die **sehr niedrige Siedetemperatur** von –196 °C – daher seine Kühlwirkung.

Man gewinnt den Stickstoff durch Erwärmen von flüssiger Luft: Bei –183 °C wird der Sauerstoff der flüssigen Luft gasförmig und bei –196 °C der Stickstoff. So kann man beide Gase getrennt auffangen.

Stickstoff ist ein farbloses, geruchloses Gas, das **nicht giftig** ist. Stickstoff ist auch **nicht brennbar**. Im Gegensatz zum Sauerstoff unterhält oder unterstützt er nicht die Verbrennung. *Carl Wilhelm Scheele*, der viele Experimente zur Verbrennung durchführte, nannte ihn deshalb „verdorbene Luft".

Auf dieser Eigenschaft beruht auch der **Nachweis für Stickstoff**:

Man hält einen brennenden Holzspan in ein Gefäß, dessen Inhalt man prüfen will. Wenn das Gefäß Stickstoff enthält, erlischt die Flamme.

Vom Stickstoff weiß man, dass er andere Stoffe kaum „angreift". Er wird deshalb als „Schutzgas" zum Verpacken von Lebensmitteln eingesetzt.

61660

Eigenschaften von Kohlenstoffdioxid

Im 18. Jahrhundert begannen viele Forscher in Europa den Stoff „Luft" zu untersuchen – auch *Carl Wilhelm Scheele*, von dem du schon gehört hast.

In seinem Aufsatz „Von der Luft und dem Feuer" beschrieb er einen Versuch mit einem überraschenden Ergebnis (Bild 6):

„Ich nahm eine große, weiche Blase und befestigte eine Röhre in deren Mündung. Darauf blies ich sie mit der Luft aus meiner Lunge voll. Mit der linken Hand hielt ich meine Nasenlöcher zu.

Ich atmete diese Luft so lange ein und aus, als mir möglich war, und konnte 24 Atemzüge machen. Dann untersuchte ich diese Luft und stellte fest, dass eine brennende Kerze alsbald darin erlosch."

V8 *Du kannst Scheeles Versuch mit einer kleinen Tüte aus Folie nachmachen. Statt der Röhre, die Scheele nahm, legst du Daumen und Zeigefinger wie einen Ring um die Tütenöffnung (Bild 7).*
Wie viele Atemzüge schaffst du ohne Anstrengung? (Setze dich vorher hin – für den Fall, dass dir beim Blasen schwindlig wird!)

V9 *Prüfe die Luft, die du ausatmest, indem du sie durch Kalkwasser* Xn *leitest. Blase ganz vor-*

sichtig, damit kein Kalkwasser verspritzt. (Nicht ansaugen! Unbedingt die Schutzbrille tragen!) Was beobachtest du? Und was kannst du aus der Beobachtung

schließen? (Lies dazu auch das unten stehende Info.)

V10 *Hier erkennst du, wie Kohlenstoffdioxid entsteht (Bild 8).*
a) *Überlege: Kann die rechts entweichende Luft noch dieselbe sein wie die links hineingepumpte?*
b) *Überprüfe die entweichende Luft mit Kalkwasser* Xn*.*

Wenn man ein Gas in „Kalkwasser" leitet und das Kalkwasser daraufhin trübe wird, weiß man: Das eingeleitete Gas ist (oder enthält) Kohlenstoffdioxid.

Mit anderen Worten: **Die Trübung von Kalkwasser ist eine Nachweisreaktion für Kohlenstoffdioxid.** (Anstelle von „Kalkwasser" sprechen Chemiker auch von *Calciumlauge*.)

Wenn du also herausbekommen möchtest, ob sich in einem Gasgemisch Kohlenstoffdioxid befindet, musst du eine **Probe mit Kalkwasser** durchführen. (Achtung, Kalkwasser ist ätzend!)

In Bild 9 siehst du, dass ausgeatmete Luft Kalkwasser trübt. (Dabei nie ansaugen!) Das ist der Beweis dafür, dass ausgeatmete Luft Kohlenstoffdioxid enthält.

Gegen den Durst

Säfte und Limonaden – nicht nur für heiße Tage

Orangensaft (Bild 1) – ein beliebtes Getränk zur Erfrischung. Säfte und Limonaden gibt es in vielen Geschmacksrichtungen und doch ähneln sie alle einander …

So kannst du dir eine „Limo" selber herstellen

Mische einen Viertelliter Wasser, einen Esslöffel Zucker und den Saft einer halben Zitrone oder Orange. Du kannst auch noch eine ungeschälte (nicht konservierte) Zitronenscheibe (Orangenscheibe) und einige Eisstückchen hinzugeben.

Besser schmeckt's, wenn du statt des Leitungswassers echtes Sprudelwasser nimmst. Dazu brauchst du einen „Siphon", aus dem das Kohlenstoffdioxid einer „Kohlensäurepatrone" Sprudelwasser in das Gefäß presst.

V1 Du weißt ganz sicher schon, welches der Hauptbestandteil von Limonade ist.
Plane selbst, wie du diesen Bestandteil auf einfache Art und Weise nachweisen kannst.

V2 In diesem Versuch kannst du eine Limonade auf ihren Gehalt an Zucker überprüfen (Bild 2).

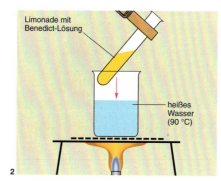

Limonade mit Benedict-Lösung

heißes Wasser (90 °C)

Fülle zuerst ein Reagenzglas etwa 2 cm hoch mit Limonade.
Füge dann einige Milliliter Benedict-Lösung hinzu.
Erwärme das Gemisch in einem Glas mit mindestens 90 °C heißem Wasser. (Wenn sich die Limonade daraufhin rot färbt, enthält sie Zucker.)
Färbt sich die Limonade rot?

Info: Fruchtsäfte

Reine Fruchtsäfte werden hauptsächlich aus Äpfeln, Johannisbeeren, Kirschen, Orangen oder Weintrauben gewonnen.

Fruchtsäfte aus Beeren und Steinobstsorten enthalten aber zu viel Fruchtsäure. Sie müssen erst noch durch Zugabe von Wasser und Zucker genießbar gemacht werden.

Die Früchte werden zunächst gewaschen, sortiert und zerkleinert. Dann werden sie ausgepresst.

Der auf diese Weise entstehende Saft wird anschließend haltbar gemacht („pasteurisiert") und schließlich in Behälter gefüllt.

Die auf Saftflaschen angegebenen Bezeichnungen sind nicht beliebig. Sie sagen viel über die Zusammensetzung und die Qualität der Säfte aus:

Fruchtsäfte, Fruchtsaftkonzentrate: Sie bestehen aus reinem Fruchtsaft. Bei Mangel an natürlichem Zucker darf bis zu 15 g Zucker pro Liter zugesetzt werden.

Fruchtnektare: Sie müssen mindestens zur Hälfte aus Fruchtsaft bestehen. Je nach Fruchtsorte dürfen bis zu 200 g Zucker pro Liter zugegeben werden.

Fruchtsaftgetränke: Sie müssen je nach Fruchtart 6–30 Hundertstel ihres Gewichts an Fruchtsaft enthalten. Der Zuckergehalt liegt meist bei 100 g/l.

Limonaden mit Fruchtgehalt: Sie enthalten drei Hundertstel ihres Gewichts an Fruchtsaft und auch mindestens 7 Hundertstel ihres Gewichts an Zucker.

Brausen: Sie haben keinerlei Fruchtgehalt. Sie bestehen aus Wasser und Zucker sowie aus Aroma- und Farbstoffen.

Info: Limonaden

Limonaden sind – im Gegensatz etwa zur Milch – *Erfrischungsgetränke*, nicht Nahrungsmittel.

Unter einer *Limonade* versteht man ein alkoholfreies Getränk.

Limonaden müssen aus natürlichen Aromastoffen unter Verwendung von Zucker und genießbaren Säuren sowie aus kohlenstoffdioxidhaltigem Mineral- oder Tafelwasser hergestellt sein.

Limonaden haben unterschiedliche Geschmacksrichtungen (Zitrone, Orange, Himbeer …). Einige Limonaden enthalten auch geringe Anteile von Fruchtfleisch (z. B. Zitrone, Limone, Grapefruit).

Zu den Limonaden zählen auch die **Colagetränke**.

Diese Getränke enthalten 60–250 mg *Coffein* je Liter. (Coffein ist ein Anregungsmittel, das auch Bestandteil von Bohnenkaffee ist. Es regt die Herztätigkeit und die Atmung an.)

Colagetränke sind (wie viele Säfte) stark zuckerhaltig; vielleicht sind sie gerade deshalb bei Jugendlichen so beliebt. In einem Liter Cola sind praktisch 32 Stück Würfelzucker gelöst. Als „Durstlöscher" sind sie deshalb nur mit Einschränkung geeignet.

Als Geschmacksstoff wird Colagetränken auch Phosphorsäure zugesetzt.

Aus der Geschichte: Vom Siegeszug eines Erfrischungsgetränks

Das war ein großer Tag in der Geschichte der Erfrischungsgetränke:

Der amerikanische Arzt und Apotheker *Dr. John S. Pemberton* mixte 1886 das erste Colagetränk: die Coca-Cola. Sie war aber zunächst nicht als Erfrischungsgetränk gedacht, sondern als ein Mittel gegen Kopfschmerzen und allgemeine Erschöpfung.

Die Coca-Cola begann also ihren Siegeszug in der Apotheke (Bild 3); sie landete aber bald darauf in Bars und Gaststätten.

Ursprünglich wurde die Coca-Cola als dicker Sirup aus Porzellanspendern in Gläser gefüllt – anschließend wurde der Sirup mit Sprudelwasser verdünnt. Solche Porzellanspender sind heute noch als Sammlerobjekte heiß begehrt.

Bei solch primitiven Abfüllverfahren konnte den Gästen natürlich nicht garantiert werden, dass jedes Glas die gleiche Sirupmenge abbekam. Der „unverwechselbare Colageschmack" war damals also gar nicht so unverwechselbar.

Bald aber erfolgte die Abfüllung des Getränks in Flaschen. Damit war ein stets gleich bleibender Geschmack garantiert.

Die Coca-Cola wurde zum Markenartikel, als sie im Jahr 1916 in der typischen „Flasche mit dem Hüftschwung" herauskam.

Schon im Jahr 1946 gab es 155 Abfüllstationen. Sie waren natürlich nicht so leistungsfähig wie die heutigen. Einige Abfüllstationen schafften nur 80 bis 100 Flaschen pro Stunde – heute dagegen viele tausend.

Die Zusammensetzung der Coca-Cola gilt als großes Geheimnis. Das Originalrezept liegt wohl behütet in einem Tresor.

Inzwischen hat man weitere Colagetränke entwickelt (Bild 4).

Seinen Namen bekam die Cola nach den Colanüssen. Von diesen wird berichtet: „Das Kauen der bitter schmeckenden Nüsse macht Wasser besser schmeckend und das Essen bekömmlicher."

Colas enthalten (wie die Colanuss) das anregende Coffein. Dazu kommt – je nach Colagetränk – ein „Aromamix" z. B. aus Zimt, Zitrone, Kakao, Kaffee, Mate, Mandarinenblättern, bitteren Orangen, Ingwer, Koriander, Holunder, Muskat, Mimosenrinde, Kalmuswurzeln, Vanillin und Gewürznelken.

3

4

Heiße Getränke

Man sagt:
Heiße Getränke
löschen besser den
Durst als kalte. **1**

Doch es geht nicht
nur ums Durstlöschen.
Schmecken tun diese
Getränke auch …

Aus dem Alltag: Lösliche Getränke – schnell zubereitet

Nach längerer, anstrengender Arbeit lassen die Konzentration und die Leistungsfähigkeit nach. Müdigkeit stellt sich ein – eine ganz natürlicher Vorgang. Dann ist eine Tasse Kaffee willkommen.

Oft fehlt aber die Zeit sich in Ruhe einen Kaffee zuzubereiten. Da hilft **löslicher Kaffee** weiter. Seine gute Haltbarkeit, sein hoher Genusswert sowie die schnelle Zubereitungsmöglichkeit haben für eine weite Verbreitung des löslichen Kaffees gesorgt.

Schnell einen Teelöffel löslichen Kaffee in die Tasse, heißes Wasser darauf – und schon ist das Kaffeegetränk fertig (Bild 2).

Die *Herstellung* des löslichen Kaffees geht in mehreren Teilschritten vor sich:

Der Rohkaffee wird zunächst geröstet und dann zerkleinert – genauso wie bei normalem Kaffee. Danach werden die Inhaltsstoffe des Kaffees *extrahiert*: Der Kaffee wird oben in eine Extraktionssäule hineingegeben. Von dort aus „fällt" er aufsteigendem Wasserdampf von 180–190 °C entgegen. Die Inhaltsstoffe gehen so in das Wasser über. Die Extraktion wird mehrmals wiederholt.

Danach wird der Kaffee-Extrakt („Dünnsaft") entweder ganz fein versprüht oder durch Gefrie-

ren bei etwa –40 °C getrocknet („gefriergetrocknet"). Die Gefriertrocknung ist ein besonders schonendes Verfahren. Sie wird vorwiegend bei höherwertigem löslichen Kaffee angewandt.

Der gefrorene Extrakt wird am Schluss gemahlen und im luftleeren Raum (Vakuum) in feste, trockene Pulverteilchen umgeformt.

Schließlich kommt der Kaffee in einer luftdichten Verpackung in den Handel.

Neben dem löslichen Kaffee werden noch andere „Instantgetränke" (engl. *instant:* Augenblick) angeboten.

So sind z. B. die „augenblicklich" löslichen **Kakaogetränke** nicht nur bei Kindern sehr beliebt.

Auch Fruchtsaftgetränke, Mixgetränke, Tees und Fertigsuppen zählen zu den „Instantgetränken". Sie alle sind meist pulverförmig und lösen sich sofort und rückstandslos in Wasser bzw. in heißer oder kalter Milch.

Sie werden durch Extraktion der Ursprungsprodukte sowie anschließendes Trocknen gewonnen.

Auch die Bereitstellung von **Tee** in Teebeuteln hat die Zubereitungszeit für dieses heiße Getränk erheblich verkürzt.

2

Die Zubereitung eines eines Kakao-Instantgetränks

Fülle warme oder kalte Milch in eine Tasse oder ein Glas. Gib drei bis vier Teelöffel Instant-Kakao hinzu und rühre um.

Fertig ist das Getränk. Guten Appetit!

61759

Aus Umwelt und Technik: Vom Kaffeestrauch zum Röstkaffee

Kaffee ist ein Naturprodukt. Kaffeesträucher gedeihen auf humus- und mineralstoffreichen Böden. Das Klima muss dafür ausreichend warm und feucht sein (mittlere Jahrestemperatur: 17–23 °C).

Besonders gut sind die Tropen für den Kaffeeanbau geeignet. Hauptanbauländer sind z. B. Brasilien, Kolumbien und Äthiopien.

Die Kaffeefrüchte ("Kaffeekirschen", Bild 4) werden auf den Plantagen von Hand gepflückt. Nach dem Abernten werden sie sofort aufbereitet. Dazu gibt es verschiedene Verfahren.

In Brasilien z. B. werden die Kaffeekirschen auf fest gewalztem Erdreich ausgebreitet (Bild 5). Dort können sie durch Wind und Sonne trocknen. Die getrockneten Früchte kommen in eine Schälmaschine, wo Haut und Fruchtfleisch von den Bohnen entfernt werden. Danach wird der Rohkaffee verlesen und gesiebt; so wird er von Verschmutzungen gereinigt. Schließlich wird er in Säcke verpackt und verschifft.

Erst durch das Rösten wird der Kaffee zum Genussmittel. Es erfolgt jedoch nicht im Herkunftsland, da das Aroma nur wenige Tage erhalten bleibt. Durch das Rösten ändern sich bei 200–250 °C Farbe, Gewicht und Volumen der Kaffeebohnen; das für den Kaffee typische Aroma bildet sich.

Je höher die Rösttemperatur ist, desto dunkler werden die Bohnen (Bild 6). Der Röstgrad kann sehr unterschiedlich sein. In den USA und in Europa wird im Allgemeinen hell geröstet, in Frankreich und Italien jedoch sehr dunkel.

4

5

6

Aus Umwelt und Technik: Getränke-Verpackungen

Verwerten ist besser als Wegwerfen – aber noch besser ist Vermeiden! Das wurde auch schon im Kapitel "Abfall oder Wertstoff" (Teilband 1) gesagt. *Recycling* ist immer nur die zweitbeste Lösung.

Ein besonderes Problem stellen die Getränkeverpackungen (Bild 7) dar. Das sind z. B. Glasflaschen, Dosen, Tetrapacks und Kunststoffflaschen (PET).

Am günstigsten sind **Mehrwegflaschen**. Wie der Name sagt, werden sie mehrfach verwendet oder am Schluss in Containern zum Recyceln gesammelt. Aus Altglas stellt man neue Flaschen her.

Die **Dosen** bringen schon mehr Probleme. Bierdosen aus Aluminium z. B. scheinen beliebt zu sein; ihr Verbrauch ist nämlich in den letzten Jahren gestiegen. Jährlich werden etwa fünf Milliarden dieser Blechbehälter leer getrunken und dann einfach weggeworfen. Das sind pro Jahr ungefähr 60 Dosen je Person. Dadurch wachsen die Müllberge. Es bedeutet vor allem eine Verschleuderung von wertvollen Rohstoffen und von Energie. Zur Entsorgung kommen Blechdosen in den "gelben Sack".

In **Kartonverpackungen** werden Milch, Mineralwasser, Fruchtsäfte und sogar Wein angeboten. Diese beschichteten Behälter wieder zu verwerten ist schwierig, denn die Schichten sind schwer zu trennen. Als "Verbundstoffe" gehören auch die Kartons in den "gelben Sack".

Vorzuziehen sind in jedem Fall **Pfandflaschen**.

7

Warum wir trinken müssen

Es gibt Situationen,
bei denen unser Bedarf an Flüssigkeit besonders groß ist ...

Info: Wenn der Körper Flüssigkeit verliert ...

Dass unser Körper zu etwa zwei Dritteln aus Wasser besteht, weißt du schon aus der 6. Jahrgangsstufe. Die einzelnen Organe oder Organteile enthalten unterschiedlich viel davon (→ dazu die unten stehende Tabelle). Etwa 2,5 Liter dieses Wassers gehen dem Körper täglich verloren.

Ganz deutlich kann man das an kalten Tagen sehen, wenn vor dem Mund die *Atemluft* kondensiert. Und besonders deutlich wird es, wenn jemand – wie in den Bildern 1 u. 2 – *schwitzt*, wenn also *Schweiß* von seinem Körper ausgeschieden wird.

Schweiß besteht zu 99 % aus Wasser sowie aus gelöstem Kochsalz und anderen Mineralstoffen. Wie viel ein Mensch davon verliert, hängt sowohl von der Art seiner Tätigkeit als auch vom jeweiligen Klima oder Wetter ab.

Im vollklimatisierten Büro gibt ein Beschäftigter während seiner täglichen Dienstzeit etwa einen halben Liter Schweiß ab. Ein Skilangläufer bringt es dagegen auf 3 Liter in der Stunde und ein Fußballprofi im Extremfall auf 9 Liter während eines Spiels.

Das Schwitzen ist für den Menschen gesund, es ist für ihn sogar lebenswichtig. Zum einen scheidet der Körper dadurch neben dem Wasser auch giftige Stoffwechselabfälle aus (z. B. Harnstoff und Harnsäure).

Zum anderen dient das Schwitzen dem Körper als „Klimaanlage": Die bei Hitze aus den 2,5 Millionen Schweißdrüsen abgesonderte Flüssigkeit verdunstet an der Hautoberfläche; für den Verdunstungsvorgang benötigt sie Wärme, die sie dem Körper entzieht. Dadurch sinkt die Körpertemperatur auf ein erträgliches Maß ab. Wenn jedoch hohe Luftfeuchtigkeit herrscht, kann der Schweiß nicht verdunsten; dadurch kommt es zum Wärmestau im Körper. Die Folgen eines solchen **Hitzschlages** können Blässe, Bewusstlosigkeit und Kreislaufversagen sein.

Erstes Anzeichen für einen Flüssigkeitsmangel ist das Gefühl von **Durst**. Es tritt auf, wenn der Körper 0,5 % seines Gewichts durch Wasserverlust einbüßt. Verliert er 2 % seines Gewichts, kann dies zu 20 % Leistungsabfall führen. Bei 6 % besteht Lebensgefahr.

Mit dem Schweiß gehen täglich auch wichtige **Mineralstoffe** verloren. Bei längerem Mangel können so z. B. unkontrollierter Wasserverlust, Muskelschwäche oder Muskelkrämpfe auftreten.

Wassergehalt im Körper	
Haare	4,1 %
Fettgewebe	15,0 %
Knochen	44,5 %
Haut	64,7 %
Herz	73,0 %
Knorpel	75,0 %
Gehirn	77,0 %
Verdauungstrakt	79,1 %
Muskulatur (quer)	79,5 %
Blut	80,0 %
Lunge	83,7 %
Glaskörper (Auge)	99,0 %

Aus dem Alltag: Was tun bei Wassermangel?

3

Die Antwort auf die Frage oben ist leicht: Du trinkst einfach, wenn du durstig bist (Bild 3).

Tatsächlich ist es notwendig, für **Ersatz des ausgeschiedenen Wassers** zu sorgen. Sonst kann es auf Dauer gesundheitliche Schäden geben.

Im Laufe eines Tages stellt der Körper etwa einen Drittel Liter davon selber wieder her – durch Ab- und Umbau von Nahrungsstoffen. Mindestens 2,3 Liter müssen wir aber noch aufnehmen. Das geschieht durch Getränke (1,3 Liter) oder durch die übrige Nahrung (1 Liter). Dass dies möglich ist, zeigt die unten stehende Tabelle.

Auch für einen **Ersatz von Mineralien** muss gesorgt werden. Bei großen Belastungen nehmen Sportler sogar spezielle „Elektrolyt-Flüssigkeiten" zu sich, die diese Mineralien zur Verfügung stellen (Bild 4).

Vor allem ist eine ausgewogene Ernährung erforderlich. Der normale Bedarf an Mineralien kann durch rein pflanzliche Kost nicht gedeckt werden – es fehlt sonst vor allem an Kochsalz, Kalium und Calcium. Ausgesprochene Pflanzenfresser im Tierreich sind daher auf das *Salzlecken* angewiesen: Sie lecken an salzhaltigen Steinen oder an der Haut von Artgenossen um ihr Defizit an Mineralien zu decken.

Bei hohem Blutverlust (z. B. nach einem Unfall) kann eine so genannte *physiologische Kochsalzlösung* als **Blutersatzmittel** eingesetzt werden (Bild 5). Sie ist auch bei starkem Flüssigkeitsverlust (z. B. bei Cholera-Durchfällen) angebracht.

Bei dieser Lösung ist der Kochsalzanteil genauso groß wie beim Blut (0,9 %). Mit Hilfe der physiologischen Kochsalzlösung wird die Kreislauffunktion des Körpers für kurze Zeit aufrechterhalten.

A1 *Ohne feste Nahrung kann ein Mensch mehrere Wochen lang überleben, ohne Wasser dagegen nur wenige Tage. Worauf führst du das zurück?*

A2 *Die Haut schmeckt manchmal salzig. Warum?*

A3 *Gelegentlich bekommen Sportler gegen Ende eines Wettkampfes Muskelkrämpfe. Woran liegt das?*

A4 *Schwitzen ist gesund. Begründe diese Aussage.*

A5 *Warum könnte man die Haut auch als „dritte Niere" bezeichnen?*

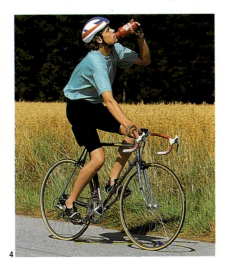

4

Wassergehalt in der Nahrung	
Gurke	95,6 %
Kopfsalat	94,8 %
Wassermelone	92,6 %
Erdbeere	89,9 %
Milch	ca. 88 %
Orange	87,1 %
Apfel	84,0 %
Fleisch	ca. 75 %
Tomate	94,2 %
Spargel	92,9 %
Karotte	88,6 %
Kartoffel	79,8 %

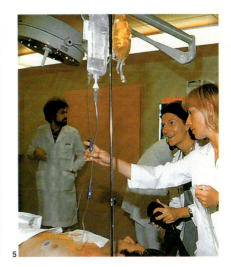

5

Info: Richtig trinken – was und wie?

Den Durst zu löschen bedeutet ja das verloren gegangene Wasser und die nun fehlenden Mineralstoffe zu ersetzen. Ein Befeuchten der Lippen oder der Schleimhaut hilft da nichts; dazu sind schon größere Flüssigkeitsmengen erforderlich.

Doch sind nicht alle Getränke zum Durstlöschen gleich gut geeignet.

Mineral- und Tafelwasser: Zu den guten Durstlöschern gehört das *Mineralwasser*. Es wird Quellen entnommen und muss je Liter mindestens 1 Gramm gelöste Mineralsalze enthalten. Auch *Tafelwasser* ist zum Durstlöschen geeignet. Im Unterschied zum Mineralwasser befindet sich in ihm aber weniger als 1 Gramm Mineralstoffe je Liter. Beide Getränke kann man auch bestens zum Verdünnen naturreiner Obstsäfte heranziehen.

Isotonische Getränke: Diese Drinks sind vor allem bei Sportlern beliebt. Die in ihnen enthaltenen Mengen an Natrium, Magnesium und Calcium entsprechen genau denen im Blut. Allerdings sind in ihnen zusätzlich noch Zucker, Vitamine und Geschmacksverbesserer gelöst.

Coffeinhaltige Limonaden: Als echte Durstlöscher sind diese Getränke nur wenig geeignet; in ihnen befinden sich zu wenige der benötigten Minera-

lien. Zudem enthält 1 Liter Cola etwa 110 Gramm des die Karies fördernden Zuckers, außerdem Phosphorsäure, auf die manche Menschen mit Nervosität und Überaktivität reagieren. Außerdem steht die zum Färben eingesetzte „Zuckercouleur" (ein Farbstoff, der durch Erhitzen von Zucker entsteht) im Verdacht Krebs erregend zu sein.

Schnee- und Regenwasser: Diese Wässer enthalten kaum Mineralien – sie eignen sich daher ebenso wenig zum Durststillen. Aufgrund von Abgasen sind in ihnen außerdem noch gesundheitsschädigende Stoffe gelöst – und das kann gefährlich werden.

Regeln zum Durststillen bei Hitze

○ Keinen Alkohol trinken! (Er erweitert die Hautgefäße und fördert übermäßiges Schwitzen.)
○ Keine eiskalten Getränke zu sich nehmen! (Sie täuschen Unterkühlung vor, woraufhin der Körper noch mehr Wärme produziert; die Folge ist, dass man noch mehr schwitzt.)
○ Kalte Getränke zunächst etwas vorwärmen, zumindest im Mund!
○ Warmer, ungesüßter Tee stillt den Durst am besten, er bremst somit etwas das Schwitzen.

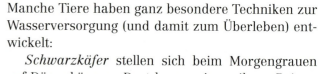

Aus der Umwelt: Trinken in der Tierwelt

Auch Tiere müssen ihren Flüssigkeitsverlust ausgleichen, z. B. die *Antilope* von Bild 1.

Besonders schwierig ist dies in Wüsten und anderen wasserarmen Gegenden. Dort können allerdings *Dromedare* oder *afrikanische Wildesel* mehrere Monate lang ohne Trinken auskommen. Sie leben dann von dem in ihrem Gewebe gespeicherten Wasser.

Spring- und *Sandrennmäuse* kommen sogar ganz ohne Trinken aus. Sie decken ihren Wasserbedarf allein durch pflanzliche Nahrung. Ähnlich ist es auch beim *Wüstenfuchs (Fennek)* und beim *Schabrackenschakal* oder *Pharaonen-Uhu* – sie beziehen das nötige Wasser aus ihrer Beute.

Manche Tiere haben ganz besondere Techniken zur Wasserversorgung (und damit zum Überleben) entwickelt:

Schwarzkäfer stellen sich beim Morgengrauen auf Dünenkämme. Dort lassen sie an ihren Beinen die Luftfeuchtigkeit – den Tau – kondensieren.

Flughühner transportieren für ihre Jungen Wasser 50 km weit in ihrem Gefieder.

Afrikanische Elefanten finden mit instinktiver Sicherheit Wasser. Sie graben z. B. in ausgetrockneten Flussläufen tiefe Löcher in die Erde. Auf diese Weise kommen sie an das nötige Wasser, sodass sie auch in Trockenperioden überleben können.

1

61762

Zusammenfassung

Alles klar?

A1 *Lies z. B. im Supermarkt die Etiketten der Behälter von Fruchtsaftgetränken.*
a) *Zu welcher Gruppe von Getränken gehören sie? Was kannst du über ihre Zusammensetzung erfahren?*
b) *Du presst Orangen aus und trinkst den reinen Saft. Zu welcher Gruppe gehört das Getränk? Was ist, wenn du den Orangensaft mit gleich viel Wasser verdünnst und etwas Zucker zusetzt?*

A2 *Nenne Vor- und Nachteile von löslichem Kaffee im Vergleich mit herkömmlichem Kaffee.*

2

A3 *Getränke gibt es in den unterschiedlichsten Verpackungen.*
a) *Welche Gründe gibt es dafür?*
b) *Begründe, weshalb die Pfandflasche immer vorzuziehen ist.*

A4 *Bild 2 zeigt einen Wasserverkäufer in Marokko. Warum kann er mit dem Verkauf von Trinkwasser Geld verdienen?*

A5 *Weshalb ist es so wichtig, dass wir ein Durstgefühl empfinden können?*

A6 *Aus welchem Grund ist Mineralwasser ein guter Durstlöscher?*

Auf einen Blick

Getränke – mehr als nur Durstlöscher

Fruchtsäfte (Bild 3) werden in verschiedenen Qualitätsstufen angeboten: als eigentliche Fruchtsäfte, als Fruchtnektare und als Fruchtsaftgetränke.

Sie unterscheiden sich in ihrem Gehalt an Früchten und Zucker.

Frische Fruchtsäfte stellt man z. B. durch Auspressen von Orangen oder Grapefruits her.

Im Entsafter lassen sich auch aus anderen Früchten Fruchtsäfte gewinnen.

3

4

Kakao, Kaffee und **Tee** gehören eigentlich zu den heißen Getränken (Bild 4), obwohl man sie natürlich auch abgekühlt trinken kann.

Kaffee und schwarzer Tee wirken meist anregend. Kakao, mit etwas Zucker gesüßt, ist ein Genussmittel, das ebenfalls anregend wirkt.

Instantgetränke sind sehr gut löslich. Deshalb lassen sie sich bequem zubereiten. Man gewinnt sie durch Gefriertrocknung.

Warum wir trinken

Wir selber bestehen zum größten Teil aus Wasser. Davon gehen täglich etwa 2,5 Liter verloren. Dieser **Flüssigkeitsverlust** muss ausgeglichen werden, sonst kann unser Körper Schaden nehmen.

Viel Flüssigkeit verlieren wir, wenn wir schwitzen. Dann wird die Haut mit den in sie einge-

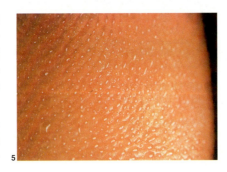

5

lagerten Schweißdrüsen feucht – sie sondert **Schweiß** ab (Bild 5).

Dadurch geht nicht nur Wasser, sondern auch ein großer Teil lebenswichtiger **Mineralstoffe** verloren. Wir müssen also trinken um einerseits den Flüssigkeitsverlust und andererseits den Verlust an Mineralstoffen auszugleichen.

Bewegung beim Menschen

Beim Weitsprung hast du sicher auch schon einmal mitgemacht. Wahrscheinlich hast du dich dabei ganz automatisch richtig bewegt. Was muss dabei eigentlich alles im Körper geschehen, damit diese Abfolge von Bewegungen zustande kommt?

A1 *Versuche einige Zeit völlig unbeweglich zu stehen. Welche Beobachtung machst du?*

A2 *Versuche einen Hemdkragen zu öffnen, ohne den Daumen zu benutzen. Was beobachtest du? Erkläre!*

A3 *Beobachte einen Partner beim Gehen, Laufen und Kriechen. Beschreibe seine Körperhaltung. Wo wird der Körper abgewinkelt, wo wird er gestreckt?*

A4 *Beschreibe mit Hilfe von Bild 1 die Haltung des Körpers beim Weitsprung. Achte dabei besonders auf die Stellung des Oberkörpers, der Arme und der Beine.*

A5 *Wo kannst du an dir Teile der Wirbelsäule ertasten? Probiere es aus.*

A6 *Bewege deinen Unterarm. Befühle dabei den Oberarm. Beschreibe, was du spürst.*

Info: Stehen, gehen, laufen, springen

Ständig bewegen wir uns: Wir gehen, essen, fahren Rad. Stillzuhalten fällt meist ausgesprochen schwer. Auch im Schlaf wälzen wir uns hin und her oder bewegen die Augen.

Beim Gehen oder beim Weitsprung ist der ganze Körper beteiligt. Beim Schreiben oder Sprechen dagegen bewegen sich nur Teile des Körpers wie die Hand, der Arm oder das Gesicht. Alle Bewegungen werden durch das Zusammenspiel von *Muskeln* und *Knochen* ermöglicht. Vom *Gehirn* erhalten die Muskeln die Befehle zur Bewegung.

Ein Kleinkind muss viele Bewegungen lernen. Selbst das Krabbeln macht anfangs Schwierigkeiten. Erst allmählich lernt das Kind zu stehen und aufrecht zu gehen. Dies zeigt, wie schwierig viele Bewegungsabläufe eigentlich sind, die wir jeden Tag ganz selbstverständlich ausführen. Die Bewegungsabläufe beim Schreiben oder beim Klavierspielen müssen häufig geübt werden, damit sie gelingen.

An der Bewegung sind Muskeln und Knochen, aber auch das Gehirn und die Nerven beteiligt.

Info: Die Knochen des Skeletts

Unser Körper würde zusammenfallen, wenn er nicht gestützt würde – durch das *Skelett*. Es besteht aus über 200 Knochen. *Gelenke* verbinden die meisten Knochen miteinander und machen das Skelett beweglich. So können wir kauen, rennen und greifen.

Schädel. Mehrere zwei bis sechs Millimeter dicke, plattenartige Knochen bilden die *Schädelkapsel*. Sie sind wie die Teile eines Puzzles miteinander verzahnt. Die Schädelkapsel schützt das Gehirn vor Stößen. Der *Unterkiefer* ist mit dem Schädel durch das Kiefergelenk beweglich verbunden.

Rumpf. Er besteht aus der *Wirbelsäule* und den *Rippen*. Die Wirbelsäule stützt den Körper. Die Rippen bilden zusammen mit dem *Brustbein* den *Brustkorb*. Er schützt die empfindlichen Lungen, das Herz, den Magen und die Leber.

Gliedmaßen. In den Armen und Beinen liegen lange, röhrenförmige Knochen. Im Unterarm und Unterschenkel befinden sich jeweils zwei Knochen. Daher können sich die Unterarme und bei angewinkeltem Knie auch die Unterschenkel um die eigene Achse drehen. Die Hände und die Füße werden von mehreren kleineren Knochen gebildet. Vor allem die Hände sind dadurch sehr beweglich.

Schulter. Die beiden *Schlüsselbeine* und die *Schulterblätter* bilden zusammen den *Schultergürtel*. Er verbindet den Brustkorb mit den Armen.

Becken. Der untere Teil der Wirbelsäule bildet mit den Beckenknochen den stabilen *Beckengürtel*. An ihm setzen die Oberschenkelknochen an. Außerdem stützt er die Eingeweide des Bauchraumes.

Knochenwachstum. Ein Baby hat noch biegsame, weiche Knochen. Sie bestehen zum großen Teil aus einem elastischen Material, dem *Knorpel*. Die Ohrmuschel zum Beispiel besteht aus Knorpel. Im Laufe des Wachstums wird der Knorpel durch den härteren Knochenkalk ersetzt. Doch auch bei Erwachsenen sind die Knochen etwas elastisch. Einen leichten Sturz oder Aufprall halten sie meist aus.

A1 *Welche Knochen deines Körpers kannst du ertasten? Beschreibe ihre Form.*

Das Skelett stützt den Körper und schützt die inneren Organe. Bewegliche Gelenke verbinden die Knochen miteinander. Knochen sind fest und elastisch zugleich.

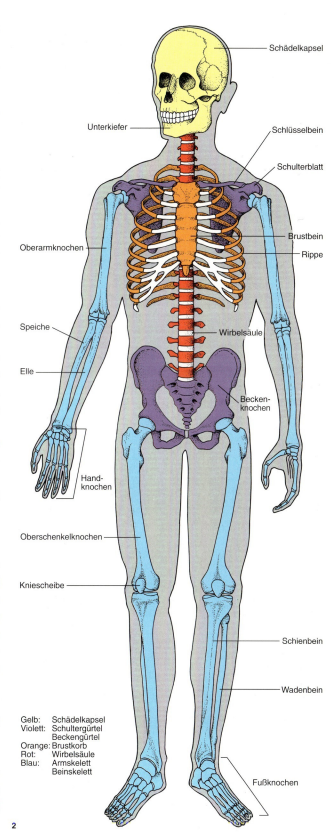

Schädelkapsel

Unterkiefer

Schlüsselbein

Schulterblatt

Brustbein

Rippe

Oberarmknochen

Speiche

Elle

Wirbelsäule

Becken-knochen

Hand-knochen

Oberschenkelknochen

Kniescheibe

Schienbein

Wadenbein

Fußknochen

Gelb: Schädelkapsel
Violett: Schultergürtel
Beckengürtel
Orange: Brustkorb
Rot: Wirbelsäule
Blau: Armskelett
Beinskelett

2

Praktikum: Die Wirbelsäule

1   Verschiedene Wirbelsäulenformen im Test

Benötigt werden: 3 fertige Modelle wie auf Bild 2 (oder 3 gleich lange Drahtstücke von etwa 40 cm Länge und 2 mm Durchmesser, zum Beispiel Schweißdraht; 3 Holzstücke mit Bohrung); Messlatte; 3 Gewichtsstücke von je 50 g.

Was die Krümmung der Wirbelsäule bewirkt, kannst du an einem Modell überprüfen. Fertige wie im Bild 6 drei „Wirbelsäulen" an. Befestige sie in der Bohrung der Hölzer. Drücke mit dem Finger oben auf den Draht. Beschreibe deine Beobachtung. Hänge an die Spitze jedes Drahtes ein Gewichtsstück von etwa 50 g (Bild 1).

– Wie verändert sich das Modell?
– Welches Modell entspricht der menschlichen Wirbelsäule am ehesten?

50-g-Gewicht

Draht = „Wirbelsäule"

1

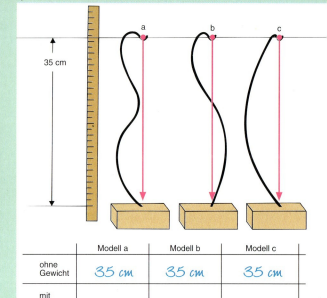

	Modell a	Modell b	Modell c
ohne Gewicht	35 cm	35 cm	35 cm
mit Gewicht			

2

2   Wie wird die Wirbelsäule belastet?

Benötigt werden: 4 Holzscheiben mit einem Durchmesser von etwa 10 cm, 3 Schaumgummischeiben mit gleichem Durchmesser, verschiedene Gewichte.

Schichte die Holz- und Schaumgummischeiben abwechselnd wie auf Bild 3 zu einem Turm auf. Belaste die oberste Schicht zunächst mit verschieden schweren Gewichten. Belaste anschließend die Mitte und die Ränder.

– Welche Teile der Wirbelsäule werden durch die Holz- und Schaumgummischeiben dargestellt?
– Beschreibe deine Beobachtungen und werte sie aus.
– Folgere nun: Worauf sollte man beim Sitzen und Stehen unbedingt achten?
– Wie sollte man am besten eine schwere Last anheben, wie auf keinen Fall?

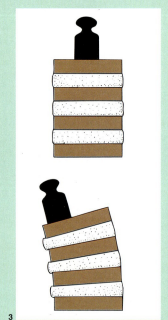

3

3   Wie beweglich ist die Wirbelsäule?

Benötigt werden: Stift und Papier.

Teste die Bewegungsmöglichkeiten der Wirbelsäule zusammen mit einem Partner aus: Der eine probiert die Bewegungsmöglichkeiten der Wirbelsäule aus, der andere hält die Bewegungen in kleinen Zeichnungen fest (Bilder 4 und 5).

– Wo ist die Wirbelsäule beweglich, wo nicht?
– In welche Richtungen ist sie besonders biegsam?

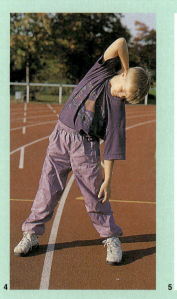

4

5

Info: Die Wirbelsäule stützt den Körper

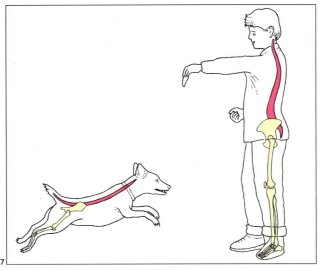

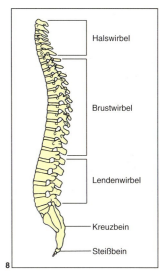

Halswirbel

Brustwirbel

Lendenwirbel

Kreuzbein

Steißbein

„Pass mal auf, was mein Hund kann!" Julian hält ein Stückchen Wurst in die Luft. Sein Hund springt hoch, stellt sich auf die Hinterbeine und dreht sich im Kreis.

Aufrechte Haltung. Was für den Hund ein Kunststück ist, das ist für den Menschen ganz selbstverständlich: Wir gehen ständig aufrecht.

Die aufrechte Haltung wird durch die besondere Form der Wirbelsäule ermöglicht. Beim Menschen ist die Wirbelsäule, von der Seite betrachtet, S-förmig gebogen (Bild 7). Sie durchzieht den Rumpf wie eine Achse und hält den Körper im Gleichgewicht über den Beinen. Gleichzeitig ist sie aber so beweglich, dass sie uns viele verschiedene Bewegungen erlaubt. Besonders beweglich ist die Wirbelsäule im Hals- und im Lendenbereich (Bild 8).

Wirbel. Die Wirbelsäule besteht aus einzelnen *Wirbelknochen* oder *Wirbeln* (Bild 9). Diese Wirbel sind ähnlich wie dicke Ringe gebaut. Sie liegen so

aufeinander, dass die Wirbellöcher zusammen einen Kanal bilden (Bild 10). In diesem Kanal verläuft gut geschützt das empfindliche *Rückenmark*. Es enthält die Nerven, die das Gehirn mit allen Körperteilen verbinden.

Die Wirbel sind gegeneinander beweglich. Die Wirbelsäule kann daher nach allen Seiten gebogen werden. Die Wirbelfortsätze (Bild 10) engen die Biegefähigkeit nach hinten jedoch ein.

Bandscheiben. Zwischen den einzelnen Wirbeln befinden sich die *Bandscheiben* (Bild 9). Sie bestehen aus elastischem *Knorpel*. Wie Stoßdämpfer fangen sie Erschütterungen federnd ab. Gleichzeitig verhindern sie, dass die harten Knochen sich bei jeder Bewegung aneinander reiben.

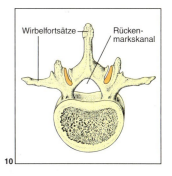

Wirbelfortsätze — Rückenmarkskanal

Die Wirbelsäule stützt den Körper und ermöglicht den aufrechten Gang. Sie ist S-förmig gebogen. Zwischen den Wirbelknochen liegen die Bandscheiben. Sie federn Bewegungen ab.

A1 *Bei welchen Bewegungen ist die federnde Wirkung der Wirbelsäule besonders wichtig?*

A2 *Vergleiche mit Hilfe von Bild 7 die Wirbelsäule von Mensch und Hund miteinander.*

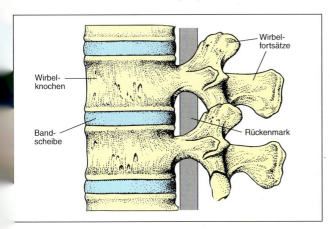

Wirbelfortsätze

Wirbelknochen

Bandscheibe

Rückenmark

Gesundheit: Haltungsschäden müssen nicht sein

Haltungsschäden. Ein Rundrücken oder Hohlkreuz macht sich oft schon im Kindes- oder Jugendalter bemerkbar. Eine solche Fehlhaltung ist schwer rückgängig zu machen. Wenn man die Wirbelsäule falsch belastet, lange sitzt und sich wenig bewegt, können Rücken- und Kopfschmerzen auftreten.

Auch die Stimmung wirkt sich auf die Körperhaltung aus: Wer innerlich angespannt ist, leidet oft unter Verspannungen der Rückenmuskeln. Wer traurig oder bedrückt ist, lässt Kopf und Schultern hängen. Rückenschmerzen sind die Folge.

Beim Sitzen, Stehen und Gehen werden die Bandscheiben im Laufe des Tages zusammengedrückt. Beim Liegen entspannen sie sich. Wer auf einer ausgelegenen, nicht körpergerechten Matratze schläft, kann seine Wirbelsäule nicht gut entspannen.

Schädigung der Füße. Falsche oder zu starke Belastung kann die Füße dauerhaft schädigen. Hochhackige Schuhe (Bild 1) verlagern einen großen Teil des Körpergewichts auf den Vorderfuß. Der Fuß verformt sich, und das Fußgewölbe sinkt ein.

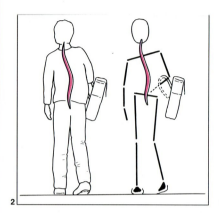

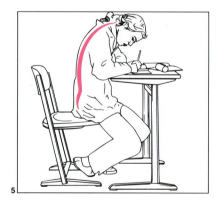

Wenn du deine Schultasche ständig unter dem Arm trägst, wird die Wirbelsäule einseitig belastet (Bilder 2 und 3).

Damit das nicht passiert, solltest du die Schultasche auf dem Rücken tragen (Bild 4) oder einen Rucksack zu benutzen, den du mit verstellbaren Tragegurten an deine Körpergröße anpassen kannst.

Tanja sitzt falsch (Bilder 5 und 6). Ihr Rücken ist krumm. Die Bandscheiben werden einseitig zusammengedrückt, die Wirbelsäule kann sich so krankhaft verändern. Wer am Schreibtisch arbeitet, sollte aufrecht sitzen und sich zur Entlastung der Wirbelsäule anlehnen (Bild 7). Die Füße sollen auf dem Boden stehen. Tisch und Stuhl müssen die richtige Höhe haben.

Info: Muskeln bewegen die Knochen

Die Muskeln bilden das „Fleisch" unseres Körpers. Sie formen die Gestalt und bewegen die Knochen. Daran sind mehr als 600 Muskeln beteiligt. Alle Muskeln, die das Skelett bewegen, arbeiten auf Befehl. Du möchtest einen Korb anheben oder eine Treppe hinaufsteigen – die Befehle dazu gibt das Gehirn. Vom Gehirn werden sie über die Nerven an die Muskeln weitergeleitet.

Beuger. Hast du schon einmal bemerkt, welcher Muskel an deinem Arm dick wird, wenn du eine Last zu heben versuchst? Es ist der Muskel vorne am Oberarm (Bild 6). Er ist mit dem unteren Ende über eine *Sehne* an der Speiche des Unterarms festgewachsen, oben ist er mit zwei Sehnen am Schulterblatt befestigt (Bild 7). Wird der Muskel beim Armbeugen angespannt, zieht er sich zusammen und zieht den Unterarm an den Oberarm heran. Man nennt diesen Muskel *Beuger* oder auch *Bizeps*.

Strecker. Sobald du den Unterarm streckst, zieht sich ein Muskel an der Außenseite des Oberarms zusammen und wird dick. Es ist der *Strecker*. Man kann ihn besonders gut spüren, wenn man mit der Hand auf die Tischplatte drückt.

Gegenspieler. Zieht sich der Beuger zusammen, wird der Strecker gedehnt und umgekehrt. Muskeln können sich nur zusammenziehen, kein Muskel kann sich aus eigener Kraft strecken. Das muss immer ein anderer Muskel besorgen. Man nennt ihn *Gegenspieler*. Beuger und Strecker sind Gegenspieler. An einer Bewegung sind also immer mindestens zwei Muskeln beteiligt: Der eine „arbeitet" und zieht sich zusammen, der andere wird gleichzeitig gestreckt.

6

Oft liegen Muskeln ziemlich weit entfernt vom Knochen, der bewegt wird. So sind die Muskeln für die Bewegung des Unterarms im Oberarm zu finden. Die Muskeln für die Bewegung des Oberarms liegen im Schulterbereich. Wenn du einen Arm hochreißt, kannst du mit der anderen Hand fühlen, wie der Schultermuskel dick wird.

Muskeln bewegen die Knochen. Zur Bewegung von Gliedmaßen sind mindestens zwei Gegenspieler nötig, ein Beuger und ein Strecker.

A1 *An welchen Stellen deines Körpers kannst du Beuge- und Streckmuskeln ertasten?*

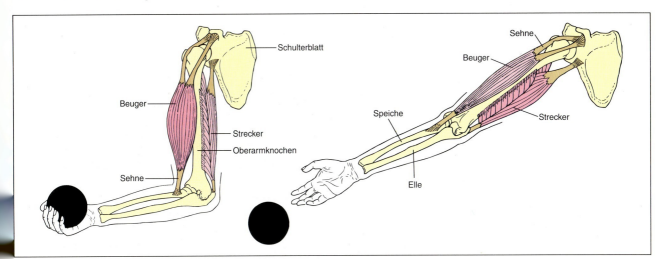

Info: Wie eine Bewegung entsteht

1

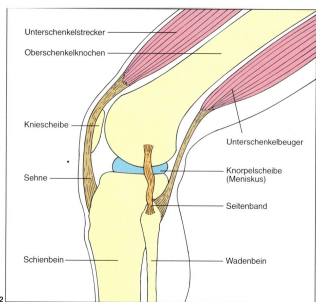

2

Die letzten zehn Minuten des Fußballspiels sind angebrochen. Frank läuft auf das Tor der gegnerischen Mannschaft zu. Da bekommt er den Ball zugespielt. Mit einem schnellen Blick schätzt er die Entfernung zum Tor ab. Der Torwart steht zu weit rechts. Frank holt mit dem Fuß aus (Bild 1) und schießt den Ball ins linke obere Eck – Ausgleich!

Bewegung. Der gezielte Torschuss eines Fußballspielers ist ein scheinbar einfacher Vorgang. Er ist aber nur dann möglich, wenn viele unterschiedliche Körperteile zusammenwirken. Die *Augen* schauen auf den Ball und das Tor. Das *Gehirn* schätzt die Entfernung zum Tor ab und berechnet, wie der Ball abgeschossen werden muss. Dann erteilt es die entsprechenden Befehle an die *Muskeln* im Bein. Der Beugemuskel (Bild 2) verkürzt sich und zieht den Unterschenkel nach hinten. Beim Schuss verkürzt sich sehr schnell der Streckmuskel auf der Oberseite des Oberschenkels. Eine lange *Sehne,* die über die Kniescheibe führt, zieht den Unterschenkel ruckartig nach vorne.

Gelenke. Eine wesentliche Rolle bei dieser Bewegung spielt das *Kniegelenk* (Bild 2). Es ist unser größtes Gelenk. Es verbindet den Unterschenkel so mit dem Oberschenkel, dass Bewegungen nach vorne und hinten möglich sind. Man bezeichnet das Kniegelenk daher auch als *Scharniergelenk.*

Das Kniegelenk trägt die Last des gesamten Körpers. Kräftige *Bänder* geben dem Gelenk Halt, sodass

sich die Knochen nicht verschieben können. Bei manchen Bewegungen, zum Beispiel einem Sprung, wird das Kniegelenk sehr stark beansprucht. *Knorpelscheiben* dienen den Knochen dann als Stoßdämpfer. Werden sie bei einer starken Belastung verletzt, verheilen sie nicht mehr vollständig. Manchmal müssen sie herausoperiert werden. Beim Fußball, Tennis oder beim Skifahren sind die Knorpelscheiben besonders gefährdet.

Knochen, Gelenke, Muskeln, Bänder und Sehnen gewährleisten gemeinsam die Beweglichkeit des menschlichen Körpers.

A1 *Beschreibe, wie der Bewegungsapparat beim Start des Läufers auf Bild 3 zusammenwirkt.*

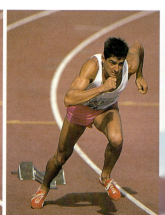

3

61784

Info: Gelenke machen Knochen beweglich

4

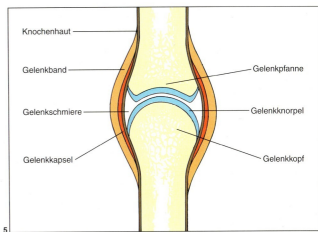

Knochenhaut

Gelenkband

Gelenkschmiere

Gelenkkapsel

Gelenkpfanne

Gelenkknorpel

Gelenkkopf

5

Robert betreibt einen rasanten Sport: Skateboard-fahren (Bild 4). Stürze lassen sich dabei nicht immer vermeiden. Gelenkschützer und Helm haben sie aber immer glimpflich ablaufen lassen.

Wie wichtig ein Gelenk ist, merken wir meist erst, wenn es durch eine Verletzung oder Krankheit schmerzt und wir es nicht bewegen können. Daher sollte man auf die Gelenke Acht geben. Wichtig sind gute Schuhe, besonders beim Sport.

Aufbau der Gelenke. Alle Gelenke sind ähnlich gebaut. Der gewölbte *Gelenkkopf* des einen Kno-chens passt in die Vertiefung des anderen, in die *Gelenkpfanne.* Die Enden der Knochen sind glatt und mit elastischem *Gelenkknorpel* gepolstert (Bild 5). Zusammen mit der *Gelenkschmiere* sorgt er dafür, dass sich die Knochen leicht bewegen lassen. Eine zähe Hülle, die *Gelenkkapsel,* und kräftige *Bänder* halten die Knochen zusammen.

Gelenkarten. In unserem Körper kommen ver-schiedene Gelenkarten vor (Bild 6). *Kugelgelenke* wie das Schultergelenk und das Hüftgelenk ermöglichen eine kreisende Bewegung der Gliedmaßen, also eine Bewegung nach allen Seiten. *Scharniergelenke* las-sen, vergleichbar den Scharnieren einer Tür, nur Bewegungen nach zwei Richtungen zu. Scharnier-gelenke sind beispielsweise das Ellenbogengelenk und die Gelenke zwischen den Fingergliedern. Ein *Sattelgelenk* liegt zwischen Handwurzel und Dau-men. Mit diesem Gelenk können wir ebenfalls krei-sende Bewegungen ausführen.

Gelenke verbinden Knochen beweglich mit-einander. Kugel-, Scharnier- und Sattelgelenke ermöglichen unterschiedliche Bewegungen.

A1 *Wo findet man am Skelett Scharniergelenke, wo Kugelgelenke?*

A2 *Welche Bewegungen lassen sich mit den ver-schiedenen Gelenken ausführen?*

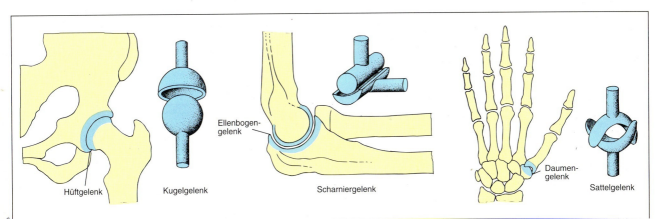

Hüftgelenk   Kugelgelenk   Ellenbogen-gelenk   Scharniergelenk   Daumen-gelenk   Sattelgelenk

6

Gesundheit: Beweglichkeitstraining

Muskelkater und Muskelriss. Bei sehr anstrengenden Bewegungen können in den Muskeln feinste Verletzungen entstehen, vor allem wenn die Muskeln nicht aufgewärmt sind und bei Untrainierten. Sie machen sich an den nächsten Tagen als Muskelkater bemerkbar. Wenn man regelmäßig trainiert und die Muskeln dabei warm hält, kann man einen Muskelkater vermeiden.

Ohne Aufwärmtraining oder bei zu anstrengenden Bewegungen kann es zu feinen Rissen im Muskel kommen. Zur Heilung wird der Muskel ruhig gestellt und warm gehalten.

Verstauchung. Bei einer heftigen Bewegung, zum Beispiel wenn der Fuß umknickt, werden die Bänder überdehnt. Im Gelenk werden Blutgefäße verletzt, sodass ein Bluterguss entsteht. Das Gelenk schwillt an und schmerzt. Es muss gekühlt und ruhig gestellt werden.

Verrenkung. Verrenkungen betreffen meistens Kugelgelenke: Der Gelenkkopf springt aus der Gelenkpfanne. Der Arzt renkt das Gelenk wieder ein.

Knochenbruch. Durch Fehlbelastung oder einen Unfall kann es zum Knochenbruch kommen. Die Bruchenden werden vom Arzt mit Hilfe eines Röntgenbildes aneinander gefügt und ruhig gestellt, meist mit einem Gipsverband. Nach einigen Wochen ist der Knochen zusammengewachsen.

Dehnungsübungen für die Muskeln

Vor sportlichen Aktivitäten wärmt man möglichst viele Muskeln auf und dehnt sie langsam vor (1 bis 6). Auch warme Sportkleidung beugt Muskelfaserrissen und Zerrungen vor. Die Übungen langsam ausführen und die Muskelspannung einige Sekunden lang halten.

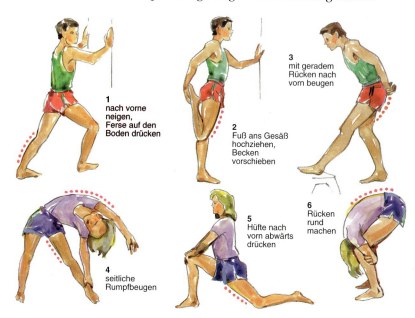

1 nach vorne neigen, Ferse auf den Boden drücken

2 Fuß ans Gesäß hochziehen, Becken vorschieben

3 mit geradem Rücken nach vorn beugen

4 seitliche Rumpfbeugen

5 Hüfte nach vorn abwärts drücken

6 Rücken rund machen

Gelenkigkeitsübungen für die Wirbelsäule

Mit den Übungen 7 bis 9 kann man der Neigung zum Rundrücken vorbeugen. Sie fördern die aufrechte Körperhaltung. Die Übungen 10 bis 12 dienen dem Ausgleich des Hohlkreuzes. Sie machen die Wirbelsäule im Bereich der Lendenwirbel beweglicher.

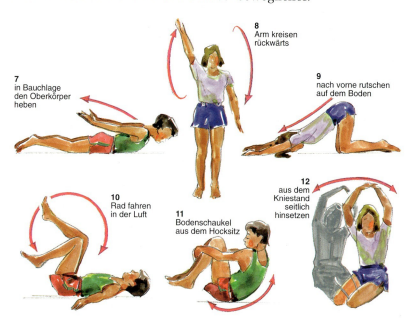

7 in Bauchlage den Oberkörper heben

8 Arm kreisen rückwärts

9 nach vorne rutschen auf dem Boden

10 Rad fahren in der Luft

11 Bodenschaukel aus dem Hocksitz

12 aus dem Kniestand seitlich hinsetzen

61785

Praktikum: Bewegung in der Pause

Den größten Teil des Tages verbringst du im Sitzen – in der Schule, bei den Hausaufgaben oder vor dem Fernseher. Muskeln brauchen jedoch ständige und möglichst vielseitige Bewegungen. Durch Gymnastik im Klassenzimmer und Bewegungsspiele in der Pause kannst du die Muskeln kräftigen und Verspannungen lösen.

Sich räkeln wie eine Katze

Hast du schon einmal eine Katze beobachtet, die gerade aufwacht? Sie springt nicht sofort auf, sondern dehnt und streckt sich. Mache es ihr nach (Bild 13). Die Bewegungen sind zuerst klein und werden dann zunehmend größer. Wenn du magst kannst du beim Räkeln, Dehnen und Strecken auch herzhaft gähnen.

Schattenboxen

Versuche doch einmal einen Boxer nachzuahmen. Beginne locker und leicht tänzelnd mit dem Boxen. Wenn du dich bei den Bewegungen sicher fühlst, kannst du sie verstärken und mit etwas mehr Kraft schlagen. Atme dabei aber immer ganz ruhig. Denke daran, dass auch der Schattenboxer einen Gegenspieler hat, vernachlässige also nicht die Deckung.

Äpfel pflücken

Von einem Baum sollen Äpfel gepflückt werden. Da aber die Äpfel hoch oben hängen, musst du dich dabei strecken und auf die Zehenspitzen stellen (Bild 14). Gehe dann in die Hocke und lege den Apfel vorsichtig in einen Korb auf dem Boden. Pflücke abwechselnd mit der rechten und der linken Hand.

14

Einen Reifen wandern lassen

Benötigt wird ein Hula-Hopp-Reifen.

Alle Mitspieler fassen sich an und bilden einen Kreis. Auf den Armen eines Paares hängt ein Hula-Hopp-Reifen. Das Ziel ist, ohne die Hände loszulassen, durch den Reifen zu steigen und ihn im Uhrzeigersinn zum Nachbarn wandern zu lassen (Bild 15).

15

Ein Knoten aus Armen

Einen Knoten zu lösen ist nicht einfach – vor allem, wenn man selbst zum Knoten gehört. Alle Mitspieler fassen sich durcheinander an den Händen (Bild 16). Durch Absprache versuchen sie den Knoten zu entwirren und einen Kreis zu bilden. Dabei dürfen sie die Hände nicht loslassen.

16

„Treffer"

Benötigt werden: Schaumstoffball, zwei bis fünf kleine Bälle.

Zwei Spieler werfen sich einen Schaumstoffball zu. Die anderen bilden eine Gruppe. Mit den kleinen Bällen versuchen sie den Schaumstoffball abzuschießen (Bild 17). Wer ihn trifft, darf ihn nun selbst hin und her werfen.

17

Gesundheit: Sport

Leistungssport. Läufer werden immer schneller, Hochspringer springen höher und Weitspringer immer weiter. Hast du dich auch schon gefragt, wie die Sportler diese Leistungssteigerungen erreichen? Voraussetzung ist ein intensives Training, das meist schon im Kindesalter beginnt.

Wie die zunehmenden Verletzungen und Spätschäden mancher Leistungssportler zeigen, ist aber ein zu intensiv betriebener Sport bedenklich. Der Körper wird stärker belastet, als er aushalten kann. Dies ist besonders gefährlich, solange der Körper noch wächst. Ein Leistungssportler sollte daher unbedingt einen erfahrenen Trainer haben. Sein Gesundheitszustand muss von einem Arzt überwacht werden. Die Belastung des Körpers wird im Laufe des Trainings langsam gesteigert, sodass der Körper nicht überlastet wird.

Breitensport. Bewegung ist eine wichtige Voraussetzung für Gesundheit. Durch Ballspiele, Waldlauf, Schwimmen oder Gymnastik werden Knochen, Gelenke und Muskeln gestärkt. Ebenso werden Herz und Lungen gekräftigt. Der Körper bleibt durch ein vielseitiges Training beweglich und fit. Um Verletzungen zu vermeiden, ist es auch beim Freizeitsport wichtig, sich zu Anfang warm zu machen und langsam anzufangen.

Sport soll nicht nur dem Körper gut tun, sondern auch Spaß machen. Es gibt viele verschiedene Möglichkeiten, Sport zu treiben. Dazu gehört der Sport im Verein ebenso wie Radfahren oder Laufen mit Freunden. Welche Sportart einem gefällt, kann man nur durch Ausprobieren herausfinden. Sport mit anderen zusammen fördert die Kameradschaft in der

Gruppe und trägt zu einem besseren Verständnis untereinander bei. Auch ältere Menschen können sich durch schonende Bewegungen fit halten, zum Beispiel durch Schwimmen, Gymnastik oder Wandern.

Bewegung bei Sport und Spiel hält den Körper gesund. Ein zu intensiv betriebener Sport kann jedoch zu körperlichen Schäden führen.

A1 *Welche Möglichkeiten, Sport auszuüben, gibt es bei euch? Erkundigt euch nach Sportarten, Trainingszeiten und Mitgliedsbeiträgen. Manche Vereine bieten kostenlose „Schnupperstunden" an. Informiert eure Mitschüler durch ein Sportplakat.*

A2 *Übst du selbst einen Sport aus? Stelle „deine" Sportart in der Klasse vor.*

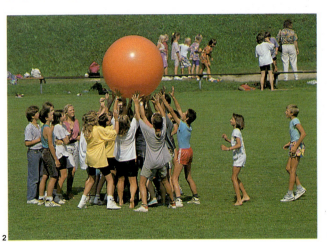

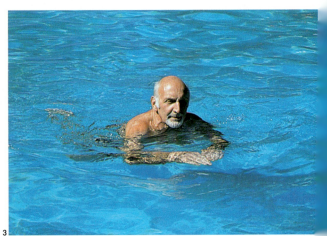

Zur Diskussion: Worauf kommt es an beim Sport?

4

Je mehr Jugendliche mitmachen, desto größer ist der Spaß.

5

Foul – ein faires Spiel?

6

Wer denkt dabei an die Natur?

7

Der wichtigste Augenblick?

8

Gar nicht so einfach: Rock 'n' Roll

Bewegung im Alter

Bewegung ist für mich sehr wichtig! Nach dem Aufstehen mache ich immer Gymnastik, damit ich in Schwung komme. Dann gehe ich zu Fuß zum Bäcker. Am Morgen besorge ich den Haushalt, nachmittags fahre ich oft mit dem Rad hinaus.

Bei gutem Wetter gehe ich zum Schwimmen. Manchmal treffe ich auch Freunde. Dann unternehmen wir etwas gemeinsam.

Alt sein heißt für mich nicht, dass ich immer zu Hause sitze. Natürlich fällt mir das eine oder andere schwerer als früher, aber mit etwas Übung und Geduld kann ich noch eine ganze Menge schaffen.

Heinrich K., 78 Jahre

Ronaldo-Vertrag perfekt

Barcelona – Morgen wird der teuerste Deal in der Geschichte des Fußballs perfekt. Die Vertragsunterzeichnung des brasilianischen Stars Ronaldo beim spanischen Ex-Meister FC Barcelona wird offiziell vollzogen, wenn der Stürmer in Beisein seiner drei Manager den von „Barca"-Chef Jose Luis Nunez angebotenen neuen Kontrakt unterschreibt. Der 20-Jährige verpflichtet sich bei den Katalanen bis zum Jahr 2006 und wird pro Saison umgerechnet rund 5,8 Millionen Mark netto erhalten.

Aus der Tagespresse

Aus der Geschichte: Olympische Spiele

Für Interessierte zum Weiterlesen

1

2

Alle vier Jahre finden die Olympischen Spiele statt. Die neuzeitlichen Spiele stellen eine Wiederbelebung der antiken Olympischen Spiele dar. Nach dem Glauben der alten Griechen war Zeus der Vater aller Götter. Ihm zu Ehren wurden seit 776 v. Chr. die Olympischen Spiele durchgeführt. Den Namen haben die Spiele vom Austragungsort, dem Tal von Olympia auf der griechischen Halbinsel Peloponnes. Alle vier Jahre traf sich dort die männliche Jugend Griechenlands zu sportlichen Wettkämpfen. Zu Ehren der Götter brannte das olympische Feuer und es herrschte Frieden im ganzen Land.

Die Wettkämpfe wurden nach griechischer Tradition nackt ausgeführt (Bild 1). Frauen war nicht nur die Teilnahme, sondern auch das Zuschauen bei Todesstrafe verboten. Der Sieger kehrte mit einem Öl-zweig nach Hause zurück. Er wurde in seiner Heimat hoch geehrt und war von allen Steuern befreit.

Im Jahr 393 n. Chr. verbot der oströmische Kaiser Theodosius die Spiele. Erst 1896 wurden sie von dem Franzosen Pierre de Coubertin in Athen wieder ins Leben gerufen. Seitdem werden die Spiele alle vier Jahre durchgeführt.

Seit den Olympischen Spielen 1936 in Berlin wird die olympische Flamme durch Sonnenstrahlen im antiken Olympia entzündet. Fackelträger tragen sie zum jeweiligen Olympiaort und entfachen damit bei der Eröffnung der Spiele das olympische Feuer.

Stellvertretend für alle Teilnehmer schwört ein Sportler den „olympischen Eid": ritterlich und fair, entsprechend den olympischen Regeln zum Ruhme des Sports und zu Ehren ihrer Länder zu kämpfen.

Programm der Olympischen Spiele 472 v. Chr.

1. Tag: Opfergottesdienst, Eid der Sportler
2. Tag: Jugendwettkämpfe im Laufen, Ringen, Faustkampf, Fünfkampf (Laufen, Weitsprung, Ringen, Diskus- und Speerwurf)
3. Tag: Männerwettkämpfe im Laufen, Ringen, Faustkampf, Freistilringen und Laufen in schwerer Rüstung
4. Tag: Fünfkampf der Männer, Pferde- und Wagenrennen
5. Tag: Opfergottesdienst, Siegerehrung durch den Ölzweig, Huldigung durch Zuschauer

Olympische Rekorde

Herren 100-m-Lauf

1896	Burke (USA)	12,0	Sekunden
1936	Owens (USA)	10,3	Sekunden
1992	Christie (England)	9,96	Sekunden
1996	Bailey (Kanada)	9,84	Sekunden

Frauen Kugelstoßen

1948	Ostermeyer (Frankreich)	13,75	Meter
1960	Press (UdSSR)	17,32	Meter
1992	Kriweljova (EUN)	21,06	Meter

Zusammenfassung

Alles klar?

A1 *Welcher Vorgang ist auf dem Röntgenbild (Bild 3) festgehalten? Nenne alle Teile des Bewegungsapparates, die daran beteiligt sind, und beschreibe ihre Aufgabe. Welche sieht man auf dem Bild, welche nicht?*

A2 *Beschreibe den Bau der Wirbelsäule und zeige ihn am Rücken eines Mitschülers. Erläutere ihre Aufgaben.*

A3 *Stelle fest, welche Knochen durch das Ellenbogengelenk, das Hüftgelenk und das Kniegelenk verbunden sind. Um welche Art von Gelenk handelt es sich dabei jeweils?*

A4 *Welche Knochen und Gelenke werden beim Volleyball besonders belastet? Welche Muskeln werden besonders häufig eingesetzt? Worauf sollte man achten, wenn man diesen Sport ausübt?*

A5 *Immer mehr Kinder und Erwachsene leiden an Haltungsschäden. Welche Tipps könntest du den Kindern auf Bild 4 geben?*

A6 *Muskeln arbeiten mit einem Gegenspieler zusammen. Erläutere dieses Zusammenwirken am Beispiel vom Strecken und Beugen des Unterarms.*

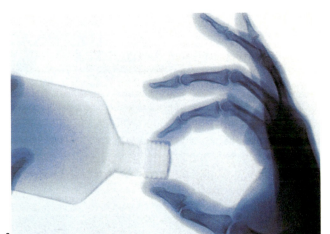

3

4

Auf einen Blick

Das **Skelett** stützt den Körper. Es erfüllt auch wichtige Schutzaufgaben. Der Schädel umgibt das Gehirn wie eine Kapsel und schützt es vor Verletzungen.

Die **Wirbelsäule** ist so gebaut, dass wir aufrecht gehen können. Sie setzt sich aus einzelnen Wirbeln zusammen. Die Bandscheiben verhindern, dass die Wirbel bei Stößen aufeinander reiben.

Knochen sind durch **Gelenke** beweglich miteinander verbunden. Man unterscheidet Kugel-, Scharnier- und Sattelgelenke.

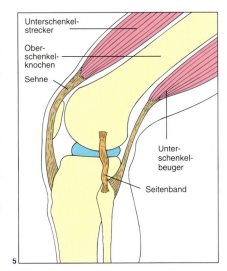

Unterschenkelstrecker
Oberschenkelknochen
Sehne
Unterschenkelbeuger
Seitenband

5

Knochen werden durch **Muskeln** bewegt. Der Befehl zur Bewegung kommt vom Gehirn. Er gelangt über die Nerven zu den Muskeln. Diese ziehen sich zusammen. Dabei wird ein anderer Muskel, ihr Gegenspieler, gedehnt. Mit Sehnen sind die Muskeln am Knochen befestigt.

Durch das **Zusammenwirken** von Gelenken, Knochen, Muskeln, Bändern und Sehnen (Bild 5) entsteht eine Bewegung.

Gymnastik und Bewegung erhalten die Leistungsfähigkeit unseres Stütz- und Bewegungssystems.

Kräfte wirken auf Körper

Verschiedene Kräfte und Kraftwirkungen

A1 *Auf den Bildern 1–9 wirken verschiedene Kräfte. Notiere in einer Tabelle, auf welche Körper Kraft ausgeübt wird und welche Wirkung sie hat. Muster:*

Bild	Körper, auf den die Kraft wirkt	Wirkung der Kraft
1	Ball	Der Ball wird in eine andere Richtung gelenkt.

A2 *Kräfte haben ganz unterschiedliche Wirkungen.*
a) *Bei welchen Bildern beeinflussen Kräfte die Bewegung der Körper?*
Beschreibe, wie sich die Bewegung jeweils ändert.
b) *Auch die Kräfte auf den übrigen Bildern bewirken Veränderungen an Körpern.*
Was ändert sich jeweils?
c) *Wie könnte man z. B. die Kraft von Bild 8 nennen?*

61662

Wir experimentieren mit Kräften

V1 *Ein Dauermagnet soll die Bewegung einer Stahlkugel verändern.*

a) *Bild 10 zeigt eine Möglichkeit, es gibt aber auch noch eine andere. Beschreibe, wie die Kraft jeweils die Bewegung verändert.*

b) *Mit Magneten kann man auch Kräfte hervorrufen, die Körper verformen. Plane dazu einen Versuch.*

V2 *Versetze ein Modellauto in Bewegung – aber nicht mit Hilfe deiner Muskeln. Plane zuvor den Versuch.*

a) *Welcher Körper übt dann die Kraft aus?*

b) *Beschreibe die Bewegung des Autos genau.*

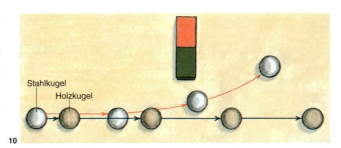

Stahlkugel
Holzkugel

10

V3 *Auch der Wind kann Kräfte auf Körper ausüben. Zeige an Beispielen, dass diese Kräfte Körper verformen und deren Bewegungen verändern können.*

Info: Was Physiker unter *Kraft* verstehen

Das Wort **Kraft** kommt in der Umgangssprache in verschiedenen Bedeutungen vor. Man spricht z. B. von „Urteilskraft" und (in der Werbung) von „Waschkraft".

In der Physik hat aber der Begriff *Kraft* eine ganz bestimmte Bedeutung. Die Bilder 11–17 zeigen Beispiele, bei denen **Kräfte** wirken. Allerdings kann man diese Kräfte selbst nicht sehen; man erkennt sie nur an den *Wirkungen*, die sie ausüben.

In den Bildern 11–14 bewirken Kräfte, dass sich die *Geschwindigkeit* eines Körpers ändert. Der Körper wird entweder beschleunigt oder verzögert. In Bild 15 bewirkt eine Kraft, dass sich die *Bewegungsrichtung* ändert.

Wenn sich die Geschwindigkeit oder Bewegungsrichtung eines Körpers ändert, wirken auf den Körper Kräfte.

Die Bilder 16 u. 17 zeigen Beispiele, bei denen Änderungen der Geschwindigkeit oder der Bewegungsrichtung (man sagt: des Bewegungs*zustands*) keinerlei Rolle spielen. Vielmehr ändert sich hier unter dem Einfluss von Kräften die *Form* des betreffenden Körpers.

Wenn sich die Form eines Körpers ändert, wirken auf den Körper Kräfte.

Wirkung der Kraft:
Motorrad fährt an;
d. h., seine Geschwindigkeit
ändert sich
(Beschleunigung).

1

Wirkung der Kraft:
Auto fährt schneller als vorher;
d. h., seine Geschwindigkeit
ändert sich
(Beschleunigung).

2

Wirkung der Kraft:
Skifahrer fährt in eine Kurve;
d. h., seine Bewegungsrichtung
ändert sich
(Richtungsänderung).

15

Wirkung der Kraft:
Die Bäume werden verbogen und geknickt
(Verformung).

16

*Oje, mein Tank
ist leer!*

Wirkung der Kraft
(Luftwiderstand und
Reibung zwischen
Reifen und Straße):
Das Auto wird langsamer
(Verzögerung).

14

Wirkung der Kraft:
Das Auto wird zusammengepresst
(Verformung).

17

Wirkung der Kraft:
Lastwagen bremst;
d. h., seine Geschwindigkeit
ändert sich
(Verzögerung).

A1 In welcher der folgenden Situationen spielen „physikalische Kräfte" eine Rolle? Begründe!

a) Lanin hat starke Waschkraft.

b) Ein Autofahrer gibt Gas und überholt einen Lastwagen.

c) Ein Schlitten fährt einen Hang hinunter und kommt auf einem gestreuten Gehweg zum Stehen.

d) Wenn man älter wird, lässt die Sehkraft nach.

e) Ein Apfel fällt vom Baum.

f) Ein Mann versucht einen Nagel aus der Wand zu ziehen.

g) Max bläst einen Luftballon auf.

A2 Den einfachen **Versuch** von Bild 1 kannst du sogar zu Hause machen: Bringe – wie dargestellt – zwei Spielzeugautos oder Kugeln auf die gleiche Geschwindigkeit. Was wirst du beobachten, wenn du den Bleistift wegnimmst?

a) Beschreibe die Bewegung der Autos vom Start bis zum Stillstand. Beginne so: „Zunächst bewegen sich die Autos gar nicht..."

b) Durch welche Kraft werden die Autos in Bewegung gesetzt?

c) Wie könnte man die Kraft nennen, die sie später bremst?

d) In welchem Moment beginnt das Abbremsen?

A3 Beim Curling (Bild 2) wird ein blank polierter „Stein" über eine Eisbahn geschleudert. Er soll möglichst nahe an ein bestimmtes Ziel herankommen. (Es liegt in etwa 35 m Entfernung.)

a) Was machen die Spieler von Bild 2 mit ihrem Besen? (Tipp:

Was geschieht, wenn man kräftig über eine Eisfläche reibt?)

b) Schließlich kommt der Stein zur Ruhe. Hier müssen also Kräfte wirken. Welche sind es?

A4 Auch den **Versuch** von Bild 3 könntest du ohne Hilfe des Lehrers zu Hause durchführen.
Überlege für die drei Messungen, die durchzuführen sind:

a) Welche Versuchsbedingungen sind bei allen drei Messungen gleich? Was ändert sich?

b) Miss jeweils, wie weit das Auto auf den verschiedenen Unterlagen rollt.

c) Versuche zu erklären, weshalb die Autos nicht gleich weit rollen.

d) Stell dir einmal vor, dass nach dem Start keine Kräfte mehr auf die Autos einwirken. Was würde dann wohl geschehen?

1

2

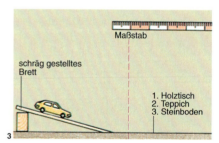

3

Aus der Raumfahrt: „Voyager 2" – ohne Antrieb im Weltraum

Für Interessierte zum Weiterlesen

Im August 1977 erfolgte der Start der *Voyager 2* – und Jahre danach war die **Raumsonde** immer noch in Bewegung (Bild 4).

Nach vier Jahren flog sie am Planeten *Saturn* vorbei – etwa 1,5 Milliarden Kilometer von der Erde entfernt. Gut vier Jahre später war die Raumsonde beim *Uranus*. (Die Entfernung dieses Planeten von der Erde beträgt rund drei Milliarden Kilometer.)

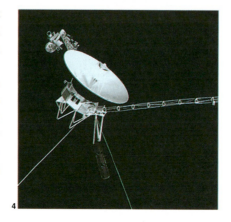

4

Was erstaunlich dabei ist: Diese unvorstellbaren Entfernungen legte die Sonde ohne jeden Antrieb zurück. (Treibstoff benötigte man nur für den Start der Rakete und für Steuerungsmanöver, durch die man die Flugrichtung korrigierte.)

Eine Bewegung ohne Antrieb! Das spricht doch gegen unsere Erfahrungen auf der Erde. Hast du eine Erklärung dafür? ...

Wir vergleichen Kräfte und messen sie

V4 *So könnt ihr eure Muskelkräfte vergleichen (Bild 5). Achtung, Verletzungsgefahr! Den Expander gut befestigen! Das Schlauchventil zwischen die Finger nehmen!*

a) *In welcher Einheit könnte man in diesem Versuch die Kräfte messen? Wäre diese Einheit sinnvoll?*

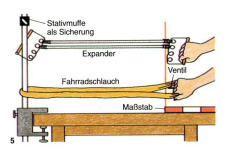

Stativmuffe als Sicherung
Expander
Ventil
Fahrradschlauch
Maßstab

5

b) *Welche Kräfte wirken auf den Griff des Expanders?*

V5 *Überprüfe an einem Gummiband und an Schraubenfedern, ob folgende Behauptungen stimmen:*
einfache Kraft
    → *einfache Verlängerung;*
doppelte Kraft
    → *doppelte Verlängerung;*
dreifache Kraft
    → *dreifache Verlängerung.*

a) *Verwende gleiche Wägestücke. Stelle für jede Kraft die Verlängerung der Feder fest (Bild 6). Lege eine Tabelle an um die Messergebnisse festzuhalten.*

b) *Stelle die Ergebnisse grafisch dar (waagrechte Achse: Zahl der angehängten Wägestücke; senkrechte Achse: Verlängerung).*

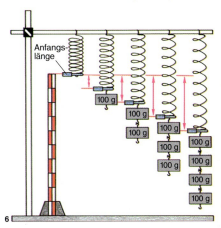

Anfangslänge

6

Info: So werden Kräfte gemessen

Die Einheit der Kraft

Kräfte misst man in der **Einheit 1 Newton** (1 N) – so benannt zu Ehren des englischen Naturforschers *Isaac Newton*.

Wie groß die Kraft **1 N** ist, zeigen die Beispiele von Bild 7:

Bei einer 100-g-Tafel Schokolade messen wir die Gewichtskraft 1 N. Bei einer 1-kg-Tüte Zucker zeigt der Kraftmesser 10 N an.

Das Messgerät für Kräfte

Kräfte werden mit **Kraftmessern** gemessen. Das Gehäuse enthält eine Schraubenfeder, die durch die wirkende Kraft verformt wird.

Sehr kleine und sehr große Kräfte kann man nicht mit ein und demselben Kraftmesser messen. Man benötigt daher *Kraftmesser mit unterschiedlichen Messbereichen*. So hat z. B. der Kraftmesser der Bilder 8 u. 9 eine recht dicke Feder. Bei sehr kleinen Kräften dehnt sie sich kaum. Man sagt: Die Feder ist „hart". Ihr Messbereich ist z. B. 0 N … 10 N.

Die Feder des Kraftmessers in Bild 10 ist dagegen dünner. Sie dehnt sich schon bei kleinen Kräften. Diese Feder ist „weich". Sie hat einen Messbereich von z. B. 0 N … 1 N.

Der Messbereich eines Kraftmessers gibt an, welche Kräfte mit ihm gemessen werden können. Zu große Kräfte könnten das Messgerät zerstören. Vor dem Messen müssen Kraftmesser auf null eingestellt („justiert") werden. Dazu dient der Nullpunktschieber oder die Stellschraube.

Das *Formelzeichen* für die Kraft ist das *F* (von engl. *force*: Kraft).

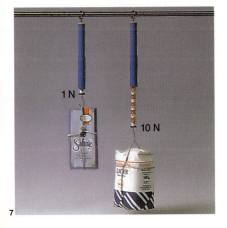

1 N
10 N

7

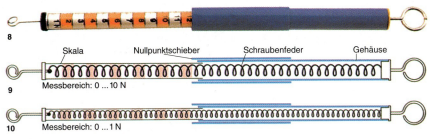

8

Skala   Nullpunktschieber   Schraubenfeder   Gehäuse

9   Messbereich: 0 …10 N

10   Messbereich: 0 …1 N

V6 *Wähle jeweils den richtigen Kraftmesser aus. Vergiss dabei nicht, ihn auf null einzustellen.*

a) *Miss die Kräfte, mit denen verschiedene Magnete ein Eisenstück festhalten. Gib die Kräfte in der Einheit Newton an.*

b) *Bei welchen Zugkräften zerreißen Nähgarn, Wolle, Seide usw.? (Führe immer mehrere Messungen durch und bilde dann den jeweiligen Mittelwert.)*

c) *Wie viel Newton zeigt dein Kraftmesser jeweils bei den folgenden Körpern an?*
2 Tafeln Schokolade (je 100 g)
1 Stück Butter (250 g)

1 Tüte Salz (500 g)
2 Tüten Zucker (je 1 kg)

V7 *Bild 1 zeigt einige Messversuche an einem Stativ.*
Welche Kraft ist jeweils nötig um das Stativ zu kippen?

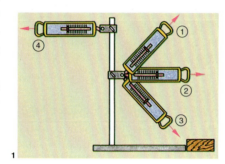

1

V8 *Ziehe einen Holzklotz am Kraftmesser über die Tischfläche – aber mit gleich bleibender Geschwindigkeit.*

a) *Welche Kraft zeigt dabei der Kraftmesser an?*

b) *Die „Gegenkraft", die verhindert, dass der Klotz immer schneller wird, heißt „Reibungskraft". Sie ist genauso groß wie die Kraft, die du in Versuchsteil a festgestellt hast.*
Bestimme die Reibungskraft auch, nachdem du den Klotz mit einem Wägestück belastet hast.

c) *Lege dann runde Stifte unter den Klotz …*

A1 *Du willst eine Schraubenfeder als Kraftmesser benutzen.*
*Was musst du zuvor tun, damit du die Kräfte in der Einheit **Newton** messen kannst?*

A2 *In Versuch 5 ging es um die Verlängerung von Schraubenfedern und einem Gummiband bei verschiedenen Gewichtskräften. In einer Schülergruppe gab es dabei folgende Ergebnisse:*

Anzahl der Wägestücke	Verlängerung von …			
	Feder 1	Feder 2	Feder 3	Gummiband
0	0 cm	0 cm	0 cm	0 cm
1	12 cm	2,8 cm	5,5 cm	2,5 cm
2	24 cm	5,6 cm	11,0 cm	5,8 cm
3	36 cm	8,4 cm	16,5 cm	9,8 cm
4	48 cm	11,2 cm	22,0 cm	13,6 cm

a) *Um wie viele Zentimeter sind die Federn (das Gummiband) bei jedem Wägestück länger geworden? Vergleiche die Ergebnisse bei den Schraubenfedern mit dem des Gummibandes.*

b) *Stelle die Messergebnisse aus der Tabelle grafisch dar. Vergleiche die Kurven.*

c) *Welches ist die weichste Feder, welches die härteste?*

d) *Warum befinden sich in Kraftmessern keine Gummibänder?*

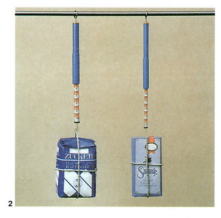

2

A3 *Drei gleich lange Kraftmesser haben folgende unterschiedliche Messbereiche:*
① *0 … 1 N,* ② *0 … 10 N,* ③ *0 … 100 N.*

a) *Welche dieser drei Messbereiche könnten zu den Kraftmessern von Bild 2 gehören?*

b) *Welcher der Kraftmesser hat die härteste Feder?*

c) *Wenn mit einer Kraft von 1 Newton an den Kraftmessern gezogen wird, verlängert sich die Feder um 1 mm, 1 cm, 10 cm. Welche Verlängerung gehört zu welchem Kraftmesser?*

A4 *Beim Kraftmesser wirken zwei Kräfte auf ein angehängtes Wägestück: die Gewichtskraft und die Rückstellkraft der Feder. Auch bei anderen Beispielen, die du kennen gelernt hast, kann man zwei Kräfte angeben, die auf denselben Körper wirken.*

a) *Auf welchen Fotos in diesem Kapitel entdeckst du ebenfalls „Kräftepaare"? Lege dazu eine solche Tabelle an:*

Bild	1. Kraft	2. Kraft
Junge mit Expander	Muskelkraft des Jungen	Rückstellkraft der Feder

b) *Bei welchen Kräftepaaren heben sich die Kräfte gegenseitig auf („Kräftegleichgewicht")?*

c) *Bei welchen Beispielen überwiegt eine der beiden Kräfte? Was ist dann die Folge?*

Aus der Geschichte: Isaac Newton

Isaac Newton (1643–1727) war ein englischer Naturforscher. Er stellte z. B. Untersuchungen über das Sonnenlicht und über die *Wirkung von Kräften* an.

Man sagt, Newton sei durch einen fallenden Apfel auf die Idee gekommen, dass zwischen dem Apfel und der Erde **Kräfte** wirken müssten. Er wunderte sich nämlich darüber, dass ein Apfel immer senkrecht nach unten und nie zur Seite fällt. Aufgrund von Beobachtungen und Berechnungen fand er sogar heraus: Es muss sich dabei um die gleiche Art von Kräften handeln wie bei denen, die den *Mond* auf seine Bahn um die Erde zwingen.

Von den Ergebnissen seiner eigenen Berechnungen war er selbst so erschüttert, dass er einen Freund bitten musste, seine Arbeit zu Ende zu führen. Er hatte nämlich erkannt, dass die Bewegungen des Mondes und der Planeten dem gleichen Naturgesetz folgen, das auch auf der Erde wirksam ist.

Als man ihn fragte, wie er darauf gekommen sei, sagte er: „Einfach durch Nachdenken."

Zusammenfassung

Alles klar?

A1 *Woran erkennt man Kräfte? Nenne unterschiedliche Beispiele.*

A2 *Ein Auto fährt auf gerader, ebener Strecke. Es ist windstill. Plötzlich setzt der Motor aus.* *Durch welche Kraft kommt das Auto schließlich zum Stehen, obwohl der Fahrer nicht bremst?*

A3 *Am Kraftmesser hängt ein 2 N schwerer Körper. Die Feder ist um 3 cm länger geworden. Wie viel länger würde sie bei 1 N (4 N, 5 N)?*

A4 *Am Kraftmesser sind nur die Marken „0 N" und „5 N" zu erkennen. Wie wäre er noch „zu retten"?*

Auf einen Blick

Woran man Kräfte erkennt

Das Wirken von Kräften erkennt man daran, dass …

… der **Bewegungszustand eines Körpers verändert** wird: Beschleunigung bzw. Verzögerung (Bild 3) oder Richtungsänderung (Bild 4);

… ein **Körper verformt** wird (Bild 5).

Der Junge übt eine Kraft auf den Schlitten aus. Dadurch wird der Schlitten beschleunigt.

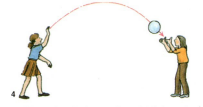

Auf den Ball wirkt die Anziehungskraft der Erde. Sie ändert die Bewegungsrichtung des Balles.

Der Junge übt auf beide Griffe des Expanders Kräfte aus. Der Expander wird verformt.

Kräfte können gemessen werden

Der **Kraftmesser** ist das Messgerät zur Kraftmessung. Sein wichtigster Bestandteil ist eine *Schraubenfeder*. Sie wird durch Kräfte verformt.

Je länger eine Schraubenfeder auseinander gezogen ist, desto größer ist die Kraft, die dadurch angezeigt wird. Dabei gilt:

einfache Kraft → einfache Verlängerung der Feder; doppelte Kraft → doppelte Verlängerung der Feder usw.

Als **Einheit** der Kraft wurde **1 Newton** (1 N) festgelegt. Ein Newton ist etwa die Kraft, die nötig ist um eine 100-g-Tafel Schokolade zu heben.

Einfache Maschinen

Hebel machen's möglich

Ob man mit diesen Werkzeugen festsitzende Radschrauben lösen kann?
Welche Werkzeuge würdest du nehmen, welche nicht? Begründe deine Auswahl.

1

V1 *Farbdosen wie die von Bild 2 lassen sich z. B. mit einem Schraubendreher öffnen.*

a) *Zeichne die Seitenansicht der Dose ab; zeichne den richtig angesetzten Schraubendreher ein.*

b) *Gib mit Hilfe von Pfeilen an,*
– wo die Kraft angreift, die die Hand auf den Schraubendreher ausübt;
– wo die Kraft auf den Deckel angreift.

c) *In welche Richtung bewegt sich der Deckel dann?*

d) *Es gibt eine Stelle an der Dose, über die der Schraubendreher gekippt wird.*
Kennzeichne die Stelle in deiner Zeichnung mit einem Punkt.

V2 *In Bild 3 siehst du die Handbremse eines Fahrrads. Auch mit ihr kannst du einfache „Hebelversuche" durchführen:*

Wie wirkt die Bremse, wenn du zuerst ganz innen und dann weiter außen an dem Bremshebel ziehst?

V3 *Hast du Lust zu Hause ein Bremsenmodell zu basteln? Bild 4 gibt dir dafür einen Tipp.*
Schiebe den beweglichen Klotz zur Drehachse hin und von ihr weg. Bremse jeweils mit gleicher Bremswirkung. Vergleiche die Kräfte.

2

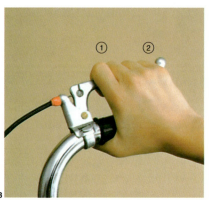

3

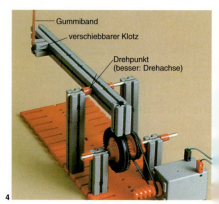

4

Info: Was ist ein Hebel?

In den Versuchen dieses Kapitels kommen Geräte mit gemeinsamen Merkmalen vor. An dem „Schrankheber" von Bild 5 sind sie deutlich zu erkennen. Weil man mit dieser einfachen „Maschine" Lasten *heben* kann, nennt man sie *Hebel (zweiseitiger Hebel)*.

Die beiden „Arme" a_1 und a_2 bezeichnet man als *Hebelarme*.

Auch bei dem „Schrankheber" von Bild 6 wird ein Balken als Hebel benutzt *(einseitiger Hebel)*. Diesmal kommt man ohne den Klotz als Hilfsmittel aus.

Alle Geräte, die die Merkmale unserer „Schrankheber" haben, nennt man **Hebel**. Ihre besonderen Merkmale sind **zwei Hebelarme** (*Lastarm a_1* und *Kraftarm a_2*) sowie ein gemeinsamer **Drehpunkt** *(D)*.

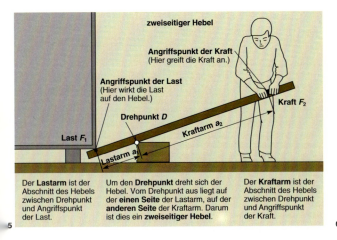

zweiseitiger Hebel

Angriffspunkt der Kraft
(Hier greift die Kraft an.)

Angriffspunkt der Last
(Hier wirkt die Last auf den Hebel.)

Drehpunkt D

Kraft F_2

Kraftarm a_2

Last F_1

Lastarm a_1

Der **Lastarm** ist der Abschnitt des Hebels zwischen Drehpunkt und Angriffspunkt der Last.

Um den **Drehpunkt** dreht sich der Hebel. Vom Drehpunkt aus liegt auf der **einen Seite** der Lastarm, auf der **anderen Seite** der Kraftarm. Darum ist dies ein **zweiseitiger Hebel**.

Der **Kraftarm** ist der Abschnitt des Hebels zwischen Drehpunkt und Angriffspunkt der Kraft.

5

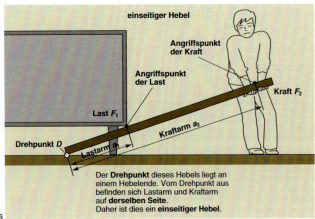

einseitiger Hebel

Angriffspunkt der Kraft

Angriffspunkt der Last

Kraft F_2

Last F_1

Drehpunkt D

Lastarm a_1

Kraftarm a_2

Der **Drehpunkt** dieses Hebels liegt an einem Hebelende. Vom Drehpunkt aus befinden sich Lastarm und Kraftarm auf **derselben Seite**. Daher ist dies ein **einseitiger Hebel**.

6

V4 *Eine Last von 200 g (2 N Gewichtskraft) soll mit der Kraft 1 N angehoben werden. (Nimm dafür ein 100-g-Wägestück.)*
Die Last und das Wägestück sollen wie eine Wippe zum Schaukeln gebracht werden (Bild 7). Es stehen dir ein Bleistift und eine Leiste (ein Lineal) zur Verfügung.
a) *Kannst du – ohne vorher zu probieren – die Leiste so auf den Bleistift legen, dass der Versuch*

sofort klappt? (Du darfst mit einem Lineal messen.)
b) *Welche Kraft wäre nötig, wenn das 200-g-Wägestück durch ein 1-kg-Wägestück ersetzt würde?*

V5 *Welche Beziehung besteht bei einem Hebel zwischen den Kräften und den Hebelarmen des Hebels (wenn Gleichgewicht herrscht)?*
Bild 8 zeigt den Versuchsaufbau für einen **zweiseitigen Hebel**.

a) *Was zeigt der Kraftmesser in der Anordnung von Bild 8 an?*
b) *Ändere die Kraft F_1 sowie die Hebelarme a_1 und a_2. Miss jeweils die Kraft F_2. Lege eine Tabelle an.*

V6 *Bild 9 zeigt einen* **einseitigen Hebel** *(mit beiden Hebelarmen auf derselben Seite). Gilt auch für ihn die Gesetzmäßigkeit, die du in V5 kennen gelernt hast (das „Hebelgesetz")? Probiere es aus.*

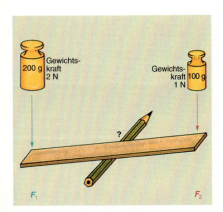

200 g Gewichtskraft 2 N

Gewichtskraft 100 g 1 N

?

F_1

F_2

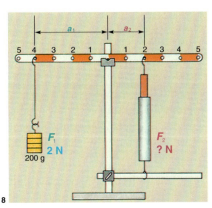

5 4 3 2 1 1 2 3 4 5

a_1 a_2

F_1 2 N

200 g

F_2 ? N

8

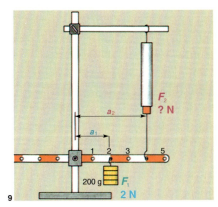

F_2 ? N

a_2

a_1

1 2 3 5

200 g F_1 2 N

9

A1 *So kann man auch dicke Dräh-*
te durchkneifen.

1

a) *Weshalb?*
b) *Ergänze den folgenden Satz:*
„Je länger der Kraftarm, desto…"
c) *Unter welcher Bedingung gilt*
das nur? (Tipp: Etwas muss je-
weils gleich bleiben.)

A2 *Die Schubkarre (in Bild 2 ver-*
einfacht gezeichnet)
ist ein Hebel.

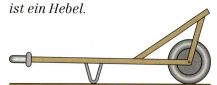

a) *Handelt es sich bei ihr um ei-*
nen einseitigen oder einen zwei-
seitigen Hebel?
b) *Wie würdest du die Karre be-*
laden, damit du es beim Schieben
leicht hast?
c) *Zeichne die Schubkarre ab.*
Trage in deine Skizze Drehpunkt,
Hebelarme und Kräfte ein.

A3 *Auch die Wippe ist ein Hebel.*
a) *Ist sie ein einseitiger oder ein*
zweiseitiger Hebel?
b) *Auf welche unterschiedliche*
Weise kann man diesen Hebel ins
Gleichgewicht bringen?
c) *Suche nach weiteren Hebeln.*

A4 *In den Bildern 3–5 siehst du*
Fragezeichen. Löse sie auf.

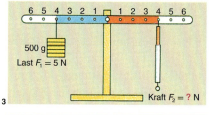

500 g
Last $F_1 = 5\,N$
Kraft $F_2 = $ **?** N

3

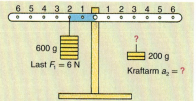

600 g
Last $F_1 = 6\,N$
?
200 g
Kraftarm $a_2 = $?

4

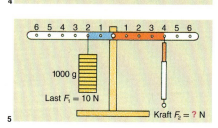

1000 g
Last $F_1 = 10\,N$
Kraft $F_2 = $ **?** N

5

Ausder Umwelt: Hebel am menschlichen Körper

Wenn du etwas anhebst oder einen Ball wirfst, ist ein *Hebel* im Spiel.
Vielleicht meinst du, dass dadurch (wie in unseren Versuchen) Kräfte gespart werden …

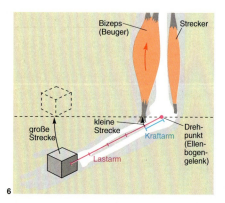

Bizeps (Beuger)
Strecker
große Strecke
kleine Strecke
Kraftarm
Drehpunkt (Ellen-bogen-gelenk)
Lastarm

6

Beim Heben von Lasten wirkt dein Unterarm wie ein **einseitiger Hebel**.
Die Kraft, die der *Beuger (Bizeps)* ausübt, und die Last greifen auf derselben Seite vom Drehpunkt (Ellenbogengelenk) an.

Der Lastarm ist etwa fünfmal so lang wie der Kraftarm (Bild 6). Deshalb muss dein Beuger z. B. zum Heben einer 10-kg-Last (100 N Gewichtskraft) fünfmal so viel Kraft aufbringen, nämlich 500 N.

Der Hebel *Unterarm* ist also kein „Kraftverstärker". Dafür bringt er
aber einen anderen Vorteil mit sich: Während sich der Beuger nur ein
ganz kurzes Stück bewegt, wird die Last über eine viel größere Strecke
gehoben. Deshalb gilt für diesen Hebel: **Mit dem Hebel *Unterarm* kann
man *keine Kraft sparen*, man kann aber *Weg gewinnen*.**

Noch größer ist dieser Vorteil beim Werfen. Jetzt wirkt der *Strecker* des
Armes. Der Unterarm ist nun ein **zweiseitiger Hebel**.

In diesem Fall ist der Lastarm sogar zehnmal so lang wie der Kraftarm (Bild 7).

Beim Ballwerfen streckt der Strecker den Unterarm bltzschnell. So
legt der Unterarm mit dem Ball einen verhältnismäßig langen Weg in
ganz kurzer Zeit zurück.

Der Ball wird dadurch sehr schnell. Er kann z. B. bei einem 80-m-
Wurf eine Geschwindigkeit von 100 km/h erreichen. (Fast so schnell
dürfen Autos auf Landstraßen fahren.)

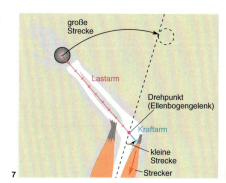

große Strecke
Lastarm
Drehpunkt (Ellenbogengelenk)
Kraftarm
kleine Strecke
Strecker

7

61792

Aus der Umwelt: Hebel in der Pflanzenwelt

Für Interessierte zum Weiterlesen

Eine Pflanze kann bekanntlich nur dann Früchte und Samen entwickeln, wenn ihre Blüten *bestäubt* werden.

Dafür sorgen in den meisten Fällen Insekten, die von Blüte zu Blüte fliegen – immer auf der Suche nach dem süßen Blütensaft (Nektar). Ohne dass sie es wissen, tragen sie dabei den Blütenstaub von einer Blüte zur anderen.

Der **Salbei** (Bild 8) ist eine Heilpflanze, die man auf Wiesen findet. Bei ihr spielt ein *Hebel* eine wichtige Rolle. Ihr Staubfaden, der den Staubbeutel mit dem Blütenstaub trägt, liegt meist dicht am Blütenblatt an (Bilder 9 u. 10). Eine Platte am Ansatz des Staubfadens versperrt dem Insekt den Weg zum Nektar.

Wenn nun z. B. eine Hummel an den Nektar heran will, muss sie mit ihrem Rüssel die Platte nach hinten drücken. Die Folge ist: Der Staubfaden in der Blüte

8

klappt plötzlich nach unten (Bilder 11 u. 12). Jetzt berührt der Staubbeutel den haarigen Rücken der Hummel und der Blütenstaub bleibt dort „kleben“.

Wenn die Hummel schließlich wieder zurückkriecht, nimmt auch der Staubfaden der Blüte seine ursprüngliche Lage ein.

Die Hummel fliegt bald zur nächsten Blüte und der Blütenstaub bleibt dort zurück.

A1 *Beschreibe, wie der Hebel bei der Salbeiblüte funktioniert.*
a) *Handelt es sich beim Salbei um einen einseitigen oder einen zweiseitigen Hebel?*
b) *Was wird mit diesem Hebel bewirkt?*
(Ob der Zweck dieses Hebels darin besteht, dem Insekt Kraft zu sparen?)

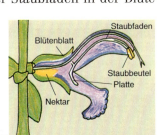

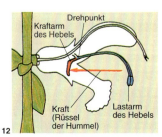

9   10 — Staubfaden, Blütenblatt, Staubbeutel, Platte, Nektar   11   12 — Drehpunkt, Kraftarm des Hebels, Kraft (Rüssel der Hummel), Lastarm des Hebels

Aus der Umwelt: Eine automatische Giftzahn-Aufrichtung

Für Interessierte zum Weiterlesen

Auch bei Tieren findet man *Hebel* in vielerlei Formen, z. B. bei der **Kreuzotter**.

Diese Schlange hat mächtige Giftzähne. Sie richten sich erst dann drohend auf, wenn das Maul geöffnet wird (Bild 13). Bei geschlossenem Maul sind die Giftzähne nach innen gegen den Oberkiefer geklappt (Bild 14). Sonst würden sie das Tier verletzen.

Und so funktioniert die „automatische“ Giftzahn-Aufrichtung (Bild 15):

Der Giftzahn steckt bei B drehbar im Oberkiefer. Wenn die Kreuzotter ihr Maul öffnet, hebt sich der Schädelknochen. Die Folge ist, dass der Giftzahn nach vorn kippt. Schließt die Schlange ihr Maul wieder, so senkt sich der Schädelknochen, und der Zahn kippt nach innen.

13   14   Schädelknochen   15   A, B

Rollen und Seile

Bist du sicher, dass das kein „Trickfoto" ist?
Das Mädchen wiegt doch nur 29 kg und die Sportlehrerin 62 kg …

V7 *Hier siehst du vier Möglichkeiten eine Last nach oben zu ziehen (Bilder 2–5).*

a) *Welchen Einfluss haben die Vorrichtungen jeweils auf den Betrag, die Richtung und den Angriffspunkt der Zugkraft?*

b) *Plane zu jedem der vier Bilder einen Versuch (Skizze!). Nimm als Last z. B. ein 500-g-Wägestück. Lege eine Tabelle nach dem unten stehenden Muster an. Fülle zunächst die Spalten 2 und 3 aus. Überprüfe dann deine Vermutungen durch Messungen. Trage beides in die Tabelle ein.*

c) *Warum unterscheiden sich die Ergebnisse zu den Versuchen der Bilder 3 u. 4?*

d) *Welchen Vorteil hat das Verfahren von Bild 4 und welchen hat das von Bild 5? Erfinde eine Vorrichtung, die beide Vorteile vereint (Skizze!).*

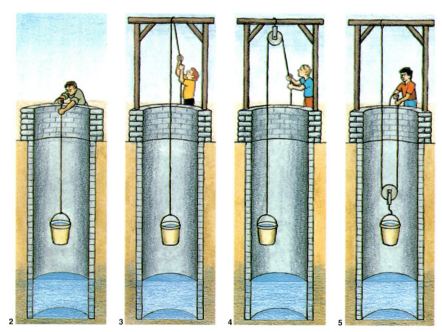

Versuchsaufbau nach …	auf die Last wirkende Gewichtskraft (in N)	vermutete Zugkraft	gemessene Kraft (in N)
Bild 2	?	?	?
Bild 3	?	?	?

61794

V8 *Diese Versuchsreihe (Bilder 6–8) erklärt Versuch 7. Schätze vorher, wie groß die Kraft ist, die die Kraftmesser bei Gleichgewicht anzeigen.*

Eine solche Vorrichtung nennt man **Flaschenzug** (Bild 9). Bei ihm sind *mehrere* feste und lose Rollen (über ein Seil) miteinander kombiniert. Flaschenzüge haben ihren Namen von ihrer äußeren Form (in Bild 9 rot gezeichnet).

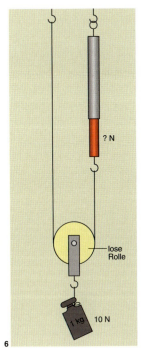

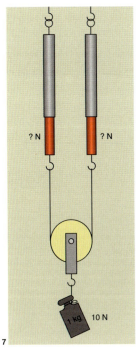

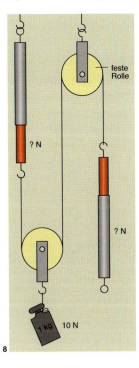

6   7   8

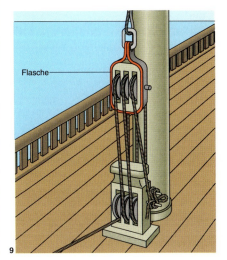

9

Info: Der Flaschenzug – eine Kombination von Rollen und Seilen

Bei unseren Versuchen haben wir gesehen, dass man mit Hilfe eines **Seils** und einer **losen Rolle** Kraft sparen oder verstärken kann.

In den Bildern 6 u. 7 hängt die lose Rolle an *zwei* Seilstücken. Damit verteilt sich die Gewichtskraft auf diese beiden Seilstücke. Wenn man am Seil zieht, braucht man daher auch nur die halbe Kraft aufzubringen. Die eine Hälfte der Last wird ja von der Aufhängung an der Decke getragen.

Wenn man schließlich das freie Seilende über eine **feste Rolle** führt, erhält man eine einfache Maschine, mit der man eine Last bequem heben kann (Bild 8).

Man spart sogar noch mehr Kraft, wenn man *mehrere feste und lose Rollen* über ein Seil miteinander kombiniert. So erhält man einen **Flaschenzug**.

Für die Flaschenzüge der Bilder 10–12 gilt:
Vier tragende Seilstücke – *ein Viertel* der Kraft;
fünf tragende Seilstücke – *ein Fünftel* der Kraft;
sechs tragende Seilstücke – *ein Sechstel* der Kraft.
Je mehr tragende Seilstücke, *desto geringer* die Kraft.

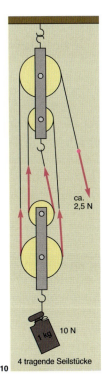

ca. 2,5 N

4 tragende Seilstücke

10

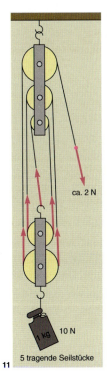

ca. 2 N

5 tragende Seilstücke

11

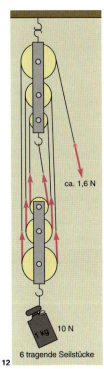

ca. 1,6 N

6 tragende Seilstücke

12

A1 *In den Bildern 1–3 werden Seile und Rollen benutzt.*
a) *In welchen Fällen wird Kraft gespart? Begründe!*
b) *Welche Aufgabe hat das Seil von Bild 1?*
c) *Welchen Zweck erfüllen die Rollen der Bilder 2 u. 3?*

A2 *Mit einer Anordnung wie bei Bild 4 kannst du im Tauziehen je-*

den schlagen – aber nur wenn du am richtigen Seil ziehst …
Welches Seil ist gemeint und warum gerade dieses?

A3 *Das Mädchen von Bild 1 der vorherigen Doppelseite schaffte ihren „Kraftakt" natürlich nur mit einem Flaschenzug.*
Bei dem an der Turnhallendecke festgemachten Flaschenzug wur-

de die Lehrerin von fünf tragenden Seilen gehalten (siehe auch Bild 12). Das Seil mit der Lehrerin hing an der untersten Rolle.
a) *Zeichne den Flaschenzug auf.*
b) *Wie groß ist die Kraft, die das Mädchen ausüben muss?*

A4 *Wie groß ist die Kraft, die erforderlich ist um bei den Bildern 5 u. 6 Gleichgewicht herzustellen?*

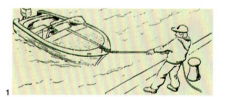

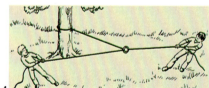

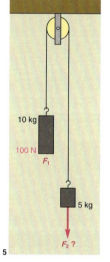

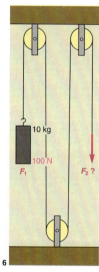

Aus Alltag und Technik: Flaschenzüge – „stark und millimetergenau"

Heute haben die Experimente im Physikunterricht wieder Spaß gemacht. Mit Seilen und Rollen haben die Schüler Flaschenzüge gebaut und „Lasten" nach oben gezogen. Die nötigen Kräfte wurden mit dem Kraftmesser festgestellt.

Die verwendeten Rollen waren aus Kunststoff und die Seile glichen eher Bindfäden. Da meinte Bernd, dass Flaschenzüge wohl eher „künstliche Geräte" seien – eigens für den Physikunterricht gebaut und kaum zu etwas anderem geeignet …

Bis zum Nachmittag. Da entdeckte er ganz woanders einen Flaschenzug – in der Autoreparaturwerkstatt bei ihm um die Ecke. Er hätte ihn beinahe übersehen, weil dieser Flaschenzug ganz anders aussah als das Modell in der Schule. Er hing an der Decke und sah eher aus wie ein schwarzer Kasten mit einer umlaufenden Kette.

Bernd beobachtete, wie ein einzelner Monteur mit Hilfe dieser Vorrichtung einen schweren Motorblock nach oben hievte. Das *musste* ein Flaschenzug sein, dachte er, und dazu noch ein besonders starker! Offensichtlich waren dessen Rollen in dem Kasten verborgen und statt der Bindfäden des Schul-Flaschenzuges war da die schwere Kette aus Eisen.

Der Motor hing an einer losen Rolle. Der Monteur zog an einer Kette, die zu dem Kasten an der Decke zurücklief. Ziemlich lange zog er an der Kette und nur langsam wurde der Motor nach oben gehoben.

Als dann die Arbeit fertig war, ging es in ähnlicher Weise zurück: Der Monteur löste eine Sperre und ließ „viel Kette" durch seine Hände gleiten. Nur millimeterweise – damit aber millimetergenau – wurde die Last abgesenkt. „Typisch Flaschenzug", dachte Bernd – schließlich war er ja inzwischen „Fachmann".

Zusammenfassung

Auf einen Blick

Zweierlei Hebel: Die Wirkung ist gleich

Zu den einfachen Maschinen gehören die Hebel.

Man unterscheidet bei ihnen **zweiseitige Hebel** (Bild 7) und **einseitige Hebel** (Bild 8).

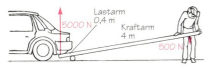

7 **Zweiseitiger Hebel:** Hier ist die Wirkung der eingesetzten Kraft zehnmal so groß wie die Kraft selbst.

Die beiden Hebelarten haben gemeinsame Merkmale. Sie besitzen einen *Drehpunkt* und zwei *Hebelarme* (den „Kraftarm" und den „Lastarm").

Hebel verstärken die Wirkung von Kräften. Für Hebel mit gleichem Lastarm gilt:

Je länger der Kraftarm, desto größer die Kraft, die man mit dem Hebel ausübt.

Ist der Kraftarm doppelt so lang wie der Lastarm, ist die Kraftwirkung doppelt so groß. Ist der Kraftarm z.B. zehnmal so lang, ist auch die Kraftwirkung zehnmal so groß.

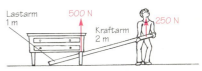

8 **Einseitiger Hebel:** Hier ist die Wirkung der eingesetzten Kraft zweimal so groß wie die Kraft selbst.

Seile – Rollen – Flaschenzüge

Seile übertragen Kräfte, Rollen lenken Kräfte in andere Richtungen um.
Mit einer losen Rolle kann man eine anhängende Last je zur Hälfte auf zwei tragende Seilstücke verteilen.

Je größer die Anzahl der tragenden Seilstücke ist, desto geringer ist die zum Heben der Last erforderliche Kraft.
Bei 2 tragenden Seilstücken gilt: Kraft = 1/2 Last;
bei 3 tragenden Seilstücken gilt: Kraft = 1/3 Last usw.

An den beiden Seilenden, die über eine **Rolle** laufen (Bilder 9 u. 10), sind die Kräfte gleich groß.

Ein **Flaschenzug** besteht aus mehreren zu zwei Gruppen zusammengefassten Rollen (Bilder 11 u. 12).

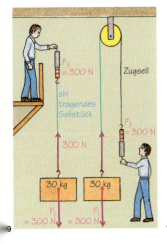

9

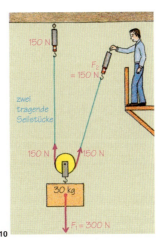

10

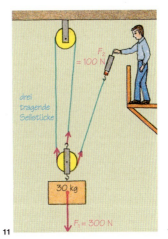

11

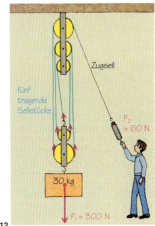

12

Die Last hängt an *einem* Seilstück. Die Zugkraft muss genauso groß sein wie die Last, damit Gleichgewicht herrscht.
Kraft = Last.

Die Last verteilt sich auf *zwei* Seilstücke. Die eine Hälfte der Last wird von der Decke getragen, die andere trägt die Person.
Kraft = 1/2 Last.

Die Last verteilt sich auf *drei* Seilstücke. Jedes trägt ein Drittel der Last. Die Zugkraft beträgt also ein Drittel der Last.
Kraft = 1/3 Last.

Die Last verteilt sich auf *fünf* Seilstücke. Jedes trägt nur ein Fünftel der Last. Als Zugkraft ist ein Fünftel der Last nötig.
Kraft = 1/5 Last.

Energie

Ohne Energie „läuft nichts"

Die Welt um uns herum verändert sich ständig:
Menschen und Tiere, Autos und Maschinen bewegen sich; Pflanzen wachsen und sterben ab.
Die uns umgebende Luft sowie das Wasser in Seen und Flüssen wird wärmer oder kälter.
All diese Veränderungen laufen nicht von alleine ab. Das zeigen auch die folgenden Beispiele.

1 Das Fahrrad fährt ohne dein Zutun höchstens den Berg hinunter. Aufwärts musst du kräftig in die Pedale treten.

2 Auch ein Auto fährt nicht von alleine. Man muss es rechtzeitig betanken, sonst bleibt es mitten im Verkehr stehen.

3 Das Teewasser wird nur heiß, wenn man den Teekessel auf die elektrisch beheizte Kochplatte oder auf eine Gasflamme stellt.

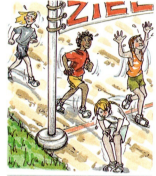
4 Treibst du Sport? Dann weißt du, dass gute Leistungen nur möglich sind, wenn du dich gut und richtig ernährst.

Auch Vorgänge, die scheinbar von selber ablaufen (z. B. das Wachsen von Pflanzen oder das immer wieder wechselnde Wetter), benötigen einen „Motor". Ohne den „Motor" *Sonne* gäbe es kein Wachsen und auch keine Wettererscheinungen.

Was die beschriebenen Vorgänge – und viele andere auch – in Gang bringt und in Gang hält, bezeichnet man als **Energie**.

Über die Energie sollst du hier eine erste Vorstellung erhalten.

A1 *In den Bildern 5–7 sind drei* **Versuche** *dargestellt. Es werden jeweils Vorgänge, die man verfolgen kann, durch eine bestimmte* **Energieart** *in Gang gebracht.*
a) *Führt die Versuche durch.*
b) *Bei dem Verfahren von Bild 6 wird durch die Bewegung der Hand – man spricht von „Bewegungsenergie" – mit Hilfe eines*

Dynamos Licht erzeugt. Beschreibe auf ähnliche Weise die Vorgänge der Bilder 5 u. 7.
c) *Welche Energieart ist jeweils der „Motor"?*
Erfinde selbst geeignete Namen oder suche aus den hier folgenden Energiearten die passende aus: Bewegungsenergie, Sonnenenergie, Wärmeenergie, Lichtenergie,

elektrische Energie und chemische Energie.

A2 *Auch in den Bildern 1–4 sind unterschiedliche Energiearten im Spiel. Beschreibe die Bilder so: Zu Bild 4: Energie aus der Nahrung (man nennt sie „chemische Energie") → die Sportler sind in der Lage zu laufen.*

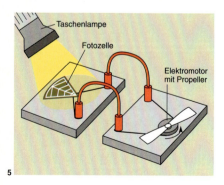
5
Taschenlampe
Fotozelle
Elektromotor mit Propeller

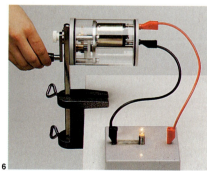
6

7

61796

Info: Kilojoule – die Einheit der Energie

Unser Körper benötigt täglich Nachschub an Energie. Wir nehmen sie mit der Nahrung auf.

Manchmal erhält dein Körper mehr Nahrung, als er für seinen Energiebedarf benötigt. Dann speichert er die überflüssige Nahrung als Fett und du nimmst zu. Übergewicht ist aber für die Gesundheit schädlich. Man sollte daher wissen, *wie viel Energie die einzelnen Nahrungsmittel enthalten und wie viel an Energie man für seine Tätigkeiten benötigt.*

Angaben über die Energiemenge findest du auf vielen Nahrungsmittelverpackungen, so z. B. 1 Liter Milch: 2800 kJ, 1 Tafel Schokolade (100 g): 2400 kJ, Butter (250 g): 7975 kJ, 1 dicker Apfel (100 g): 220 kJ, 1 Glas Cola (0,2 l): 360 kJ. **Was heißt „kJ"?**

Bei der Angabe „kJ" handelt es sich um die Abkürzung von **Kilojoule** (sprich: kilodschul). Damit wird die Energiemenge angegeben. Diese Einheit der Energie ist nach dem englischen Physiker *J. P. Joule* (1818–1889) benannt.

So viel Energie benötigst du für folgende Tätigkeiten:

1 Stunde Skilanglauf (10 km)	3800 kJ
1 Stunde Jogging (9 km)	2500 kJ
1 Stunde Radfahren (20 km, flach, windstill)	1200 kJ
1 Stunde Spazierengehen (2 km)	430 kJ
10 Minuten Fegen	150 kJ
10 Minuten Staubsaugen	135 kJ
10 Minuten Kartoffeln schälen	120 kJ
10 Minuten Geschirr spülen	110 kJ

Um 1 Liter Wasser um 1 °C zu erwärmen, braucht man 4 kJ Energie (Bild 8). Gleich viel Energie benötigst du pro Stunde (h) und kg Gewicht, wenn du nichts tust. Wenn du z. B. 50 kg wiegst, würdest du in 24 Std. Schlaf 5000 kJ benötigen. Da du nicht nur schläfst, brauchst du ca. 10 000 kJ täglich.

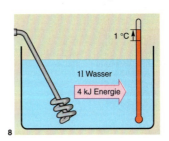

8 1 °C / 1 l Wasser / 4 kJ Energie

Aus dem Alltag: Energie und Kraft beim Fahrradfahren

Nina und Sandra machen eine Radtour. Auf einmal geht es bergauf. Da merkt Sandra, dass Nina schneller in die Pedale tritt als sie.

Offensichtlich hat Nina einen kleinen Gang eingeschaltet (Bild 9): Sie muss zwar häufiger treten, benötigt dafür aber eine geringere **Kraft** als Sandra.

Sandra hat den Gang beibehalten, mit dem sie in der Ebene fuhr (Bild 10): Sie muss zwar weniger treten als Nina, benötigt dafür aber eine größere Kraft.

Nach dem Anstieg geht die Fahrt auf ebener Strecke weiter. Auch da fahren Nina und Sandra mit verschiedenen Gängen. Sandra bevorzugt weiterhin große Gänge, Nina bevorzugt kleine.

Nach einer Stunde kommen sie ans Ziel. Durstig und hungrig ma-

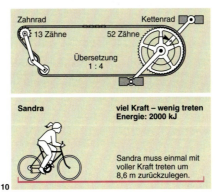

9 Zahnrad 26 Zähne / Kettenrad 52 Zähne / Übersetzung 1 : 2
Nina — wenig Kraft – viel treten — Energie: 2000 kJ
Nina muss zweimal mit halber Kraft treten um 8,6 m zurückzulegen.

10 Zahnrad 13 Zähne / Kettenrad 52 Zähne / Übersetzung 1 : 4
Sandra — viel Kraft – wenig treten — Energie: 2000 kJ
Sandra muss einmal mit voller Kraft treten um 8,6 m zurückzulegen.

chen sie sich über ihre Picknicktaschen her.

Da beide in der gleichen Zeit die gleiche Strecke zurückgelegt haben, haben sie auch die gleiche Menge **Energie** gebraucht – nämlich 2000 kJ. Deshalb müssen nun beide für Nachschub sorgen.

Wenn ihr die Versuche mit Rollen und Flaschenzügen gemacht habt, konntet ihr etwas Ähnliches feststellen:

Je mehr Rollen der Flaschenzug hatte (genauer: auf je mehr Seilstücke eine Last verteilt war), desto weniger Kraft war zum Ziehen nötig. Dafür musstet ihr aber das Seilende über eine längere Strecke hinweg ziehen. In jedem Fall brauchtet ihr aber die gleiche Menge Energie.

Die Atmung des Menschen

1

In Höhen über 7000 Meter ist die Luft so dünn, dass die meisten Bergsteiger zum Atmen Sauerstoff-Flaschen mit sich tragen müssen. Atmen
gehört zum Leben wie Essen und Trinken. Ohne Essen und Trinken
kann der Mensch jedoch einige Tage überleben.

Weißt du, wie lange man ohne Luft auskommt? Das kannst du nach-
prüfen, indem du versuchst möglichst lange den Atem anzuhalten …

A1 *Stelle fest, wie rasch du atmest. Zähle nur beim
Einatmen. Vergleiche die Zahl der Atemzüge pro
Minute bei ruhigem Sitzen und nach schnellem
Treppensteigen oder einer Minute Seilspringen.*

A2 *Nimm eine Tüte, hole Luft und blase beim Ausatmen Luft hinein. Diese Luftmenge nimmt deine
Lunge bei jedem Atemzug auf.*

A3 *Atme einige Male durch den Mund aus und ein,
atme anschließend durch die Nase. Beschreibe die
Unterschiede. Welche Ursachen vermutest du?*

A4 *Versuche einmal ganz bewusst zu atmen:
Atme durch die Nase ein und durch den Mund aus.
Achte darauf, genauso lange einzuatmen wie auszu-
atmen. Atme so, dass sich der Bauch beim Einatmen
vorwölbt und beim Ausatmen flach wird – viele machen es falsch, nämlich genau umgekehrt.*

A5 *Gezieltes Atmen kann beruhigen. Lege dich mit
dem Rücken auf den Boden. Atme tief ein. Atme ganz
langsam durch den fast geschlossenen Mund aus.
Dabei sollte ein S-Laut hörbar werden. Atme 12- bis
15-mal auf diese Weise.*

A6 *Miss deinen Brustumfang, wenn du vollständig
ausgeatmet hast und wenn du, soweit es geht, eingeatmet hast. Was stellst du fest?*

A7 *In der Tabelle kannst du die eingeatmete Luftmenge pro Stunde bei verschiedenen Tätigkeiten ablesen. Was schließt du aus den Werten?*

Schlafen	280 l	Radfahren	1400 l
Liegen	400 l	Schwimmen	2600 l
Sitzen	420 l	Bergsteigen	3100 l
Stehen	450 l	Rudern	3600 l
Gehen	1000 l		

Info: Wie wir atmen

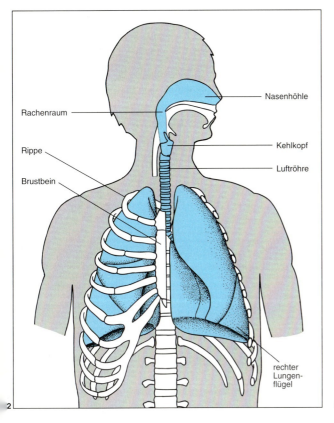

Nasenhöhle

Rachenraum

Rippe

Brustbein

Kehlkopf

Luftröhre

rechter Lungenflügel

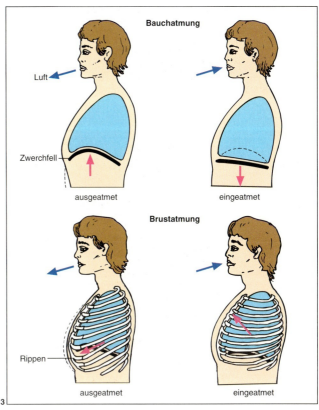

Bauchatmung

Luft

Zwerchfell

ausgeatmet

eingeatmet

Brustatmung

Rippen

ausgeatmet

eingeatmet

Die Lunge. Unser Atmungsorgan ist die *Lunge.* Sie besteht aus zwei *Lungenflügeln,* die den Brustkorb oben fast ganz ausfüllen (Bild 2). Sie sind aus einem schwammigen Gewebe ohne Muskeln aufgebaut. Außen sind die Lungenflügel von einer Haut umgeben, dem *Lungenfell.* Das Lungenfell haftet an einer zweiten Haut, die den Brustkorb innen auskleidet. Nach unten, zum Bauchraum hin, schließt das *Zwerchfell* den Brustraum ab (Bild 3).

Die Lunge kann sich nicht von selbst weiten und Luft einsaugen. Sie wird wie ein Blasebalg gedehnt. Das geschieht auf zweierlei Weise (Bild 3):

Bauchatmung. Strafft sich das Zwerchfell, so wird es nach unten gezogen. Der Brustraum wird dadurch größer, die Lunge dehnt sich mit. Luft strömt ein. Erschlafft das Zwerchfell, wird es von den Eingeweiden des Bauchraums nach oben gedrückt. Dadurch verkleinert sich der Brustraum. Luft wird aus der Lunge gedrückt.

Brustatmung. Zwischen den Rippen verlaufen *Muskeln.* Wenn sie sich zusammenziehen, hebt sich der Brustkorb. Die Lunge weitet sich und Luft strömt ein. Senkt sich der Brustkorb, verringert sich sein Volumen. Luft strömt daher aus. Meist kombinieren wir beim Atmen Bauchatmung und Brustatmung miteinander.

Richtig atmen. Wer zum Beispiel vor einer Prüfung angespannt ist, atmet meist nicht tief genug ein. Dadurch gelangt weniger Sauerstoff ins Blut und schließlich auch in das Gehirn. Der Sauerstoffmangel führt zu Kopfschmerzen, Konzentrationsproblemen und Müdigkeit. Durch Atmungs- und Entspannungsübungen kann man diese Beschwerden mindern.

Beim Einatmen vergrößert sich der Brustraum. Die Lunge dehnt sich und Luft wird eingesaugt. Beim Ausatmen verkleinert sich der Brustraum, die Lunge wird zusammengedrückt und Luft strömt hinaus.

A1 *Beschreibe, wie bei der Brustatmung und der Bauchatmung ein- und ausgeatmet wird.*

A2 *Brust- und Bauchatmung arbeiten nicht immer zu gleichen Anteilen. Stelle fest, wann die eine und wann die andere Form überwiegt.*

Praktikum: Die Atmung

1 Wie viel Luft atmest du ein?

Benötigt werden: 5-l-Glasglocke mit Markierung, Glastrog, Stativ mit Klemmen und Halterung, durchbohrter Stopfen, Winkelrohr mit Hahn, Wasserstrahlpumpe, Winkelrohr mit Gummischlauch, Einmal-Mundstücke.

Als Atemvolumen bezeichnet man die Menge Luft, die man bei einem Atemzug ein- oder ausatmet. Dieses Volumen kannst du messen. Fülle dazu einen Glastrog mit Wasser. Befestige die Glasglocke am Stativ und senke sie in den Glastrog. Schließe den Stopfen und das Winkelrohr mit Hahn an die Glasglocke an, wie auf Bild 1 dargestellt. Schließe die Pumpe an und sauge bei geöffnetem Hahn so lange Luft aus der Glocke, bis der Wasserspiegel die Nullmarke der Glocke erreicht. Verschließe den Hahn.

- Hole Luft und atme normal durch den Schlauch mit Winkelrohr in die Glasglocke aus. Um wie viel schwankt der Wasserspiegel? Du kannst an der Literskala ablesen, wie groß das Volumen ist, das du ausgeatmet hast. Jeder Schüler benutzt ein neues Einmal-Mundstück für den Schlauch.
- Wie viel Luft kannst du bei einem tiefen Atemzug aufnehmen? Fülle die Glasglocke mit Wasser. Hole tief Luft und atme so viel Luft in die Glasglocke aus, wie du kannst. Unterscheiden sich die Werte von kleineren und größeren Mitschülern, Sportlern und Nichtsportlern, Jungen und Mädchen?

2 Atmen verändert die Luft

Benötigt werden: Standzylinder, Kerze, Draht, Glasplatte, Glastrog, Stoppuhr, Schlauch, Einmal-Mundstücke, Bechergläser, Trinkhalme, Schutzbrille, Kalkwasser, Luftpumpe.

- Senke die brennende Kerze in den Standzylinder. Lege sofort eine Glasplatte auf. Nach wie vielen Sekunden erlischt die Flamme? Warum erlischt sie?
- Fülle den Standzylinder mit Wasser. Stelle ihn umgekehrt in den Glastrog. Blase durch den Schlauch so lange Atemluft in den Standzylinder, bis das Wasser verdrängt ist (Bild 2). Verschließe das Gefäß mit dem Glasdeckel und hebe es heraus. Gehe weiter vor wie im ersten Versuchsteil. Erkläre den Unterschied zum ersten Versuchsteil.
- Kohlenstoffdioxid lässt sich mit Kalkwasser nachweisen. Leite mit einer Luftpumpe Frischluft in Kalkwasser ein. Was stellst du fest?

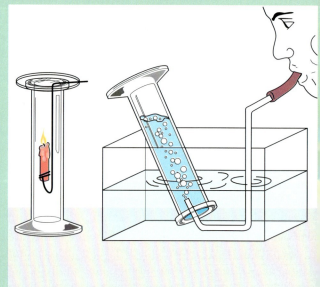

61777

Info: Die Atmungsorgane und ihre Aufgaben

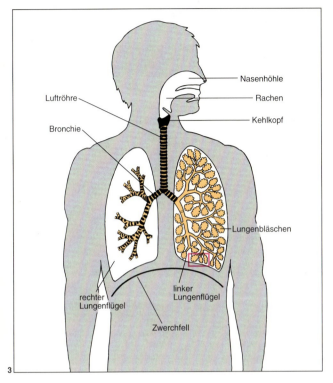

3

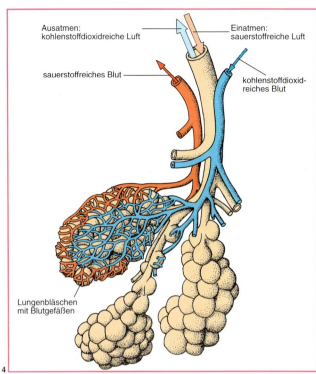

4

Nase und Rachen. Meist wird die Luft durch die Nase eingeatmet. Staub und andere Fremdkörper bleiben im *Nasenschleim* hängen. So wird die Luft gereinigt. In den *Nasenhöhlen* wird sie befeuchtet, erwärmt und durch den Geruchssinn geprüft. Von den Nasenhöhlen strömt die Luft durch den *Rachenraum* zur *Luftröhre*.

Luftröhre, Bronchien und Lunge. Die Atemwege sind innen mit einer *Schleimhaut* ausgekleidet. Auf ihr sitzen viele feine *Flimmerhärchen*. Die Härchen bewegen sich ständig, so dass eingeatmete Staubteilchen nach oben transportiert werden. Die Luftröhre wird auch durch Husten gereinigt.

Im Brustkorb teilt sich die Luftröhre in zwei Äste, die *Bronchien*. Jede Bronchie führt zu einem *Lungenflügel*. Dort verzweigt sie sich und endet schließlich in den kugeligen *Lungenbläschen* (Bild 4). Ein Lungenbläschen ist etwa so groß wie ein Stecknadelkopf. Außen ist es von feinsten Blutgefäßen, so genannten Kapillaren umsponnen.

Warum atmen wir? Beim Einatmen gelangt frische Luft bis in die Lungenbläschen. Von dem Gasgemisch Luft sind nur *Sauerstoff* und *Kohlenstoffdioxid* für die Atmung wichtig. Durch die dünne Wand der Lungenbläschen wandert Sauerstoff aus der Luft in

die feinen Blutgefäße. Mit dem Blut gelangt er zu den Körperzellen. Die Zellen brauchen Sauerstoff um *Nährstoffe* zu verwerten. Die Nährstoffe stammen aus der Nahrung. Sie werden mit dem Blut im Körper verteilt. Bei ihrer Verwertung entsteht Kohlenstoffdioxid und es wird Energie frei. Diese Energie dient zum Beispiel dazu, Muskeln zu bewegen. Das Kohlenstoffdioxid wandert aus dem Blut in die Lungenbläschen. Es wird mit der Atemluft ausgeatmet. Die ausgeatmete Luft enthält also weniger Sauerstoff und mehr Kohlenstoffdioxid als die eingeatmete Luft.

Über Nase oder Mund, Rachen, Luftröhre und Bronchien gelangt die Atemluft in die Lunge. In den Lungenbläschen nimmt das Blut Sauerstoff auf und gibt Kohlenstoffdioxid ab. Der Sauerstoff dient dazu, Nährstoffe in den Zellen zu verwerten und daraus Energie zu gewinnen.

A1 *Klassenräume sollten regelmäßig gelüftet werden. Begründe!*

A2 *Atmung ist der Austausch von Gasen. Nenne zwei Stellen im Körper, wo dieser Gasaustausch stattfindet. Welche Gase werden ausgetauscht?*

Gesundheit: Die Atemwege stärken

Schnupfen. Schnupfen wird meist durch Viren verursacht. Kälte und Nässe begünstigen den Ausbruch der Krankheit. Beim Schnupfen schwillt die Nasenschleimhaut an und sondert mehr Schleim ab: Die Nase „läuft". So werden Viren ausgeschieden. Bei warmer Zimmerluft trocknet der Schleim rasch und verstopft die Nase.

Husten. Bei Husten sind meist die Atemwege oder die Lunge erkrankt. Durch Husten stößt der Körper Fremdstoffe aus. Klingt ein Husten nicht nach wenigen Tagen ab, sollte man einen Arzt aufsuchen.

Bronchitis. Bei Bronchitis ist die Schleimhaut in der Luftröhre entzündet. Man empfindet die Bronchien als rau. Der abgesonderte Schleim löst einen ständigen Hustenreiz aus. Kopfschmerzen, Appetitlosigkeit und Fieber kommen hinzu.

Angina. Bei einer Mandelentzündung oder Angina schwellen die Rachenschleimhaut und die Mandeln an. Man bekommt Halsschmerzen und Schluckbeschwerden. Ein Arzt sollte aufgesucht werden.

Asthma. Etwa 5 % unserer Bevölkerung sind von Asthma betroffen. Allergieauslösende Stoffe, Krankheitserreger und seelische Belastungen können Asthma auslösen. Die Bronchien sondern einen zähen Schleim ab, der die Luftwege verengt. Atmen wird zur Qual.

Atemübungen stärken die Gesundheit

Durch Atemübungen nimmt der Körper vermehrt Sauerstoff auf. Die Blutgefäße erweitern sich. Das Herz und die anderen Organe werden besser durchblutet. Damit wird auch Erkältungen vorgebeugt. Das „Heilatmen" fördert bei vielen Krankheiten den Heilungsprozess. Und so wird es gemacht:

– Mehrmals am Tag an frischer Luft gleichmäßig und tief atmen.
– Mit dem Ausatmen beginnen, und zwar immer durch den Mund.
– Atempause nach dem Ausatmen, bis das Einatmen von alleine einsetzt.
– Durch die Nase einatmen: erst in den Bauch, dann in die Brust.

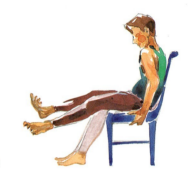

Übung 1 unterstützt das Atmen. Auf den Fersen sitzend in „Eistellung" tief ausatmen. Dann langsam hochstrecken und die Arme heben. Dabei einatmen.

Übung 2 hilft bei kalten Füßen. Beine und Füße strecken, Zehen spreizen. 8 Sekunden halten, dabei ausatmen. Füße langsam senken, dabei einatmen. Schütteln.

So kann man einer Erkältung vorbeugen

Meist erkältet man sich, wenn der Körper angegriffen oder überanstrengt ist. Mit abhärtenden Maßnahmen kann man Erkältungen vorbeugen, zum Beispiel durch Wechselduschen, viel Bewegung im Freien und einem kühlen Schlafzimmer. Wenn sich eine Erkältung anbahnt, hilft ein heißes Fußbad. Danach taucht man die Füße kurz in kaltes Wasser, packt sich warm ein und ruht sich aus.

Bei Schnupfen oder Bronchitis hilft das Einatmen oder Inhalieren von heißem Dampf. Löse dafür in heißem Wasser Kochsalz auf (etwa einen gehäuften Teelöffel pro Liter). Du kannst auch getrocknete Kamillen in $\frac{1}{2}$ Liter Wasser aufkochen. Gieße den Sud in eine große Schüssel. Inhaliere den Dampf unter einem Handtuch. Halte die Augen dabei geschlossen.

Info: Der Kreislauf von Sauerstoff und Kohlenstoffdioxid

Menschen und Tiere atmen um sich mit Sauerstoff zu versorgen. Ohne zu atmen können sie nur wenige Minuten überstehen. Müsste der Sauerstoff dann nicht allmählich weniger werden?

Sauerstoff. Pflanzen produzieren Sauerstoff. Dazu fangen sie die *Energie des Sonnenlichts* in ihren *Blattgrünkörnern* ein. Mit dieser Energie können sie aus *Wasser* und *Kohlenstoffdioxid* den energiereichen *Traubenzucker* herstellen. Diesen Vorgang bezeichnet man als *Fotosynthese*. Sozusagen als „Abfallprodukt" wird dabei *Sauerstoff* frei. Der Traubenzucker wird meist in Stärke umgewandelt und gespeichert. Aus dem Traubenzucker erzeugen Pflanzen alle Stoffe, die sie zum Leben brauchen.

Kohlenstoffdioxid. Tiere und Menschen müssen energiereiche Stoffe wie Traubenzucker oder Stärke mit der Nahrung aufnehmen. Sie sind auf Pflanzen angewiesen. Die energiereichen Stoffe werden in den Körperzellen wieder zu Wasser und Kohlenstoffdioxid abgebaut. Dabei wird die gespeicherte Energie frei. Diesen Vorgang bezeichnet man als *Zellatmung*. Die Zellatmung ist also die Umkehrung der Fotosynthese. Die Energie wird zum Beispiel für die Bewegung von Muskeln eingesetzt. Das ausgeatmete Kohlenstoffdioxid kann wieder von Pflanzen aufgenommen werden. So bildet sich für Sauerstoff und Kohlenstoffdioxid ein *Kreislauf* (Bild 4).

Aus Wasser und Kohlenstoffdioxid stellen Pflanzen im Licht Traubenzucker und Sauerstoff her. Diesen Vorgang bezeichnet man als Fotosynthese. Sauerstoff und Kohlenstoffdioxid durchlaufen bei Fotosynthese und Atmung einen Kreislauf.

A1 *Pflanzen sind die Grundlage für alles Leben auf der Erde. Erkläre!*

A2 *Beschreibe den Kreislauf von Sauerstoff und Kohlenstoffdioxid mit eigenen Worten.*

A3 *Die Grünanlagen in einer Stadt bezeichnet man auch als „grüne Lungen". Erkläre! Ziehe dazu auch die Zahlen aus dem unten stehenden Text mit heran.*

Eine 100 Jahre alte Buche hat etwa 200 000 Blätter mit 1200 m^2 Blattfläche. Ein Quadratmeter Blattfläche erzeugt bei normalem Sonnenschein pro Stunde 0,35 bis 1 l Sauerstoff. An einem Tag nimmt die Buche etwa 9400 l Kohlenstoffdioxid auf und erzeugt ebenso viel Sauerstoff. Gleichzeitig entstehen etwa 12 kg Traubenzucker. Ein Mensch dagegen verbraucht pro Stunde 350 l Sauerstoff, ein Auto bei einer Geschwindigkeit von 100 km/h sogar 25 000 l.

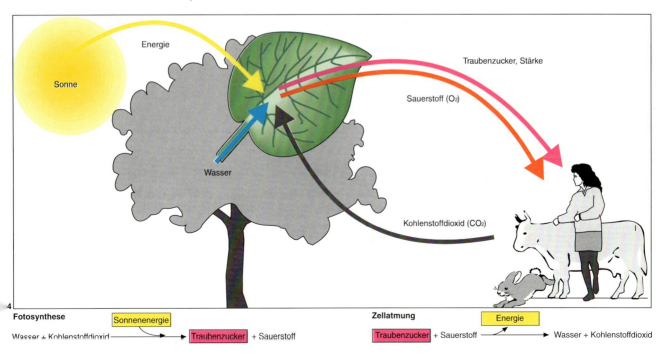

4

Fotosynthese

Sonnenenergie

Wasser + Kohlenstoffdioxid ⟶ Traubenzucker + Sauerstoff

Zellatmung

Energie

Traubenzucker + Sauerstoff ⟶ Wasser + Kohlenstoffdioxid

Umwelt aktuell: Gute Luft zum Atmen

An einem Tag atmen wir etwa 12 000 Liter Luft ein und aus. Gute Luft ist eine wichtige Voraussetzung für unser Wohlbefinden. In vielen größeren Städten und in Industriegebieten lässt die Luftqualität jedoch zu wünschen übrig. Die Luft enthält dort Staub, Ruß und Luftschadstoffe, die unsere Atemwege reizen oder sogar schädigen. Pflanzen können die Luft und somit unsere Lebensbedingungen verbessern. Manche Pflanzen zeigen Schadstoffe wie Ozon auf.

Pflanzen als „Klimaanlage"

Vor allem im Sommer wird das Leben in der Stadt beschwerlich. Die Luft ist heiß, trocken und staubig. Pflanzen können das Stadtklima verbessern. Sie geben viel Feuchtigkeit ab, spenden kühlen Schatten und filtern Staub aus der Luft. Darüber hinaus schaffen sie einen wertvollen Lebensraum für Tiere. Grüne Dächer (Bild 1) und Fassadenpflanzen (Bild 2) verbessern auch das Klima im Haus. Sie kühlen im Sommer und isolieren im Winter. So helfen sie Energie zu sparen.

Pflanzen zeigen Ozon an

Vor allem an Sonnentagen bildet sich in Bodennähe viel Ozon. Es gefährdet unsere Gesundheit. Die Tabakpflanze (Bild 3) zeigt uns Ozon an: Bei hohen Ozon-Konzentrationen bekommt sie braune Flecken auf den Blättern.

Pflanzen als „Luftfilter"

Schlechte Luft – wer denkt dabei schon an seine Wohnung? Manche Möbel, Bodenbeläge, Tapeten und Baumaterialien geben Stoffe ab, die wir nicht wahrnehmen können. Einige von ihnen schaden unserer Gesundheit. Die Luft kann aber verbessert werden: Viele Zimmerpflanzen nehmen das giftige Formaldehyd und andere Schadstoffe mit den Blättern aus der Luft auf und wandeln sie in ungiftige Stoffe um. Vor allem Zimmerpflanzen wie die Birkenfeige (Bild 4), die Strahlenaralie (Bild 5) und die Grünlilie (Bild 6) eignen sich als „lebende Luftfilter". Eine gute Versorgung mit Licht, Nährstoffen und Wasser verbessert den Abbau der Schadstoffe.

61780

Zusammenfassung

Alles klar?

A1 *Benenne die Atemwege und die Lunge in Bild 7. Beschreibe ihre Aufgaben.*

A2 *Beschreibe den Weg des Sauerstoffs im Körper.*

A3 *Für die Gesundheit ist es besser, durch die Nase zu atmen statt durch den Mund. Begründe!*

A4 *Beim Rauchen werden die Flimmerhärchen in den Atemwegen durch den Tabakteer verklebt. Erkläre, welche Folgen das hat.*

A5 *Wie kannst du dich am besten vor einer Erkältung schützen?*

A6 *In überfüllten Räumen kann es einem leicht übel werden. Erkläre, woran das häufig liegt.*

A7 *Pflanzen lassen sich dazu heranziehen um die Luft zu verbessern. Erläutere!*

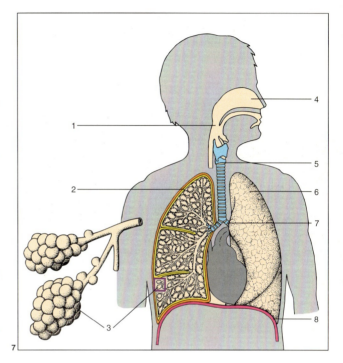

7

Auf einen Blick

Bei der **Atmung** nehmen Menschen und Tiere Sauerstoff auf. Das Blut transportiert ihn zu den Körperzellen. Die Zellen benötigen Sauerstoff um aus energiereichen Nährstoffen **Energie** zu gewinnen (Bild 8). Alle Vorgänge in unserem Körper erfordern Energie.

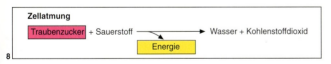

8

Pflanzen nutzen Kohlenstoffdioxid zur Bildung von Zucker und Stärke. Diese bei Licht ablaufende Reaktion bezeichnet man als **Fotosynthese** (Bild 9). Dabei wird Sauerstoff frei, der allen Lebewesen für die Atmung zur Verfügung steht.

Für Sauerstoff und Kohlenstoffdioxid bildet sich somit ein **Kreislauf**.

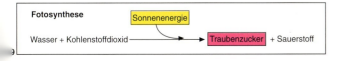

9

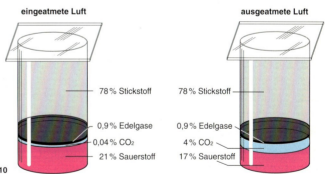

10

Zum **Atmungssystem** gehören Mund, Nase, Rachenraum, Luftröhre, Bronchien und Lunge. Ziehen sich das Zwerchfell bei der **Bauchatmung** und die Muskeln zwischen den Rippen bei der **Brustatmung** zusammen, so vergrößert sich der Brustraum, und Luft wird eingesogen.

Durch die dünnen Wände der Lungenbläschen gelangt Sauerstoff in das Blut. Gleichzeitig wird Kohlenstoffdioxid abgegeben. Diesen Vorgang bezeichnet man als **Gasaustausch** (Bild 10).

Der Blutkreislauf des Menschen

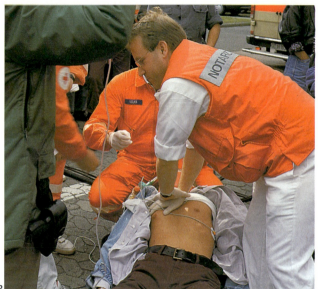

Jugendliche beim Dauerlauf und ein Notfallpatient, der eine lebensrettende Herzmassage erhält – beide Bilder haben auf völlig unterschiedliche Weise mit dem Blutkreislauf zu tun. Vielleicht hast du schon eine Vorstellung, welche Rolle der Blutkreislauf in unserem Leben spielt?

A1 *Manchmal kann man sein Blut oder Herz sehr deutlich spüren, zum Beispiel wenn das Herz vor Aufregung schneller schlägt. Hast du solche Situationen schon erlebt? Berichte.*

A2 *Überprüfe, an welchen Stellen deines Körpers du mit den Fingern den Herzschlag besonders gut ertasten kannst. Was haben diese Stellen gemeinsam? Achte auf die Blutgefäße.*

A3 *Miss die Zahl deiner Pulsschläge pro Minute in Ruhe, unmittelbar nach einem 100-m-Lauf und fünf Minuten nach dem Lauf. Was stellst du fest?*

A4 *Miss einen Tag lang einmal pro Stunde deine Pulsschläge pro Minute. Trage die Werte in einer Tabelle ein oder fertige ein Diagramm an. Was stellst du fest?*

Uhrzeit	Pulsschläge pro Minute
8.15	83
9.30	89

A5 *„Wer rastet, der rostet!" Begründe dieses Sprichwort.*

A6 *Entwerft im Sportunterricht ein 10 Minuten langes Fitness-Programm. Führt es regelmäßig zu Hause oder gemeinsam im Sportunterricht durch. Ihr seid fit, wenn die Zahl eurer Pulsschläge nach den Übungen 180 minus euer Alter beträgt.*

A7 *Sammelt Broschüren über das Thema Rauchen. Ihr erhaltet sie bei Gesundheitsbehörden und Krankenkassen. Sammelt und vergleicht auch die Aufschriften auf Zigarettenpackungen. Was hat das Rauchen mit dem Blutkreislauf zu tun?*

61765

Info: Die Aufgaben des Blutes

Alle Blutgefäße eines menschlichen Körpers wären aneinander gereiht mehr als 100 000 Kilometer lang. Über dieses weit verzweigte Netz steht das Blut mit allen Teilen des Körpers in ständigem Kontakt. Es erfüllt viele verschiedene Aufgaben. Es ist das *wichtigste Transportsystem* des Körpers (Bild 5).

Sauerstoff und Kohlenstoffdioxid. Jede Körperzelle benötigt Sauerstoff. Das Blut nimmt Sauerstoff in den Lungen auf und verteilt ihn im Körper. Auf dem umgekehrten Weg befördert es Kohlenstoffdioxid von den Zellen zu den Lungen.

Nähr- und Abfallstoffe. Das Blut nimmt Nährstoffe vom Darm auf und leitet sie zu den Körperzellen weiter. Abfallstoffe werden dagegen von den Zellen an das Blut abgegeben. Sie entstehen bei vielen Stoffwechselvorgängen in den Zellen. Der Körper kann sie nicht weiter verwenden.

Giftstoffe. Über die Nahrung und die eingeatmete Luft gelangen auch Giftstoffe in den Körper. Das Blut transportiert sie zur Leber und Niere. Von dort werden sie, wie die Abfallstoffe, mit dem Kot oder dem Urin ausgeschieden.

Botenstoffe. Botenstoffe, auch Hormone genannt, werden in bestimmten Hormondrüsen gebildet. Mit dem Blut werden sie im Körper verteilt. Nur an bestimmten Stellen entfalten sie ihre Wirkung. Ein Bei-

spiel: In belastenden Situationen geben die Nebennieren die sogenannten Stresshormone ins Blut ab. Die Botenstoffe bewirken, dass das Herz schneller und stärker schlägt, die Atmung schneller geht, die Muskeln stärker durchblutet werden und die Leber den Energie liefernden Zucker freisetzt. Damit ist der Körper zum sofortigen Handeln bereit.

Abwehrstoffe. Im Blut befinden sich zudem Abwehrstoffe gegen körperfremde Stoffe. Sie schützen den Körper zum Beispiel vor Krankheitserregern oder beseitigen Schmutz in Wunden.

Wärme. Wärme entsteht vor allem in den inneren Organen und wenn Muskeln stark arbeiten. Das Blut verteilt die Wärme gleichmäßig im Körper. Es reguliert auch die Körpertemperatur. Wird es uns zu warm, fließt mehr Blut in die Haut und gibt Wärme ab. Bei Kälte wird die Haut weniger durchblutet. So bleibt die Körpertemperatur erhalten.

Das Blut ist das wichtigste Transportsystem unseres Körpers. Es transportiert viele Stoffe und Wärme. Durch das Blut werden Signale übermittelt und körperfremde Stoffe abgewehrt.

A1 *Blut wird vor allem in alten Berichten auch als Lebenssaft bezeichnet. Erkläre.*

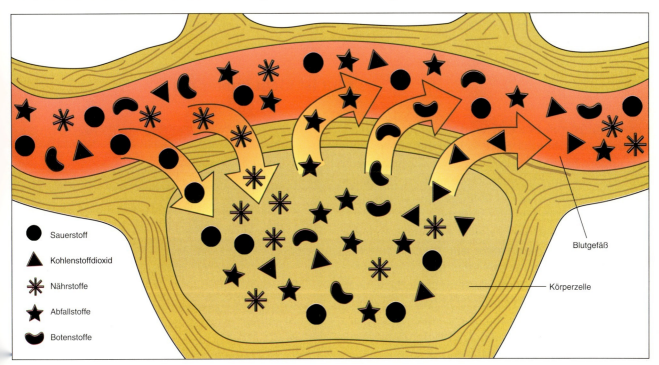

- ● Sauerstoff
- ▲ Kohlenstoffdioxid
- ✳ Nährstoffe
- ★ Abfallstoffe
- ◗ Botenstoffe

Blutgefäß

Körperzelle

Info: Die Zusammensetzung des Blutes

Die Menge des Blutes ist nicht bei allen Menschen gleich. Frauen haben etwa 65 ml Blut pro kg Körpergewicht, bei Männern sind es etwa 75 ml. Im Körper eines Erwachsenen fließen also durchschnittlich fünf bis sechs Liter Blut. Verliert man mehr als zwei Liter Blut, besteht höchste Lebensgefahr.

Blut ist auf den ersten Blick eine einheitliche rote Flüssigkeit (Bild 1). Lässt man es aber in einem Glasgefäß erschütterungsfrei stehen und gibt ein Mittel dazu, das die Blutgerinnung verhindert, so stellt man nach einiger Zeit eine Veränderung fest. Eine rote, undurchsichtige Masse setzt sich unten ab (Bild 2). Unter dem Mikroskop erkennt man, dass dieser Teil des Blutes vor allem feste Bestandteile enthält: die *Blutzellen,* auch *Blutkörperchen* genannt. Die Flüssigkeit, die über den Blutkörperchen im Glas steht, ist bernsteinfarben und durchsichtig. Sie heißt *Blutplasma*. Blut setzt sich zu etwa 44 % aus festen Bestandteilen und zu 56 % aus Blutplasma zusammen.

Das Blutplasma besteht zum größten Teil aus Wasser. Außerdem enthält es gelöste Stoffe. Einige dieser Stoffe wirken als *Abwehrstoffe gegen Krankheitserreger,* andere sind an der *Blutgerinnung* beteiligt. Blutplasma, aus dem die Gerinnungsstoffe entfernt wurden, nennt man *Blutserum*. Im Blutplasma werden auch Traubenzucker und Fette sowie Abfallstoffe transportiert. Der Traubenzucker ist als

Energiespender zum Beispiel für die Muskelarbeit lebensnotwendig. Auch Salze sind im Blutplasma enthalten.

Blut besteht aus festen Bestandteilen, den Blutzellen, und aus dem flüssigen Blutplasma. Blutplasma enthält Abwehrstoffe und Stoffe zur Blutgerinnung. Blutplasma ohne Gerinnungsstoffe nennt man Blutserum.

A1 *Vergleiche den Inhalt der Gefäße auf den Bildern 1 und 2 miteinander und beschreibe.*

A2 *Berechne, wie viel Blut dein Körper enthält.*

Aus der Umwelt: Blut ist nicht immer rot

Für Interessierte zum Weiterlesen

Unser Blut ist rot. Das erscheint uns ganz selbstverständlich. Es gibt aber auch Lebewesen, deren Blut eine andere Farbe hat. Hummer (Bild 3) zum Beispiel haben blaues, Borstenwürmer grünes Blut. Bei vielen Würmern ist das sauerstoffhaltige Blut violett, Blut mit wenig Sauerstoff hingegen farblos.

Das „blaue Blut" der Adligen hat einen anderen Ursprung. Blässe war früher ein Zeichen für Vornehmheit. Damit unterschieden sich die Adligen deutlich von den sonnenverbrannten Landarbeitern und Handwerkern. Durch die helle Haut schimmerten die Venen blau hindurch, vor allem an den Schläfen und an den Unterarmen. Daher nahm man an, dass das Blut der Adligen blau sei.

61766

Aus der Geschichte: Herz und Blut

4

Im Mittelalter wurde mit Blut manche geheime Schulderklärung unterschrieben: Der Unterzeichner lieferte damit dem Schuldner seine Seele aus. Eine Sage berichtet, dass der Held Siegfried unverletzbar war, nachdem er in dem Blut eines Drachen gebadet hatte. Blut kann auch Zusammengehörigkeit symbolisieren: Man spricht von „Blutsbrüdern" oder den „Blutsbanden" zwischen Familienmitgliedern. Das Blut spielt in vielen Kulturen eine besondere Rolle. Was ist denn aber am Blut so Besonderes?

Von alters her hat es viele verschiedene Vorstellungen gegeben, welche Rolle das Blut, das Herz und die Blutgefäße spielen. Im antiken Griechenland glaubte man, das Blut enthalte den „Lebensgeist". Man dachte auch, dass die Organe des Körpers vom Blut gebildet würden. Da das Herz bei Angst oder Freude mit lautem Herzklopfen oder mit dem Aussetzen eines Herzschlags reagiert, galt das Herz als Entstehungsort der Gefühle. Viele jetzt noch gebräuchliche Redewendungen beziehen sich darauf. Heute wissen wir, dass Gefühle im Gehirn entstehen. Das Gehirn schickt dem Herzen Signale, die es veranlassen, in bestimmten Situationen kräftiger und schneller zu schlagen.

Die Rolle des Blutes als wichtigste Transportflüssigkeit des Körpers ist schon lange bekannt. Aber wie und wohin das Blut fließt, wusste man lange Zeit nicht. Erst um 1600 wurde das Mikroskop in Europa erfunden. Mit bloßem Auge konnte man vorher die kleinsten, haarfeinen Blutgefäße nicht erkennen. Das Blut „verschwand" daher scheinbar im Körper. Noch im 16. Jahrhundert nahm man an, dass das Blut auf seiner Wanderung durch den Körper völlig „verbraucht" würde. Aus den verdauten Nährstoffen sollte die Leber ständig neues Blut erzeugen.

Erst zu Beginn des 17. Jahrhunderts kam der englische Arzt William Harvey (Bild 5) auf den richtigen Gedanken. Er berechnete, dass kein Mensch so viel Nahrung zu sich nimmt, wie nötig wäre, um die vom Herzen ausgestoßene Blutmenge ständig zu erneuern. Er fand heraus, dass das Blut nicht in den Außenbezirken des Körpers verschwindet, sondern dass es immer wieder zum Herzen zurückkehrt: Es strömt in einem Kreislauf durch den Körper.

5

A1 *Das Wort „Blut" tritt in vielen Begriffen und Sprichwörtern auf. Finde Beispiele. Erkläre ihre Bedeutung.*

Info: Die Bestandteile des Blutes

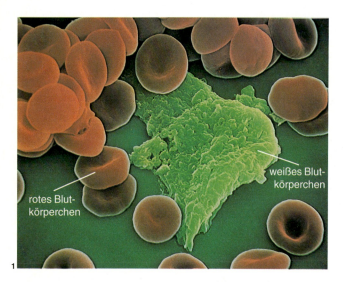

1 rotes Blutkörperchen — weißes Blutkörperchen

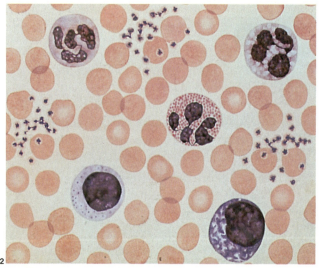
2

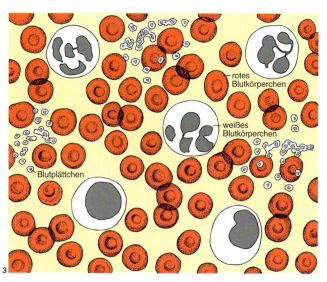

rotes Blutkörperchen

weißes Blutkörperchen

Blutplättchen

3

Betrachtet man Blut unter dem Mikroskop, so erkennt man seine Bestandteile: rote und weiße Blutkörperchen, aber auch Blutplättchen. Bild 1 zeigt Blutkörperchen in einer elektronenmikroskopischen Aufnahme, die anschließend angefärbt wurde. Bild 2 zeigt eine lichtmikroskopische Aufnahme von Blutbestandteilen, die in einer Farblösung lagen.

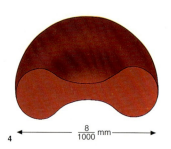

4 $\frac{8}{1000}$ mm

Rote Blutkörperchen. Ein stecknadelkopfgroßer Blutstropfen enthält etwa 5 Millionen rote Blutkörperchen. Sie binden *Sauerstoff* an sich und transportieren ihn im Körper.

Rote Blutkörperchen sind klein (Bild 4). Die Oberfläche aller roten Blutkörperchen eines Menschen zusammen ergibt jedoch eine Fläche, die etwa der Größe eines Fußballfeldes entspricht. Diese Fläche steht für den Transport von Sauerstoff zur Verfügung.

Die roten Blutkörperchen werden im Knochenmark neu gebildet. Nach etwa 120 Tagen werden sie in Milz und Leber abgebaut.

Weiße Blutkörperchen. Neben roten Blutkörperchen befinden sich in einem Blutstropfen etwa 7500 weiße Blutkörperchen. Sie sind farblose Zellen, die sich bewegen können. Sie können die Blutgefäße verlassen und in das umliegende Gewebe wandern. Überall im Körper bekämpfen sie Krankheitserreger und Fremdkörper. Die weißen Blutkörperchen entstehen in der Milz, in den Lymphknoten und im Knochenmark.

Blutplättchen. In einem Blutstropfen befinden sich außerdem etwa 300 000 unregelmäßig geformte Blutplättchen. Sie sind viel kleiner als die roten Blutkörperchen. Sie werden nur etwa vier bis zehn Tage alt. Blutplättchen spielen bei der *Blutgerinnung* eine wichtige Rolle.

Rote Blutkörperchen transportieren Sauerstoff. Weiße Blutkörperchen wehren Krankheitserreger und Fremdkörper ab. Blutplättchen sind für die Blutgerinnung wichtig.

A1 *Stelle die Aufgaben der verschiedenen Bestandteile des Blutes in einer Tabelle zusammen.*

61768

Info: **Blut gerinnt**

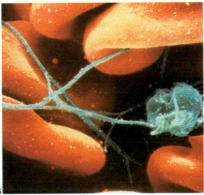
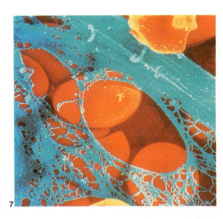

Wie schnell geht das: Ein Stachel bohrt sich durch die Haut. Blut tritt aus der Wunde aus (Bild 5). Aber nach wenigen Minuten hört es meist auf zu bluten. Das Blut ist geronnen. Ein *Blutpfropf* verschließt die Wunde.

Die Blutplättchen haben daran großen Anteil: Sie ballen sich an der Wundstelle zusammen. Gleichzeitig setzen sie einen Stoff frei, der bewirkt, dass sich der im Blutplasma enthaltene Gerinnungsstoff in lange Fäden umwandelt (Bild 6). Aus diesen Fäden bil-

det sich ein Netz (Bild 7), in dem Blutplättchen, rote und weiße Blutkörperchen hängen bleiben. So entsteht der Blutpfropf.

Bei Menschen, die an der erblichen Bluterkrankheit leiden, gerinnt das Blut nicht. Schon eine kleine Verletzung kann für einen Bluter gefährlich sein.

Bei einer Verletzung bildet sich ein Netz aus Fäden. Ein Blutpfropf verschließt die Wunde.

Aus der Medizin: **Die Blutgruppen**

Nach einer schweren Verletzung oder einer Operation mit starkem Blutverlust hilft oft nur noch eine *Blutübertragung.* Das Blut stammt von Menschen, die freiwillig gespendet haben.

Blut kann aber nicht beliebig von einem Menschen auf den anderen übertragen werden. Im Blutserum der meisten Menschen kommen Stoffe vor, die die roten Blutkörperchen des fremden Blutes verklumpen. Es bildet sich ein Pfropf, der die Blutgefäße verschließen kann. Manche Körperteile werden dann nicht mehr ausreichend mit Blut versorgt und können geschädigt werden. Je nachdem, welche *Verklumpungsstoffe* vorhanden sind, unterscheidet man die Blutgruppen *A, B, AB* und *Null.* Die Blutgruppe AB enthält keine Verklumpungsstoffe.

Die Blutübertragung wird umso besser vertragen, je ähnlicher das Blut des Spenders dem Blut des Empfängers ist. Deshalb wird gewöhnlich nur Blut derselben Blutgruppe verwendet. Menschen mit der seltenen Blutgruppe AB können im Notfall auch Blut einer anderen Blutgruppe erhalten.

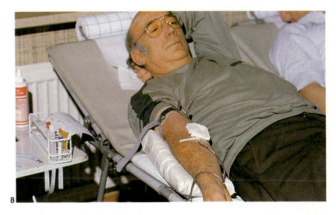

Man unterscheidet vier Blutgruppen: A, B, AB und 0. Zur Blutübertragung ist Blut derselben Blutgruppe am besten geeignet.

A1 *Wie häufig kommen die verschiedenen Blutgruppen in deiner Klasse vor? Stellt eine Tabelle auf.*

A2 *Die Blutgruppe AB gilt als Universalempfänger. Erkläre.*

Praktikum: Untersuchen von Blut

1

Okular
Tubus

Objektiv

Objekt
Objekttisch
Blende

Drehknopf

Lampe

Das Lichtmikroskop

Das Foto oben zeigt ein Schülermikroskop mit allen Teilen, die zur Vergrößerung und Schärfeeinstellung wichtig sind. Suche die beschrifteten Teile an dem Mikroskop auf, das vor dir auf dem Tisch steht.

Am Okular sind die Glaslinsen zur Vergrößerung zu erkennen. Weitere Linsen sitzen in den Objektiven. Diese sind am „Objektivrevolver" angeschraubt. So heißt die Drehscheibe, mit der die Objektive nacheinander in den Strahlengang gebracht werden können. Die langen Objektive vergrößern stärker als die kurzen Objektive. Okular und Objektive sind durch den Tubus verbunden.

Das Objekt auf dem Objektträger wird mit einem Deckglas bedeckt, zur Untersuchung auf den Objekttisch gelegt und von unten her durchleuchtet. Die Beleuchtung erfolgt durch eine kleine Lampe am Fuß des Mikroskops.

Erinnerst du dich noch an die Aufgaben und die Bedienung von Blende und Drehknopf?

Blutuntersuchung mit dem Mikroskop

Benötigt werden: Mikroskop, Objektträger, Deckglas, Oxalatblut, 0,9%ige Kochsalzlösung, Pipette, Glasstab.

Oxalatblut ist Blut, das mit Ammoniumoxalatlösung versetzt wurde. Dazu stellt man zur Vorbereitung der Untersuchung eine 5 %ige wässerige Lösung her und fügt dem frischen Blut einige Milliliter davon zu. Zu guten Durchmischung rührt man mit dem Glasstab mehrmals um. Oxalat entfernt Calcium aus dem Blut. Da das Vorhandensein von Calcium eine Voraussetzung für die Blutgerinnung ist, kann Blut ohne Calcium nicht mehr gerinnen.

Für die Anfertigung des mikroskopischen Präparates bringt man einen Tropfen Oxalatblut auf den Objektträger. Dann gibt man einen Tropfen 0,9%ige Kochsalzlösung zu. Diese bewirkt, dass der Salzgehalt des Präparates und des Blutserums einander entsprechen. Die Blutkörperchen behalten dadurch ihre Form.

Setze jetzt die Kante eines Deckglases senkrecht am Rand des Blutstropfens an und ziehe das Deckglas vom Blutstropfen weg über den Objektträger. Bedecke die entstandene dünne Blutschicht mit dem Deckglas. Jetzt hast du einen „Blutausstrich" hergestellt.

Betrachte den Blutausstrich unter dem Mikroskop (Bild 2). Zur Einstellung von Schärfe und Kontrast gehst du so vor, wie du es im Kapitel „Reise in kleine Welten" gelernt hast. Die farblosen weißen Blutkörperchen erkennst du nur, wenn du sie anfärbst: Mit Methylenblaulösung färben sie sich blauviolett.

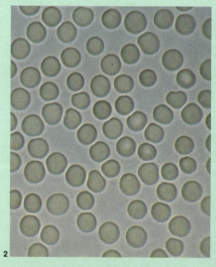

2

Hinweis: Durch menschliches Blut können gefährliche Krankheiten übertragen werden, zum Beispiel Hepatitis und AIDS. Wegen der Infektionsgefahr wird daher bei diesem Versuch nie menschliches Blut verwendet. Man nimmt dafür Tierblut aus dem Schlachthof, zum Beispiel frisches Schweineblut, dem man das Ammoniumoxalat noch im Schlachthof zusetzt.

Gesundheit: Erste Hilfe bei Wunden

Mit quietschenden Reifen schleudert der Wagen auf regennasser Straße aus der Kurve und prallt gegen einen Baum. Klaus und Christine treffen als erste am Unfallort ein. Sie wissen, dass sie Erste Hilfe leisten müssen, aber sie sind ratlos. Was würdest du an ihrer Stelle tun?

Blut. Viele Menschen haben Angst mit Blut in Berührung zu kommen. Einige behaupten, ihnen werde beim Anblick von Blut übel, andere fürchten sich durch den Blutkontakt mit einer Krankheit zu infizieren. Viele haben Angst davor, etwas falsch zu machen. Deshalb tun sie lieber gar nichts. Dabei kann jeder in eine Situation gelangen, wo auch er einmal Hilfe benötigt. Jeder kann in einem *Erste-Hilfe-Kurs* lernen Wunden richtig zu versorgen und bei starken Blutungen Hilfe zu leisten. Gegen mögliche Infektionen durch Blutkontakt kann man sich schützen, indem man *Einmalhandschuhe* verwendet.

Wunden. Decke die Wunde keimfrei ab. Je nach Größe der Wunde oder nach Stärke der Blutung verwendest du dazu ein Pflaster (Bild 3), einen Schnellverband oder eine Wundauflage aus einem Verbandspäckchen (Bild 5). Achte darauf, dass du die Wundauflage nur an den Rändern anfasst. Der Klebestreifen darf nicht mit der Wunde in Berührung kommen. Drücke bei einer starken Blutung die Wunde ab oder lege einen Druckverband an: Über die Wundauflage wird ein Druckpolster gelegt und mit einer Binde befestigt (Bild 7).

Blutende Wunden darfst du nicht auswaschen. Verwende weder Puder noch Salben, Sprays und Desinfektionsmittel bei der Erstversorgung einer Wunde. Jede größere Wunde sollte möglichst schnell von einem Arzt beurteilt und endgültig versorgt werden.

Eine verunreinigte Wunde kann zu einem gefährlichen Wundstarrkrampf führen. Ist deine Tetanus-Schutzimpfung noch wirksam? Schaue in deinem Impfpass nach. Wenn nicht, solltest du sie beim Arzt auffrischen lassen.

A1 *Was sollte ein Verbandskasten enthalten? Informiere dich in einer Apotheke.*

A2 *Wo befindet sich in deiner Schule und zu Hause der Verbandskasten? Ist er vollständig ausgerüstet?*

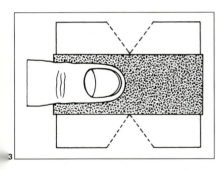
3

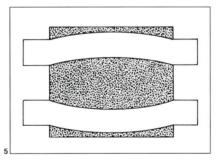
5

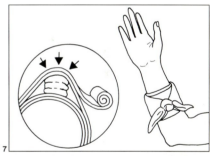
7

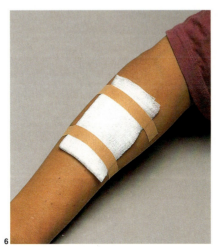
6

8

Info: Wie das Herz gebaut ist

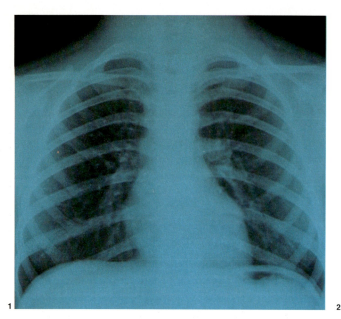

1

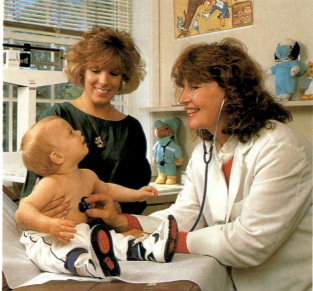

2

Unser Blut durchströmt den Körper in *Blutgefäßen*. Vom Schlag des *Herzens* wird es vorwärts getrieben. Das Herz schlägt pausenlos, durchschnittlich 70- bis 80-mal in der Minute.

Auf einem Röntgenbild (Bild 1) kann man die Lage des Herzens erkennen. Es liegt etwas links von der Körpermitte. Mit seiner Spitze zeigt es nach links unten.

Das Herz ist ein etwa faustgroßer *Hohlmuskel* (Bild 3). Eine kräftige *Scheidewand* teilt das Herz in zwei Hälften. Bezogen auf den eigenen Körper spricht man von der rechten und der linken Herzhälfte. Jede Hälfte besteht aus zwei Teilen: einem dünnwandigen *Vorhof,* in den die zuführenden Blutgefäße münden, und einer *Herzkammer* mit muskulöser Wand. Zwischen Vorhof und Herzkammer liegen häutige *Klappen.* Sie wirken als Ventile und lassen das Blut nur in einer Richtung hindurchfließen. Weitere Klappen liegen am Eingang der Blutgefäße, die die Herzkammern verlassen. Mit dem Stethoskop kann der Arzt das Öffnen und Schließen der Klappen abhören (Bild 2). So kann er beurteilen, ob das Herz einwandfrei funktioniert.

Das Herz ist ein Hohlmuskel. Es besteht aus zwei getrennten Hälften. Jede Hälfte besteht aus Vorhof und Herzkammer.

A1 *Berechne, wie oft das Herz an einem Tag schlägt.*

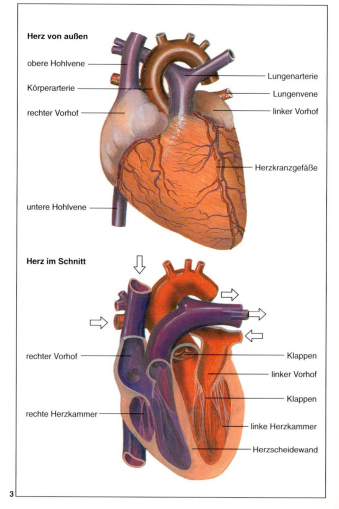

Herz von außen

obere Hohlvene — Lungenarterie — Lungenvene — linker Vorhof

Körperarterie

rechter Vorhof

Herzkranzgefäße

untere Hohlvene

Herz im Schnitt

rechter Vorhof — Klappen — linker Vorhof — Klappen

rechte Herzkammer — linke Herzkammer — Herzscheidewand

3

61770

Info: Das Herz arbeitet wie eine Pumpe

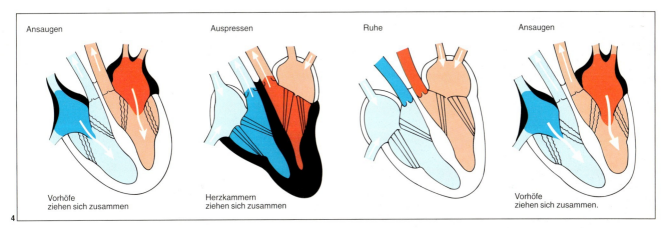

Ansaugen — Auspressen — Ruhe — Ansaugen

Vorhöfe ziehen sich zusammen

Herzkammern ziehen sich zusammen

Vorhöfe ziehen sich zusammen.

4

Die beiden Herzhälften sind nicht nur vollständig durch die Herzscheidewand voneinander getrennt, sie haben auch unterschiedliche Aufgaben: Die rechte Herzhälfte bekommt Blut aus dem Körper zugeführt und pumpt es zur Lunge. Die linke Herzhälfte bekommt Blut aus der Lunge zugeführt und pumpt es in den Körper.

Das Zusammenziehen des Herzmuskels nehmen wir als Herzschlag wahr. Dabei ziehen sich zuerst die Vorhöfe zusammen (Bild 4). Blut gelangt aus den Vorhöfen durch die geöffneten Klappen in die Herzkammern. Unmittelbar darauf ziehen sich die Herzkammern kräftig zusammen. Aus den Herzkammern strömt das Blut in den Körper und in die Lungen. Dann erschlaffen die Herzkammern wieder. Die Klappen verhindern, dass das Blut aus den Blutgefäßen wieder in die Herzkammern zurückfließt. Noch

während sich die Herzkammern zusammenziehen, füllen sich die Vorhöfe wieder mit Blut. Wenig später erfolgt der nächste Herzschlag.

Das Blut wird aus den Vorhöfen in die Herzkammern gepresst. Ziehen sich die Herzkammern zusammen, gelangt das Blut in die Blutgefäße. Das Zusammenziehen des Herzmuskels nehmen wir als Herzschlag wahr.

A1 *Bei Leistungssportlern ist das Herz oft vergrößert. Es schlägt auch unter großer Belastung langsamer als bei einem untrainierten Menschen. Erkläre!*

A2 *Welche Folgen hat ein Loch in der Herzscheidewand?*

Aus der Medizin: Herzchirurgie

Wenn der Herzrhythmus gestört ist, kann man operativ einen *Herzschrittmacher* einsetzen. Er regt durch elektrische Impulse das Herz zum regelmäßigen Schlagen an. Fehlerhafte Herzklappen können durch *künstliche Herzklappen* ersetzt werden. Für manche Herzkranken ist ein *künstliches Herz* (Bild 5) die letzte Rettung. Es besteht – anstelle der Herzhälften – aus zwei Pumpen, die von einem Apparat außerhalb des Körpers angetrieben werden müssen. Es besteht jedoch ständig die Gefahr, dass sich Blutgerinnsel bilden. Sie können bei dem Patienten einen Schlaganfall verursachen.

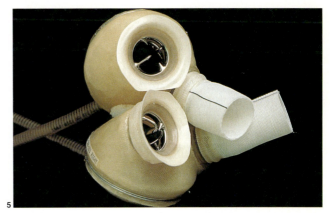

5

Info: **Der Blutkreislauf**

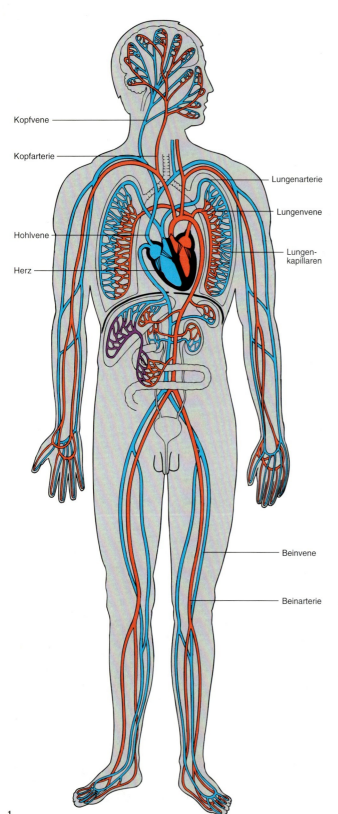

Kopfvene

Kopfarterie

Lungenarterie

Lungenvene

Hohlvene

Lungen-
kapillaren

Herz

Beinvene

Beinarterie

1

Das Blut wird vom Herzen fortgepumpt, durchströmt den Körper und fließt schließlich zum Herzen zurück. Diesen ständigen Blutstrom nennt man *Blutkreislauf.* Genau genommen sind es zwei Kreisläufe: ein *Lungenkreislauf* und ein *Körperkreislauf* (Bild 1). In Bild 2 ist der Blutkreislauf vereinfacht dargestellt. Alle zum Herzen hinführenden Blutgefäße nennt man *Venen.* Sie sind blau dargestellt. Die vom Herzen wegführenden Blutgefäße heißen *Schlagadern* oder *Arterien.* Sie sind rot dargestellt.

Lungenkreislauf. Der Lungenkreislauf wird von der *rechten Herzhälfte* angetrieben. Sie pumpt das sauerstoffarme Blut aus dem gesamten Körper über die *Lungenarterien* zu den Lungen. In kleinen Blutgefäßen, den Lungenkapillaren, umfließt das Blut die Lungenbläschen. Dort gibt es Kohlenstoffdioxid an die Atemluft ab und nimmt Sauerstoff auf. In der Lungenvene strömt das sauerstoffreiche Blut zusammen und fließt zum linken Vorhof.

Körperkreislauf. Der Körperkreislauf wird von der *linken Herzhälfte* angetrieben. Das sauerstoffreiche Blut verlässt die linke Herzkammer über die *Körperschlagader.* Sie verzweigt sich in ungefähr 40 große *Arterien,* die zu allen Organen in Kopf, Rumpf und Gliedmaßen führen. Auf dem Weg zu den Organen zweigen sich die Arterien immer weiter auf. Ihr Durchmesser nimmt dabei ab. Die kleinsten Arterien verzweigen sich in äußerst feine Blutgefäße, die *Haargefäße* oder *Kapillaren.* Sie sind dünner als ein Haar und führen in alle Bereiche des Körpers.

Durch die dünnen Wände der Kapillaren wird Blutplasma in das Gewebe gepresst. Auf diese Weise werden alle Zellen in der Umgebung der Kapillaren mit Sauerstoff und Nährstoffen versorgt. Der größte Teil des Blutplasmas gelangt anschließend wieder zurück in die Kapillaren. Er führt Kohlenstoffdioxid und Abfallstoffe aus den Zellen mit. Das Blut wird also in den Kapillaren sauerstoffarm und kohlenstoffdioxidreich.

Die Kapillaren vereinigen sich dann zu kleinen *Venen* und diese zu größeren. *Venenklappen,* die ähnlich gebaut sind wie die Herzklappen, verhindern wie Ventile das Zurückfließen des Blutes. Über die großen *Hohlvenen* fließt das Blut zum rechten Vorhof. Damit ist der Körperkreislauf geschlossen. In jeder Minute durchläuft das gesamte Blut des Körpers einmal diesen Kreislauf.

Info: Arterien und Venen

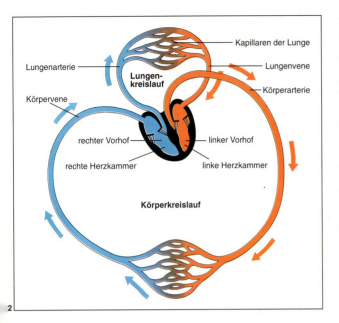

zusammengedrückt. Dabei wird das Blut ein Stück vorwärts geschoben. Venenklappen lassen das Blut nur in eine Richtung strömen: auf das Herz zu.

Wenn man lange sitzt oder steht und sich wenig bewegt, wird nur wenig Blut in den Venen zum Herzen transportiert. Der Körper wird nicht ausreichend mit Sauerstoff versorgt. Man fühlt sich zum Beispiel müde, friert und kann sich schlecht konzentrieren.

Im Lungenkreislauf fließt sauerstoffarmes Blut von der rechten Herzhälfte zur Lunge. Dort nimmt es Sauerstoff auf und gibt Kohlenstoffdioxid ab. Dann fließt es zur linken Herzhälfte.

Im Körperkreislauf fließt das sauerstoffreiche Blut von der linken Herzhälfte durch Arterien in alle Teile des Körpers. In den Kapillaren gibt es Sauerstoff ab und nimmt Kohlenstoffdioxid auf. Über Venen kehrt es zur rechten Herzhälfte zurück.

A1 *Wenn man sich nicht ausreichend bewegt, wird der Körper schlecht durchblutet. Erkläre. Was folgerst du daraus?*

A2 *Beschreibe den Weg, den ein rotes Blutkörperchen im Körper zurücklegt. Nimm Bild 1 zu Hilfe. Was passiert in der Lunge und in den Kapillaren?*

Arterien. Noch die kleinsten Arterien sind deutlich von Venen zu unterscheiden: Sie haben eine dicke, muskulöse Wand und können sich zusammenziehen (Bild 3). Die Wände der größeren Arterien enthalten zusätzlich viele elastische Fasern. Dadurch sind sie dem Druck gewachsen, der bei dem Ausstoßen des Blutes entsteht. An Arterien, die dicht unter der Haut liegen, kann man die Druckwelle als Puls ertasten, so zum Beispiel am Handgelenk.

Venen. Venen haben dünne Wände mit wenig Muskelfasern. Der Blutdruck ist in ihnen sehr gering. In den Venen wird das Blut nicht durch die Arbeit des Herzens vorangetrieben. Sobald ein Muskel im Körper angespannt wird, werden die Venen in der Nähe

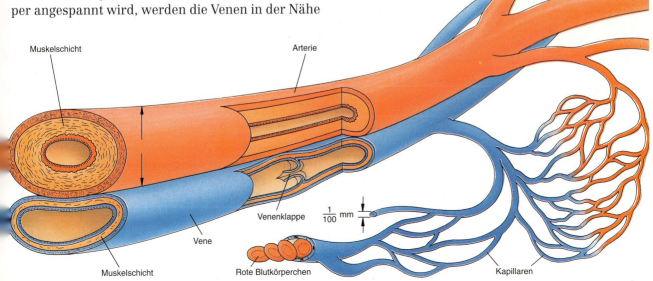

Info: Atmung und Blutkreislauf hängen zusammen

Achtung – fertig – los. Daniela und Anne liefern sich ein Kopf-an-Kopf-Rennen. Nur noch wenige Meter bis zum Ziel. Daniela holt das Letzte aus sich heraus. Hinter der Zielgeraden ist sie völlig außer Atem. Das war ein knapper Sieg.

Wenn wir uns körperlich anstrengen, benötigen wir mehr Atemluft. Wir atmen tiefer und die Zahl der Atemzüge pro Minute nimmt zu. Warum? Wenn die Muskeln arbeiten, benötigen sie mehr Energie. Diese Energie gewinnen sie bei der Zellatmung, bei der Traubenzucker abgebaut wird. Dabei verbrauchen die Körperzellen auch mehr Sauerstoff.

Bild 2 zeigt, wie sich der Körper an den höheren Sauerstoffbedarf anpasst. Das *Gehirn* sorgt jetzt dafür, dass die Körperzellen besser mit Sauerstoff versorgt werden. Wir atmen schneller und tiefer. So nimmt das Blut in den Lungenbläschen mehr Sauerstoff auf. Das Gehirn lässt auch das *Herz* kräftiger und schneller schlagen. Das Herz treibt das Blut schneller durch den Körper. Die Blutgefäße weiten sich. Sauerstoff und Nährstoffe gelangen rascher zu den Körperzellen. Die Leber gibt mehr Nährstoffe an das Blut ab. Die Haut wird stärker durchblutet und gibt Schweiß ab. Das kühlt den Körper.

Die Versorgung mit Sauerstoff ist eine wichtige Voraussetzung für die Leistungsfähigkeit unseres ganzen Körpers. Dabei spielt die Luftqualität eine große Rolle. Im schlecht gelüfteten oder verqualmten Raum fühlen wir uns schnell müde, Bewegung an frischer Luft macht uns meist jedoch wieder munter.

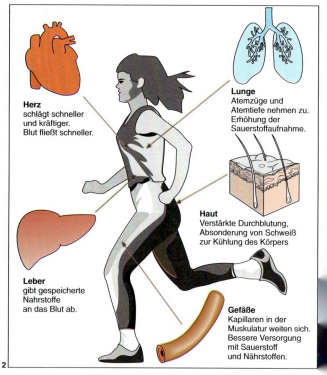

Herz
schlägt schneller und kräftiger. Blut fließt schneller.

Lunge
Atemzüge und Atemtiefe nehmen zu. Erhöhung der Sauerstoffaufnahme.

Haut
Verstärkte Durchblutung, Absonderung von Schweiß zur Kühlung des Körpers

Leber
gibt gespeicherte Nährstoffe an das Blut ab.

Gefäße
Kapillaren in der Muskulatur weiten sich. Bessere Versorgung mit Sauerstoff und Nährstoffen.

Bei körperlicher Anstrengung atmen wir schneller und tiefer, auch das Herz schlägt schneller und kräftiger. So werden die Muskeln mit mehr Sauerstoff und Nährstoffen versorgt.

A1 *Zähle bei dir oder einem Partner die Atemzüge und Pulsschläge pro Minute in Ruhe und nach einem 200-m-Lauf. Vergleiche die Werte und erkläre.*

6177

Info: Rauchen

„Ich zünde mir schon seit einiger Zeit regelmäßig eine an. Da denke ich nicht viel darüber nach."

„Natürlich lasse ich mich nicht von der Zigarettenwerbung beeinflussen. Trotzdem schaut es doch cool aus, so mit einer Zigarette."

„Die meisten, die aus unserer Klasse rauchen, wollen doch nur erwachsen wirken!"

„Mir schmeckt sie einfach! An ein Gesundheitsrisiko denke ich nicht. Es gibt doch so viele Raucher, warum soll's gerade mich erwischen?"

„Bei uns in der Clique fühle ich mich einfach wohler, wenn ich mitrauche."

„Mein Freund raucht nicht. Er sagt, dass er sich von den anderen nicht beeinflussen lassen will. Find ich echt stark!"

„Die Raucher riechen doch dauernd nach Qualm. Ich finde das oft widerlich."

„Als Sportler brauche ich eine gute Kondition um Leistung zu bringen. Mit Rauchen geht das nicht, weiß doch jeder. Ich hole mir lieber die Anerkennung beim Sport als mit einer Zigarette im Mund."

Die *roten Blutkörperchen* transportieren Sauerstoff von der Lunge zu allen Zellen. Beim Rauchen transportieren sie jedoch vor allem Kohlenstoffmonooxid. Schon  nach den ersten Zigarettenzügen kommt es zu Sauerstoffmangel in den Geweben und Organen. Man wird müde, unkonzentriert und die Leistungsfähigkeit nimmt ab.

Auf die *Blutgefäße* wirkt vor allem das Nikotin. Sie verengen sich und lassen weniger Blut durchfließen. Viele Körperteile und innere Organe werden schlechter mit Sauerstoff und Nährstoffen versorgt. 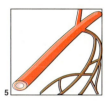 Außerdem erhöht sich der Druck im Gefäßsystem so, dass feine Blutgefäße auch platzen können.

Die Flimmerhärchen reinigen die *Atemwege.* Durch den Teer im Zigarettenrauch werden sie jedoch verklebt. Man hustet immer öfter um die Luftröhre zu reinigen. Spä- 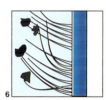 ter können sich die Bronchien entzünden. Teer kann auch Lungenkrebs hervorrufen.

Nikotin wirkt auch auf das *Nervensystem.* Es bewirkt, dass der Raucher immer wieder zur Zigarette greift. Er wird süchtig nach Nikotin.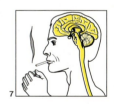

Tabakrauch enthält viele Schadstoffe und Gifte. Sie schädigen vor allem das Herz, die Blutgefäße und die Atmungsorgane. Besonders gefährlich sind Nikotin, Kohlenstoffmonooxid und Teer.

A1 *Vergleiche die nebenstehenden Aussagen. Warum wollen manche aus der Klasse nicht mitrauchen?*

A2 *Welche körperlichen Schäden werden durch das Rauchen hervorgerufen?*

A3 *Sammelt Werbeanzeigen für Zigaretten. Wie werden Raucher dargestellt? Was zeigen die Anzeigen, was zeigen sie nicht?*

Gesundheit: Herz und Blutgefäße

Niedriger Blutdruck. Häufig haben Jugendliche einen zu niedrigen Blutdruck. Nach dem Aufstehen fühlt man sich dann schwindelig, ist müde und hat meist keine Lust, etwas zu unternehmen. Durch viel Bewegung und eine ausgewogene Ernährung kann man oft eine Besserung erzielen.

Überhöhter Blutdruck. Viele ältere Menschen haben zu hohen Blutdruck. Man nimmt an, dass Stress, Rauchen, Alkohol, Übergewicht und eine salzreiche Kost dazu führen. Die Blutgefäße sind dem hohen Druck auf Dauer nicht gewachsen und werden brüchig. Eine Folge ist die Arterienverkalkung oder Arteriosklerose.

Arteriosklerose. Bewegungsmangel, Stress, Rauchen, zu viel Zucker und tierische Fette in der Nahrung fördern die Arteriosklerose. An schadhaften Arterien lagern sich Blutplättchen und das Blutfett Cholesterin an. Mit der Zeit fließt immer weniger Blut hindurch, ein Pfropf kann das Gefäß sogar völlig verstopfen.

Schlaganfall und Herzinfarkt. Ist eine der Arterien, die zum Gehirn führen, verstopft, kann ein Schlaganfall auftreten. Das nicht mehr durchblutete Gewebe stirbt ab. Lähmungen sind oft die Folge. Ist eine Arterie betroffen, die das Herz versorgt, kommt es zum Herzinfarkt, der zum Tode führen kann.

Das stärkt den Kreislauf

– Bei sitzenden Tätigkeiten immer wieder „Aktionspausen" einlegen.
– Eine Bewegungsart finden, die einem Spaß macht, sodass man sie auch regelmäßig betreibt.
– Und was gar nicht so einfach ist: Sich auch in Stresszeiten regelmäßige Pausen gönnen.

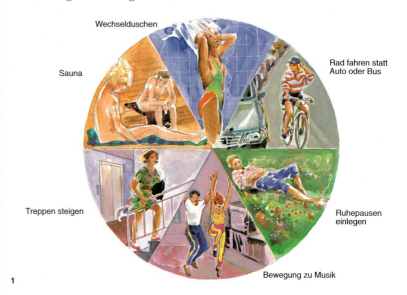

Wechselduschen

Sauna

Rad fahren statt Auto oder Bus

Treppen steigen

Ruhepausen einlegen

Bewegung zu Musik

1

Ausdauertraining beugt Kreislauferkrankungen vor

Mit Sport und Bewegung kann man Herz-Kreislauf-Erkrankungen vorbeugen. Besonders geeignet sind Ausdauersportarten, wie Radfahren, Joggen und Aerobic. Jeder sollte einmal pro Tag mindestens zehn Minuten intensiv trainieren und den Kreislauf auf Trab bringen. Viele kurze Hochbelastungen nacheinander sollte man meiden.

Tanzen

Wandern

Tennis

2   Rudern

Schwimmen

Ballspiel

Zusammenfassung

Alles klar?

A1 Benenne die auf Bild 3 gekennzeichneten Blutbestandteile. Gib ihre Aufgaben an.

A2 Du hast dich in den Finger geschnitten. Was geschieht an der Wunde? Erkläre dabei Bild 4.

A3 Neben dem Transport von Sauerstoff und Kohlenstoffdioxid erfüllt das Blut vielfältige Aufgaben. Berichte.

A4 Bei einer Bluttransfusion kann man das Blut nicht beliebig von einem Menschen auf den anderen übertragen. Begründe.

A5 Beschreibe die Lage, die Form, die Größe und den Aufbau des Herzens.

A6 Beschreibe die Arbeitsweise des Herzens und den Weg des Blutes durch den Körper.

A7 Aus einer Wunde tritt stoßweise Blut aus. Was für ein Blutgefäß könnte verletzt sein? Begründe deine Vermutung.

A8 Herz-Kreislauf-Erkrankungen gehören zu den häufigsten Erkrankungen unserer Zeit. Wie kann man diesen Erkrankungen vorbeugen?

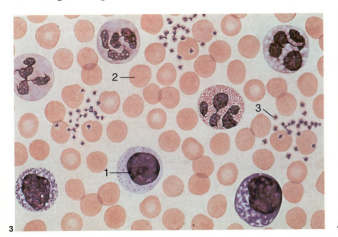

3

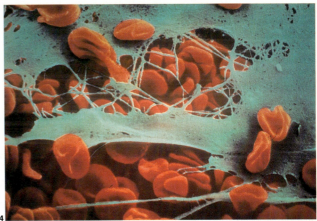

4

Auf einen Blick

Das Blut erfüllt im Körper **viele Aufgaben**: Es versorgt alle Körperzellen mit Nährstoffen und Sauerstoff. Es befördert Kohlenstoffdioxid, Wasser, Hormone, Giftstoffe und Abwehrstoffe. Über das Blut wird auch die Körperwärme reguliert.

Das Blut enthält **flüssige und feste Bestandteile** (Bild 5). Der flüssige Bestandteil ist das Blutplasma, die festen Bestandteile sind rote und weiße Blutkörperchen sowie Blutplättchen.

Rote Blutkörperchen transportieren Sauerstoff. **Weiße Blutkörperchen** bekämpfen Fremdkörper und Krankheitserreger. **Blutplättchen** leiten bei Verletzungen die Blutgerinnung ein.

Das Blut durchströmt den Körper in dem **Lungen-** und dem **Körperkreislauf** (Bild 6). Es wird vom Herzen angetrieben. Arterien führen das Blut vom Herzen weg, Venen führen es zum Herzen hin. Kapillaren sind die feinsten Verzweigungen der Blutgefäße.

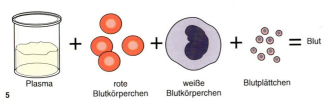

Plasma   rote Blutkörperchen   weiße Blutkörperchen   Blutplättchen   = Blut

5

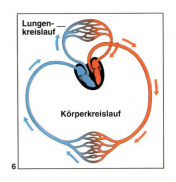

6

61213

277

Ernährung und Verdauung

Die Ernährung des Menschen

Die Schüler in Bild 2 bieten Obst, Milch und Vollkornbrötchen in der Pause an. Mit ihrer Aktion setzen sie sich für ein gesundes Pausenfrühstück ein. Warum wohl?

Klaus und Tom bekommen statt eines Pausenbrotes ein paar Mark mit auf den Schulweg. Nach Schulschluss gehen sie damit zur Imbissbude (Bild 1). Beneidenswert?

A1 *Vergleiche die Bilder 1 und 2 mit deinen eigenen Ernährungsgewohnheiten. Was und wann frühstückst du?*

A2 *Übertrage die Tabelle (Bild 3) in dein Heft. Führe eine Woche lang Protokoll. Vergleiche dann mit den Eintragungen deiner Klassenkameraden.*

A3 *„Du bist, was du isst", sagt ein Sprichwort. Hat die Art der Ernährung wirklich mit der Entwicklung einer Person zu tun? Kannst du Beispiele dafür anführen?*

A4 *„Ausgewogene" Ernährung ist wichtig. Was stellst du dir darunter vor? Befrage Eltern und Bekannte danach. Wie lautet die Auskunft?*

A5 *Kann Essen krank machen? Diskutiert in der Klasse darüber. Führt Beispiele an.*

Welche Frühstücksgewohnheiten habt ihr?

Was frühstücken die Kinder eurer Klasse morgens zu Hause und in der Schule?

Führt eine Woche lang Protokoll darüber, was ihr morgens, zu Hause und in der Schule frühstückt.
Ihr könnt dazu diese Tabelle benutzen.
Stellt euch gegenseitig eure Protokolle vor und sprecht darüber.

Tag	zu Hause	in der Schule
Montag		
stag		

61798

Info: Nährstoffe dienen als Bau- und Betriebsstoffe

Baustoffe. Damit der Körper wachsen kann, muss er *Nahrung* zu sich nehmen. Die Nahrung liefert die Stoffe für den Aufbau des Körpers. Selbst im Körper von Erwachsenen, die ja nicht mehr größer werden, müssen täglich viele Zellen erneuert werden. Die Hälfte der Muskelzellen wird alle 160 Tage ersetzt, die Hälfte aller Leberzellen sogar alle 10 Tage. Wachstum von Zellen ist auch für das Heilen einer Wunde oder die Erneuerung der Haut nach einem Sonnenbrand notwendig. Auch Haare und Fingernägel bildet der Körper aus Stoffen, die der Nahrung entstammen. Man nennt diese Stoffe *Baustoffe*. Die wichtigsten unter ihnen sind die *Eiweißstoffe*. In jeder Körperzelle gibt es mehrere Tausend verschiedene Eiweißstoffe. Auch *Kohlenhydrate* und *Fette* spielen als Zellbaustoffe eine Rolle.

Betriebsstoffe. Ob du dich beim Fahrradfahren oder beim Schwimmen anstrengst, dich auf eine schwere Aufgabe konzentrierst oder ob du verdaust, immer brauchst du dafür *Energie*. Die Aufrechterhaltung der Körpertemperatur, selbst jeder Atemzug und Herzschlag kosten den Körper Energie. Diese Energie, die für sämtliche Lebensvorgänge aufgebracht werden muss, bezieht der Körper aus der Nahrung.

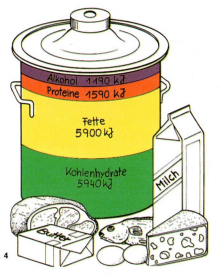

4

Nährstoffe, die dem Körper Energie liefern, nennt man *Betriebsstoffe*. In erster Linie sind dies Fette. Auch Zucker und Stärke, also Kohlenhydrate, werden als Betriebsstoffe eingesetzt.

Nahrungsmittel enthalten unterschiedlich viel Energie. Auf den Verpackungen ist oft angegeben, wie viel Energie die Nahrung unserem Körper liefert. Dieser Wert wird als *Brennwert* bezeichnet. Er gibt an, wie viel Energie in Form von Wärme frei wird, wenn unser Körper die im Nahrungsmittel enthaltenen Nährstoffe verbraucht. Energie wird in Kilojoule (kJ) angegeben.

Je mehr Wärme bei der Umsetzung entsteht, umso energiereicher ist das Nahrungsmittel. Besonders energiereich ist Fett. Bei der Umsetzung von einem Gramm Fett werden 39 kJ Energie (Wärme) frei.

Mit der Nahrung führen wir unserem Körper Bau- und Betriebsstoffe zu.

A1 *Schaue nach Nahrungsmitteln, bei denen der Brennwert angegeben ist. Erstelle eine Liste der Nahrungsmittel und ihrer Brennwerte. Vergleiche den Energiegehalt. Falls die Angaben noch in der alten Maßeinheit Kalorie angeben sind, kannst du sie umrechnen: 4, 2 Kilojoule entsprechen 1 Kilokalorie.*

Aus dem Alltag: Energiebedarf und Bewegung

Energie. Je anstrengender eine Tätigkeit ist, desto mehr Energie müssen wir mit der Nahrung zu uns nehmen.

In deinem Alter brauchst du täglich etwa 9500 bis 11 000 Kilojoule.

Je mehr du dich bewegst, umso stärker müssen deine Muskeln arbeiten und desto höher ist dein Energiebedarf (Bild 5).

5

Wenn du dich sehr wenig bewegst und trotzdem so viel isst wie ein Sportler, hat dein Körper mehr Energie zur Verfügung, als er verbrauchen kann. Dieses Zuviel an Energie speichert er als Fett.

Deshalb führt zu viel Essen bei gleichzeitigem Bewegungsmangel zu *Übergewicht*. Übergewicht ist jedoch die Ursache für viele Krankheiten.

Info: Nährstoffe in unseren Nahrungsmitteln

Nahrungsmittel enthalten Nährstoffe und zu einem bestimmten Anteil auch Wasser. Die *Nährstoffe* werden in drei große Gruppen eingeteilt: die *Kohlenhydrate*, zu denen Zucker und Stärke gehören, die *Fette* und die *Eiweißstoffe*. Häufig enthält ein Nahrungsmittel mehrere Nährstoffe, die Milch beispielsweise Eiweiß, Fett und Milchzucker.

Kohlenhydrate. Als *Stärke* kommen Kohlenhydrate in Getreide, Backwaren, Nudeln und Kartoffeln vor. Als *Zucker* sind sie in Süßigkeiten, Obst und Honig enthalten. Aus Kohlenhydraten gewinnt der Körper die zum Leben notwendige *Energie*.

Fette. Fette, zum Beispiel *Öl, Butter* oder *Margarine*, haben einen besonders hohen *Energiegehalt*. Im Körper werden sie als Reservestoff unter der Haut abgelagert. Wie die Kohlenhydrate liefern auch die Fette *Betriebsstoffe* für den Körper. Bei großer Anstrengung, wenn schnell viel Energie gebraucht wird,

baut der Körper zunächst den Vorrat an Kohlenhydraten ab. Erst danach werden auch Fettreserven angegriffen.

Eiweißstoffe. Eiweißstoffe sind in großer Menge in *Milch, Eiern, Fisch* und *Rindfleisch* enthalten. Auch die Zellen unseres Körpers enthalten davon große Mengen. Da ständig alte Körperzellen durch neue ersetzt werden, muss unsere Nahrung immer Eiweißstoffe enthalten. Damit kann die Haut erneuert werden, können Knochen und Muskeln wachsen.

Kohlenhydrate, Fette und Eiweißstoffe sind Nährstoffe, die unser Körper als Baustoffe und als Betriebsstoffe benötigt.

A1 *Sieh dir die Lebensmittel an, die es bei dir zu Hause im Kühlschrank und im Vorratsschrank gibt. Ordne sie Nährstoffgruppen zu.*

Info: Ballaststoffe

Bestandteile der Nahrung, die der Körper nicht mehr weiter aufspalten kann, werden als *Ballaststoffe* bezeichnet. Früher dachte man, dass diese Stoffe in der Tat nutzloser Ballast wären. Heute weiß man, dass den Ballaststoffen eine ganz wichtige Rolle für die Gesundheit zukommt: Sie trainieren

die Verdauungsorgane, indem sie die *Darmmuskulatur* anregen und so die Ausscheidung der Reststoffe beschleunigen. Darüber hinaus erzeugen sie ein längeres Sättigungsgefühl. Weizenvollkornbrot, Knäckebrot, Erbsen und Bohnen (Bild 4) sind unter anderem ballaststoffreiche Nahrungsmittel.

61800

Info: Wie viele Vitamine braucht der Mensch

Alle Vitamine, die wir heute kennen, werden nur von Lebewesen gebildet. Es sind *organische Stoffe*. Unser Körper kann sie allerdings nicht herstellen. Daher müssen Vitamine regelmäßig mit der Nahrung aufgenommen werden. Im Körper sorgen sie für einen geregelten Ablauf der Stoffwechselvorgänge.

Über 20 verschiedene Vitamine sind heute bekannt. Wichtig sind neben Vitamin C vor allem die Vitamine A, B, D und E. Die Vitamine B und C sind wasserlöslich, A, D und E dagegen fettlöslich. Für die Zubereitung der Nahrung ist dies wichtig.

Vitamine benötigen wir nur in kleinen Mengen. Wer regelmäßig Milch, Obst und Gemüse zu sich nimmt, hat keine Probleme mit der Versorgung.

Vitamin C. Dieses Vitamin stärkt die Abwehrkräfte des Körpers und hilft Wunden heilen. Es ist an der Bildung von Hormonen und am Einbau von Eisen in Blut und Leber beteiligt. 75 mg Vitamin C täglich reichen. Diese Menge ist in 1 Zitrone, in 50 g Johannisbeeren oder 300 g Sauerkraut enthalten.

Unterversorgung führt zu *Zahnfleischbluten*, zu inneren *Blutungen* und *Störungen im Knochenbau*. Zähne fallen aus. In schweren Fällen kann der Tod eintreten. Diese Mangelkrankheit, *Skorbut* genannt, war früher bei den Seefahrern gefürchtet.

Mineralstoffe. Im Gegensatz zu den Nährstoffen und den Vitaminen sind Mineralstoffe anorganische Verbindungen, meist Salze. Wir benötigen sie nur in kleinen Mengen, müssen sie aber mit der Nahrung regelmäßig aufnehmen. Von Kalium, Natrium, Calcium, Phosphat oder Magnesium benötigen wir mehr als ein Gramm pro Tag.

Spurenelemente. Lebensnotwendige Metalle, wie Eisen, Iod oder Fluor, die wir nur in äußerst geringen Mengen benötigen, nennt man *Spurenelemente*. Der tägliche Bedarf an Spurenelementen liegt unter 1 Gramm. Der rote Blutfarbstoff zum Beispiel enthält Eisen. Iod ist Bestandteil eines Hormons der Schilddrüse und Fluor ist im Zahnschmelz enthalten.

Vitamine, Mineralstoffe und Spurenelemente sind lebensnotwendige Stoffe, die mit der Nahrung aufgenommen werden müssen.

A1 *Begründe, warum man Gemüse erst nach dem Waschen zerkleinern soll.*

A2 *Warum soll man das Wasser, in dem Gemüse gegart wurde, mitverwenden?*

Aus dem Alltag: Vom Umgang mit Vitaminen

Vitamine sind empfindliche Stoffe. Bei unsachgemäßer Behandlung von Nahrungsmitteln werden sie leicht herausgelöst. Bei Zutritt von energiereichem UV-Licht, Sauerstoff oder großer Hitze werden Vitamine zerstört.

Bei der Verarbeitung von Obst und Gemüse muss man deshalb schonend damit umgehen und folgende Regeln beachten:

- Nicht lange und nur kühl und dunkel lagern.
- Nahrungsmittel unzerkleinert waschen und nicht wässern.
- Warmhalten von Speisen vermeiden.
- Nahrungsmittel dämpfen, dünsten (mit möglichst wenig Wasser garen).
- Das Kochwasser mitverwenden, da sich darin viele Vitamine gelöst haben.

61801

Gesundheit: Vielfalt der Nahrung ist gesund

Täglich leistest du in der Schule Schwerstarbeit. Ob du rechnest, eine schwierige Probearbeit schreibst oder Vokabeln lernst, immer musst du dich dabei konzentrieren. Jedoch dein Körper, auch das Gehirn, bringt nur dann volle Leistung, wenn genügend „Treibstoff" vorhanden ist. Dabei kommt es weniger darauf an, wie viel man isst.

Wichtig ist vor allem, *was* du isst.

Alle Nahrungsmittel enthalten die zum Leben notwendigen Stoffe in ganz unterschiedlichen Mengen. Um sicher zu sein, dass wir von allen Stoffen genügend zu uns nehmen, sollte unser Essen *abwechslungsreich* sein. Der in Bild 1 dargestellte „Lebensmittelkreis" ist dabei hilfreich.

Wir ernähren uns gesund, wenn wir täglich aus jedem der sieben Kreisfelder etwas zu uns nehmen.

7 Fette und Öle
6 Fisch, Fleisch und Eier
1 Brot, Getreide, Kartoffeln
5 Milch und Milchprodukte
1 Brot, Getreide, Kartoffeln
2
4 zuckerfreie Getränke
2 Gemüse und Salat
3 Obst
1

A1 *Erstelle für drei Tage ein Protokoll, in dem du alles aufschreibst, was du den Tag über isst. Vergleiche mit den Ernährungsregeln unten.*

A2 *Als Ballast bezeichnet man normalerweise Dinge, die man als zusätzliches Gewicht mitnimmt. Sind Ballaststoffe wirklich nur unnötiger „Ballast"?*

A3 *Notiere einige deiner Lieblingsspeisen und liste dann mit Hilfe der Tabelle auf der Seite „Nahrungsmittel und ihre Bestandteile" ihre Inhaltsstoffe auf.*

Wer sich gesund ernähren will, sollte möglichst abwechslungsreich essen und viel frisches Obst und Gemüse zu sich nehmen.

Gesundheit: Regeln für eine gesunde Ernährung

1. Vielseitig und abwechslungsreich essen! Nur so bekommt der Körper alles, was er benötigt.
2. Mahlzeiten in Ruhe einnehmen. „Gut gekaut ist halb verdaut."
3. Täglich frisches Obst und Gemüse essen. Das Gemüse nicht kochen, sondern in wenig Wasser garen, damit die Vitamine erhalten bleiben. Nach Möglichkeit das Kochwasser mitverwenden.
4. Vollkornbrot sollte man gegenüber Weißbrot bevorzugen. Es enthält mehr Vitamin B und nützliche Ballaststoffe (Bild 2).

5. Milch, Quark und Käse, auch Fleisch und Fisch, die man einmal pro Woche essen sollte, versorgen den Körper mit Eiweißstoffen.
6. Fettreiche Nahrung führt leicht zu Übergewicht. Die Folge davon können Stoffwechsel-, Herz- und Kreislauferkrankungen sein. 75 g Fett pro Tag sind völlig ausreichend.
7. Mahlzeiten nicht zu stark salzen. Zu viel Salz führt zu Bluthochdruck und schädigt die Nieren.
8. Vor allem, wer weder Sport treibt noch körperlich schwer arbeitet, sollte auf sein Gewicht achten.

Info: Krank durch falsche Ernährung

Hunger und Durst sind Signale des Körpers. Wir essen und trinken jedoch nicht nur um den Körper mit Energie und Flüssigkeit zu versorgen. Damit befriedigen wir vielmehr auch andere Bedürfnisse: Oft essen wir, wenn wir verärgert, angespannt oder traurig sind, manchmal auch aus Langeweile.

Übergewicht. Viele Menschen nehmen wesentlich mehr energiereiche Nährstoffe zu sich, als sie brauchen. Die Folge ist Übergewicht. Nur bei rund einem Prozent der übergewichtigen Kinder und

3

Jugendlichen sind *Stoffwechselstörungen*, wie eine Unterfunktion der Schilddrüse, die Ursache hierfür. Bei Übergewicht treten häufig Bandscheiben- und Gelenkschäden auf. Das Herz und der Kreislauf werden belastet, Bluthochdruck, Venenerkrankungen und Herzschäden sind die Folge. Die Zuckerkrankheit Diabetes kann durch Übergewicht verursacht werden. Auch das Selbstbewusstsein nimmt vielmals Schaden, denn Übergewichtige werden häufig verspottet.

Zu viel und zu wenig. Manche Stoffe in Nahrungsmitteln können Krankheiten verursachen. *Cholesterin*, ein fettähnlicher Stoff, kommt nur in tierischen Nahrungsmitteln vor. Zu viel Cholesterin im

Blut begünstigt Arterienverkalkungen, Herzerkrankungen und Herzinfarkt. Zu viel Fleisch bedeutet meist zu viel Eiweißstoffe, die die Nieren belasten. Harnsäure, ein Abbauprodukt der Eiweißstoffe, wird in den Gelenken abgelagert. Die Folge davon sind schmerzhafte Gelenkversteifungen (Gicht). Zu viel Süßes fördert Karies und manche Pilzinfektion im Darm. Die tägliche Dosis an Kochsalz sollte nicht höher als fünf Gramm sein, beträgt meist aber ein Mehrfaches davon. Der Überschuss belastet Nieren und Herz.

Durch einseitige Ernährung bedingte *Mangelkrankheiten* kommen immer häufiger vor: Wer Milch und Milchprodukte nicht mag, riskiert einen Mangel an Calcium, das für den Knochenaufbau wichtig ist. Wer kein Obst oder Gemüse isst, bekommt zu wenig Vitamine. Erkältungskrankheiten, Müdigkeit und/oder Lustlosigkeit sind die Folgen.

Viele Krankheiten können auf eine falsche oder zu einseitige Ernährung zurückgeführt werden.

A1 *Nenne Situationen, bei denen die Gefahr besteht, sich einseitig zu ernähren.*

Gesundheit: Das richtige Gewicht

„Richtig" ist das Gewicht, bei dem man sich wohl fühlt, das einen beim Treppensteigen nicht belastet und bei dem der Arzt keine Krankheitszeichen feststellt.

Als Orientierung kann der Body-Mass-Index (Bild 4) dienen. Er berechnet sich nach der Formel:

$$\frac{\text{Körpergewicht in kg}}{(\text{Körpergröße in m})^2}$$

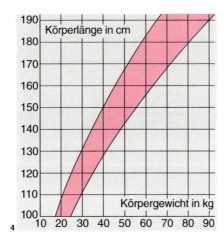

4

Werte zwischen 18 und 25 liegen im normalen Bereich. Jugendliche im Wachstumsalter können von diesem Wert stark abweichen.

Solange sich keine Beschwerden einstellen, ist ein Übergewicht oder Untergewicht von bis zu 20 % nicht schlimm.

A2 *Berechne deinen Body-Mass-Index nach der Formel.*
Diskutiert in der Klasse darüber, wie sinnvoll solche Formeln sind.

Info: Nahrungsmittel und ihre Bestandteile

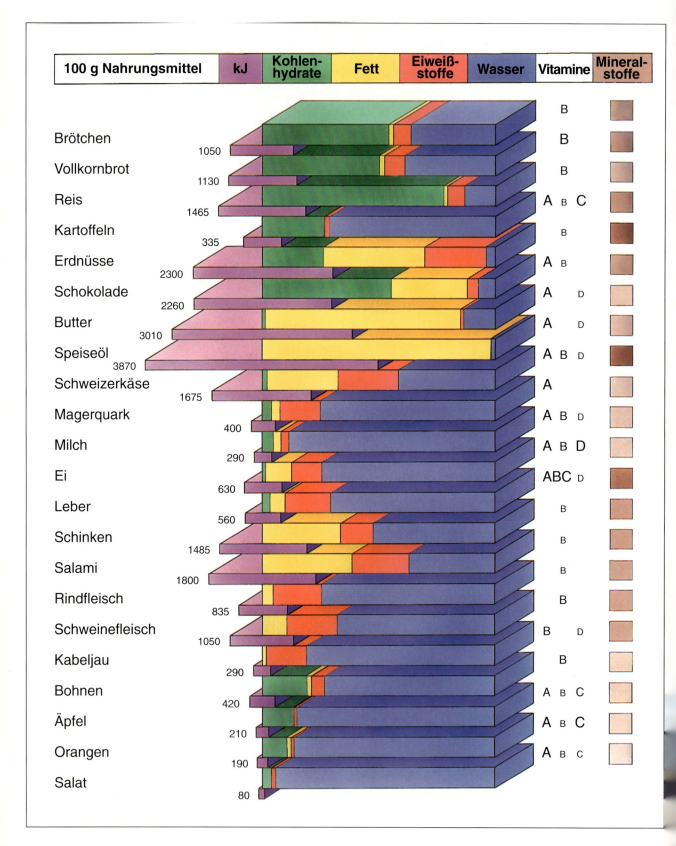

Die Verdauung beim Menschen

Wenn du eine Pizza verzehrst oder auch einen Schokoladenriegel, denkst du sicher kaum daran, dass dein Körper deine Mahlzeit nun in Bestandteile zerlegt.

Oder anschließend sie in Muskeln, Fettspeicher, Fingernägel oder Knochen verwandelt. Und doch vollbringt dein Körper mehrmals täglich diese Leistung.

A1 *Hacke je ein Stück Zwiebel, Zitrone, Apfel und Rettich in kleine Stückchen. Lass einen Mitschüler mit verbundenen Augen und zugehaltener Nase prüfen, was er jeweils vorgesetzt bekommt. Beobachte und erkläre.*

A2 *„Gut gekaut ist halb verdaut!" Was stimmt daran und was nicht?*

A3 *Beschreibe den Weg deines Pausenbrötchens durch den Körper.*

Info: Der Weg der Nahrung beginnt im Mund

Lippen und Zunge betasten die Nahrung und prüfen sie auf ihre Beschaffenheit und Temperatur.

Die Zunge registriert den Geschmack. An ihrer Spitze sitzen Sinneszellen, die auf süße Stoffe ansprechen. An anderen Stellen der Zunge empfinden wir bitter, salzig und sauer. Mehr als diese Geschmacksqualitäten können wir nicht feststellen. Die Riechsinneszellen in der Nase informieren uns über den Geruch. Wir bekommen Appetit.

Mit den Zähnen zerkauen wir die Nahrung. Dies regt die Speicheldrüsen an, nun besonders viel Speichel in die Mundhöhle abzusondern. Die zerkleinerte Nah-

rung vermischt sich mit dem Speichel zu einem gleitfähigen Brei, der beim Schlucken in die Speiseröhre rutscht. Wenn du stärkehaltige Nahrung, beispielsweise Brot, lange kaust, kann sich ein süßlicher Geschmack einstellen. Er kommt daher, dass die Stärke bereits im Mund vorverdaut wird.

Speichel enthält nämlich einen Verdauungssaft. Er spaltet Stärke in kleinere Zuckermoleküle auf. Gut zerkaute Nahrung ist für den Körper leichter zu verdauen.

Im Mund wird die Nahrung geprüft und zerkleinert. Stärke wird vorverdaut.

Info: Die Nahrung wird verdaut

Bei der Verdauung wandert die verspeiste Nahrung durch die Verdauungsorgane des Körpers.

Schlucken. Wenn die Zunge den Nahrungsbrei in Portionen gegen den hinteren Gaumenrand presst, *schlucken* wir unwillkürlich. Der Kehldeckel verschließt die Luftröhre. Muskeln drücken die Nahrung in die muskulöse Speiseröhre. Sie zieht sich hinter jeder Portion zusammen und drückt sie zum Magen.

Verdauen. Durch das *Einspeicheln* der Nahrung beginnt bereits die Verdauung. Der Speisebrei wandert durch die Speiseröhre in den *Magen*, der unterhalb des Zwerchfells liegt. Der Magen fasst etwa 1,5 l und hat in gefülltem Zustand die Form eines Hakens. Falten vergrößern seine innere Oberfläche, die von einer *Schleimhaut* ausgekleidet ist. Von der Magenschleimhaut werden pro Tag bis zu 2 l Magensaft gebildet. Dieser enthält Wasser, Schleim, 0,5%ige Salzsäure und den Verdauungsstoff Pepsin. Die Salzsäure tötet Bakterien ab und lässt Eiweißstoffe gerinnen.

Im angesäuerten Magen spaltet das Pepsin die Eiweißstoffe in der Speise in kürzere Bruchstücke. Der Magen selbst ist durch seine Schleimhaut geschützt und kann vom Pepsin nicht verdaut werden.

Am Magenende tritt der Nahrungsbrei durch den Pförtner in den *Dünndarm* über. Er durchzieht als etwa 4 m langer Muskelschlauch den Bauchraum. In seinen ersten Abschnitt münden die Ausführgänge der *Leber* und der *Bauchspeicheldrüse*. Die Bauchspeicheldrüse gibt Säfte ab, die Kohlenhydrate, Fette und Eiweißstoffe weiter zerlegen. Ist Fett in der Nahrung, so fließt Gallensaft aus der Leber in den Dünndarm. Er zerlegt Fett in winzig kleine Fetttröpfchen, die dann von den Fett spaltenden Verdauungssäften der Bauchspeicheldrüse weiter zerteilt. Zunehmend wird dem Nahrungsbrei Wasser entzogen.

Durch die Darmwand gelangen Nährstoffe, Mineralstoffe und Vitamine ins Blut. Zurück bleiben flüssige, unverdauliche Reste des Nahrungsbreis. Sie werden in den *Dickdarm* weiterbefördert. Dort wird ihnen das restliche Wasser entzogen. Der eingedickte Kot sammelt sich im End- oder Mastdarm und wird durch den *After* ausgeschieden.

Bei der Verdauung wird die verspeiste Nahrung in Teilchen zerlegt. Nährstoffe, Mineralstoffe und Vitamine werden durch die Darmwand aufgenommen.

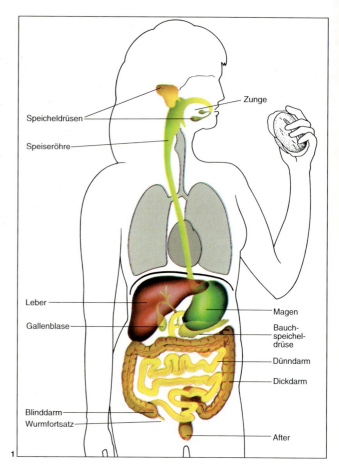

Speicheldrüsen · Zunge · Speiseröhre · Leber · Gallenblase · Magen · Bauchspeicheldrüse · Dünndarm · Dickdarm · Blinddarm · Wurmfortsatz · After

1

A1 *Wird die Magenschleimhaut geschädigt, können sich Magengeschwüre bilden.*
Welche Folgen sind zu erwarten?

A2 *Erkläre den Vorteil der großen Kontaktfläche im Dünndarm.*

A3 *Beim Schlucken ziehen sich die Muskeln der Speiseröhre zusammen und schieben die Nahrung weiter. Probiere einmal aus, ob du den Transport durch einen Handstand aufhalten kannst:*
Mache einen Handstand! Ein Mitschüler hält deine Beine fest, ein anderer stellt dir ein Glas mit einem Getränk und Röhrchen unter den Kopf. Versuche zu trinken. Kannst du schlucken? Erkläre!

2

Info: Erkrankungen der Verdauungsorgane

Falsche Essgewohnheiten, eine falsche Ernährung (Bild 4), aber auch Infektionen können zu Erkrankungen einzelner Verdauungsorgane führen.

Sodbrennen. Ein brennendes Gefühl in der Speiseröhre weist auf eine Entzündung hin. Sie entsteht, wenn saurer Mageninhalt in die Speiseröhre gelangt. Wer häufig darunter leidet, sollte darauf achten, dass er kleine Portionen in kurzen Abständen zu sich nimmt. Alkohol und Nikotin verschlimmern den Zustand.

Gastritis. Die Magenschleimhaut ist sehr empfindlich und kann sich leicht entzünden. Schmerztabletten, Arzneien gegen Rheuma, vor allem aber Alkohol und Nikotin auf leeren Magen reizen die Magen- und Darmschleimhaut. Am häufigsten wird sie jedoch durch Bakterien angegriffen. Meist gelangen die Bakterien mit der Nahrung in den Magen oder Darm und rufen dann eine Entzündung hervor.

Magengeschwür. Vor allem Männer zwischen 20 und 50 Jahren sind von dieser Erkrankung betroffen. In der Schleimhaut des Magens befindet sich ein Defekt, der in die muskulöse Wand vordringen kann. Es besteht die Gefahr eines Durchbruchs in die Bauchhöhle. Ein Magengeschwür kann viele Ursachen haben. Neben Bakterien kommen Nikotin, hochprozentige Alkoholika, bestimmte Medikamente oder auch belastender Stress als Ursache in Frage.

Blinddarmentzündung. Rechts unten im Bauchraum mündet der Dünndarm in den Dickdarm ein.

3

Vor dieser Einmündung endet das Anfangsstück des Dickdarms blind wie eine Sackgasse; es heißt deshalb „Blinddarm". An diesem Blinddarm hängt ein etwa 8 cm langer bleistiftähnlicher Fortsatz, *Wurmfortsatz* genannt, der sich entzünden kann. Anzeichen dafür sind starke Schmerzen auf der rechten Bauchseite, Brechreiz und Übelkeit. Bei einem Verdacht muss umgehend ein Arzt aufgesucht oder benachrichtigt werden. Meist muss der Wurmfortsatz dann operativ entfernt werden.

Durchfall. Normalerweise wird dem Nahrungsbrei im Darm das Wasser weitgehend entzogen. Bei *Durchfall* verbleibt jedoch mehr Wasser im Kot. Die Ursachen dafür können vielfältig sein, beispielsweise Infektionen mit Viren und/oder Bakterien.

Dauert der Durchfall länger als 3 Tage, sollte man einen Arzt aufsuchen.

Verstopfung. Wenn die dünnen Wände des Dickdarms den stark entwässerten Kot nicht weitertransportieren können, spricht man von einer *Verstopfung*. Auch hierfür gibt es viele Ursachen. Die häufigste Ursache ist jedoch eine falsche Ernährung. Oft hilft deshalb eine Änderung der Ernährungsgewohnheiten.

Falsche Ernährung und falsche Essgewohnheiten, aber auch Infektionen mit Viren und Bakterien können Erkrankungen der Verdauungsorgane verursachen.

Gesundheit: Was tun, wenn der Magen verstimmt ist?

Wer zu hastig, zu viel und zu fett isst oder zu kalte Getränke trinkt, kann sehr schnell davon eine Magenverstimmung bekommen. Sie äußert sich durch Völlegefühl, Übelkeit oder Erbrechen.

Auch Alkoholmissbrauch kann ein Grund dafür sein.

4

Oft hilft ein Kamillentee: Einen Esslöffel Kamillenblüten (Bild 4), z. B. aus der Apotheke, mit einer mittelgroßen Tasse kochendem Wasser übergießen.

Zehn Minuten stehen lassen, dann abseihen. Bis viermal täglich frischen, warmen Tee trinken.

Gesundheit: Richtig essen lernen

Was und wie wir essen, beeinflusst ganz entscheidend unser Wohlbefinden: Wer richtig isst, wird jede Mahlzeit genießen und sich gesund, fit und leistungsfähig fühlen.

Wir leben in einer Gesellschaft mit einem Nahrungsüberangebot. Dennoch essen wir oftmals das Falsche oder zu viel oder die falsche Menge zur falschen Tageszeit. Woran liegt das? Ursprünglich wird die Nahrungsaufnahme durch drei Systeme reguliert:

1. Die Nahrung wird mit Hilfe der Sinne ausgewählt.

2. Die Füllung des Magens bestimmt und begrenzt die aufzunehmende Nahrung. Signale aus dem Gehirn melden: satt oder hungrig.

3. Schutzreflexe, wie Würgereiz, Erbrechen oder Abneigung, schützen vor der Aufnahme von unverträglicher Nahrung. Völlegefühl und Appetitlosigkeit signalisieren dem Körper ein Stopp der Nahrungsaufnahme.

Leider sind diese Regelsysteme bei unserer „modernen" Lebensweise meist verkümmert.

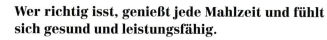

Statt maßvollem Essen ist oft ein hastiges, gedankenloses, wahlloses In-sich-Hineinstopfen angesagt. Übergewicht, Verdauungs- und sonstige Gesundheitsprobleme sind die Folge.

„Wieder bewusst essen lernen" hilft uns die Signale des Körpers deutlicher zu erkennen und uns damit auch gesünder zu ernähren. Das bedeutet, dass wir vollwertige Nahrung zu uns nehmen, uns zum Essen Zeit nehmen, langsam essen, nachspüren, wann wir satt sind und das, was wir essen, genießen.

Für die Menge der Nahrung, die man zu sich nimmt, gilt auch heute: Frühstücke wie ein König, iss zu Mittag wie ein Edelmann, iss zu Abend wie ein Bettelmann.

Wer richtig isst, genießt jede Mahlzeit und fühlt sich gesund und leistungsfähig.

A1 *Untersuche deine Essgewohnheiten im Hinblick auf das oben Gesagte.*

Aus der Umwelt: Was ist Vollwertkost?

Das *erste Leitziel* der Vollwertkost ist: Die Nahrung soll so natürlich wie möglich sein. Nur dann ist sie vollwertig. Jede Verarbeitung verringert den Gehalt an Inhaltsstoffen (Bild 2).

Das *zweite Leitziel* lautet: Die Nahrung muss so rein wie möglich sein. Sie sollte also weder mit Rückständen von Pflanzenschutzmitteln noch mit Schadstoffen aus verseuchter Umwelt oder der Verarbeitung belastet sein. Auf Zusatzstoffe, wie Konservierungsmittel, Geschmacksstoffe und Farbstoffe, wird verzichtet. Vollwertkost kommt frisch auf den Tisch.

Vollwertanhänger beziehen viele Lebensmittel vom „Biobauern". Dessen Anbau kommt ohne chemische Pflanzenschutzmittel und Mineraldünger aus. Pflanzliche Eiweißstoffe werden tierischen vorgezogen. Die Nahrung soll so schonend wie möglich zubereitet werden. Frisches Obst, Gemüse, Nüsse und Vollkornprodukte haben große Bedeutung. Besonders wertvoll sind keimende Getreidekörner und keimende Samen von Hülsenfrüchten. Sie enthalten außer Nährstoffen auch reichlich Vitamine, Mineralstoffe und Ballaststoffe.

61808

Info: Milchgebiss und Erwachsenengebiss

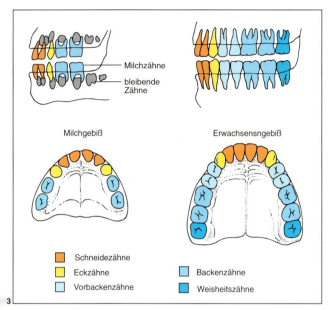

Milchzähne
bleibende Zähne

Milchgebiß Erwachsensngebiß

- 🟧 Schneidezähne
- 🟨 Eckzähne
- 🟦 Vorbackenzähne
- 🟦 Backenzähne
- 🟦 Weisheitszähne

3

Bau des Zahns. Jeder Zahn ist mit der *Zahnwurzel* fest im Kieferknochen verankert (Bild 4). Die Haltefasern des Zahns sind mit dem *Zahnfleisch* verwachsen. Nach außen hin ist der Zahn von einer sehr harten, porzellanartigen Schicht, dem *Zahnschmelz* umgeben. Darunter liegt das knochenähnliche *Zahnbein*. Es umschließt die *Zahnhöhle*. Feine Blutgefäße in der Zahnhöhle versorgen den Zahn.

Vom Kiefer aus führt ein empfindlicher *Nerv* in die Zahnhöhle. Wird er gereizt, so empfindet man Zahnschmerzen.

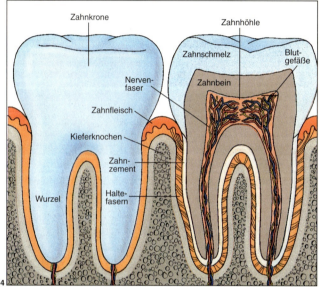

Zahnkrone
Zahnhöhle
Zahnschmelz
Blutgefäße
Nervenfaser
Zahnbein
Zahnfleisch
Kieferknochen
Zahnzement
Wurzel
Haltefasern

4

Vorne im Kiefer sitzen die *Schneidezähne*. Sie haben schmale, fast scharfe Kanten und sind daher gut zum *Abbeißen* geeignet. Gleichzeitig halten die spitzen *Eckzähne* die Nahrung fest.

Wenn du mit dem Finger an deiner Zahnreihe entlangfährst, spürst du weiter hinten im Mund, nach den Schneide- und Eckzähnen, Zähne mit *breiten Kauflächen*. Es sind die *Backenzähne*. Sie zermahlen die Nahrung, bevor diese heruntergeschluckt werden kann. Schneidezähne, Eckzähne und Backenzähne bilden zusammen das *Gebiss*.

Milchgebiss. Jeder Mensch wird zahnlos geboren. Nach und nach bekommt er Zähne. Im Alter von etwa zweieinhalb Jahren hat er ein vollständiges Gebiss. Dieses erste Gebiss heißt *Milchgebiss*. Es besteht aus 20 Milchzähnen. Im Oberkiefer und im Unterkiefer befinden sich jeweils 4 Schneidezähne, 2 Eckzähne und 4 Milchbackenzähne. Zwischen dem 6. und 8. Lebensjahr fallen die Milchzähne aus und das Milchgebiss wird durch ein *Erwachsenengebiss* mit großen, bleibenden Zähnen ersetzt (Bild 3).

Erwachsenengebiss. Das Gebiss der Erwachsenen hat insgesamt 32 Zähne. Im Unterschied zum Milchgebiss hat es auf jeder Seite des Ober- und Unterkiefers 2 Backenzähne mehr. Viele Erwachsene haben ganz hinten im Kiefer noch *Weisheitszähne*. Die Zähne sind im Kiefer festgewachsen. Wir sehen von ihnen nur die *Zahnkrone*. Wird ein Zahn gezogen, so kommt auch die lange *Wurzel* zum Vorschein.

Zahnregulierung. Wenn die zweiten Zähne nicht in die richtige Stellung wachsen, ist eine Zahnregulierung nötig um eine einseitige Abnutzung des Zahnschmelzes zu verhindern. Solange der Kieferknochen noch wächst, können die Zähne mit Hilfe einer Zahnspange in die richtige Stellung gedrückt werden. Dies ist für die Gesundheit der Zähne sehr wichtig.

Unser Gebiss besteht aus Schneidezähnen, Eckzähnen und Backenzähnen. Beim Zahnwechsel wird das Milchgebiss durch das Erwachsenengebiss ersetzt. Mit Hilfe einer Zahnspange können Fehlstellungen der Zähne korrigiert werden.

A1 *Schau mithilfe eines Taschenspiegels vorsichtig in deinen Mund. Betrachte deine Zähne und beschreibe sie. Stelle auch fest, wie viele Zähne du hast.*

Gesundheit: Die Zähne richtig pflegen

Zahnbelag und Zahnstein. Im Mundspeichel befinden sich immer *Bakterien*. Zusammen mit Inhaltsstoffen des Speichels setzen sie sich auf den Zähnen fest. So entsteht *Zahnbelag*. Man nennt ihn auch *Plaque*. Besonders stark bildet sich Zahnbelag zwischen den Zähnen, entlang des Zahnfleischrandes und auf den Kauflächen der Backenzähne. Bleibt der Zahnbelag über längere Zeit auf den Zähnen, so wird er zu festem *Zahnstein*.

Zahnfleischentzündung. Zahnbelag und Zahnstein setzen *Giftstoffe* frei, die das Zahnfleisch entzünden. Man bezeichnet dies als *Parodontitis*. Ist das gesamte Zahnbett befallen, lockern sich die Zähne und können ganz ausfallen.

Karies. Aus Feinmehl und vor allem aus Zucker erzeugen Bakterien *Säuren*, die den Zahn von außen angreifen. Zunächst wird der *Zahnschmelz zerstört*, danach das Zahnbein. Am Ende *gelangen die Bakterien in die Zahnhöhle* und reizen den Zahnnerv. Heftige Zahnschmerzen sind die Folge.

Vorsorgeuntersuchung. Außer mit der gründlichen und regelmäßigen Pflege der Zähne trägst du durch eine halbjährliche *Vorsorgeuntersuchung beim Zahnarzt* dazu bei, dass deine Zähne gesund bleiben.

Wie putzt du deine Zähne?

Überprüfe einmal, ob du beim Zähneputzen alles richtig machst. Kontrolliere den Putzvorgang vor einem Spiegel. Die Bilder 1 bis 6 zeigen dir, wie du vorgehen musst.

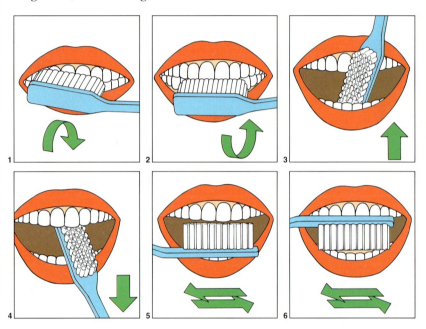

Beachte auch folgende Tipps:
– Waagerechtes Schrubben reinigt die Zähne schlecht. Setze die Bürste daher stets am Zahnfleisch an und rolle sie wie auf den Bildern gezeigt ab.
– Bürste deine Backenzähne besonders sorgfältig.
– Putze deine Zähne immer mindestens 3 Minuten lang. Beim Ausspülen reichlich Wasser durch die Zahnzwischenräume pressen.
– Reinige deine Zähne nach dem Frühstück und vor dem Schlafengehen sehr gründlich.
– Zahnpasten enthalten Mineralstoffe, vor allem Fluor, die den Zahnschmelz härten und schützen.

Reinige deine Zähne *nach jeder Mahlzeit gründlich*. Damit du die Zähne auf Dauer gesund erhältst, solltest du möglichst wenig Süßigkeiten zu dir nehmen. Es ist besser, Süßes nur zu den Hauptmahlzeiten und nur einmal am Tag zu essen als über den ganzen Tag verteilt zu naschen. Das Naschen vor dem Schlafengehen ist besonders schädlich. Über Nacht haben die Bakterien nämlich viel Zeit sich zu vermehren und die Zähne anzugreifen.

Die Zahnbürste. Eine gute Zahnbürste sollte mittelharte Borsten aus Kunststoff haben, die dicht und senkrecht stehen. Abgerundete Borstenenden schützen das Zahnfleisch vor Verletzungen. Nach dem Gebrauch wird die Zahnbürste gründlich gereinigt und zum Trocknen aufgestellt. Eine Zahnbürste hält etwa zwei bis drei Monate. Nur wenn die Borsten gerade sind, reinigen sie gut.

Zusammenfassung

Alles klar?

A1 Nenne Ernährungsfehler, die in Bild 7 zu erkennen sind.

A2 Mache einen besseren Vorschlag für eine Mahlzeit. Begründe deine Auswahl.

A3 Notiere einige deiner Lieblingsspeisen und liste dann ihre Inhaltsstoffe auf. Bewerte sie unter dem Gesichtspunkt einer gesunden Ernährung.

A4 Was ist Skorbut? Erkläre, warum früher vor allem Seefahrer betroffen waren.

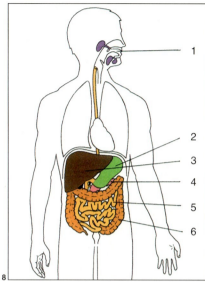

A5 Warum ist Skorbut heute keine Bedrohung mehr für uns?

A6 Kann Essen krank machen? Diskutiert in der Klasse diese Frage. Sucht Beispiele für „Krankmacher". Welche könnt ihr angeben, wie wirken sie?

A7 Benenne die in Bild 8 mit Nummern versehenen Organe, die an der Verdauung beteiligt sind.

A8 Ein Brötchen mit Schinken und Butter wird verzehrt. Nenne die einzelnen Stationen seiner Verdauung und beschreibe, was mit den einzelnen Bestandteilen jeweils geschieht.

Auf einen Blick

Für unsere Ernährung benötigen wir als **Nährstoffe** Kohlenhydrate, Eiweiße und Fette, außerdem **Vitamine**, **Mineralstoffe**, **Ballaststoffe** und **Wasser** (Bild 9).

Es ist nicht nur wichtig, dass uns **Betriebs-** und **Baustoffe** in ausreichender Menge zur Verfügung stehen, die Nahrung sollte vor allem **ausgewogen** und abwechslungsreich sein. Unser Essverhalten hat großen Einfluss auf unsere **Gesundheit**.

Zu einer gesunden Ernährung gehört auch, dass man regel-

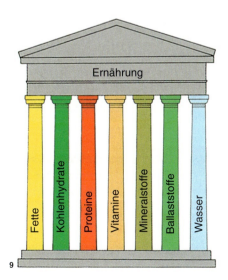

mäßig, zu immer den gleichen Zeiten und in Ruhe isst. Einseitige Ernährung sollte man vermeiden. Falsche Essgewohnheiten können **Krankheiten** begünstigen.

Die **Verdauung** der Nahrung findet vor allem im Dünndarm statt. Säfte aus der Bauchspeicheldrüse zerlegen **Kohlenhydrate, Fette** und **Eiweißstoffe**.

Durch die Darmwand gelangen Nährstoffe, Mineralstoffe und Vitamine ins Blut. Übrig bleiben unverdauliche Reste des Nahrungsbreis.

Sonne und Zeit

Die Sonne bestimmt unsere Zeiteinteilung

So sehen Astronauten aus ihrer Raumfähre die Erde. Sie heißt also sicher zu Recht „der Blaue Planet".

Das Blau wird nicht durch die Farbe der Ozeane hervorgerufen. Es entsteht durch die *Lufthülle*, die als dünne Schicht die Erde umgibt. 1

Warum ist auf dem Foto nur ein *Teil* der Erde zu sehen? Wo liegen die *Pole* der Erde und wo der *Äquator*? Welche Erdteile liegen im *Licht*, welche im *Dunkeln*?

Nimm eine Weltkarte oder einen Globus zu Hilfe.

V1 *Du brauchst für diesen Versuch einen Ball und einen Diaprojektor oder eine helle Halogenlampe.*
a) *Halte den Ball in den Lichtkegel. Wie viel von seiner Oberfläche ist beleuchtet, wie viel bleibt dunkel?*
b) *Bringe auf dem Ball Markierungen an, so wie in Bild 2. Deutschland liegt etwa bei der Marke ②. Drehe den Ball bei senkrechter, waagerechter und schräger Stellung der Achse.*
Beschreibe, wann es an den einzelnen Markierungspunkten hell oder dunkel ist.
c) *Die schräg stehende Achse soll einmal oben von der Sonne weg geneigt sein, einmal zur Sonne hin. Was ändert sich dadurch?*

V2 *Die Erde ist eine riesige Kugel; sie dreht sich um eine Achse. An einem Globus lässt sich gut verfolgen,*

wie in Deutschland Tag und Nacht wechseln. Die helle Lampe ersetzt die Sonne.
Der Globus wird um seine Achse gedreht. Beobachte dabei, wie es im Laufe einer Umdrehung in Deutschland Tag und Nacht wird.
Wie musst du den Globus stellen um Folgendes darzustellen? In Deutschland ist es …
… Mittag, … Mitternacht, … Morgen, … Abend bei Sonnenuntergang.

V3 *Lege an einem sonnigen Tag draußen eine Markierung auf den Boden. Gehe dann so weit zurück, dass dein eigener Schatten gerade bis zu dieser Marke reicht, wenn du aufrecht stehst (Bild 3).*
Miss deine Schattenlänge in „Fuß" aus: Setze dazu Fuß vor Fuß und gehe auf die Marke zu.
Stelle fest, wie viel „Fuß" schließlich dein Schatten misst.
Wiederhole diesen Versuch zu anderen Zeiten. Notiere jedes Mal die Ergebnisse mit den jeweiligen Uhrzeiten.
Vergleiche auch mit den Werten bei größeren und kleineren Schülern.

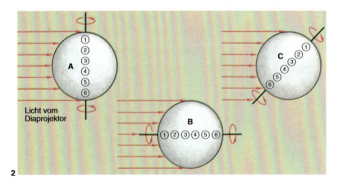

Licht vom Diaprojektor

2

3

61665

Info: Tag und Nacht

Ohne die Sonne mit ihrem Licht und ihrer Wärme gäbe es auf unserer Erde kein Leben.

Jeden Morgen geht sie in östlicher Richtung auf; sie steigt am Himmel empor. Wenn sie den höchsten Punkt über dem Horizont erreicht hat, ist es *Mittag*. Die Sonne steht dann genau im *Süden*. Anschließend sinkt sie in weitem Bogen wieder zum Horizont ab und geht im *Westen* unter.

Diese Beschreibung stimmt mit unseren Beobachtungen überein. *Doch tatsächlich bewegt sich die Sonne überhaupt nicht.* **Vielmehr ist es die Erde, die sich gemeinsam mit uns und allen Gegenständen auf ihr dreht.** Dabei reicht die Drehachse der Erde vom Nordpol bis zum Südpol (Bild 4).

Die Erde wirbelt uns in Deutschland schneller herum als ein Airbus fliegen kann. Wir merken nur deshalb nichts davon, weil sich alles um uns herum ebenfalls bewegt: Häuser, Bäume, Meer und Luft.

Wenn wir auf unserer Reise um die Erde ins Sonnenlicht kommen, ist es in unseren Breiten **Tag**. Die

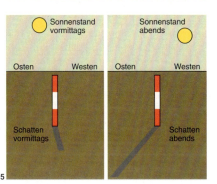

4

Sonnenstand vormittags — Sonnenstand abends

Osten — Westen | Osten — Westen

Schatten vormittags — Schatten abends

5

Zeit im Schatten bezeichnen wir als **Nacht**.

Auf der Tagseite werfen sämtliche Körper, die von der Sonne beschienen werden, einen Schatten. Dessen Länge und Richtung ändert sich langsam (Bild 5). Das nutzte man schon vor Jahrtausenden zum Bau von *Sonnenuhren*. Noch heute bestimmt die Sonne unsere Zeiteinteilung – trotz modernster Quarz- und Funkuhren.

Die Zeitspanne zwischen zwei Höchstständen der Sonne ist ein Tag. Der wird anschließend in kleinere Einheiten eingeteilt, in Stunden, Minuten und Sekunden:
1 Tag (1 d) = 24 Stunden,
1 Stunde (1 h) = 60 Minuten,
1 Minute (1 min) = 60 Sekunden,
1 Sekunde (1 s) = 1000 Millisekunden (1000 ms).

Das d kommt von lateinisch *dies*: Tag (engl. *day*), das h von lateinisch *hora*: die Stunde (engl. *hour*).

Als **Einheit** (Maßeinheit) zum Messen der Zeit wurde **1 Sekunde** festgelegt (abgekürzt: 1 s). Ein Tag hat 86 400 Sekunden.

Aus der Geschichte: Verabredung per Sonnenuhr

Für Interessierte zum Weiterlesen

Wie verabredete man sich, als es noch keine Uhren gab? Zum Beispiel so: „Wir treffen uns morgen auf dem Marktplatz, wenn dein Schatten zehn Fuß lang ist."

Der Schatten des eigenen Körpers wurde also als Zeitmarke benutzt. Das funktionierte recht gut, weil größere Menschen meistens auch größere Füße haben.

Genauere Zeiten lieferten aber **Sonnenuhren**, die es in vielen Ausführungen gibt. Bei allen verrät die Richtung oder Länge des Schattens die Tageszeit – bei guten

6

Sonnenuhren auf die Minute genau. Seit 1500 gibt es sie auch als *Taschenuhren*, wobei nach dem Aufklappen ein gespannter Faden den Schatten wirft (Bild 6).

A1 *Was fehlt noch bei der Verabredung „morgen um zehn Fuß"?*

A2 *Warum besitzt die Klappsonnenuhr auf Bild 7 einen Kompass?*

A3 *Wo gibt es in deiner Heimat alte oder neue Sonnenuhren an Kirchen, Häusern oder in Parks?*

293

Wir bauen einfache Sonnenuhren

V4 *Eine ganz einfache Sonnenuhr erhältst du so: Suche dir einen Platz, der den ganzen Tag in der Sonne liegt. Stecke dort an einem sonnigen Tag einen Stab senkrecht in die Erde.*

Markiere mit Stöckchen jede Stunde oder alle zwei Stunden, wo die Spitze des Schattens liegt. Klebe auf die Stöckchen ein Schild mit der jeweiligen Uhrzeit. Ergänze diese Markierungen schließlich zu einem Zifferblatt.

Am folgenden Tag kannst du die Zeit ablesen – aber natürlich nur bei Sonnenschein.

V5 *In Bild 1 siehst du eine transportable Sonnenuhr. Sie ist ähnlich*

1

gebaut wie die von V4. Damit sie die richtige Zeit anzeigt, muss sie aber waagrecht aufgestellt und mit Hilfe eines Kompasses „ausgerichtet" werden.

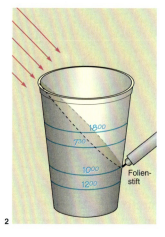

2

V6 *Auch das ist eine einfache „Sonnenuhr". Bei ihr wirft der Rand eines Joghurtbechers einen bogenförmigen Schatten in das Innere des Bechers (Bild 2).*

Markiere außen am Becher zu verschiedenen Zeiten die tiefste Schattenstelle. Ergänze sie zu einem Stundenring und beschrifte diesen.

Info: Gehen Sonnenuhren eigentlich genau?

Die Erde dreht sich täglich einmal um ihre Achse – die Sonne aber bleibt still stehen. Sie wandert für uns nur *scheinbar* auf einem Bogen von Ost nach West über den Himmel. Die Größe des Bogens hängt von der Jahreszeit ab – die Sonne steht nämlich im Sommer höher über dem Horizont als im Winter (Bilder 3 u. 5).

Wenn die Sonne (z. B. von München aus betrachtet) ihren höchsten Punkt erreicht hat, ist es in München 12 Uhr mittags. Man bezeichnet diese Zeit als 12 Uhr **wahre Ortszeit (WOZ)**. Der Schatten bei Sonnenuhren ist jetzt am kürzesten. Danach sinkt die Sonne wieder tiefer zum Horizont in Richtung Westen; die Schatten werden länger. Wenn es *in München 12.10 Uhr WOZ* ist, steht die Sonne in Stuttgart, das weiter westlich liegt, gerade am höchsten. Es ist also zur gleichen Zeit *in Stuttgart erst 12 Uhr WOZ*.

So hatte früher jedes Land seine eigene Zeit – entsprechend der WOZ seiner Hauptstadt. Erst 1893 wurde für ganz Deutschland ein-

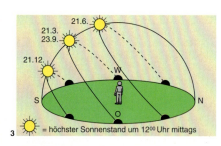

3 ☀ = höchster Sonnenstand um 12⁰⁰ Uhr mittags

Datum	Fehler	Datum	Fehler
25. Dez.	0	9. Juli	–5
22. Jan.	–12	6. Aug.	–6
19. Febr.	–14	3. Sept.	+1
19. März	–8	1. Okt.	+10
16. Apr.	0	29. Okt.	+16
14. Mai	+4	26. Nov.	+13
11. Juni	+1	24. Dez.	+1

–Fehler: Um so viele Minuten geht die Sonnenuhr nach.
+Fehler: Um so viele Minuten geht die Sonnenuhr vor.

4

heitlich die **mitteleuropäische Zeit (MEZ)** eingeführt. Sie wird heute von jeder Uhr angezeigt – außer von Sonnenuhren. Im Sommer werden unsere Uhren um eine Stunde vorgestellt, damit wir die hellen Tagesstunden besser nutzen können *(Sommerzeit)*.

Anja hat zu Weihnachten eine Quarzuhr bekommen. Als sie am nächsten Tag an einer alten Sonnenuhr vorbeikommt, sieht sie, dass deren Anzeige mit der ihrer Uhr exakt übereinstimmt. Da wundert sich Anja über das Wissen, das die Menschen schon früher besaßen.

Noch mehr staunt sie aber, als sie im Februar merkt, dass die gleiche Sonnenuhr um fast eine Viertelstunde nachgeht. Nun wird Anja neugierig und vergleicht öfter die beiden Uhren:

Im April geht die Sonnenuhr wieder richtig.

In einem Buch über Sonnenuhren findet Anja eine Tabelle, die in 4-wöchigem Abstand angibt, um wie viele Minuten Sonnenuhren falsch anzeigen (Bild 4).

61666

Info: Wie die Jahreszeiten entstehen

In 24 Stunden dreht sich die Erde einmal um ihre eigene Achse. Dabei ist immer eine Hälfte der Erde im Licht der Sonne *(Tagseite)*, die andere im Schatten *(Nachtseite)*. *Wieso aber sind die Nächte im Winter länger als im Sommer?*

Ursache hierfür ist, dass die Erde noch eine weitere Bewegung ausführt (Bild 6): **Im Laufe von 365 Tagen läuft die Erde einmal um die Sonne herum.** Die Achse steht dabei etwas schief zu der Ebene, in der sich die Erde bewegt. Die Erdachse zeigt immer zum Polarstern. Auch jeder Globus hat diese schräg geneigte Achse.

Im Dezember (Bild 6, Position ①) ist der nördliche Teil der Erde von der Sonne weg geneigt. Wir bewegen uns täglich auf einer Kreisbahn, die 16 Stunden lang im Dunkeln liegt. Nur 8 Stunden dauert unser Tag – wir haben **Winter**. Am Südpol scheint die

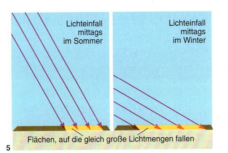

Lichteinfall mittags im Sommer

Lichteinfall mittags im Winter

Flächen, auf die gleich große Lichtmengen fallen

5

Sonne jetzt 24 Stunden lang *(Polarsommer)*.

Am 21. März sind Tag und Nacht bei uns gleich lang (②). Nun beginnt bei uns der **Frühling**.

Am 21. Juni wird es **Sommer** (③). Die nördliche Erdhälfte ist zur Sonne hin geneigt. Bei uns in Deutschland sind die Tage jetzt mit 16 Stunden am längsten; die Nächte sind am kürzesten. Die Sonne steht mittags besonders hoch. Ihre Strahlen fallen steil auf uns herab. Sie erhitzen Erdboden und Luft stärker als im Winter, wenn sie flach einfallen (Bild 5).

Am 23. September (④) sind Tag und Nacht wieder gleich lang; es wird **Herbst**.

Nach 365 Tagen, 5 Stunden, 48 Minuten und 46 Sekunden steht die Erde wieder in Position ①: ein **Jahr** (1 a; von lat. *annum*) ist vergangen.

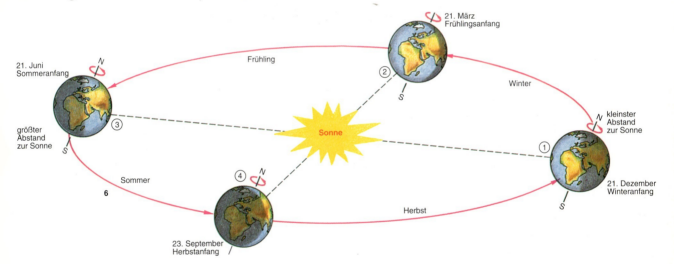

21. März
Frühlingsanfang

Frühling

②

Winter

21. Juni
Sommeranfang

③

größter Abstand zur Sonne

Sonne

kleinster Abstand zur Sonne

①

21. Dezember
Winteranfang

Sommer

6

④

Herbst

23. September
Herbstanfang

A1 *„Im Osten geht die Sonne auf, im Süden steigt sie hoch hinauf, im Westen will sie untergehen, im Norden ist sie …"*
Wie geht der Spruch über die Himmelsrichtungen weiter? Stimmt dieser Spruch eigentlich?

A2 *Erkläre anhand von Bild 5 die stärkere Erwärmung des Erdbodens im Sommer.*

A3 *Ein Jahr dauert rund 6 Stunden länger als 365 Tage. Welche Bedeutung hat das für den Kalender?*

A4 *Das Leben von Tieren und auch Pflanzen wird von der „Jahresrhythmik", dem regelmäßigen Wechsel der Jahreszeiten, bestimmt. Nenne Beispiele.*

A5 *Pflanzen und Tiere besitzen „eingebaute biologische" Uhren. Die weiße Seerose z. B. öffnet ihre Blüten um 8 Uhr und schließt sie um 17 Uhr. Der Biologe Carl v. Linné erfand im 18. Jh. eine **Blumenuhr**, deren Blüten die Uhrzeit verraten.*
Suche nach Informationen zur Blumenuhr. Überprüfe an einem Beispiel, ob sie „richtig" geht.

Die Sonne als „Motor" von Wettererscheinungen

Die Sonne und andere Wärmequellen

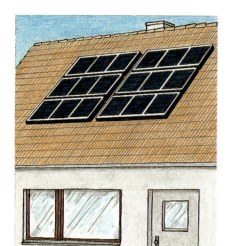

Die Bilder 1–3 zeigen,
woher die Wärme kommt:
von der **Sonne**.
Die Sonne ist unsere
stärkste Wärmequelle.
Sie scheint schon seit
Milliarden von Jahren –
und immer kostenlos.

Es gibt aber noch
viele andere Quellen,
von denen Wärme
ausgehen kann
(Bilder 4–8).

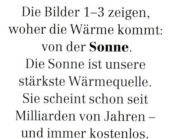

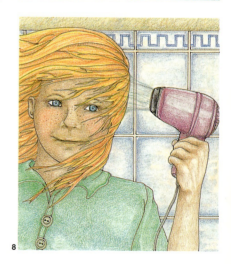

61668

Info: Woher die Wärme kommt

Um heizen zu können benötigen wir **Wärmequellen** (Öfen, Heizkessel, Gasheizungen …), dazu auch noch **Brennstoffe** (Holz, Kohle, Torf, Heizöl, Erdgas …). Man sagt: Brennstoffe enthalten *Energie*.

Das Besondere daran ist: **Sämtliche Brennstoffe erhielten ihre Energie von der Sonne.**

Braunkohle und Steinkohle z. B. wurden aus Wäldern gebildet; diese versanken vor langer Zeit in Sümpfen und wurden von Gestein überdeckt. Erdgas und Erdöl sind aus Pflanzen und Tieren entstanden, die vor Millionen von Jahren im Meer lebten; dort starben sie und sanken zu Boden, wo sie schließlich verfaulten.

Diese Pflanzen und Tiere konnten aber nicht ohne das Licht und die Wärme der Sonne leben. In ihren Zellen *speicherten* sie sozusagen die Energie der **Sonne**.

Wenn wir heute einen Brennstoff im Ofen verheizen, können wir also sagen: „Die gespeicherte Sonnenwärme wird wieder frei."

Selbst wenn wir etwas mit dem *elektrischen Strom* erwärmen, ist oftmals die Sonne die eigentliche Energiequelle. Viele Kraftwerke verbrennen nämlich Kohle um Wasserdampf als Antrieb für ihre Turbinen zu bekommen. Denn nur wenn sich die Turbinen drehen, können die großen Dynamos (*Generatoren* genannt) Elektrizität erzeugen.

Woran erkennt man, ob ein Körper **Energie** hat? Das kann man vereinfacht so beantworten: *Wer Energie hat, kann einen anderen Gegenstand erwärmen.*

Beim Erwärmen wird Energie („Wärmeenergie") übertragen (Bilder 9–12). Wärmequellen sind deshalb auch *Energiequellen*. (Es gibt noch andere Energieformen; davon erfährst du später mehr.)

Wenn du z. B. an einem Eis leckst, gibt dein Körper Energie ab; er erwärmt dadurch das Eis. Du selbst hast Energie erhalten, als dein Körper Nahrung verdaute. Und die Nahrung hatte ihre Energie von der Sonne erhalten.

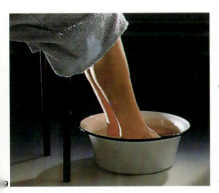

9

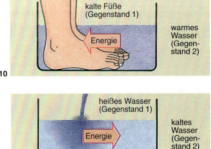

kalte Füße (Gegenstand 1)

warmes Wasser (Gegenstand 2)

Energie

10

heißes Wasser (Gegenstand 1)

kaltes Wasser (Gegenstand 2)

Energie

11

12

A1 *Versuche zu erklären, warum man von Wärme**quellen** spricht. Du kennst sicher auch noch andere Quellen.*
Nenne einige davon.

A2 *Welche Wärmequellen spielen bei den Bildern 1–8 (linke Seite) eine Rolle?*
a) *Welche funktionieren nur unter Zutun der Menschen?*
b) *Welche funktionieren, ohne dass Menschen im Spiel sind?*

A3 *In der Überschrift der linken Seite wird die Sonne als der „Motor" von Wettererscheinungen bezeichnet.*
Welche Wettererscheinungen fallen dir dazu ein?

13

A4 *Du hast sicher schon gehört, dass sich Eskimos Schneehäuser (Iglus) bauen. Dazu schichten sie eine Anzahl von Schneeblöcken aufeinander (Bild 13).*
Wenn man sich im Innern eines solchen Iglus aufhält, merkt man, dass es dort viel wärmer ist als draußen. In keinem Iglu ist aber ein Feuer oder eine Heizung zu finden.
Welche Wärmequelle wirkt hier deiner Meinung nach?

Wetter und Wetterbeobachtungen

Das Wetter wirkt auf den Menschen

Mal Sonne – mal Regen. Wie beeinflusst *dich* das Wetter?

Wir können uns das Wetter nicht aussuchen – aber wir können uns darauf einstellen.

Im Radio und Fernsehen sind nämlich mehrmals am Tag die neuesten *Wettervorhersagen* zu hören: Der „Deutsche Wetterdienst" macht dabei Angaben über die Lufttemperaturen bei Tag und bei Nacht, über die Windrichtung und die Windstärke, über Bewölkung und Niederschläge, oft auch über den Luftdruck und die Luftfeuchtigkeit.

Eine genaue Vorhersage des Wettergeschehens ist besonders wichtig für alle Landwirte, Flugzeugführer, Seeleute und Bergsteiger … Bei ihnen hängt die Arbeit oder sogar das Leben vom Wetter ab.

Bestimmte Wetterlagen (z. B. Föhn) beeinflussen das Wohlbefinden vieler Menschen. Oft leiden Kranke unter dem Wetter. Für Gesunde gilt jedoch meist: „Es gibt eigentlich kein schlechtes Wetter – nur viele Leute, die falsch angezogen sind."

A1 *Was verstehst du unter dem Begriff „Wetter"? Was gehört deiner Meinung nach alles dazu?*

A2 *Was kann man vom Wettergeschehen sehen, hören, fühlen, messen …?*

A3 *Nenne Wetterbedingungen, die dich fröhlich und unternehmungslustig machen.*
Auf welche Wetterbedingungen reagierst du gereizt oder schlaff?

A4 *Menschen mit ganz bestimmten Krankheiten reagieren sehr empfindlich auf das Wetter.*

Erkundige dich z. B. bei deinen Großeltern, bei einem Apotheker oder einem Arzt, auf welche Weise sich eine solche „Wetterfühligkeit" bei den betroffenen Personen äußert.

A5 *Urlauber wünschen sich oft anderes Wetter als z. B. Landwirte. Erkläre!*

A6 *Es gibt verschiedene Niederschläge. Welche?*

A7 *Bild 3 zeigt eines der* **Satellitenfotos**, *mit deren Hilfe der Wetterdienst die Wetterlage vorhersagen kann, z. B. „wolkenloser Himmel von der Nordsee bis zu den Alpen".*
Versuche anhand von Bild 4 herauszubekommen, in welchem Land gerade stürmisches Regenwetter herrscht.

61670

Wir bauen einfache Messgeräte

Zwei Messgeräte zur Windmessung

Um die **Windrichtung** zu bestimmen, benötigst du eine *Windfahne* und einen *Kompass*.

Bild 5 zeigt, wie du eine einfache Windfahne bauen kannst. Das Modell zeichnet sogar auf, woher der Wind wehte.

Zum Bestimmen der **Windstärke** benötigst du eine *Windplatte*, die du ebenfalls selber bauen kannst. Eine Anleitung dafür liefert dir Bild 6. Die Windstärken musst du zunächst nach der Tabelle „Auswirkungen des Windes" (auf der übernächsten Seite) schätzen.

Markiere an mehreren Tagen die von dir geschätzte Windstärke auf der Windplatte. So erhält diese nach und nach eine Skala.

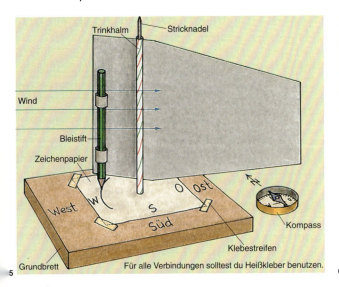

Trinkhalm — Stricknadel — Wind — Bleistift — Zeichenpapier — West — W — S — O — Ost — Süd — Kompass — Klebestreifen — Grundbrett — Für alle Verbindungen solltest du Heißkleber benutzen.

5

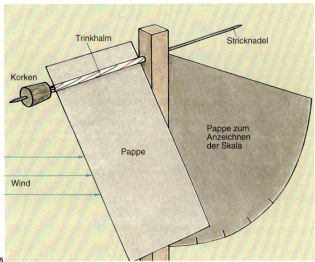

Trinkhalm — Stricknadel — Korken — Pappe zum Anzeichnen der Skala — Pappe — Wind

6

Ein Messgerät für Niederschläge

„Niederschläge" nennen Wetterforscher alles, was an Wasser aus der Luft kommen kann: Regentropfen, Schneeflocken, Graupel, Hagel, Tau, Nebel …

Diese Niederschläge können mit einem Messgerät (Bild 7, aus einem Baumarkt) aufgefangen und einmal täglich bestimmt werden. Ein *einfaches Messgerät* kannst du selber bauen: Grabe eine leere Saftflasche in die Erde ein; so kann die Sonne sie nicht bescheinen. Setze dann in den Flaschenhals einen Trichter.

Ziehe die Flasche täglich aus dem Boden und stelle fest, wie viel Wasser sich gesammelt hat. Das werden an manchen Tagen nur wenige Milliliter (ml) sein.

Zum Abmessen solltest du dir einen Messzylinder ausleihen – oder du holst dir vom Apotheker eine kleine Einwegspritze mit einer Milliliter-Skala.

Im Wetterbericht wird die Niederschlagsmenge allerdings nicht in Milliliter angegeben. Es heißt dort vielmehr: *„Die Niederschlagsmenge betrug gestern zwei Millimeter."* Und was bedeutet das?

Wäre der Regen z. B. auf ein Kuchenblech gefallen, so stünde das Wasser darin 2 mm hoch. Es würde dort aber schnell verdunsten; man müsste die Messung also schnell vornehmen. Deshalb benutzt man ja den Trick mit dem Trichter und der engen Auffangflasche.

Übrigens bedeutet „1 mm Niederschlag", dass auf jeden Quadratmeter Bodenfläche genau ein Liter Regen gefallen ist.

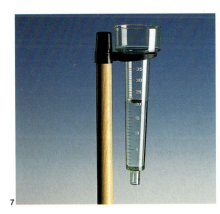

7

A1 *„Der Gewitterschauer brachte 20 Liter pro Quadratmeter."* Wie hoch stieg der Wasserspiegel in einem Wasserbecken an?

61671

Wir beobachten das Wetter und beschreiben es

So schreibe ich ein Wetterprotokoll

Schon mit einfachen Hilfsmitteln ist es möglich, das Wetter an deinem Wohnort zu beobachten.

Anschließend solltest du dann alle deine Beobachtungen und Messungen in einem **Wetterprotokoll** festhalten (Muster siehe unten).

① Führe deine Beobachtungen täglich immer zur gleichen Zeit durch, z. B. um 15 Uhr. Notiere in der Tabelle das **Datum**. So kannst du später die Beobachtungen mit denen deiner Mitschüler vergleichen.

② Die Stärke der **Bewölkung** wird einfach geschätzt und in Symbolen dargestellt (Bild 1).

③ Lies die **Lufttemperatur** an einem Thermometer ab, das im Schatten hängt. (Wetterforscher messen immer in 2 m Höhe über dem Erdboden und wenigstens 10 m von der nächsten Hauswand entfernt.)

④ Die **Windrichtung** gibt immer an, *aus* welcher Himmelsrichtung der Wind weht (Bilder 2 u. 3).

„Westwind" bedeutet also: Der Wind kommt aus Westen und weht in Richtung Osten. Die Windrichtung bestimmst du am einfachsten mit einer Windfahne; sie sollte möglichst hoch aufgestellt sein.

Zum Messen der **Windstärke** braucht man eigentlich ein besonderes Messgerät (Bild 5). Es geht aber auch mit Hilfe der Tabelle rechts und einer selbst gebauten Windplatte (siehe auf der Vorseite).

Übrigens: Der Wetterdienst misst den Wind immer in 10 m Höhe über dem Boden und nur in freiem Gelände, z. B. auf einer Wiese.

⑤ Auch für **Niederschläge** und bestimmte Wettererscheinungen benutzt man Symbole (Bild 4). Die Menge kannst du in *Millilitern* angeben.

⑥ Eine große Bedeutung für die Wettervorhersage hat der **Luftdruck**. Er wird mit einem Barometer in der Einheit *Hektopascal* (hPa) gemessen. (Was es mit dem Luftdruck auf sich hat, erfährst du später.)

⑦ Beobachtungen zum Wachstum oder Blühen von Pflanzen gehören ebenfalls zum Wetterprotokoll.

Symbole für Bewölkung — heiter, wolkig, bedeckt

1

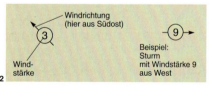

Windrichtung (hier aus Südost) — Windstärke 3 — Beispiel: Sturm mit Windstärke 9 aus West

2

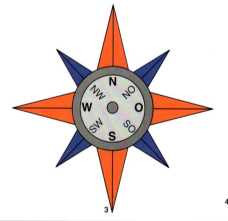

3

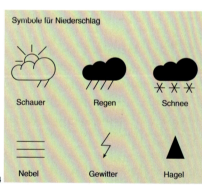

Symbole für Niederschlag — Schauer, Regen, Schnee, Nebel, Gewitter, Hagel

4

① Datum	② Bewölkung	③ Temperatur in °C	④ Wind Richtung / Stärke		⑤ Niederschlag Art / Menge in ml		⑥ Luftdruck in hPa	⑦ Sonstige Beobachtungen in der Natur
z. B. 15. 9.	wolkig	18	SO	3	Regen	2	1002	Erste Brombeeren sind reif.
...	...	...	...	...	...		...	...

Wetterprotokoll (Muster) von: --------------

Ort: -------------- Uhrzeit jeweils: -------------- Monat: --------------

61672

Info: Windstärken

Windstärke (Bezeichnung)	Geschwindigkeit in km/h	Diese Auswirkungen hat der Wind der jeweiligen Windstärke
0 (Windstille)	0–1	Rauch steigt senkrecht nach oben, auf See gibt es überhaupt keine Wellen.
1 (leichter Zug)	1–5	Rauch steigt schräg empor, Blätter bewegen sich nicht.
2 (leichte Brise)	6–11	Wind im Gesicht spürbar, Blätter säuseln, Windfahne bewegt sich.
3 (schwache Brise)	12–19	Blätter und dünne Zweige bewegen sich, Wimpel wird gestreckt.
4 (mäßige Brise)	20–28	Wind bewegt Zweige und Äste, hebt Staub und loses Papier hoch.
5 (frische Brise)	29–38	Kleine Bäumchen schwanken, weiße Schaumkronen auf See.
6 (starker Wind)	39–49	Starke Äste bewegen sich, Leitungen und Drähte beginnen zu pfeifen, Regenschirme sind kaum noch zu halten, auf See schon etwas Gischt.
7 (steifer Wind)	50–61	Bäume bewegen sich, Gehen gegen den Wind wird schwieriger.
8 (stürmischer Wind)	62–74	Zweige brechen von Bäumen, das Gehen wird stark behindert.
9 (Sturm)	75–88	Kleine Schäden an Häusern, Dachziegel lösen sich, Äste brechen.
10 (schwerer Sturm)	89–102	Bäume entwurzelt, Autos fortgewirbelt, große Schäden an Häusern.
11 (orkanartiger Sturm)	103–117	Überall große Schäden, außergewöhnlich hohe Wellen auf See.
12 (Orkan)	ab 118	Schwere Verwüstungen, die See ist aufgewühlt und vollständig weiß.

A1 *Übertragt die links unten stehende Tabelle in euer Heft. Fertigt dann über einen längeren Zeitraum hinweg ein* **Wetterprotokoll** *an.*
Vergleicht nachher eure Wetterprotokolle.

A2 *Warum darfst du Lufttemperaturen nur im Schatten und nicht direkt vor einer Hauswand messen?*

A3 *Bild 5 zeigt ein Windstärkemessgerät. Warum misst man die Windstärke und die Windrichtung in 10 m Höhe und nicht direkt am Erdboden?*

A4 *„Morgen erwarten wir einen Nordwestwind der Stärke 8." Was bedeuten diese Angaben?*

A5 *Messgeräte zum Bestimmen der Niederschlagsmenge haben oben immer einen Trichter. Begründe!*

A6 *„Die Niederschlagsmenge in Nürnberg betrug gestern 4 mm." Was bedeutet das?*

A7 *Sammle über einen längeren Zeitraum die Werte für Temperaturen und Niederschläge in einer Tabelle.*
Stelle die Messwerte anschließend grafisch dar.
Das Ergebnis könnte dann so ähnlich aussehen wie die Darstellung von Bild 6.

Beim Windstärke-messgerät bläst der Wind in hohle Halb-kugeln.
Deren Drehung treibt ein Messwerk an. Es verrät so die Wind-geschwindigkeit.

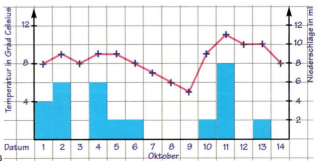

6

Temperaturen und Thermometer

Warm oder kalt?

Andreas hat vorher heiß geduscht. Bert erst heiß und dann kalt.
*Ob das der Grund dafür ist, dass sie so
unterschiedlicher Meinung über die Wassertemperatur sind?*

A1 *Sieh dir Bild 1 an und lies den Text darunter.*
a) *Welcher von den beiden müsste Bert sein?*
Begründe deine Vermutung.
b) *Plane einen Versuch um die Situation von Bild 1 „nachzustellen". (Tipp: Du benötigst dafür drei Schüsseln.)*

A2 *Temperaturen misst man mit Thermometern. Davon gibt es unterschiedliche Arten. Bild 2 zeigt vier verschiedene „Flüssigkeitsthermometer".*
a) *Was ist an den Thermometern gleich, was ist unterschiedlich?*
b) *Warum reichen drei Skalen bis unterhalb des Nullpunkts?*
c) *Wie ist die Skala des Zimmerthermometers dort beschriftet?*

A3 *„Heute Nacht hatten wir eine Temperatur von minus 12 °C", sagt Katrin. „Das ist falsch", behauptet Andreas, „wir hatten 12 Grad unter null." Wer hat Recht?*

A4 *Petra und Frank wollen die Temperatur des Erdbodens messen (Bilder 3 u. 4). Wer von beiden macht dabei einen Fehler? Begründe deine Antwort.*

A5 *Beim Messen von Temperaturen sind weitere Fehler möglich. Welche zwei siehst du in Bild 5?*

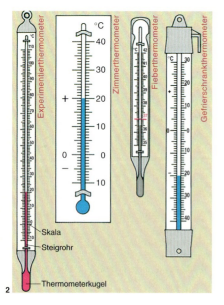

Experimentierthermometer
Zimmerthermometer
Fieberthermometer
Gefrierschrankthermometer

Skala
Steigrohr
Thermometerkugel

Petra

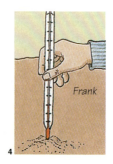

Frank

61674

Wir messen Temperaturen

V1 *Die Temperatur steigt oder sinkt – du kannst beobachten, was dabei im Thermometer geschieht:*
a) *Nimm ein Thermometer und lies die Temperatur ab. (Berühre dabei aber nicht die Thermometerkugel.)*
b) *Umschließe die Thermometerkugel mit der Hand. Beobachte dabei die Flüssigkeit im Steigrohr (Bild 6). Lies die Temperatur ab, wenn die Thermometerflüssigkeit zur Ruhe gekommen ist.*

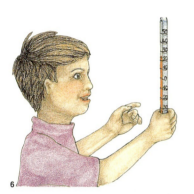

6

V2 *Habt ihr einen Komposthaufen? Dann stelle fest, welche Temperaturen dort an der Oberfläche und weiter unten herrschen. (Du kannst auch ein elektronisches Thermometer einsetzen.)*

V3 *Mit den Materialien von Bild 7 sollst du Wasser von genau 37 °C*

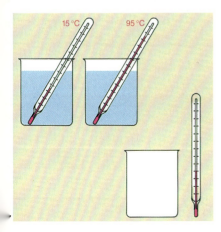

bereiten. (Bedingung: Das Wasser in den Bechergläsern darf nicht ergänzt werden.)
a) *Miss zunächst die Temperatur des heißen Wassers, dann auch die des kalten Wassers.*
b) *Plane dann selbst, wie du am besten weitermachst …*

V4 *Willst du niedrigere Temperaturen messen als bisher? Dann muss eine „Kältemischung" hergestellt werden:*

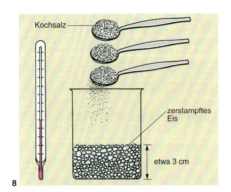

8

Wenn du zerstampftes Eis mit Kochsalz vermischst (Bild 8), erhältst du sie.
a) *Was zeigt dein Thermometer an, wenn du es hineinsteckst?*
b) *Stülpe ein leeres Becherglas um und tropfe ein wenig Wasser darauf. Stelle für ein bis zwei Minuten deine Kältemischung auf diese Wassertropfen.*
Was geschieht, wenn du das Glas mit der Kältemischung vorsichtig anhebst?

V5 *Wie schnell steigt die Wassertemperatur beim Erwärmen an? Das können wir mit diesem Versuch genau verfolgen.*
Wir brauchen dafür die in Bild 9 gezeichneten Geräte. (Bei Verwendung eines Gasbrenners statt des Tauchsieders: siehe Seite 183.)

a) *Miss zuerst, welche Temperatur das Wasser hat, wenn der Tauchsieder (Gasbrenner) noch nicht eingeschaltet ist.*
b) *Schalte nun den Tauchsieder (Gasbrenner) ein. Rühre das Wasser im Becherglas mit dem Glasstab um; so wird es gleichmäßig erwärmt. Erhitze das Wasser, bis es siedet.*
Lies alle 30 Sekunden (s) die Temperatur ab (in Grad Celsius: °C).
Trage deine Messwerte in eine Tabelle nach dem folgenden Muster ein:

Messprotokoll:

Messung Nr.	Zeit nach dem Einschalten (in s)	Wassertemperatur (in °C)
1	0	…
2	30	…
3	60	…
4	…	…

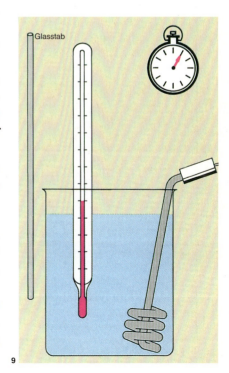

9

Info: Wie man ein Diagramm anfertigt

In einem Versuch wurde Wasser erhitzt (wie in V 5). Dabei hat man alle 30 s die Temperatur abgelesen. Es ergaben sich folgende Messwerte:

Messung Nr.	Zeit nach dem Einschalten	Wasser- temperatur
1	0 s	16 °C
2	30 s	24 °C
3	60 s	37 °C
4	90 s	49 °C
5	120 s	58 °C
6	159 s	68 °C
7	180 s	77 °C
8	210 s	86 °C
9	240 s	94 °C
10	270 s	97 °C
11	300 s	98 °C
12	330 s	98 °C

Bild 1 zeigt, wie die Messwerte in einem **Diagramm** dargestellt werden können. Du siehst eine Achse, die mit der Pfeilspitze nach oben zeigt; sie ist mit einer *Temperaturskala* versehen. Die gemessenen Temperaturen sind daneben eingezeichnet – als rote „Säulen" wie bei einem Thermometer.

Für die *Zeit* wurde eine nach rechts zeigende Achse gezeichnet und beschriftet.

Eigentlich interessiert uns doch nur, wie hoch die Temperatur nach 30 s, 60 s, 90 s … war. Es reicht also aus, die *Endpunkte* der Säulen einzuzeichnen – so wie in Bild 2. (Für die Messung Nr. 4 aus der Tabelle findest du z. B. senkrecht über der Markierung „90 s" ein Kreuz bei „49 °C".)

Wenn man die einzelnen Kreuze miteinander verbindet, erhält man die in Bild 2 grau gezeichnete „Zickzackkurve". Sicher ist aber die Temperaturänderung gleichmäßiger gewesen, als es die Zickzackkurve erscheinen lässt. (Ihr unregelmäßiger Verlauf liegt z. B. an Fehlern, die beim Messen von Temperatur oder Zeit gemacht wurden.)

Wahrscheinlich war der Temperaturverlauf eher so, wie es die *rot* gezeichnete Kurve anzeigt (ohne Ecken und Knicke).

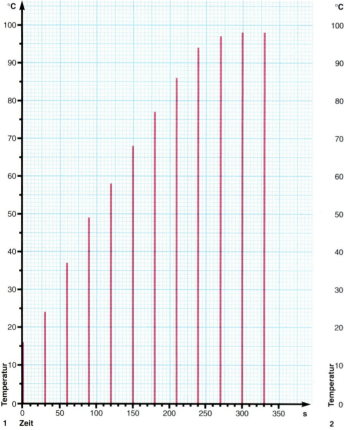

1   Zeit

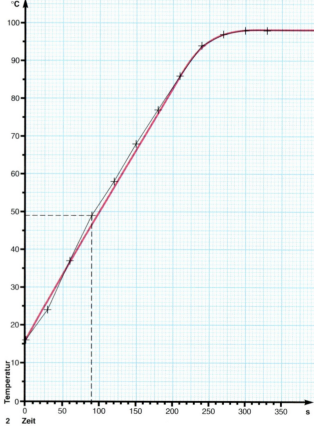

2   Zeit

61675

A1 *Stelle die Messwerte, die du in Versuch 5 erhalten hast, in einem Diagramm dar.*
Richte dich dabei nach den Bildern 1 u. 2. Zeichne keine Zickzackkurve.

A2 *Im Diagramm kannst du auch Zwischenwerte ablesen. Das sind Werte, die im Versuch gar nicht gemessen wurden.*
a) *Lies in Bild 2 ab, wie hoch die Temperatur nach 105 Sekunden war.*
b) *Bestimme aus deinem eigenen Diagramm die Temperatur nach 105 Sekunden.*

A3 *Verwende die Tabelle auf der linken Seite: Um wie viel °C ist die Wassertemperatur innerhalb von jeweils 30 Sekunden gestiegen?*
Was fällt dir auf?

A4 *Auch wenn der Tauchsieder (Gasbrenner) immer weiter heizt, steigt die Wassertemperatur nicht über 98 °C hinaus.*
Was geschieht bei dieser Temperatur?

A5 *Welche Vorteile hat ein Diagramm (wie Bild 2) gegenüber einer Tabelle mit Messwerten?*

Aus Umwelt und Technik: Vom Temperaturempfinden zum Thermometer

Wir können Temperaturen über unsere Haut wahrnehmen. Unser **Temperaturempfinden** ermöglicht es uns, Temperaturen zwischen 15 °C und 45 °C recht gut voneinander zu unterscheiden.

Im Bereich der Körpertemperatur (37 °C) ist dieser Temperatursinn besonders empfindlich. So stellen z. B. Eltern bei ihren Kindern allein schon durch Berühren der Stirn ein leichtes Fieber fest.

Hohe und niedrige Temperaturen dagegen nehmen wir nur als „warm" oder „kalt" wahr. Eventuell empfinden wir zusätzlich auch noch einen Schmerz.

Wenn wir einen Gegenstand berühren, vergleichen wir seine Temperatur mit der Temperatur, die wir kurz zuvor wahrgenommen haben. Dadurch können wir uns aber leicht täuschen:

Ein Gegenstand erscheint uns nämlich wärmer, wenn wir vorher einen kalten Gegenstand angefasst haben.

Und beim Baden in einem See empfinden wir das Wasser oft als kalt, weil wir aus der wärmeren Luft kommen. Nach einer Weile erscheint uns das Wasser dann

3

4

5

aber wärmer. Das ist dieselbe Erfahrung wie die, die in Bild 1 der vorhergehenden Doppelseite dargestellt ist: Andreas und Bert sind unterschiedlicher Meinung über die Wassertemperatur, weil der eine vorher warm geduscht hatte, der andere aber kalt.

Mit dem „Drei-Schüssel-Versuch", der in Bild 3 dargestellt ist, kann man diese Erfahrung ebenfalls machen.

Um Temperaturen genau und zuverlässig (und auch schmerzfrei) bestimmen zu können werden **Thermometer** verwendet.

So sind an vielen Stellen des Haushalts *Flüssigkeitsthermometer* im Einsatz – z. B. im Kühlschrank (Bild 4). Hier dient Quecksilber oder Alkohol als Thermometerflüssigkeit.

Ein Thermometer mit Quecksilberfüllung muss besonders vorsichtig behandelt werden. Wenn es zerbricht, wird nämlich Quecksilber frei – und dessen Dampf ist giftig.

Weit verbreitet sind heute auch elektronische Fieberthermometer (Bild 5).

Flüssigkeiten werden erwärmt und abgekühlt

Warum Sprinkler plötzlich platzen

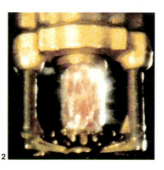

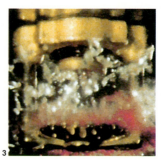

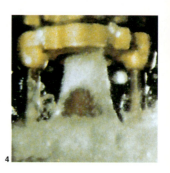

Sprinkler (Bild 1) kannst du z. B. in Kaufhäusern an der Decke sehen.
Hinter ihnen verborgen befinden sich Löschwasserleitungen.
Diese sind in den Sprinklern durch bauchige Röhrchen verschlossen (in Bild 1 rot).
Die Sprinklerröhrchen sind mit einer Flüssigkeit gefüllt.
Daran liegt es, dass die Röhrchen im Fall eines Brandes platzen (Bilder 2–4) …

Wie verhalten sich Flüssigkeiten beim Erwärmen?

V1 *Fülle eine Getränkedose mit Wasser. Das Wasser soll gerade bis an das Trinkloch reichen. Trockne den Deckel der Dose mit einem Tuch ab.*
Stelle die Dose in einen Topf heißes Wasser. Was geschieht, wenn sich das Wasser in der Dose erwärmt?

a) *Beschreibe, wie der Versuch ablaufen soll. Führe ihn dann durch. Was kannst du beobachten?*
b) *Man könnte den Versuchsaufbau verbessern um ein deutlicheres Ergebnis zu erzielen. Wie könnte der veränderte Aufbau aussehen? (Tipp: Denke an die Form eines Flüssigkeitsthermometers.)*

V2 *Wir untersuchen, wie sich Wasser beim Erwärmen verhält. Die Bilder 5–7 zeigen den Versuch.*

markieren →

100 ml Wasser von Zimmertemperatur

Wasser siedet

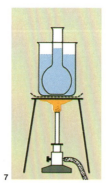

V3 *Den Versuchsaufbau siehst du in Bild 8.*
a) *Was soll mit dieser Versuchsanordnung untersucht werden?*
b) *Beschreibe die Versuchsdurchführung. Begründe, weshalb die Flüssigkeiten nicht einzeln, sondern in einem Wasserbad gemeinsam erhitzt werden.*

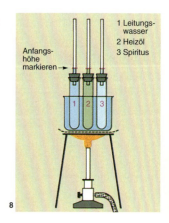

Anfangshöhe markieren →

1 Leitungswasser
2 Heizöl
3 Spiritus

A1 *Wie verhält sich eine Flüssigkeit, die erwärmt wird? Wie verhält sie sich beim Abkühlen?*

A2 *Gib an, was V 3 über das Verhalten von Flüssigkeiten aussagt.*

A3 *Als in V 2 der Glaskolben erwärmt wurde, war kaum ein Wasseranstieg zu sehen. Die Flüssigkeit stieg aber deutlicher, als man einen Stopfen samt Glasrohr auf den Kolben setzte. Erkläre!*

A4 *Welche Eigenschaft der Flüssigkeiten ist bei Sprinkleranlagen wichtig?*
Sprinkler sind mit unterschiedlichen Flüssigkeiten gefüllt. Erkläre, welchen Vorteil das hat.

61676

Thermometerskala und Fixpunkte

Die wichtigsten Teile eines Thermometers sind in Bild 9 benannt.

Nur die *Skala* fehlt hier noch …

Steigrohr

Thermometerflüssigkeit

Thermometerkugel

9

Die Funktionsweise eines Thermometers kannst du bereits erklären:

– Warum steigt die Thermometerflüssigkeit, wenn die Temperatur ansteigt?
– Weshalb sinkt sie bei abnehmender Temperatur?

Wie würdest du vorgehen um ein Thermometer wie das von Bild 9 mit einer Skala zu versehen?

V4 *Die Skala eines Thermometers kann man nicht einfach in Millimeter einteilen:*
Miss an einem Zimmerthermometer und einem Fieberthermometer, wie groß der Abstand zwischen den Markierungen für 35 °C und 36 °C ist. Prüfe auch, ob die Abstände von Grad zu Grad auf den Skalen gleich groß sind.

V5 *Wasser siedet immer bei einer bestimmten Temperatur.*
Diese **Siedetemperatur** *des Wassers nutzt man als einen ersten „Fixpunkt" um eine Thermometerskala zu entwickeln:*
a) *Ein Thermometer ohne Skala wird in ein Becherglas mit Wasser gestellt (Bild 10).*
Erhitze das Wasser und lass es eine Weile sieden. Beobachte die Thermometerflüssigkeit.

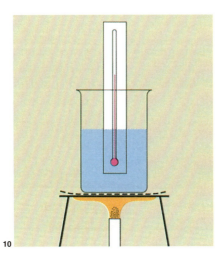

10

b) *Markiere, wo die Thermometerflüssigkeit steht, wenn das Wasser siedet.*
c) *Ob sich die Temperatur des siedenden Wassers noch steigern lässt? Versuche es mit einem zusätzlichen Brenner.*

V6 *Als zweiter „Fixpunkt" dient die* **Schmelztemperatur** *von Eis:*
a) *Fülle zerkleinerte Eiswürfel in ein Becherglas. Stelle das Thermometer hinein und erwärme mit nicht allzu großer Flamme.*
Rühre das Eis und das nun entstehende Schmelzwasser ständig um (mit einem Glasstab).
b) *Achte darauf, ob die Eistemperatur ansteigt, während das Becherglas erwärmt wird.*
c) *Markiere den Stand der Thermometerflüssigkeit, während das Eis schmilzt.*
d) *Wann steigt die Wassertemperatur im Becherglas an?*

V7 *Die Schmelztemperatur von Eis wird mit 0 °C bezeichnet, die Siedetemperatur von Wasser mit 100 °C.*
a) *Überlege dir, wie du die Skala weiter unterteilen kannst.*
b) *Überprüfe, ob deine Temperaturskala stimmt:*
Am besten stellst du dazu „dein" Thermometer gemeinsam mit einem anderen in ein Becherglas mit Wasser …

A1 *Beschreibe, wie man ein Thermometer mit einer Skala versehen kann.*

A2 *In der Überschrift dieser Seite steht das Wort „Fixpunkt" (von lat. „fixus": fest).*
a) *Was versteht man darunter? Erkläre!*

b) *Warum hat man die Schmelztemperatur von Eis und die Siedetemperatur von Wasser gewählt?*

A3 *Spiritus siedet bei 78 °C.*
Plane einen Versuch ohne offene Flamme (!), mit dem man diese Angabe überprüfen könnte.

Aus der Geschichte: Wie die Thermometerskala entstand

Bild 1 zeigt ein ungewöhnliches Thermometer. Es wurde vor 300 Jahren in der italienischen Stadt Florenz hergestellt. Die kunstvolle Glaskugel unten entspricht der Thermometerkugel. Sie ist mit Alkohol gefüllt. Das dünne Steigrohr ist fast einen Meter lang. 420 kleine, aufgeschmolzene Glasperlen stellen die Skala dar.

Natürlich waren solche Thermometer unhandlich und zerbrechlich. Man wickelte deshalb das Steigrohr zu einer Spirale auf (Bild 2).

Aber nie hatten zwei Thermometer genau die gleiche „Perlen-Skala"; die Durchmesser der Steigröhrchen waren stets unterschiedlich. Temperaturen konnte man also nur dann vergleichen, wenn man ein und dasselbe Thermometer benutzte. Und das ging ja nur selten.

Eine Änderung bahnte sich erst durch den deutschen Glasbläser *Daniel Fahrenheit* (1686–1736) an: Im Jahr 1724 machte er den Vorschlag die Skala immer bei einer bestimmten Temperatur beginnen zu lassen. Dieser untere **Fixpunkt** (lat. *fixus*: fest) sollte der Nullpunkt der Skala sein. Um diesen Fixpunkt zu erhalten mischte er Eis, Wasser und Seesalz. Dann stellte er sein Thermometer hinein. Die Quecksilbersäule des Thermometers sank. Als sie schließlich stehen blieb, schrieb er „0 Grad" an ihren Rand.

Den oberen Fixpunkt lieferte die Körpertemperatur eines gesunden Menschen. Er nannte diese Temperatur „96 Grad".

Fahrenheits Idee wurde später durch den Schweden *Anders Celsius* (1701–1744) entscheidend verbessert. Der verwendete nämlich neue Fixpunkte für seine Skala : „0 Grad" nannte er die **Schmelztemperatur von Eis** und „100 Grad" die **Siedetemperatur von Wasser**.

Den Abstand zwischen diesen Fixpunkten teilte er in **100 gleiche Teile** ein (Bild 3). Mit gleichen Schrittweiten konnte er die Skala nach unten (z. B. bis –10 Grad) oder nach oben (z. B. bis 120 °C) fortsetzen.

Seit jener Zeit erinnert auf den meisten Thermometern ein **C** an Celsius. Und Temperaturen werden in „Grad Celsius" angegeben.

Siedepunkt des Wassers — 100 °C

— 50
— 40
— 30
— 20
— 10

Schmelzpunkt des Eises — 0 °C

3

A1 *Den Auftrag, eine Thermometerskala zu entwickeln, erledigt Alex so: Er überträgt die Skala eines Thermometers auf sein Thermometer (Bild 4) … Erkläre!*

A2 *Fahrenheits Idee mit den Fixpunkten war gut. Weniger gut war aber, wie er diese Fixpunkte ermittelte.*
Warum eignet sich z.B. die Körpertemperatur eines gesunden Menschen nicht zur Bestimmung eines Fixpunkts?

A3 *Erkundige dich, in welchem Land noch heute Temperaturen in Fahrenheit gemessen werden.*

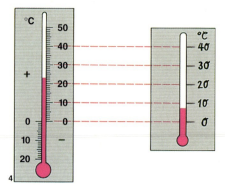

A4 *Das Thermometer von Bild 1 könnte man nachträglich mit einer Celsius-Skala versehen. Wie?*

A5 *Fahrenheit wollte als Fixpunkt die tiefste Temperatur nehmen, die es gibt. Heute weiß man, dass diese bei –273 °C liegt.*
Physiker verwenden tatsächlich eine Skala, die hier beginnt und keine Minuszeichen kennt. Zu „0 °C" sagen sie „273 Kelvin". Wie hoch ist deine Körpertemperatur in Kelvin?

Zusammenfassung

Alles klar?

A1 *Ergänze die beiden folgenden Sätze:*
„Wenn man eine Flüssigkeit erwärmt…"
„Wenn man eine Flüssigkeit abkühlt…"

A2 *Saftflaschen werden vor dem Einkochen randvoll gefüllt. Nachher ist aber oben ein freier Raum zu sehen.*
Wie erklärst du das?

A3 *Steigrohre von Thermometern haben winzige Durchmesser. Worin liegt der Vorteil solcher „Haarröhrchen" gegenüber dickeren Rohren?*

A4 *Die Skala eines Thermometers ist abgeblättert. Nur die Marken „10 °C" und „40 °C" sind noch zu erkennen.*
Wie könntest du die Skala reparieren?

A5 *Warum kann eine Fiebermessung falsch sein, wenn man das Quecksilber nicht vorher zurückschleudert?*

A6 *Herr Mayer hatte 6000 Liter Heizöl bestellt. Der Tankwagen kommt nun direkt aus der Raffinerie, wo das Heizöl lagerte. Auf der Fahrt war der Wagen stundenlang der Sonne ausgesetzt.*
Was befürchtet Herr Mayer jetzt?

Auf einen Blick

Was geschieht beim Erwärmen und Abkühlen einer Flüssigkeit?

Wenn die Temperatur einer Flüssigkeit (z. B. Wasser, Alkohol, Öl) ansteigt, dehnt sich die Flüssigkeit aus. Sie nimmt nun einen größeren Raum ein als vor dem Erwärmen.

Unterschiedliche Flüssigkeiten dehnen sich unterschiedlich stark

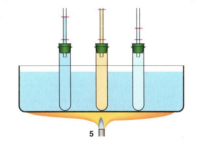

aus (Bild 5) – verglichen bei gleicher Erwärmung und bei gleicher Flüssigkeitsmenge.

Sinkt die Temperatur einer Flüssigkeit, zieht sich die Flüssigkeit zusammen. Sie benötigt nun einen geringeren Raum als vor dem Abkühlen.

Wie funktioniert ein Flüssigkeitsthermometer?

Die wichtigsten Teile eines Thermometers sind das Steigrohr, die Thermometerkugel und die Skala.
Die Thermometerkugel ist mit (flüssigem) Quecksilber oder mit Alkohol gefüllt.

Die Flüssigkeit in der Thermometerkugel dehnt sich beim Erwärmen aus.

Dadurch wird Flüssigkeit in das Steigrohr gedrängt, wodurch sich die Flüssigkeitssäule verlängert.

Beim Abkühlen zieht sich die Flüssigkeit in der Thermometerkugel zusammen.

Die Folge ist, dass Flüssigkeit aus dem Steigrohr in die Thermometerkugel zurückfließt; die Flüssigkeitssäule wird kürzer.

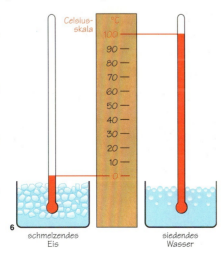

Celsius-skala

°C
100 —
90 —
80 —
70 —
60 —
50 —
40 —
30 —
20 —
10 —
0 —

6 schmelzendes Eis

siedendes Wasser

In den meisten Ländern hat man sich heute auf die *Celsius-Skala* geeinigt.

Sie entsteht mit Hilfe zweier *Fixpunkte*, nämlich dem Siedepunkt von Wasser (100 °C) und dem Schmelzpunkt von Eis (0 °C). Diese Punkte trägt man neben den Enden der Flüssigkeitssäule als Skalenstriche auf (Bild 5).

Dann teilt man den Abstand dazwischen in 100 gleiche Teile auf. Jedes dieser Teile entspricht einem Grad Celsius (°C).

Die Anomalie des Wassers

Wasser verhält sich nicht normal

Ein plötzlicher Wintereinbruch (Bild 1) und schon sind die Flaschen geplatzt.
Warum? Hätte das Wasser in den Flaschen nicht eigentlich *schrumpfen* müssen?

Und ein Angler mitten im Winter auf dem Eis (Bild 2)?
Kann der denn in einem zugefrorenen See Fische fangen?

V1 *Fülle einen kleinen Aluminiumbecher (z. B. von einem Teelicht) randvoll mit* **Wasser**. *Stelle ihn anschließend vorsichtig auf einer Untertasse in das Gefrierfach eines Kühlschranks.*
Nach einigen Stunden kannst du den Becher wieder herausnehmen. Was fällt dir auf?

V2 *Stelle einen zweiten Aluminiumbecher auf eine warme Kochplatte (schwächste Einstellung). Schmilz darin so viel* **Kerzenwachs**, *dass der Becher schließlich bis zum Rand mit flüssigem Wachs gefüllt ist.*
Lass das Wachs abkühlen. Was fällt dir auf, wenn du deine Beobachtung mit der von V 1 vergleichst?

V3 *Fülle eine leere Filmdose bis zum Rand mit kaltem Wasser. (Damit beim Verschließen keine Luft eindringt, solltest du den Deckel dann unter Wasser aufsetzen.) Stecke die verschlossene Dose anschließend in einen Gefrierbeutel und lege sie in das Gefrierfach eines Kühlschranks.*
Nach einigen Stunden ist das Wasser in der Filmdose gefroren. Was kannst du außerdem feststellen?

V4 *(Lehrerversuch)*
Wer ist stärker – diese hohle Eisenkugel (Bild 3) oder das „eingesperrte" Wasser? (Dieses Wasser wird unter 0 °C gekühlt, sodass es gefriert.)

Eiserne Hohlkugel, die bis zum Rand mit Wasser gefüllt und dann zugeschraubt wird

V5 *Mit diesem Versuch (Bild 4) können wir untersuchen, welche Temperatur ein eisgekühltes Wasser in den verschiedenen Tiefen hat.*
Wo wird deiner Meinung nach die tiefste Wassertemperatur zu messen sein?
Und wo ist das Wasser in dem Standzylinder deiner Meinung nach am wärmsten?

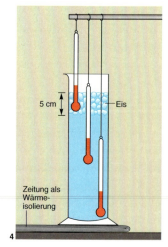

5 cm — Eis

Zeitung als Wärmeisolierung

61679

Info: Wenn Wasser gefriert …

Normalerweise ziehen sich Flüssigkeiten zusammen, wenn sie fest werden – z. B. warmes und damit flüssiges Kerzenwachs. Ihr Volumen (Rauminhalt) nimmt also beim **Erstarren** ab.

Wenn aber Wasser so weit abgekühlt wird, dass es gefriert, dehnt es sich stark aus.

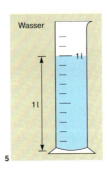

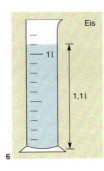

5   6

1 Liter Wasser erstarrt dabei zu 1,1 Liter Eis. Das wurde in den Bildern 5 u. 6 dargestellt.

Diese Vergrößerung des Volumens beim Erstarren erfolgt *mit großer Gewalt*. Sogar eine Hohlkugel aus Eisen wird gesprengt, wenn das in ihr eingeschlossene Wasser gefriert.

Info: Das Verhalten des Wassers – genauer betrachtet

In weiten Temperaturbereichen verhält sich Wasser (in flüssigem Zustand) völlig normal: *Es zieht sich zusammen, wenn es abgekühlt wird.* Das Volumen einer bestimmten Wassermenge wird also geringer – wie bei anderen Stoffen auch. (Deren Verhalten zeigt Bild 7.) So benötigt eine bestimmte Menge Wasser z. B. bei 6 °C weniger Platz als bei 10 °C.

Und wenn dieselbe Wassermenge weiter hinunter abgekühlt wird (z. B. auf 5 °C), nimmt sie sogar noch weniger Raum ein.

Doch wenn das Wasser *noch weiter* abgekühlt wird, gibt es eine Besonderheit, eine **Anomalie**. Durch dieses „anomale" (nicht normale) Verhalten unterscheidet es sich von allen anderen Flüssigkeiten:

Nur beim Abkühlen bis hinunter zu +4 °C nimmt das Volumen einer bestimmten Wassermenge ab. Kühlt man das Wasser noch weiter ab (unter +4 °C), so *dehnt es sich aus*. Daraus folgt: **Bei +4 °C hat eine bestimmte Wassermenge ihr kleinstes Volumen.**

Wasser von 4 °C nimmt demnach weniger Raum ein als z. B. Wasser von 6 °C oder 2 °C (Bild 8). In die Gefäße von Bild 8 passt also mehr Wasser von 4 °C hinein als von jeder anderen Temperatur. Das bedeutet auch, dass 1 Liter Wasser von 4 °C *schwerer* ist als 1 Liter Wasser von jeder anderen Temperatur.

Wasser von 4 °C sinkt deshalb in wärmerem oder in kälterem Wasser immer nach unten. Oder anders herum ausgedrückt: Wasser, das wärmer oder kälter ist, „schwimmt" immer auf Wasser von 4 °C.

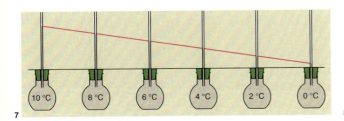

7

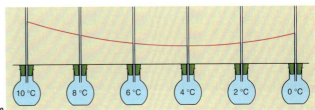

8

A1 *In den Versuchen V 1 und V 2 wurden Flüssigkeiten abgekühlt.*
a) *Nenne die unterschiedlichen Ergebnisse dieser Versuche.*
b) *„Wasser verhält sich nicht normal", steht in der Überschrift oben auf der linken Seite.*
Begründe diese Aussage. (Denke auch an das, was du bereits in der 5. Jahrgangsstufe über das Verhalten

von Stoffen beim Erwärmen und beim Abkühlen gelernt hast.)

A2 *Was haben die Versuche V 3 oder V 4 hinsichtlich der Zustandsänderung von Wasser gezeigt?*

A3 *Lagst du bei deinen Vermutungen zu V 5 richtig? Wo war das Wasser am kältesten, wo am wärmsten?*

Aus dem Alltag: Schäden durch gefrierendes Wasser

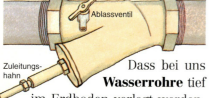
Ablassventil

Zuleitungs-hahn

Dass bei uns **Wasserrohre** tief im Erdboden verlegt werden, hat einen Grund: So tief gefriert in Deutschland der Boden fast nie. Und damit gefriert auch nicht das Wasser in den Rohren.

Bei Wasserrohren, die aus dem Boden ragen (Wasseranschluss im Garten), muss man – wenn Frost erwartet wird – das Wasser abstel-len. Es genügt aber nicht, den Zu-leitungshahn zu schließen. Man muss auch das Wasser aus den Rohren abfließen lassen. Dazu öffnet man – außer dem Wasser-hahn im Garten – ein Ablassventil (neben dem Zuleitungshahn; Bild 1). Wenn das versäumt wird, kön-nen die Rohre durch das gefrie-rende Wasser gesprengt werden.

Gewaltig ist die Wirkung von gefrierendem Wasser im Gebirge. Das zeigen dort die **Schotter-** und **Geröllfelder**: Jeder Fels hat win-zige Spalten oder Risse. In diese dringt Regenwasser ein, das bei Frost gefriert. Durch das gefrie-rende Wasser werden die Risse erweitert; so dringt immer mehr Wasser ein und entwickelt – bei Frost – eine zunehmende Spreng-kraft. Der Fels wird allmählich in kleine Brocken zerlegt: Es entste-hen *Geröllfelder*.

Manche Asphaltstraßen zeigen im Frühjahr sog. *Schlaglöcher*. Warum solche **Frostaufbrüche** nicht schon im Winter auftreten, kannst du selber herausbekom-men (Bilder 2–4). Oder etwa nicht?

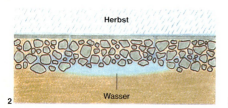
Herbst
Wasser
2

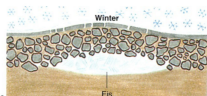
Winter
Eis
3

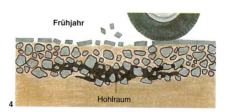
Frühjahr
Hohlraum
4

Aus der Umwelt: Die Wassertemperaturen in einem See

Vielleicht hast du diese Erfahrung auch schon im **Sommer** gemacht: Beim Baden und Tauchen in ei-nem See wird das Wasser immer kälter, je tiefer du dich unter der Oberfläche befindest (Bild 5).

Wenn dann im **Herbst** und im **Winter** die Lufttemperatur sinkt, kühlt das Wasser an der Ober-fläche ab. Es wird dadurch schwe-rer und sinkt nach unten. Schließ-lich hat das ganze Wasser im See eine Temperatur von 4 °C.

Wenn das Wasser an der Ober-fläche noch weiter abkühlt (auf +3 °C oder +2 °C), sinkt dieses küh-lere Wasser nicht mehr weiter ab. Es „schwimmt" auf dem Wasser von 4 °C. Also nimmt die Wasser-temperatur nur noch an der Ober-fläche ab. Bald erreicht das Was-ser dort 0 °C; es gefriert. Der See wird nun mit Eis bedeckt.

Bild 6 zeigt die Temperaturver-teilung, die der See jetzt hat.

Wenn der Frost anhält, kühlt auch das unmittelbar darunter liegende Wasser weiter ab – die Eisschicht auf dem See wird also immer dicker.

Wenn aber der See tief genug ist, friert er nicht ganz bis zum Boden zu. Das ist von großer Be-deutung: Dadurch können näm-lich die Wassertiere und Pflanzen im Winter überleben.

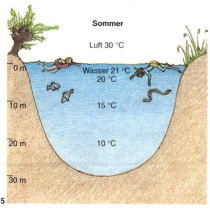
Sommer
Luft 30 °C
0 m
Wasser 21 °C
20 °C
10 m 15 °C
20 m 10 °C
30 m
5

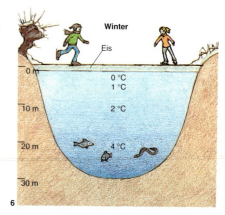
Winter
Eis
0 m
0 °C
1 °C
10 m 2 °C
20 m 4 °C
30 m
6

Zusammenfassung

Alles klar?

A1 In den Gefäßen von Bild 7 sind zwei Flüssigkeiten erstarrt – wie in den Versuchen 1 u. 2. Eine davon ist Wasser, das zu Eis geworden ist.
Woran erkennst du es (außer an der Farbe)?

A2 Man sagt, dass das Verhalten von Wasser beim Gefrieren anomal (nicht normal) ist.
Begründe das.

A3 Warum darfst du eine Flasche Sprudel nicht ins Tiefkühlfach eines Kühlschranks legen?

A4 Springbrunnen in städtischen Anlagen werden im Herbst abgestellt. Nur um zu sparen?

7

A5 Hier geht es um die Frostaufbrüche auf den Straßen.
a) Beschreibe, weshalb sie vor allem im Frühjahr auftreten und nicht schon im Winter.
b) Weshalb nimmt man Schotter als Unterbau für die Straßen?

A6 Wie kommt es zur Entstehung von Geröllfeldern im Gebirge?

A7 Wenn der Garten schon im Herbst umgegraben wird, ist der Boden im Frühjahr ganz besonders locker.
Gib eine Erklärung dafür.

A8 Ein Liter Wasser wird zu Eis. Welchen Raum nimmt es jetzt ein?

A9 Im Winter befindet sich am Grund eines tiefen Sees Wasser mit einer Temperatur von +4 °C.
a) Versuche das zu erklären.
b) Von welcher Bedeutung ist es für die Tier- und Pflanzenwelt des Sees, dass die Wassertemperatur nicht weiter absinkt?

Auf einen Blick

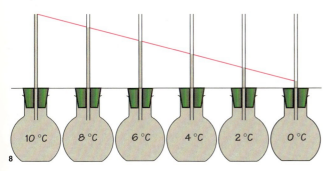

8

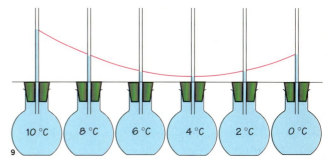

9

In der Regel ziehen sich *Flüssigkeiten* zusammen, wenn sie abgekühlt werden (Bild 8). Das heißt: Ihr Volumen (ihr Rauminhalt) nimmt ab, wenn man sie abkühlt.

Wasser dehnt sich wieder aus (sein Volumen wächst), wenn +4 °C unterschritten werden (Bild 9). Bei 4 °C ist also eine bestimmte Menge Wasser schwerer als Wasser von jeder anderen Temperatur **(Anomalie)**.

Normalerweise ziehen sich Flüssigkeiten beim Erstarren zusammen. Ihr Volumen verringert sich.

Beim Gefrieren dehnt sich Wasser aus. Die Volumenvergrößerung beträgt etwa ein Zehntel.

10   11   12   13

Temperaturänderungen fester und gasförmiger Körper

Eine Brücke für alle Jahreszeiten ...

Das linke Ende der Brücke – ein so genannter „fester Körper" – ist fest verankert. (Du siehst das genauer in der Vergrößerung von Bild 2.)

Warum ist die Brücke aber rechts beweglich auf Rollen gelagert? (Siehe dazu auch Bild 3.)

V1 *So kannst du eine einfache „Brücke" bauen (Bild 4): Die Stricknadel stellt die Brücke dar, die Nähnadel die Rolle; der Trinkhalm dient als Zeiger. Erhitze die Stricknadel mit einer Kerzenflamme. Beobachte den Trinkhalm beim Erwärmen, dann auch beim Abkühlen der Nadel.*

V2 *Bei diesem Versuch nach Bild 5 entspricht das Metallrohr der Brücke. Es ist links fest eingespannt, rechts liegt es lose auf einer Rolle. Die Rolle ist fest mit einem Zeiger verbunden.*

a) *Der Stab wird mit einem Brenner erwärmt; danach soll er abkühlen.*
Beobachte den Zeiger. (Bild 6 zeigt, wie die Bewegung des Zeigers zustande kommt.) Formuliere dann das Versuchsergebnis.

b) *Überlege, wie weit sich der Zeiger bei einem nur halb so langen Rohr bewegen würde. (Die Temperaturerhöhung soll die gleiche sein.)*
Wie wäre es bei einem doppelt so langen Rohr (und gleicher Temperaturerhöhung)?
Formuliere das Ergebnis.

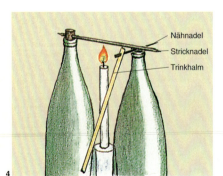

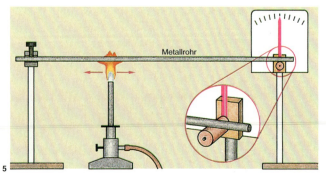

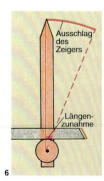

61681

V3 Spanne einen 1,5 m langen Eisen- oder Kupferdraht zwischen die Lehnen zweier Stühle (Bild 7). In der Mitte wird der Draht etwas belastet, damit er straff bleibt (z. B. mit einer Schraube).

a) Erwärme den Draht. Achte dabei auf den Abstand zwischen der Schraube und der Flasche.

b) Was geschieht, wenn sich der Draht abkühlt?
c) Erwärme den Draht mit mehreren Kerzen zugleich.

V4 Dieser Versuch (Bild 8) zeigt, dass sich beim Erwärmen eines Körpers nicht nur dessen Länge ändert … Formuliere das Versuchsergebnis.

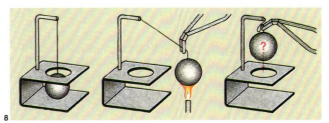

8

A1 Ergänze die folgenden Sätze:
„Je stärker ein Stab erhitzt wird, desto …" „Je mehr ein Stab abgekühlt wird, desto …"

A2 Eine Tabelle im Anhang gibt an, wie sich feste Körper bei Erwärmung verhalten.
a) Dehnen sich nur Metalle aus?
b) Vergleiche die Ausdehnung einiger Stoffpaare, z. B. die von Eisen und Kupfer, Eisen und Beton, Kupfer und Glas, Eisen und Aluminium.

A3 Die Brücke von Bild 1 ist auf Rollen gelagert. Warum ist sie damit tatsächlich eine „Brücke für alle Jahreszeiten"?

9

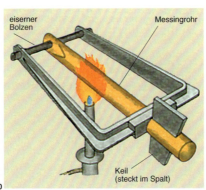

eiserner Bolzen

Messingrohr

Keil (steckt im Spalt)

10

A4 Manche Rohrleitungen, durch die heiße Flüssigkeiten fließen, haben große Schleifen (Bild 9). Warum ist das so?

A5 Kleine Ursachen – große Wirkungen! Das kannst du sehen, wenn der **Lehrerversuch** von Bild 10 durchgeführt wird.
(Vorsicht bei der Durchführung, Splitterschutz!)
a) Überlege: Weshalb kann der Keil immer tiefer in den Spalt getrieben werden, wenn das Messingrohr erhitzt wird?
b) Was wird wahrscheinlich mit dem Bolzen aus Gusseisen geschehen, wenn das Messingrohr mit kaltem Wasser gekühlt wird?

Info: **Wenn feste Körper erwärmt und abgekühlt werden …**

Feste Körper verhalten sich beim Erwärmen und Abkühlen ähnlich wie die Flüssigkeiten:

- Feste Körper dehnen sich beim Erwärmen nach allen Seiten hin aus.
- Beim Abkühlen ziehen sie sich zusammen.
- Die Ausdehnung beim Erwärmen hängt von dem Material ab, aus dem der Körper besteht.

Die Körper werden also beim Erwärmen größer und beim Abkühlen kleiner. Bei festen Körpen kann man

das aber oft kaum erkennen; man braucht dazu meistens Messgeräte.

Wenn sehr lange Körper (z. B. Schienen) erhitzt werden, kann man jedoch eine deutliche Längenzunahme beobachten.

Wie stark sich ein Körper beim Erwärmen ausdehnt, hängt auch davon ab,
- wie stark der Körper erwärmt wird und
- wie groß der Körper vor dem Erwärmen ist.

Aus der Technik: **Beim Hausbau**

Wer ein Haus baut, muss über die Baustoffe Bescheid wissen – z. B. darüber, wie sie sich beim Erwärmen verhalten.

Die Außenmauern und Decken vieler Häuser werden aus Beton hergestellt. Das ist ein Gemisch aus Kies, Zement und Wasser, das schließlich ganz hart wird.

Doch reine Betonmauern oder -decken sind meist nicht stabil genug. Deshalb verstärkt man den Beton dadurch, dass man Stahlmatten oder Stahlgeflechte einfügt; erst auf diese wird dann der noch flüssige Beton gegossen (Bild 1). Den so entstehenden „kombinierten" Baustoff bezeichnet man als *Stahlbeton*.

Wenn zwei Baustoffe so eng miteinander verbunden werden, besteht normalerweise ein Problem:

Bei Temperaturschwankungen würden sich die Baustoffe unterschiedlich stark zusammenziehen oder ausdehnen. Und das könnte zu Rissen und Schäden am Bauwerk führen.

Bei Stahlbeton besteht diese Gefahr aber nicht: Beton und Stahl (gehärtetes Eisen) dehnen sich nämlich bei Erwärmung – z. B. im Sommer – gerade gleich stark aus.

Und bei Abkühlung – d. h. im Winter – ziehen sich die beiden Materialien gleich stark zusammen (→ die Tabelle „Wärmeausdehnung fester Körper" auf S. 182 dieses Buches).

A1 *Beschreibe, was man unter dem Begriff „Stahlbeton" versteht.*

A2 *Warum kann man Stahl (Eisen) und Beton zusammen verarbeiten?*

A3 *Was würde passieren, wenn man Aluminiumstäbe in den Beton eingießen würde?*

Aus der Geschichte: **Feuer zermürbt Gestein**

Für Interessierte zum Weiterlesen

Vor über 450 Jahren beschrieb der berühmte Arzt Georg Agricola aus dem Erzgebirge die Bergbautechnik jener Zeit:

Schwer hatten es damals die Bergleute. Sie mussten das erzhaltige Gestein mit ihrem Schlägel (Hammer), mit dem Eisen (Meißel) und mit der Brechstange herausschlagen.

Manchmal war aber der Fels zu hart. Dann half ihnen das *Feuersetzen* (Bild 2, untere Bildhälfte). Und das ging so: Zunächst wurden Holzscheite so angeschnitzt, dass sie „Bärte" aus Spänen bekamen. Diese benötigte man dann unter Tage im Stollen. Agricola beschrieb das etwa so:

„Geschichtete Haufen trockenen Holzes werden abgebrannt. Die Flammen werden vom Windzug im Stollen gegen das Gestein getrieben; sie erhitzen dieses so stark, dass – nach dem Erkalten – selbst sehr hartes Gestein leicht gebrochen werden kann.

Solange aber die durch das Feuer gerösteten Erze und Steinmassen unangenehm riechende Dämpfe von sich geben und Stollen und Schächte Rauch ausstoßen, fahren die Bergleute nicht ein, damit das Gift ihre Gesundheit nicht zerstört."

A1 *Inwiefern hatte das Feuersetzen etwas mit der Wärmeausdehnung zu tun?*

A2 *Die Holzscheite wurden zunächst eingeschnitten. Kannst du dir denken, weshalb?*

Ein geheimnisvoller Flaschengeist?

klick klick klick

„Achtung", ruft Uli, „gleich wird sich der Flaschengeist bemerkbar machen." Er murmelt etwas und umschließt die Flasche mit beiden Händen (Bild 3) …

Ein prima Zaubertrick – auch der von Bild 4. Oder etwa nicht?

4

Willst du die Tricks selber probieren? Sie sind gar nicht so schwer.

Stelle die Flaschen vorher in den Kühlschrank. Bei Bild 3 muss die Münze angefeuchtet werden. Der Trick von Bild 4 geht auch mit Knetmasse und Strohhalm.

V5 *Tauche zunächst die Öffnung einer gekühlten, leeren Sprudelflasche kurz in Wasser mit Spülmittel. Die Flasche ist danach mit einer dünnen Seifenblase verschlossen.*

a) *Erwärme die Flasche mit beiden Händen.*

b) *Kühle sie anschließend mit kaltem Wasser ab.*

c) *Erkläre deine Beobachtung.*

V6 *Jetzt brauchst du außer einer leeren Sprudelflasche auch noch eine Luftballonhülle.*
Ziehe diese Hülle über die Flaschenöffnung. Lege die Flasche dann etwa 30 Sekunden lang in den Kühlschrank.

a) *Stelle die Flasche in einen Topf Wasser und erwärme das Wasser.*

b) *Nimm jetzt die Flasche samt Luftballonhülle aus dem heißen*

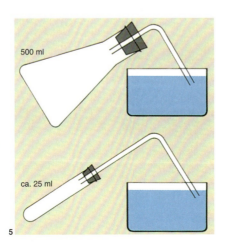

500 ml

ca. 25 ml

5

Wasser heraus. Stelle sie stattdessen in kaltes Wasser.

V7 *Den Versuchsaufbau für diesen Versuch zeigt dir Bild 5. Du siehst, dass jetzt mit unterschiedlich großen Gefäßen experimentiert wird.*

a) *Erwärme den Glaskolben (oben in Bild 5) mit der Hand. Zähle die Luftblasen, die innerhalb von einer Minute nach oben steigen.*

b) *Erwärme nun auch das Reagenzglas (unten in Bild 5) mit der Hand. Auch jetzt steigen Luftblasen nach oben. Wie viele sind es in einer Minute?*

c) *Suche eine Erklärung für die unterschiedlichen Ergebnisse.*

Aus der Geschichte: **Das erste Fieberthermometer**

Für Interessierte zum Weiterlesen

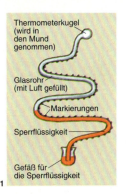

1

Thermometerkugel
(wird in
den Mund
genommen)

Glasrohr
(mit Luft gefüllt)

Markierungen

Sperrflüssigkeit

Gefäß für
die Sperrflüssigkeit

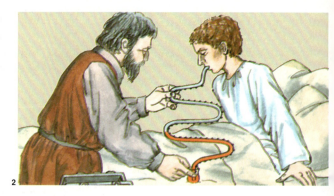

2

Fast 400 Jahre ist es her – da wurde in der italienischen Stadt Padua das Fieberthermometer erfunden. *Sanctorius – ein Arzt –* war dessen Erfinder.

Dieses erste Fieberthermometer sah so ganz anders aus als unsere heutigen Fieberthermometer (Bild 1). Es bestand aus einer Glaskugel, die in ein dünnes, schlangenförmig gebogenes Glasrohr überging. Die Kugel des Fieberthermometers war mit Luft gefüllt. Sie war gerade so groß, dass man sie in den Mund stecken konnte. Das Rohr war etwa zur Hälfte mit gefärbtem Wasser gefüllt.

Wie wurde dieses Thermometer eingesetzt? Wenn der Arzt bei einem Kranken Fieber messen wollte,

ging er so vor: Er nahm zunächst einmal die Kugel selber in den Mund. Die Folge war, dass sich die Flüssigkeit im Rohr verschob. Sowie die Flüssigkeit zum Stillstand kam, steckte er die Kugel dem Kranken in den Mund (Bild 2). Wenn sich dann die Flüssigkeit weiter verschob, wusste der Arzt, dass der Kranke Fieber hat … Kannst du das erklären?

A1 *Erkläre die beiden „Zaubertricks" der vorherigen Seite:*
a) *Die Münze auf der Flasche klickte, während Uli die Flasche umschlossen hielt. Warum?*
b) *Weshalb stieg das Wasser im Glasrohr nach oben?*
c) *Uli hatte vorher die Gefäße in den Kühlschrank gelegt. Warum hat er das gemacht?*
d) *Die Flasche und den Glaskolben hatte er auf einem Handtuch herbeigetragen. Weshalb?*

A2 *Ein Luftballon wird bei Zimmertemperatur (20 °C) aufgeblasen. Nun wird der Ballon in den*

Kühlschrank gelegt; dort herrscht eine Temperatur von 4 °C.
Was wird man nach einer halben Stunde sehen können?

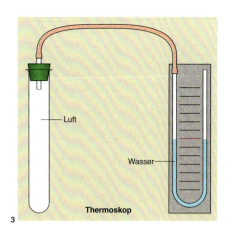

3

Luft

Wasser

Thermoskop

A3 *Bei einem Thermoskop (Bild 3) ist ein Reagenzglas an ein U-Rohr angeschlossen – über einen Gummischlauch. Das U-Rohr ist zur Hälfte mit Wasser angefüllt; das Reagenzglas enthält Luft.*
a) *Stell dir vor, das Reagenzglas wird mit der Hand erwärmt …*
b) *Jetzt hält eine andere Person das Reagenzglas …*
Erkläre!
c) *Das Reagenzglas wurde nun auch noch mit anderen Gasen gefüllt (Bild 4).*
Welche Erkenntnis kannst du aus Bild 4 ableiten?

A4 *Ergänze:*
a) *„Je stärker man ein Gas erwärmt, desto …"*
b) *„Je größer die erwärmte Gasmenge ist, desto …"*
c) *„Im Gegensatz zum Verhalten von festen und flüssigen Körpern ist die Wärmeausdehnung der Gase unabhängig von …"*

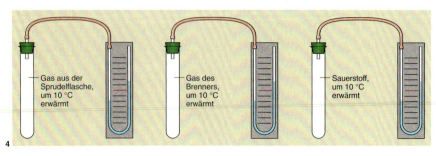

4

Gas aus der
Sprudelflasche,
um 10 °C
erwärmt

Gas des
Brenners,
um 10 °C
erwärmt

Sauerstoff,
um 10 °C
erwärmt

Zusammenfassung

Alles klar?

A1 *Flüssige, feste und gasförmige Körper werden erwärmt und abgekühlt. Was geschieht?*

A2 *Die Spalten in der Fahrbahn einer Brücke bezeichnet man als „Dehnungsfugen".*
a) *Suche nach einer Erklärung für diesen Namen.*
b) *In den Bildern 5 u. 6 siehst du die Abdeckung einer Dehnungsfuge. Eine dieser Aufnahmen wurde im* **Sommer** *gemacht und eine im* **Winter**.
Welches ist die „Sommer-Aufnahme"? Begründe deine Antwort.

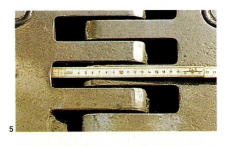
5

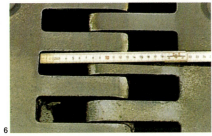
6

A3 *Worauf ist zu achten, wenn man unterschiedliche Materialien miteinander verbaut? Begründe!*

A4 *Gib an, welches Ergebnis du bei diesem* **Versuch** *erwartest: Eine leere, kalte Sprudelflasche wird mit der Öffnung nach unten ganz in kaltes Wasser gesteckt. Dann wird das Wasser allmählich erwärmt … Erkläre!*

A5 *Beim Tischtennisspielen wird der Ball manchmal leicht eingedrückt ohne dabei einzureißen. Wie könnte man ihn „retten"?*

Auf einen Blick

Wenn Körper erwärmt und abgekühlt werden

Erinnere dich:
 Flüssigkeiten dehnen sich aus, wenn sie sie erwärmt werden.
 Wenn Flüssigkeiten – das heißt **flüssige Körper** – abgekühlt werden, ziehen sie sich zusammen.
 Je nach Flüssigkeit geschieht das unterschiedlich stark (Bild 7).

Ein **fester Körper** dehnt sich bei Erwärmung aus: In Bild 8 passt die erhitze Eisenkugel nicht mehr durch den Ring. Bei Abkühlung zieht sich die Kugel zusammen.
 So verhalten sich auch andere feste Körper – je nachdem, woraus sie bestehen, verschieden stark.

Auch **gasförmige Körper** – also Gase – dehnen sich aus, wenn sie erwärmt werden (Bild 9). Wenn die Gase abgekühlt werden, ziehen sie sich zusammen.
 Die Ausdehnung gasförmiger Körper hängt aber nicht von der Art des Gases ab.

Wie stark sich flüssige, feste und gasförmige Körper
bei Erwärmung ausdehnen (und bei Abkühlung zusammenziehen),
hängt auch davon ab, wie groß ihr Volumen ist
und wie stark sie erwärmt bzw. abgekühlt werden.

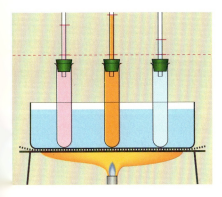

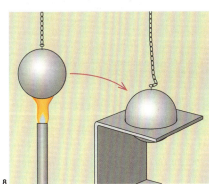
8

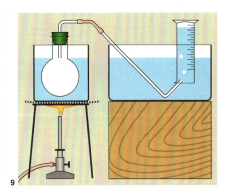
9

31686

Wärmeleitung und Wärmedämmung

Wärme wird fortgeleitet und zurückgehalten

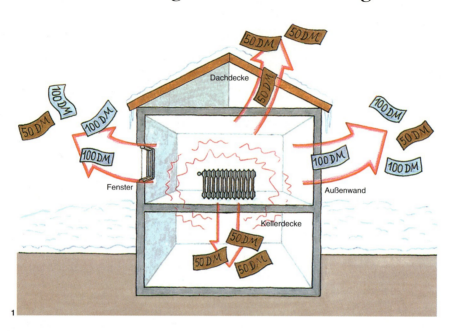

Auch so kann man sein Geld „zum Fenster rauswerfen" (Bild 1).
Deshalb lohnen sich besondere Anstrengungen zur Wärmedämmung (Bilder 2–4).

V1 *Bastle dir ein kleines Versuchshaus aus einem Schuhkarton (Bild 5). Als „Ofen" stellst du eine Limonadendose mit 50 °C heißem Wasser hinein. An der „Decke" des Versuchshauses wird – frei hängend – ein Zimmerthermometer befestigt.*
a) *Stelle das Versuchshaus (noch ohne den „Ofen") in einen kalten Raum. Welche Temperatur liest du am Thermometer ab?*

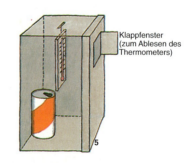

b) *Jetzt kommt der „Ofen" in das Versuchshaus. Lies nach einer halben Stunde die Temperatur ab.*

c) *Kleide nun dein Versuchshaus rundherum mit Styropor aus (wie in Bild 3). Du kannst auch Wollreste oder (Well-)Pappe nehmen. Fülle dann deinen „Ofen" wieder mit 50 °C heißem Wasser. Miss erneut nach etwa einer halben Stunde die Temperatur im Versuchshaus.*

d) *Vergleiche die Messergebnisse. Suche nach einer Erklärung für die Unterschiede.*

61687

V2 *Bei der Wärmedämmung eines Hauses spielt der Zustand der Fenster eine wichtige Rolle.*
Den Vorteil einer Doppelverglasung zeigt die folgende Versuchsreihe (Bilder 6–8).

Heißluft — **eine** Glasscheibe

6

zwei Glasscheiben **ohne** Luft dazwischen

7

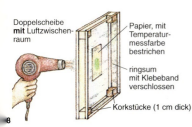

Doppelscheibe **mit** Luftzwischenraum — Papier, mit Temperaturmessfarbe bestrichen — ringsum mit Klebeband verschlossen — Korkstücke (1 cm dick)

8

Von einer Seite her wird das „Fenster" mit einem Haartrockner erwärmt. Auf der anderen Seite wird die Temperatur mit einem elektronischen Thermometer gemessen.

a) *Worin unterscheiden sich die einzelnen Versuchsanordnungen (Bilder 6–8)?*
b) *Plane selbst diese Versuchsreihe. Wie muss sie durchgeführt werden? (Tipp: Es wird eine Uhr benötigt.)*
c) *Bevor ihr die Versuchsreihe durchführt: Überlegt, welche Ergebnisse zu erwarten sind.*
d) *Nachdem die Ergebnisse dieser Versuchsreihe feststehen: Erläutere, worauf die Wirkungsweise der Doppelverglasung beruht.*

V3 *Zwei Bechergläser enthalten Wasser unterschiedlicher Temperatur. Sie wurden durch einen U-förmigen Kupferstab – so wie in Bild 9 gezeigt – miteinander verbunden.*

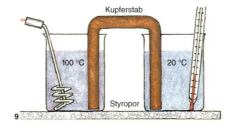

Kupferstab — 100 °C — 20 °C — Styropor

9

a) *Beobachte das Thermometer.*
b) *Wiederhole diesen Versuch mit einem Messingstab und dann mit einem Glasstab.*
c) *Suche nach einer Erklärung für deine Beobachtungen.*

V4 *Ein Gefäß mit Wasser steht auf einer Kochplatte. Das Wasser siedet beinahe.*
Stelle einen Holzstab, einen Glasstab, einen ausgedienten Plastikkugelschreiber ohne Mine und einen Metalllöffel in das Wasser (Bild 10).

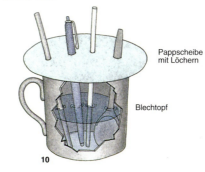

Pappscheibe mit Löchern — Blechtopf

10

Probiere aus, ob die Gegenstände nach einer Minute oben heiß geworden sind.

11

V5 *Erhitze den Rand einer Münze (Fünfmarkstück, Bild 11).*

Was meinst du: Wirst du zuerst die Münze loslassen müssen – weil sie für dich zu heiß geworden ist – oder das Streichholz – damit du dir nicht an ihm die Finger verbrennst?

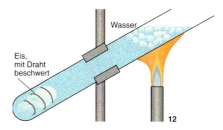

Wasser — Eis, mit Draht beschwert

12

V6 *Ob die Wärme auch im Wasser fortgeleitet wird?*
a) *Beschreibe zunächst wieder den Versuchsaufbau. Du siehst ihn in Bild 12. (Beachte dabei, wo der Brenner steht.)*
b) *Was vermutest du: Wird das Wasser (so wie in Bild 12 gezeichnet) sieden, bevor das Eis geschmolzen ist? Oder schmilzt zunächst das Eis am Boden des Reagenzglases?*
c) *Führe den Versuch durch. Sei aber vorsichtig, denn das Reagenzglas könnte zerspringen. Es könnte auch sein, dass heißes Wasser aus dem Glas herausspritzt. (Schutzbrille! Das Glas nicht auf andere richten!)*

V7 *Den Versuchsaufbau zeigt dir Bild 13.*

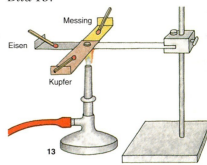

Messing — Eisen — Kupfer

13

a) *Was beobachtest du nach dem Entzünden des Brenners?*
b) *Welches Ergebnis liefert dieser Versuch?*

Info: Gute und schlechte Wärmeleiter

In manchen Materialien wird die Wärme gut fortgeleitet. Das zeigen Erfahrungen und Experimente. Diese Materialien nennt man **gute Wärmeleiter**. Zu ihnen gehören vor allem die Metalle.

In Bild 1 ist die *Wärmeleitfähigkeit* verschiedener Metalle dargestellt – zum Vergleich auch die von Glas. Du siehst, dass es hierbei große Unterschiede gibt. **Schlechte Wärmeleiter**, die du ebenfalls in den Versuchen kennen gelernt hast, konnten in diese Abbildung gar nicht mehr (maßstabgetreu) eingezeichnet werden.

Im Vergleich zu Kupfer leitet z. B. Wasser die Wärme etwa 600-mal schlechter. Styropor® leitet sie 10 000-mal schlechter und Luft sogar 150 000-mal. Oder andersherum ausgedrückt: Kupfer leitet die Wärme 150 000-mal besser als Luft.

Die Luft ist (neben einigen anderen Gasen) der schlechteste Wärmeleiter, den wir kennen.

Wenn die Wärme in einem Gegenstand fortgeleitet wird, geschieht das immer von seiner warmen Seite hin zu seiner kalten – und zwar so lange, bis seine Temperatur überall gleich hoch ist. Oder die Wärme geht von einem Gegenstand (dem wärmeren) auf einen anderen (den kühleren) über.

Manchmal wird ein heißes Getränk in einem geschlossenen Gefäß serviert. Wenn dieses von Styropor umgeben ist, wird fast keine Wärme fortgeleitet. Styropor zählt nämlich zu den Materialien, die sehr gut zur **Wärmedämmung** geeignet sind.

Das „Geheimnis" dieses *Wärme-Isolators* ist, dass er sehr viele mit Luft gefüllte Hohlräume besitzt. Ein Styroporblock von 1000 Liter Rauminhalt enthält nur 20 Liter Kunststoff, aber 980 Liter Luft. Könnte man aus dem in Bild 2 gezeichneten Styropor alle Luft herauspressen, bliebe nur der kleine (blau gezeichnete) Kunststoffwürfel übrig. Alles andere ist Luft.

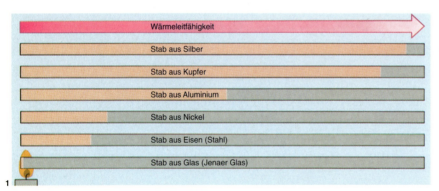

1

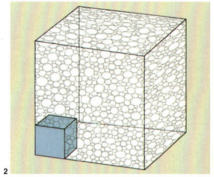

2

A1 *Begründe, warum man sich so sehr bemüht Häuser zu isolieren.*

A2 *Ordne folgende Materialien nach ihrer Fähigkeit die Wärme zu leiten: Eisen, Glas, Kupfer, Luft, Styropor®.*

A3 *Gib bei jedem der folgenden Kleidungsstücke an, auf welche Weise sie uns warm halten:*
a) *Wenn man einen Wollpullover trägt, ist die Hauttemperatur um 2 °C höher als ohne den Pullover. Mit zwei übereinander gezogenen*
Wollpullovern ist die Hauttemperatur um 3 °C höher.
b) *Bei einer langen Hose ist die Hauttemperatur an den Beinen um 0,5 °C höher als bei einem Rock.*

3

A4 *„Zieh dir eine warme Jacke an, damit du nicht frierst!" Diese Aufforderung kennst du bestimmt. Dabei ist doch die Jacke selber gar nicht warm …*
Wie müsste die Aufforderung physikalisch richtig lauten?

A5 *Weshalb bestehen Kochlöffel immer aus Holz oder Kunststoff?*

A6 *Im Winter, bei strenger Kälte plustern sich Vögel auf, sodass sie dicker aussehen als normal (Bild 3). Warum tun sie das?*

Aus der Technik: Wärmedämmung beim Hausbau

Herr und Frau Stiller wollen bauen. Immer wieder sitzen sie über den Plänen um sich zu beraten.

Natürlich muss das Haus auch im Winter warm sein – und trotzdem soll sparsam geheizt werden. Brennstoffe sind bekanntlich teuer. Vor ihnen liegen die Bilder 4–6.

„Egal, welche Heizung wir einbauen – unser Haus muss so gebaut werden, dass wir nicht auch noch die Straße heizen", meint Frau Stiller.

„Ja", pflichtet ihr Herr Stiller bei, „die Wärmedämmung muss bei den Fenstern beginnen. Die Fenster dürfen nur so wenig wie möglich Wärme nach draußen lassen. Wir brauchen also Fenster mit Doppelverglasung."

„Und dann müssen wir noch darauf achten, dass die Außenmauern nicht zu dünn werden", sagt Frau Stiller. „Sieh mal, da gibt's ja verschiedene Möglichkeiten." … So oder so ähnlich mag die Unterhaltung verlaufen.

Als Außenmauer soll schließlich eine Mauer aus Hohlblocksteinen errichtet werden.

Und zusätzlich soll diese Mauer eine Wärmedämmung aus Styropor-Platten und eine Holzverkleidung erhalten.

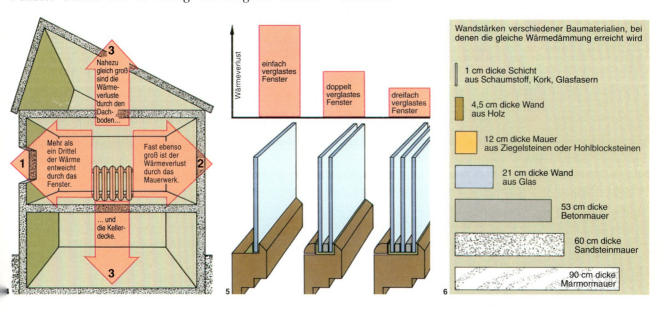

Aus dem Alltag: Unsere Kleidung dient der Wärmedämmung

Kleidung hilft gegen die Fortleitung von Wärme. Je kälter die Umgebung ist, desto wichtiger werden die isolierenden Schichten unserer Kleidung (Bild 7).

Die Wärmeisolierung der Kleidung beruht vor allem darauf, dass viel Luft im Fasergewebe eingeschlossen ist. Die Luft leitet ja schließlich die Wärme etwa 10- bis 20-mal schlechter als die jeweiligen Textilfasern.

Eine gut isolierende Kleidung ist daher bauschig und leicht. Ihr Gewebe enthält viele kleine Hohlräume, in denen Luft eingeschlossen ist.

Das Gewebe gut isolierender Kleidung ist nicht nur gekräuselt und locker; es ist auch sehr elastisch und fest. Wichtig ist, dass es sich nicht leicht zusammenpressen lässt, weil sonst die isolierende Luft entweicht.

Aus der Umwelt: **Wärmedämmung in der Tierwelt**

Lebewesen sind von Luft, Wasser oder Erde umgeben. Wenn ihre Körpertemperatur höher als die der Umgebung ist, geben sie Wärme ab. Wenn sie niedriger ist, nehmen sie Wärme auf. Vereinfacht kann man die Tiere in zwei große Gruppen einteilen:

Die **erste Gruppe** wird von den *Vögeln* (Bild 1) und den *Säugetieren* (Bild 2) gebildet. Sie „regeln" die Temperatur im Innern ihres Körpers auf einen bestimmten Wert ein; d. h., sie erzeugen durch Nahrungsaufnahme und Nahrungsverwertung Wärme. Bei den Vögeln liegt der Wert zwischen 38 °C und 41 °C, bei den Säugetieren liegt er zwischen 37 °C und 40 °C.

1

Die Körperoberfläche dieser Tiere ist gegen Wärmeaustausch isoliert. Das Gefieder, ein Fell (Haare) oder eine Speckschicht bilden die *Wärmedämmung* – denn ob es kalt oder warm ist: Die Temperatur im Körperinnern darf nur ganz wenig um ihren „Sollwert" herum schwanken.

2

Ihre isolierende Wirkung erhalten Felle und Gefieder durch die eingeschlossene Luft. Je größer die Temperaturunterschiede zur Umgebung sind,

3

desto schwieriger ist es, die Temperatur im Innern zu halten. Deshalb regeln Säugetiere und Vögel bei Kälte die Temperatur ihrer Hautoberfläche und ihrer Gliedmaßen herunter.

Die **zweite Gruppe** wird durch fast alle anderen Tiere gebildet. Sie haben nicht die Fähigkeit Wärme zu erzeugen um eine bestimmte Temperatur zu erreichen. Die Temperatur ihres Körpers ändert sich mit der Umgebungstemperatur. Nur durch das Verhalten der Tiere wird sie gesteuert. Sie steigt bei Sonne (Bild 3) und sinkt z. B. in kühlen Erdhöhlen. Die Körperoberfläche der Tiere dieser Gruppe ist ein guter Wärmeleiter. Wenn die Eidechse kurze Zeit in der Sonne sitzt, steigt ihre Körpertemperatur auf 40 °C.

Weil diese „wechselwarmen" Tiere keine Wärme erzeugen müssen, brauchen sie viel weniger Nahrung als die Vögel und die Säugetiere. Sie können aber nicht überall leben. In der kalten Arktis z. B. gibt es weder Eidechsen noch Schlangen. In sehr heißen Gebieten suchen wechselwarme Tiere kühle Erdhöhlen oder schattige Plätze auf.

Aus der Umwelt: **Kleine Überlebenskünstler**

Kleine Tiere haben es besonders schwer, ihre Körpertemperatur zu halten. Die kleinen Körper können kein dickes Fell oder Winterkleid tragen; sie kühlen sehr schnell aus.

Kolibris z. B. (Bild 4) wiegen nur wenige Gramm. Sie müssen daher fast ununterbrochen Nahrung in sich aufnehmen. Da sie bei der Nahrungssuche auf die Augen angewiesen sind, müssten sie bei Nacht eigentlich verhungern. Davor schützen sie sich aber, indem sie ihre Körpertemperatur im Schlaf bis auf die Umgebungstemperatur absenken. Dann leitet ihr Körper keine Wärme an die Umgebung ab. Infolgedessen benötigt

4

er auch keine Nahrung mehr zur Erhaltung der Körpertemperatur.

Auch kleine Säugetiere können keine längeren Pausen bei der Nahrungsaufnahme vertragen. Wenn im Winter kaum mehr Nahrung finden, bleibt ihnen nur noch übrig in den *Winterschlaf* zu fallen. Ein Beispiel dafür ist die **Fledermaus**:

Die Körpertemperatur der Fledermaus sinkt während des Winterschlafs bis auf wenige Grad Celsius über die Temperatur ihrer Umgebung ab. Die Körperfunktionen laufen dann nur noch sehr langsam ab. Dafür reichen dann die im Winterspeck gespeicherten Vorräte aus.

Zusammenfassung

Alles klar?

A1 Weshalb muss man bei Gebäuden für eine gute Wärmedämmung sorgen?

A2 Die Außenmauern eines Hauses werden „wärmeisoliert", die Trennwände zwischen den Zimmern aber nicht. Erkläre!

A3 Der Baustoff Styropor® ist im Wesentlichen „eingesperrte Luft". Erkläre, was man damit meint.

A4 Wenn du barfuß auf einem Teppich gehst, findest du es angenehm warm. Die Fliesen im Badezimmer kommen dir kalt vor. Wieso fühlen sich Teppiche warm und Fliesen kalt an?

A5 „Ein Pullover wärmt." Nimm zu dieser Aussage Stellung.

A6 Hinsichtlich der Körpertemperatur unterscheidet man zwei Gruppen von Tieren. Welche sind das? Gib jeweils Beispiele an.

A7 Warum können in Polargebieten Eisbären und Pinguine leben, Echsen und Schlangen aber nicht?

A8 In Polarmeeren ist die Speckschicht der Wale dick, in warmen Gewässern ist sie dünn. Fische besitzen gar keine Speckschicht. Erkläre den Unterschied.

Auf einen Blick

Wärme wird fortgeleitet

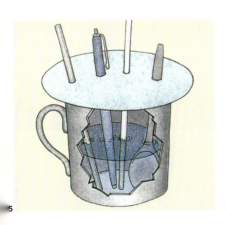
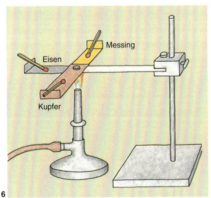
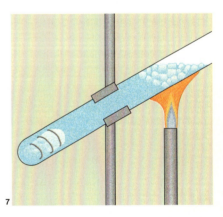

Die Ergebnisse dieser Versuche (Bilder 5–7) zeigen: **Es gibt gute und schlechte Wärmeleiter.** Zu den guten Wärmeleitern gehören die Metalle. Unter ihnen stehen Silber und Kupfer an der Spitze. Zu den schlechten Wärmeleitern gehören Holz, Textilien, Glas, Kunststoffe, Wasser und vor allem die Luft.

Die Luft – ein besonders schlechter Wärmeleiter

Wenn Holz, Textilien oder Kunststoffe in ihren Poren **Luft** enthalten, ist ihre Wärmeleitung besonders schlecht.

Solche Materialien werden als *Wärmedämmstoffe* oder *Wärmeisolatoren* bezeichnet.

Sie werden dort eingesetzt, wo man die Wärmeleitung einschränken oder verhindern will.

Wärmedämmstoffe sind Styropor® und Glaswolle (Bild 8); sie werden z. B. für Wohnungswände und Heizungsrohre verwendet.

Eine wärmedämmende Maßnahme beim Hausbau ist der Einbau von Fenstern mit Mehrfach-Verglasung. Das hilft, weil sich dann Luft zwischen den Scheiben befindet.

Wärmetransport (Wärmeströmung)

Die Warmwasserheizung

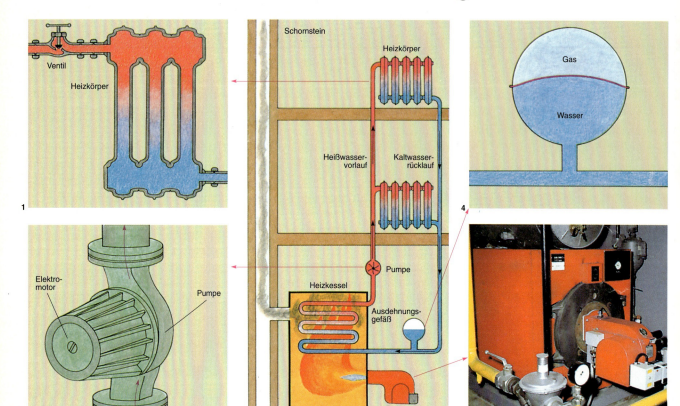

1 Ventil, Heizkörper

Schornstein
Heizkörper
Heißwasser-vorlauf
Kaltwasser-rücklauf
Pumpe
Heizkessel
Ausdehnungs-gefäß
Ölbrenner mit Gebläse

Gas
Wasser

Elektro-motor
Pumpe

Das Bild in der Mitte zeigt vereinfacht eine Warmwasserheizung (Zentralheizung).
Ringsherum sind einzelne Teile der Heizungsanlage abgebildet.
Kannst du dir vorstellen, wie eine solche Zentralheizung funktioniert?

A1 *Vielleicht habt ihr daheim eine Warmwasserheizung.*
Wenn ja, suche dort die oben abgebildeten Teile.

A2 *Plane einen **Versuch**, der das Modell der Warmwasserheizung sein könnte. Die Geräte von Bild 6 stehen dir zur Verfügung.*

A3 *Mit dem Ventil am Heizkörper (Bild 1) wird die Wärme reguliert.*
a) *Ob man damit „die Wärme absperren" kann? Überlege, was in Wirklichkeit abgesperrt wird.*

b) *Weshalb wird auf diese Weise auch die Wärme reguliert?*

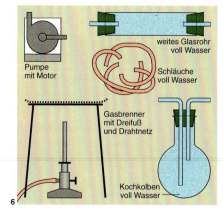

Pumpe mit Motor
weites Glasrohr voll Wasser
Schläuche voll Wasser
Gasbrenner mit Dreifuß und Drahtnetz
Kochkolben voll Wasser
6

A4 *Markus meint, dass die Heizkörper warm werden, weil sie durch Eisenrohre mit dem Heizkessel verbunden sind – das Eisen leitet doch die Wärme gut.*
Ob er Recht hat? (Denke an die Lösung der Aufgabe 3.)

A5 *Warum ist in der Anlage ein Ausdehnungsgefäß nötig (Bild 4)?*

A6 *Beschreibe, wie die Warmwasserheizung funktioniert. (Beginne dabei mit dem Wasser im Heizkessel.)*

Wärmetransport ohne Pumpe

Wärmetransport in der Natur – natürlich ohne Pumpe.
Dieser Wärmetransport bringt die *Weihnachtspyramide* zum Drehen (Bild 7)
und den *Heißluftballon* zum Steigen (Bild 8) …

V1 *Weihnachtspyramiden (siehe Bild 7) werden von einem Windrad angetrieben. (Du kannst dir selbst eines bauen. Siehe dazu die entsprechende Bauanleitung im Anhang des Buches.)*
a) *Blase von unten her gegen das Windrad.*
b) *Halte es im Abstand von ca. 20 cm über eine Kerzenflamme.*
c) *Suche nach Stellen, wo sich das Windrad sonst noch drehen könnte, z. B. über Öfen, Herdplatten, eingeschalteten Lampen oder einem Bügeleisen.*
Probiere aus, in welchen Entfernungen sich das Rad noch neben diesen Wärmequellen dreht.
d) *Was schließt du aus deinen Beobachtungen?*

V2 *Die folgenden Versuche zeigen, dass Wärmetransport auch ohne Pumpe erfolgt:*
a) *Beobachte das Schattenbild der Kerze, wenn der Versuch nach Bild 9 durchgeführt wird.*
b) *Was beobachtest du, wenn die Kerze durch eine andere Wärmequelle (z. B. durch ein eingeschal-* tetes Bügeleisen oder eine 100-W-Lampe) ersetzt wird?

V3 *Wahrscheinlich kennst du jene kleinen Ballone, die man mit*

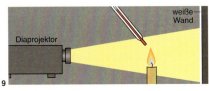

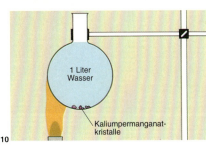

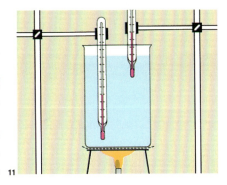

Wasser füllen kann („Wasserbomben"). Fülle einige von ihnen mit kaltem Wasser.
a) *Lege sie dann in heißes Wasser. Was kannst du beobachten?*
b) *Warte bis sich das Wasser in den Ballonen erwärmt hat.*
c) *Lege sie in eine Wanne mit kaltem Wasser. Was geschieht?*

V4 *Ein Rundkolben wird bis zum Hals mit kaltem Wasser gefüllt. Wenn das Wasser ruhig steht, kommen einige Kristalle Kaliumpermanganat hinzu; sie sinken zu Boden und lösen sich langsam auf. Dabei wird das Wasser am Boden violett verfärbt.*
Nun wird seitlich an den Randkolben ein Brenner gestellt (Bild 10). Erkläre, was du daraufhin siehst.

V5 *Bei dem Versuch von Bild 11 wird alle 60 Sekunden die Temperatur abgelesen (an beiden Thermometern).*
a) *Vergleiche jeweils die beiden Wassertemperaturen.*
b) *Suche nach einer Erklärung für deine Messergebnisse.*

Info: Wenn Wasser oder Luft erwärmt werden …

Wenn Wasser oder Luft erwärmt werden, dehnen sie sich aus. Aber das ist noch nicht alles …

Stell dir einen Becher vor, der bis zum Rand mit kaltem Wasser gefüllt ist. Wenn er erwärmt wird, läuft etwas von dem Wasser über – das Wasser dehnt sich ja, da es erwärmt wird, aus (Bild 1).

Obwohl der Becher auch jetzt noch bis zum Rand gefüllt ist, ist sein Inhalt nun etwas leichter; von dem Wasser ist ja inzwischen ein kleiner Teil herausgeflossen (Bild 2). Daraus ergibt sich:

1 Liter kaltes Wasser ist schwerer als 1 Liter warmes Wasser.

Und 2 Liter kaltes Wasser sind schwerer als 2 Liter warmes Wasser …

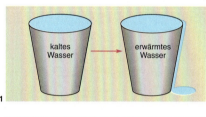

1

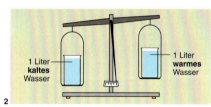

2

Stell dir jetzt vor, du könntest das erwärmte Wasser in ein Gefäß mit kaltem Wasser „hineinstellen". Es würde etwas Ähnliches geschehen, wie wenn ein Stück Holz unter Wasser losgelassen wird: So wie das Holz zur Oberfläche hochsteigt, so „steigt" auch das warme, leichtere Wasser nach oben. **Das Wasser „transportiert" also Wärmeenergie nach oben – und zwar ganz ohne Pumpe.**

Ähnliches passiert, wenn eine bestimmte Menge Luft z. B. über einer Herdplatte erwärmt wird: **Die erwärmte Luft steigt in der Umgebungsluft nach oben und transportiert so (ohne Pumpe) Wärmeenergie.** Das liegt daran, dass z. B. 1 Liter heiße Luft leichter ist als 1 Liter kalte Luft.

A1 *Was haben eine Weihnachtspyramide und ein Heißluftballon gemeinsam?*

A2 *Ein Zimmer wird nicht nur beim Heizkörper warm. Du kannst das mit einem Thermometer überprüfen.*
Wie erklärst du dir das?

A3 *Bild 3 zeigt einen **Versuch** mit einem Gerät aus der Lehrmittelsammlung.*
a) *Was geschieht bei dem abgebildeten Versuch, wenn das Rohr nur bei A, nur bei B oder nur bei C erhitzt wird?*

b) *Kann das Wasser auch oben warm werden, wenn man den Brenner nach kurzer Zeit unten wegnimmt?*
c) *Welche technische Anlage wird durch diesen Versuch erklärt?*

A4 *Ein interessanter **Versuch**:*
Zunächst wird ein Becherglas mit angefärbtem, heißem Wasser gefüllt. Anschließend wird es mit einem Stopfen (in dem zwei offene Glasröhrchen stecken) verschlossen (Bild 4, Teil 1).
Was wird geschehen, wenn man das Becherglas in ein Becken mit kaltem Wasser stellt (Teil 2)?

A5 *Eine Warmwasserheizung um die Jahrhundertwende (Bild 5)! Welches Teil fehlt? Warum funktionierte sie trotzdem?*

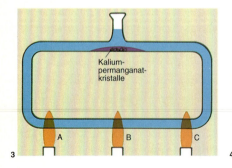

3

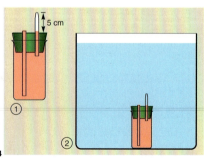

4

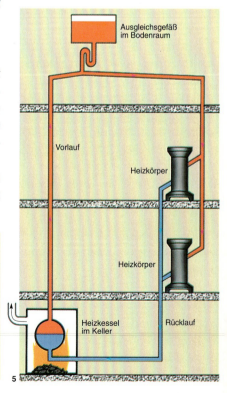

5

328

61691

Aus der Umwelt: Der Golfstrom – Wärmetransport in großem Stil

Der **Golfstrom** ist einer der bedeutendsten Meeresströmungen unserer Erde. Du musst ihn dir als einen breiten Fluss von warmem Wasser inmitten des Atlantischen Ozeans vorstellen. Dieser Strom ist riesig: Er kann bis zu 150 Meter tief sein und er transportiert 40 000-mal so viel Wasser wie die Donau bei Passau. Von seinem Ursprung in Mittelamerika, dem *Golf von Mexiko*, hat er seinen Namen.

In Mittelamerika hat er eine Wassertemperatur von 25 °C; sein Wasser ist dort also mindestens so warm wie das unserer Badeseen im Sommer. Und genau darin liegt die Bedeutung dieses Stromes:

Auf seinem Weg durch den Atlantischen Ozean nimmt der Golfstrom die in ihm gespeicherte Wärme mit. Schließlich erreicht er auf seiner „Reise" Europa (an der Südspitze Englands).

Der Golfstrom „transportiert" seine Wärmeenergie an den Britischen Inseln vorbei bis hin zur Küste Norwegens. (Vielleicht kannst du dir das auf einer Landkarte zeigen lassen.) Dabei kühlt er sich – wie alles Wasser – nur sehr langsam ab. Selbst im kühlen Norden ist der Golfstrom immer noch um 2–3 °C wärmer als das ihn umgebende Atlantikwasser.

Die Luft nimmt viel von der durch den Golfstrom transportierten Wärmeenergie auf – und diese Luft gelangt als milder Westwind an die Küste. Das bewirkt, dass das Klima Nord-West-Europas milder ist als das anderer Gebiete, die genauso hoch im Norden liegen. Folgen dieser „Warmwasserheizung" sind:
- Die Westküste Norwegens bleibt selbst in kalten Wintern eisfrei.
- An der Westküste Norwegens reifen Erdbeeren und Kirschen.
- An der Süd-West-Küste Englands (in Penzance, Cornwall) gedeihen sogar Palmen – obwohl England doch viel nördlicher liegt als z. B. Bayern.

Aus der Geschichte: Heißluftballone – „steigen mit erwärmter Luft"

Für Interessierte zum Weiterlesen

Langsam aufsteigen und dann am Himmel dahinfahren – *getragen von erwärmter Luft* –, was muss das für ein wunderbares Gefühl sein. Das Fahren mit **Heißluftballonen** ist heute tatsächlich zu einem beliebten Sport geworden (Bild 6).

Zwar müssen diese Fahrzeuge nicht mit teurem Treibstoff aufgetankt werden, dieser Sport ist aber trotzdem nicht gerade billig. Die Ballone bestehen aus einem nicht brennbaren Kunststoffgewebe. Die Luft im Innern der Ballone wird durch die mannshohe Flamme eines Bunsenbrenners erhitzt. Und mit dieser dann aufsteigenden heißen Luft wird der Ballon nach oben „transportiert".

Heißluftballone sind keine Erfindung unserer Zeit: Schon am 5. Juni 1783 startete nämlich der

6

7

erste große Heißluftballon – und das war wirklich eine Sensation.

Der Ballon war aus Leinen gefertigt und innen mit Papier ausgefüttert. Er hatte einen Durchmesser von 11,3 Metern. (So hoch ist etwa ein dreistöckiges Haus.) Erbauer des Ballons waren die Gebrüder *Montgolfier* aus Frankreich. Daher wurden die Ballone **Montgolfieren** genannt.

Bald darauf folgten dann auch „bemannte" Fahrten: Im August 1783 starteten vor dem gesamten Hofstaat in Paris ein Hammel, eine Ente und ein Hahn.

Und dann (im November) wagten sich auch zwei Menschen in die Lüfte – ein Apotheker und ein Marquis. Sie hoben ab zu einem (wie sie es nannten) „Luftspaziergang" über den Dächern von Paris (Bild 7).

Aus der Technik: **Wärmetransport beim Automotor**

Für Interessierte zum Weiterlesen

Jeder Motor wird heiß, wenn er eine Zeit lang in Betrieb ist. Das gilt für Motoren von Autos, aber auch für die von Motorrädern oder Mopeds. Dann erreichen einige Teile so hohe Temperaturen, dass man sich an ihnen die Finger verbrennen könnte.

Wie entsteht die Wärme, die diese hohen Temperaturen verursacht? Sie entsteht beim Verbrennen des Treibstoffs (z. B. Benzin).

Die Temperatur eines Motors darf aber nicht allzu hoch werden. Sonst nimmt der Motor Schaden. Ein Teil der Wärme muss also „abtransportiert" werden.

Diese Aufgabe übernimmt bei vielen Motoren das *Kühlwasser*. Es wird um den Motor herumgepumpt und nimmt so die Wärme auf (Bilder 1 u. 2).

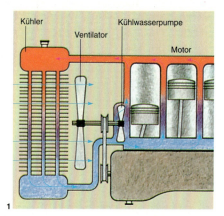

Kühler Kühlwasserpumpe Ventilator Motor

1

Kühler

2

Über den *Kühler* wird die Wärme dann an die Luft abgegeben.

Kühler-Oberflächen sind mit *Lamellen* versehen (Bilder 3 u. 4).

Ob du herausbekommst, wozu das gut ist?

(*Tipp:* Durch die Lamellen wird die Oberfläche des Kühlers fast 40-mal so groß wie seine gesamte Vorderseite. Das bedeutet: Wenn die Vorderseite etwa halb so groß wie ein Esstisch ist, wird sie durch die Lamellen so groß wie der Boden eines Wohnzimmers.)

3

4

Zusammenfassung

Alles klar?

A1 *Welche Besonderheit haben erhitztes Wasser und erwärmte Luft?*

A2 *Du kennst den Begriff „Wärmetransport".*
a) *Erkläre ihn am Beispiel der Bettflasche (Bild 5).*
b) *Manchmal spricht man auch von „Wärmeströmung", wenn man* den Transport von Wärme meint. *Warum ist das aber ungenau? (Denke daran, was z. B. bei der Warmwasserheizung strömt.)*

A3 *Bei modernen Warmwasserheizungen drückt eine Pumpe das heiße Wasser aus dem Heizkessel in die Heizkörper und von dort wieder zurück.*
Warum geht es aber auch ohne Pumpe? Welchen Vorteil könnte aber die Pumpe haben?

A4 *Manchmal werden Heizkörper erst warm, nachdem sie „entlüftet" wurden. Warum wohl?*

A5 *Bei einem Lagerfeuer siehst du, wie Funken und verkohlte Papierstückchen aufsteigen. Welche Erklärung hast du dafür?*

A6 *Warum verschmutzen Wände über Heizkörpern stark (Bild 6)?*

5

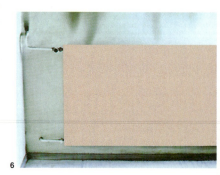

6

Auf einen Blick

Wir unterscheiden Wärmeleitung und Wärmetransport

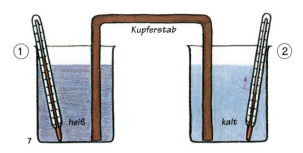

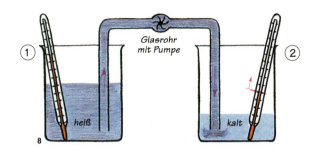

Wärmeleitung: Im Innern des Kupferstabs wird Wärme aus Glas 1 nach Glas 2 geleitet. Der Kupferstab und das Wasser von Glas 1 bleiben an ihrem Ort.

Wärmetransport: Heißes Wasser wird aus Glas 1 in Glas 2 gepumpt. Also wird die Wärme von Glas 1 mit Hilfe dieses Wassers nach Glas 2 transportiert.

Wärme kann also auch durch *Wärmetransport* weitergegeben werden: Ein erwärmter Gegenstand (z. B. eine Bettflasche voll Wasser) wird von einer Stelle zu einer anderen transportiert. Damit gelangt auch die Wärme des transportierten Gegenstands an diesen Ort. (Für „Wärmetransport" sagt man manchmal auch „Wärmeströmung".)

Bei einer *Warmwasserheizung* wird die Wärme des Wassers, das in den Heizkörpern ist, an die Luft abgegeben. Dadurch kühlt sich das Wasser ab. Dieses kühlere Wasser wird wieder zum Heizkessel zurückgepumpt. Hier liegt also ein *Wasserkreislauf* vor.

Eine wichtige Eigenschaft

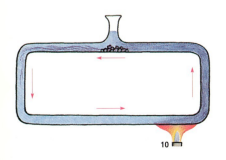

Erhitztes Wasser und erhitzte Luft sind leichter als kühleres Wasser bzw. kühlere Luft. Deshalb steigt erwärmtes Wasser in kühlerem Wasser auf; es transportiert so die Wärmeenergie des Wassers. Dasselbe gilt für die erwärmte Luft. All das geschieht ohne jede Pumpe.

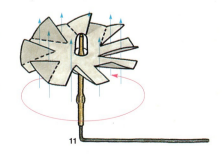

Die Strahlung

Eine dritte Art der Wärmeausbreitung

Endlich wieder Sonne – und sie „hat schon ganz schön Kraft"!
Wer macht sich da schon Gedanken darüber,
wie die Sonnenwärme aus dem Weltraum zu uns kommt …

V1 *Helle Glühlampen sind heiß. Sie erwärmen die Luft. Dass diese nach oben steigt, weißt du.*
a) *Über der Lampe müsste also eine Erwärmung zu spüren sein. Probiere es aus (Bild 2).*
b) *Neben der Glühlampe dürfte man aber kaum etwas merken: Umfasse die Lampe lose mit den Händen (Bild 3). Vorsicht, heiß!*
c) *Was stellst du jeweils fest? Was zeigt also dieser Versuch?*

V2 *Jetzt machen wir's genauer: Wir setzen ein Thermometer ein.*

a) *Ob die Thermometerkugel neben der Glühlampe eine höhere Temperatur anzeigt?*
b) *Wiederhole den Versuch mit anderen Wärmequellen. In Bild 4 siehst du zwei Vorschläge dazu.*

V3 *Dieser Versuch zeigt eine Besonderheit dieser Ausbreitungsart von Wärme.*
a) *Überziehe eine Postkarte glatt mit einer glänzenden Aluminiumfolie. Lege sie mit der Folie nach oben auf den Tisch. Nähere ihr langsam deine flache Hand.*
b) *Deutlicher wird das Ergebnis, wenn du die Postkarte mit der Folienseite nahe an dein Gesicht hältst (Bild 5).*
c) *Offenbar wird von deinem Gesicht Wärme abgegeben. Welchen Weg nimmt sie dabei?*

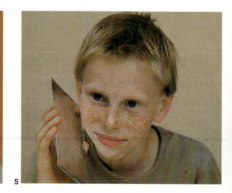

61693

V4 *Wir setzen ein Thermoskop ein (Bild 6): Durch ein mit Wasser gefülltes U-Rohr zeigt es an, ob sich die Luft im Reagenzglas er-* wärmt; sie dehnt sich ja dabei aus und schiebt die Wassersäule des U-Rohrs vor sich her.

a) *Nähere zunächst deine Hand vorsichtig der heißen Platte. Halte dann das Reagenzglas (mit dem U-Rohr) an die Stelle, an der sich deine Hand befand.*

b) *Verwende jetzt statt der Metallplatte eine helle Glühlampe oder ein Gefäß mit heißem Wasser.*

c) *Umwickle nun das Reagenzglas mit Aluminiumfolie und halte es eine Minute lang neben die Glühlampe. Was stellst du fest?*

d) *Jetzt umwickelst du das Reagenzglas mit schwarzem Papier. Halte es wieder neben die Lampe.*

V5 *Auch hier geht es um das „Empfangen" von Wärme. Bild 7 zeigt den Versuchsaufbau.*

Versuche – bevor dieser Versuch durchgeführt wird – das Ergebnis vorherzusagen.

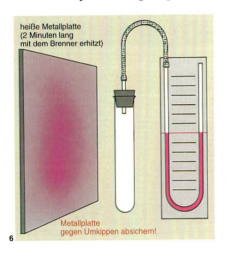

heiße Metallplatte
(2 Minuten lang
mit dem Brenner erhitzt)

Metallplatte
gegen Umkippen absichern!

6

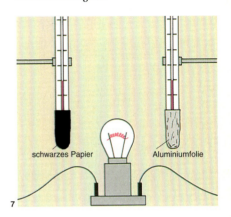

schwarzes Papier   Aluminiumfolie

7

Info: Die Strahlung von Wärmequellen

Wenn ein Auto „in der Sonne steht", wird es innen oft unerträglich heiß. Und im Sommer am Strand kann der Sand so heiß werden, dass man kaum noch darauf laufen kann. Für beide Beispiele gilt:

Gegenstände auf der Erde werden durch die Sonne erwärmt. Das geschieht durch **Strahlung**, die von der Sonne zur Erde gelangt (Bild 8) – anders ausgedrückt: Es geschieht durch *Sonnenenergie*.

In dem leeren Weltraum spielen dabei weder die Wärmeleitung noch der Wärmetransport eine Rolle.

Die Strahlung breitet sich auch im luftleeren Raum aus – im Gegensatz zur Wärmeleitung und zum Wärmetransport sind also Gegenstände dafür nicht nötig.

Strahlung geht auch von anderen Gegenständen aus, u. a. von heißen Herdplatten, von Glühlampen oder von deinem Körper.

Strahlung ist nicht immer als Licht sichtbar. Ein Teil der Sonnenstrahlung z. B. ist unsichtbar.

Ob eine Strahlung sichtbar oder unsichtbar ist, hängt von der Temperatur der strahlenden Gegenstände ab. Wenn sie

Sonne

Strahlung

8

sehr heiß sind, senden sie auch sichtbares Licht aus. Das geschieht z. B. durch die Sonne oder durch den Glühdraht einer eingeschalteten Glühlampe.

Wenn Strahlung auf einen anderen Gegenstand trifft, wird sie von diesem z. T. aufgenommen; man sagt, sie wird **absorbiert** (lat. *absorbere:* verschlingen, aufsaugen). Dadurch wird der Gegenstand erwärmt. Gegenstände mit *dunkler* Oberfläche absorbieren besonders viel Strahlung. Das macht sich durch einen großen Temperaturanstieg bemerkbar.

Die Strahlung selbst ist weder warm noch kalt. Warm werden nur die Gegenstände, die diese Strahlung absorbieren.

Gegenstände mit glatter, blanker Oberfläche werfen die Strahlung zurück; sie werden kaum erwärmt. Man sagt dazu: Diese Gegenstände **reflektieren** Strahlung (von lat. *reflectere:* rückwärts biegen, umlenken).

Die Wärmeausbreitung durch Strahlung macht man sich zunutze, z. B. durch den Bau von Wintergärten, Sonnenkollektoren und Energiewänden.

A1 *Nenne die drei Ausbreitungsarten der Wärme. Worin unterscheiden sie sich?*

A2 *Heizkörper befinden sich oft in Nischen, die mit Styropor ausgekleidet sind. Wozu dient diese Beschichtung?*
Was bewirkt eine Auskleidung mit Aluminiumfolie?

A3 *Von deiner Hand geht Strahlung aus. Mit welchem Versuchsaufbau könntest du das nachweisen?*

A4 *Die von der Sonne beschienenen Teile der Mondoberfläche erreichen Temperaturen von +150 °C. Auf der Erde wird es aber nicht so heiß, obwohl sie etwa gleich weit von der Sonne entfernt ist.*
a) *Warum ist das so? (Tipp: Denke an die Lufthülle.)*
b) *Woran könnte es liegen, dass sich die nicht beschienene Mondoberfläche auf −100 °C abkühlt?*

A5 *Bei Solaranlagen (Bild 3) spielen alle Arten der Wärmeausbreitung eine Rolle. Beschreibe!*

Aus Umwelt und Technik: **Solaranlagen**

Manchmal sind Häuser mit **Solaranlagen** ausgestattet (lat. *sol:* die Sonne). Sie sollen Wasser mit Hilfe von Sonnenstrahlung erwärmen. (Siehe auch S. 76 f.)

Bild 1 zeigt ein solches Haus. Auf der Südseite des Daches sieht man dunkle, glänzende Flächen; das sind die **Sonnenkollektoren** (lat. *colligere:* sammeln). Sie sollen möglichst viel Sonnstrahlung absorbieren (aufnehmen) um damit Wasser zu erwärmen.

In Bild 2 siehst du, wie ein Sonnenkollektor aufgebaut sein kann. Die Sonnenstrahlung dringt durch

1

eine Glasscheibe und trifft auf die schwarze *Absorberplatte* aus Metall; dort wird sie absorbiert. Dadurch steigt die Temperatur der Platte an.

Hinter der erwärmten Absorberplatte wird Wasser vorbeigepumpt. So kann Wärme von der Platte auf das Wasser übergehen (durch Wärmeleitung).

Das erwärmte Wasser gelangt dann in einen *Warmwasserspeicher*; du erkennst ihn in Bild 3. Hier bekommt es Kontakt mit noch kaltem Wasser, das dadurch für den Haushalt erwärmt wird.

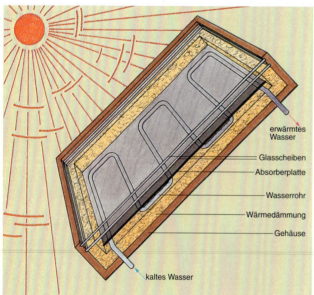

erwärmtes Wasser
Glasscheiben
Absorberplatte
Wasserrohr
Wärmedämmung
Gehäuse
kaltes Wasser

2

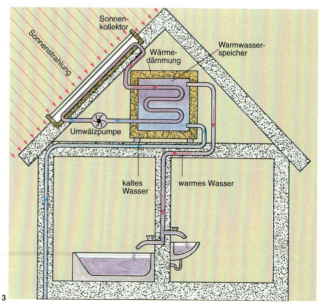

Sonnenkollektor
Sonnenstrahlung
Wärmedämmung
Warmwasserspeicher
Umwälzpumpe
kaltes Wasser
warmes Wasser

3

Zusammenfassung

Alles klar?

A1 Man sagt, die Sonne sei für uns eine Lebensgrundlage.
a) Erläutere diese Aussage am Beispiel der Wärmeausbreitung.
b) Wie kommt die Sonnenenergie (das Sonnenlicht und die Sonnenwärme) zu uns auf die Erde?

A2 An einem Lagerfeuer ist es schön warm – aber der Rücken bleibt kalt (Bild 4).
a) Erkläre das.
b) Ein Heizkörper dagegen wärmt den ganzen Raum, in dem er sich befindet. Wie kommt das?

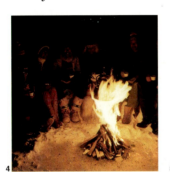
4

A3 Markus legt auf frischen Schnee ein schwarzes und ein weißes Leinentuch. „Ich weiß, wo der Schnee am schnellsten schmilzt", behauptet er. Erkläre!

A4 In einer Thermosflasche bleiben heiße Getränke auch über eine längere Zeit hinweg heiß (Bild 5).

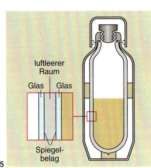

luftleerer Raum
Glas Glas
Spiegelbelag
5

a) Weshalb gelangt fast keinerlei Wärme durch Wärmeleitung nach außen?
b) Wie wird Strahlung verhindert?
c) Warum kann man mit Hilfe einer Thermosflasche auch kalte Getränke kühl halten?

Auf einen Blick

Wärmeausbreitung durch Strahlung

Die *Sonne* wärmt allein durch ihre **Strahlung** (Bilder 6 u. 9). Im nahezu leeren Weltraum sind weder *Wärmeleitung* (Bild 7) noch *Wärmetransport* (Bild 8) möglich.

Von allen warmen Gegenständen geht Strahlung (oft für uns unsichtbar) aus. Dadurch kühlen sie sich ab. Man sagt: **Aufgrund ihrer Temperatur senden Gegenstände eine Strahlung aus.**

6

Dunkle und matte Oberflächen **absorbieren** beinahe die gesamte Strahlung, die auf sie trifft. Dadurch steigt die Temperatur der Gegenstände an (Bild 9).

Helle, glänzende Oberflächen dagegen absorbieren die Strahlung kaum; sie **reflektieren** sie (werfen sie zurück): Die Temperatur der Gegenstände ändert sich deshalb nur geringfügig (Bild 9).

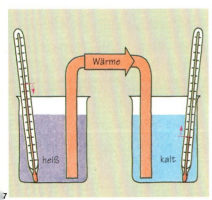

Wärme
heiß
kalt
7

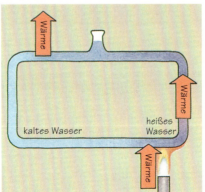

Wärme
Wärme
kaltes Wasser
heißes Wasser
Wärme
8

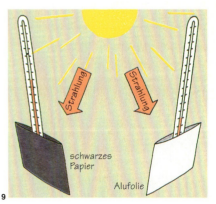

Strahlung
Strahlung
schwarzes Papier
Alufolie
9

Von Wolken und Wettererscheinungen

Wasser in der Luft

Eine große Haufenwolke (Bild 1) kann mehrere Millionen Liter Wasser enthalten. **1**

Wie ist eigentlich das viele Wasser so hoch nach oben in die Luft gelangt?

V1 *Kippe einen Fingerhut Wasser auf einen flachen Teller. Stelle ihn auf die Fensterbank oder draußen an einen sonnigen Platz. Fülle den Fingerhut erneut mit Wasser und stelle ihn neben den Teller. Was stellst du nach einer Stunde fest? Erkläre!*

V2 *Lass auf zwei Untertassen je einen Wassertropfen fallen. Puste über einen hinweg. Wie lange dauert es, bis die Tropfen verdunstet sind?*

V3 *Du brauchst drei gleich große Untertassen. Stelle sie auf eine sonnenbeschienene Fensterbank. Fülle die erste Untertasse randvoll mit heißem Wasser, die beiden anderen mit kaltem. Klebe ein Stück Zeitung so an die Fensterscheibe, dass eine Untertasse mit kaltem Wasser im Schatten bleibt. Was stellst du nach einer Stunde fest?*

V4 *Fülle in zwei Einmachgläser je einen Eierbecher voll Wasser. Stelle beide nebeneinander auf die Fensterbank oder draußen in* **2**

die Sonne. Verschließe nur eines der Einmachgläser mit einem Deckel. Beobachte die Gläser im Abstand von mehreren Stunden. Erkläre das Ergebnis.

V5 *Du brauchst eine leere Saftflasche mit weiter Öffnung. Trockne sie sorgfältig innen und außen ab.*
a) *Lege sie dann geöffnet mehrere Stunden lang in den Kühlschrank. So wird die Luft in der Flasche stark abgekühlt.*
b) *Hole die Flasche aus dem Kühlschrank und hauche zwei- oder dreimal in sie hinein (Bild 2); die Feuchtigkeit deines Atems wird daraufhin an der Innenwand der Flasche Nebel bilden. Diesen Nebel siehst du deutlich, wenn du die Flasche gegen das Licht hältst.*
c) *Verschließe die Flasche mit einem passenden Deckel. Stelle sie dann an einen sonnigen, warmen Platz. Was ist nach einiger Zeit zu sehen?*
d) *Lege die verschlossene Flasche zurück in den Kühlschrank.*
e) *Erkläre, was du feststellst.*

A1 *Warum wird Wäsche mühsam zum Trocknen auf die Leine gehängt? Man könnte sie doch im Korb trocknen lassen …*

A2 *Du hauchst gegen eine kalte Fensterscheibe – und sofort „beschlägt" sie mit Nebeltröpfchen. Wieso ist die Fensterscheibe bald wieder glasklar?*

A3 *Das kennen alle Brillenträger: Wenn man im Winter von draußen ins Haus kommt, beschlägt die Brille sofort. Suche eine Erklärung dafür.*

A4 *Nach dem Duschen ist die Luft im Badezimmer mit feinem Nebel gefüllt. Wo wird dieser Nebel zu dicken Wassertropfen? Erkläre!*

Info: Die Luftfeuchtigkeit

Durch die Sonnenwärme verdunstet ständig Wasser. Je wärmer es draußen ist, desto mehr Wassertröpfchen verwandeln sich in **Wasserdampf**. *Der Wasserdampf in der Luft ist für uns nicht sichtbar.*

Den Wasserdampf in der Luft nennt man auch **Luftfeuchtigkeit („Luftfeuchte")**. Wenn diese zu gering ist (die Luft zu „trocken" ist), fühlen wir uns unwohl. Manche leiden dann unter Kopfschmerzen, Schlafstörungen oder Konzentrationsschwäche.

Je mehr Wasser verdampft, desto feuchter wird die Luft – bis sie schließlich gar keine Feuchtigkeit mehr aufnehmen kann; dann ist sie „gesättigt". Wann dies der Fall ist, hängt von der *Temperatur* der Luft ab: **Je wärmer die Luft ist, desto mehr Wasserdampf kann sie aufnehmen, ehe sie gesättigt ist.**

Bild 3 zeigt dir, dass z. B. 1 m³ Luft von 24 °C höchstens 22 g Wasserdampf speichern kann. Wetterforscher sagen in diesem Fall: „Die Luftfeuchtigkeit beträgt 100 %." (Siehe auch Bild 4.)

Auch in solch feuchter Luft fühlen wir uns nicht wohl. Es ist dann nämlich wie in einem *Treibhaus*: Der Schweiß auf unserem Körper kann nicht mehr verdunsten, weil die Luft bereits gesättigt ist. Folglich bleibt der Schweiß auf der Haut und die nasse Kleidung klebt an unserem Körper …

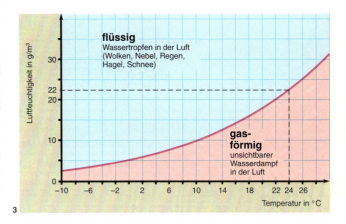

3

Info: So wird der Wasserdampf zu Wolken

An einem Sommertag (24 °C) kann jeder Kubikmeter Luft höchstens 22 g Wasserdampf enthalten (Bild 4). Dann ist die Luft nämlich „gesättigt". Falls ein Kubikmeter Luft aber nur 11 g Wasserdampf enthält (Bild 5) – also die Hälfte –, sagt man: „Die Luft ist nur zu 50 % gesättigt; die Luftfeuchtigkeit beträgt 50 %."

Wenn sich diese feuchte Luft abends oder nachts abkühlt, bleibt der Wasserdampf in ihr gespeichert (also 11 g pro Kubikmeter).

Nimm einmal an, dass die Temperatur nachts auf 7 °C sinkt. Bild 3 verrät: Bei dieser Temperatur ist 1 m³ Luft bereits mit 8 g Wasserdampf gesättigt; von den 11 g Wasserdampf sind also 3 g zu viel. Während

der Abkühlung kondensieren die 3 g Wasserdampf wieder zu Wasser. Dabei bilden sich Wolken (Bild 6).

Wolken bestehen also nicht aus gasförmigem Wasserdampf, sondern bereits aus ganz kleinen Wassertröpfchen; diese schweben in der Luft. Wenn solche Wolken so tief hängen, dass du in ihnen spazieren gehen könntest, nennt man das **Nebel**.

Dickere Wolkentropfen bilden **Regen** und gefrorene Tropfen **Graupeln** oder **Hagelkörner**. Wenn die Luftfeuchtigkeit bei Temperaturen unter 0 °C kondensiert, entstehen **Schneeflocken**. Wir können also sagen: **Wolken und Niederschläge entstehen, wenn sich warme, feuchte Luft abkühlt.**

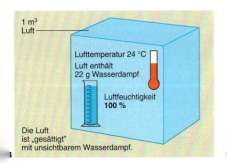

4

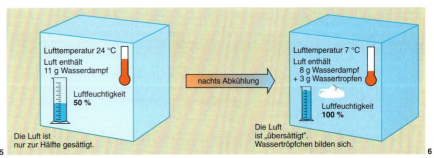

5   6

Aus der Umwelt: **Föhn!**

Für Interessierte zum Weiterlesen

1

Linsenförmige Wolken wie die von Bild 1 – da weiß man im Süden Deutschlands genau: Bald wird das Wetter schön. Die Luft wird sich um 10–20 °C erwärmen und der Himmel wird strahlend blau sein. Bald wird man auch eine außergewöhnlich gute Fernsicht haben.

Falls es gerade Winter ist, wird sozusagen von einem Tag zum anderen der Frühling Einzug halten.

Doch es ist nicht alles Gold, was glänzt: Solche Wetterwechsel machen unserem Organismus schwer zu schaffen. Menschen, die besonders „wetterfühlig" sind, leiden sehr unter der trockenen,

warmen Luft. Der Wind, der von den Höhen herab ins Alpenvorland bläst, kann sogar Sturmstärken erreichen.

Kurz gesagt: Es herrscht **Föhn**. Und Wolkenformen wie die von Bild 1 – die sog. „Föhnfische" – sind die ersten Vorboten für den plötzlichen Wetterwechsel.

Der Föhn gehört zu den berühmten Fallwinden auf der Erde. (Andere Winde sind die *Bora* an der Adria, der *Mistral* in Südfrankreich und der *Schirokko* in Nordafrika.)

Bei der Entstehung eines Fallwindes spielt immer ein Gebirge eine Rolle. So zwingen z. B. die *Alpen* die Luft, die von Italien nach Norden weht, zum Aufsteigen in große Höhen (Bild 2). Dabei kühlt sich die Luft ab – auf je 100 m Höhenzunahme um etwa 0,5 bis 1 °C.

Wasserdampf, der in der Luft gespeichert ist, kondensiert und bildet Wolken. Aus ihnen fällt bald Regen oder Schnee herab (siehe dazu das Info *Luftfeuchtigkeit* auf der vorherigen Doppelseite).

Die Luft, die über die Alpenkämme nach Norden strömt, enthält also nur noch wenig Wasser.

Beim Herabfallen von den Bergen erwärmt sich die Luft aber wieder; sie könnte jetzt wieder mehr Wasserdampf aufnehmen.

Die Folge: Schnell lösen sich nun die restlichen Wolken sich auf und der Himmel wird wieder schön blau.

Wir empfinden den Föhn als einen warmen und ziemlich trockenen Wind.

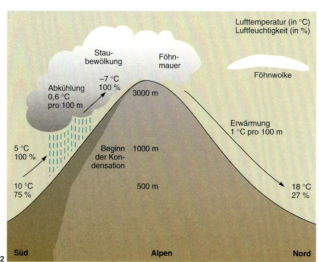

2

A1 *Wieso gehören zum Föhn ein wolkenloser Himmel und eine gute Fernsicht?*

A2 *In Bayern und Baden-Württemberg bringt der Föhn warme und trockene Luft.*
Erkläre das mit Hilfe von Bild 2.

A3 *Wann kann es südlich der Alpen Föhnwetter geben?*

61697

Hat die Luft Gewicht?

Jeder der beiden Luftballone fasst 3 Liter (3 l).

Der dunkle Ballon ist mit *Wasser* gefüllt und wiegt 3 kg. Beim Tragen spürt man ganz deutlich sein Gewicht.

Der helle Ballon ist mit *Luft* gefüllt. Deshalb ist dieser Ballon sehr viel leichter.

Und wie viel wiegt ein Liter Luft? Die folgenden Versuche sollen diese Frage beantworten.

V6 *Miss das Gewicht einer leeren Fußballhülle. Pumpe den Ball anschließend auf und wiege ihn erneut. Erkläre!*

V7 *Willst du das Gewicht der Luft von V 6 genauer bestimmen? Dann musst du wissen, wie viel Luft in den Ball zusätzlich hineingepumpt wurde. Für solche Messungen gibt es in der Physiksammlung eine spezielle Hohlkugel aus Metall oder Kunststoff. Die Bilder 4–7 zeigen die einzelnen Stationen dieses Versuchs – doch absichtlich nicht in richtiger Reihenfolge … Beschreibe den Versuch.*

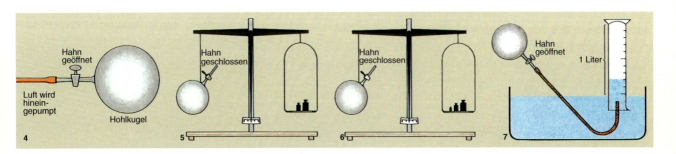

Info: So misst man das Gewicht

Wenn wir z. B. einen Bleistift auf eine **Balkenwaage** legen, wird die Waage aus dem Gleichgewicht gebracht (Bild 8). Der Bleistift hat nämlich ein **Gewicht.** (Physiker sagen dazu: „Er hat eine *Masse*.")

Wenn eine Balkenwaage sehr empfindlich ist, wird sie schon durch eine Briefmarke aus dem Gleichgewicht gebracht; auch die Briefmarken haben ja Gewicht.

Man kann das Gewicht eines Körpers mit einer Waage messen (Bild 9).

Wir geben das Gewicht in der **Einheit 1 Kilogramm** (1 kg) oder in **Gramm** (1 g) an:

  1 kg = 1000 g.

Ganz kleine Gewichte misst man in **Milligramm** (mg):

  1 g = 1000 mg.

Zum Vergleich:
1 Liter Wasser wiegt 1 kg (Bild 9),
1 Liter Luft wiegt nur 1,3 g.

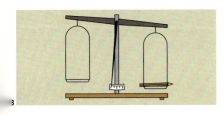

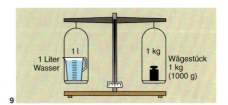

Der Luftdruck

Aus der Geschichte: Die Magdeburger Halbkugeln

Die folgende Geschichte ereignete sich vor mehr als 300 Jahren. Damals gab es noch keine Flugzeuge, Eisenbahnen, Autos oder Fahrräder. Als Verkehrsmittel benutzte man nur Kutschen oder Segelschiffe. Es gab damals auch noch keinen Strom aus der Steckdose, kein Telefon, kein Radio und natürlich auch kein Fernsehen.

Zu jener Zeit lebte in der Stadt Magdeburg der Ingenieur **Otto von Guericke**. Obwohl er Bürgermeister war, fand er immer noch Zeit für interessante physikalische Experimente. Mit der von ihm entwickelten Luftpumpe (Bild 1) führte er vor erstaunten Zuschauern Versuche vor – z. B. seinen berühmten Versuch mit den „Magdeburger Halbkugeln":

Vor den Toren der Stadt fanden sich hohe Herren und eine Menge Volk ein.

Guericke und zwei seiner Gehilfen hantierten auf einer abgesteckten Wiese mit zwei Halbkugeln aus

Kupfer. Endlich trat er zurück und seine Helfer legten die beiden Schalen mit einem Lederring als Dichtung zusammen. Eine der Halbkugeln war mit einem Hahn versehen. Hier wurde nun eine Luftpumpe angeschlossen, mit der man die Luft aus der Kugel herauspumpen konnte.

Nachdem man eine halbe Stunde gepumpt hatte, wurden vor jede der Halbkugeln acht Pferde gespannt. Die Rossknechte ließen ihre Peitschen knallen und die Pferde legten sich mit aller Kraft ins Geschirr (Bild 2).

Die Zugseile waren bis zum Zerreißen gespannt – aber die Halbkugeln hielten zusammen, als ob sie verschraubt seien. Eine mächtige, unsichtbare Kraft hielt die Schalen zusammen – davon waren die Zuschauer überzeugt.

Da trat Otto von Guericke heran. Er öffnete den Hahn – und plötzlich polterten die Schalen wie von selbst auseinander …

61699

V8 Mit zwei Saughaken kannst du den Versuch mit den Magdeburger Halbkugeln nachahmen: Presse die beiden Haken so aneinander, wie Bild 3 es dir zeigt. Schaffst du es, die Haken dann auch wieder auseinander zu ziehen?

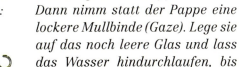

3

V9 Ob man dem Luftdruck trauen kann?

a) Fülle ein Glas bis zum Rand mit Wasser. Lege dann eine Postkarte darauf. Drehe das Glas langsam um und lass die dünne Pappe los …

Wer hat den Mut sich als „Testperson" zur Verfügung zu stellen (Bild 4)?

b) Meinst du, das Ergebnis von Teil a liegt an der Pappe?

Dann nimm statt der Pappe eine lockere Mullbinde (Gaze). Lege sie auf das noch leere Glas und lass das Wasser hindurchlaufen, bis das Glas ganz voll ist (Bild 5). So bist du sicher, dass die Gaze das Wasser durchlässt.

Lege deine Hand darauf und drehe das Glas langsam um. Ziehe die Hand dann weg. Was geschieht?

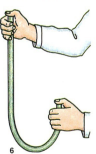

5

V10 Lass einen etwa einen Meter langen Schlauch ganz voll Wasser laufen. Verschließe ihn dann an beiden Enden mit dem Daumen.

a) Halte den Schlauch senkrecht und biege ihn unten um (Bild 6). Was beobachtest du, wenn du das untere Ende öffnest?

6

b) Was geschieht, wenn du auch das obere Schlauchende öffnest?
c) Probiere das Gleiche mit einem viel längeren Schlauch.

V11 Nimm eine Plastikspritze und schiebe den Kolben hinein.

a) Halte die Öffnung zu und ziehe den Kolben heraus. Lass ihn dann wieder los.

b) Führe den Versuch mit verschieden großen Spritzen durch.

c) Beschreibe und erkläre deine Beobachtungen.

V12 Bild 7 zeigt ein Gerät, aus dem man die Luft herauspumpen kann.

Innen liegt ein „Mohrenkopf", der ziemlich „aufgeblasen" erscheint. Was ist geschehen?

7

A1 Aufgaben zu Guerickes Versuch mit den „Magdeburger Halbkugeln" (auf der Nachbarseite, Bild 2):

a) Stelle von den beiden Halbkugeln zwei Schnittzeichnungen her. Zeichne die Luftmengen innerhalb und außerhalb der Kugeln als Punkte – einmal vor dem Abpumpen der Luft und einmal danach.

b) Zeige durch Pfeile, wie der Luftdruck jeweils wirkt.

c) Bei Guerickes Versuch fielen die Halbkugeln „wie von selbst"

auseinander, als der Hahn durch Guericke geöffnet wurde. Was für eine Erklärung hast du dafür?

A2 Weshalb lief bei Versuch 9 b das Wasser nicht aus dem Glas?

A3 Bild 8 zeigt, wie man Obst einkochen kann.

a) Warum sitzt der Deckel nach dem Abkühlen so fest?

b) Warum ist ein Zischen zu hören, wenn man am Gummi zieht?

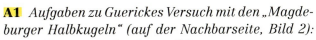

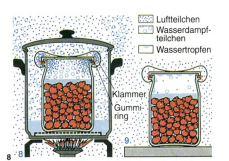

Luftteilchen
Wasserdampfteilchen
Wassertropfen

Klammer
Gummiring

8

9

Info: Wie der Luftdruck entsteht und gemessen wird

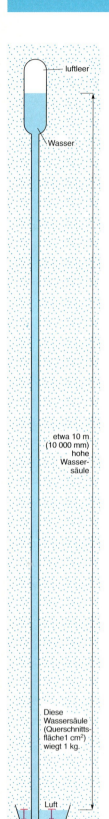

luftleer

Wasser

etwa 10 m
(10 000 mm)
hohe
Wasser-
säule

Diese
Wassersäule
(Querschnitts-
fläche 1 cm²)
wiegt 1 kg.

Luft

2

1

Wir alle leben auf dem Grund eines riesigen „Luftmeeres". Über uns befindet sich eine Luftschicht, die viele Kilometer weit nach oben reicht (Bild 1).

Die Luft hat ein Gewicht. Ein Liter Luft (wie sie uns am Grund des Luftmeeres umgibt) wiegt 1,3 g.

Nach oben hin wird die Luft aber immer dünner; sie wiegt dort auch entsprechend weniger. In 10 km Höhe z. B. (wo die Langstreckenflugzeuge fliegen) wiegt 1 Liter Luft nur noch 0,4 g.

Die Luft der unteren Schichten wird durch die darüber liegenden Luftschichten zusammengepresst; sie steht sozusagen „unter Druck". Diesen Druck bezeichnet man als **Luftdruck**. Er ist ebenso groß wie der Druck am Boden einer 10 m hohen Wassersäule (Bild 2), nämlich 10 N/cm².

Schon vor 350 Jahren stellte *Otto von Guericke* mit einer solchen Wassersäule die Größe des Luftdrucks fest (Bild 3).

Der Luftdruck an der Erdoberfläche beträgt ungefähr 1 bar. Bei Wetteransagen wird der Luftdruck aber meist nicht in der **Einheit 1 Bar** (1 bar), sondern in **Millibar** (mbar) oder in **Hektopascal** (hPa) angegeben.

1 bar = 1000 mbar = 1000 hPa.

An der Erdoberfläche wird im Mittel ein Luftdruck von 1013 hPa gemessen.

Luftdruckmessgeräte bezeichnet man als **Barometer** (Bild 4).

Wenn wir auf einen hohen Berg klettern, ist die Luftschicht über uns weniger dick als zuvor am Fuß des Berges. Der Luftdruck ist nun geringer. In 2000 m Höhe beträgt er nur noch 795 hPa und in 4000 m nur 616 hPa.

Umgekehrt kann man aus der Druckangabe einer Barometerskala auf die Höhe schließen, in der gerade gemessen wird: Höhenmesser in Flugzeugen sind nichts anderes als Barometer mit geänderter Skala.

3

Wichtigster Teil des Dosenbarometers ist die fast luftleere Druckdose aus Blech. Je stärker die Luft von außen auf den gewellten Deckel drückt, desto mehr wird er eingedellt. Drückt die Luft weniger stark, wölbt sich der Deckel wieder zurück.
Mit dem Deckel ist eine Feder verbunden. Sie überträgt die Bewegungen des Deckels auf den Zeiger.

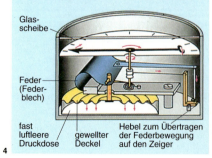

Glasscheibe

Feder
(Feder-
blech)

fast
luftleere
Druckdose

gewellter
Deckel

Hebel zum Übertragen
der Federbewegung
auf den Zeiger

4

61701

Aus der Umwelt: Vom „Hoch" zum „Tief"

Für Interessierte zum Weiterlesen

Wenn die Sonne auf die Erde scheint, erwärmt sich diese nicht überall gleich: Die Luft über den Landflächen wird heißer als die über den Meeresflächen.

Heiße Luft dehnt sich aber aus; in unserem Fall steigt sie nach oben. Dadurch wird die Luftsäule über dem Land höher. In großer Höhe fließt dann die Luft in Richtung Meer ab (Bild 5).

Durch diese Verschiebung ändert sich der Luftdruck über dem Land; das heißt, er verringert sich (*T = Tiefdruckgebiet, „Tief"*).

Anders ist es draußen über dem Meer. Hier kühlt sich die vom Land abgeflossene Luft wieder ab; sie zieht sich zusammen und sinkt nach unten. Dort bildet sich nun ein Gebiet mit höherem Luftdruck (*H = Hochdruckgebiet, „Hoch"*).

Der Wind, der diese Druckunterschiede wieder ausgleicht, weht vom Meer her; er heißt deshalb *Seewind*.

Wind also hat seine Ursache in Luftdruckunterschieden. Diese werden durch die Sonnenstrahlung hervorgerufen. Man kann also sagen: „Die Sonne treibt den Wind an."

Nachts kühlt sich die Luft über dem Meer weniger stark ab als die Luft über dem Land. Die Folge ist ein umgekehrter Kreislauf der Luftmassen:

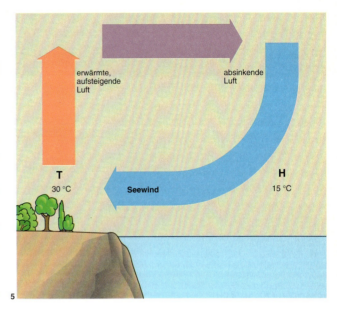

erwärmte, aufsteigende Luft

absinkende Luft

T
30 °C

Seewind

H
15 °C

5

Es weht nun ein *Landwind* (also vom Land hinaus in Richtung Meer).

Merkwürdig ist, dass der Wind vom Hochdruckgebiet niemals schnurgerade zum Tiefdruckgebiet weht. Er weht immer auf gebogenen, spiralförmigen Bahnen. Das hängt mit der Drehung der Erde zusammen. Auf Satellitenfotos ist das gut zu erkennen.

A1 *In einem Buch zur Wetterkunde steht: „Die Sonne treibt den Wind an."*
Ist das wirklich so? Erkläre!

A2 *Bei Wetteransagen wird von „Hochdruckgebieten" gesprochen. Was verstehst du darunter?*

A3 *„Wenn mich der Wind von hinten trifft, weiß ich, wo das Tiefdruckgebiet liegt."*
Erkläre die Aussage anhand von Bild 6.

A4 *Viele Duschen haben einen Duschvorhang. Wenn man sehr*

warm duscht, klebt einem der Vorhang an den Beinen.
Erkläre das mit den Begriffen Hochdruck- und Tiefdruckgebiet.

A5 *Unten stehen einige einfache Wetterregeln. Prüfe nach, ob sie stimmen. Kennst du weitere?*

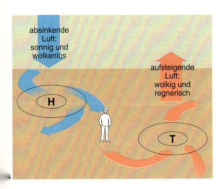

absinkende Luft: sonnig und wolkenlos

aufsteigende Luft: wolkig und regnerisch

H

T

Änderung am Barometer	Einfache Wetterregel
Der Luftdruck sinkt schnell:	*Wind und Sturm.*
Der Luftdruck sinkt langsam:	*Baldiges Ende des schönen Wetters.*
Der Luftdruck bleibt gleich:	*Keine Wetteränderung.*
Der Luftdruck steigt langsam:	*Schönes Wetter für längere Zeit.*
Der Luftdruck steigt schnell:	*Kurzfristige Wetterbesserung.*

61702

Aus der Umwelt: **Wetterfronten**

Wasser und Erdboden werden durch die Sonne unterschiedlich stark erwärmt. Dadurch kommt es zu Luftdruckveränderungen und zur Entstehung von Wind.

Der Wind treibt oft kalte und warme Luft aufeinander zu. Wo beide Luftmassen zusammenstoßen, spricht man von einer *Front*.

Es gibt Fotos, die mit Hilfe von Wettersatelliten

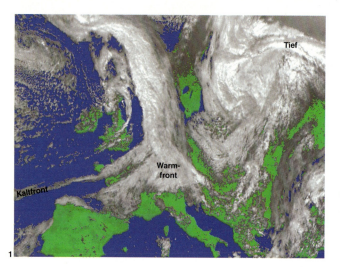

aus großer Höhe aufgenommen wurden (Bild 1). An ihnen können Fachleute Tiefdruckgebiete und Fronten erkennen. Sie können sogar *Wettervorhersagen* treffen, weil sie aus dem Vergleich der täglichen Fotos wissen, in welcher Himmelsrichtung sich die Fronten weiterbewegen. Bild 2 stellt die Wettersituation von Bild 1 für deine Region (Stelle x) dar: Du siehst, wie sich das Wetter ändert, wenn die Fronten im Laufe vieler Tage von West nach Ost über dich hinwegziehen.

Eine Warmfront kommt:
Von einer Warmfront spricht man, wenn eine warme Luftmasse auf eine kalte stößt. Weil kalte Luft schwerer ist als warme, bleibt die kalte Luft am Boden liegen. Die warme aber gleitet wie auf einem Keil immer höher auf die kalte Luftmasse hinauf. Sie gelangt da-

bei selbst in hohe und damit kühlere Luftschichten.

Der in der warmen Luft gespeicherte Wasserdampf kondensiert – es bilden sich Wolken. Später ist der Himmel „grau in grau". Es gibt lang anhaltenden Regen *(Landregen)*. Dann folgt eine Zeit lang eine Wetterbesserung: Das Wetter wird „teils heiter – teils wolkig". Doch bald wird der Wind frischer; Luftdruck und Temperatur sinken.

Eine Kaltfront braust heran:
Jetzt sind es kalte Luftmassen, die vom Wind gegen die warmen getrieben werden. Und nun ist es umgekehrt: Weil die kalte Luft schwerer ist, schiebt sie sich unter die warme. Diese wird dadurch ganz schnell wie mit einem Fahrstuhl nach oben befördert (also nicht langsam wie vorher bei der Warmfront). Dabei bilden sich riesige Wolkentürme. Es kommt zu kräftigen Niederschlägen, oft auch zu Gewittern.

Wenn die Kaltfront über deine Heimat hinweggezogen ist, bessert sich das Wetter oft ganz schnell: Der Himmel ist strahlend blau und du hast eine gute Fernsicht. Das wird sich aber bald wieder ändern …

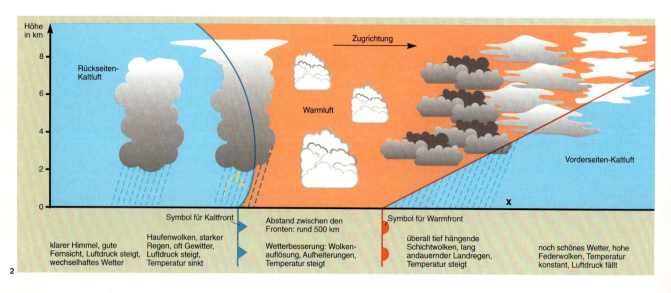

Info: Wetterkarten und Wettervorhersagen

Rund um die Uhr sammelt der *Deutsche Wetterdienst* Millionen von Wetterdaten. Sie stammen von Flugplätzen, Ballonen, Satelliten und vielen kleineren Wetterstationen; diese gibt es in ganz Deutschland. Solche **Wetterdaten** sind Werte für Temperatur, Luftdruck, Luftfeuchtigkeit, Windstärke, Windrichtung, Niederschläge und Bewölkung.

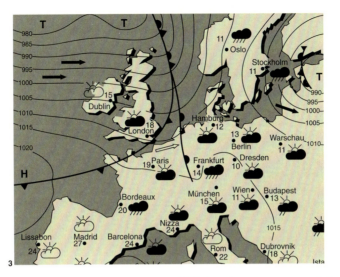

3

So entsteht die Wetterkarte:
Alle Messwerte werden in einen Computer eingegeben. Der verbindet auf der Landkarte alle Orte, an denen der Luftdruck (in Millibar) gleich groß ist, mit einer Linie. Solche Linien heißen **Isobaren** (griech. *isos:* gleich). Sie verraten, wo sich gerade der Kern eines Hoch- oder Tiefdruckgebietes befindet.

Auch die anderen Wetterdaten fasst der Computer auf einer **Wetterkarte** zusammen. Alle sechs Stunden geben die Wetterforscher eine neue Wetterkarte und eine **Wettervorhersage** heraus.

Ob die Vorhersage stimmt, hängt auch davon ab, für welches Gebiet sie erstellt wurde. Eine Vorhersage für ganz Deutschland trifft für deinen Wohnort natürlich nur selten genau zu.

Über Deutschland bewegen sich die Hoch- und Tiefdruckgebiete meist von Westen nach Osten voran.

Du kannst für deinen Heimatort das Wetter voraussagen. Voraussetzung ist aber, dass du diese Tatsache berücksichtigst und außerdem die aktuelle Wetterkarte (sowie die der Vortage) aus der Zeitung zu lesen verstehst.

A1 *Wo liegt in deiner Heimat die nächste Wetterstation, die ihre Messwerte weitergibt? Erkundige dich.*

A2 *Was versteht man in der Wetterkunde unter dem Begriff „Isobaren"?*

A3 *Die Bilder 4 u. 5 zeigen Wetterkarten von zwei knapp aufeinander folgenden Tagen.*
Was bedeuten die Zeichen und Zahlen darauf?
Wo erkennst du eine Kalt- und wo eine Warmfront?
Wie hat sich die Wetterlage in Deutschland (in deiner Heimat) im Laufe der 48 Stunden geändert?

A4 *Schneide aus der Zeitung mehrere Tage lang die Wetterkarten aus. Vergleiche die Wetterlagen.*

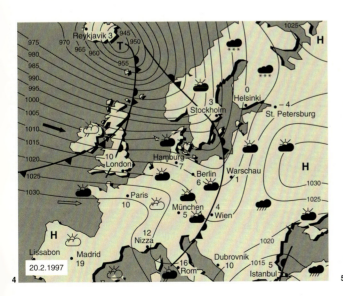

4

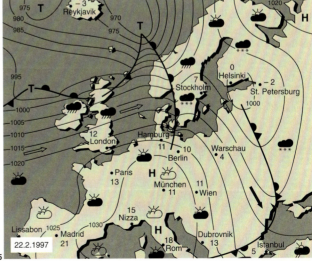

5

Aus der Umwelt: Vom Wetter zum „Unwetter"

Für Interessierte zum Weiterlesen

Wir in Deutschland haben Glück mit unserem „gemäßigten" Klima. Jede Jahreszeit bringt uns andere Wetterlagen und hat ihre eigene Schönheit. Wer dagegen nahe am Äquator wohnt oder weiter am Nordpol, der hat längst nicht so viel Abwechslung mit dem Wetter wie wir.

Der Grund dafür ist: Wir leben in einer Zone, in der immer wieder neue Tiefdruckgebiete mit *Warm- und Kaltfronten* von Westen nach Osten ziehen. Wenn die Luftdruckunterschiede sehr groß sind, kommt die Kaltfront eines Tiefdruckgebiets auch schon mal besonders schnell und heftig herangebraust. Dann gibt es Stürme oder Orkane, auch sintflutartige Regenfälle, Überschwemmungen, Hagel und Gewitter.

Solche Wetter nennen wir **Unwetter**. Wir Menschen mögen Unwetter nicht, weil sie große Schäden

auf den Feldern und an unseren Bauwerken anrichten können.

Für die Natur aber sind solche „Unwetter" nicht nur nachteilig:

Der Sturm mischt die Luft- und Wasserschichten mal wieder richtig durcheinander, der starke Regen reinigt das Wasser der Flüsse und eine Überschwemmung bringt Nährstoffe auf die umliegenden Felder …

Du siehst, dass der Begriff „Unwetter" nur aus der Sicht der Menschen stimmt, die dadurch Schaden erleiden.

In vielen Teilen der Welt warten dagegen Menschen jeden Sommer auf Überschwemmungen für ihre Reisfelder. Bild 1 zeigt die Folgen eines Monsunregens in Indien. Die meisten Urlauber dagegen wünschen sich immer nur Sonnentage – aber diese bitte nicht ganz so heiß.

Aus der Umwelt: Wenn die Schwalben hoch fliegen …

Für Interessierte zum Weiterlesen

„Die Schwalben fliegen hoch – es gibt schönes Wetter", so lautet eine bekannte Wetterregel.

Natürlich sind die *Schwalben* (Bild 2) nicht „wetterfühlig". Doch es stimmt, dass Schwalben bei schönem Wetter hoch in der Luft und bei schlechtem dicht über dem Erdboden fliegen.

Ursache dafür sind *Insekten*, die von den Schwalben gefangen werden. Wahrscheinlich fühlen die Insekten sich bei einem bestimmten Luftdruck am wohlsten.

Wie du weißt, schwankt der Luftdruck. Er ist von der Höhe und auch vom Wetter abhängig:
– große Höhe
  → geringer Luftdruck;
– niedriger Luftdruck
  → schlechtes Wetter;
– hoher Luftdruck
  → schönes Wetter.
Insekten können den Luftdruck fühlen. Wahrscheinlich benutzen sie dafür ihre Atemröhrchen, die *Tracheen* (Bild 3).

Bei schönem Wetter wird der Luftdruck direkt über dem Erdboden höher. Die Insekten fliegen deshalb nach oben; der Luftdruck ist dort ja etwas niedriger.

Da sich die Schwalben von den Insekten ernähren, fliegen sie ihnen nach. Und diese Schwalben sehen wir dann in größerer Höhe.

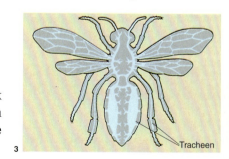

Tracheen

61705

Zusammenfassung

Alles klar?

A1 *Aus Wasser entsteht Wasserdampf. Unter welchen Bedingungen geht das besonders schnell?*

A2 *Morgens hängen oft Tautropfen an den Gräsern. Wieso lösen sie sich meist recht schnell auf?*

A3 *Was zeigt ein empfindliches Barometer an, wenn du mit ihm vom Keller auf den Dachboden steigst?*

A4 *Was versteht man unter Land- bzw. Seewind?*

A5 *„Ich bin schon mal in einer Wolke spazieren gegangen." Ist das möglich? Erkläre!*

A6 *Wie stark belastet der Luftdruck von oben deinen Kopf? Die Fläche eines Kopfes beträgt etwa 250 cm². Rechne! Was merkst du von dieser Belastung?*

Auf einen Blick

Wetter und Luftfeuchtigkeit

Unser Wohlbefinden ist sehr vom Wetter abhängig.

Das *Wetter* wird bestimmt von der Lufttemperatur, der Sonnenscheindauer, der Bewölkung, von Niederschlägen, Luftfeuchtigkeit, Luftdruck und Wind ...

Luftfeuchtigkeit entsteht durch Verdampfen von Wasser (Bild 4).

das Wasser verdampft — kein Verdampfen mehr

100 % Luftfeuchtigkeit

4

Die Luft ist ein *Feuchtigkeitsspeicher*. Je wärmer sie ist, desto mehr Wasserdampf kann sie speichern.

Wenn sich die Lufttemperatur ändert, ändert sich auch die Luftfeuchtigkeit.

Wenn feuchte, warme Luft unter den Taupunkt abkühlt, bilden sich Nebel und Tau.

Luft und Luftdruck

Luft erscheint uns zwar sehr leicht, in Wirklichkeit ist sie aber nicht gewichtslos: *1000 Liter (= 1 m³) Luft wiegen 1,3 kg.*

Weil die Luft schwer ist und wir am Grund eines Luftmeeres wohnen, drückt die Luft von allen Seiten auf uns. Diesen Druck nennen wir **Luftdruck**. Er ist so groß, dass er eine 10 m hohe Wassersäule tragen kann (Bild 5).

Wir werden aber nicht von der Luft zerquetscht, weil der Luftdruck auch innen in uns wirkt. Die Zellen unseres Körpers sind ja schon unter diesen Druckverhältnissen gewachsen.

Die **Einheit** des (Luft-)Drucks ist das **Bar**: 1 bar = 1000 mbar. Bei Wetteransagen wird der Luftdruck meistens in **Hektopascal** (hPa) angegeben: 1 bar = 1000 hPa; 1000 mbar = 1000 hPa.

10 m

10 m

5 m

0 m

5

Der mittlere Luftdruck auf der Erde beträgt 1013 hPa.

Es gibt spezielle Geräte zur Luftdruckmessung, die **Barometer**.

Der Luftdruck ist nicht immer gleich. Auf hohen Bergen ist er viel niedriger als auf Meereshöhe.

Und er hat viel mit der Sonne und dem Wetter zu tun:

Die Sonne erzeugt nämlich durch die Wärme, die sie zur Erde strahlt, Gebiete mit unterschiedlich hohem Luftdruck.

Später gleicht dann der **Wind** diese Unterschiede wieder aus.

Der Wind weht immer vom Hochdruck- zum Tiefdruckgebiet. **Wetterkarten** zeigen die Gebiete mit unterschiedlichem Luftdruck.

Die Pubertät

1

2

Klaus und Petra kennen sich schon von klein auf. Ihre Eltern sind gute Freunde und haben viele Urlaube gemeinsam verbracht. Doch seit letztem Jahr ist alles anders. Klaus und Petra sind nun selbst ein Paar.

Dabei hatten sie sich mit zwölf bis vierzehn Jahren gar nicht mehr verstanden. Sie stritten höchstens, wenn sie sich trafen. Petra war viel mit ihrer Freundin zusammen. Mit ihr konnte sie über neue Filme und Bücher und überhaupt über alles reden. Petra musste auch zu Hause mehr helfen – ihr Bruder allerdings auch. Klaus dagegen war fast nur noch mit Klassenkameraden unterwegs und träumte vom eigenen Mofa.

A1 *Schau dir die Fotos an. Erkennst du Klaus in Bild 1? Woran erkennst du Klaus und Petra in Bild 2?*

A2 *Petra und ihr Bruder hatten zu Hause verschiedene Aufgaben übernommen. Finde Beispiele, wer aus deiner Familie zu Hause welche Dinge erledigt. Sprecht gemeinsam über diese Rollen.*

A3 *Lies dir Beates Tagebucheintrag unten durch. Welche Probleme hat sie? Kennst du solche Probleme auch? Sucht in der Klasse Beispiele dafür, was ihr dürft und was nicht.*

A4 *Beate möchte viel öfter allein gelassen werden. Warum? Was hat sich bei ihr verändert?*

Aus dem Alltag: Erwachsen werden

„Liebes Tagebuch,
meine Eltern behandeln mich immer noch wie ein Baby. Dabei bin ich schon 12 Jahre alt. Immer soll ich pünktlich zu Hause sein. Und in die Disko vom Jugendtreff darf ich auch nicht. Aber auf meine kleine Schwester aufpassen soll ich – dafür bin ich offenbar alt genug. Früher habe ich mich so gut mit meinen Eltern verstanden. Warum ist das jetzt anders?

Keiner versteht mich. Meine Mutter kramt ständig in meinen Sachen und ist beleidigt, wenn ich sie mal anfahre, dass sie mich in Ruhe lassen soll. Meine Schwester versteht nicht, dass ich nicht mehr mit ihr baden will. Und mein Vater zieht mich ständig damit auf, dass ich Schlabberpullis trage. Ich verstehe mich ja manchmal selbst nicht. Ist das so, weil ich in der *Pubertät* bin?"

61530

Info: Der Körper verändert sich

Pubertät. Die Körper von Mädchen und Jungen sind sich in der Kindheit sehr ähnlich. Man kann sie nur an den Geschlechtsorganen unterscheiden. Das ändert sich auffällig etwa zwischen dem 10. und 14. Lebensjahr. Dann beginnt die *Pubertät*, die Zeit der *Geschlechtsreife*. Das Aussehen von Mädchen und Jungen verändert sich: Ihr Körper wird dem erwachsenen weiblichen und männlichen Körper (Bild 3) immer ähnlicher. Verantwortlich für diese Veränderungen sind *Hormone*. Das sind Wirkstoffe, die in besonderen Drüsen des Körpers hergestellt und mit dem Blutstrom verteilt werden.

Äußerlich erkennt man den Beginn der Pubertät an einem auffälligen *Wachstumsschub*. Zugleich beginnen *Haare* unter den *Achseln* und im *Schambereich* zu wachsen. Beim Mädchen entwickeln sich *Brüste*. Jungen kommen in den *Stimmbruch* und bekommen einen *Bartflaum*. Auch die *Geschlechtsorgane* reifen aus und werden funktionsfähig. Rein körperlich sind Mädchen und Jungen nun in der Lage selbst Kinder zu bekommen.

Es dauert mehrere Jahre, bis sich der Körper und die Gestalt des Erwachsenen entwickelt haben. Diese *Reifejahre* sind eine Übergangszeit, in der sich viele Jugendliche nicht wohl in ihrer Haut fühlen und mit ihrem Körper und Aussehen unzufrieden sind.

Auch *seelisch* vollzieht sich die Pubertät. Jugendliche müssen mit verwirrenden Gefühlen fertig werden: wenn sie sich verlieben, wenn sie sexuelle Empfindungen haben, wenn sie sich einsam und unverstanden fühlen. Die Jugendlichen wollen jetzt ein eigenes, selbstständiges Leben führen. Viele werden unzufrieden und verstehen sich nicht mehr so wie früher mit den Eltern. Es ist oft für beide Seiten schwer, miteinander umzugehen.

In der Pubertät werden Mädchen und Jungen geschlechtsreif. Sie können von nun an selbst Kinder bekommen. Es gehen auch seelische Veränderungen vor sich.

A1 *Die Mode betont oft die „typischen" Merkmale der Geschlechter, zum Beispiel breitere Schultern bei Männern und schmalere Taille bei Frauen. Sucht in Modezeitschriften und -katalogen nach Beispielen und erstellt eine Collage für das Klassenzimmer. Überlegt, warum das so ist.*

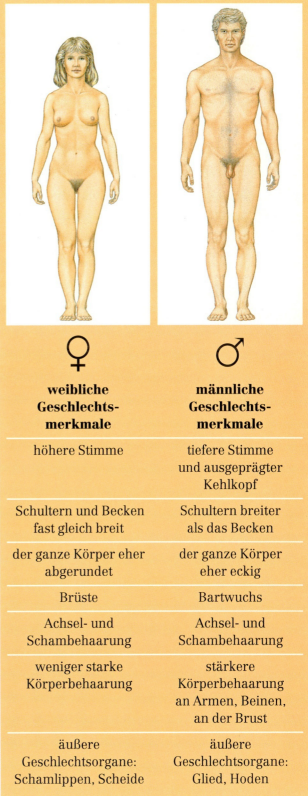

♀ weibliche Geschlechtsmerkmale	♂ männliche Geschlechtsmerkmale
höhere Stimme	tiefere Stimme und ausgeprägter Kehlkopf
Schultern und Becken fast gleich breit	Schultern breiter als das Becken
der ganze Körper eher abgerundet	der ganze Körper eher eckig
Brüste	Bartwuchs
Achsel- und Schambehaarung	Achsel- und Schambehaarung
weniger starke Körperbehaarung	stärkere Körperbehaarung an Armen, Beinen, an der Brust
äußere Geschlechtsorgane: Schamlippen, Scheide	äußere Geschlechtsorgane: Glied, Hoden

3

Info: Die weiblichen Geschlechtsorgane

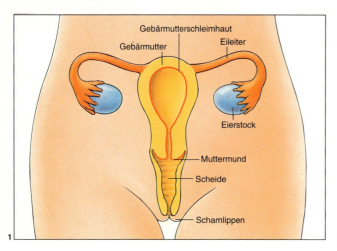

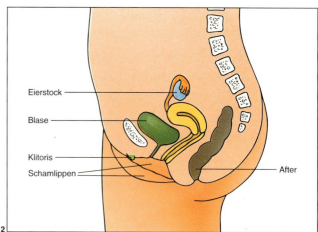

Wie in den Bildern 1 und 2 zu sehen ist, befinden sich die weiblichen Geschlechtsorgane zum größten Teil im *Innern* des Körpers. Geschützt in der Bauchhöhle liegen die beiden *Eierstöcke*. Von jedem führt ein dünner Schlauch, der *Eileiter*, zur *Gebärmutter*. Diese ist ein besonders kräftiger, birnenförmiger Hohlmuskel. Die Gebärmutter ist innen mit einer zarten *Schleimhaut* ausgekleidet. Von der Gebärmutter aus führt die *Scheide*, ein dehnbarer Muskelschlauch, nach außen. Die Öffnung der Scheide wird verdeckt von den *Schamlippen*. Zwischen ihnen liegt die *Klitoris,* ein kleiner Schwellkörper, der sehr berührungsempfindlich ist.

Die *weiblichen Geschlechtshormone* werden in den Eierstöcken gebildet. Sie sorgen dafür, dass sich die Geschlechtsmerkmale in der Pubertät entwickeln und dass Eizellen heranreifen. Von Geburt an ruhen in den Eierstöcken eines Mädchens hunderttausende kleiner Eizellen. Die *erste Eireifung* erfolgt bei den meisten Mädchen *zwischen dem 11. und 15. Lebensjahr.* Ab jetzt ist das Mädchen *geschlechtsreif* und kann Kinder bekommen. Etwa vom 50. Lebensjahr an reifen keine Eizellen mehr heran.

Vorbereitung auf die Befruchtung. Ungefähr *einmal im Monat* wandert ein reifes Ei aus einem der Eierstöcke durch den Eileiter in die Gebärmutter. Die *Gebärmutterschleimhaut* ist zu diesem Zeitpunkt dicker geworden und besonders stark durchblutet. So ist sie auf die *Einnistung des Eies* gut vorbereitet. Die Gebärmutter ist *sehr dehnbar,* damit ein Kind in ihr heranwachsen kann. In der Pubertät entwickeln sich auch die *Brustdrüsen.* Während der Schwangerschaft bilden sie die Milch für den Säugling.

Die Menstruation. Damit sich ein Kind entwickelt, muss die Eizelle befruchtet sein. Wird sie *nicht befruchtet*, so stirbt sie ab. Dann ist das vorbereitete „Nest" in der Gebärmutter überflüssig geworden. Die Gebärmutterschleimhaut *löst sich unter Blutungen ab* und wird durch die Scheide ausgeschieden. Diese Blutung dauert etwa vier bis fünf Tage. Man nennt sie *Menstruation.* Inzwischen ist in einem der Eierstöcke das nächste Ei herangereift. Nun baut sich die Gebärmutterschleimhaut von neuem auf. Wieder kommt es zur Blutung, wenn keine Befruchtung erfolgt. Dieser Vorgang wiederholt sich *regelmäßig* ungefähr einmal im Monat.

Die weiblichen Geschlechtsorgane sind Eierstöcke, Eileiter, Gebärmutter, Scheide, Schamlippen und Klitoris. Aus einer befruchteten Eizelle kann in der Gebärmutter ein Kind heranwachsen.

Alle 26 bis 31 Tage haben Frauen eine regelmäßige Blutung. Dabei wird die Gebärmutterschleimhaut abgebaut und durch die Scheide ausgeschieden. Das ist die Menstruation.

A1 *Die Menstruation ist ein ganz normaler Vorgang und keine Krankheit. Erkundige dich, welche Hygieneartikel man verwenden kann.*

A2 *Es gibt weitere Bezeichnungen für die Menstruation. Findet Begriffe dafür.*

A3 *Früher ging man mit der Menstruation sehr geheimnisvoll um. Kannst du dir Gründe denken?*

Info: Die männlichen Geschlechtsorgane

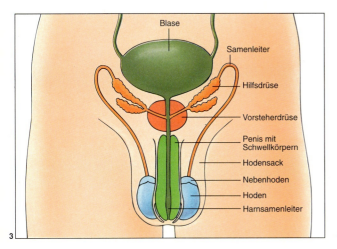

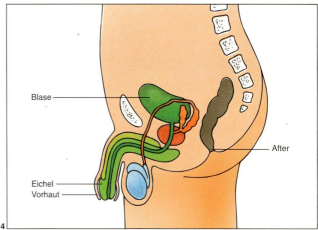

Beim Mann befinden sich die Geschlechtsorgane hauptsächlich *außen* am Körper, wie du in den Bildern 3 und 4 erkennen kannst. Im *Hodensack* liegen die *Hoden*, in denen die *Spermien* gebildet werden. Die Spermien sind die männlichen Samenzellen, die zur Befruchtung der weiblichen Eizelle nötig sind. In Bild 5 siehst du eine Mikroskopaufnahme von Spermien. Die Spermien werden in den *Nebenhoden* gespeichert. Von dort gelangen sie in die *Samenleiter*, die durch den Hodensack nach oben führen. Der Samenleiter vereinigt sich mit dem Harnleiter zum *Harnsamenleiter*. Dieser führt Harn oder Spermien durch das *Glied*, das auch *Penis* genannt wird. Den vorderen Teil des Penis bildet die *Eichel*. Sie ist von der zurückschiebbaren Vorhaut bedeckt.

Spermienreifung. Bei den meisten Jungen werden *zwischen dem 12. und 15. Lebensjahr* zum ersten Mal Spermien in den Hoden gebildet. Das bewirken *männliche Geschlechtshormone*. Das wichtigste heißt Testosteron und wird in den Hoden gebildet. Testosteron sorgt auch für die Ausbildung der männlichen Geschlechtsmerkmale. Sobald der Junge den *ersten Samenerguss* hat, ist er geschlechtsreif und kann Kinder zeugen.

Im Penis liegen *Schwellkörper.* Sie sind von Blutgefäßen durchzogen. Bei geschlechtlicher Erregung, aber auch bei gefüllter Harnblase staut sich das Blut in den Schwellkörpern. Dadurch wird der Penis steif. Auf dem Höhepunkt der Erregung werden die Spermien herausgeschleudert. Auch im Schlaf kann es zu einem Samenerguss kommen. Dies wird als Pollution bezeichnet. Nach jedem Samenerguss reifen erneut Millionen Spermien heran.

Die männlichen Geschlechtsorgane sind Hoden, Nebenhoden, Samenleiter, Harnsamenleiter und Penis. Die Spermien des Mannes gelangen beim Geschlechtsverkehr in die Scheide der Frau und von dort aus in die Gebärmutter. Wird dann ein reifes Ei befruchtet, nennt man dies Zeugung.

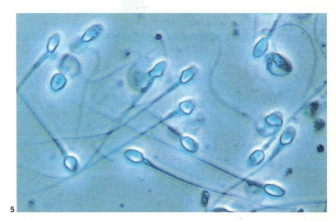

Nachgedacht …
Sexualität gehört von Natur aus zum Menschen. Aber sie muss sich erst entwickeln. Kinder entdecken beim Erforschen des eigenen Körpers ihre Geschlechtsorgane. In der Pubertät machen Mädchen und Jungen neue Erfahrungen mit der Sexualität. Sie erleben zum Beispiel, dass Verliebtsein mit sexuellen Empfindungen verbunden sein kann. Sie spüren aufregende Gefühle im Körper. Diese Gefühle soll man nicht unterdrücken, aber man muss erst lernen verantwortlich damit umzugehen. Dazu brauchst du Zeit und Menschen, mit denen du offen reden kannst.

Info: Mein Körper

Jeder Körper ist *einzigartig*. Keiner gleicht dem anderen. Es gehört zur Pubertät, sich selbst und den eigenen Körper kennen und verstehen zu lernen. Daraus gewinnt man *Sicherheit* im Umgang mit seinem Körper und *Selbstbewusstsein*.

Gerade in der Zeit der Pubertät ist das nicht einfach, weil man nicht weiß, ob alles „normal" verläuft. Dabei ist es aber nicht ungewöhnlich, dass Gleichaltrige in der Pubertät unterschiedlich weit entwickelt sind. Auch die Entwicklung der einzelnen Körperteile verläuft meist nicht harmonisch. Jeder Körper hat sein eigenes „Tempo". Wichtig ist sich von allgemeinen Urteilen unabhängig zu machen und sich selbst positiv einzuschätzen.

1

Körperpflege. „Dich kann ich nicht riechen!" Sicher kennst du diesen Ausspruch. Aber was bedeutet er? Hat jeder Mensch einen ganz besonderen Geruch? In der Kindheit ist der Körpergeruch von Mädchen und Jungen gleich. Erst wenn während der Pubertät immer mehr Geschlechtshormone produziert werden und die Schweißdrüsen stärker arbeiten, entwickelt sich der ganz persönliche Geruch.

In der Pubertät muss nun jeder lernen selbst für seinen Körper zu sorgen und ihn zu pflegen. *Tägliches Waschen* der Schamgegend und der Achseln ist deshalb sinnvoll. Die Jungen sollten sich daran gewöhnen, täglich die Absonderungen zwischen Vorhaut und Eichel zu entfernen. Sonst können sich dort Entzündungen bilden. Die Scheide der Mädchen kann sich innerlich selbst reinigen, äußerlich sollte aber auch sie jeden Tag gewaschen werden. Besonders wichtig ist das während der Menstruation, damit keine Bakterien von außen in die Gebärmutter eindringen können. Dazu dient auch das häufige Wechseln von Binden und vor allem Tampons.

Haut und Hormone. Die Geschlechtshormone wirken sich auch auf die Haut aus. Du weißt sicher, dass die meisten Jugendlichen während der Pubertät unter Pickeln leiden. Der Hautarzt spricht dann von *Akne*.

Die Geschlechtshormone beeinflussen die Tätigkeit der Hautdrüsen, die Duftstoffe, Schweiß und *Talg* absondern. Mit Beginn der Pubertät werden diese Drüsen stärker angeregt. Die Talgdrüsen produzieren dann mehr Fett. Solange dieser eigentlich nützliche Talg – er hält die Haut geschmeidig – abfließen kann, ist alles in Ordnung. Die Haut wird nur fettiger und glänzt. Erst wenn der Ausgang der Talgdrüsen verstopft ist, bilden sich Talgpfropfen in den Poren. Dann tauchen die *Mitesser* auf, die Vorboten der Akne. Wenn nun Bakterien eindringen, können Entzündungen hervorgerufen werden. Das macht sich dann mit eitrigen Pickeln bemerkbar.

Körperkontakt. Die meisten Menschen haben ein Bedürfnis danach, andere Menschen, die sie mögen, zu berühren und von ihnen berührt zu werden. Umarmen zum Beispiel kann beruhigen und Freude machen.

Unsere Haut ist überall sehr *empfindlich* für *Berührung*. Auch dabei machen Jugendliche in der Pubertät ganz neue Erfahrungen. Jeder Mensch hat *intime Körperstellen*, die eine sehr persönliche Bedeutung für ihn haben. Deshalb ist es wichtig, diese Stellen zu *schützen*. Zum Beispiel indem wir sie nicht von jedem und nur dann berühren lassen, wenn wir es selbst wirklich möchten.

Durch das Wirken der Geschlechtshormone verändert sich in der Pubertät vieles am Körper. Sorgfältige Körperpflege wird jetzt wichtig. Körperkontakte bekommen eine neue Bedeutung.

A1 *Besorgt euch beim Arzt oder beim Gesundheitsamt Broschüren über Hygienetipps während der Pubertät. Erstellt in Kleingruppen eine Liste mit Ratschlägen, die für euch wichtig sind.*

A2 *Untersucht Werbeanzeigen für Produkte gegen Pickel. Was sagen sie aus? Interviewt einen Arzt oder Apotheker dazu. Entwerft ein Poster zum Thema.*

61534

Zur Diskussion: Was ist Liebe?

Oya, 12 Jahre: „Liebe ist: wenn man immer zusammen sein möchte, wenn man sich gerne anfassen und küssen möchte. Und wenn es ganz doll ist, will man heiraten und Kinder kriegen."

Sven, 12 Jahre: „Meine Tante sagt, unsere Nachbarin ist mit 70 zu alt zum Heiraten. Ich finde aber, wenn sie sich lieben, sollen sie heiraten, egal wie alt."

Markus, 12 Jahre: „Man soll alle Menschen lieben, auch die, die aus einem anderen Land kommen."

Liane, 10 Jahre: „Man kann Tiere und Menschen lieben. Ich zum Beispiel mag meinen Vogel furchtbar gerne, meine Schwester auch. Meine Eltern habe ich auch furchtbar gern. Später will ich vielleicht heiraten."

Achim, 11 Jahre: „Ich und mein Freund sind sehr verschieden, in fast allem wie Gegensätze. Aber wir mögen uns sehr."

Melanie, 10 Jahre: „Wenn man verliebt ist, fühlt man es im Herzen und im Magen."

Info: Freundschaft und Liebe

„Ich fand schon mal ein Mädchen echt gut. So vom Angucken halt. Aber ich kann ja nicht einfach hingehen und sie fragen, ob sie mit mir gehen will. Die weiß ja gar nichts von mir."

Ralf, 12 Jahre

„Meine Freundin müsste irgendwie, weiß auch nicht, flippig und verrückt sein, bloß nicht so wie ich. Das wäre ja langweilig."

Patrik, „fast 13 Jahre"

„Ich war schon mal verliebt. Das war blöd, weil – er hat mich nicht zurückgeliebt. Jetzt habe ich Angst mich noch mal so zu verlieben."

Josipa, 12 Jahre

„Der Junge, mit dem ich gehen würde, müsste so eine Art Spiegelbild von mir sein. Man sucht sich ja so Ideale, wie man selber ist oder werden will."

Alexandra, 13 Jahre

Sich mögen, sich kennen lernen, sich anfreunden, zusammen sein, sich verkrachen und versöhnen – *Freundschaften*, auch mit „denen vom anderen Geschlecht", sind vor der Pubertät ganz selbstverständlich. Auch die *Liebe* kennst du schon. Sie ist ein tiefes, warmes Gefühl für die Eltern, Geschwister, den Hund, den besten Freund oder die beste Freundin.

Mit der Pubertät aber bekommen Freundschaft und Liebe ein anderes Verständnis. Es kommt ein neues Gefühl hinzu, das beim Verliebtsein eine Rolle spielt: die *Sexualität*. Sie ist eine besondere Form *Nähe* zu einem Menschen zu empfinden. Sie ist ein Teil jedes Menschen. Meist ist man sich dessen gar nicht bewusst. Sexualität umfasst den Körper, die Gefühle und das Verhalten. Sie zeigt sich in Bewegungen, Umarmungen und Berührungen.

Für die meisten Menschen gehören Liebe und Sexualität zusammen. Als Jugendlicher lernst du die eigene Sexualität in der Pubertät neu kennen. Zunächst empfindest du vielleicht Sehnsucht nach einem Menschen, der dich liebt und den auch du lieben kannst. Es entstehen Schwärmereien und Fantasien voller Zärtlichkeit und körperlicher Nähe.

Einen Menschen zu finden, den man sehr gern hat, setzt viel Vertrauen und Sicherheit voraus. Man sollte gemeinsam offen über Wünsche und Ängste reden können. Man sollte nie den anderen drängen und auch selbst nie das Gefühl haben sich unter Druck zu entscheiden. Liebe braucht sehr viel Zeit um zu wachsen. Einen Zeitpunkt, wann diese Erfahrungen gemacht werden müssen, gibt es nicht.

Schwanger werden? Viele Mädchen haben in der Pubertät Angst vor einer ungewollten Schwangerschaft – und das ist gut so. Mit dem zeugungsfähigen Körper sollte man sehr verantwortungsvoll umgehen. Ein Kind in die Welt zu setzen, wenn man selbst fast noch ein Kind ist und noch nicht weiß, wie die Zukunft aussehen soll, ist verantwortungslos.

Missbrauch. Es gibt Erwachsene, die zu ihrem eigenen Vergnügen Jungen oder Mädchen an den intimen Körperstellen anfassen, gegen deren Willen. Man sagt dann, sie *missbrauchen* die Kinder. Andere erzwingen Geschlechtsverkehr oder wollen von den Kindern an ihren Geschlechtsteilen angefasst werden oder sie wollen die Geschlechtsteile zeigen. Manche schmeicheln sich vorher über längere Zeit bei den Kindern ein, schenken oder versprechen ihnen etwas. Sie fordern die Kinder auf alles geheim zu halten und sagen vielleicht, es würde etwas Schlimmes passieren, wenn jemand erfährt, was sie miteinander gemacht haben. Wie kann man sich davor schützen?

Achte auf Annäherungsversuche. Sage klipp und klar, wenn du eine Berührung nicht willst. Es ist *dein* Körper! Lass dich durch Schmeicheleien nicht verführen. Wehre dich gegen Einschüchterungen und hol dir Hilfe. Wenn du etwas erlebt hast, was dich beunruhigt, sprich mit einer Person deines Vertrauens darüber. Es ist ganz wichtig, nicht allein mit dem Problem zu bleiben.

Du kannst auch das kostenlose Info-Telefon für Kinder und Jugendliche des Deutschen Kinderschutzbundes nutzen: 01308/11103.

Zusammenfassung

Alles klar?

A1 *Erkläre, was man unter Pubertät versteht.*

A2 *Berichte, wie sich der Körper verändert, wenn ein Mädchen zur Frau wird.*

A3 *Wie verändert sich der Körper, wenn ein Junge zum Mann wird?*

3

A4 *Beschreibe die Vorgänge bei der Menstruation.*

A5 *Begründe, warum auch schon Jugendliche Kinder bekommen können.*

A6 *Was versteht man eigentlich unter Zeugung?*

A7 *Ein Freund/eine Freundin hat Probleme mit Pickeln. Was rätst du ihm/ihr?*

A8 *Begründe, weshalb mit Beginn der Pubertät Körperpflege besonders wichtig ist.*

A9 *Lisa (Bild 3) ist dreizehn. In letzter Zeit versteht sie sich nicht mehr so gut mit ihren Eltern. Manchmal will sie auch einfach nur allein sein. Kannst du dir vorstellen, welche Dinge sie beschäftigen?*

A10 *In der Pubertät wird man oft kritischer zu sich selbst. Woran hältst du dich bei der Beurteilung deines Aussehens? An Zeitschriften? An Freunde? An die Eltern? Oder an wen sonst? Warum?*

A11 *Überlegt, wie ihr euch vor sexuellem Missbrauch schützen könnt. Fragt auch Eltern und Lehrer.*

Auf einen Blick

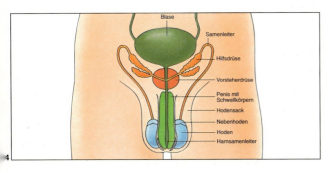

4

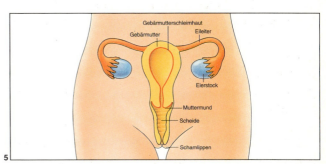

5

Mit etwa 10 bis 14 Jahren beginnt die Geschlechtsreife, die **Pubertät**. Vieles am Körper ändert sich: Größe, Stimme, Behaarung. Die Geschlechtsorgane reifen aus. Beim Mädchen werden regelmäßig **Eizellen** reif, beim Jungen **Spermien**. Mädchen und Jungen sind nun körperlich in der Lage Kinder zu bekommen beziehungsweise zu zeugen. Damit wächst die Verantwortung für den eigenen Körper. Auch die Körperpflege gehört dazu: Für Mädchen und Jungen ist es nun besonders wichtig, sich täglich zu waschen.

Die **männlichen Geschlechtsorgane** sind **Hoden, Nebenhoden, Samenleiter, Harnsamenleiter** und **Penis** (Bild 4).

Die **weiblichen Geschlechtsorgane** sind **Eierstöcke, Eileiter, Gebärmutter, Scheide, Schamlippen** und **Klitoris** (Bild 5).

Wenn eine Eizelle nicht befruchtet wird, haben Frauen alle 26 bis 31 Tage eine regelmäßige Blutung. Die Gebärmutterschleimhaut wird abgebaut und ausgeschieden. Das ist die **Menstruation**.

Vorgeburtliche Entwicklung

Die kleine Susanne wird bald ein Geschwisterchen bekommen. Sie freut sich schon sehr darauf. Jeden Tag will sie von der Mutter wissen, wie groß das Baby jetzt schon ist. Heute hat sich die Mutter etwas Besonderes vorgenommen. Sie will Susanne an einem schönen Bilderbuch genau erklären, wie das Geschwisterchen entstanden ist und was bis zur Geburt alles im Bauch der Mutter passiert.

A1 *Über die Entwicklung eines Kindes vor der Geburt wisst ihr bestimmt schon viel mehr als Susanne. Stellt zusammen, was ihr wisst.*

A2 *Bringt ein Foto von euch als Neugeborene mit. Vertauscht die Fotos und versucht zu erraten, welches Bild zu welchem Schüler gehört.*

A3 *Schätzt die Größe der Babys auf euren Fotos und vergleicht sie mit eurer jetzigen Größe.*

A4 *Versucht zu schätzen, wie groß das Baby im Bauch der Mutter nach zwei Monaten, nach vier Monaten, nach fünf Monaten ist. Notiert eure Werte. Schaut später nach, ob ihr richtig geschätzt habt.*

Aus dem Alltag: Geschichten vom Storch

Früher wurde erzählt, dass der Storch die kleinen Kinder bringt. Und für Zeichner ist das heute noch ein beliebtes Motiv (Bild 2).

Es gibt eine ganze Reihe von solchen fantastischen Geschichten, wie ein Kind angeblich entstehen soll. Befrage einmal deine Großeltern und Eltern, ob sie weitere Geschichten kennen.

Sprecht im Unterricht über das, was ihr erfahren habt. Überlegt gemeinsam, warum man sich wohl diese Geschichten ausgedacht hat.

Vielleicht kennst du noch andere Ereignisse, bei denen man sich für kleine Kinder besondere Geschichten ausdenkt? Wozu sollen die Geschichten dienen?

Info: Ein Kind entsteht

Im vorangegangenen Kapitel hast du gelernt, dass bei der *Zeugung* aus einer Eizelle von der Mutter und einer Samenzelle des Vaters ein Kind entsteht. Aber weißt du auch, was für eine abenteuerliche Reise so ein Spermium hinter sich hat, bis es bei der Eizelle ankommt?

Eizelle und Spermium. Du erinnerst dich, dass im Körper der Frau alle vier Wochen eine Eizelle reif zur Befruchtung wird. Die Eizelle ist so winzig, dass sie auf diesen Punkt · passen würde. Sie hat einen Durchmesser von nur $\frac{1}{5}$ mm. Im Körper des Mannes entwickeln sich viele Millionen Spermien. Ein Spermium ist noch viel winziger als eine Eizelle.

Befruchtung. Gelangen die Spermien über die Scheide in den Körper der Frau, beginnt ein „Wettschwimmen" zur Eizelle im Eileiter. Die meisten Spermien erreichen ihr Ziel nicht. Einige der schnellsten sind nach etwa einer Stunde im Eileiter. Hier müssen die Spermien sogar gegen die Strömung schwimmen. Die Strömung dient dazu, die reife Eizelle zur Gebärmutter zu befördern, wo sich dann ein Kind entwickeln kann.

Nur die kräftigsten Spermien erreichen die Eizelle und nur ein einziges von ihnen kann in die Eizelle eindringen (Bild 3). Danach bildet die Eizelle sofort eine Art *Schutzhülle* gegen die übrigen Spermien, damit die Entwicklung nicht gestört wird. Nun *verschmelzen* die *Zellkerne* von Eizelle und Spermium miteinander. Die Eizelle ist jetzt *befruchtet*. Aus ihr entwickelt sich ein neuer Mensch. Wir alle entstanden aus einer Eizelle und dem Spermium, das bei diesem Wettschwimmen das Erste war.

Der Keim nistet sich ein. Mit der Strömung wird die befruchtete Eizelle zur Gebärmutter getragen. Das dauert ungefähr 3 bis 6 Tage. In dieser Zeit *teilt sich die Eizelle* wieder und wieder (Bild 4). Erst sind

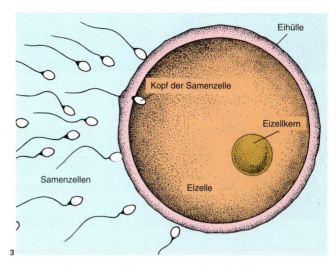

es zwei, dann vier, dann acht und schließlich mehrere Dutzend Zellen. Diese Ansammlung von Zellen sieht aus wie eine winzige Himbeere. Man nennt sie *Keim*. Wenn sich der Keim wie mit feinen Wurzeln in die Gebärmutter *einnistet*, spricht man vom *Embryo*. Die Gebärmutter reagiert auf die Einnistung, indem sie an dieser Stelle besonders blutreiches Gewebe entwickelt. Daraus entsteht der *Mutterkuchen,* auch *Plazenta* genannt. Über die Plazenta ernährt sich der Embryo. Nach drei Monaten haben sich schon alle Organe des Kindes entwickelt. Jetzt nennt man den sich entwickelnden Menschen *Fetus*. Insgesamt dauert die Entwicklung im Mutterleib *neun Monate*. Dann kommt das Kind zur Welt.

Durch die Verschmelzung eines Spermiums mit einer reifen Eizelle wird diese befruchtet. Die befruchtete Eizelle teilt sich viele Male. Der Keim nistet sich in der Gebärmutter ein und entwickelt sich schließlich zum Embryo. Nach neun Monaten wird das Kind geboren.

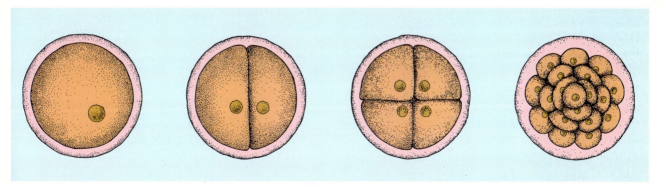

Info: So wächst das Kind im Mutterleib

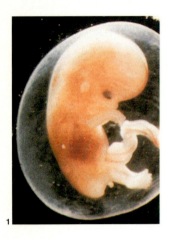

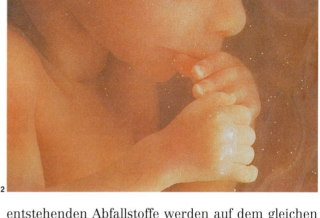

Wie schnell der Embryo wächst, erkennst du, wenn du dir Bild 1 anschaust. Es zeigt den Embryo acht Wochen nach dem Einnisten. Aus einer Zellansammlung ist ein *Mensch* geworden. Er wiegt nur 11 Gramm und ist so klein, dass er auf einem 10-Pfennigstück liegen könnte. Obwohl er noch ganz zart ist, schlägt in ihm schon das Herz. Alle inneren Organe sind bereits angelegt. Die Augen sind noch geschlossen, die Ohren nur als kleine Bläschen vorhanden. Der Embryo hat Arme so klein wie dieses Ausrufezeichen „!". Daran sind Hände und sogar schon winzige Finger. Auch das menschliche Gesicht ist bereits erkennbar.

Schutz und Ernährung des Kindes im Mutterleib. In der Gebärmutter liegt der Embryo in einer *Fruchtblase*, die mit *Fruchtwasser* gefüllt ist. Hier ist er vor Stößen geschützt und kann sich im Wasser leichter bewegen. Am Ende des vierten Schwangerschaftsmonats, wenn der Embryo schon zum *Fetus* geworden ist, spürt die Mutter erste Bewegungen des Kindes. Später werden sie immer heftiger. Bild 2 zeigt Hände und Gesicht von einem Fetus im vierten Schwangerschaftsmonat.

Zum Wachsen braucht der neu entstandene Mensch *Nährstoffe* und *Sauerstoff*. Diese werden über den Mutterkuchen aus dem Blut der Mutter aufgenommen. Die Blutgefäße des Kindes sind durch die *Nabelschnur* mit dem Mutterkuchen verbunden. Durch die dünnen Wände der Blutgefäße hindurch nimmt das Blut des Kindes die lebenswichtigen Stoffe aus dem Blut der Mutter auf. Auch *Abwehrstoffe* zum Schutz vor Krankheiten erhält das ungeborene Kind aus dem Blut der Mutter. Die entstehenden Abfallstoffe werden auf dem gleichen Weg an das Blut der Mutter abgegeben.

Was das Kind im Mutterleib schon alles kann. Wenn das ungeborene Kind fünf Monate alt ist, misst es etwa 25 Zentimeter und wiegt fast 500 Gramm. Es schläft oft, aber es *bewegt* sich auch sehr lebhaft. Es strampelt, macht „Purzelbäume", schwimmt kopfüber, lutscht am Daumen, macht eine Faust.

Das Kind nimmt schon *Geräusche* wahr: den Herzschlag der Mutter und ihre Stimme, Musik oder Autolärm von „draußen". Ein lauter Knall kann es erschrecken. Inzwischen macht es auch schon *regelmäßige Atembewegungen*. Statt Luft nimmt das Kind aber Fruchtwasser auf, das die Lungen durchspült. Besonders in den letzten Wochen vor der Geburt (Bild 3) beginnt es kräftig zu *greifen* und am Daumen zu *saugen*.

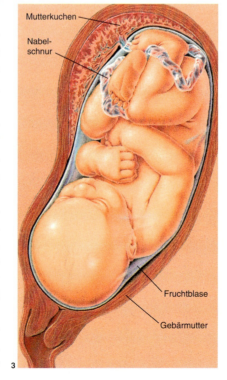

Mutterkuchen

Nabelschnur

Fruchtblase

Gebärmutter

Aus der befruchteten Eizelle entwickelt sich ein neuer Mensch. Geschützt in der Fruchtblase wächst das Kind heran. Nährstoffe und Sauerstoff erhält es aus dem Blut der Mutter.

A1 *Besorgt euch Informationen über die Entstehung und Entwicklung eines Kindes vor der Geburt. Bildet Arbeitsgruppen und erstellt Poster zu den einzelnen Stationen. Organisiert eine Ausstellung!*

61540

Info: Schwangerschaft

Etwa neun Monate dauert es, bis aus der winzigen Eizelle ein allein lebensfähiges Baby wird. Für die Mutter sind diese neun Monate die nicht einfache Zeit der *Schwangerschaft*. Schau dir hierzu auch Bild 4 an. Manche Mutter spürt die ersten Schwangerschaftsmonate kaum. Da der Körper sich jedoch auf die neue Situation umstellen muss, kann es zu Übelkeit und Unverträglichkeit mancher Nahrungsmittel kommen.

Das wachsende Kind braucht immer mehr Platz und wird immer schwerer. Es drängt Magen und Darm der Mutter nach oben, sodass sie oft Magendrücken und Atembeschwerden hat. Sie darf nicht schwer heben und tragen. Sie braucht nun viel Verständnis, Unterstützung und Rücksichtnahme.

Gefahr droht dem heranwachsenden Kind, wenn es aus dem mütterlichen Blut Giftstoffe übernimmt. Raucht die Mutter, gelangen die Giftstoffe aus der Zigarette auch in den Embryo. Schon etwa eine Minute, nachdem die Mutter den ersten Zug an der Zigarette getan hat, beginnt das Herz des Embryos hastiger zu schlagen. Auch Alkohol und Medikamente können das ungeborene Kind schädigen. Während der Schwangerschaft muss die Mutter deshalb sehr auf ihre Gesundheit achten und sich so gesund wie möglich ernähren.

Mutter	Kind
1. Monat: Befruchtung	
Die Gebärmutter bereitet sich auf die Einnistung des Keims vor.	Der Keim nistet sich ein. Die Entwicklung der Organe beginnt. Das Herz schlägt.
2. Monat	
Die Muskeln der Gebärmutter wachsen. Die Brüste vergrößern sich.	Der Embryo ist 2–3 cm groß und nimmt menschliche Gestalt an. Er bewegt sich.
4. Monat	
Der Bauch der Mutter beginnt sich vorzuwölben.	Der 16 cm lange Fetus beginnt zu greifen und zu atmen.
5. Monat	
Ab jetzt spürt die Mutter die Bewegungen des Kindes.	Der Fetus ist etwa 25 cm groß und wiegt 300 bis 500 g.
7. Monat	
Magen und Darm der Mutter werden durch das Kind nach oben gedrängt. Atmen und Essen werden beschwerlich.	Das Gehör ist voll entwickelt. Die Bewegungen werden lebhaft. Das Kind ist entwickelt und wächst stark.
9. Monat	
Die Gebärmutter senkt sich in Vorbereitung auf die Geburt. Die Milchbildung wird vorbereitet.	Das Kind dreht sich und liegt mit dem Kopf nach unten. Mit etwa 50 cm Länge und 3 kg hört es auf zu wachsen.
10. Monat: Geburt	

4

Schwangere Frauen brauchen viel Verständnis und Rücksichtnahme.

A1 *Betrachte Bild 5. Finde Beispiele, wie du eine schwangere Frau unterstützen kannst.*

A2 *Begründe, warum schwangere Frauen nichts Schweres tragen oder heben sollen.*

A3 *Überlege, wie eine schwangere Frau das ungeborene Kind und sich selbst schützen kann. Auf welche Weise können ihr andere dabei helfen?*

A4 *Auch für das ungeborene Kind ist es wichtig, wenn die Mutter sich wohl fühlt und nicht gestresst ist. Erkläre! Wie kannst du eine Schwangere in dieser Hinsicht unterstützen?*

A5 *Für Mädchen gibt es ab dem 4. Schuljahr eine Schutzimpfung gegen Röteln. Warum ist das wichtig? Erkundige dich beim Arzt oder dem Gesundheitsamt.*

5

Info: Ein Kind wird geboren

Die meisten Mütter bereiten sich auf die Geburt durch spezielle *Gymnastik* und *Entspannungsübungen* vor.

Die Geburt kündigt sich an. In unregelmäßigen Abständen zieht sich die Gebärmutter krampfartig zusammen. Die Mutter spürt das als ziehende Schmerzen. Es sind die *Wehen*. Vom Druck der Wehen platzt die Fruchtblase. Das auslaufende Fruchtwasser ist das Zeichen, dass die Geburt unmittelbar bevorsteht. Die Wehen kommen jetzt immer häufiger und regelmäßiger. Dadurch wird das Kind *durch die Scheide nach außen gedrückt*. Die Mutter muss kräftig mitpressen. Hebamme und Arzt helfen bei der Geburt. Oft ist auch der Vater dabei.

Der erste Atemzug. Gleich nach der Geburt *schreit* das *Neugeborene* kräftig (Bild 1). Beim ersten Atemzug entfalten sich die Lungen und füllen sich mit Luft. Beim Schreien stößt das Kind Luft aus, beim Schluchzen saugt es frische Luft ein. Es versorgt sich nun allein mit Sauerstoff.

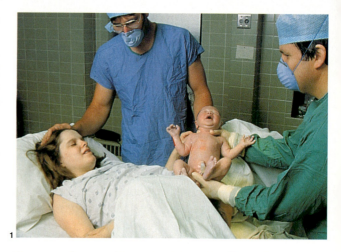

Mutter und Kind. Der *Kontakt zwischen Mutter und Kind* ist sehr wichtig. Deshalb wird oft nach der Geburt das Kind erst einmal zur Mutter gelegt. Dann

wird die Nabelschnur abgebunden und durchgetrennt. Bild 2 zeigt das abgenabelte Neugeborene.

Etwas später verlässt der Mutterkuchen als *Nachgeburt* den Körper der Mutter. In der Zwischenzeit wird das Kind untersucht, gemessen und gewogen (Bild 3). Nun brauchen beide Ruhe, denn die Geburt ist für Mutter und Kind sehr anstrengend.

Bei der Geburt macht das Kind eine gewaltige Umstellung durch: Es kommt in eine wesentlich kältere Umgebung. Es muss sich auf Licht und fremde Geräusche einstellen. Es erfährt erstmals von der Mutter getrennt zu sein. Deshalb ist der *Hautkontakt* für das Baby besonders wichtig. Wenn es die warme Haut der Mutter oder des Vaters spürt, deren Duft riecht und deren Stimmen hört, fühlt es sich geborgen. So erhält es die Grundlage für ein sicheres Lebensgefühl.

Mit der Geburt beginnt das selbstständige Leben des Kindes.

A1 *Lass dir von deiner Mutter erzählen, wie groß und schwer du bei deiner Geburt warst. Notiere die Werte und vergleiche mit den Werten deiner Klassenkameraden.*

A2 *In Bild 3 sind verschiedene Messwerte von Neugeborenen angegeben. Stelle deine derzeitigen Körpermaße fest und lege eine entsprechende Tabelle an. Vergleiche!*
Welche Werte haben sich am stärksten, welche am geringsten verändert?

A3 *Wenn das Baby schreit, nimmt die Mutter oder der Vater es auf den Arm. Warum eigentlich?*

Maße von Neugeborenen	
Körperlänge	48–54 cm
Körpergewicht	2800–4100 g
Kopfumfang	33–37 cm
Brustumfang	30–35 cm
Schulterbreite	12 cm
Hüftbreite	12 cm
Körpertemperatur	35,5–36,5 °C
Atemzüge pro Minute	40–60
Herzschläge pro Minute	130–150
Schlafdauer pro Tag	17–20 Stunden

61542

Zusammenfassung

Alles klar?

A1 *Erkläre, was man unter Befruchtung versteht.*

A2 *Es dauert etwa sechs Tage, bis die befruchtete Eizelle zur Gebärmutter gelangt ist. In dieser Zeit geschieht schon einiges mit ihr. Berichte!*

4

A3 *Während das Kind im Mutterleib heranwächst, wird es nacheinander als Keim, Embryo und Fetus bezeichnet. Kannst du die Begriffe erklären?*

A4 *Beschreibe, wie weit der Embryo nach zwei Monaten schon entwickelt ist.*

A5 *Ohne Nahrung ist kein Wachstum möglich. Wie ernährt sich der Embryo?*

A6 *Berichte, was das Kind im Mutterleib schon alles kann. Weißt du auch noch, ab welchem Monat?*

A7 *Für die werdende Mutter sind die neun Monate der Schwangerschaft oft eine beschwerliche Zeit. Erläutere!*

A8 *Werdende Mütter verzichten meist auf Alkohol und Zigaretten und nehmen Medikamente nur im Notfall nach Rücksprache mit dem Arzt. Nenne dafür Gründe.*

A9 *Bild 4 zeigt ein wenige Tage altes Neugeborenes mit seinen Eltern. Der Körperkontakt ist für das Kind sehr wichtig. Begründe!*

Auf einen Blick

Bei der **Befruchtung** (Bild 5) verschmelzen im Eileiter der Frau eine weibliche **Eizelle** und ein männliches **Spermium** miteinander. Die befruchtete Eizelle wandert in die Gebärmutter und **teilt sich** dabei viele Male. Dieser **Keim** nistet sich dann in die Gebärmutter ein.

Geschützt durch die **Fruchtblase** und das **Fruchtwasser** entwickelt sich der **Embryo**. Er erhält Nährstoffe und Sauerstoff über die **Nabelschnur** aus dem Blut der Mutter. Nach dem dritten Monat nennt man ihn **Fetus** (Bild 6).

Es dauert **neun Monate**, bis aus der befruchteten Eizelle ein Baby geworden ist, das außerhalb des Mutterleibs leben kann. Diese Zeit ist die **Schwangerschaft**. Sie bedeutet eine große körperliche und seelische Umstellung für eine Frau.

Durch die Wehentätigkeit der Gebärmutter zerplatzt nach etwa 280 Schwangerschaftstagen zuerst die Fruchtblase. Dann wird das Kind geboren. Es ist noch hilflos und braucht den Körperkontakt und die liebevolle Fürsorge seiner Eltern.

5

6

Einige Grundregeln zum Experimentieren

○ Fachräume dürfen nur unter Aufsicht des Lehrers betreten werden.

○ Im Experimentierraum darf weder gegessen noch getrunken werden.

○ Den Anweisungen des Lehrers müsst ihr unbedingt Folge leisten, vor allem bei Schülerversuchen.

○ Versuche dürfen erst durchgeführt werden, wenn der Lehrer euch dazu aufgefordert hat.

○ An euerm Arbeitsplatz müsst ihr Ordnung halten.

○ Vom Lehrer werdet ihr wahrscheinlich eine persönliche Schutzausrüstung erhalten (z. B. Schutzbrille, Schutzhandschuhe). Dann müsst ihr diese Ausrüstung beim Experimentieren tragen.

○ Bei der Verwendung von Stoffen müssen die Gefahrensymbole auf den Gefäßen und in den Versuchsbeschreibungen beachtet werden.

Dies sind die Gefahrensymbole, die auf Gefäßen mit Chemikalien stehen können.

T+: sehr giftig
T: giftig

Xn: gesundheitsschädlich
Xi: reizend

E: explosionsgefährlich

F+: hochentzündlich
F: leicht entzündlich

C: ätzend

O: brandfördernd

N: umweltgefährlich

(Symbole nach DIN 58 126 Teil 2 und Gefahrstoffverordnung)

Nicht so, …

1.
Vor dem Experimentieren die Versuchsanleitung genau lesen oder besprechen. Die Code-Buchstaben, z. B. Xn, sowie Gefahrensymbole und Sicherheitsratschläge beachten! Den Versuchsaufbau immer vom Lehrer bzw. von der Lehrerin kontrollieren lassen!

sondern so!

Nicht so, …

2.
Trage beim Experimentieren immer eine Schutzbrille!

sondern so!

Nicht so, …

3.
Vorsicht beim Umgang mit dem Brenner! Wenn du lange Haare hast, müssen diese geschützt werden. Halte den Brenner nur so lange in Betrieb, wie er benötigt wird!

sondern so!

4.
Wenn du eine
kleine Flüssigkeitsmenge
im Reagenzglas erhitzt,
halte das Glas schräg und
nur kurz über die Flamme!
Schüttle den Inhalt
vorsichtig hin und her!
Die Glasöffnung nie
auf Personen richten!

Nicht so, …

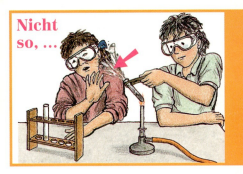

sondern so!

5.
Willst du eine
Geruchsprobe durchführen?
Dann fächle dir
die aufsteigenden Dämpfe
vorsichtig mit der Hand zu.
Halte niemals deine Nase
direkt über das Gefäß!

Nicht so, …

sondern so!

6.
Entferne verspritzte
oder verstreute Chemikalien
niemals selbst.
Melde jede Panne sofort
deiner Lehrerin bzw.
deinem Lehrer!
So bekommst du
ganz sicher eine
sachgerechte Hilfe.

Nicht so, …

sondern so!

7.
Arbeite stets nur
mit kleinen Mengen!
Gieße gebrauchte Stoffe
nie in die Gefäße zurück!
Fasse Chemikalien nicht
mit den Fingern an;
benutze dafür immer einen
sauberen Spatel oder Löffel!
Koste keine Chemikalien!

Nicht so, …

sondern so!

8.
Hast du vor mit einer Säure
zu experimentieren?
Dann gib beim Verdünnen
immer die Säure in das Wasser
– und niemals umgekehrt!
(„Erst das Wasser, dann die Säure –
sonst geschieht das Ungeheure!")

Nicht so, …

sondern so!

Zum Nachschlagen

Tabellen

Ausdehnung flüssiger Körper bei Erwärmung

Körper (1 l = 1 dm³)	Ausdehnung bei Erwärmung um 1 °C
Wasser	0,2 cm³
Quecksilber	0,2 cm³
Alkohol	1,1 cm³
Benzol	1,2 cm³

Ausdehnung fester Körper bei Erwärmung um 1 °C

Körper (1-m-Stab)	Ausdehnung bei Erwärmung um 1 °C
Normalglas	0,009 mm
Beton	0,012 mm
Eisen	0,012 mm
Kupfer	0,016 mm
Messing	0,018 mm
Aluminium	0,024 mm
Zink	0,027 mm
Eis	0,037 mm

Ausdehnung fester Körper bei Erwärmung um 100 °C

Körper (1-m-Stab)	Ausdehnung bei Erwärmung von 0 °C auf 100 °C
Porzellan	0,3 mm
Granit	0,5 mm
Glas	0,9 mm
Platin	0,9 mm
Sandstein	1,0 mm
Marmor	1,1 mm
Beton	1,2 mm
Eisen (Stahl)	1,2 mm
Gold	1,4 mm
Kupfer	1,6 mm
Messing	1,8 mm
Silber	1,95 mm
Aluminium	2,4 mm
Zink	2,7 mm
Asphalt	20,0 mm

Schmelz- und Siedetemperaturen einiger Stoffe

Stoff	Schmelztemperatur	Siedetemperatur
Alkohol	−115 °C	78 °C
Aluminium	660 °C	2467 °C
Benzol	5,5 °C	80 °C
Blei	327 °C	1740 °C
Graphit	3650 °C	4827 °C
Glycerin	18 °C	290 °C
Gold	1063 °C	2807 °C
Iod	114 °C	184 °C
Kochsalz	801 °C	1413 °C
Paraffin ca.	50 °C	230 °C
Quecksilber	−39 °C	357 °C
Schwefel	119 °C	445 °C
Spiritus	−98 °C	65 °C
Wasser	0 °C	100 °C
Zinn	232 °C	2260 °C

Ausdehnung gasförmiger Körper bei Erwärmung

Wird ein Gas um 1 °C erwärmt, so nimmt sein Volumen um 1/273 seines Volumens bei 0 °C zu.

Bauanleitung: Wir bauen ein Turbinenrädchen (Windrad)

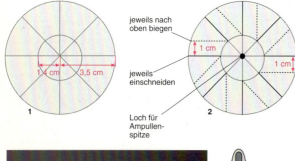

jeweils nach oben biegen

1 cm
1 cm

1,4 cm   3,5 cm

jeweils einschneiden

Loch für Ampullenspitze

1

2

Ampullenspitze als Lagerung für das Windrad

abgeschnittene Kugelschreibermine

Draht

3

4

Du brauchst:
1 Blatt kräftiges Papier (halbe Postkartengröße)
1 verbrauchte Kugelschreibermine
25 cm Eisendraht (ca. 2 mm ∅)
Spitze einer Glasampulle (aus einer Arztpraxis) oder eine Filzschreiberkappe

So wird's gemacht:
Schlage um einen Mittelpunkt auf dem Papier zwei Kreise mit 1,4 cm und 3,5 cm Radius (Halbmesser).

Unterteile dann den Kreisring in acht gleiche Felder (Bild 1). Ergänze die Zeichnung (Bild 2).

Schneide das Rädchen aus. Die durchgezogenen Linien werden bis an den inneren Kreis heran eingeschnitten. Biege die acht Ecken über die gestrichelten Linien nach oben. Als Radlager dient die Ampullenspitze (Bild 3).

Durchbohre das Windrad mit einem Nagel und erweitere das Loch. Klebe die Ampullenspitze am Windrad fest (Bilder 2–4).

61707

So kannst du dir einen *Milliliter* vorstellen

In Bild 5 siehst du einen großen, weißen Würfel. Er hat 10 cm lange Kanten. In einen solchen Würfel passt ein **Liter** Wasser hinein.

Der kleine, blaue Würfel in Bild 5 stellt einen **Milliliter** dar. Er hat 1 cm lange Kanten. *Tausend* solcher Milliliter-Würfel passen in den großen Liter-Würfel hinein.

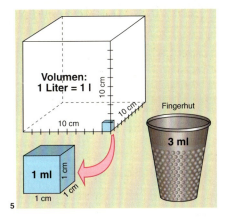

Volumen:
1 Liter = 1 l
10 cm
10 cm
10 cm

Fingerhut
3 ml

1 ml
1 cm
1 cm
1 cm

5

Um allein die *Grundfläche* eines Liter-Würfels mit Milliliter-Würfeln zu füllen benötigt man 10 Reihen von 10 Milliliter-Würfeln; man braucht also 10 · 10 = 100 Würfel.

Erst wenn man zehn solcher Schichten von jeweils 100-Milliliter-Würfeln übereinander legen würde, wäre der Liter-Würfel voll.

In den *Fingerhut* von Bild 5 passen etwa *drei* Milliliter Wasser hinein.

Vom richtigen Umgang mit dem Brenner

Die Brennerflamme

a) Die leuchtende Flamme: Das Luftloch am Brennerrohr bleibt erst geschlossen. Der Gashahn wird geöffnet und das Gas oben am Brennerrand entzündet.

Das Gas verbrennt mit gelber, leuchtender Flamme ("Leuchtflamme"). Sie hat eine Temperatur von etwa 1000 °C und ist eine rußende Flamme.

b) Die nichtleuchtende Flamme: Während die Leuchtflamme des Brenners brennt, wird das Luftloch unten am Brenner langsam geöffnet. Durch die kleine Öffnung strömt Luft von außen in das Brennerrohr ein. Dadurch entsteht das deutlich hörbare Rauschen.

Die Luft vermischt sich in der Randzone mit dem Gas, das aus der Leitung austritt. Je weiter das Luftloch geöffnet wird, desto mehr Luft vermischt sich mit dem Gas. Das Gas verbrennt immer heftiger und die Flamme wird immer heißer. Aus der Leuchtflamme wird eine schwach blaue Heizflamme; das ist eine nichtrußende Flamme.

Die Flammenzonen

An der Heizflamme unterscheidet man zwei Zonen: einen inneren *Kern* und einen äußeren *Mantel*.

Im Mantel kann eine Temperatur von über 1500 °C erzeugt werden; dabei ist der obere Teil der Flamme am heißesten. Im Kern befindet sich das Brenngas.

Sicherer Umgang

a) Gasbrenner: Bei ihm kommt das Gas aus dem städtischen Gasnetz oder aus einer großen Stahlflasche. Du musst bei der Entnahme Folgendes beachten:
○ Der Schlauch darf nicht porös oder brüchig sein.
○ Er muss fest auf dem Anschlussstutzen sitzen.
○ Der Gasstrom muss so eingestellt werden, dass die Flamme nicht ausgeht.

○ Zum Löschen das Ventil der Gasleitung zudrehen.
○ Bei Gasgeruch im Zimmer müssen sofort die Fenster geöffnet werden.

b) Kartuschenbrenner: Bei ihm kommt das Gas aus einer kleinen Kartusche. Folgendes ist zu beachten:
○ Kartuschen sollten nur vom Lehrer ausgetauscht werden.
○ Kartuschen dürfen nie in der Nähe offener Flammen gewechselt werden.
○ Zwischen dem Oberteil des Brenners und der Kartusche muss unbedingt eine Dichtung liegen.
○ Die Klammern an der Kartusche dürfen nicht geöffnet werden, solange sich noch Gas in der Kartusche befindet.
○ Der Brenner muss stets aufrecht und fest stehen; er darf nicht gekippt werden. Beim Experimentieren darf er nicht schräg gehalten werden.
○ Zum Löschen der Flamme muss einfach der Gashahn zugedreht werden.

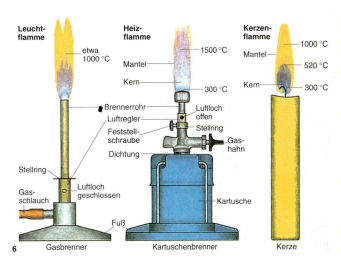

Leucht-flamme
etwa 1000 °C
Brennerrohr
Luftregler
Feststell-schraube
Dichtung
Stellring
Luftloch geschlossen
Gas-schlauch
Fuß
Gasbrenner

Heiz-flamme
1500 °C
Mantel
Kern
300 °C
Luftloch offen
Stellring
Gas-hahn
Kartusche
Kartuschenbrenner

Kerzen-flamme
1000 °C
Mantel
520 °C
Kern
300 °C
Kerze

6

Aggregatzustände von Stoffen

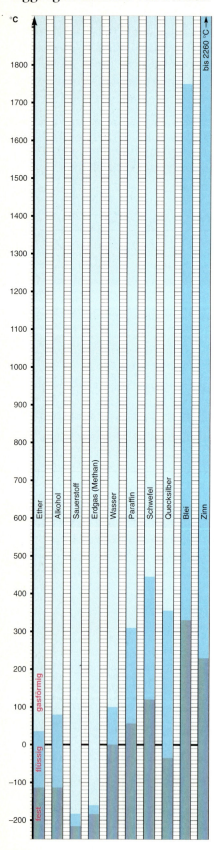

Sach- und Namenverzeichnis

Verzeichnis der Bild- und Textquellen

Angermayer, Holzkirchen: 346.2; Anthony, Starnberg: 210.6, 238.6, 353.3 ; Archiv für Kunst und Geschichte, Berlin: 265.5; Artreference, Frankfurt/Main: 200.1; AWG Donau-Wald/Martin Seevers, Düsseldorf: 209.4; Baumann Pressefoto, Ludwigsburg: 235.5 u. 8; Bavaria, Gauting: 197.4 u. 5, 210.2 u. 5, 220.1, 238.7, 262.2, 264.3, 267.8, 270.2, 281.1, 287.4, 298.1 u. 3, 323.7, 327.8, 332.1, 355.3, 360.2, 361.4; Beiersdorf, Hamburg: 223.5; Bender, Ubstadt-Weiher: 256.1; Berliner Morgenpost: Pressetext S. 235; BHS, München: 197.7; BSR, Berlin: 203.11 u. 13; Büdeler, Thalham: 342.1; Coca-Cola, Essen: 217.3; Deutsche Solvay, Solingen: 197.6; Deutscher Kaffee-Verband, Hamburg: 219.5; Deutscher Wetterdienst, Offenbach: 298.4, 344.1; Deutsches Museum, München: 340.1 u. 2, 342.3; DGE, Frankfurt am Main: 282.1; dpa, Frankfurt/Main: 220.2, 334.1, 346.1; Dräger, Lübeck: 213.6 u. 7; Engelhardt, Köln: 240.4; Flöser, Hirschberg: 224.1, 278.2; FWU, Grünwald: 266.2, 277.3; Grünzweig+Hartmann, Ludwigshafen: 320.2 u. 3, 320.4, 325.8; Hagemeister, Berlin: 319.5 u. 6; Hollatz, Heidelberg: 226.4, 228.3-5, 229.6, 233.13-17, 262.2, 264.1 u. 2, 264.2, 267.5, 268.1, 269.6, 280.1-3, 288.1 u. 2, 352.1, 353.2, 354.1 u. 2; IFA, München: 201.9, 216.1, 223.2, 235.6, 298.2, 356.1, 358.1, 359.5, 360.1; Interfoto, München: 236.1; Kage, Lauterstein: 266.1; Kerstgens, Essen: 235.4; Kurbetriebsgesellschaft Bad Kösen: 197.8; Lade, Oberursel: 285.1, 353.4 u. 5; Lindberg, Stocklolm: 237.3; Linde, Höllriegelskreuth: 214.3; Mauritius, Mittenwald: 230.1, 234.1 u. 3, 235.7, 238.1 u. 9, 240.2, 275.3, 324.4, 329.6; Messer Griesheim, Düsseldorf: 213.9, 214.1 u. 2, 214.4 u. 5; Müller, Düsseldorf: 236.2; Ernst Neukamp aus Dieter Walch: Wolken, Wetter. Gräfe und Unzer Verlag, München: 336.1, 338.1; Nilsson, Stockholm: 267.6 u. 7,

277.4, 361.5; Offermann, Arlesheim: 198.4; Okapia, Berlin: 270.1, 271.5; Pfletschinger/Angermayer, Holzkirchen: 238.3, 247.13; Photocenter, Braunschweig: 351.5; Preußischer Kulturbesitz, Berlin: 329.7; Redecker, Gütersloh: 227.6, 228.1, 231.4, 237.4, 269.4 u. 8; Reinbacher, Kempten: 221.5; Reinhard, Heiligkreuzsteinach: 260.5 u. 6, 287.5; Silvestris, Kastl: 208.1 u. 2, 210.8, 221.3 u. 4, 233.2, 234.2, 254.1, 260.1 u. 2, 260.4, 262.1, 274.1, 283.3, 322.3, 358.2, 361.6 ; Stadtwirtschaft, Erfurt: 202.1; Staeck, Berlin: 278.1; Stiftung Huelsmann, Bielefeld: 293.6; Stock Market, Düsseldorf: 279.5; Streble, Stuttgart: 268.2; Superbild, München: 348.1 u. 2; Trienekens, Viersen: 203.9; USIS, Bonn: 210.9; Verein Deutsche Salzindustrie, Bonn: 194.1; Walther, Köln: 306.1-4; Wildlife, Hamburg: 260.3; Wolloner, Mannheim: 326.5; ZEFA, Düsseldorf: 196.2, 238.4, 247.8, 292.1, 297.13, 335.4.
Alle anderen Fotos: Cornelsen Verlag, Berlin und Heidelberg

Grafik des Biologie-Teils: Biste u. Krischke: 89.2 ; Biste, Schwäbisch Gmünd: 42.2, 42.3, 77.10; Gattung, Edingen-Neckarhausen: 86.3; Haydin, Bensheim: 48.1–12, 74.1–3, 92.1 u. 2, 98.3, 102 rechts unten ; Konopatzki, Heidelberg: 165.3, 174.3 ; Krischke, Marbach/N.: 41.2, 43.7–10, 45.7, 46.2, 47.5, 47.6, 53.5, 71.2, 72.3 u.4, , 77.7, 87.4, 88.1, 89.2, 93.6, 95.4, 99.2, 101.2, 105.4, 105.5, 166.1 u. 2, 167.3 u. 4, 171.4 u. 5, 173.3 u. 4 ; Rissler, Heidelberg: 48.3, 100.1 ; Schrörs,Bad Dürkheim: 42.1, 42.5, 44.2, 71.3, 72.2, 75.4, 79.5, 82.3 u. 4, 85.3, 85.5, 85.7, 90.2, 91.4–7, 93.5, 94.3, 102.3, 107.2

Grafik des Physik- und Chemie-Teils: Koglin und LeVaillant, beide Berlin

62330

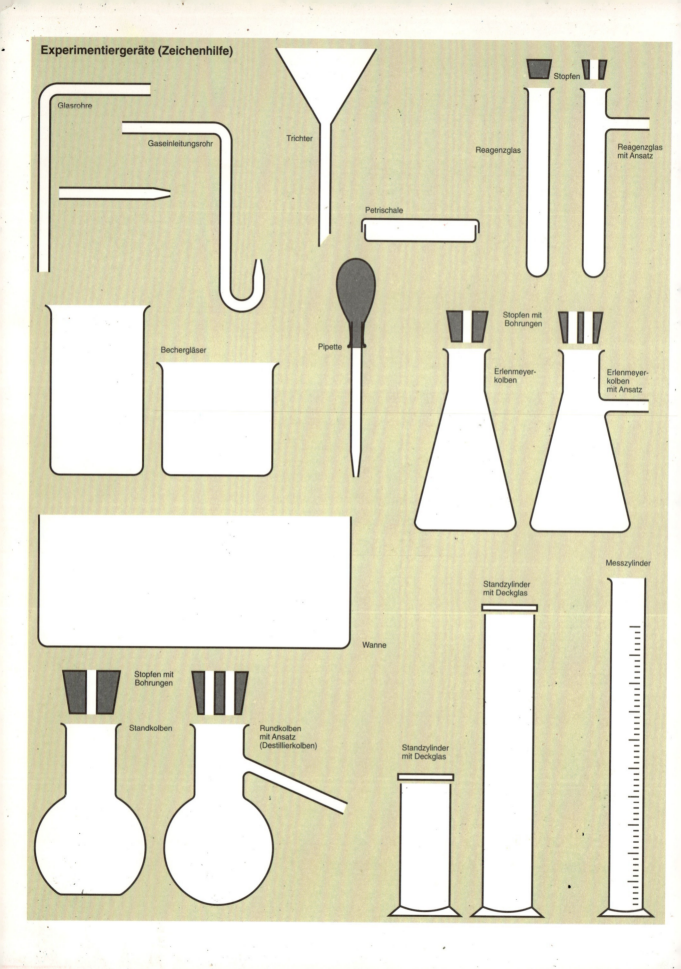

Experimentiergeräte (Zeichenhilfe)

Glasrohre

Gaseinleitungsrohr

Trichter

Stopfen

Reagenzglas

Reagenzglas mit Ansatz

Petrischale

Bechergläser

Pipette

Stopfen mit Bohrungen

Erlenmeyerkolben

Erlenmeyerkolben mit Ansatz

Wanne

Stopfen mit Bohrungen

Standkolben

Rundkolben mit Ansatz (Destillierkolben)

Standzylinder mit Deckglas

Standzylinder mit Deckglas

Messzylinder